“电子政务”的定义、意义、目的

定义

电子政务：政府机构应用现代信息和通信技术，把管理和服务通过网络技术进行集成，借助Internet实现政府组织结构和工作流程的优化和重组，超越时间、空间和部门分离的限制，全方位地向社会提供优质、规范、透明、符合国际水准的管理和服务。

电子政务是社会信息化的「牛鼻子」

电子政务是转变政府职能的「助推器」

电子政务是传递政令的「千里马」

电子政务是政府与群众的「连心桥」

电子政务是节约行政开支的「红管家」

电子政务是政府信息资源的「聚宝盆」

意义

办公信息化
政务公开化
管理一体化
决策科学化

目的

转变政府职能，从“管理主导型”向“服务主导型”转变
提高效率，精简机构
提高政府透明度及政务公开，加强廉政建设
加强行业管理和规范
科学决策，提高执政水平
加强政策宣传和民众教育

中国石油青海销售公司

团结的领导班子

（左起：纪委书记、工会主席虎仁山、副总经理王浩、总经理杨顺义、党委书记封希声、副总经理高现勇、总会计师马光元）

“雄关漫道真如铁，而今迈步从头越。”面对新形势、新任务，中国石油青海销售公司将在中油公司的正确领导下，在青海省委、省政府及有关部门的有力支持下，弘扬“爱国、创业、求实、奉献”的中国石油精神，与时俱进、开拓创新、艰苦奋斗、再创佳绩，坚定不移地在青海高原建功立业，为中国石油增光添彩!

中国石油青海销售公司最早成立于1954年，1998年7月上划中国石油天然气集团公司管理。1999年经重组改制成立了中国石油天然气股份有限公司青海销售分公司（简称中国石油青海销售公司）。

公司一直担负着青海全省的汽、柴、煤、润滑油等成品油的购、销、调、存业务，是全省成品油流通的主渠道和经营供应的主力军。目前，全公司总资产6.2亿元，油库4座，总储容量9.13万多立方米，铁路专用线总长5049米，油罐汽车29辆，加油站共188座。职工总数1566名，另有聘用工840名。经营分支机构9个，经营部28个。经营单位和销售网点遍布全省。

中国石油青海销售公司走过了50年的风雨历程，取得了巨大成就。特别是上划以来的6年间，主要经营指标每年都有新的突破，连续6年上台阶，实现了持续、稳定、跨越发展。

全省海拔最高的加油站—玉树地区的清水河加油站（海拔4650米）

西部矿业有限责任公司

西部矿业有限责任公司董事长毛小兵先生

西部矿业有限责任公司是青海省授权经营国有资产的大型国有独资公司，现有员工4524人，公司持有西部矿业股份有限公司、湟水水泥有限责任公司、锡铁山动力有限责任公司、新锌都物业有限责任公司、西部化肥有限责任公司、甘河生产服务有限责任公司、新天乐股份有限公司的国有股权，并管理锡铁山地区、老河口地区、甘河工业区三个管委会。产业分布于青、藏、甘、鄂、川、粤、内蒙等省区。公司连续七年被青海省评为“利税贡献大户”、“青海省先进工业企业”，并获“全国先进基层党组织”、“全国五一劳动奖状”等荣誉称号。2002年，本公司被评为“第二届全国十佳矿山(油田)企业”，是国内有色金属行业唯一获此殊荣的企业。截止2003年12月底，企业总资产达27．66亿元。

由公司控股的西部矿业股份有限公司，成立于2000年12月28日，主要从事铅、锌、铜、铝、金、银等矿的采矿、选矿、冶炼及其合金产品的科研、生产与销售、有色金属矿产品贸易、地质勘查等业务。在西部地区已拥有五座大中型有色金属矿山：青海锡铁山铅锌矿、赛什塘铜矿、内蒙获各琦铜矿、四川夏塞和呷村银铅锌铜多金属矿。具有大型矿山的开发、管理、技术和人才等方面的优势，是青藏高原上唯一的大型有色金属采、选、冶联合企业。目前，公司所控制的铜、铅、锌金属储量合计已达数百万吨，金、银在2万吨以上，下属湖北老河口汉江分公司、西部矿业地质勘查有限责任公司、四川鑫源矿业有限责任公司、百河铝业公司、进出口公司等多家公司及卡尔多炉多个项目组。

公司产品有：铅、锌、铜精矿；电解铅、锌、铝；氧化锌及金银、铅基合金、硫酸、化肥、水泥等。产品在国内有广阔的市场，并远销日、韩、美、澳、德、瑞士和香港等国家和地区。2003年，公司实现销售收入119000万元，利润总额7965万元，上缴税金7200万元，是青海省最大的出口创汇工业企业之一。

西部矿业人正以扎实工作、创新发展、与时俱进的开拓精神，以资产经营和党群工作为核心任务，为建设“管理先进、资产优良、效益良好、运作规范”的资产经营公司而努力奋斗。

西部矿业有限责任公司党委书记孙永贵先生

西部矿业股份有限公司

西部矿业股份有限公司设立于2000年12月28日，注册资本32050万元。2004年公司成功定向增发19000万股新股，募集资金5.7亿元，使公司性质变更为外商投资的股份有限公司。截至2004年5月份，资产总额达30.17亿元，净资产为10.94亿元。

公司以铅锌铜等有色金属资源开发为主，主要从事铅锌铜金银等矿的采矿、选矿及其合金产品的科研、生产与销售，有色金属矿产品贸易、地质勘查等业务。目前拥有四座大中型有色金属矿山，下辖4家分公司、5家控股公司、2家参股公司及1个工业园区。2002年被评为“全国十佳矿山（油田）企业”之一。2004年荣获全国“五一劳动奖状”。

公司具有大型矿山开发、管理、技术、人才等方面的优势，是青藏高原上唯一的大型有色金属采、选、冶联合企业。公司生产的铅精矿一级品率达98%，产品远销日本、韩国、新加坡、香港等国家和地区。公司下辖的锡铁山铅锌矿有年采选铅锌矿石150万吨，生产铅锌金属量16万吨以上的生产能力，是国内最大的独立矿山企业。

以西部矿业公司为依托发展起来的青海甘河工业区，是青海省重点建设的四大园区之一。在省、市各级领导的高度重视下，园区开发建设得到迅猛发展，初步形成了冶金、化工、建材为支柱的三大产业体系，并拥有配套的辅助生产设施和基础设施。

公司信息化建设突飞猛进。开发建成了西部矿业办公自动化和物流信息管理系统，多功能、多媒体视频会议系统也已在公司总部及其他分支机构建成投入使用。公司人才培养和人才引进工作进展顺利。设立有博士后科研工作站，并与青海大学合作开发了科技园。目前，已吸引了一批博士、硕士等高学历人才加盟，并聘请了多名工程院士、资深教授为公司的独立董事和特聘顾问。

公司以资源开发为基础，以利润最大化为目标，以市场需求为导向，以技术进步为动力，以发展民族经济为己任，为把西部矿业股份有限公司建设成为一个资源型、科技型的大型矿业集团公司而努力奋斗。

公司董事长毛小兵先生偕全体员工热忱欢迎海内外人士真诚的交流与合作!

联系电话：0971-6123888-8167

传　　真：0971-6153149

公司地址：青海省西宁市五四大街52号

邮　　编：810001

西部矿业办公大楼

■企业哲学

无限探索　追求发展

■企业精神

信念　忍耐　奋进　成功

■企业形象

安定团结　科学管理

自强自立　勤俭立业

讲究信誉

■企业道德

利人利己

■企业口号

无功即是过

在伦敦金属交易所注册的汉江分公司生产的“汉江”牌电解铅锭

中国铝业股份有限公司青海分公司

总经理：蒋英刚

党委书记：魏巨荣

中国铝业股份有限公司青海分公司(以下简称“公司”)，前身为青海铝业有限责任公司(原青海铝厂)，位于青海省西宁市宁张公路28公里处，总占地面积195公顷，平均海拔2403米，是与山西铝厂、青海龙羊峡水电站同步配套建设的国家重点建设项目，是中国铝业股份有限公司唯一的专业化电解铝厂。

公司1985年4月动工兴建，1987年12月投产，原设计规模为年产重熔用铝锭20万吨，阳极炭块12.6万吨，建设总投资23亿元，分两期建设，每期10万吨。2000年11月，中国铝业公司整体收购青海海星铝业有限责任公司，并入青海分公司编为第三电解厂，形成了25.5万吨电解铝产能。

公司现有职工5139人，其中35岁以下青工占72%，工程技术人员占18%。公司领导层平均年龄45岁，均具有高级以上技术职称。

截止2002年底，公司已累计生产并销售铝锭186.6万吨，完成工业总产值235.87亿元，实现利税20.81亿元，其中上缴税金14.5亿元，连续12年被评为青海省财政支柱企业或利税大户。

富有创新精神、高效、务实的公司领导班子

产品系列

■“海湖牌”重熔用铝锭

规格有15kg和20kg两种，产品质量符合GB／T1196—93要求，该产品获青海省名优产品。

■纯铝扁锭

规格：480 × 960，1060，1260，1300，1350，1390，1560，1700

■6063铝合金挤压用圆铸锭

规格有φ89、φ100、φ114、φ120、φ145、φ176等，并可按用户要求生产不同规格的产品。产品质量符合YS67—93的要求。

■电工圆铝杆

规格有9.5mm盘圆产品质量符合GB／T3954—2001的要求。

■铝电解用预焙阳极炭块

1450×660×540／四爪孔块，

1400×660×540／三爪孔块，

1000×660×540／两爪孔块，

960×550×540／两爪孔块等多种规格。

产品质量符合YS／T285—1998

铝合金棒

纯铝扁锭

圆铝杆

阳极碳块

青海盐湖钾肥股份有限公司

董事长：刘长山

青海盐湖钾肥股份有限公司是由青海盐湖集团有限公司以其全部氯化钾生产车间的经营性资产为改组主体，并联合北京华北电力实业总公司、中国农业生产资料成都公司、中国科学院青海盐湖研究所、湖北东方农化中心、化工部连云港设计研究院、化工部长沙设计研究院等六家发起人，以社会募集方式组建的股份有限公司，现股本总额5.1170亿元，资产总额13.5046亿元。公司下设两个全资子公司和三个控股子公司，现有员工2545人，其中各类技术人员446人，占员工总数的6.5%，国家级专家6人，省级专家2人，公司内部专家48人。目前公司拥有盐田120KM^2，设备1822台(套)以及具有世界先进水平的水采船3艘。

经过四十多年的开发和建设，现已形成集生产、经营、科研、综合开发为一体的大型现代化钾肥生产企业。近几年来，公司积极推进科学技术进步，提高企业科技含量，对生产各系统实施一系列技术改造，“反浮选——冷结晶”工艺已达到了国际同类先进水平，产品质量有了质的飞跃，产品水份含量和一级品率达到国际标准，其中十万吨车间产品质量达到国际先进水平。通过不断创新，现已形成了“创新、创效、超越、卓越”的企业精神和“思路决定出路、决策总揽全局、组织关系成败、机制保障实施”的管理理念，充分利用了制度优势、体制优势、产权优势、资源优势、产品优势、经济优势、技术优势、人才优势、形象优势等十大优势，实现了生产稳定、改革到位、管理见效、队伍成熟的良好局面，现在公司发展健康、生产经营平稳运行、经营业绩不断提高，股份公司的整体形象、综合评价越来越高，继续呈现良好的发展势头。

公司主营产品为“盐桥”牌氯化钾(KCL)。产品质量从一九九七年到一九九九年经青海省技术监督局历次检查，均符合国标GB6549—1996标准。一九九九年经国家农业部肥料质量检验测试，各品级氯化钾均符合国标GB6549—1996标准。二〇〇〇年通过了IS09002质量体系认证，全员质量意识全面树立，管理上实现一次革命性的变化。并参加了千家企业联名发表新世纪质量宣言，二〇〇一年由国家质量技术监督局评为全国质量监督检测合格产品。从一九九九年连续五年进入中国上市公司最有潜力50强，公司被中国质量管理协会评为2002年度全国质量效益型先进企业，被国家质量监督检验检疫总局授予“全国质量管理先进企业”荣誉称号；二〇〇二年二月，青海盐湖钾肥股份有限公司“盐桥”牌商标被国家工商行政管理总局认定为全国驰名商标。二〇〇三年一月，公司被国家工商行政管理总局评为“重合同、守信用”单位，同年“盐桥”牌氯化钾产品荣获化工十大名牌。

公司多次荣获各种荣誉。一九九九年公司质检中心通过了青海省技术监督局省级计量认证，一九九九年五月，青海盐湖钾肥股份有限公司被《人民日报》测评为“知名企业”；一九九九年十月，荣获中国工业设计协会、中国调查统计事务所评定的“中国企业形象AAA级单位”，一九九九年九月在北京召开的中国国际农业博览会上，公司主导产品“盐桥”牌氯化钾荣获名牌优质产品。随着国家西部大开发战略的实施，现已建成的国家西部大开发首批十大重点工程之一、唯一的产业化项目“青海百万吨钾肥工程”由青海盐湖钾肥股份有限公司控股。这将为公司进一步发展注入新的活力，真正实现企业形象一流、产品质量一流、经营业绩一流的现代化企业。

公司董事长郑长山，高级经济师、中国化工内部审计协会副会长、常务理事，青海省内审协会副会长。

公司地址：青海省格尔木市

公司网址：www.YHJF.com

联系电话：(0979)8449010　传真：（0979）8449011

盐湖钾肥光卤石水采船

察尔汗盐湖盐花

青海统计年鉴

QINGHAI STATISTICAL YEARBOOK

2004

（总第 20 期）

青海省统计局 编

(京)新登字 041 号

图书在版编目(CIP)数据
青海统计年鉴.2004/青海省统计局编.
—北京：中国统计出版社，2004.6
ISBN 7-5037-4347-6
Ⅰ.青…
Ⅱ.青…
Ⅲ.统计资料-青海省-2004-年鉴
Ⅳ.C832.44-54
中国版本图书馆 CIP 数据核字(2004)第 032168 号

青海统计年鉴-2004

作　　者/青海省统计局
责任编辑/蔡启新　郭艳丽
E-mail/yearbook@stats.gov.cn
责任校对/郭艳丽
封面设计/青海省统计局综合处　西宁鼎正彩印设计制作中心
出版发行/中国统计出版社
通信地址/北京市西城区三里河月坛南街 75 号　中国统计出版社
邮　　编/100826
电　　话/(010)63262295
印　　刷/青海省统计局印刷厂
经　　销/新华书店
开　　本/890×1240 毫米 1/16
字　　数/40 万字
印　　张/37
印　　数/1-1000 册
版　　别/2004 年 6 月第 1 版
版　　次/2004 后 6 月第 1 次印刷
书　　号/ISBN 7-5037-4347-6/F·1812
定　　价/280.00 元(不含邮寄费)

编 辑 说 明

《青海统计年鉴—2004》是一本全面反映青海省国民经济和社会发展情况的资料工具书。本书收录了2004年青海经济和社会各方面的统计数据,同时又增加了体现经济和社会协调发展的反映资源与环境变化的资料。

全书内容分27个篇目,即:公报、特载、综合、资源与环境、人口、从业人员和职工工资、人民生活、物价、能源生产与消费、固定资产投资、财政、金融和保险、农业、工业、建筑业、交通运输和邮电通信、国内贸易、对外经济贸易和旅游、科技、教育和文化、卫生体育、法律及公正、社会福利及其他、城市基本情况、企业资料、月度资料、全国各地区主要经济指标及排序、民族地区和各县主要经济指标等。

统计表中使用符号:“…”表示数据不足本表最小单位;“空格”表示无该项指标数据或该项指标数据不详;“#”表示总指标的其中项数据。读者在使用统计资料时,凡与本年鉴有出入的,均以本年鉴为准。

本《年鉴》是全省各条战线上广大统计干部辛勤劳动的成果,是集体智慧的结晶。在编辑出版、印刷、发行过程中,得到了中国统计出版社等许多单位及有关同志的大力支持,在此一并表示衷心感谢!

《青海统计年鉴》公开出版以来,受到了国内外广大读者的关心和支持,对本年鉴的内容和编辑工作提出了许多宝贵的意见,对此我们深表谢意。限于我们水平有限,疏误之处在所难免,欢迎各界人士随时对不足之处给予批评和指正,帮助我们进一步提高和改进统计年鉴的编辑水平,更好地为广大读者服务。

《青海统计年鉴－2004》编辑委员会

一、特载

Special Notes

二、综合

General Survey

三、资源与环境

Resource and Environment

四、人口

Population

五、从业人员和职工工资

Employed Personnel and Their Wages

六、人民生活

Peole's Livelihood

七、物价

Prices Index

八、能源生产与消费

Production and Consumption of Energy

九、固定资产投资

Investment in Fixed Assets

十、财政、金融和保险

Finance, Banking and Insurance

十一、农业

Agriculture

十二、工业

Industry

十三、建筑业

Construction

十四、交通运输和邮电通信

Transportation, Post and Telecommunication

十五、国内贸易

Domestic Trade

十六、对外经济贸易和旅游

Foreign Trade and Economic Cooperation and Tourism

十七、科技

Science and Technology

十八、教育和文化

Education and Culture

十九、卫生和体育

Public Health and Sports

二十、法律、公证、社会福利及其他

Law, Notarization and Others

二十一、城市基本情况

Basic Statistics on Cities

二十二、企业资料

Records of Enterprises

二十三、月度资料

Monthly Data

二十四、全国各地区主要经济指标及排序

Main Economy Indexes and Order of the Different Parts of the Country

二十五、民族自治地方主要经济指标

Major National Economy Indicators in Autonomous Regions

二十六、各县主要经济指标

Major Indicator of Society and Nation Economy in Each Country

2003年青海省国民经济和社会发展统计公报

青海省统计局

2004年2月27日

2003年，我省各族人民在省委、省政府的领导下，高举邓小平理论和“三个代表”重要思想伟大旗帜，坚持与时俱进，正确处理改革发展稳定的关系，认真实施西部大开发战略，走发展之路、改革之路、创业之路、跨越之路，抗击国内“非典”疫情和省内地震等自然灾害，全面完成了国民经济和社会发展的各项任务，城乡居民所得实惠增多。“富民强省，全面建设小康”迈出新步伐。

一、经济总量和经济结构

国民经济继续保持高速增长。2003年全省GDP390.16亿元，按可比价格计算，比上年增长12.1%(国内生产总值将改进和规范地区核算，2004年起地区的GDP改称生产总值)。人均GDP7276元，增长11.0%。在经济结构战略性调整深入推进的过程中，优势产业、特色经济的发展亮点增加，GDP三次产业的构成发生变化，第一产业增加值47.00亿元、第二产业增加值184.26亿元、第三产业增加值158.90亿元，分别比上年增长3.8%、16.4%、9.7%。一、二、三产业占GDP的比重分别为12.1%、47.2%、40.7%；第二产业对经济增长的拉动力继续增大，工业化水平得以提升。地区经济结构向突出优势、打造特色演变，资源开发步伐加快，总体产出效益上升。所有制结构进一步优化，非公有制经济发展分量加重。

二、农业和畜牧业

全省努力解决“三农”问题，各项工作措施到位，在结构调整中，特色种养业、订单和设施农牧业的发展面扩大，退耕还林还草工程顺利实施，区域基础设施建设协调并进，支持了优势资源开发，加之气候好，农牧业是一个丰收年，整体上实现了生产增效和农牧民增收的目标。

种植业结构调整加快。农作物种植向适应市场需求和展示高原特色调整优化，产值高、收入好的品种增加。全年在落实退耕还林还草任务中，粮食作物种植面积24.80万公顷，比上年减少12.9%，总产量86.80万吨，减产4.9%，亩产量由上年的213.8公斤提高到233.3公斤，增产9.1%；其中薯类种植面积6.57万公顷，比上年增长8.2%，总产量28.20万吨，增产15.6%。油料种植面积15.21万公顷，比上年下降0.5%，总产量26.20万吨，增产12.0%，亩产量由上年的102.0公斤提高到114.8公斤，增产12.6%，单产创历史最高记录。蔬菜种植面积2.41万公顷，比上年增长18.1%，总产量77.1万吨，增产13.7%。粮食作物、经济作物、其它作物种植面积之比由上年的58:36:6转变为53:39:8，种植业是一个收入较丰、效益较好的年景。

畜牧业好的发展局面进一步形成。全省坚持合理有效利用草地资源和广泛推进科学养畜，努力增强防灾抗灾能力，狠抓“四配套”建设和“西繁东育”，畜牧业生产和效益双增。全年草食牲畜成活率、出栏率和商品率分别为89.6%、29.1%和23.7%，各比上年提高0.30、0.81和0.68个百分点；年末草食牲畜存栏总数2217.65万头(只)，比上年增长1.03%；能繁殖母畜比例由上年的47.03%提高到48.03%。全年肉类总产量23.67万吨，比上年增长3.9%，其中，牛肉产量7.09万吨，增长0.9%，羊肉产量8.49万吨，增长

6.1%。羊毛产量1.73万吨、牛奶产量22.14万吨,分别比上年增长3.6%和0.5%。

退耕还林还草任务全面完成。全年完成造林种草面积13.67万公顷,其中,造林面积9.69万公顷。退耕还林还草面积6.78万公顷,比上年增长28.4%,其中林增草减,退耕还林6.06万公顷,增长51.9%,退耕还草0.72万公顷,下降44.2%。荒山造林2.76万公顷,比上年增长26.6%,荒山种草3.25万公顷,比上年增长10.5%。取得了历年来投资规模最大、质量最好的成绩,全省有20多万户、100多万人从中收益;遏制生态环境恶化,和谐人与自然关系的工作扎实。

渔业资源得到合理保护。全年水产品产量0.13万吨,比上年下降27.8%。

农田水利建设取得新成就。2003年末,全省农田有效灌溉面积(水浇地面积)为18.17万公顷;年内完成灌区维修配套和节水改造面积2.11万公顷,综合治理水土流失面积827平方公里;解决了42万人、170万头(只)牲畜饮水困难的问题,水利设施配套项目建设进程加快,农村牧区的生产和生活条件不断改善。

三、工业和建筑业

全省工业企业结构调整、项目建设、招商引资的力度继续加大,通过深化改革、企业整合、推进工业园区建设,完善管理机制,为优势产业、特色产业的发展和参与市场竞争注入了新的活力。全年工业生产克服了电力紧张、运力不足和原材料价格上涨等不利因素,实现了速度、规模、效益同步提高,取得了近十年来的最好成绩,工业经济已成为国民经济增长的主要拉动力。

工业生产增幅创新高。全省全部工业增加值达120.77亿元,按可比价格计算,比上年增长17.1%。规模以上工业增加值95.53亿元,增长15.9%,其中国有及国有控股企业完成84.55亿元,增长14.5%。规模以上的股份制企业增加值72.87亿元,增长15.3%;集体企业增加值0.83亿元,下降5.5%;外商及港澳台投资企业增加值1.69亿元,增长36.4%。从轻重工业看,规模以上轻工业增加值6.15亿元、重工业增加值89.38亿元,分别比上年增长17.7%和15.8%。工业新产品产值6.83亿元,比上年增长10.29%。高新技术产业的现价工业总产值5.48亿元,比上年增长7.3%。四大支柱产业和四大优势产业的份额继续增大。

主要工业产品产量增加。全年原煤产量310.57万吨,比上年增产24.6%;天燃气15.41亿立方米,增产33.9%;原油220.02万吨,增产2.8%;发电量129.48亿千瓦小时,下降6.6%;钢47.73万吨,增产14.3%;十种有色金属43.90万吨,增产18.8%,其中铝40.04万吨,增产15.4%;水泥307万吨,增产16.3%;硫酸7.32万吨,增产104.7%;纯碱6.08万吨,增产15.6%;钾肥72.97万吨,原盐66.35万吨,轻革9.15万平方米。

产销衔接状况得到改善。规模以上工业企业产品销售率为97.20%,其中,轻工业产销率达97.43%,重工业产销率为97.18%;外商及港澳台企业产销率上升到118.93%。高新技术工业销售产值5.70亿元,比上年增长25.9%,产销率为103.9%。工业品出口交货值4.65亿元,增长28.0%,新的品牌增加。

整体经济效益明显提高。规模以上工业企业经济效益综合指数为102.51,比上年上升8.12个百分点;全年规模以上工业实现利润12.7亿元,比上年增长49.45%,其中,国有及国有控股企业实现利润11.03亿元,增长39.50%。

建筑业生产活跃。全年建筑业创造增加值63.49亿元,按可比价格计算,比上年增长15.2%。据初步统计,全省具有资质等级的建筑企业施工单位工程个数为3014个,其中投标承包工程个数2188个,占72.6%;施工房屋面积511.91万平方米,比上年增长13.4%,竣工房屋面积238.83万平方米。

地质勘察工作继续加强。矿产储量勘探、地质环境监测、地质灾害预报都创造了新业绩。

四、固定资产投资

全省上下认真贯彻落实西部大开发的各项政策,继续加大改善投资环境、广筹各项建设资金的工作力度,狠抓项目开工建设和续建收尾工程,固定资产投资保持较快增长,对经济社会发展起到了重要的支撑作用。

投资规模扩大。全省完成固定资产投资285.12亿元,比上年增长16.4%。其中,国有经济及其他经济类型完成250.55亿元,增长17.9%;集体经济完成7.86亿元,增长21.5%;城乡居民个人投资26.71亿元,增长2.8%。国有经济及其他经济类型投资按计划管理渠道划分:基本建设投资184.19亿元,增长11.9%;更新改造投资37.83亿元,增长50.1%;房地产开发投资22.31亿元,增长32.1%;其他投资6.22亿元,增长5.6%。国有经济及其他经济类型投资按行业划分:第一产业投资11.18亿元,比上年下降14.7%;第二产业投资104.04亿元,增长18.2%,其中,能源工业投资50.31亿元,增长1.79倍;第三产业投资135.33亿元,增长21.4%,其中,交通运输、仓储及邮政业投资41.01亿元,下降22.1%,房地产公用服务咨询业投资22.62亿元,增长30.7%。全年民间投资完成105.46亿元,比上年增长26.6%,一些民间投资者开始参与盐湖、藏药、煤炭、电力等资源开发和大型房地产项目建设,扩大了领域和规模,上了新的档次和台阶。

投资结构改善。全省生产性项目投资比重上升,重点工程建设喜迈新步。全年四大支柱产业完成投资66.10亿元,其中,电力工业投资20.74亿元,天然原油开采业投资19.09亿元,盐湖化工工业投资10.39亿元,有色金属工业投资15.87亿元。四大优势产业完成投资12.41亿元。百万吨钾肥项目、尼那水电站4台机组投入试生产,高等级公路修建进展顺利,全年新建公路574公里,其中高速公路83公里。基础设施、重点工业、生态环保等富民强省的建设项目不断增加。全年基本建设新上项目1454个、竣工项目1004个,分别比上年增长21.1%和9.3%,一批新增生产能力陆续发挥经济效益和社会效益。

国债项目投资情况良好。全省年内完成国债项目投资51.33亿元,其中,国有单位完成41.82亿元,股份有限公司完成9.51亿元,办成了一些大事,支持了经济发展。

五、国内贸易和市场物价

在全省经济增长、城乡居民增收的背景下,消费品市场运行活跃,物价稳中小幅上涨。

社会消费品零售额增长。全年实现社会消费品零售总额102.66亿元,比上年增长11.5%。其中,国有经济23.97亿元,增长8.0%;集体经济9.83亿元,增长8.6%;个体经济51.94亿元,增长12.9%;私营经济11.44亿元,增长18.0%;其它经济5.48亿元,增长6.4%。分城乡看,城市的消费品零售额66.14亿元,增长11.4%;农村(县及县以下)消费品零售额36.52亿元,增长11.5%。分行业看,批发零售贸易业83.37亿元,增长11.0%;餐饮业16.44亿元,增长11.5%;其它行业2.85亿元,增长25.0%。限额以上批发零售贸易企业(批发企业年销售额在2000万元以上,零售企业年零售额在500万元以上统称为限额以上企业)通信器材类零售额0.17亿元,比上年增长1.02倍;限额以上批发零售贸易企业家用电器类零售额2.20亿元,增长39.9%。

物价总水平适度回升。全省居民消费价格上涨2.0%,其中,城市居民消费价格上升1.8%,农村居民消费价格上升2.5%。分类别看:食品价格上涨4.1%,其中,粮食价格上涨1.5%、肉禽及其制品上涨4.5%、蛋下降1.4%、水产品上涨1.2%、鲜菜上涨23.8%、鲜果上涨10.2%;烟酒及用品价格下降1.0%;衣着类价格上涨1.9%;家庭设备用品及维修服务类上涨0.1%;医疗保健和个人用品价格上涨4.8%;交通和通讯类价格下降1.3%;娱乐教育文化用品及服务类价格上涨0.9%;居住类价格下降0.1%;服务价格上涨4.0%。商品零售价格上升0.8%;工业品出厂价格上升5.5%;原材料、燃料、动力购进价格上升1.8%;固定资产投资价格上升2.0%。西宁市区房地产价格水平上涨2.1%,其中,房屋销售价格上升1.9%;土地交易价格上涨6.2%;房产租赁价格上升3.1%。

六、对外经济贸易

全省开发、开放的影响力扩大,对外经济贸易和对外经济技术合作取得了新成果。

进出口贸易增加。据海关统计,全年进出口总额3.39亿美元,比上年增长72.4%。其中,出口额2.74亿美元,增长81.3%,进口额0.65亿美元,增长43.1%。在出口额中,一般贸易出口1.93亿美元,增长68.1%,加工贸易出口0.81亿美元,增长1.22倍;机电产品出口0.18亿美元,增长1.68倍,高新技术产品出口0.05亿美元。出口市场主要是美国0.27亿美元,增长66.4%;香港特别行政区0.48亿美元,增长1.63倍;日本0.50亿美元,增长69.3%;韩国0.62亿美元,增长64.1%;欧洲0.29亿美元,增长87.9%;台湾省0.08亿美元,增长8.6倍。在进口额中,一般贸易进口0.32亿美元,下降6.8%,加工贸易进口0.33亿美元,增长2.3倍;机电产品进口0.24亿美元,增长2.6倍,高新技术产品进口0.02亿美元,增长7.4倍。

招商引资数额扩大。2003年,成功地举办了第四届中国东部企业参与西部结构调整投资贸易洽谈会等招商引资活动,中信国安、浙江玻璃股份有限公司等知名企业投资青海。全年新批外商投资项目44个;合同使用外商直接投资额2.86亿美元,比上年增长18.3%;实际使用外商直接投资额1.69亿美元,比上年增长14.7%。

七、交通、邮电和旅游

交通运输和邮电通信业运营条件不断改善,服务经济与社会发展的功能增强,高原特色旅游业向改善基础、提升品位推进。全年运输和邮电业创造增加值32.01亿元,比上年增长14.7%。

货物周转量增长。全年交通运输业共完成货物周转量133.76亿吨公里,比上年增长13.3%。其中,铁路81.43亿吨公里,增长17.3%;公路43.30亿吨公里,增长8.9%;民航236.70万吨公里,增长25.3%;管道9.00亿吨公里,增长2.7%。全年完成货运量6189.65万吨,比上年增长9.5%。其中,铁路1092.50万吨,增长9.2%;公路4890万吨,增长9.9%;民航0.15万吨,增长25.0%。全年完成旅客周转量40.74亿人公里,比上年增长5.9%。其中,铁路16.40亿人公里,增长1.0%;公路22.00亿人公里,增长9.6%;民航2.34亿人公里,增长7.8%。全年客运量4323.80万人,比上年增长7.9%。其中,铁路408万人,减少6.4%;公路3900万人,增长9.7%;民航15.80万人,增长6.8%。2003年底,全省通车公路总里程24377公里,其中高速公路里程118公里。

邮电业务扩大。全年邮电业务总量达21.37亿元(2000年不变价),比上年增长26.4%。其中,邮政业务总量1.53亿元,增长4.8%;电信业务总量19.84亿元,增长28.5%。年末固定电话用户76.16万户,其中本年新增18.29万户。城市固定电话用户达64.69万户,其中住宅电话用户51.72万户;乡村固定电话用户为11.47万户,其中住宅电话用户10.96万户。年末移动电话用户100.3万户(含CDMA),其中本年移动电话新增用户23.1万户。全省电话普及率上升,互联网用户和网民增多。

旅游业发展升温。全省旅游业基础设施建设进程加快,全力打造西宁"夏都"品牌的工作有声有色,优势品牌宣传创新力度加大,"民族文化旅游节"等活动引人注目,成功地举办第二届"环青海湖国际公路自行车赛",极大地提高了青海的知名度,旅游产业开发广受赞誉、进程加快。但由于青海旅游的黄金季节受"非典"冲击,外来游客和实现收入减少。当年全省接待国内游客394.3万人次,减少5.7%;国内旅游收入14.24亿元,比上年下降1.0%。境外游客入境人数1.77万人次,减少59.3%,其中,外国人0.77万人次,减少59.6%;港、澳、台同胞1万人次;旅游外汇收入472万美元,下降52.0%。

八、财政、金融和保险

财政积极发挥了统筹经济和社会发展的调控职能,金融和保险事业对建设小康的支持力增加。

财政收支增长较快。全省一般预算收入43.67亿元,比上年增长14.5%;其中,地方一般预算收入24.02亿元,增长13.8%。财政一般预算支出123.13亿元,增长3.9%;其中,公共支出63.45亿元,增长8.2%;经济建设支出39.43亿元,下降6.7%;社会保障支出14.12亿元,增长15.7%。

金融保持稳健运行。年末金融机构人民币各项存款余额538.58亿元,比年初增加71.37亿元。其中,企业存款187.83亿元,增加20.60亿元;城乡居民储蓄存款260.50亿元,增加37.51亿元。金融机构各项贷款余额564.84亿元,比年初增加83.95亿元。其中,短期贷款204.53亿元,增加18.85亿元;中长期贷款309.73亿元,增加60.95亿元。发放个人消费贷款0.83亿元,增加0.07亿元。

保险事业不断进步。全年全省获得保费收入7.61亿元,比上年增长15.61%,其中财产险收入2.84亿元,增长9.72%,寿险收入4.77亿元,增长19.45%,各类保险造福于社会的功能增强。

九、教育和科学技术

科教兴青战略深入实施，全省科技、教育事业发展充满生机，科技活动成果丰硕。

各级各类教育事业全面进步。全省有研究生培训单位6个，招生数172人，在校研究生387人，毕业生45人；普通高校9所，招生数0.91万人，比上年增加0.20万人，在校生2.61万人，毕业生0.57万人；成人高校2所，在校生、毕业生保持一定规模；职业中学19所，招生数0.19万人，在校生0.50万人，毕业生0.14万人；普通高中148所，招生数3.28万人，比上年增加0.47万人，在校生8.03万人，毕业生1.76万人；初中学校356所，招生数7.75万人，比上年增加0.33万人，在校生21.4万人；普通小学2998所，招生数9.46万人，在校生50.69万人，毕业生8.15万人；特殊教育学校招生数240人，在校生0.24万人。幼儿园在园幼儿7.40万人，比上年增加0.46万人。成人技术学校在校生25.95万人，比上年增加0.96万人。"两基"教育人口覆盖率达到80%，适龄儿童入学率为96.14%。贫困生资助面不断扩大，受益学生增加。

科学研究充满活力。年末全省从事研究与发展(R&D)活动人员2079人，比上年增长2.1%；全年研究与发展(R&D)经费支出2.34亿元，比上年增长12.5%，其中基础研究经费支出520万元，增长3.4%。全省取得科技成果100项，其中，基础理论成果1项，应用技术成果91项，软科学成果8项。

全年专利申请173件；授权专利91件；签订技术合同205项，成交金额8291万元。全省共有法定计量技术机构156个，法定质量体系认证机构1个，完成强制性产品认证的企业4个，气象雷达观测站点3个，卫星云图接收站点4个，地震台站15个，地震遥测台网4个，服务功能进一步完善。

十、文化、卫生和体育

文化、卫生和体育事业均向好发展，成为加强精神文明建设和体现社会和谐进步的重要标志。

文化事业不断繁荣。当年末，全省共有艺术表演团体14个；文化馆43个，公共图书馆38个，博物馆16个，档案馆62个；广播电台4座，中短波广播发射台和转播台8座，广播综合人口覆盖率为85.0%；电视台8座，电视综合人口覆盖率达91.3%，有线电视用户31.72万户。全年报纸出版量0.64亿份；杂志出版量0.01亿册，图书出版量0.09亿册(张)。"特色文化乡"、"小康文化村"等基层文化建设活动蓬勃开展，为城乡居民提供了更加丰富的精神食粮。

卫生事业健康发展。当年末，全省拥有各类卫生机构5570个，床位数1.66万张。其中：县及县以上医院131个，床位数1.40万张；乡镇卫生院405个，床位数0.22万张；城市社区卫生服务中心8个、疾病预防控制中心(防疫站)56个，卫生监督所42个，妇幼保健院(所、站)19个，村卫生室4162个。卫生技术人员共计1.77万人，其中，执业医师0.61万人，执业助理医师0.16万人，注册护士0.56万人。农村有医疗点(卫生室)的村占总村数的比重为91.7%。结合防治"非典"工作，初步建立了突发公共卫生事件应急机制，加快了公共医疗救治体系建设步伐，农村牧区新型合作医疗制度改革试点在8个县有序推进，城乡医疗保健事业发展水平提高。

体育事业取得新成绩。全年全省优秀运动队中共有282人次参加了国内外比赛，13人次获第一名，8人次获第二名，6人次获第三名，41人次获第四名和第八名，获得世界冠军1个。体育对外交流继续扩大，年内接待来青登山、探险、考察等团队32个、2010人次；连续成功举办"环青海湖国际公路自行车赛"标志着体育事业发展势头强劲。城乡各地群众性体育竞赛活动不断涌现，全民健身运动的开展呈现多样化。

十一、环境保护

2003年，全省环境保护和生态建设力度加大，改善人与自然的关系广受关注。到年底，环境保护系统人员数为620人，各类环境检测站共计18个；拥有生态示范区建设试点地区和单位2个；自然保护区8个，面积2060.83万公顷，占全省土地总面积的28.53%；其中，国家级自然保护区5个，面积2052.25万公顷。当年完成环境污染限期治理项目20个，项目总投资1389.50万元；煤改气工程在西宁地区进展加快，烟尘控制区、环境噪声达标区的面积扩大。进一步遏制了生态环境恶化的趋势，可持续发展的能力不断提高。

十二、人口、人民生活和社会保障

人口和计划生育工作取得新成效。省委、省政府高度重视人口和计划生育工作，各地严格落实各项计划生育政策，人口自然增长率降低。据人口变动抽样调查资料推算，2003 年末，全省总人口 533.8 万人。其中：城镇人口 203.8 万人，城镇人口比重（城镇化率）达 38.18%；乡村人口 330.0 万人，乡村人口比重为 61.82%。城乡男性人口 272.33 万人，女性人口 261.47 万人，分别占总人口的 51.02% 和 48.98%。0—14 岁人口 131.53 万人、15—64 岁人口 370.88 万人、65 岁及以上人口 31.39 万人，分别占总人口的 24.64%、69.48%、5.88%。全年出生人口 9.0 万人，出生率为 16.94‰，下降 1.11 个千分点；死亡人口 3.24 万人，死亡率为 6.09‰，下降 0.26 个千分点；全年净增人口 5.2 万人；人口自然增长率为10.85‰，下降 0.85 个千分点，是降幅比较大的一个年份。全省人口素质有所提高，人力资本存量扩大。

劳动就业工作得到加强。2003 年末，全省就业人员达 295.4 万人；城镇登记失业率为 3.8%。下岗职工再就业人数 1.69 万人。高校毕业生一次就业率为 45.6%。

城乡居民生活水平继续提高。2003 年，全省城镇居民人均可支配收入 6731.88 元，比上年增长 8.58%；农牧民人均纯收入 1817.38 元，比上年增长 6.23%。城乡居民恩格尔系数分别为 36.79%、49.07%。城乡居民居住条件进一步改善，生活质量得到提升，消费追求新时尚、享受型、发展型的群体扩大。扶贫开发卓有成效，全年解决了 15.53 万贫困人口的温饱问题。

社会保障工作取得积极进展。年末参加基本养老保险人数 56.5 万人，其中，城镇职工 40.5 万人，离退休人员 16 万人。全省企业离退休人员社会化管理服务率达到 70.5%。参加失业保险人数 33.2 万人，比上年增长 3.1%；领取失业保险金人数 2.1 万人，比上年下降 4.5%。参加基本医疗保险人数 55.77 万人，比上年增长 9.1%。国有企业离退休人员养老金和下岗职工基本生活费全部按时足额发放；社会保障扩面工作稳妥运转，城镇新纳入低保人数 2.7 万人，到年底累计达 20.2 万人，基本实现了动态管理下的应保尽保。对灾区群众和困难群体的安置救助等工作扎实有效，上下形成的亲和力增大，各类收养性社会福利单位收养人员 0.30 万人，多方面协作联手，拓展了依法为民维权谋利的通道。社区建设和社区服务深入广泛推进，年末城镇各种社区服务设施达 1150 个，其中综合性社区服务中心 40 个。全年销售社会福利彩票 6992 万元，筹集社会福利资金 2447 万元，直接接受社会捐赠 777 万元。

全省经济社会发展中存在的主要问题是：经济体制和经济结构的深层次矛盾尚未得到根本解决，保持经济持续快速增长的基础仍不稳固，促进经济社会和区域协调发展的任务艰巨；城乡居民收入水平与全国还有不小差距，扶贫任务繁重，本年末全省农牧业区还有 145 万贫困和低收入人口，农牧民增收和农牧区富余劳动力转移的难度加大，农业产业化水平低，劳动力素质不高，统筹城乡发展还需要采取新举措；电力、运力供需矛盾比较突出，成为工业经济增长的制约因素；投资渠道比较单一，利用外资规模小，吸纳社会资金不足，投资环境有待进一步改善；就业形势依然严峻，社会保障体系亟待完善。全省上下要认真落实十六届三中全会和省十次党代会、十届人大二次会议精神，围绕新世纪初“消除贫困、富民强省”和“深化改革、创新体制”两大历史任务，坚持树立和落实以人为本，全面、协调、可持续的科学发展观，全面提升综合经济实力和竞争力，保持和发展全省经济社会持续快速协调健康发展的势头，保持和发展全省各族人民群众生活水平不断提高、不断得到实惠的势头，保持和发展全省社会稳定、各族人民团结和谐、积极奋进的势头。

注：本公报部分数据为初步统计数或预计数。

2003年青海省环境状况公报

青海省环境保护局

综　述

2003年，全省紧紧抓住西部大开发机遇，认真实践“三个代表”的重要思想，进一步深化改革，扩大开放，使全省经济社会保持了持续、快速、协调、健康发展的良好势头。环境保护工作认真贯彻中央人口资源环境工作座谈会和全国环保工作会议精神，紧紧围绕全省工作大局和落实“十五”环境保护计划目标，以改善环境质量为目标，坚持污染防治和生态保护并重的方针，强化监督管理和服务职能，为促进全省经济社会的可持续发展做了大量的基础工作。一年来，在全省GDP较上年增长12.1%、人口自然增长率10.85‰的形势下，全省环境质量总体保持稳定，部分城市和地区有所改善，辐射环境质量依然维持在天然本底水平。局部地区生态环境得到一定程度的恢复。

水环境

状况

长江水系　2003年长江水系总体水质较好。通过对长江源区沱沱河、楚玛尔河等主要河流的监测结果，除高锰酸盐指数超过《地表水环境质量标准(GB3838-2002)》Ⅰ类标准，其余各项目均达到Ⅰ类标准。长江干流出省境直门达国控断面达到Ⅰ类水质标准。

黄河水系　2003年黄河干流水质较好。黄河干流唐乃亥国控断面达到国家《地表水环境质量标准(GB3838-2002)》Ⅰ类水质标准；出省境官亭断面达到Ⅱ类水质标准。

黄河支流湟水干流及主要支流水质较差。水质状况呈有机型污染，主要污染因子为五日生化需氧量、高锰酸盐指数、氨氮和石油类。湟水河出省境民和桥国控断面为劣Ⅴ类水质，基本保持在去年同期水平。

地下水环境质量　西宁市南川、西纳川、西川及平安等6个地下水监测点，地下水水质级别绝大多数在良好级以上，基本符合国家《地下水质量标准(GB/T14848-93)》中的Ⅲ类标准。

格尔木市地下水8个监测点，地下水水质均达到国家《地下水质量标准(GB/T14848-93)》中的Ⅲ类标准。

2003年，西宁市集中式饮用水源地水质基本达到国家《生活饮用水卫生标准(GB5749-85)》。由于受原生地质环境的影响，造成地下水总硬度、硫酸盐指标超标。

废水及污染物排放　2003年，全省废水排放总量11310万吨，比上年增长1.6%。其中工业废水3453万吨，比上年降低3.6%，占全省废水总量的30.5%；生活污水排放量7857万吨，比上年同期增长4.1%，占全省废水总量的69.5%。主要污染物COD排放量31887吨，比上年降低3.6%，其中工业废水COD排放量2927吨，比上年降低20.5%，占全省总量的9.2%；生活污水中COD排放量28960吨，比上年降低1.4%，占全省总量的90.8%；氨氮排放量3608吨，比上年增长5.8%，其中工业氨氮排放量37.89吨，比上年增长50.9%，占排放总量的1.05%；生活污水中氨氮排放量3571吨，比上年增长5.5%，占排放总量的98.95%。

湟水河是我省水污染防治的重点流域，2003年排入该流域的污水总量约8100万吨，其中工业废水量2705万吨，比上年降低7.8%。主要污染物COD排放总量21750吨，比上年降低7.8%；氨氮排放量2441吨，比上年增长0.4%。排入湟水河的工业废水排放达标率为72%，比上年提高8个百分点。

全省废水排放情况年际变化表

年度	废水排放(万吨)			化学需氧量(吨)			氨氮(吨)		
	合计	工业	生活	合计	工业	生活	合计	工业	生活
2001	11831	4385	7446	33056	3272	29784	3487.2	12.17	3475
2002	11131	3583	7548	33068	3683	29385	3410.1	25.10	3385
2003	11310	3453	7857	31887	2927	28960	3608.9	37.89	3571
增减率	+1.6	-3.6	+4.1	-3.6	-20.5	-1.4	+5.8	+50.9	+5.5

措施与行动

加强水污染防治,2003年实施主要污染物排放总量控制和重点工业污染源污染物全面达标排放目标管理,共完成水污染治理投资8201万元,比上年增长47%。新增污水治理能力6820吨/日。全省工业废水排放达标率60%,与上年持平。

春灌期间全省开展了防止水污染事故专项检查工作。“非典”期间重点对医疗废水处理及全省城镇生活污水处置设施运转情况进行了全面检查,有效防止了水污染事故的发生。

重视湟水流域水污染防治工作。2003年完成了《湟水流域水污染防治规划》编制工作。规划治理水污染项目104个,到2010年湟水流域各控制断面达到或接近水环境功能区的目标,实现湟水流域水环境质量的根本性好转。

完成了《青海省水环境功能区划》编制工作。

西宁市第一座污水处理厂运行正常,城市生活污水集中处理率比上年提高8个百分点。年内对西宁市第二污水处理厂(一期工程)和城南新区污水处理厂(一期工程)建设项目批准立项。日处理5万吨的格尔木生活污水处理厂已完成土建工程,进入设备安装阶段。

大气环境

状况

城市环境空气 2003年,西宁市、大通县和格尔木市环境空气中二氧化硫、二氧化氮均达到《环境空气质量标准(GB3095/1996)》二级标准,总悬浮颗粒物超标。空气污染综合指数分别为1.66、2.36和1.77,西宁市、格尔木市为中度污染,大通县为重度污染。与上年相比,大通县、格尔木市污染程度有所下降。西宁市空气质量优良天数进一步提高,Ⅱ级以上天数占全年总天数的72.93%,比上年提高6.93个百分点。总悬浮颗粒物仍是影响城市环境空气质量的主要污染物。

2003年度,西宁市降水pH值范围为4.88-8.99,出现3次酸性降雨,酸雨频率为4%。

废气及污染物排放 2003年,全省废气排放量1002亿标立米,比上年增长6.9%。废气中主要污染物二氧化硫排放量60280吨,比上年增长87.3%,其中,工业二氧化硫排放量50522吨,比上年增长128%,占二氧化硫排放总量的83.8%;生活二氧化硫排放量9758吨,比上年降低3.04%,占二氧化硫排放总量的16.2%。废气中烟尘排放量59736吨,比上年降低1.5%,其中,工业烟尘排放量38697吨,比上年提高0.05%,占烟尘排放总量的64.8%;生活烟尘排放量21039吨,比上年降低4.3%,占烟尘排放总量的35.2%。工业粉尘排放量58506吨,比上年增长42.6%。工业二氧化硫排放达标率64%,比上年提高10个百分点;烟尘排放达标率48%,比上年提高15个百分点;工业粉尘排放达标率15.4%,比上年降低4个百分点。

措施与行动

2003年共完成废气污染治理投资额6.07亿元,其中完成天燃气建设工程投资额4.96亿元。新增废气处理能力53.15万标立米/时。

加大我省东大门——民和县大气污染治理工作力度。年内完成了《民和川口地区大气污染治理实施方案》编制工作,治理工作于2004年全面展开,年底实现达标排放。

根据省政府《关于从严控制我省铁合金生产能力制止低水平重复建设的意见的通知》要求,依法淘汰能耗高,污染严重的落后生产工艺,全省3200KVA硅铁矿热炉已全部淘汰。

继续实施西宁市清洁能源行动计划。累计完成锅炉"煤(油)改气"1266台3532蒸吨,占全市应改台数的78%和75%。累计完成1047台运营公交车辆的双燃料改造,更新改造率达86%;整治完成了近200家严重油烟污染源,餐饮业清洁能源使用率达58%。

工业固体废物

状况

2003年,全省工业固体废物产生量379万吨,比上年增长20.8%。工业固体废物排放量7.56万吨,比上年增加5.8万吨。危险废物产生量74万吨。

措施与行动

工业固体废物综合利用量78万吨,综合利用率20.3%。

2003年完成固体废物污染治理投资额3881万元,其中垃圾处理工程完成投资额3709万元,占总投资额的95.6%。

结合防"非典"工作,对西宁市医疗垃圾处理情况进行专项检查,防止发生二次污染。

《青海省危险废物及医疗废物处置设施建设规划》已经国务院批准,我省八个州、地、市政府所在地和格尔木市危险废物及医疗废物处置项目、省放射性废物库扩建改造项目列入其中,总投资达1.8亿元。

在全省开展了"毒鼠强"等违禁鼠药专项整治工作,共集中处置销毁"毒鼠强"等违禁鼠药6.3吨。

声环境

城市噪声

2003年,西宁市噪声源主要为社会生活噪声和交通运输噪声。西宁市各区域环境噪声出现不同程度的超标,交通运输噪声环境质量与2002年相比有所好转。交通运输噪声平均等效声级为70.6分贝,比上年降低0.7分贝。

措施与行动

加强高考期间声环境质量管理。环境监察部门设立举报电话,出动执法人员2786人次,重点检查240余家,查处群众投诉案件184件次,夜间值班巡逻,为考生创造了安静优良的应试环境。

进一步加大交通噪声综合整治力度。2003年在全市主要交通干线划定了禁鸣区域,启动了禁鸣工程,使市区主要交通干线机动车鸣号率控制在5.3%以下。

辐射环境

状况

2003年我省辐射环境质量监测重点以西宁市γ辐射空气吸收剂量率和湟水源区水体中放射性核素铀为主。西宁市γ辐射空气吸收剂量率年均值为59.7纳戈瑞/小时,湟水源区水体中放射性核素铀浓度年均值地表水为5.50微克/升、地下水为1.63微克/升,均为正常本底水平。

措施与行动

截至2003年底,全省放射性废物污染防治设施累计收贮各类放射性废物4659公斤、放射性废源437枚、放射性核素16种,暂存放射源124枚。目前,全省放射性污染防治设施运行安全正常,周围环境辐射水平处于本底状态,有效防止了放射性废物和污染物对环境的污染和对公众健康的潜在危害。

为确保辐射环境安全,加强了对退役放射性污染物填埋坑和省放射性废物库的安全监护工作。对青海省移动通信公司西宁市区42个移动基站进行了环保验收,颁发了《电磁辐射环境验收合格证》,检查了全省电力系统110KV以上高压输变电设施电磁辐射环境状况。

生态环境

随着全省生态环境保护与建设力度的不断加大，局部地区生态环境得到了一定程度的恢复，但总体退化的基本态势未得到改变。2003年青海湖水位下降10厘米，入湖沙尘与往年的950吨相当。东部黄土丘陵区水土流失、三江源地区超载放牧和草地退化、柴达木、共和盆地和长江、黄河源头区的土地沙漠化以及人为诱发的自然灾害等生态问题依然存在。受自然和人为因素影响，全省草地出现了不同程度的退化，其中中度以上退化草地面积833.3万公顷，全省草地鼠害面积797万公顷，占全省可利用草地面积的三分之一，草地虫害面积222.9万公顷。

气候变化与自然灾害

2003年，我省遭受了地震、洪水、冰雹、山体滑坡、霜冻及病虫害等多种自然灾害。全省29个县（市、区）、281个乡（镇）的231万人受灾，成灾189万人，重灾民102万人，因灾死亡11人。农作物受灾面积261.5万亩，成灾229万亩，绝收79万亩，减产粮油2.7亿公斤。因灾死亡牲畜23.2万头（只）。倒塌毁坏房屋6.3万间。直接经济损失达11.6亿元，其中农牧业直接经济损失达8.2亿元。

旱灾 全省局部地区出现了不同程度的旱情，有33.2万人、146万头（只）牲畜发生饮水困难，160万亩农田延期播种，牧区受旱天然草场面积近1亿亩。旱灾造成粮油减产8120万公斤，直接经济损失1.1亿元。

地质灾害 2003年，全省共发生滑坡、崩塌、泥石流、地面塌陷4种地质灾害。湟中、互助、化隆、循化、贵南等县连续发生大面积山体滑坡，4510户群众受灾，21219间住房受损，造成直接经济损失7975万元。海西州发生6.6级地震，地震波及5000平方公里，受灾人口6523户23170人，损坏房屋20470间，倒塌围墙40257米，死亡牲畜124头（只），卫生、交通、水利等设施遭到损坏。经济损失达7324万元，其中直接经济损失4779万元。

冰雹、洪涝灾害 2003年5月以来，全省遭受了严重的冰雹、洪涝灾害，共造成94万人受灾，重灾人口41万人；农作物受灾面积246万亩，成灾面积99万亩，绝收面积26万亩，减产粮食8740万公斤，减产油料4838万公斤，死亡1人，伤11人，倒塌房屋1447间，形成危房2446间。青南地区连续遭受风灾，有7913户牧民住房被风吹破，造成居住困难。灾害造成直接经济损失4.9亿元，灾情重于上年。

措施与行动

生态环境保护与建设 2003年，以《全国生态环境保护纲要》、《青海省黄河、长江源生态功能区生态环境保护纲要》和《中国21世纪初生态环境保护纲要》精神为指导，以遏制生态环境退化、维护生态环境良性循环、促进经济社会可持续发展为目标，进一步加大了生态环境保护与建设力度。全年共落实生态环境保护与建设资金6.5亿元，治理水土流失面积675平方公里。完成新建围栏草场45.9万公顷。灭鼠182万公顷。人工造林15.71万公顷，其中完成“三北”防护林0.916万公顷，天然林保护工程造林0.173万公顷。退耕还林（草）14.67万公顷。三江源地区退牧还草试点工程正式启动。

生态功能保护区、自然保护区建设与管理 2003年，完成了黄河源、长江源国家级生态功能保护区建设的前期准备工作，其中以有机畜牧业生产示范与产业培育、中藏药集约化种植、清洁能源推广示范、垃圾处理、旅游业发展培育、生态保护监管试点和技术支撑体系建设等为建设内容的《黄河源国家级生态功能保护区一期建设项目可行性研究报告》和《长江源国家级生态功能保护区一期建设项目可行性研究报告》通过省级论证，已报国家环保总局和国家发展改革委员会审批。

截至2003年底，我省建成省级以上自然保护区8处，自然保护区面积达20.61万平方公里，占国土面积的28.53%。其中三江源自然保护区升级为国家级自然保护区。

生物多样性保护 2003年，开展了全省生物物种资源保护执法检查工作，初步摸清了我省生物物种资源保护、采集、收集、研究开发、贸易、交换、进出口、出入境等活动的基本情况，对今后我省进一步强化生物物种资源保护与管理提供了依据。

退牧还草示范工程建设 2003年我省退牧还草示范工程全面展开，工程总投资3.1591亿元。示范工程范围包括果洛、玉树两州的8个乡镇，共禁牧草原104.6万公顷，其中永久性禁牧草原37.2万公顷；阶段性禁牧67.4万公顷。另外，在海南州、黄南州的同德、兴海、河南、泽库四县进行聚居半舍饲试点工作，季节性休牧1.5万公顷。

农业生态环境保护与生态示范区建设 2003年，对西宁市及海东地区农村面源污染、城镇周边农区秸秆禁烧、规模化畜禽养殖、化肥、农药残留等面源污染问题进一步加强了监督检查。继续做好秸秆禁烧工作，全年未发生因焚烧秸秆而造成空气污染现象。

指导、督促和检查了西宁市城南新区生态示范区建设工作。指导互助县开展生态示范区自验工作。

对果洛、兴海等有机食品基地、生态县建设以及发展有机畜牧业等相关工作进行了指导，鼓励和支持全省各地积极创建生态州（市）、县，大力发展有机食品、有机农业和有机畜牧业。

环境保护专栏

环境法制建设

2003年，完成了《青海省实施〈大气污染防治法〉办法》和《青海省湟水流域水污染防治条例》修订的调研和拟定工作。为保护青海湖流域的生态环境和自然资源，促进生态与经济和社会的协调发展，省人大审议通过了《青海湖流域生态环境保护条例》，于2003年8月1日起施行。

加大了环境保护执法力度。联合计委、监察、工商等六部门在全省范围内开展了“清理整顿不法排污企业，保障群众健康”环保行动，共清查各类排污企业389家，清理整顿不法排污企业89家，依法取缔不法排污企业19家，限期治理不法排污企业15家。全年办理人大代表建议35件、政协委员提案37件，解决群众投诉、举报环境污染事件194起。

建设项目管理

认真贯彻《中华人民共和国环境影响评价法》，按照“积极主动进位，依法加强监督，认真做好服务”的原则，强化建设项目环境保护监督管理，变事前、事后管理为全过程管理。对青藏铁路格唐段、公伯峡水电站、西塔高速、西湟、湟倒一级公路等23条公路重点建设项目进行了施工期环境监察。2003年全省受理完成了426个建设项目环境影响评价审批、76个建设项目竣工环境保护验收。全省建设项目环境影响评价执行率和“三同时”执行率分别达到95%和90%。

青藏铁路环境监察

2003年是青藏铁路建设的全面攻坚年，根据青藏铁路工程建设实际，采取点、线结合，加强了施工现场环境监察，组织对青海境内8个施工单位50个项目部落实环境保护目标责任制情况进行了监督检查。会同青藏铁路建设总指挥部研究制定了《青藏铁路格唐段生态环境恢复技术要求》，指导各施工单位及时开展大型临时建设工程的生态环境整治与恢复工作，使工程建设对生态环境的影响降低到最低程度。2003年8月国家环保总局组织六部委在青藏铁路施工期环境保护监督检查中，对青藏铁路环保行政监察工作给予了充分肯定，认为在工作思路、方法和机制上在国内重点工程建设项目环保行政监察中具有示范意义。

环境保护投入

2003年，全省环境保护投入7.49亿元，比上年增长69%，其中老污染源治理投入0.24亿元，占投资总额的3.8%；“三同时”环境保护投资0.85亿元，占投资总额的11.4%；城市环境基础设施建设投入6.37亿元，占投资总额的84.9%；环境管理能力建设投入271.7万元。

城市环境综合整治

2003年，西宁市围绕“蓝天、碧水、宁静”三大工程，启动了创建全国环境保护模范城市活动，通过实施城市绿化美化、锅炉煤改气、建筑施工场地扬尘污染控制等工程，市区绿化覆盖率达到25.02%，比上年提高2.02个百分点，人均公共绿地面积增加0.4平方米，由上年的4.9平方米提高到5.3平方米。通过自评，城市综合整治考核自测分比上年提高5.31分。格尔木市通过落实环境监督管理和城市环境综合整治措施，地表水水质按功能区基本达到国家标准，日处理400吨的垃圾填埋场基本建成，日处理5万吨的生活污水处理厂已完成土建工程，进入设备安装阶段。

排污申报与排污许可证制度

为稳步实施以环境容量控制为基础的排污许可证制度，结合全省污染物排放总量控制工作，在西宁地区对33个排污单位率先开展排污许可证发放试点工作，为全面推进核发排污许可证工作积累了经验。

环境科研

省环境科研部门开展了《西部大型水电工程环境承载力作用机理与评估》课题研究。《自焙槽烟气聚凝新干法静电净化技术示范工程》研究课题，经专家鉴定，认为该技术为国内首创和技术领先水平，获省级科技成果。《青海青稞酒厂高浓度有机废水治理项目》课题研究为我省利用生物法处理高浓度有机废水开创了先例。

环境宣传教育

围绕“六·五”世界环境日，开展了内容丰富、形式多样的环保宣传活动。组织开展了“发展前进中的青海环保事业”电视新闻系列报道、青海日报环保公益广告比赛，“第二届环青海湖国际公路自行车赛环保宣传”和“节约用水，保护环境，爱我家园”的环保志愿者活动，以及生态环境警示教育等环保宣传活动。全省新创建各级“绿色学校”22所、“绿色幼儿园”2所。年内在中国环境报和有关媒体刊发各类环境新闻稿件40余篇，有2篇作品获得全国“杜邦杯”环境好新闻奖。

国际合作与交流

开展了中－英生物多样性保护合作项目“青海高原索加地区野生动物保护与社区生计共管计划开发国际研讨会”，完成了人员培训、逻辑框架分析和索加地区野生动物保护与社区生计共管计划报告。完成了中瑞合作管理培训项目青海子项目青海湖旅游的环境保护二级课题项目总结、终期评估工作。2003年10月，参与了中国社会科学院与意大利威尼斯国际大学组织的生态战略与管理培训项目。在西宁举办了中德合作项目“环境政策与管理”西部地区环境法规培训班，全省80名环保执法人员参加了培训。

特　　载

新宁广场

Special Notes

政府工作报告

2004年1月8日在青海省第十届人民代表大会第二次会议上

代省长　杨传堂

各位代表：

现在，我代表省人民政府向大会作政府工作报告，请予审议并请省政协各位委员和列席会议的同志提出意见。

一、2003年政府工作回顾

2003年是很不寻常的一年。面对国内“非典”疫情和省内地震等自然灾害的严峻考验，在党中央、国务院和省委的领导下，全省各族人民高举邓小平理论和“三个代表”重要思想的伟大旗帜，万众一心，克难攻坚，开拓进取，取得了抗击灾害和经济社会发展的双胜利，完成了省十届人大一次会议确定的各项任务。

国民经济继续保持较快增长势头。预计全省国内生产总值达到390亿元，比上年增长12.1%。其中第一产业增长3.8%，第二产业增长16.4%，第三产业增长9.7%。农牧业由于气候好，各项工作措施到位，粮油单产分别增长9.7%和12.6%，油料总产创历史最高纪录，牲畜繁活率和商品率有所提高。结构调整深入推进，特色经济作物播种面积比重提高7个百分点，设施农牧业和订单农牧业有突破性进展。工业生产克服电力紧张、运力不足和原材料价格上涨等不利因素，实现了速度、质量、效益同步提高。完成工业增加值120亿元，增长17%，利润达到12.5亿元，是近十年来的最好成绩。实现全社会消费品零售总额102亿元，增长10.5%。财政金融运行平稳，全省一般预算收入43.28亿元，增长13.5%，其中地方一般预算收入23.26亿元，增长10.3%；财政一般预算支出120亿元，增长1.2%，扣除国债专项资金下降因素按同口径比较，比上年增长9.5%。金融机构各项存款余额544亿元，比年初增加72亿元；各项贷款余额567亿元，比年初增加84亿元。

重点工程建设迈出新步伐。预计全社会固定资产投资达到285亿元，增长16.3%。马场垣至倒淌河高等级公路全线通车，西宁至大通、平安至阿岱等高等级公路和县际公路建设进展顺利，完成公路建设投资40亿元。格尔木机场改造完成。赛什塘铜矿建成投产，百万吨钾肥项目投入试生产，尼那水电站4台机组发电。全国第一个750千伏输变电工程开工建设，农村牧区电网建设和改造工程全面竣工，玉树州电源及电网建设正式启动。青藏铁路、花土沟30万吨油气产能建设、桥头铝电联营、西台盐湖综合开发等重点工程进展顺利，油气产量突破350万吨。一批市政建设项目相继实施，城镇面貌发生较大变化，人居环境进一步改善。信息工程快速发展，边远地区通信难问题得到一定缓解。香巴异地扶贫开发项目实现预期目标。生态建设和保护力度加大，退耕还林还草规模扩大，三江源退牧还草试点工程取得阶段性成果。完成人工造林、退耕还林还草15.8万公顷，是历年来投资规模最大、质量最好的一年。环境保护工作进一步加强，人工增雨效果明显，西宁地区“煤改气”工程进展加快。

改革开放取得新进展。国有经济布局调整和企业产权多元化改革有序推进，民营经济对全省经济的贡献率不断提高。市场体系建设步伐加快，市场对资源配置的基础性作用明显增强，国有土地、矿产使用权制度改革取得成效。宏观调控体系不断健全，有效性明显提高。计划、金融、投资等管理方式不断创新，审计、监察、工商等监督监管工作得到加强，整顿和规范市场秩序卓有成效。行政事业单位机构和人事制度改革、分配制度改革、行政审批制度改革继续深化，取消和调整行政审批项目195项，投资软环境得到较大改善。财税体制改革稳步推进，财政管理进一步规范。农村牧区税费改革政策进一步落实，成果得到巩固。司法、粮食、医药等各项改革全面推进。对外开放和招商引资水平明显提高，成功举办了第四届“青洽会”等活动，中信国安、浙江玻璃股份有限公司等知名企业来我省投资。预计全年实际引进省外资金55亿元，增长10%；实际直接利用外资1.69亿美元，增长14.7%。外贸进出口快速增长，完成进出口总额3.1亿美元，增长63.2%。

人民生活继续改善和提高。全省城镇居民人均可支配收入6730元，按新的统计口径增长8.6%；农牧民人均纯收入1817元，增长6.2%。城乡居民的居住条件和生活质量进一步改善和提高。新增城镇就业岗位2.5万个，安置各类人员就业和再就业6.1万人，高校毕业生一次就业率为45.6%，城镇登记失业率为3.6%。社会保障工作得到加强，国有企业离退休人员养老金和下岗职工基本生活费全部按时足额发放，养老保险和失业保险扩面及城镇集体职工参保工作向前推进。城镇新纳入低保人数2.7万人，累计达到20.2万人，基本实现了动态管理下的应保尽保。救灾救济工作深入扎实，灾区群众的生产生活得到妥善安置。扶贫开发效果明显，解决了15万贫困人口的温饱问题和40万人、170万头牲畜的饮水困难。

各项社会事业协调发展。各级政府用于社会事业的投入显著增加。各级各类教育全面发展，适龄儿童入学率达到96.1%，普及九年制义务教育人口覆盖率达到79.9%；高中教育规模扩大，高等教育、职业教育、成人教育、现代远程教育持续发展。科技体制改革继续深化，科技奖励制度不断完善，一批促进经济社会发展的重大科技项目启动实施，农村牧区实用技术推广力度加大，全省取得科技成果100项。文化事业和文化产业坚持“二为”方向，不断拓宽领域，创新方式，“环青海湖国际公路自行车赛”、“民族文化旅游节”等活动圆满成功，丰富了群众文化生活，提高了我省在海内外的知名度。文艺创作、广播影视、新闻出版、哲学社会科学研究取得新成绩，全国、全省“五个一工程”评选中有7件作品入选。结合防治“非典”工作，初步建立了突发公共卫生事件应急机制、疾病预防控制体系和公共医疗救治体系，农村牧区新型合作医疗制度改革试点在8个县有序推进，城乡医疗卫生事业加快发展。人口和计划生育工作进一步加强，人口自然增长率为10.85‰。社区建设和社区服务取得较大进展。外事、侨务、气象、残联、老龄、妇女儿童等工作都有新的发展。

精神文明建设和民主法制建设不断加强。“三个代表”重要思想和十六大精神的学习贯彻富有成效。“特色文化乡”、“小康文化村”等基层文化建设活动蓬勃开展。国防动员工作和双拥工作不断加强。民族团结进步创建活动扎实推进，依法加强了对宗教事务的管理。“四五”普法教育深入开展，法律援助工作得到加强。严打整治、打黑除恶和揭批“法轮功”等邪教组织的斗争取得阶段性成果，抵制和揭批达赖集团的分裂渗透破坏活动不断深入。重视和加强信访工作，群体性上访得到较好控制。行政执法权相对集中和政务公开制度继续推行，廉政建设和反腐败斗争深入推进，政府依法行政和自身建设水平进一步提高。主动接受人大、政协和民主党派、工商联以及社会各界的法律监督、工作监督和舆论监督，提交人大及其常委会审议的地方性法规5件，办理省人大代表建议411件、省政协委员提案288件。

各位代表，2003年我省国民经济和社会发展的成绩来之不易。这是党中央、国务院和省委正确领导的结果，是全省各族人民和社会各界团结奋斗的结果。同时，也与省人大及其常委会的监督和支持，与人民政协对政府工作的关心和帮助是分不开的。在这里，我代表省人民政府，向各位人大代表和政协委员表示衷心的感谢！向奋斗在全省各个领域和岗位上的工人、农牧民、知识分子、干部职工和各行各业的建设者，向人民解放军驻青部队指战员、武警官兵和政法干警，向所有关心支持青海开发建设的海内外同胞们、朋友们，表示崇高的敬意和衷心的感谢！

在充分肯定成绩的同时，我们也要清醒地看到，全省经济社会发展中还存在不少困难和问题。主要表现在：体制性、结构性矛盾和问题尚未得到根本解决，保持经济持续快速增长的基础依然脆弱，促进经济社会和区域协调发展的任务艰巨；财力薄弱，城乡居民收入水平与全国还有较大差距，特别是农牧民增收和农牧区富余劳动力转移的难度加大；电力、运输供需矛盾日趋突出，成为工业经济增长的制约性因素；利用外资规模小，吸纳社会资金不足，投资环境有待进一步改善；就业形势依然严峻，社会保障体系不够完善；社会治安和安全生产还需进一步加强；一些政府部门工作人员勤政为民意识淡薄，存在官僚主义和形式主义。对这些问题，我们要高度重视，不断改进工作加以解决。

各位代表，青海地域辽阔，资源丰富，人民勤劳，在改革发展稳定的道路上创造了不平凡的业绩。面对新世纪全面建设小康社会的历史任务，我们比以往任何时候都需要统一意志，坚定信心；比以往任何时候都需要开拓创新，埋头苦干。我们深信，只要全省上下聚精会神搞建设，一心一意谋发展，就一定能够谱写出更加绚丽的篇章！

二、今年政府工作的指导思想和经济社会发展的主要预期目标

今年是加快推进改革开放、完善社会主义市场经济体制，确保“十五”计划全面实现的关键之年。总体上看，今年我省加快发展、推进改革的内外环境继续趋好，只要我们看得准、抓得早、上得快、搞得好，就能抢占先机，赢得主动。在机遇与挑战面前，我们要紧紧抓住发展这个第一要务，保持清醒头脑，充分利用一切有利条件，善于化解不利因素，千方百计加快发展步伐，增强发展后劲，确保实现全年目标，并力争超额完成，为全面实现“十五”计划目标奠定良好基础。

今年政府工作的指导思想是：**高举邓小平理论和“三个代表”重要思想伟大旗帜，全面贯彻党的十六大、十六届三中全会和省十次党代会精神，围绕新世纪初“消除贫困、富民强省”和“深化改革、创新体制”两大历史任务，坚持以人为本，树立科学的发展观，高度重视“三农”问题，继续加强基础设施和生态环境建设，推进优势资源开发和新型工业化，加快各项社会事业发展，不断完善社会主义市场经济体制，全面提高开放水平，加强社会主义政治文明和精神文明建设，保持和发展经济社会持续快速协调健康发展的势头，保持和发展各族人民群众生活水平不断提高、不断得到实惠的势头，保持和发展社会稳定、各族人民团结和谐、积极奋进的势头。**

今年我省经济和社会发展的主要预期目标是：**国内生产总值增长10%以上，其中第一产业增长3%以上，第二产业增长15%以上，第三产业增长10%左右；完成全社会固定资产投资300亿元以上；全省一般预算收入增长12.5%；城镇居民人均可支配收入和农牧民人均纯收入分别增长8%和6%；人口自然增长率控制在10.5‰以内；城镇登记失业率控制在4.5%以内。**

三、深入推进改革开放，加快完善社会主义市场经济体制

认真贯彻党的十六届三中全会精神，把改革开放的阶段性目标同总体目标有机结合起来，整体推进，在重点领域取得实质性进展。

推进国有经济布局调整和国有企业改革。加速国有资本从一般竞争性领域收缩，向基础设施、基础产业、优势产业集中。抓紧整合建材、冶金、医药等行业，提升行业总体实力和竞争能力。把股份制作为公有制的主要实现形式，积极采取产权转让、增资扩股、上市融资、合资合作等形式，大力发展国有资本、集体资本和非公有资本参股的混合所有制经济。打破省属大中型企业国有资本绝对控股模式，实现投资主体和产权构成多元化，提高国有资本的控制力。重点培育龙头企业和骨干企业，妥善解决企业富余人员负担、社会负担和债务负担，建立归属清晰、产权明确、保护严格、流转顺畅的现代产权制度，完善公司法人治理结构。进一步放开搞活国有中小企业，增强与大企业协作配套能力。加快推进供水、供电等垄断行业改革。建立健全代表国家履行出资人职责，权力、义务和责任相统一，管资产和管人、管事相结合的国有资产管理体制和监督体制。建立国有资本经营预算制度和企业经营业绩考核体系。加强对非经营性资产和自然资源资产的监管。

大力发展非公有制经济。毫不动摇地鼓励、支持

和引导非公有制经济发展，消除一切妨碍非公有制经济发展的思想观念、体制弊端和不合时宜的做法，创造政治平等、政策公平、法律保障、放手发展的社会环境。坚持培育与引进并举，产权置换与混合发展并重，城镇率先发展与农村牧区跟进协调，鼓励和引导非公有资本进入法律法规未禁入的基础设施、公用事业及其他行业和领域，拓展发展空间。加强非公有制企业服务体系和融资担保体系建设，加大对科技型、外向型、劳动密集型等非公有制企业的政策支持力度，持续提高非公有制经济在全省国民经济中的比重。

加快收入分配制度改革。贯彻初次分配注重效率、再分配注重公平的分配方针，完善劳动、资本、技术和管理等生产要素按贡献参与分配的办法，理顺分配关系，规范分配秩序。推进事业单位工资制度改革，合理拉开分配档次。鼓励事业单位和转企科研单位专业技术人员和管理人员，通过技术成果转化、促进科技进步增加收入。改进国有企业经营者和技术人员收入分配方式，建立和完善年薪制、职工持股、技术入股等制度。逐步实行福利待遇货币化，提高分配透明度。

加快现代市场体系建设。大力发展商品市场，重点强化西宁、格尔木商品流通集散中心的功能，积极发展专业市场、配送中心、连锁经营等现代流通方式，提高商品市场的信息化和现代化水平，逐步形成覆盖全省、服务周边、面向全国的比较完善的商品市场体系。加快培育各类要素市场，支持发展债券、证券、融资等资本市场，继续推进土地、矿产使用权制度改革，积极发展技术、信息市场。加强市场监管，维护和规范市场经济秩序，加快建设以道德为支撑、产权为基础、法律为保障的社会信用体系，创造省内省外、国有民营等各类市场主体平等使用生产要素的市场环境。积极发展独立公正、规范运作的各类市场中介组织，发挥好市场服务、沟通、监督和仲裁职能。

完善政府宏观调控体系。进一步增强执行国家计划、财税政策、货币政策等相互配合的宏观调控能力，改革和完善统计体制、价格体制，加强对宏观经济运行的监测、预警和调控，综合运用经济、法律和必要的行政手段，促进经济健康发展，防止大起大落。坚持依法治税，规范管理，为纳税人提供公平的税收环境和高效优质的纳税服务，培植稳定的税基、财源。按照公共财政的要求，继续推进部门预算、国库集中收付、政府采购和收支两条线管理改革。认真落实省对州地市财政体制调整意见，加大财政转移支付力度。落实积极财政政策，进一步优化支出结构，在确保职工工资和“三条保障线”等刚性支出的同时，综合运用预算、贴息等手段，增加对农牧业和科技、教育、卫生等社会事业的投入，支持产业结构调整和优势产业发展。加强和改进金融工作，引导银行优化信贷结构，增加信贷投入，防范金融风险。继续深化商业银行和信用社改革。切实加强审计、工商、质监、药监等监督监管工作，建立良好的市场经济秩序。

深化行政管理体制改革。以转变政府职能、加强行政效能建设、提高服务水平为重点，加快建立行为规范、运转协调、公正透明、廉洁高效的行政管理体制。推动政企、政事、政社分开，把生产经营权交给企业，把资源配置权交给市场，把一般性社会服务职能交给各种社会团体、社区组织和中介机构。进一步深化行政审批制度改革，简化审批事项，减少审批内容。推进行政执法体制改革，加强行政执法队伍建设，相对集中行政执法权，提高依法行政水平。继续推进政府机构改革和事业单位改革，严格人员编制管理。合理划分各级政府间的事权范围，赋予下级政府更大的管理权限。明确政府各部门之间的职责分工，调整政事合一机构，优化组织结构和干部队伍结构。

提高对外开放水平。坚持“引进来”和“走出去”相结合，引导各种所有制经济积极参与国际国内经济贸易、技术合作和文化交流。以企业为主体，工业园区和农业科技园为依托，大力发展开放型经济，扩大农畜产品加工、高原生物、高新技术产业、服务业和基础设施领域的对外开放，提高利用国际国内“两个市场”、“两种资源”的能力和水平。创新和改进招商引资工作机制，大力推行企业组团招商、以商招商、信息载体招商、资产置换招商等方式，促进招商工作市场化、企业化、社会化，提高招商引资水平。办好第五届“青洽会”等活动，力争引进省外、境外资金的增幅超过两位数。鼓励和支持有比较优势的企业开展加工贸易、对外投资等经贸活动，扩大特色商品出口和劳务输出规模。狠抓投资软环境建设，努力营造公平公正的法制环境，务实高效的行政环境，竞争有序的市场环境，诚实守信的社会环境，尊重劳动、尊重知识、尊重人才、尊重创造的人文环境，让各族人民人心思进，让各种要素活力迸发，努力把我省对外开放提高到一个新的水平。

四、加强项目工作和基础设施、生态环境建设；确保投资持续增长

保持较大的投资力度，是确保全省经济持续较快增长的重要措施。抓住西部大开发和国家继续实行积极财政政策和稳健货币政策的机遇，争取国家投资，引导社会投资，有效利用外资，推动投资向多元化、社会化发展，确保今年全社会固定资产投资规模达到300亿元以上。

加快重点工程建设。坚持统筹规划、突出重点、适度超前的原则，着力抓好以交通、能源、水利、市政、通信、信息为重点的基础设施建设，以优势资源开发为重点的产业项目建设，以教育、科技、文化、卫生为重点的社会事业和公共设施建设。年内建成西宁至塔尔寺等公路，基本实现西宁出口道路高等级化。开工建设总投资50亿元的大通至扁都口等8条重点公路。继续做好青藏铁路建设的服务工作，加紧兰青线复线电气化工程前期工作进度，争取早日开工，力争西宁至大通支线铁路改造项目年内开工。完成西宁机场航站区扩建工程。推进水电、油气、煤炭等能源资源开发，加快公伯峡水电站等工程建设进度，开工建设格尔木30万千瓦燃气电站、桥头火电厂等项目，努力缓解电力“瓶颈”制约。加快海西、海北等地的煤炭资源开发。完成“引大济湟”调水总干渠建前工程，争取年内开工，全面推进湟水河治理。加强市政公用设施建设和绿化美化，争取年内有一半左右的县城初步实现垃圾和污水规范化处理。加强通信基础设施建设，加快发展通讯业，积极推进信息化建设，发展电子政务和电子商务，提高信息化水平。

加强生态环境建设和后续产业开发。制定“三江源”地区生态保护和治理规划，大力推进退牧还草示范工程，结合小城镇建设，搞好生态移民安置。落实政策，加强管护，巩固和扩大退耕还林还草成果。继续实施天然林保护、防护林建设、青海湖生态治理、生物多样性保护、种苗工程、西宁南北山绿化等生态建设工程。加强资源保护，合理开发和利用水、土地、矿产、生物等自然资源。加大城镇空气污染、水污染和噪音污染治理力度，加强气象、地震、环境等预测预报和各种灾害防治，搞好人工增雨工程。把生态建设、绿化山川与群众致富统一起来，引导农牧民调整产业结构，促进后续产业开发，转变生产生活方式，大力发展舍饲圈养、园艺、农畜产品流通加工和其它非农产业，有效解决群众的吃饭、燃料和增收问题，逐步走上生产发展、生活富裕、生态良好的文明发展道路。

加强规划编制和项目储备工作。按照科学发展观和“五个统筹”的要求，做好“十一五”规划的编制工作，用规划指导和推动项目建设。充分发挥项目在推进工业化、信息化、城镇化，促进城乡、区域、经济社会协调发展中的重要作用，根据国家投资方向、投资领域的新变化和国内外资本流动的新动向，高起点、高标准地储备一批新项目、大项目，防止低水平重复建设。既加强基础设施、生态环境建设项目，又突出基础产业、优势产业、高新技术产业等产业性项目；既抓好骨干项目，又注意安排好与群众生产生活密切相关的中小项目；既抓好经济领域项目，又抓好社会公共事业项目。尤其是对“引大济湟”、拉西瓦水电站、铁路电气化改造、湟源至格尔木330千伏电网等一些地位举足轻重、具有大开发标志性意义的重大工程项目，要加快推进，争取早日立项开工，确保全省发展后劲持续增强，城乡面貌不断改善。

五、高度重视“三农”问题，促进农牧业增效、农牧民增收、农牧区发展

坚持以增加农牧民收入为核心，按照统筹城乡经济社会发展的要求，贯彻“多予、少取、放活”的方针，深化农牧区改革，加快农牧业结构调整，推进农牧区科技进步，认真落实有利于农牧民增收的各项政策，采取更加有力的措施，扩大农牧民就业，增加农牧民收入，实现农牧区经济社会全面发展。

认真落实党在农村牧区的基本政策。继续深化

农牧区改革，稳定和完善以家庭承包经营为基础、统分结合的双层经营体制。探索建立完善农牧区社会化服务体系的有效途径，国家、集体、个人、中介组织，适合哪种形式就采用哪种形式，谁服务好就支持谁。建立健全有效的土地、草场经营流转机制，实行最严格的耕地保护制度。建立农牧业支持保护体系和农牧民利益维护机制，巩固农村牧区税费改革成果，取消特产税，逐步降低农业税，探索给农牧民直接补贴的办法，进一步减轻农牧民负担，增加农牧民收入。

加强农牧区基础设施建设。组织实施一批农村牧区"六小"项目，加快水利、道路、电源、草原"四配套"和教育、卫生等方面的建设，改善政府对农牧区的公共服务，不断解决农牧民群众饮水难、行路难、用电难、上学难、就医难等问题。按期建成盘道水库，开工建设湟水北干渠灌溉一期工程，加快灌区配套改造和病险水库除险加固等工程建设进度，年内完成续建配套及节水改造1.7万公顷。按照"谁投资、谁所有、谁经营、谁受益"的原则，以多种形式放开搞活小型水利设施的使用权和经营权。抓好雨水集流、人畜饮水等工程，解决30万人、100万头只牲畜的饮水困难。支持一批农牧区公路项目开工建设，推进人口稠密地区的县乡公路等级化、黑色化。

加快农牧业结构调整。在稳定基本农田面积、确保粮食安全和农民口粮的基础上，进一步提高优质农产品比重、畜牧业比重、非农产业比重，增强综合生产能力。充分发挥比较优势，建立专业化、区域化的农业生产基地，促进马铃薯、油菜、蔬菜、蚕豆等优势特色农产品上规模、创品牌，实现加工增值。大力发展以日光节能温室、暖棚为主的设施农牧业，年内新增设施面积600公顷以上。把畜牧业作为农牧区产业结构调整的主导产业来抓，充分发挥农牧结合、城乡结合的优势，大力开发草产业和饲料业，不断扩大"西繁东育"和"自繁自育"规模，年内育肥牛羊220万头只以上。加快推进环湖地区现代畜牧业示范工程，积极推行暖季划区轮牧、冷季舍饲圈养，扩大羔羊育肥规模，促进畜牧业增长方式转变。抓紧建立一批良种示范基地，加快优良品种的引进、繁育和推广。

提高农牧业产业化水平。用市场化、产业化的思路谋划农牧业发展，注重质量，培育品牌，延伸产业链，提高附加值。加大财政贴息力度，支持农牧业产业化项目。继续采取培育、引进、嫁接等方式，扶持和发展一批以农畜产品加工、储藏、保鲜和运销为主，水平较高、市场竞争力较强，能够为农牧民提供服务和带动增收的龙头企业。规范和发展订单农牧业，发展各类专业合作经济组织和行业协会，提高农牧民组织化程度。加强农畜产品市场体系建设，完善农牧业社会化服务体系，搞好科技示范、技术培训和疫病防治、农畜产品销售服务。大力发展"劳务经济"，加强对农牧民的技能培训和组织引导，力争劳务输出规模达到70万人次以上，努力拓展农牧民增收空间。

六、加快推进新型工业化和城镇化，提升全省产业竞争力和综合经济实力

坚持工业化和城镇化相互协调、相互促进，引导产业聚集、人口聚集和经济聚集，加快推进具有青海特色的新型工业化和城镇化。

大力开发优势资源。坚持市场导向、政府引导，合理布局、聚集发展，以项目建设为突破口，充分运用先进适用技术和高新技术，提高资源精深加工和综合利用水平，盘活存量，扩大增量，优化结构，加快构筑特色工业和优势产业体系，确保工业增加值增长18%以上。继续抓好114项重点工业项目建设，推动水电开发上规模、上水平；促进石化行业发挥优势，朝着基地化、现代化发展；进一步巩固和提高钾肥生产能力，加快海西纯碱、盐湖提锂等工程建设，推动盐湖资源开发由单一钾肥生产向综合开发利用转型；稳定铝、镁、铅、锌等生产规模，推动有色金属开发由单纯原材料生产向合金新材料转型；完成医药企业GMP认证，支持骨干医药企业扩能增效；提升生物资源和农畜产品开发水平，推动初级产品向精深加工转变；引进、吸收关键设备和技术，促进机械、纺织、建材、冶金等行业结构调整和技术升级。加强电力、运输等综合协调，制定保障关键原材料有效供给的应对措施，确保工业持续快速增长。

做大做强园区经济。集中精力发展西宁经济技术开发区、甘河工业区、生物科技园、格尔木昆仑经济开发区等重点工业园区，支持省级农业科技园区发

展，突出特色，扩大规模，增强实力，努力将园区建设成为青海高素质人才聚集的科技创业基地、高水平研发机构聚集的技术创新基地和资源精深加工的重要载体。以优化投资环境、创新管理体制和服务机制为重点，加快园区建设，全面提升园区建设的规模、档次和水平。加强与国内外大型企业集团、风险投资机构和科研院所的协作，加大引资引智力度，争取园区企业入驻率和工业增加值有较大幅度提高。

加快城镇化进程。突出重点，以扩为主，多元发展，积极推动西宁、格尔木扩大城市规模，强化区域中心地位，增强对全省经济社会发展的辐射带动作用和综合服务能力。加快县城和人口密集、发展潜力大的小城镇建设步伐，支持一批有特色的小集镇建设，为就近转移农牧民创造条件。科学规划城镇建设，拓宽投融资渠道，将一切可以和能够投入市场运营的有形、无形资产推向市场，加快社会服务设施建设。坚持一手抓城镇规模扩张、水平提升，一手抓二、三产业发展壮大，把城镇建设与园区建设、市场建设、产业化龙头企业和生态移民结合起来，支持农牧民以土地入股等形式发展非农产业。加快户籍、用地、城镇住房、劳动就业和社会保障制度改革，吸引农牧民进城定居落户、投资兴业。争取年内全省城镇化水平提高1个百分点以上。重视村庄规划和新村建设，改善群众的居住环境和条件。

大力发展第三产业。面向市场高起点、有重点地开发旅游资源，突出特色、改善服务、壮大规模、树立品牌，实现旅游总收入增长20%以上的目标。以西宁为中心，加快青海湖地区、塔尔寺、互助北山等景区建设，开发一批特色鲜明、吸引力强的精品旅游项目，发展环西宁旅游圈，塑造“夏都”品牌；以青藏线为主线，整合沿线景区、景点资源，开辟青藏线旅游带；围绕“唐蕃古道”，积极开发人文历史及民族风情旅游线。按照“环青海湖国际公路自行车赛”赛事升级的各项要求，加快相关配套设施建设，办好“郁金香节”等重点旅游文化活动。推进旅游资源共享，加强与周边省区合作，共同开发“大丝绸之路”旅游项目。运用现代经营方式和服务技术改造提升商贸餐饮等传统服务业水平，积极培育连锁经营、代理配送、实物租赁、电子商务等现代服务业。加快发展金融保险、信息咨询、科技服务等高层次的三产项目，不断提高三产对经济增长的贡献率。

发展具有特色的区域经济。认真落实分类指导的政策措施，培育具有比较优势的主导产业，促进区域经济协调发展。充分发挥市场机制作用，支持西宁、海西加快发展，增强综合经济实力，率先建成我省小康社会的先导区、工业产业密集区、开放型经济高增长区。加强海东和环湖地区的开放开发，抓好青藏线经济带和黄河流域经济带建设，加快推进设施农牧业，发展壮大以农畜产品资源、优势矿产资源、旅游资源开发为主的特色产业，提高城镇化、工业化和农牧业产业化水平，努力成为青海经济增长的新区域。加强政府宏观调控，加大对青南地区的支持力度，搞好基础设施建设，积极发展生态农牧业和“三江源”生态旅游等生态产业，努力踏上协调发展的路子。

七、大力发展各项社会事业，促进经济与社会协调发展

实施科教兴省和人才强省战略，大力发展教育、科技、文化、卫生等社会事业，不断满足人民群众日益增长的公共服务需求。

加速发展教育事业。继续深化教育改革，整合教育资源，支持各种社会力量兴办教育，加强师资培训，提高教师素质，加快校舍建设，改善办学条件，促进我省教育超常规、跨越式发展。以农村牧区“普九”教育为重点，抓好中小学布局调整，加强民族教育和寄宿制教育，组织实施远程教育“校校通”工程，建立健全资助贫困学生就学制度，2007年基本实现“普九”目标。发展高中教育，扩大普通高中招生规模，满足人民群众对子女接受教育的需求。切实办好高等教育，调整优化专业结构，加强省属院校重点学科、实验室建设，鼓励与国内外名牌院校合作办学，发展研究生教育，提高教育质量，加速培养与经济社会发展相适应的人才。面向新兴产业和现代服务业，加强职业教育和技能培训，发展成人教育和继续教育，形成学习型社会，增强劳动者的就业能力、创新能力和创业能力。

积极推进科技创新。坚持科技创新与经济发展

紧密结合，抓住全省经济社会发展的关键环节，集中力量抓好优势资源精深加工、高原生物技术、农畜优良品种选育、生态保护与恢复技术等一批科技攻关项目，推广一批见效快、覆盖面广的农牧业实用技术，有重点地发展高新技术，提高全社会的科技水平和劳动者素质。深化科技体制改革，促进改制科研机构的企业化运营，加速科技成果转化。加快技术创新体系建设，支持有条件的企业建立各类研发中心，鼓励企业多形式开展与高等院校、科研单位的合作。建立风险投资机制，支持民营科技企业发展。

加快公共卫生体系建设。按照“统筹规划、因地制宜，增加投入、健全体系，改革体制、整合资源，城乡兼顾、重在农牧区”的要求，加快突发公共卫生事件应急机制、疾病预防控制体系和医疗救治体系建设。加强农牧区卫生工作，扩大农牧区新型合作医疗制度改革试点范围，增强农牧民群众抵御疾病风险的能力，提高农村牧区医疗保障水平。继续深化城镇医疗卫生体制改革，大力发展社区卫生服务。推动爱国卫生运动制度化，引导农牧民改水、改厕、改灶，改善城乡居民生活环境和卫生条件，养成文明健康的生活习惯。依法加强人口和计划生育管理，稳定现行生育政策，加大对重点地区和流动人口的管理力度，兑现鼓励少生的奖励政策，促进人口与经济、资源、环境的协调、可持续发展。

高度重视人才工作。牢固树立人才是第一资源的观念，紧紧抓住培养、吸引、用好人才三个环节，大力加强人才队伍建设，特别是高科技人才和金融、财会、贸易、法律、现代企业管理等专门人才。努力把各类优秀人才集聚到我省改革发展稳定的各项事业中来，为推进全面建设小康社会提供坚强的人才保证和有力的智力支持。继续深化干部人事制度改革，完善对各类人才的选拔任用、考核评价、激励监督制度，形成公开、平等、竞争的育人、选人和用人机制。坚持引进人才与引进智力相结合，完善人才流动机制，不求所有、但求所用。以能力建设为核心，大力加强人才培养工作，创新人才工作机制，完善和落实稳定现有人才队伍的政策措施，努力营造感情留人、事业留人、待遇留人，有利于各类人才脱颖而出、充分施展才能的良好环境。

八、不断改善人民生活，努力实现好各族人民的根本利益

实现好全省各族人民的根本利益，是政府工作的出发点和落脚点。要采取切实有效措施，千方百计促进城乡居民收入稳定增长，扩大中等收入者比重，提高低收入者收入水平，不断改善和提高人民生活。

加强扶贫开发工作。按照国家扶贫开发纲要的要求，认真总结扶贫开发经验，重点扶持，整体推进，精心实施扶贫开发规划，做到帮扶对口到村，资金安排到村，措施落实到村，项目覆盖到户。集中力量，合力攻坚，加强贫困地区的基础设施建设，加大对特色种养业及农畜产品加工业的扶持力度，着力解决制约贫困地区发展的水、路、电等问题和贫困人口的生产生活问题。积极推进“三大扶贫工程”，巩固和扩大香巴扶贫成果，实施好塘格木农场调庄移民项目，加大异地开发扶贫力度。加强对口帮扶，抓好定点扶贫、行业扶贫，争取国际组织和民间组织参与扶贫开发。年内解决10万贫困人口的温饱问题。

大力促进就业和再就业。把控制失业率作为重要调控目标，坚持劳动者自主择业、市场调节就业和政府促进就业的方针，千方百计扩大就业。立足改革发展和结构调整扩大就业，更加重视扶持发展中小企业和民营经济，尤其是劳动密集型产业，创造更多的就业岗位。实行积极的就业政策，不折不扣地落实财政资金、信贷支持和税费减免等优惠政策。实行灵活多样的就业方式，转变就业观念，广开就业门路。狠抓劳动技能培训，加快劳动力市场培育和建设，健全信息交流和公开发布制度，完善就业、失业统计制度和就业服务体系，改善就业和创业环境。加强劳动用工监察和劳动争议处理，保障各种就业岗位劳动者的合法权益。继续做好高校毕业生的就业指导和服务，提高就业率。

加强社会保障体系建设。以广覆盖、促收缴、保发放、社会化管理和信息化建设为目标，深化养老保险制度改革，加快医疗、工伤、生育等保障制度改革。依法扩大社会保险覆盖面，重点抓好非公有制企业职工和灵活就业人员的参保工作。稳步推进下岗职工基本生活保障向失业保险并轨。适当提高低保标准，

完善城镇居民动态管理下的最低生活保障制度。切实做好“三条保障线”的衔接,保障城镇居民的基本生活。加强对社会保险费的征缴和社会保障基金的管理。推进基层社会保障基础建设,更好地发挥社区在社会保障中的重要作用;推进社会保障和商业保险紧密结合,更好地发挥商业保险在社会保障中的补充作用。建立健全社会救助制度,积极发展社会福利、社会救济、优抚安置和社会互助等社会保障事业,切实保障困难家庭的基本生活。

不断提高城乡居民消费水平。在增加城乡居民收入的同时,进一步拓宽服务领域,改善消费环境,方便和满足居民不同层次的消费需求,促进消费稳定增长。实施促进消费的政策,建立个人信用制度,扩大消费信贷,鼓励城镇居民增加在住房、大件耐用商品和教育、文化、体育、旅游等方面的消费支出。以农村牧区住房改造、新村建设、基础设施建设和电网改造为契机,引导农牧民树立健康文明的消费观念,提高农牧民的生活质量和消费水平。

九、加强社会主义政治文明和精神文明建设,切实维护社会稳定

建设社会主义政治文明和精神文明是政府工作的重要职责,是全面建设小康社会的内在要求,也是我省经济持续快速协调健康发展和社会全面进步的政治保证和精神动力。

加强政治文明建设。要把坚持党的领导、人民当家作主和依法治国有机统一起来,建设社会主义政治文明。深入开展法制宣传教育,提高公民尤其是公务员的法律素质。认真执行人民代表大会及其常委会的各项法规、决定和决议,自觉接受人大的法律监督和工作监督。认真加强与人民政协的联系,支持人民政协履行好参政议政、民主协商的职能。主动听取各民主党派、工商联和社会各界的意见建议。全面贯彻《行政许可法》,实行科学民主决策,提高依法行政水平,加强行政监督。建立和完善重大问题集体决策制度、专家咨询制度、社会公示制度、社会听证制度和决策责任制度。全面推行政务、厂务、村务公开,保障人民群众对社会事务的知情权、参与权和监督权。通过制度建设,进一步扩大社会主义民主,健全社会主义法制,不断巩固和发展我省民主团结、生动活泼、安定和谐的政治局面。

扎实推进社会主义思想道德建设。坚持用邓小平理论和“三个代表”重要思想武装各族干部群众,深入开展爱国主义、社会主义和集体主义教育,大力弘扬青藏高原精神。认真贯彻公民道德建设实施纲要,加强社会公德、职业道德、家庭美德和青少年道德教育,不断提高公民的思想道德素质和科技文化素质。坚持重在建设的方针,从解决群众普遍关心的实际问题入手,广泛开展群众性精神文明创建活动。面向基层和农牧民群众,加强科普宣传和先进文化传播,反对封建迷信活动,提倡和树立科学、文明、健康的生活方式。重视妇女、儿童和老龄、残疾人工作。

加快文化建设和文化产业发展。把握时代精神,繁荣文化事业,提高人的精神境界和文化品位。加强文化遗产保护,充分挖掘青海丰富的历史文化资源,培育和发展文化产业。继续深化文化体制改革,引导和督促公益性文化事业单位加强管理、改进服务、提高效益。加大文化基础设施建设力度,深入实施广播电视“村村通”工程和农牧区电影放映工程,加快以文化馆、图书馆和文化站为重点的三级文化网络建设。重视发展新闻出版事业,加强哲学社会科学研究,服务于富民强省的伟大事业。积极鼓励社会力量参与文化事业建设,加快文化产业发展。加强文化市场管理,净化人们特别是青少年成长的环境。加快多巴奥运训练基地和环青海湖体育圈建设,深入开展全民健身活动,提高竞技体育水平,促进体育事业发展。

认真做好民族宗教工作。坚持和完善民族区域自治制度,全面贯彻党的民族宗教政策,巩固和发展平等、团结、互助的社会主义民族关系,促进各民族共同繁荣进步。扎实推进民族团结进步创建活动,使“汉族离不开少数民族,少数民族离不开汉族,少数民族之间也相互离不开”的思想深入人心,使全省各族人民的大团结日益发展。全面正确地贯彻执行党的宗教政策,依法保护群众的宗教信仰自由和正常宗教活动,加强对宗教事务和宗教活动的管理,打击利用宗教进行的分裂犯罪活动,积极引导宗教与社会主义社会相适应。认真研究宗教工作中出现的新情况,及

时解决新问题。坚持独立自主自办原则，重视发挥宗教界和宗教上层人士的作用，积极引导广大信教群众和不信教群众把精力集中到加快发展上来，共同建设美好家园。

全力维护社会稳定。正确处理改革发展稳定的关系，把稳定压倒一切的方针落到实处。切实加强对敌斗争，坚决揭露和打击境内外敌对势力、民族分裂势力、宗教极端势力、达赖集团的渗透、分裂和破坏活动，深入开展揭批“法轮功”等邪教组织的斗争。全面落实社会治安综合治理的各项措施，完善打、防、控、管一体化的社会治安长效机制，严厉打击暴力犯罪、多发性侵害犯罪、团伙势力犯罪等严重刑事犯罪活动和各种经济犯罪活动，扫除社会丑恶现象，保障人民安居乐业。高度重视信访工作，加强人民调解，积极化解人民内部矛盾，妥善处理由人民内部矛盾引发的群体性事件。搞好国防教育，支持军队建设，完善国防动员体制，加强民兵和预备役部队建设。做好拥军优属工作，巩固和加强军政军民团结。

十、按照“三个代表”重要思想要求，加强政府自身建设

忠诚实践“三个代表”重要思想，坚持立党为公、执政为民，加快推进政府职能转变和体制创新，努力建设廉洁、勤政、务实、高效的人民政府。

不断提高政府决策水平和管理水平。按照精简、统一、效能的原则，进一步理顺部门职能分工，实现政府职责、机构、编制的法定化，减少行政审批事项和简化审批程序，完善工作体制和机制，不断提高政府决策水平和管理水平。

坚持依法行政，从严治政。严格按照法律法规及相应程序办事，坚持用法律法规来规范政府行为，坚决纠正各种违法违规行为和现象，为各类市场主体依法有序竞争创造条件。进一步加强公务员队伍建设，不断提高公务员依法办事素质。深入开展反腐败斗争，纠正部门和行业不正之风，严肃查处各类违法违纪案件。加强制度建设，充分发挥行政监督和审计监督作用，努力从源头上治理腐败。自觉接受法律监督、民主监督、群众监督、舆论监督和社会监督。

切实转变工作作风。进一步增强为民意识和服务意识，树立正确的政绩观，深入基层，深入群众，为基层、为群众、为企业多办实事，反对形式主义和官僚主义，杜绝衙门作风。坚决不搞劳民伤财、沽名钓誉的“形象工程”。狠抓决定事项的督促落实，纠正虚报浮夸、强迫命令的恶劣作风，反对奢侈浪费。

牢记“两个务必”。各级政府工作人员要时刻保持清醒的头脑，居安思危，未雨绸缪，在艰苦的环境中不断砥砺意志、增长才干，在为人民服务的事业中不断学习新知识、增强新本领，继续保持谦虚谨慎、不骄不躁的作风，继续保持艰苦奋斗的作风。

各位代表！我们正处在创新体制、加快发展的关键时期。新的形势催人奋进，新的任务光荣艰巨。让我们高举邓小平理论和“三个代表”重要思想的伟大旗帜，更加紧密地团结在以胡锦涛同志为总书记的党中央周围，在省委的领导下，万众一心，奋发图强，艰苦奋斗，开拓前进，为圆满完成今年的各项任务，推进全面建设小康社会的伟大进程而努力奋斗！

青海省2003年国民经济和社会发展计划执行情况与2004年计划草案的报告

——2004年1月8日在青海省第十届人民代表大会第二次会议上

青海省发展计划委员会主任　罗朝阳

各位代表：

我受省人民政府委托，向大会报告青海省2003年国民经济和社会发展计划执行情况与2004年计划安排草案，请予审议，并请省政协各位委员和列席会议的同志提出意见。

一、2003年国民经济和社会发展基本情况

2003年，全省各地区、各部门在省委的正确领导下，认真贯彻党的十六大和省十次党代会精神，按照省十届人大一次会议审议批准的2003年国民经济和社会发展预期目标和任务，战胜突如其来的"非典"冲击和地震、洪涝等自然灾害，紧紧抓住国家深入实施西部大开发战略和扩大内需政策的机遇，千方百计解决经济社会生活中出现的各种矛盾和问题，国民经济保持了持续快速健康发展的态势，社会事业取得了新的成绩。

(一)经济继续保持较高的增长速度

2003年全省经济发展势头良好。一是经济总量继续保持快速增长态势。全年国内生产总值完成390亿元，增长12.1%。其中，第一产业增长3.8%，第二产业增长16.4%，第三产业增长9.7%。二是工业增速进一步加快。预计全年工业增加值完成120亿元，增长17%。三是固定资产投资继续保持较高的增长速度。全省全社会固定资产投资完成285亿元，增长16.3%。四是外贸进出口增势迅猛。全年外贸进出口总额完成3.1亿美元，增长63.2%。

(二)经济结构调整取得新进展

农牧业结构继续优化。设施农业和订单农业取得明显进展，设施农业总面积达到3.6万亩，订单农业面积超过100万亩，订单牧业规模有所扩大。畜牧业发展势头良好，牲畜出栏率、商品率、肉类总产量均比上年有所提高，"西繁东育"、"自繁自育"规模达到210万头(只)，畜牧业在农业经济中的比重达到50%以上。特色农产品生产向区域化、规模化和专业化方向发展，经济作物种植面积占农作物种植面积的比重达59%，比上年提高了7个百分点。

工业在国民经济中的比重增加。工业占国内生产总值的比重达到30.8%，比上年提高了1.4个百分点。工业增长点明显增多。先后有100万吨钾肥、铝电联营、赛什塘铜矿等一批项目投产，增强了工业经济发展后劲。大宗优势工业品增势强劲。天然气、火力发电、煤炭、电解铝、铅、锌、铁合金、钢、钢材、水泥、化肥等产品都保持了快速增长势头，对我省工业快速发展起到了举足轻重的作用。机械行业经过重组改造后，扭转了长期亏损的局面，又迸发出新的活力。

(三)经济增长的质量和效益进一步改善

全年完成财政一般预算收入43.28亿元，增长13.5%。其中，地方一般预算收入增长10.3%。在农作物播种面积有所减少的情况下，多种农作物单产提高，农畜产品购销两旺，促进了农牧业增效、农牧民增收。工业经济效益不断改善。预计全省工业企业盈亏相抵实现利润12.5亿元，增长1倍左右。工业产销衔接良好，全年规模以上工业企业产销率为97%。

(四)投资和消费稳定增长，经济发展活力进一步增强

投资规模进一步扩大，投资结构发生较大变化，一些新的消费热点加速形成，增强了全省经济发展的活力。

从投资上来看，投资结构进一步改善。全年重点项目共完成投资110亿元。其中，马场垣至倒淌河高等级公路、格尔木机场改扩建、高中扩招等11个项目建成或基本建成，部分项目开始发挥效益；公伯峡水电站送出及官亭至兰州东750千伏输变电工程、县际公路、海西纯碱、马铃薯系列产品深加工等12个项目开工建设。产出性项目投资比重明显增加。全年四大支柱和四大优势产业完成投资91亿元，增长50.1%，增速高出基础设施建设投资15个百分点；省政府确定的114个重点工业项目中有58个已开工建设，23个已基本建成。投资主体多元化格局正在形成。全年实际直接利用外资1.69亿美元，增长14.7%；利用省外资金55亿元，增长10%；全年民间投资完成105亿元，增长26%，对投资的拉动作用明显增强。一些省外大型企业及战略投资者开始参与盐湖、中藏药、煤炭、电力等资源开发和大型房地产项目建设。这些都表明我省民间投资的领域、规模和档次迈上了一个新台阶。

从消费来看，上半年由于受"非典"影响，全省消费市场增势放缓，下半年由于经济快速发展，城乡居民收入增加，对受"非典"影响较大的行业实行税费减免等扶持政策，加之"环青海湖国际公路自行车赛"、"青洽会"等大型活动的举办以及旅游、房地产、电信等新兴行业的快速发展，全省消费市场出现了较快的恢复性增长。预计全年旅游总收入完成14.8亿元，房地产销售收入达到7亿元，电信业务收入增长40.3%。消费品零售总额完成102亿元，增长10.5%。消费价格总水平上涨2%左右。

（五）就业、扶贫和社会保障工作取得新成效

促进就业和再就业的各项政策得到有效落实，就业服务和再就业援助工作不断加强。安置各类人员就业和再就业6.1万人，城镇新增就业岗位2.5万个，城镇登记失业率为3.6%，控制在预期目标之内。

扶贫工作进一步加强。香巴异地扶贫开发项目基本完工，塘格木农场调庄移民等项目开始实施。在搞好贫困地区人畜饮水、卫生、乡村道路、广播电视等基础设施建设的同时，加大了对贫困地区种植、养殖、加工等产业扶贫的力度。全年投入财政扶贫资金3.8亿元，扶贫贷款2.7亿元，解决了15万贫困人口的温饱问题。解决了农村牧区40万人、170万头（只）牲畜饮水问题。

社会保障力度加大。在保证国有企业下岗职工基本生活费按时足额发放、养老金社会化发放率达到100%的同时，城镇职工基本养老保险人数净增1.8万人；失业保险人数净增1万人；城镇新纳入低保人数2.7万人，累计达到20.2万人，实现了动态管理下的应保尽保。城镇职工医疗制度改革全面推开，农村新型合作医疗制度改革试点工作开始启动。

（六）城乡居民收入增加，生活水平继续提高

全年城镇居民人均可支配收入达到6730元，按新的统计口径增长8.6%；农牧民人均纯收入达到1817元，增长6.2%。由于收入增加，城乡居民教育、卫生、保健、餐饮、旅游、信息等发展型、健康型消费比重增加，居住条件改善，生活水平和质量进一步提高。救灾救济工作深入扎实，灾区群众的生产生活得到妥善安置。社会救助工作加强，弱势群体、困难群体的基本生活得到保障。

（七）教育、卫生工作继续加强，各项社会事业全面发展

社会事业投入力度加大。中小学危房改造和高中扩招一期项目基本建成，高校信息网建设进展顺利，高校和中小学办学条件进一步改善。普及九年制义务教育和基本扫除青壮年文盲工作得到进一步加强，"普九"人口覆盖率达到79.9%，比上年提高3个百分点；青壮年文盲率继续下降。加强了公共卫生体系建设，第一批国债疾病预防控制项目基本建成，第二批国债疾控项目开始启动。州级蒙藏医院、县级人民医院和乡卫生院等基层卫生项目顺利实施。计划生育工作继续加强，全省总人口达到533.8万人，人口自然增长率为10.85‰。文化、广播电视事业进一步发展。"西新工程"进一步延伸，县级文化馆、图书馆建设加紧实施。全省广播、电视覆盖率分别达到了85%和91.3%。

（八）各项改革稳步推进，价格工作进一步加强

农牧区税费改革成果得到巩固，农牧民负担减轻。国有企业建立现代企业制度工作有序推进，企业法人治理结构进一步完善。投资体制改革进一步深化，项目统建制实施范围进一步扩大，供水、垃圾处理等公共基础设施产业化开始启动。行政审批制度改革进一步深入，全年共取消和调整195项行政审批项目，取消36项行政事业收费项目。财政体制改革稳步推进，出台了省对州（地、市）财政管理体制意见和转移支付办法。对水利建设模式进行了初步改革，引进工业项目建设理念，以“政府支持、企业融资、市场化运作”的方式筹划了“引大济湟”调水总干渠工程建设。

价格工作进一步加强。应对“非典”和粮油副食品价格上涨造成的影响，加强价格监测和监管力度，维护了市场价格的稳定。积极利用价格杠杆调节电力供求，保证了全省电力供应基本平衡和工业用电价格的相对稳定。大力整顿价格和收费秩序，组织开展了教育收费、涉农价格和收费、医疗服务和药品价格等专项检查和治理工作，规范了价格和收费秩序。

二、2004 年全省国民经济和社会发展主要目标

2004 年是全面贯彻落实党的十六大和十六届三中全会精神，开创全面建设小康社会新局面的重要一年，也是全面完成“十五”计划的关键之年。2004 年我省国民经济依然具备快速发展的条件。在全球经济开始复苏的大背景下，我国正处于新一轮经济增长周期的上升阶段，国家将继续坚持扩大内需的方针，实施积极的财政政策和稳健的货币政策，今年国家仍将发行长期建设债券，国债资金继续向西部大开发倾斜，这些都为 2004 年我省经济和社会发展创造了有利条件。从省内来看，2004 年我们继续保持较大投资规模是有一定基础的。主要是因为今年在建的大中型项目比较多，这些项目全年的投资额在 120 亿元左右；今年还有望开工一批新项目，也将形成一定的工程量；去年实施的引资项目无论是从数量还是从金额上来看都超过了往年，这些项目有很多要在今年形成工作量，这些都是我们继续保持较大投资规模的基础和有利条件。今年我省有色金属、盐湖、电力、建材等行业都有可观的增产能力，石油天然气工业、农畜产品加工业、冶金工业、医药工业也有一定的增长潜力，工业经济有望保持较高的增长速度，对国民经济增长的拉动力将会明显增强。因此，无论是从发展环境还是从增长潜力上来看，我省经济有望继续保持较高的增长速度。

看到有利条件，才能坚定信心，抓住而不可丧失机遇，加快发展。但是，愈是形势好，我们愈要保持清醒的头脑，愈要增强忧患意识，愈要看到经济体制和经济结构的深层次问题尚未得到根本解决，我们保持经济持续快速增长的基础还比较薄弱，愈要看到经济社会发展中还存在不少困难、问题和隐忧。一是就业形势依然严峻。目前全省登记失业人员总数达到 3.7 万人，每年城镇新增劳动年龄人口只有一半能实现就业，特别是近 2 万名“4050”人员再就业难度非常大，农村隐性失业问题非常突出，这些都将在一定程度上影响经济发展和社会稳定。二是农牧民收入增长难度较大。由于农牧业基础薄弱、产业化龙头企业带动作用不强等因素的影响，农业本身对我省农牧民增收的效果不明显，农牧民增收途径不稳定，面临的困难比较多。三是投资可持续增长的压力越来越大。今年在建的大中型项目有一部分进入收尾阶段，投资量将会明显减少；拟开工的骨干项目尚存在一些不确定因素，而且开工期多数安排在下半年，年内形成的工作量不会太多；未来一段时期对全省经济社会发展起带动作用的基础设施和产业项目储备明显不足，这些都将对保持投资的可持续增长产生一定影响。四是工业增长的瓶颈制约因素逐步显现。预计今年我省电力缺口在 40 亿度以上，电力供应已成为我省工业发展的重要制约因素；氧化铝供应进一步趋紧，价格高位运行，将对我省电解铝企业的生产经营产生较大的影响；铁路运输的压力逐步加大，供需矛盾日益突出，也将影响到我省大宗工业品的生产和销售。工业结构不尽合理，抵御市场风险的能力不强，企业效益改善的基础不稳固。五是社会事业发展仍显滞后。公共卫生体系建设、普及九年制义务教育等方面建设任务繁重，社会资源分布不均衡，也在很大程度上影响了经济与社会之间、城乡之间、地区之间的协调发展，影响了我省全面建设小康社会的进程。

对于以上问题，我们要有一个清醒的认识，要见之于未萌、防之于未发，紧紧抓住有利条件，努力化解不利因素，把各方面加快发展的积极性保护好、引导好、发挥好。

根据省委十届三次全委会和省委经济工作会议提出的今年工作的指导思想、主要任务和政策措施，综合考虑各方面因素，2004 年全省国民经济和社会发展的主要预期目标是：

——国内生产总值增长 10% 以上。其中，第一产业增长 3% 以上，第二产业增长 15% 以上，第三产业

增长10%左右；

——新增城镇就业岗位2.5万个，城镇登记失业率控制在4.5%以内；

——居民消费价格总水平上涨2%左右；

——全社会固定资产投资完成300亿元以上；

——全省一般预算收入增长12.5%；

——城镇居民人均可支配收入增长8%，农牧民人均纯收入增长6%；

——社会消费品零售总额增长10%；

——人口自然增长率控制在10.5‰以内。

三、2004年全省国民经济和社会发展的主要任务和措施

实现2004年全省国民经济和社会发展的主要目标，保持和发展经济社会持续快速协调健康发展的势头，保持和发展各族人民群众生活水平不断提高、不断得到实惠的势头，保持和发展社会稳定、各族人民团结和谐、积极奋进的势头，要重点做好以下工作。

(一)切实加强农牧业的基础地位，努力促进农牧业增效、农牧民增收

统筹城乡发展。按照中央农村工作会议的要求，把解决“三农”问题放到更加突出的位置，在全省经济循环中统筹考虑农牧业的发展，在社会全面进步中统筹规划农村牧区的繁荣，在收入分配格局调整中统筹安排农牧民的增收。加大对农牧业和农村牧区的投入力度，加快改善农村牧区的生产生活条件。大力推进农牧业和农村牧区经济结构的战略性调整，逐步转变农牧业增长方式。全方位开辟农牧民就业和增收渠道，努力建立促进农牧民收入增长的长效机制。

大力推进农牧业结构调整。在稳定粮食生产能力、保证粮食安全的基础上，进一步提高特色农产品比重、畜牧业比重、非农产业比重，提高农业的综合效益。突出发展设施农牧业，扩大设施农牧业品种和产量，狠抓草产业和饲料业，发展舍饲、半舍饲圈养，加快转变畜牧业生产方式。进一步扩大“西繁东育”和“自繁自育”的规模，使“西繁东育”规模保持在220万头(只)以上。搞好特色农产品示范和生产基地建设，全面启动环湖牧业现代化示范工程，推动特色农畜产品向优质化、区域化、专业化方向发展。

积极推进农牧业产业化经营，建立健全农牧业社会化服务体系。用发展工业的思路谋划农牧业发展，用抓工业项目的办法抓农牧业产业化经营。选择几个市场前景好、发展潜力大、带动能力强的农畜产品加工、销售骨干企业，在资金支持和配套设施建设等方面给予重点扶持，引导产业化龙头企业做强做大。广泛推广“公司加农户”和订单农牧业等生产方式，规范订单农牧业发展。支持和引导农畜产品加工企业发展，加快马铃薯、沙棘、亚麻等深加工项目建设步伐，提高农畜产品加工转化率。加大对农牧业服务体系的支持力度，建立健全良种繁育、疫病防治、科技示范和农牧民技能培训等服务体系。搞好省级动物防疫冷链体系、州地级动物疫病控制中心、饲料兽药监测体系等项目建设，尽快建立健全重大动物疫病防治和应急机制。加强市场体系建设，为搞活农畜产品流通创造条件。

加强农牧业基础设施建设，合理引导农村富余劳动力转移。在加强骨干水利工程建设的同时，抓好与农牧民生产生活密切相关的农村“六小”基础设施和社会事业基础设施建设，引导农牧民改水、改厕、改灶，加快“光明工程”建设，改善农村牧区生产生活条件。积极落实对进城务工农牧民与城市居民在教育、就业等方面享受同等待遇的价格和收费政策。加强对劳务输出的信息指导和组织，强化对农村牧区劳动力实用技能培训，拓展农牧民就业面，提高劳务输出的附加值。力争今年劳动力输出总量70万人(次)以上。

(二)加强综合协调，调整优化结构，推进新型工业化进程

加强对全省工业生产的监测、协调和调度工作，保证工业生产平稳运行。统筹安排好发电、防洪、灌溉，提高水电站发电能力。扩大发电用煤生产，保证火电机组安全平稳运行。积极做好外购电工作，平衡省内用电缺口。加强电力调度，合理安排工业企业的供电次序。建立长期稳定的氧化铝供货渠道，规避价格风险。加强铁路运输的衔接、协调和调度工作，挖掘运能潜力，保证工业企业的运输需求。确保工业增加值增长18%以上。

调整优化工业结构。积极利用先进适用技术提升冶金、建材、机械、化工等传统产业，提高骨干企业的工艺技术和装备水平。通过财政贴息等方式，支持

和引导劳动密集型中小企业发展。加大对工业园区基础设施建设的支持力度，认真落实园区企业的各项优惠政策，着力提高合同履约率、开工率和投产率。

加快重点工业项目建设。围绕做大、做强支柱产业链，加快海西纯碱、中信国安西台吉乃尔湖钾、锂、硼综合开发等项目的实施进度，积极推进青海复合肥工程、乐天玻璃制品有限公司浮法玻璃生产线、盐湖集团盐湖资源综合利用、德尔尼铜矿开发等项目的建前准备工作和外部配套设施建设，争取年内开工。突出抓好能源建设，努力缓解发展瓶颈。加大油气资源的勘探力度，为油气开采和油气化工业的发展提供充足的资源保障。加快推进公伯峡、尼那、直岗拉卡、康扬、苏只等水电站工程进度，实施好玉树无电县通电项目，年内公伯峡两台机组投入运行，尼那水电站全部建成投运。开工建设格尔木燃气电厂和西海、桥头火电厂，加紧实施县城电网改造和新建输配电项目，缓解我省电力供应紧张的局面。加快木里、大煤沟煤炭资源开发，组织实施好海塔尔煤矿、鱼卡煤矿建设，提高我省煤炭生产能力。

(三)加强投资和项目工作，保持投资对经济增长的拉动作用

加强项目前期工作。抓好带动全省经济发展、增加财源、扩大就业的大项目的前期工作，近期重点做好“引大济湟”调水总干渠、兰青铁路复线电气化和青藏铁路西格段电气化改造、拉西瓦电站及天然气—盐化工一期等重点项目的前期工作，为争取国家资金、扩大投资规模提供重大项目支撑。同时，针对青海未来发展的需要，超前组织、筛选、谋划、论证一批大项目，充实长远项目储备。突出“以人为本”，加大对“普九”、卫生、文化、社区及旅游、城镇基础设施项目的前期工作补助投入，丰富社会事业项目储备，改善人居人文环境。与国家专项规划相衔接，做好我省相关规划的编制工作，用规划指导和规范项目建设，并争取将我省专项规划的相关内容列入国家的专项规划之中。

做好国债资金的争取工作。针对国债资金使用的重点和方向，认真做好农村“六小”等基础设施、公共医疗卫生体系、基础教育、基层政权、公检法司设施、电子政务、生态环境、干线公路、重点水利设施等方面项目的筛选、申报及组织实施工作，争取国家资金和项目支持，发挥国债项目对投资的主导作用。

发挥财政资金的扶持、引导和带动作用。管好用好地方统筹资金，加大贷款贴息等积极财政政策的实施力度，引导社会资金、信贷资金向基础设施建设、资源开发、农牧业产业化和农畜产品深加工、社会事业发展等方面倾斜。

加强项目管理。严格按照项目法人制、工程监理制、项目合同制等完善项目建设和管理。贯彻落实《青海省实施＜中华人民共和国招投标法＞细则》，进一步规范招投标工作。积极探索量大、面广、规模小的中小型政府投资项目的建设机制，完善管理办法。继续向重点部门和地区派驻稽察特派员和小组，对重点项目进行联点稽察，严肃查处挤占挪用建设资金、违法招投标等行为，保持稽察工作应有的效力。

深入推进投融资体制改革。完善项目备案和核准制管理办法，确立企业在竞争性领域的投资主体地位。规范政府投资方式，完善监管制度。健全实施统建制的运作模式和管理办法，扩大实施范围。引导和鼓励社会资金投向基础设施、公用事业建设和经营，推进供水、污水处理等有收益的城市基础设施项目的产业化经营。建立积极的金融合作机制和完善的偿债机制，以基础设施和基础产业项目为重点，以政府信用为基础，加快政府信用平台建设，建立政府承贷主体，扩大信贷资金规模。

(四)积极推进城镇化进程，加快发展第三产业

积极推动西宁、格尔木扩市提位，增强对全省经济社会发展的辐射带动作用。加快县城关镇、主要工矿区等人口密集的小城镇建设，为就近转移农牧民创造条件。引导乡镇企业向小城镇合理集聚，充实小城镇的产业支撑。完善城镇化的政策支撑体系，逐步建立适合城镇发展要求的户籍制度、用地制度、住房制度、劳动就业制度和社会保障制度，并及时向小城镇和进城农牧民延伸。2004 年全省城镇化率提高 1 个百分点以上。

加快发展第三产业。以扩大就业为重点，积极发展以商贸流通、餐饮、运输、公共服务和社区服务为重点的劳动密集型产业，提高第三产业对劳动力的吸纳能力。以城市为重点，加快发展信息、金融、法律、保险等现代服务业，提高第三产业的层次和水平。加强重点旅游景区基础设施建设，精心开辟经营精品旅游线路，努力打造知名旅游景点。继续发挥会展效应，举办好“郁金香节”等大型活动，做好“环青海湖国际公路自行车赛”达标升级工作，进一步提高青海的知名度。

积极培育新的消费热点。继续深化住房制度改革，加快货币化分房进程。加大西宁市危房改造力度，探索建立普通住宅、经济适用房、廉租房、二手房供应机制，完善住房供给结构。建立健全个人消费信贷制度，扩大城乡居民买房、教育、购车等方面的消费信贷规模。进一步清理和整顿抑制消费的政策性和体制性障碍，研究出台有关鼓励和引导消费的政策措施。改善农村牧区水、电、路等基础设施条件，为扩大农村牧区消费创造条件。

(五)继续加强基础设施和生态环境建设，不断改善发展环境。

交通。继续加强以西宁为中心的高等级公路网络建设，确保西宁至大通、西宁至塔尔寺高速公路年内贯通，加快平安至阿岱等公路建设进度；组织实施好当金山至冷湖、冷湖至花土沟、察汗诺至德令哈、阿岱至同仁、大通至扁都口等一批西部干线公路和省内重点公路建设；新开工建设一批县际公路，正式启动农村公路建设工程。力争2004年全省公路通车总里程达到25528公里。继续做好青藏铁路建设的各项服务工作，加紧兰青铁路复线电气化和青藏铁路西格段主要站点改造工程前期工作进度；做好新建、改造支线铁路的前期工作，争取开工建设西宁至大通支线铁路改造工程。加快巴塘等支线机场前期工作步伐，确保西宁曹家堡机场航站区扩建工程年内完工。

水利设施。按照国家治水思路的新变化，以提高水资源利用效益和效率为着力点，开工建设湟水北干渠一期工程，实施“引大济湟”调水总干渠建前工程，确保盘道水库项目年内顺利完工。加强湟水河、大通河等源头水资源保护，维护流域生态。加快西宁、格尔木水利设施建设，扩大城市水域面积。加大人畜饮水工程实施力度，2004年解决30万人、100万头(只)牲畜的饮水困难。继续搞好现有病险水库的除险加固、灌区配套改造及节水灌溉示范工程、集雨利用工程建设；大力发展节水农业。

城镇基础设施。加快县城排水、道路及重点城镇环卫设施、城市污水处理等基础设施建设。继续实施西宁地区“煤改气”工程，开工建设西宁市第二污水处理厂、尹家沟垃圾处理场和8个县城垃圾处理场及一批东部县城桥梁工程，争取开工建设西宁市第七水源。2004年力争新增日供水能力10万吨、城镇道路50公里、排水管网60公里、城市日污水处理能力6.5万吨、垃圾日处理能力1000吨以上。

信息化建设。加快推进电子政务建设，搞好省级部门局域网建设，实现重要部门互连互通。大力推进骨干企业的信息化建设。加强固定传输网、移动通信网、有线电视网的扩容建设，进一步提高技术层次，扩大覆盖范围。全面完成邮政电子化支局改造工程，提升邮政服务能力。

生态建设。启动“三江源”生态保护与建设工程，组织实施好退耕还林(草)、退牧还草、天然林保护、重点防护林建设、种苗工程、水土流失重点治理等项目建设。积极引导和鼓励个体、私营经济参与生态环境建设，努力改善重点建设区域的生态质量。力争2004年完成人工造林合格面积200万亩、治理水土流失面积900平方公里。

(六)加大扶贫攻坚力度，努力做好就业和社会保障工作

坚持开发式扶贫方针，重点加强基础设施和社会公益事业建设，努力改善贫困地区生产生活条件。加大对贫困地区种植、养殖、加工等产业的扶持力度，加强以种养业先进适用技术和劳务输出实用技能为重点的培训工作，增强贫困地区农牧民的自我脱贫能力。集中力量抓好异地扶贫工作，早日完成塘格木农场调庄移民项目，确保“搬得出、稳得住、能致富”。争取2004年解决10万贫困人口的温饱问题，完成异地扶贫搬迁人口1万人。

积极扶持发展就业容量大的劳动密集型产业和中小企业，落实各项就业再就业优惠措施，完善再就业服务体系，千方百计帮助就业困难人员实现再就业。进一步完善社会保障体系，巩固两个“确保”成果，搞好城镇职工基本医疗保险、工伤保险及失业保险的扩面工作，实现低保人员的应保尽保和动态管理。建立和完善社会救助制度，重点解决好特困家庭的生活困难问题。

(七)以人为本，统筹兼顾，加快发展各项社会事业

以全面实现“普九”为重点，加大教育投入力度。安排1.3亿元资金，组织实施120所中小学危房改造、中小学远程教育、12所高中扩招、高校基础设施和职业教育项目建设。力争2004年全省“普九”人口覆盖率达到82.9%，扫除青壮年文盲2万人，省内普通高校招生达到10000人，省属高校在校生达到3.2万人左右。

围绕经济结构调整、发展特色经济以及重点企业技术进步，集中力量抓好优势资源精深加工、高原生物技术、农作物优良品种、生态保护与恢复技术等一批科技攻关项目，逐步解决产业发展的技术瓶颈，推进技术进步。继续有选择、有重点地推进高新技术产业发展，做好高新技术产业化项目的申报和组织实施工作，加速推进科技成果向生产力转化。继续深化科技体制改革，促进改制科研机构的企业化经营，使科技与经济结合更加紧密。

加强文化和体育设施建设。开工建设13个县级文化馆、图书馆项目，继续实施广播电视"村村通"工程。做好省广电中心日元贷款项目的组织实施工作，提高省级广播电视节目制作播出能力和水平。积极推进多巴奥运训练基地和环青海湖体育圈建设，为体育活动、训练和群众健身提供良好的设备和场地条件。

全面加强公共卫生医疗救治体系建设。投入1.37亿元资金，组织实施好全省4州、32县国债疾病控制项目，争取年内建成使用；搞好省、州(地、市)急救中心和传染病区(院)，以及39个县传染病防治项目建设，努力构建设施完善、反应灵敏的公共卫生预防救治体系。继续加强贫困地区县医院、乡镇卫生院建设，改善基层卫生条件。扩大农村牧区新型合作医疗制度改革试点覆盖面，加快解决农牧民就医用药难问题。加强计划生育服务体系建设，力争2004年年末全省总人口控制在539.8万人以内。

(八)有步骤地推进重点领域改革，进一步扩大对外开放

大力推进国有经济布局调整，积极引导非公有制经济发展。加快调整国有经济产权结构，引导非公有资本参与国企改革和资产重组，发展混合所有制经济，使股份制成为公有制的主要实现形式。通过转让经营权，公有民营，赋予收费权、收益权等方式鼓励非公有制经济参与基础设施、公用事业的建设和经营，拓宽非公有制经济发展空间。在项目审批、资金投入等方面给予非公有制经济更多的支持，提高非公有制经济在全省国民经济中的比重。

继续推进粮食流通体制改革。妥善处理国有粮食购销企业的历史遗留问题，切实转换企业经营机制。加强粮食储备工作，落实粮食工作行政首长负责制，完善储备粮调节制度，确保粮食安全。继续做好退耕还林、退牧还草补助粮筹措和供应工作，研究提出符合我省实际的补助粮兑付、转化变现新办法。

配合国家对电信、电力、民航等垄断行业的改革，研究对我省的影响，及时出台有关配套措施。根据国家的统一部署，研究落实农村公路养护管理体制改革办法，实行建设与管护分开，建立统一的农村公路管理和养护体制。

深化价格改革。继续用价格杠杆调节电力供求，疏导电价矛盾。合理制定工业用天然气价格，为下游工业发展创造条件。巩固医药卫生"三项改革"试点成果，降低药品虚高价格。全面推行义务教育阶段收费"一费制"，完善收费办法。围绕社会关注的涉农价格和收费、就业和再就业收费、医疗和药品价格、物业管理收费等热点问题，加强价格专项检查和重点整治活动。加强市场价格监测，建立应对价格异常波动的预警和应急处理机制，保持价格总水平的基本稳定。

继续深入推进行政审批制度改革。加强对已经取消和下放的审批项目的后续监管，搞好行政审批制度改革和贯彻实施《行政许可法》的衔接，健全审批公示制度和重大项目审批社会听证制度，提高审批的公开性和透明度。

进一步扩大对外开放。"走出去"与"请进来"相结合，创新招商引资工作机制，扩大矿产资源开发、基础设施、现代服务业等领域的对外经济技术合作。进一步做好教育、卫生、生态环境、市政设施等领域争取外国政府贷款和国际金融组织贷款工作，鼓励民营企业和有条件的地区利用外国贷款进行企业技术升级和农畜产品深加工。进一步推进外贸主体多元化进程，加快赋予各级各类企业进出口经营权，改善出口商品结构，扩大机电产品、高新技术产品的出口份额。

(九)谋划长远，做好"十一五"规划的编制工作

按照国家和省委对编制"十一五"规划的总体部署，科学组织，加强协调，扎扎实实做好规划编制的各项工作。以科学的发展观为指导，深入开展调查研究，研究提出"十一五"规划的基本思路，搞好重要指标的测算和重大工程的筛选论证工作，把"五个统筹"的思想切实体现到规划编制和实施过程中。

在搞好总体规划的同时，抓好专项规划和区域规划的编制。组织编制好基础设施、基础产业、生态环境建设和保护、重要资源开发和保护、社会事业和社会保障以及战略产业发展等领域的专项规划，用规划指导和规范项目建设。加强规划对地区经济发展的指导作用，编制好"三江源"生态经济区、柴达木经济区、东部经济区和环青海湖经济区发展规划，把经济中心、城镇体系建设、产业集聚区、基础设施等落实到地域空间。

健全规划咨询机制。广泛吸收专家、学者、专业技术人员、政府、企业等各方面人士组成规划咨询委员会，对规划进行咨询论证；实行公示和听证制度，广泛听取社会各方面对"十一五"发展目标、战略、任务和政策的意见，不断增强规划的民主参与度，提高规划水平，努力绘制好全面建设小康社会第一个五年规划的宏伟蓝图。

（十）加快职能和作风转变，加强和改善经济综合调控

加强政治理论、业务知识、法律知识学习，不断增强分析判断能力、综合协调能力、开拓创新能力，提高干部队伍素质，更好地履行行政职能。适应宏观调控的新形势、新情况，把发展与改革有机结合起来，把当前与长远有机结合起来，把宏观与微观有机结合起来，提高经济管理的及时性、针对性和有效性。加强对经济形势的监测、分析和预警，深入开展对事关全省经济社会发展全局重大问题的研究，根据形势的变化，适时进行综合调控。搞好重要商品的总量平衡，加强计划与财政、金融、经贸、税务等经济调控部门的功能互补和相互配合，努力发挥发展计划部门的综合协调作用。完善经济信息发布制度，及时向社会发布产业引导政策、重要产品市场价格信息、投资项目指导目录，引导微观经济活动。加强对地区经济发展的分类指导，统筹地区经济社会协调发展。自觉接受人大对计划执行情况的监督和指导，依法行使职能，提高经济管理和依法行政水平。切实转变工作作风，时刻牢记"两个务必"，强化公仆意识和服务意识，深入基层，深入群众，积极为各地发展出主意、拿办法，为基层、为群众、为企业多办实事。加强廉政建设，努力做到权为民所用、情为民所系、利为民所谋。

各位代表，全面实现 2004 年经济和社会发展预期目标，保持好全省经济和社会持续、快速、协调、健康发展的良好局面，任务艰巨，责任重大。让我们。更加紧密地团结在以胡锦涛同志为总书记的党中央周围，在省委的正确领导下，以新的发展观统揽全省国民经济和社会发展的全局，与时俱进，开拓创新，恪尽职守，埋头苦干，狠抓落实，为全面完成"十五"计划，实现全面建设小康社会的宏伟目标而努力奋斗！

青海省2003年财政预算执行情况和2004年财政预算草案的报告

——2004年1月8日在青海省第十届人民代表大会第二次会议上

青海省财政厅厅长　张光荣

各位代表：

受省人民政府委托，我向大会报告青海省2003年财政预算执行情况和2004年财政预算草案，请予审议，并请省政协各位委员和列席会议的同志提出意见。

一、2003年财政预算执行情况及主要特点

2003年在省委的正确领导下，全省各地区、各部门克服"非典"带来的不利影响，认真贯彻省委的工作方针，同心同德，扎实工作，较好地完成了预算收支任务，有力地支持了全省经济和社会各项事业的发展。

全省一般预算收入预计完成432800万元，比上年增加51800万元，增长13.5%。其中，中央一般预算收入预计完成200200万元，比上年增长17.4%；地方一般预算收入预计完成232600万元，比上年增长10.3%。

全省一般预算支出预算数1362353万元。执行结果，全省一般预算支出预计完成1200298万元，为预算的88.1%，较上年增加13018万元，增长1.2%。若扣除国债专项资金下降因素按同口径比较，比上年增长9.5%。分类看，公共类支出554208万元，较上年增加34452万元，增长6.6%。其中：教育支出完成125550万元，增长9%；社会保障类支出135300万元，较上年增加13241万元，增长10.8%；经济建设类支出454580万元，较上年减少38574万元，下降7.8%（主要是受中央国债专项资金下降因素的影响）；政策性补贴等其他支出56210万元，较上年增加3899万元，增长7.4%。

全省总财力1301061万元。其中，地方一般预算收入232600万元，中央补助收入901015万元（税收返还90000万元，原体制补助98607万元，专项补助390000万元，转移支付补助135000万元，工资及其他补助187408万元），上年结余收入167446万元。一般预算总支出预计完成1203006万元（含上解支出2708万元），收支相抵，年终预算结余98055万元，扣除结转下年支出162055万元，全省净结余为赤字64000万元，实现了当年收支平衡。

省本级总财力为726083万元。其中，地方一般预算收入69700万元，中央补助收入488951万元，上年结余收入167432万元。省本级一般预算支出626107万元，比上年减少12084万元，下降1.9%。其中，公共类支出181857万元，较上年增长7.6%；社会保障类支出66000万元，较上年增长33.8%；经济建设类支出347840万元，较上年下降11.4%（主要受国债专项资金下降因素的影响）；政策性补贴等其他支出30410万元，与上年基本持平。上解支出2708万元。收支相抵，年终预算结余97268万元，扣除结转下年支出126268万元，省级净结余为赤字29000万元，比上年实际减少1331万元，实现了当年收支平衡，并消化了部分赤字。

全省基金收入预计完成40995万元，基金支出预计完成37058万元。其中：省级基金收入预计完成24666万元，基金支出预计完成26648万元。

过去的一年，我省各级财政部门围绕省十届人大一次会议确定的预算和目标，认真落实西部大开发政策，积极推进财政改革，进一步加强财政管理，各项工作进展顺利。

（一）可支配财力继续增加。针对我省自有财力

占比小,对中央财政依赖性强的实际,我们继续把抓收入、增总量作为首要工作来抓。在认真落实各项税收优惠政策,积极支持经济发展的同时,一方面,进一步健全收入目标责任制,严格收入目标考核,协调支持征管部门坚持依法治税,强化税收征管和非税收入收缴;坚持财税收入分析制度,督促各地认真抓好收入进度,及时采取有效措施,减少一些减收因素带来的不利影响。另一方面,认真贯彻省委关于加强项目工作的有关精神,加强与各地区、各有关部门的协调配合,认真研究国家政策导向,围绕一些重点项目加大汇报工作力度,以争取国家支持。立足当年,谋划长远,调整充实了项目库,建立了项目推进机制,努力争取项目资金,各项补助比上年增加34408万元(扣除国债专项资金),其中社保专项较上年增加22050万元,支农专项增加5660万元。可支配财力达到750000万元,比上年增加55000万元,确保了全年预算目标的实现。

(二)支出结构不断优化。针对我省财力总量小,收支矛盾突出的实际,按照公共财政的要求,继续坚持“保工资、保稳定、保运转、保重点”的支出原则,进一步调整支出结构。在严格控制一般性支出的同时,集中财力保障了重点支出需要。一是确保了工资发放。为了把工资发放落实好,,继续层层签订责任书,进一步强化各级政府的任务和责任。同时,省级财政通过转移支付等形式,尽可能增加了对各地的财力补助,保证了各地工资发放的财力需要。按照责任制的要求,加强督促检查,做到了当年工资不欠。二是确保了“三条保障线”。把“三条保障线”继续作为社会稳定的安全网,积极筹措资金予以保证。2003年,全省共安排“三条保障线”方面的支出101674万元,比上年增长了9%,确保了企业离退休人员基本养老金、国有企业下岗职工基本生活费和城镇最低生活保障对象的保障资金的及时足额发放。另外,在中央财政的支持下安排资金1亿元,支持了再就业工作,使5.5万人重新上岗。安排资金5652万元,继续支持国有企业结构调整,到2003年底,已累计安置国有破产企业职工7.2万人。三是积极支持改革、调整和发展。在保工资、保社保和努力保证机构正常运转的前提下,积极调整支出结构,努力改变财政支持经济发展的方式。安排财政贴息和项目前期费12151万元,支持城建、教育、基础设施建设、项目准备等工作;安排科技三项费用和技改资金7000万元,继续支持科技攻关和企业技术改造。对支农资金继续坚持集中使用,解决重点问题,通过支农、扶贫和农业综合开发渠道,共投入资金77776万元,比上年增加7332万元,支持了农牧业结构调整和农牧区经济发展。四是集中资金解决社会事业等方面的突出问题。安排基础教育专项资金9300万元,重点解决中小学危房改造及教学设备不足的问题;安排1200万元,支持西宁市解决中小学大班大校问题;安排2800万元解决企业办社会分离问题;对州(地、市)安排补助3400万元,继续帮助解决拖欠离退休费和医疗费等突出问题;安排资金6200万元,进一步提高了行政事业单位职工和企业离退休人员的取暖费标准;筹措资金8664万元,保证了全省行政事业单位职工调资政策的落实。此外,对公检法、国防等方面也给予了较好的保障。积极调度资金,提高资金到位率,专项资金到位率达到85%以上。五是积极支持防治“非典”经费的需要。及时启动了医药储备金,建立“非典”疫情处理预备金,支持重点设施建设。积极争取中央财政支持,建立了“非典”防治经费保障机制,保证了“非典”防治经费的基本需要。

(三)财政改革稳步推进。按照省委和财政部的要求,确定了以改革强管理、增效益、促发展的工作思路,努力创新财政管理机制,继续推进了六个方面的改革。一是调整了省对州(地、市)的财政管理体制。制定了《关于调整和完善省对州(地、市)财政管理体制的意见》和《青海省省对下财政转移支付办法》,按照市场经济要求,打破按企业隶属关系划分收入的做法,进一步理顺了省与州(地、市)的分配关系,建立了促进收入增长的机制;按照规范财政管理的要求,进一步明确了各级政府的财政事权和责任;引入了标准收入和标准支出的概念,进一步规范了省对下的财政转移支付。州(地、市)对下的改革方案也已陆续完成,确保今年顺利出台。二是深化了部门预算改革。以“金财工程”为依托,按照规范部门预算的要求,继续推进零基预算和综合预算编制,从而严格了预算管理,减少了预算追加,增强了预算透明度和约束力。三是进行了财政国库集中收付管理制度改革试点。认真清理了各行政事业单位的银行账户,建立了行政事业单位开立银行账户审核备案制度,成立了青海省财政国库支付中心,选择10个省级单位进行了国库集中支付试点。四是加大了预算外资金“收支两条线”管理改革力度。在试点的基础上,省级单位全面推行了“单位开票、银行代收、财政统管、政府调控”的收缴分离、收支脱钩的预算外资金管理办法。五是逐步规范了政府采购。进一步健全了管理制度和管理办法,细化了采购预算编制。积极采取措施,扩大政府采购范围和规模,加强对采购行为的监督。全年完成采购22618万元,比上年增长60.3%,资金节约率9%。六是继续推进农村牧区税费改革试点。按照农村牧区税费改革领导小组的部署和要求,切实履行财政职能,重点抓好督办、协调、服务和培训工作。认真督促落实有关政策,加强资金监管,规范征收制度,巩固了改革成果。

(四)资金监管得到加强。针对资金流量增加、国有资产流动性强,一些单位会计信息失真现象严重等问题,我们本着“以查促管”的原则,突出重点地区和重点项目,加大了财政监管力度。在严格预算执行的同时,一是加强制度建设。进一步完善各类财政专项资金监管办法,从制度上堵塞漏洞。坚持了重点项目资金公示制,继续推行政府公益性投资项目统建制和财政支农扶贫资金报账制。二是加强重点检查。会同审计、监察等部门加强对重点地区及国债、扶贫、社保、教育、支农、税费改革等重点专项资金的监督检查,为保证这些专项资金安全运行、发挥效益起到了积极作用。三是加强会计监管。以学习贯彻《会计法》为契机,采取多种方式,开展了对会计人员的培训,努力提高会计人员的综合素质。狠抓了规范中介机构执业行为的工作。四是加强国有资产管理。着力加强对行政事业单位国有资产的管理,开展全省国有资产普查工作,努力促进国有资产的有效配置和合理流动。五是加强财政内部监管。健全了对财政内部账户及资金规范使用定期检查制度。继续坚持一手抓业务,一手抓队伍,以人为本,从严治队的管理理念。建立了与人大代表、政协委员的联系制度,虚心接受社会各方面的监督。开展了接受行风评议活动,促进了管理的改进和作风的转变。

一年来,虽然各项工作实现了年初确定的目标,但财政运行中还存在一些困难和问题。一是财政收支矛盾仍然十分尖锐。由于落实“三江源”生态保护措施及税收优惠政策等减收因素的影响,财政增收的难度大,而工资调整等刚性支出增长,经济社会各方面发展对财政提出更高的要求,使得财政收支压力很大。二是一些州、县级财政还很困难。尽管省财政采取了加大转移支付力度等一系列补助措施,但受财政供养人员多及管理成本高等因素影响,仍有一些地方财政运行困难,职工应享受的医疗、房改等政策难以兑现。三是财政改革进展不平衡,完善政策、化解困难、深化改革的任务还很艰巨。四是有的专项资金使用效益不高,对有些专项资金的监管还不够到位,挤占、挪用甚至损失浪费的现象依然存在。上述问题,我们将高度重视,采取积极措施,认真研究解决。

二、2004年财政预算草案及重点工作

根据党的十六届三中全会和省委十届三次全委会对做好财政工作的总体要求,全省财政工作的指导思想是:**以邓小平理论和“三个代表”重要思想为指导,紧紧围绕保持和发展经济社会持续快速协调健康发展的势头,保持和发展全省各族人民群众生活水平不断提高、不断得到实惠的势头,保持和发展社会稳定、各族人民团结和谐、积极奋进的势头,牢固树立全面、协调、可持续的发展观,正确处理改革、发展、稳定的关系,紧紧抓住国家实施西部大开发战略和积极财政政策的机遇,充分运用财政职能,促进经济增长,培植后续财源,做大经济和财政“蛋糕”;按照建立健全公共财政体制的要求,推进财政管理体制改革,继续深化部门预算、国库集中收付、政府采购和“收支两条线”管理改革;继续调整和优化支出结构,确保职工工资按时足额发放,安排好对社会保障的投入,加大对低保的投入力度,支持做好再就业工作。按照统筹协调发展的要求,支持社会各项事业发展。突出重点地区、重点项目,整合生产性专项资金,加大贴息资金和项目前期费的支持力度;完善财政监督机制,提高资金使用效益;加强财政干部队伍建设,规范内部管理,坚持依法理财;继续发扬艰苦奋斗的作风,坚决制止铺张浪费。**

根据上述指导思想,综合考虑2004年全省财政经济形势和国民经济宏观调控的主要指标,今年全省一般预算收入安排486900万元,增长12.5%,其中,中央一般预算收入安排231030万元,增长15.4%;地方一般预算收入安排255870万元,增长10%。由于

从2004年起,省对州(地、市)的财政管理体制按调整后的体制运行,增值税打破按企业隶属关系缴税的办法,属于地方的25%部分省与州(地、市)共享五五分成,致使入省级库的增值税(含增量)减少近6000万元,因此,2004年省级地方一般预算收入安排67000万元,比上年下降3.9%。

根据全省一般预算收入安排,预计年初总财力737760万元。其中:地方一般预算收入255870万元,中央补助收入481890万元。按照收支平衡的原则,全省一般预算支出安排735052万元,比上年初安排数增长13.8%。其中,公共类支出498030万元,增长12.6%;经济建设类支出103589万元,增长15.9%;社会保障类支出46600万元,增长11.2%;政策性补贴等其他类支出86833万元,增长19.8%。上解中央支出2708万元。

省本级年初总财力预计为292060万元。其中,地方一般预算收入67000万元,中央补助收入225060万元。省本级支出安排289352万元,增长14.1%。上解中央支出2708万元。在省本级支出中,公共类支出163714万元,增长8.9%(其中,教育事业费18042万元,增长9.8%;科学事业费2874万元,增长0.3%;卫生经费19014万元,增长5.6%;文体广播事业费6661万元,增长3.8%;行政管理费17667万元,增长24.2%;公检法司支出19842万元,增长8.9%);经济建设类支出60928万元,增长7.8%(其中,企业挖潜改造资金5300万元,增长5%;科技三项费用3300万元,增长3.1%;支农支出23230万元,增长5.3%);社会保障类支出24797万元,增长1.7%;政策性补贴等其他支出39913万元。上解中央支出2708万元。由于省级财力安排了公共类支出后再没有更多的财力,因此其他经济建设类支出均增长不多或与上年持平,主要依靠争取中央专项支持。

预计州(地、市)级年初总财力445700万元,州(地、市)级支出安排445700万元。

按照以收定支的原则,全省基金预算收入安排42300万元,比上年完成数增长3.2%;基金预算支出安排42300万元,比上年初预算增长4.3%。其中,省级基金预算收入安排27380万元,比上年完成数增长11%;基金预算支出安排27380万元,比上年初预算增长4.5%。

为确保预算目标的实现,将切实抓好以下重点工作:

(一)大力抓好收入工作,促进财力稳定增长。组织收入、壮大财力,始终是财政部门的首要任务,也是缓解收支矛盾的关键,必须切实抓好。一是在正确分析财政经济形势的基础上,积极稳妥的安排好财政收入预算,并尽快分解下达,明确责任。二是支持征收部门加强税收征管,规范和完善税收征管制度,强化对收入重点地区、重点税源和税种的监管。严厉打击各种偷、逃、骗税等涉税违法犯罪活动,采取切实措施,狠抓清欠工作,做到依法征收,应收尽收,确保收入目标的实现。三是认真执行国家的各项税收优惠政策,正确处理政策优惠和规范征收的关系。坚决维护税法的统一性、权威性和严肃性,禁止擅自出台税收优惠政策,及时做好到期税收优惠政策的清理衔接工作。四是抓好非税收入。在进一步规范行政审批行为的同时,对按照政策法规规定应收的各项非税收入严格征收。五是认真研究国家的投资政策和导向,继续加强组织协调工作,围绕社会保障、支农扶贫、科技教育、公共卫生体系建设等重点项目,继续向国家有关部门汇报沟通,以进一步争取国家支持,不断增加财力。

(二)充分运用财政职能,进一步支持财源建设。落实好积极的财政政策,坚持正确的"生财、聚财、用财"之道,充分运用财政职能,支持经济发展,优化经济结构,培植后续财源。一是按照市场经济规律,进一步转变财政支持经济发展的方式。综合运用财税政策,发挥财政资金的引导作用,通过财政政策、财政贴息等宏观调控手段,培育和发展各类市场主体,为企业自我发展、自我创新创造更加公平开放、宽松和谐的财税环境。二是认真落实财政管理体制改革和税费优惠政策。落实好财政管理体制改革的有关措施,鼓励有条件的地区加快经济发展,促进财源建设。认真落实各项财税优惠政策,确保政策到位。三是进一步整合支持生产性的专项资金,突出重点,培植新的财源增长点。围绕城乡统筹发展,支持小城镇建设和城郊农村经济发展;围绕农牧业产业化,支持培育龙头企业;围绕优势资源,支持合理利用和开发;围绕开发区和园区建设,支持发展优势企业。四是高度重视和支持中小企业发展,建立并使用好中小企业发展担保基金,加快中小企业特别是非公有制经济发展。五是在加大利用政府外债规模的同时,进一步规范政府外债的管理，促进青海经济和各项事业发展。

(三)继续调整和优化支出结构，确保重点支出需要。按照公共财政的要求，从维护改革发展稳定的大局出发，合理配置有限的财力资源，进一步调整和优化支出结构，在严格控制一般性支出的同时，集中财力保障重点支出，解决突出问题，促进经济社会协调发展。第一，确保工资性支出需要。保证机关事业单位职工工资按时足额发放是各级政府和财政部门的首要职责。按照“保工资、保稳定、保运转、保重点”的支出原则，必须打足工资性预算。进一步强化分级管理责任，严格工资发放责任制，继续签订责任书。严格执行工资统发和工资专户管理制度，实行封闭运行。加强人员编制管理，严格按编制核拨经费，确保工资发放。同时，合理调度和安排好资金，为机构正常运转提供必要的支持。第二，确保社保资金需求。通过社会统筹、个人缴费、财政安排和争取中央支持等多种筹资渠道，进一步筹措好社保资金，切实做好“两个确保”工作，加大对城市低保的支持力度，衔接好“三条保障线”。全面落实下岗失业人员再就业优惠政策，合理安排好各项再就业资金，进一步促进就业和再就业工作。努力帮助困难群众解决生产生活中的实际问题。第三，大力支持农牧业和农村牧区经济发展，支持改善基础条件，调整经济结构，保障粮食安全，扩大劳务输出，促进农牧民增收。进一步集中资金办实事，突出解决重点问题，培育特色经济。第四，大力支持义务教育和公共卫生体系等社会公益性事业发展。加快农村牧区普及九年义务教育步伐。支持人才培训和发展。推进公共卫生体系建设和农村牧区新型合作医疗制度改革试点工作，探索建立农牧区医疗保障和生活救济保障机制。在增加对社会发展投入的同时，进一步增加对控制人口和环境保护的投入。第五，增加财政贴息资金，支持基础设施建设。加快城市化进程，支持优势产业、科技进步、生态环境等项目的建设。第六，继续支持企业的结构调整。做好下岗职工安置、下岗职工基本生活保障向失业保险并轨和企业办社会的剥离、划转工作。同时，继续安排使用好企业技术改造资金和科技三项费用，支持企业技术进步和科技创新。第七，集中资金，重点支持引大济湟、基础教育等事关全省经济持续发展的重点项目，促进经济社会的协调发展。

(四)不断深化财税改革，推进公共财政体系建设。按照省委十届三次全委会的要求，各级财政部门必须树立全局观念，在着力推进财税制度的改革和创新的同时，大力支持其他方面经济体制的改革和创新，发挥各方面制度改革和体制创新的聚合效应，从而更有效地推动经济发展和社会全面进步。首先，积极支持和推进体制性改革。一是配合国家有关税制改革措施的出台，从青海实际出发，认真调查研究，如实反映困难和问题，精心谋划，稳步实施，确保改革政策到位。二是积极参与和稳步推动社会保障、住房、教育、文化、粮食流通体制市场化和分配制度等方面的改革，努力推进农村牧区新型合作医疗制度改革试点工作，为这些改革提供必要的资金保障和政策支持。三是切实抓好省对州(地、市)，州(地、市)对县财政管理体制的调整完善和衔接工作，调动各级政府增收节支的积极性，以确保新体制的平稳运行。要积极创造条件，加大转移支付力度，逐步缩小地区间政府公共服务水平的差距。其次，进一步深化财政管理制度改革。以“金财工程”为依托，在积极推进技术性改革的同时，进一步深化财政管理制度改革。一是继续深化部门预算改革。继续改革预算编制办法，科学合理的确定定员定额标准，不断完善项目支出管理方法和手段，为实行预算资金绩效评价打基础。通过加强部门综合预算的编制管理，增强政府预算的统筹能力。二是继续推进国库集中收付制度改革。在省级扩大试点范围，逐步向有条件的州(地、市)推行，同时扩大财政直接支付资金的范围和规模，完善财政国库管理与监督制度，提高资金运行效益。三是继续深化“收支两条线”管理改革。认真总结省级各单位的改革经验，及时解决存在的问题，完善工作措施，从2004年起，逐步在州(地、市)、县推行。四是积极推进政府采购管理制度改革。进一步理顺采购管理体制，扩大政府采购范围和规模。继续加强规章制度建设，推进政府采购工作规范化。强化政府采购监督，确保政府采购工作依法进行。五是加强对行政事业单位国有资产的监管。逐步把管资产和管资金结合起来，继续探索建立国有资产的统一配置、合理流动、保值增值的机制。第三，继续搞好深化农村牧区税费改革试点工作。认真总结改革经验，落实有关政策，监督使用好转移支付资金，完善配套改革政策，加强税费征收管理。坚决执行取消农业特产税和降低农业税税率政策，探索给农牧民直接补贴的办法，进一步减轻农牧民负担,防止反弹,巩固改革成果。

(五)完善财政监督机制,提高财政管理水平。近年来随着国家积极财政政策和西部大开发战略的实施,国家对我省的投资增加,投资的范围涉及生产发展、社会进步和人民生活的方方面面,管好用好这些资金,使其充分发挥效益,是财政部门应尽的职责。一是进一步强化财政监督工作。切实抓好财政监督检查处理决定的落实工作,使财政监督真正起到监督、促管、增效的作用。继续坚持财政、审计、监察、社会中介组织等多部门、多层次、多角度的监督检查方式,加强对重点地区、重点项目资金使用情况的监督,做好追踪问效工作,坚决纠正挤占挪用等违规行为,确保专项资金按规定使用并发挥效益。二是建立财政专项资金绩效评价机制。切实落实好重点项目资金公示制、政府公益性投资项目统建制、财政支农扶贫资金报账制,建立起有效的监督约束机制,防止项目投资超规模、超标准、超预算现象的发生。要规范政府举债行为,高度重视财政债务风险。三是严格预算约束。强化预算审查,严格执行经本级人代会审议通过的收支预算。严格控制预算追加,不断增强预算的严肃性,防止预算执行中的随意性。同时,加大对预算单位的监督力度。四是继续整顿和规范会计工作秩序。开展会计信息质量抽查,强化会计基础管理工作,加强财会人员的财会知识和职业道德培训,不断提高财会工作管理水平。进一步整顿和规范经济鉴证类社会中介机构的执业行为,逐步建立注册会计师诚信档案,推动全行业和全社会的诚信建设。五是落实财政内部稽查制度和内部控制制度。加强日常财务监督,落实好对重点部门和关键岗位的监督制约制度。自觉接受人大、审计等方面的监督。坚持依法理财,不断提高依法行政水平。

(六)继续发扬艰苦奋斗的作风,坚决制止铺张浪费。精打细算、厉行节约,管好、用好每一笔财政资金,是我省财政工作必须长期坚持的方针。一是牢固树立长期过"紧日子"的思想,大力提倡艰苦创业,勤俭办事的作风,坚决制止各种奢侈浪费行为。二是认真执行支出预算,严格控制一般性支出,大力压缩会议、出国考察、招待等费用。预算安排要量力而行,不能盲目铺摊子。除政策规定需要增加的重点和法定支出外,下决心控制和压缩其他一般性支出。坚决反对搞"形象工程"、"政绩工程"。三是加强各预算单位的财务管理,推进机关后勤管理改革,挖掘机关事业单位增收节支潜力,努力降低机关运行成本。四是财政部门带头执行各项财经纪律,积极支持配合纪检、监察、审计等部门严肃查处各种挥霍、浪费财政资金的行为,维护财经秩序。

面对新的形势和任务,各级财政部门必须进一步加强自身建设。要加强学习,不断增强理财能力。认真学习党的十六届三中全会《决定》,准确把握财政职能的深刻内涵,努力探索服务全局、支持改革和发展、践行"三个代表"重要思想的有效途径和方式,使我们的理财能力更加适应形势发展的需要;要从严治队,树立行业新风。进一步加强廉政建设,强化教育管理。克服特权思想,切实改进作风,努力做到坚持原则,清政廉洁,公正无私;要搞好服务,提高办事效率。牢固树立正确的理财观,全心全意为人民服务。深入基层调查研究,及时掌握改革、发展和稳定中的实际情况,增强财政服务的针对性和科学性,树立良好的财政形象。

各位代表,2004 年是实现"十五"计划的关键一年,做好今年的财政工作对促进我省改革开放、发展稳定具有十分重要的意义。我们将认真贯彻党的十六届三中全会和省委十届三次全委会议精神,开拓创新、扎实工作,全面完成预算和各项工作任务,为实现我省建设小康社会的目标做出新的贡献。

2003 年统计工作大事记

一月

6 日 省委检查组来省局检查验收 2003 年党风廉政建设情况。

7 日 省局举行扶贫济困送温暖职工募捐仪式，局、队机关 150 余人共捐款 6530 元。

7 日—14 日 智华副局长参加政协青海省九届一次会议。

8 日 青海省第二次基本单位普查办公室召开新闻发布会，公布了 2001 年全省第二次基本单位普查主要数据。

9 日 省局印发了《关于贯彻全国统计局长会议精神的意见》。

9 日—16 日 薛政局长参加青海省十届人大一次会议。

13 日 根据国家统计局和国家旅游局国统字[2002]67 号通知精神，省局布置开展了 2002 年全省旅馆业经营情况抽样调查工作。

15 日 根据省委组织部、省人事厅、省教育厅“青组办[2002]54 号文件”精神，省局对干部学历、学位进行了检查清理并上报了结果。

20 日 省局评审小组对全省统计系统 47 个单位的网页进行了评比，共评出一等奖 5 名、二等奖 10 名、三等奖 15 名和鼓励奖 17 名。

23 日 省局向省目标考核领导小组上报了“关于 2002 年全省各地区、部门目标考核指标完成情况的报告”。

24 日 根据青海省人民政府青政人[2003]2 号通知，省局徐学初同志被任命为青海省统计局助理巡视员。

27 日 省局对 2002 年度国有资产管理工作进行了总结并向国家统计局财务基建司上报了总结报告。

二月

9 日 省局就认真学习贯彻赵乐际省长在新一届省政府全体会议上的重要讲话发出通知。

11 日 省局向省政府上报了关于贯彻落实省政府第一次全体会议精神的报告。

△ 据省经贸委、省统计局联合发文青经贸信息[2003]87 号通知，省统计局干部培训中心将举办全省企业信息化培训班，届时对全省企业厂长、经理分期分批开展企业信息化培训工作。

14 日 省局就继续搞好新的工业发展速度计算方法试行工作发出通知。

17 日 省局向省监察厅报送了关于“行风测评数据处理结果”的函。受省监察厅委托，省局承担了全省 17 个行业部门、近 5 万份调查表、1094 万项指标的数据处理工作，省局抽调 5 名计算机专业及编程人员，招聘 44 名录入员，历时 28 天完成了任务。

19 日 省目标责任考核检查组一行六人来省局检查领导班子和主要领导干部 2002 年目标责任完成情况。

20 日 省局成立事业单位机构改革领导小组，组成人员是：领导小组组长：薛政，副组长：智华、苗培栋，办公室主任：苗培栋，副主任：张毅、纪红霞、张贵生，工作人员：李臻、孙蓉、张光明、何东松。

23—26 日 全省固定资产投资及建筑业统计工作布置暨报表处理程序培训会在西宁举行。

28 日 苏森副省长就省城调队提交的《2002 年青海居民消费价格总水平小幅回升》一文做出重要批示。

△ 薛政局长赴京参加国家统计局组团出访考察加拿大国家统计工作。

2 月 16 日至 3 月 10 日，侯碧波副局长带领目标责任制考核第二小组赴海东、黄南、海北、果洛考核州(地、市)领导班子和领导干部，圆满完成省委、省政府交办的的任务。

三月

1 日 省局启动科教脱贫“大学生轮流‘支教’工程”。根据省局局长办公会议决定，从今年三月开始，省局每学期选派三名大学生到沙沟乡“支教”，定期轮换。

3 日《青海统计信息网》(外网版)正式开通。

6 日 全省农村住户调查 HAPSI.34 程序培训会

在西宁举办。

7日 全省企业集团和重点企业统计工作会议在西宁召开。

19日 省局首次召开局机关和省三支调查队副处以上干部参加的纪检监察工作会议，薛政局长、智华、张国华副局长、郭心一组长出席了会议，会议由智华副局长主持。郭心一组长首先传达了中纪委二次会议、国务院廉政工作会议和胡锦涛总书记、温家宝总理的讲话，传达了全国统计系统纪检监察会议、省纪委二次全委会精神和省委书记苏荣的讲话，并提出了经局党组研究同意的“省统计局2003年反腐败廉政建设意见”。

19日 在海东地委、行署联合召开的地区扶贫工作经验交流会上，省统计局被列为全区扶贫工作成绩突出单位。

20日 我局组织开展的“全省外专调查”工作受到国家统计局和国家外国专家局表扬。

27日 2003年统计年鉴编辑工作会议在西宁召开。

28日 在干部年终考核、评先的基础上，经省局党组研究，决定对2002年度省局、队机关11个先进单位和28名优秀个人予以通报表彰。

31日 根据国家统计局国统函[2003]35号批复，青海省城调队撤销生产消费价格处，设立生产投资价格处和流通消费价格处，人员编制内部调剂。

四月

1日 全省统计系统第二期计算机业务骨干赴浙大培训班在省局培训中心举行动员大会，薛政局长作了动员讲话。

2日 省局召开局长办公会议决定：1、从四月份开始，实行机关工作人员“工间操制度”，上午10:00至10:15分，下午4:00至4:15分为工间操时间，倡导工作人员开展工间健身活动。2、从今年开始，凡省局、队干部职工子女考取中专以上院校者，实行局办派车送行制度，省内送到学校，省外送到火车站或机场。

3日 薛政局长赴湟源县统计局、调查队落实省人大代表关于成立湟源县城市调查队的提案。

7日 国家统计局常务副局长贺铿应邀来青讲授并视察统计工作。

8日 国家统计局副局长贺铿应邀参加省委中心学习组举行的“小康建设专题研讨会”并作了“中国小康建设的进程”、“中国小康标准与世界经济发展的比较”、“全面推进中国小康建设的机遇、发展目标、存在问题及措施”的专题报告。贺副局长的报告受到与会同志的热烈欢迎和高度评价。

贺铿副局长在青期间，受到省长赵乐际、省委副书记宋秀岩、副省长苏森的亲切会见，并与省委、省政府主要领导进行了工作交谈。

△ 薛政局长参加了省委中心组学习会，并作了关于全省小康建设的统计测算报告。

9日 全省统计工作会议在西宁宾馆召开。国家统计局常务副局长贺铿、省政府副省长苏森、省政协副主席蔡巨乐出席了会议。各州、地、市人民政府领导、统计局局长及省直机关各厅、局的有关人员共170人参加了会议。会议由省政府副秘书长胡佩杰主持，青海省统计局局长薛政同志作了工作报告，省政府副省长苏森和国家统计局常务副局长贺铿分别作了重要讲话。

10日 全省农调工作会议在西宁召开。

△ 省统计局召开全省统计信息化建设专题会议。

11日 省统计局召开全省“基层基础管理创新年”及统计法制工作专题会议。会议提出了建设省级文明标兵单位和统计文明行业的奋斗目标。

△ 青海省统计学会召开会长办公会。中国统计学会副会长、青海统计学会会长、省统计局局长薛政传达了中国统计学会会长办公会议精神并对2003年青海统计学会工作提出了意见和要求。

14日 薛政同志参加全省领导班子和领导干部年度目标责任考核领导小组工作会议。

15日 薛政同志参加省政府常务会议，并汇报了对全省一季度经济形势的分析。

△ 受局长委托，办公室召开新的《局财务管理规定》征求意见会。

15—16日 全省房地产企业联网直报工作会议在西宁市举行。

16日 省局举行统计新闻发布会，通报了全省一季度经济快速发展的情况。

△ 省局召开2002年全省非公有制经济调查数据质量评估会。省局张国华副局长主持评估会，省计委、省工商局、省地税局、省国税局、省财政厅和省经贸委有关方面的专家，省局副局长智华、侯碧波及助

理巡视员徐学初以及局、队各有关单位的同志参加了会议。会议认真评估了2002年全省非公有制经调查数据并一致审定通过。

△省局召开局务会议部署了防治“非典”工作。

△薛政局长召开局、队机关政务信息工作协调会,会后印发了《关于进一步做好统计政务信息报送工作的通知》。

17日 张国华副局长与计算中心负责同志赴海南州贵南、同德、兴海县检查验收机房建设工程。

22日 省局就贵南县机房验收过程中发现的问题向贵南县统计局发限期整改的督查通报。

21日 薛政局长参加省政府召开的全省防治非典型肺炎部门联系会议。

△省局召开紧急会议,薛局长传达了省非典型肺炎防治会议精神并布置了预防工作。同时向各州、地、市、县统计局转发了青海省人民政府办公厅关于做好非典型肺炎防治工作的紧急通知。

△根据全省领导班子和领导干部年度目标责任考核领导小组下发的青考核字[2003]2号文件决定,省统计局被评为2002年度优秀领导班子,薛政同志被评为2002年度优秀领导干部。

△省局信息工程领导小组召开会议听取赴黄南州统计信息工程建设检查验收组的工作汇报,薛政局长、张国华副局长参加了会议。

23日 省局信息工程建设领导小组召开会议,听取了信息工程检查验收组工作汇报,研究了青南地区统计信息工程建设的有关问题。

24日 2003年全省规模以下抽样调查会议在乐都县召开,省统计局局长薛政、副局长张国华、省企调队队长李积文和19个抽中县及海东行署统计局的局长参加了会议。

25日 省局成立传染性非典型肺炎防治工作领导小组。组成人员:组长:薛政;副组长:智华、张小军、杨瑶、李积文;成员:王伟清、朱伟庆、沈宏、王晓军、张毅、马海勇、张贵生。

△2003年全省统计教育培训工作会议在西宁宾馆召开,省统计局局长薛政、副局长智华和各州、地、市统计局的局长及省局培训中心主任张毅、有关处的处长参加了会议。

28日 省局赴浙大第二期计算机培训班举行汇报会,薛政局长、智华副局长和人事处、培训中心的负责同志听取了汇报。

29日 省局召开首次纪检监察工作会议。省局和省三支调查队副处以上干部参加,薛政局长、智华、张国华副局长、郭心一组长出席会议。会议提出了经局党组研究同意的“省统计局2003年反腐败廉政建设意见”;举行了局长、副局长与所管部门单位负责人的党风廉政目标责任书签字仪式。

△薛政局长主持召开第五次局长办公会议,研究通过了(1)史可林同志提交的2003年财务预算报告;(2)乔英存同志关于对省局2002年度各项工作获得国家及省先进集体荣誉给予奖励的提议;(3)康玲同志关于对参加2002年《青海统计年鉴》工作的有关局、队领导和各部门给予奖励的提议。

五月

7日 薛政局长等省局领导赴沙沟乡慰问支教大学生并调研当地“非典”防治工作。

12日 省局印发青统字[2003]96号《青海省统计局防治非典型肺炎工作自查方案》。

14日 薛政局长赴海东参加行署统计局召开的地区统计工作会议。

△张国华副局长赴黄南州参加全州统计工作会议,并在州政府召开的处以上干部大会上作了经济形势分析报告。

△智华副局长、王伟清主任一行赴平安县沙沟乡代表省局捐赠了价值2千元的抗“非典”消毒药品用具。

△薛政局长召开信息工程领导小组会议听取了海南州统计局当增加局长关于贵南县统计局整改情况的汇报。

15日 薛政局长赴湟中县统计局检查防治“非典”工作。

△省局召开会议听取了贵南县统计局局长先巴、海南州统计局局长当增加关于贵南县统计局整改情况的汇报。省局薛政局长对贵南县整改工作提出了明确意见。

20日—27日 省局举办首期面向省局和省三支调查队统计人员的计算机编程培训班。

21日 薛政局长在省农调队队长张小军陪同下到互助县调查队检查防“非典”工作

26日 薛政局长在省农调队队长张小军陪同下到大通县调查队检查防“非典”工作。

27 日 侯碧波副局长与法规处的同志赴海东地区就乡镇统计站建设进行调研。

28 日 张国华副局长和省经贸委经济运行局陈志忠局长、周平副局长深入平安、湟源两县调研工业发展情况。

29 日 省社科联常务副主席张季明，秘书长刘志安、省民间组织管理局局长付积仓、调研员高福寿等一行来省局考察指导学会工作。省局召开了座谈会，就新形势下做好统计学会工作进行了交流。中国统计学会副会长、省统计学会会长、省统计局局长薛政参加会议，并对省社科联、省民间组织管理局领导来局指导工作表示感谢。

六月

3 日 为期 4 天的两期机房建设工程监理人员培训班圆满结束。海西、黄南、玉树、果洛四州及所属 22 个县、52 名工程监理人员参加了培训班。省局计算中心的技术人员就机房建设的标准、质量、施工程序、管理、监理规程等进行了系统培训。

12 日 省局召开信息工程协调会议，薛政局长就青南地区各县局机房建设工程提出了明确要求。承担青南机房工程建设的甲方公司经理和计算中心的技术人员参加了会议。

△ 侯碧波副局长和办公室负责同志赴果洛州参加全州统计工作会议。

13 日 省局召开统计新闻发布会，通报了 1—5 月份全省经济运行情况。

16 日 省统计局局长薛政就全省经济运行的分析预测、全省统计工作和上半年完成情况向省委苏荣书记作了专门汇报。苏荣书记听取汇报后说，他对省局的工作和对上半年及全年经济的分析预测是满意的；并对省统计局向党的十六大、全国“两会”、省十次党代会和省人大政协“两会”所提供的各类统计资料表示满意；特别是对省统计局在抗击“非典”的情况下，一手抓抗“非典”，一手抓统计，给省委、省政府及时、全面、准确地提供科学决策信息给予了全面肯定，他表扬省统计局是工作上省委信任的厅局，并希望再接再厉，再创新业绩。

19 日 省局机关第四次团员青年大会隆重召开，省统计局党组书记、局长薛政出席大会并作了重要讲话。机关团委书记康玲向大会作了工作报告，表彰了优秀团员和团干部，大会选举了新一届机关团委班子。

25 日 全省工业发展速度数据评估会在省局会议室召开。各州、地、市统计局局长及业务人员、省计委、省经贸委、省财政厅有关局、处的负责人及省统计局、省城调队有关处的负责同志参加了会议。省局薛政局长、张国华副局长、侯碧波副局长、省城调队杨瑶队长出席了会议，会议对七个地区用新的计算方法计算的工业发展速度数据进行了评估，对各地区业务人员进行了计算机程序培训。

25 日 省局召开信息工程会议落实青南、海西统计信息工程建设项目。

25 日—26 日 全省农业统计工作座谈会在海东地区平安县举行。省政府副秘书长胡佩杰受苏森副省长委托亲临会议并讲话，海东行署副专员陈兴龙、省统计局局长薛政、副局长智华到会并分别讲了话，17 个农业县(区)分管统计的县(区)长、统计局局长、12 个县农调队队长和省农调队、省局有关处室的领导共 80 余人参加了会议。

同时，省局召集部分县的领导就乡镇统计站建设情况进行了座谈，侯碧波副局长和法规处的同志听取了大家对乡镇统计站建设的意见，统一了下一步乡镇统计站建设的思路和看法。

27 日 省局召开纪念中国共产党成立 82 周年大会，局党组书记、局长薛政作了加强党的建设的专题讲话，举行了新党员宣誓仪式，表彰了 2002 年度局、队机关先进党支部、优秀共产党员和优秀党务工作者。

△ 省局召开老干部庆祝中国共产党建党 82 周年座谈会，薛政局长代表局党组发表了热情洋溢的讲话，并在新落成的局后勤服务中心餐饮楼与老干部一起活动。

七月

1 日 根据省政府青政人[2003]11 号文件，田正雄同志被任命为青海省统计局助理巡视员。

14 日 省局召开统计新闻发布会通报了 2003 年上半年全省经济运行情况。

15 日 青海省委宣传部制发青宣字[2003]45 号《关于建立健全新闻稿件审稿制度的意见》，其中第十条规定：“涉及全省性重要统计数字的公开报道，新闻稿件由省统计局主管局长审签。”

16 日 省局举办“统计应用开发软件”演示会，省局(队)各单位及西宁市、区统计局、海东地区统计局的主要业务负责人、专业业务人员和计算机技术人员参加了演示会。

省统计局副局长张国华主持演示会,中国统计学会信息化分会副会长萨宝、省统计局副局长智华、侯碧波、省企调队队长李积文、局计算中心主任马晓红、西宁市统计局及海东地区统计局局长到会听取并观看了统计应用开发软件的内容及演示流程。

18日 中国信息协会乔阳秘书长一行二人来青调研,并与省局领导、省发展改革委员会信息中心的领导及局计算中心的负责同志座谈了统计信息化建设情况。

21—25日 田正雄助理巡视员列席了青海省十届人大四次会议。

22—23日 全省上半年经济形势分析会和全省民主评议行风工作动员大会先后在西宁市多巴训练基地举行,省委办公厅政策研究室、省委办公厅综合处、信息处,省目标考核办公室,省政府发展研究中心、省政府办公厅综合处、信息处、省计委、财政厅等有关综合部门的领导和专家;全省六州、一地、一市统计局的领导与综合统计负责人;省统计局副局长智华、张国华、侯碧波、局总经济师徐学初、总统计师田正雄、省农调队、城调队、企调队队长和局(队)综合处、各专业处的代表,共计60多人参加了会议。

23日 省统计局在多巴训练基地召开了全省统计系统民主评议行风工作动员大会。会议由省局副局长侯碧波主持,省局智华副局长、张国华副局长和驻局纪检组纪检员王玉梅到会并做重要讲话。参加会议的还有各州(地、市)的统计局局长和省局(队)各处(室)的负责人。会上智华副局长做了题为"按照'三个代表'的要求切实搞好统计行风建设"的动员讲话。

24—27日 国家统计局办公室韩安国副主任和国际合作司、档案处的负责同志一行五人来省局考察统计档案工作。韩主任一行在省局智华副局长、张国华副局长和侯碧波副局长分别陪同下,先后参观了省局档案室、计算机中心、海北州统计局办公楼和计算机机房,并分别与省局办公室和互助县统计局的同志进行了座谈交流。

25日—27日 国家统计局农调总队在西宁市召开了全国乡镇统计指标体系及数据质量监控研讨会。

30日 省局为平安县沙沟乡学区中小学校长及骨干教师举办的为期10天的计算机培训班圆满结束。此类培训班已经举办两期,累计培训40人次,普遍提高了该乡学区教师的计算机水平。

八月

1日 国家统计局党组成员、纪检组长章国荣一行二人来青指导工作并与省局领导进行了工作交流。

△ 章国荣组长在国家城调总队黄朗辉总队长、省统计局侯碧波副局长陪同下深入海南州、共和县进行调研。

△ 省统计局、省人事厅联合制发青统字[2003]145号关于印发《青海省高级统计师专业职务任职资格评审条件》的通知。为了进一步完善评审条件,做好统计专业高级统计师任职资格的评审工作,根据青人专字[2003]173号《关于2003年度全省职称工作安排的通知》要求,结合统计专业的实际和特点,制定了《青海省高级统计师专业职务任职资格评审条件》。

2日—5日 全国城市调查工作会议在青海省会西宁市召开。各省、区、直辖市城调队、计划单列市和各省会城市城调队队长、新疆建设兵团城调处、国家统计局城调总队各处及部分省(市)及省会城市统计局的负责同志近100人参加了会议。国家统计局党组成员、纪检组组长章国荣、城调总队总队长黄朗辉、副总队长孟庆欣、巡视员马蜀瑜出席了会议,青海省副省长苏森到会致辞表示祝贺和欢迎,省统计局副局长智华和侯碧波到会,智华副局长作了热情洋溢的讲话。

4日 赵乐际省长和南北山绿化指挥部的领导在视察马圈沟绿化工作时,对我局新造100亩林地管护工作提出了表扬。

△ 国家统计局城调总队专家对我省及西宁市城调队的近50名同志进行了为期一天的业务培训。

4—7日 省局薛政局长、市局杨宝林局长等一行4人向国家统计局党组副书记、副局长邱晓华、副局长朱向东、纪检组长章国荣汇报了省市两级统计"双基"建设工作情况,受到国家局领导的充分肯定,对我省提出的工作建议表示给予支持。国家计算中心三位主任也详细听取了省市两级统计局关于统计信息工程的汇报。同时薛政局长等还向财基司、人事司、普查中心、统计学会进行了工作汇报,

6日 薛政局长在京专门拜访了新到任的国家统计局李德水局长,并全面汇报了青海统计工作。李德

水局长详细询问了青海经济发展、国家重要工程进展和统计部门实现快、精、准服务的情况，并对省统计局在西部大开发、青海大发展过程中整体推进和全面提高统计工作水平给予了充分肯定，并提出新的要求。

△ 国家城调总队总队长黄朗辉一行在省城调队队长杨瑶等陪同下深入玉树州、大通县、共和县调研，并代表国家统计局城调总队向玉树灾区群众捐资2万元，黄朗辉总队长和王信人处长个人捐资各1000元，杨瑶队长等三名同志各捐资500元。

7日 薛政局长随苏森副省长、省计委罗朝阳主任向国家发展计划委员会姜维新副主任汇报青海统计信息工程"十五"建设计划。姜副主任表示将统计信息工程计划纳入全省经济信息工程计划内，一并考虑对青海信息工程的支持。

8日 赵乐际省长约见省统计局领导及有关处室负责人，听取了全省1—7月经济运行主要情况的汇报，并探讨了国民经济核算中一些指标涵盖的范围、计算的方法等问题后，充分肯定了省统计局近年来的工作，并对今后工作提出了新要求。

11日 薛政局长出席了省委工作会议。

14日 薛政局长参加省档案局召开的部分党政领导档案工作座谈会。

14—29日 省城调队组织检查组深入基层调查队，进行历时半个月的数据质量大检查。

15日 省局组织局、队各单位认真学习国家统计局局长李德水同志发表在8月13日《中国信息报》上的重要文章。

△ 省企调队在西宁地区组织开展的物业管理状况抽样问卷调查顺利完成。

17日 省局组织局、队审计员、纪检监察员认真学习新颁布的中华人民共和国《内部审计工作基本准则》。

20日 省局召开副处以上干部会议，薛政局长传达省委工作会议精神并提出了贯彻意见。会后摘发了赵乐际书记讲话要点。

21日 在省政府办公厅召开的西部大开发三年工作调研座谈会上，我局报送的西部大开发三年总结调研材料受到省领导和有关方面的好评。

九月

1—6日 西北五省(区)统计局长联席会议在青海召开。青海省统计局局长薛政出席会议并作了专题发言。

9日 省局成立"依法统计先进单位和先进个人评选办公室"，决定开展依法统计先进单位和先进个人评选工作并进行表彰。

12—16日 省局薛政局长和局干部培训中心主任张毅参加了"第六届北京国际科技产业博览暨国际投资项目洽谈会"。我局提交的《统计干部培训中心和省经济专修学院英汉对照投资招商项目简介》被列入项目册。在会议期间，薛局长一行与美国国际商会约翰.张先生、美国中美F.T.A国际有限公司温桂霞女士、美国友联实业投资有限公司北京联络处首席代表赵秋旺先生、澳大利亚国际商会北京首席代表麦客果及投资、教育官员进行了友好交流和洽谈，与美国大成国际投资集团北京代表处田绍龙副总经理进行了深一轮洽谈。在洽谈中，相互赠送了有关资料，各自介绍了教育的状况及今后的打算，使国际友人加深了对青海和青海统计教育事业的了解，起到了积极扩大宣传青海、宣传青海统计教育事业的作用。这也是一次办开放式统计教育的偿试。会后我们专程向国家统计局培训中心王吉利主任作了专题汇报，得到了他们的充分肯定和赞赏，并希望我们把开放式统计教育办的更好，为引进资金、合作办好统计教育创出新的路子。

13日 侯碧波副局长、徐学初助理巡视员和法规处、培训中心的负责同志赴大通参加西宁市统计局举办的乡镇统计员培训班开班仪式。

15日 智华副局长、侯碧波副局长参加县统计局新任局长培训班开班仪式并讲话。

23日 青海省统计局第四届职工代表大会在省局会议室召开。省工会副主席刘西昆、省直工委助理巡视员王源出席了大会，省统计局局长薛政代表局党组向大会致辞祝贺，局机关党委副书记、工会负责人乔英存作了工会工作报告。会议选举产生了新一届机关工会委员会。

23—28日 全国统计系统统计数据处理软件培训班在青海西宁市举办。国家统计局计算中心副主任张守清一行专程到青海统计局考察调研，并就青海统计信息化建设进行了专题座谈交流。

24日 青海省统计局机关妇女代表大会在省局会议室举行。省妇联副主任昂毛、省直工委妇工委主任拓伟华应邀出席了会议，省统计局局长薛政代表局党组向大会致辞祝贺，省局机关妇委会主任赵玉华作了妇委会工作报告。会议选举产生了新一届机关妇委会。

26日 青海省统计局召开2003年保密、档案工作会议。青海省国家保密局何秀娟副局长、李勇处长、省档案局刘国卿处长应邀参加了会议，省局薛政局长到会就做好保密、档案工作讲了话，局、队各处室负责人及联络员共四十余人参加了会议。

十月

10日 省统计局与省经贸委共同召开了有主要领导、专家和职能部门负责人参加的联席会议，就今年全省工业、商贸、投资和国内生产总值等重要经济指标完成情况进行了全面分析，对明年全省主要经济指标进行了预测，会后印发了联席会议纪要。

13日 省局召开以宏观经济数据库建设为主题的的汇报和前期准备工作会议。

15－17日 薛政同志赴京参加国家统计局召开的调查队体制改革会议。

18日 原青海省统计局局长、离休干部张维锦逝世，终年79岁。

20日 省统计局为“博士服务团”成员梁智到省局挂职服务一年，担任局长助理举行欢迎会。梁智同志挂职期间将协助局长做好全面工作和局长交办的工作；协助张国化副局长做好信息工程工作；协助侯碧波副局长做好综合处工作。

24日 省政府蒋洁敏副省长对省统计局和省经贸委联席会议纪要做重要批示：“很好，这种形式很好，主要领导和主管同志要多勾通思想，协调工作；内容很好，既对今年形势做出分析，工作有了安排，又对明年做出布置。对同志们表示感谢”。

28—30日 全省年报工作会议在西宁市小岛培训基地召开。会议布置了2003年年报和2004年定报。

29日 省统计局与省经贸委联合全省工业园区统计工作会议，建立了全省工业园区统计制度并布置了工业园区统计工作和报表。各工业园区的主管领导和统计人员参加了会议，省统计局局长薛政、副局长张国华、省经贸委经济运行局局长陈志忠出席了会议。

30日 省局召开全省统计系统内部审计、纪检、监察工作会议，省有关部门的负责同志应邀出席了会议。薛政局长到会作了重要讲话。局、队主要领导和八个州、地、市统计局长参加了会议。

30日 青海省统计局举行纪念中华人民共和国统计法颁布20周年大会。省人大副主任贾国民、省政府副省长苏森莅临会议，各州、地、市统计局局长和业务骨干、省局局长、副局长、各处室负责人一百二十多人参加了会议。苏森副省长作了重要讲话，薛政局长作了纪念统计法颁布20周年主题报告，西宁市、海南州、格尔木市统计局大会介绍了学习贯彻统计法的先进经验，对全省统计系统学习贯彻统计法的先进单位和先进个人进行了表彰。

△ 全省统计教育会议在小岛基地召开。

△ 青海统计学会第六届常务理事会暨2003年统计科学讨论会在小岛基地召开。

△ 全省统计系统信息工程座谈会在小岛基地召开。

31日 青海限额以下贸易企业、个体抽样调查培训会议在西宁召开。贸易抽样调查县(区、市)统计局局长和业务骨干参加了会议，省统计局助理巡视员田正雄主持会议，省统计局局长薛政、副局长侯碧波出席会议并讲话。会议部署了11月份全国统一开展的限额以下贸易企业、个体抽样调查工作和我省下阶段抽样调查工作，对实施方案的有关技术问题和数据处理程序进行了培训。

十一月

1日 省统计局与省经贸委联合召开全省州县规模以下工业统计工作会议。省政府办公厅、省计委、省财政厅、省经贸委和省统计局有关部门的负责同志，西宁市、海东地区及海西州经贸委主任，各州、地、市统计局局长及部分县市统计局局长共50余人参加了会议。省统计局局长薛政、副局长张国华、省经贸委助理巡视员宋景涛出席会议并讲话。

2日 省统计局组队参加“青海省新闻界庆祝‘记者节’体育大赛”荣获团体总分第三名。

3—4日 薛政局长参加中共青海省十届三次全委会。

7日 薛政局长在中心组学习会上传达了省十届三次全委会精神，并提出了贯彻十六届三中全会和省十届三次全委会精神、制定好2004年全省统计工作计划(要点)的初步意见。

10—12日 全省农调年报工作会议在西宁召开，薛政局长、智华副局长参加会议并讲话。省农调队副队长陈峰主持会议并进行了总结。

18日 薛政局长和综合处负责同志参加省政府召开的分管副省长工作汇报会。省政府杨传堂代省长听取了苏森副省长关于统计工作的汇报和薛政局长的补充汇报。杨代省长听取汇报后对统计工作给予了高度评价。

18—19日 省统计局召开“全省非公有制经济调查工作暨表彰会议”。张国华副局长参加会议并讲话。会议布置了各专业非公有制经济调查方案。

21—22日 省统计局工交处和省城调队生产投资价格处在西宁小岛基地联合举办“州、县两级计算工业发展速度新方法培训会”。州地市县统计局七十余名工业统计人员参加学习了“青海省工业发展速度计算方案”、计算方法、工业通用软件、工业价格统计方案、权数计算、综合价格指数测算等。省统计局副局长张国华、侯碧波和省城调队队长杨瑶参加会议并讲话。

25日 薛政局长主持召开统计信息工程领导小组会议，听取了玉树、果洛两州信息工程建设项目进展情况汇报。薛政局长、张国华副局长分别讲了话，会议最后形成了纪要。

△ 全省企业景气调查工作会议在西宁召开。西宁地区抽中企业的调查员、7个抽中县统计局局长及业务骨干共180余人参加了会议，省统计局局长薛政、副局长张国华、局长助理梁智和省企调队队长李积文出席会议并讲了话。

28日 格尔木市王中奎副市长一行四人来省局汇报交流工作，省局局长薛政、副局长张国华、局长助理梁智、省企调队队长李积文热情接见了王副市长一行并进行了座谈。省局工交处、综合处、办公室、计算中心及省城调队的有关负责同志参加了座谈会。

十二月

2—4日 田正雄助理巡视员列席省人大会议。

5日为纪念新中国政府统计机构成立五十周年，省局决定编辑出版《青海统计五十年》纪念画册。

11日薛政局长向省委书记赵乐际汇报2003年统计指标完成情况及2004年统计预计数。赵书记对省局的工作给予了充分肯定，并提出了新的要求。

12日省局举办《统计法》知识竞赛，局机关代表队获得一等奖，省农调队、海西州统计局代表队获得二等奖，省企调队、西宁市统计局、海东统计局、西宁市城调队、海南州统计局代表队获得三等奖。

18日省房地产物业管理和中介服务抽样调查通过验收。

22日省局举办由高级统计师徐学初同志主讲，局(队)全体干部参加的统计法知识讲座，省统计局副局长侯碧波副局长、局长助理梁智同志参加了学习。

23日在京召开的全国统计工作会上，国家统计局局长李德水在作大会工作报告时，两次谈到青海等省区所做的工作，并给予高度评价。

29日我局核算处易丰、卓玛二位同志应陕西省统计普查中心的邀请，就非公制经济调查进行座谈。

Chapter 2

综 合

General Survey

生产总值增长速度(%)

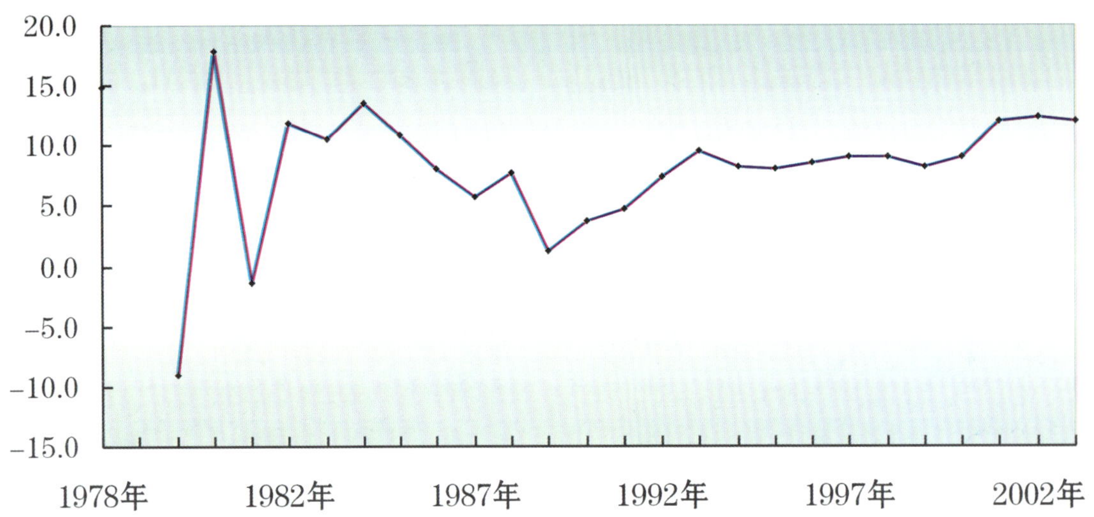

生产总值构成(%)

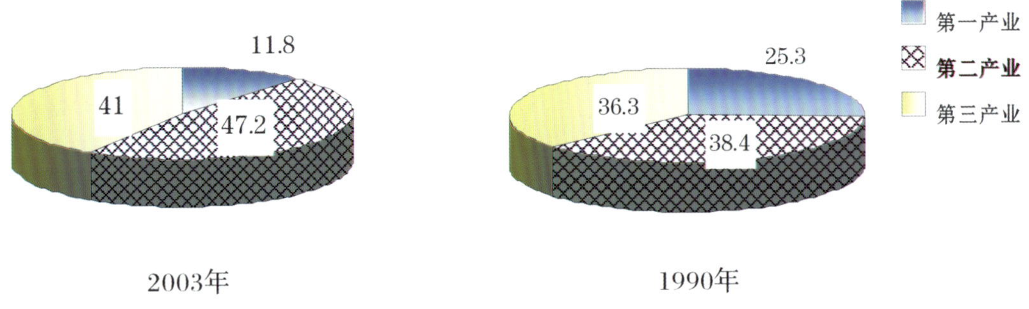

最终消费构成（%）

生产总值构成比重(%)

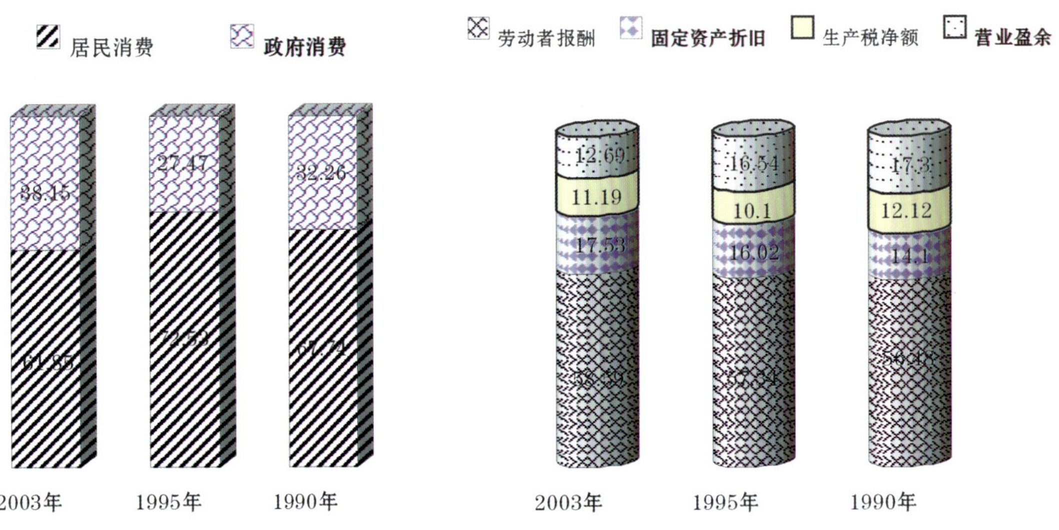

2-1 平均每天主要社会经济活动

Everyday Main Average Social Economic Activitics

指　　标		1990	1995	2000	2001	2002	2003
每天创造的财富							
国内生产总值	(万元)	1916	4529	7222	8245	9345	10691
第一产业		484	1063	1056	1172	1230	1264
第二产业		737	1796	3123	3621	4219	5048
#工业		582	1426	2207	2444	2745	3309
建筑业		155	370	916	1177	1475	1739
第三产业		695	1670	3043	3452	3896	4378
#交通运输仓储和邮电通信业		112	246	526	633	754	893
批发和零售贸易餐饮业		193	404	585	632	695	779
财政收入	(万元)	198	236	454	543	578	659
财政支出	(万元)	469	789	1870	2775	3253	3343
粮　食	(吨)	3139	3128	2266	2827	2501	2378
油　料	(吨)	330	444	512	630	641	718
肉　类	(吨)	420	503	571	605	624	649
#牛肉		143	173	174	192	193	195
羊肉		152	168	192	209	219	233
牛　奶	(吨)	552	548	565	593	604	607
羊　毛	(吨)	48	49	45	45	46	48
原　煤	(吨)	8767	7616	3985	6331	6843	8521
发电量	(万千瓦/小时)	1935	1655	3665	3775	3822	3534
原　油	(吨)	2219	3335	5480	5645	5864	6027
钢　材	(吨)	776	843	997	993	974	1095
原　盐	(吨)	2858	2085	1853	2112	1704	1808
水　泥	(吨)	1409	1748	3389	4548	7233	8411
每天消费量							
最终消费	(万元)	1474	3075	4584	5419	6068	6876
居民消费		998	2231	3200	3513	3845	4253
农　民		484	924	1260	1366	1457	1575
非农业居民		514	1307	1940	2147	2388	2678
政府消费		476	844	1384	1906	2223	2623
能源消费量	(万吨标准煤)	1.38	1.88	2.46	2.57	2.79	3.08
社会消费品零售总额	(万元)	787	1584	2249	2475	2767	2813
每天其他经济活动							
资本形成总额	(万元)	784	2128	4397	5682	6735	8062
固定资产形成		560	1575	4301	5539	6685	7959
存货增加		224	553	96	143	50	103
城镇新建住宅面积	(万平方米)	0.26	0.28	0.31	0.64	0.28	0.56
农民个人新建住宅面积	(万平方米)	0.31	0.52	0.48	0.44	0.35	0.54
货运量	(万吨)	6.67	9.67	13.91	14.95	15.48	16.96
客运量	(万人)	5.05	6.54	9.90	10.50	10.98	11.85
邮电业务总量	(万元)	9.47	42.73	134.74	177.51	545.49	629.62
进出口总额	(万美元)	19.25	44.46	43.83	56.14	53.89	92.91
出口总额		18.64	37.83	30.68	40.86	41.39	75.03
进口总额		0.61	6.63	13.15	15.28	12.50	17.88
实际利用外资额	(万美元)		6.70	30.19	54.35	66.19	78.31
来华旅游人数	(人)	15	37	89	109	119	49
居民新增储蓄额	(万元)	178	536	444	807	944	1028
每天人口变动和婚姻							
出　生	(人)	300	288	271	271	260	247
死　亡	(人)	91	90	86	92	91	89
结　婚	(对)	84	110	102	91	92	91
离　婚	(对)	4	5	6	5	5	7

2-2 国民经济和社会发展总量与速度指标

指标		总量指标					
		1990	1995	2000	2001	2002	2003
人口与就业							
人口	(万人)						
年底总人口		447.66	481.20	516.50	523.10	528.60	533.80
市镇人口		153.22	163.13	179.54	190.00	199.16	203.80
乡村人口		294.44	318.07	336.96	333.10	329.44	330.00
男性人口		229.36	246.37	267.03	266.09	271.12	272.33
女性人口		218.30	234.83	249.47	257.01	257.48	261.47
就业	(万人)						
从业人员数		206.31	265.40	283.90	287.30	291.30	295.40
#职工人数		66.43	65.78	46.87	43.50	42.20	41.08
城镇登记失业人数		4.17	1.51	1.80	2.45	2.85	3.07
宏观经济							
国民核算	(亿元)						
国内生产总值		69.94	165.31	263.59	300.95	341.11	390.21
第一产业		17.67	38.79	38.53	42.79	44.90	46.15
第二产业		26.89	65.54	114.00	132.18	154.01	184.26
第三产业		25.38	60.98	111.06	125.98	142.20	159.80
支出法国内生产总值		69.94	165.81	253.05	294.83	337.36	389.76
#最终消费		53.79	112.24	167.31	197.79	221.50	250.98
居民消费		36.44	81.41	116.82	128.23	140.36	155.23
政府消费		17.35	30.83	50.49	69.56	81.14	95.75
资本形成总额		28.60	77.67	160.46	207.39	245.84	294.25
固定资本形成		20.44	57.48	156.97	202.17	244.00	290.49
存货增加		8.16	20.19	3.49	5.22	1.84	3.76
固定资产投资	(亿元)						
全社会固定资产投资总额		22.25	55.58	154.83	201.61	245.02	285.12
#国有单位		19.92	45.15	102.83	125.18	153.88	176.31
集体单位		0.54	5.34	6.61	3.50	2.72	9.03
个体经济		1.79	4.34	13.08	17.91	21.26	31.57
财政	(亿元)						
地方财政收入		7.24	8.60	16.58	19.82	21.10	24.04
地方财政支出		17.13	28.80	68.26	101.30	118.73	122.04
物价总指数	(上年=100)						
商品零售价格总指数		104.50	116.30	99.00	99.90	99.30	100.80
居民消费价格总指数		105.10	118.00	99.50	102.60	102.30	102.00
农业生产资料价格总指数		108.70	123.90	100.70	99.60	98.00	101.10
利用外资	(亿美元)						
签订利用外资协议额			0.24	1.10	1.98	2.42	2.86
能源生产与消费	(万吨标准煤)						
能源生产总量		606.46	571.57	937.90	907.05	974.46	990.14
能源消费总量		504.35	687.71	897.23	939.33	1018.83	1122.70

Target of the Nation Economy Development and speed

速度指标(%)						
指数 (2003为以下各年)				平均增长速度		
1990	1995	2000	2002	1991－1995	1996－2000	2001－2003
119.24	110.93	103.35	100.98	1.46	1.43	1.10
133.01	124.93	113.51	102.33	1.26	1.94	4.32
112.08	103.75	97.93	100.17	1.56	1.16	－0.69
118.73	110.54	101.98	100.45	1.44	1.62	0.66
119.78	111.34	104.81	101.55	1.47	1.22	1.58
143.18	111.30	104.05	101.41	5.17	1.36	1.33
61.84	62.45	87.65	97.35	－0.20	－6.55	－4.30
73.62	203.31	170.56	107.72	－18.39	3.58	19.48
309.24	214.75	141.12		7.56	8.76	12.17
132.93	123.61	114.76		1.46	1.50	4.70
390.72	258.46	156.76		8.95	10.52	16.17
352.31	215.30	133.94		10.35	9.96	10.23
1281.44	512.99	184.15	116.37	20.20	25.30	24.50
885.09	390.50	171.46	114.58	19.10	22.00	20.70
1672.22	169.10	136.61	331.99	43.80	0.80	－12.60
1763.69	727.42	241.36	148.50	18.60	32.00	32.50
332.04	279.53	144.99	113.93	3.50	14.03	13.18
712.85	423.75	178.79	102.80	10.95	18.84	21.37
196.76	107.84	99.99	100.80	12.76	1.54	…
234.32	123.94	107.06	102.00	13.59	2.97	2.30
220.12	112.66	98.68	101.10	14.34	2.68	－0.44
	1191.67	260.00	118.18		35.59	37.51
163.27	173.23	105.57	101.61	－1.18	10.41	1.82
222.60	163.25	125.13	110.20	6.40	5.46	7.76

2-2 续表 1

指标		总量指标					
		1990	1995	2000	2001	2002	2003
产业							
农业							
耕地面积	(千公顷)	577.63	589.89	669.16	652.50	604.70	555.21
农林牧渔业劳动力	(万人)	119.65	131.83	142.25	141.57	136.50	134.80
农林牧渔业总产值	(亿元)	24.53	55.10	56.99	63.30	65.50	68.12
主要农产品产量	(万吨)						
粮食		114.56	114.19	82.70	103.20	91.28	86.80
油料		12.04	16.21	19.40	23.00	23.40	26.20
水果		2.20	2.68	2.24	1.73	1.63	1.46
肉类		15.34	18.37	20.83	22.07	22.79	23.67
#牛肉		5.21	6.29	6.35	7.00	7.03	7.09
羊肉		5.55	6.13	7.00	7.63	8.00	8.49
水产品		0.34	0.24	0.12	0.20	0.18	0.13
工业							
主要工业产品产量							
机制纸及纸板	(万吨)	0.71	1.43	0.37	0.45	0.64	0.40
原煤	(万吨)	320.00	278.00	145.44	231.07	249.77	311.00
原油	(万吨)	81.00	121.72	200.01	206.03	214.02	220.00
发电量	(亿千瓦小时)	70.63	60.42	133.79	137.77	139.49	129.00
钢	(万吨)	32.25	35.54	42.91	44.29	41.77	48.00
成品钢材	(万吨)	28.31	30.76	36.39	36.26	35.55	40.00
铝	(万吨)	4.57	11.45	28.31	29.51	34.69	40.00
原盐	(万吨)	104.31	76.11	67.65	77.07	62.21	66.00
化肥	(万吨)	6.56	20.94	67.03	79.43	77.29	73.00
水泥	(万吨)	51.42	63.80	123.71	166.00	264.00	307.00
国有及限额以上非国有工业企业主要指标	(亿元)						
工业总产值		51.14	118.99	196.08	194.16	207.59	247.90
固定资产原价		93.39	236.53	505.81	517.71	570.37	615.11
固定资产净值年平均余额		74.16	143.04	361.62	399.35	403.15	423.16
利润总额		1.82	-5.65	0.79	5.26	11.30	12.16
建筑业							
建筑业企业人数	(万人)	7.90	7.15	10.58	8.60	12.52	12.25
建筑业总产值	(亿元)	9.01	20.49	44.72	54.34	73.38	74.60
施工房屋面积	(万平方米)	196.80	183.73	339.43	375.16	451.32	556.64
竣工房屋面积	(万平方米)	118.50	97.29	192.90	183.66	244.09	242.88
交通运输							
货运量	(万吨)	2434	3529	5076	5456	5652	6189
铁路		454	532	833	957	1000	1092
公路		1957	2887	4050	4305	4450	4890
管道			110	193	194	202	207
空运							
客运量	(万人)	1843	2388	3612	3832	4007	4324
铁路		209	220	352	392	436	408
公路		1634	2165	3250	3428	3556	3900
空运			3	10	12	15	16
公路通车里程	(公里)	16732	17223	18679	23328	24003	24377
#高级次高级		3408	4028	5313	6452	7910	8745

Continued

速度指标(%)						
指数（2003 为以下各年）				平均增长速度		
1990	1995	2000	2002	1991 - 1995	1996 - 2000	2001 - 2003
96.12	94.12	82.97	91.82	0.42	2.55	-6.03
112.66	102.25	94.76	98.75	1.96	1.53	-1.78
131.63	119.32	106.41	97.61	1.98	2.32	2.09
75.77	76.01	104.96	95.09	-0.06	-6.25	1.63
217.61	16.16	135.05	111.97	6.13	3.66	10.54
66.36	54.48	65.18	89.57	4.03	-3.52	-13.30
154.30	128.85	113.63	103.86	3.67	2.55	4.35
136.08	112.72	111.65	100.85	3.84	0.19	3.74
152.97	138.50	121.29	106.13	2.01	2.69	6.64
38.24	54.17	108.33	72.22	-6.73	-12.94	2.70
56.33	27.97	108.11	62.50	15.03	-23.69	2.63
97.19	111.87	213.83	124.51	-2.77	-12.15	28.83
271.61	180.74	110.00	102.79	8.49	10.44	3.23
182.64	213.51	96.42	92.48	-3.07	17.23	-1.21
148.84	135.06	111.86	114.92	1.96	3.84	3.81
141.29	130.04	109.92	112.52	1.67	3.42	3.20
875.27	349.35	141.29	115.31	20.16	19.85	12.21
63.27	86.72	97.56	106.09	-6.11	-2.33	-0.82
1112.80	348.62	108.91	94.45	26.13	26.20	2.88
597.04	481.19	248.16	116.29	4.41	14.16	35.39
484.75	208.34	126.43	119.42	7.53	5.98	8.13
658.86	260.06	121.61	107.84	20.43	16.42	6.74
570.60	295.83	117.02	104.96	14.04	20.38	5.38
668.13		1539.24	107.61			148.75
155.06	171.33	115.78	97.84	-1.98	8.15	5.01
827.97	364.08	166.82	101.66	17.86	16.89	18.60
282.85	302.97	163.99	123.34	-1.37	13.06	17.93
204.96	249.65	125.91	99.50	-3.87	14.67	7.98
254.27	175.38	121.93	109.50	7.71	7.54	6.83
240.53	205.26	131.09	109.20	3.22	9.38	9.44
249.87	169.38	120.74	109.89	8.09	7.00	6.48
	188.18	107.25	102.48		11.90	2.36
234.62	181.07	119.71	107.91	5.32	8.63	6.18
195.22	185.45	115.91	93.58	1.03	9.86	5.04
238.68	180.14	120.00	109.67	5.79	8.46	6.27
	533.33	160.00	106.66		27.23	16.96
145.09	141.54	130.50	101.56	0.58	1.64	9.28
256.60	217.11	164.60	110.56	3.40	5.69	18.07

2－2 续表 2

指 标		总量指标					
		1990	1995	2000	2001	2002	2003
邮电通信业							
邮电业务总量	（亿元）	0.35	1.56	4.92	6.48	19.91	22.98
函 件	（万件）	2788	3354	2762	2961	3580	3800
报刊期发数	（万份）	69.70	262.40	47.20	45.00	45.00	66.50
邮路总长度	（公里）	24567	17849	26978	28090	35351	24107
固定电话数	（万部）	2.74	9.40	36.87	46.81	57.92	76.42
移动电话用户	（万户）		0.26	21.08	42.10	77.14	100.36
国内商业							
社会消费品零售总额	（亿元）	28.72	57.83	82.08	90.35	101.00	102.66
对外经济贸易							
进出口总额	（亿美元）	0.70	1.62	1.60	2.05	1.97	3.39
出口额		0.68	1.38	1.12	1.49	1.51	2.74
进口额		0.02	0.24	0.48	0.56	0.46	0.65
国际旅游							
来华旅游人数	（人）	5451	13332	32592	39700	43500	17711
旅游外汇收入	（万美元）	218.46	230.60	740.00	902.00	998.73	472.00
金融保险	（亿元）						
金融机构各项存款		59.30	138.10	309.17	391.71	467.92	538.58
金融机构各项贷款		73.53	224.91	365.71	422.03	480.02	564.84
保险公司保费收入		0.46	1.70	5.13	5.46	6.59	7.60
保险公司赔款及给付		0.18	0.84	1.19	1.93	1.51	1.57
教育、科技、文化							
教育							
专任教师数	（人）	45678	45673	47821	48128	46309	50348
普通高等学校		1470	1410	2107	2094	2580	2769
中等学校		1670	1691	1363	1307	713	470
普通中学		16023	15691	16645	16857	14801	18613
小 学		26515	26881	27706	27870	28215	27496
在校学生数	（万人）	72.54	66.28	75.62	77.65	76.11	83.55
普通高等学校		0.62	0.73	1.33	1.79	2.22	2.61
中等学校		1.13	1.36	1.34	1.23	1.14	0.81
普通中学		21.75	19.39	22.47	24.46	22.09	29.44
小 学		49.04	44.80	50.48	50.17	50.66	50.69
教育事业费支出	（亿元）	1.93	4.20	7.27	10.18	11.51	12.63
科技							
事业、企业单位各类专业技术人员	（万人）	10.74	10.73	10.75	10.79	9.86	10.50
研究与发展经费支出	（万元）	4703	7267	13142	16511	18855	27238
技术市场成交额	（万元）	214	1055	5096	4657	12373	8291
文化							
出版数量							
图 书	（万册.张）	1081.90	1226.66	586.19	507.01	397.52	828.00
杂 志	（万册）	51.90	78.51	91.20	280.78	59.20	74.00
报 纸	（万份）	3894.40	5676.95	4800.20	4235.78	4494.20	4752.00

Continued

速度指标(%)						
指数（2003 为以下各年）				平均增长速度		
1990	1995	2000	2002	1991 - 1995	1996 - 2000	2001 - 2003
6565.71	1473.08	467.07	115.42	34.84	25.83	67.16
136.29	113.29	137.58	106.15	3.77	-3.81	11.22
95.41	25.34	40.89	47.78	30.36	-29.04	12.11
98.13	135.06	89.36	68.19	-6.19	8.61	-3.68
2789.05	812.98	207.27	131.94	27.96	31.43	27.50
	38600.00	476.09	130.10		140.89	68.23
357.47	177.52	125.07	101.64	15.03	7.25	7.74
484.29	209.26	211.89	172.08	18.27	-0.25	28.44
402.94	198.55	244.64	181.46	15.21	-4.09	34.74
3250.00	270.83	135.42	141.30	64.38	14.87	10.63
324.91	132.85	54.34	40.71	19.59	19.58	-18.40
216.06	204.68	63.78	47.26	1.09	26.26	-13.92
908.23	389.99	174.20	115.10	18.42	17.49	20.32
768.18	251.14	154.45	117.67	25.06	10.21	15.59
1652.17	447.06	148.15	115.33	29.88	24.72	14.00
872.22	186.90	131.93	103.97	36.08	7.21	9.68
110.22	110.24	105.28	108.72	…	0.92	1.73
188.37	196.38	131.42	107.33	-0.83	8.37	9.53
28.14	27.79	34.48	65.92	0.25	-4.22	-29.88
116.16	118.62	111.82	125.76	-0.42	1.19	3.80
107.47	106.01	102.85	101.00	0.27	0.61	0.94
115.18	126.06	110.49	109.78	-1.79	2.67	3.38
420.97	357.53	196.24	117.57	3.32	12.75	25.20
71.68	59.56	60.45	71.05	3.77	-0.30	-15.45
135.36	151.83	131.02	133.27	-2.27	2.99	9.42
103.36	113.15	100.42	100.06	-1.79	2.42	0.14
654.40	300.71	173.73	109.73	16.83	11.60	20.21
97.76	97.86	97.67	106.49	-0.02	0.04	0.78
579.19	374.80	207.25	144.46	9.09	12.58	27.50
3879.74	786.03	125.55	67.01	37.62	44.32	7.88
76.53	67.50	141.25	208.29	2.54	-13.73	12.20
142.58	94.26	81.14	125.00	8.63	3.04	-6.73
122.02	83.71	99.00	105.74	7.83	-3.30	-0.34

2－2 续表 3

指　标		总量指标					
		1990	1995	2000	2001	2002	2003
家庭、生活、环境							
家庭							
家庭总户数	(万户)	93.07	101.59	115.24	117.18	119.91	123.47
城镇居民平均每户家庭人口	(人)	3.96	3.50	3.24	3.20	3.10	3.10
农村居民平均每户家庭人口	(人)	6.26	5.97	5.32	5.30	5.19	5.10
婚姻							
结婚数	(对)	30522	40046	37119	33100	33724	33245
离婚数	(对)	1592	1863	2115	1828	1837	2658
居住							
城市居民人均使用面积	(平方米)	9.53	9.63	12.06	13.45	16.92	17.02
农村居民人均居住面积	(平方米)	12.77	14.98	15.32	15.93	16.34	16.86
生活							
城镇居民人均可支配收入	(元)	1335.88	3379.86	5169.96	5853.72	6199.88	6731.88
农村居民人均纯收入	(元)	559.78	1029.77	1490.49	1610.87	1710.80	1817.37
城乡储蓄存款余额	(亿元)	26.60	82.71	159.08	188.53	222.99	260.50
工资							
工资总额	(亿元)	17.30	38.02	49.76	57.36	61.40	63.47
职工平均工资	(元)	2632	5753	10050	12906	14472	15356
离休、退休、退职费	(亿元)			17.92	24.45	30.55	31.16
卫生							
医院、卫生院	(个)	446	592	577	564	549	536
卫生技术人员	(万人)	1.99	2.02	2.15	2.01	1.93	2.30
医院、卫生院床位数	(万张)	1.57	1.72	1.65	1.65	1.61	1.67
市政建设							
自来水供水总量	(万吨)	13354	14971	14239	14790	14158	18833
排水管道长度	(公里)	117	179	263	264	458	877
城市液化石油气和天然气供气量	(万立方米)		1260	15815	28748	26981	29601
运营车辆	(辆)	303	402	1125	1215	1330	1693
铺装道路长度	(公里)	179	363	438	441	471	1126
园林绿地面积	(公顷)	659	1149	1503	1627	1781	3495
环境、灾害							
污染治理项目本年完成投资额	(万元)	800	4297	3833	3859	2830	2402
废水治理		368	590	548	431	196	602
废气治理		327	3624	3285	3401	2491	1752
固体废物治理		39	71			44	48
噪声治理		1	7			10	
其他治理		65	5		27	89	
火灾发生数	(起)	230	273	670	680	667	734
火灾损失	(万元)	517.43	252.21	475.33	310.35	384.28	410.00
交通事故发生数	(起)	2724	1542	1579	1524	1628	1619
交通事故损失	(万元)	455.68	739.03	666.69	631.77	684.63	737.50

注：1. 本表价值指标除邮电业务总量按不变价格计算外，其余均按当年价格计算。

2. 本表速度指标中，国民生产总值、国内生产总值及三次产业、物价指数、农林牧渔业总产值、工业总产值、邮电业务总量、城乡居民收入和平均工资指标均按可比价格计算。

3. 1999 年及以后职工人数为在岗人数，1995 年及以前为全部职工人数，故不可比。

4. 本表中婚姻指标的结婚、离婚对数为民政部门统计数。

Continued

速度指标(%)						
指数（2003 为以下各年）				平均增长速度		
1990	1995	2000	2002	1991 - 1995	1996 - 2000	2001 - 2003
132.66	121.54	107.14	102.97	1.77	2.55	2.33
78.28	88.57	95.68	100.00	-2.44	-1.53	-1.46
81.47	85.43	95.86	98.27	-0.94	-2.28	-1.40
108.92	83.02	89.56	98.58	5.58	-1.51	-3.60
166.96	142.67	125.67	144.69	3.19	2.57	7.92
178.59	176.74	141.13	100.59	0.21	4.60	12.17
132.03	112.55	110.05	103.18	3.24	0.45	3.24
	160.72	117.19	106.45		5.56	6.75
176.80	152.80	118.75	102.59	2.96	5.17	5.90
979.32	314.96	163.75	116.82	25.47	13.98	17.87
366.88	166.94	127.55	103.37	17.06	5.53	8.45
583.43	266.92	152.80	106.11	16.93	11.80	15.18
		173.88	102.00			20.25
120.18	90.54	92.89	97.63	5.83	-0.51	-2.43
115.58	113.86	106.98	119.17	0.30	1.26	2.27
106.40	97.09	101.21	103.73	1.84	0.83	0.40
141.03	125.80	132.26	133.02	2.31	-1.00	9.77
749.57	489.94	333.46	191.48	8.88	8.00	49.40
	2349.29	187.17	109.71		65.86	23.24
558.73	421.14	150.49	127.29	5.82	22.85	14.60
629.05	310.19	257.08	239.06	15.19	3.83	36.99
530.35	304.18	232.53	196.24	11.76	5.52	32.48
300.25	55.90	62.66	84.88	39.96	-2.26	-14.43
163.59	102.03	109.85	307.14	9.90	-1.47	3.18
535.78	48.34	53.33	70.33	61.78	-1.95	-18.90
123.08	67.61		109.09	12.73		
				47.58		
				-40.13		
319.13	268.86	109.55	110.05	3.49	19.67	3.09
79.24	162.56	86.26	106.69	-13.39	13.51	-4.81
59.43	104.99	102.53	99.45	-10.76	0.48	0.84
161.85	99.79	110.62	107.72	10.15	-2.04	3.42

2-3 国民经济和社会发展结构指标

Structural Indicators on the National Economy and Social Development

单位:%

指　　标	1990	1995	2000	2001	2002	2003
人口与就业						
人口						
城乡结构						
城镇	34.23	33.90	34.76	36.32	37.68	38.18
乡村	65.77	66.10	65.24	63.68	62.32	61.82
性别结构						
男	51.24	51.20	51.70	50.87	51.29	51.02
女	48.76	48.80	48.30	49.13	48.71	48.98
就业						
产业结构						
第一产业	59.98	69.60	72.50	72.80	71.80	69.81
第二产业	18.84	11.40	9.20	8.80	7.60	9.23
第三产业	21.18	19.00	18.30	18.40	20.60	22.96
宏观经济						
国民核算						
国内生产总值产业结构						
第一产业	25.26	23.47	14.62	14.22	13.16	11.83
第二产业	38.45	39.65	43.25	43.92	45.15	47.22
第三产业	36.29	36.88	42.13	41.86	41.69	40.95
投资						
全社会固定资产投资结构						
基本建设	74.16	74.33	77.41	78.59	79.42	72.78
更新改造	10.11	15.55	11.14	10.40	10.56	15.71
房地产开发	1.44	3.97	8.72	7.61	6.91	8.55
其他投资	14.29	6.15	2.73	3.40	3.11	2.96
资金来源结构						
国家预算内资金	26.92	6.17	16.66	17.90	20.00	17.83
国内贷款	19.69	39.55	23.36	21.83	28.00	12.17
利用外资	7.15	0.65	1.40	0.80	1.00	1.48
自筹和其他投资	46.24	53.63	58.58	57.77	51.00	68.52
财政						
财政收入结构						
中　央	57.37	68.92	79.60	84.56	85.11	82.83
地　方	42.63	31.08	20.40	15.44	14.89	17.17
能源生产与消费						
能源生产总量结构						
原　煤	32.28	29.74	16.79	13.31	18.31	22.40
原　油	19.08	30.41	30.46	32.44	31.38	31.75
天然气	1.02	1.36	5.06	8.76	14.34	18.90
水　电	47.62	38.49	47.69	45.49	35.97	26.95
能源消费总量结构						
煤　炭	51.54	41.64	30.18	28.02	26.42	28.72
石　油	12.47	8.42	18.96	18.05	15.77	13.47
天然气	1.03	1.13	4.83	7.52	13.25	15.07
水　电	32.97	48.81	46.03	46.41	44.56	42.74

2－3 续表 1 Continued

单位:%

指　标	1990	1995	2000	2001	2002	2003
产　业						
农业						
农林牧渔业产值结构						
农　业	46.82	48.19	43.71	45.66	43.65	43.65
林　业	2.83	1.56	2.64	2.88	4.05	4.05
牧　业	44.66	50.03	53.51	51.30	52.13	52.17
渔　业	0.27	0.22	0.14	0.16	0.17	0.13
工业						
工业总产值规模结构						
大型企业	30.86	60.48	58.97	63.55	63.68	57.68
中型企业	25.94	11.61	4.35	5.02	15.51	25.10
小型企业	43.20	27.91	36.68	31.43	20.81	17.22
建筑业						
建筑业总产值结构						
#房屋土木工程建筑业		83.35	85.53	84.13	83.97	81.08
建筑安装业		15.30	13.45	14.65	14.68	14.65
建筑装饰业		1.35	1.02	1.22	1.35	2.03
交通运输业						
货运量结构						
按运输方式分						
铁　路	18.65	15.08	16.41	17.54	17.69	17.64
公　路	80.40	81.80	79.79	78.90	78.73	79.01
民用航空						
管道输油(气)	0.95	3.12	3.80	3.56	3.58	3.35
国内商业						
社会消费品零售总额构成						
市	52.46	57.68	61.77	62.49	63.06	64.43
县	32.05	27.95	24.11	23.81	23.74	24.06
县以下	15.49	14.37	14.12	13.70	13.20	11.51
对外经济贸易						
进出口总值结构						
出　口	96.84	85.09	70.00	72.78	76.81	80.76
进　口	3.16	14.91	30.00	27.22	23.19	19.24
国际旅游						
来华旅游人数结构						
外国人	74.83	73.90	44.73	46.06	43.91	43.56
港澳台同胞	25.17	26.10	55.27	53.94	56.09	56.44
教育、科技、文化						
教育						
在校学生结构						
大学生	3.22	3.09	4.40	2.31	2.92	3.12
中专生	3.66	3.70	2.85	1.58	1.50	0.97
中学生	35.08	34.36	34.81	31.50	29.02	35.24
小学生	58.04	58.85	57.94	64.61	66.56	60.67

2－3 续表 2 Continued

单位:%

指标	1990	1995	2000	2001	2002	2003
专任教师结构						
大学	0.85	1.10	1.76	4.35	5.57	5.50
中专	1.56	2.05	1.77	2.72	1.54	0.93
中学	29.98	29.26	29.71	35.02	31.96	36.97
小学	67.61	67.59	66.76	57.91	60.93	56.60
生活、环境						
生活						
城镇居民消费结构						
食品类	56.28	51.43	40.88	38.10	35.66	36.78
衣着类	14.87	13.95	10.96	11.33	10.33	11.35
用品及其他	27.72	32.12	41.60	44.28	43.90	41.51
居住	1.13	3.50	6.56	6.29	10.11	10.36
农村居民消费结构						
食品类	59.53	64.99	57.89	52.37	48.90	49.07
衣着类	12.97	9.36	7.67	7.50	8.07	7.25
用品及其他	14.94	15.93	24.08	26.49	31.38	30.62
居住	12.57	9.72	10.36	13.64	11.65	13.06
福利						
离退休退职人员结构						
离休人员	11.81	7.10	4.13	3.81	3.65	3.59
退休人员	84.24	88.90	92.86	93.22	93.50	94.45
退职人员	3.95	4.00	3.01	2.97	2.85	1.96
离退休退职人员保险福利费结构						
离休金			8.20	6.95	6.38	6.41
退休金			79.12	81.72	83.48	85.96
退职生活费			1.47	1.14	1.50	0.76
医疗卫生费			6.91	4.78	3.44	1.89
其他			4.30	5.41	5.20	4.98
卫生						
卫生技术人员结构						
#中医	6.26	7.36	5.93	6.55		
西医师	25.98	27.56	29.77	31.21		
西医士	14.17	10.75	9.04	8.20		
医院床位结构						
市医院	43.00	44.33	47.41	49.14	46.55	52.42
县医院	57.00	55.67	52.59	50.86	53.45	47.58
环境、灾害						
治理污染资金使用结构						
治理废水	46.07	13.73	13.42	11.17	6.93	25.06
治理废气	40.92	84.36	80.46	88.14	88.02	72.94
治理固体废物	4.86	1.64			1.55	2.00
治理噪声	0.06	0.16			0.35	
其他	8.09	0.11	6.12	0.69	3.15	
交通事故损失额结构						
特大	21.85	18.83	12.31	1.47	1.60	16.12
重大	16.53	27.27	29.32	32.77	34.40	40.02
一般	61.62	53.90	58.37	65.76	64.00	43.86

2-4 国民经济和社会发展比例和效益指标

Indicatiors on Proportions and Eifficiency in National Economy and Social Development

指　　标	1990	1995	2000	2001	2002	2003
人口与就业						
人口						
出生率　(‰)	24.34	22.01	19.25	19.06	18.05	16.94
死亡率　(‰)	7.47	6.89	6.15	6.44	6.35	6.09
自然增长率　(‰)	16.87	15.12	13.10	12.62	11.70	10.85
就业						
就业者负担人口　(人)	2.17	1.81	1.82	1.82	1.81	1.81
三次产业从业者比例						
(以第一产业为100)						
第一产业	100.00	100.00	100.00	100.00	100.00	100.00
第二产业	31.41	16.35	12.69	12.05	10.52	12.08
第三产业	35.32	27.36	25.28	25.29	28.73	30.14
城镇失业率　(%)	4.88	2.18	2.40	3.50	3.60	3.80
宏观经济						
国民核算						
三次产业增加值比例						
(以第一产业为100)						
第一产业	100.00	100.00	100.00	100.00	100.00	100.00
第二产业	152.24	168.96	295.87	308.90	339.90	399.26
第三产业	143.63	157.21	288.24	294.41	319.80	346.26
全社会劳动生产率　(元/人)	3436	6904	9345	10537	11788	13302
第一产业	1447	2883	1892	2062	2146	2214
第二产业	6994	16255	42970	51532	64653	78242
第三产业	5897	9445	21391	24019	25409	26047
人均国内生产总值　(元)	1558	3430	5087	5735	6426	7277
固定资产投资						
全社会固定资产投资相当于						
国内生产总值比例　(%)	31.81	33.62	58.74	66.99	71.85	73.07
基本建设房屋建筑面积竣工率　(%)	52.00	55.79	55.81	49.93	45.41	38.65
基本建设固定资产交付使用率　(%)	85.74	67.00	46.92	71.89	44.74	36.96
基本建设项目建成投产率　(%)	65.70	58.00	69.03	68.24	70.45	54.95
财政						
地方财政收入相当于国内生产总值比例　(%)	10.35	5.20	6.29	6.60	6.19	6.16
财政支出相当于国内生产总值比例　(%)	24.50	17.42	25.90	33.66	34.82	31.28
地方财政收入相当于全年财政支出比例　(%)	42.20	29.90	24.30	19.57	17.77	19.70
物价指数						
工农商品综合比价(1978=100)	68.68	44.58	62.54	60.38		
能源生产与消费						
能源生产弹性系数	4.63		0.65		0.60	0.13
能源消费弹性系数	1.83	1.25		0.39	0.68	0.92
每万元国内生产总值消耗的能源　(吨)	7.21	4.16	3.40	3.12	2.99	2.88

2-4 续表 1 Continued

指标		1990	1995	2000	2001	2002	2003
产业							
农业							
人均耕地面积	(公顷)	0.19	0.20	0.20	0.19	0.18	0.17
农业从业者人均耕地面积	(公顷)	0.48	0.44	0.47	0.46	0.44	0.41
每公顷耕地农业机械总动力	(千瓦)	2.20	3.20	3.83	4.06	4.65	5.27
每公顷耕地用电量	(千瓦小时)	255	345	344	374	372	519
每公顷耕地化肥施用量	(公斤)	275	304	273	280	292	309
每公顷耕地生产的农业产值	(元)	1988	4500	3722	4429	4728	5356
农林牧渔业从业者人均农产品产量	(公斤)						
粮食		957	866	581	729	669	644
油料		101	123	136	162	171	194
肉类		128	139	146	156	167	176
水产品		3	2	1	1	1	1
每公顷播种面积农产品产量	(公斤)						
粮食		2865	2972	2563	3330	3206	3500
油料		1050	1083	1013	1363	1530	1723
工业企业效益							
总资产贡献率	(%)			5.04	4.88	6.66	4.97
资产负债率	(%)			71.67	71.03	67.84	68.22
成本费用利润率	(%)		-4.40	0.85	2.72	5.22	4.72
流动资产周转次数	(次/年)	1.81	0.98	0.77	0.81	0.95	1.06
全员劳动生产率(按增加值计算)	(元/人·年)		15142	26404	28490	59479	66860
建筑业							
技术装备率	(元/人)	2209	4356	9153	10574	16306	17372
产值利税率	(%)	3.37		0.85	1.14	5.47	5.30
全员劳动生产率(按总产值计算)	(元/人)	12557	33406	42284	51904	58626	61046
交通运输业							
铁路网密度	(公里/万平方公里)	15.21	15.28	15.28	15.28	15.28	15.24
公路网密度	(公里/万平方公里)	232.39	239.21	259.43	315.24	333.38	338.57
铁路货运密度	(吨/公里)	4146	4836	7573	8700	9091	9954
公路货运密度	(吨/公里)	1170	1676	2168	1845	1854	2006
邮电通信业							
城市电话普及率	(部/百人)	1.63	5.75	19.13	22.38	25.21	31.85
农村电话普及率	(部/百人)	0.08	0.09	0.74	1.29	2.33	3.49
国内商业							
批零和餐饮业人均消费品零售额	(元)	27775	20876	21906	32178	57881	44928
对外经济贸易							
进出口总额相当于国内生产总值比例	(%)	4.82	8.20	5.03	5.59	4.79	7.15
国际旅游							
每一来华游客花费	(美元)	401	173	227	227	230	267

2－4 续表 2 Continued

指　　标		1990	1995	2000	2001	2002	2003
金融保险							
金融机构存款相当于国内生产总值比例	(%)	84.79	83.54	117.29	130.16	137.21	138.02
金融机构贷款相当于国内生产总值比例	(%)	105.13	136.05	138.74	140.23	140.76	144.75
银行现金支出相当于收入比例	(%)	106.74	105.42	107.22	105.44	105.49	103.93
教育、科技、文化							
教育							
学龄儿童入学率	(%)	81.5	87.4	94.2	95.4	95.4	96.1
小学升学率	(%)	88.9	86.5	88.7	89.6	92.0	95.2
初中升学率	(%)	48.4	52.5	66.4	63.1	65.5	62.5
平均每个教师负担学生数	(人)						
高等学校		4.2	5.2	6.3	8.6	8.6	9.9
普通中学		13.6	12.4	13.5	14.5	14.9	15.8
小学学校		18.5	16.7	18.2	18.0	18.0	17.8
科技							
研究与开发经费支出相当于国内生产总值比例	(%)	0.67	0.44	0.50	0.55	0.55	0.70
文化							
每百万人有艺术表演团体	(个)	3.13	2.91	2.71	2.67	2.50	2.62
每百万人有公共图书馆	(个)	9.16	8.52	7.36	7.26	7.19	7.12
每百万人有博物馆	(个)	1.34	1.67	2.71	2.49	3.03	3.00
家庭、生活、环境							
家庭							
负担少儿系数	(%)	46.47	41.70	39.15	39.63	37.53	35.46
负担老年系数	(%)	4.64	5.25	6.65	7.22	7.94	8.46
生活							
城镇与农村居民收入增长率比例（以农村居民收入指数为1）(1984＝100)		0.88	0.97	0.99	1.03	1.03	1.03
福利							
离退休退职费相当于工资总额比例	(%)			36.01	42.63	49.76	49.09
离退休退职相当于在职人数比例	(%)			42.80	49.75	52.45	56.10
卫生							
每万人医院数	(个)	1.00	1.23	1.12	1.09	1.04	1.01
每万人卫生技术人员数	(人)	44.40	42.00	41.90	38.70	36.69	43.37
每万人医院床位数	(张)	35.10	35.70	32.70	31.70	30.67	31.35
医院病床使用率	(%)		70.60	61.67	65.85	64.36	60.11
市政建设							
城市自来水普及率	(%)	95.50	99.79	97.29	100.00	100.00	100.00
城市用气普及率	(%)		2.57	48.88	37.98	48.89	54.68
人均拥有公共绿地面积	(平方米)	1.40	3.00	3.74	5.26	5.92	6.31
环境、灾害							
平均每起火灾损失	(元)	22497	9238	7094	4564	6052	5586
平均每起交通事故损失	(元)	1673	4793	4222	4145	4205	4555

2－5 人均主要工农业产品产量

Average Output of the Main Agricultural and Industrial Products

年 份	粮 食（公斤）	油 料（公斤）	水 果（公斤）	牛 奶（公斤）	肉 类（公斤）	#牛羊肉	羊 毛（公斤）	水产品（公斤）
1978	250.3	12.5	1.8	34.7	16.6		4.5	0.9
1980	255.3	18.9	2.0	30.9	22.7	17.3	4.6	0.9
1985	248.0	24.5	4.9	38.2	27.6	20.2	3.8	1.1
1986	237.4	25.0	4.7	37.4	27.8	19.7	3.6	1.1
1987	245.3	24.4	5.0	41.2	26.8	18.4	3.6	0.5
1988	245.5	24.2	6.0	42.1	27.6	18.5	3.4	0.6
1989	253.5	24.1	5.2	45.3	28.8	18.7	3.5	0.6
1990	258.1	27.1	5.0	45.4	34.6	24.2	4.0	0.8
1991	254.2	29.3	4.7	45.1	34.9	24.1	4.0	0.9
1992	258.8	30.7	5.7	45.5	35.7	25.1	4.0	0.9
1993	255.7	31.7	5.9	40.7	34.3	23.6	3.8	0.8
1994	248.4	39.2	5.5	41.2	37.9	26.2	3.8	0.8
1995	239.1	27.1	5.6	41.9	38.5	26.0	3.7	0.5
1996	255.4	35.3	6.0	37.4	38.6	26.2	3.4	0.5
1997	259.2	37.3	5.5	37.8	40.3	26.8	3.3	0.4
1998	256.8	42.1	5.0	39.8	41.1	26.7	3.3	0.3
1999	204.6	56.3	4.8	37.6	39.8	25.1	3.1	0.3
2000	161.1	37.8	4.4	40.2	40.6	26.0	3.2	0.2
2001	198.5	44.2	3.3	41.7	42.5	28.1	3.2	0.4
2002	173.6	44.5	3.1	41.9	43.3	28.6	3.2	0.3
2003	163.4	49.3	2.7	41.6	44.6	29.4	3.3	0.2

2－5 续表 Continued

年 份	原 盐（公斤）	机制纸及纸板（公斤）	原 煤（公斤）	铝（公斤）	原 油（公斤）	发电量（千瓦小时）	钢（公斤）	水 泥（公斤）
1978	108.0	1.5	679		37.8	180.7	50.4	50.5
1980	80.8	1.0	670		40.2	219.6	47.9	79.7
1985	90.2	1.6	685		49.4	281.3	51.7	119.7
1986	165.6	1.7	657		84.5	353.4	54.3	118.3
1987	338.2	1.6	645		42.1	526.5	56.7	115.9
1988	256.3	1.9	622	5.4	148.5	1063.8	67.9	125.0
1989	280.4	1.7	691	7.3	165.8	1331.2	71.2	123.5
1990	235.0	1.6	721	10.3	182.5	1591.1	72.7	115.8
1991	315.6	1.7	636	13.0	226.2	1326.2	80.4	128.1
1992	201.4	1.5	616	15.3	230.4	1088.5	83.5	154.0
1993	208.8	1.2	498	19.8	233.7	1466.7	92.4	167.0
1994	197.1	1.7	561	24.3	240.4	1554.6	97.5	133.9
1995	159.4	3.0	582	24.0	254.9	1265.1	74.4	133.6
1996	140.8	3.4	613	25.9	289.0	1273.7	84.0	157.0
1997	32.4	2.2	669	37.8	325.6	1712.6	87.7	160.8
1998	78.7	3.1	641	47.2	352.8	2013.0	87.2	206.3
1999	96.6	3.1	423	51.9	374.5	2258.4	88.2	230.6
2000	131.8	0.7	283	55.2	389.7	2607.0	83.6	241.1
2001	148.3	0.9	445	56.8	396.4	2650.4	85.2	319.4
2002	118.3	0.7	475	66.0	407.0	2652.6	79.4	502.0
2003	124.2	0.3	586	75.3	414.2	2428.5	90.4	577.9

2-6 总产出
General Production

（按当年价格计算） 单位：亿元

年　份	总产出	第一产业	第二产业			第三产业		
				工　业	建筑业		# 交通运输、仓储及邮电通信业	# 批发和零售贸易、餐饮业
1952	2.39	1.61	0.32	0.26	0.06	0.46	0.05	0.28
1957	6.96	2.80	2.50	1.27	1.23	1.66	0.46	0.54
1965	9.93	4.16	3.41	2.42	0.99	2.36	0.56	0.74
1970	14.96	4.37	7.28	4.74	2.54	3.31	0.85	1.09
1975	23.96	5.63	13.35	10.16	3.19	4.98	0.95	1.55
1978	32.06	5.99	19.54	13.56	5.98	6.53	1.19	1.89
1980	37.18	7.77	21.51	14.33	7.18	7.90	1.30	2.12
1981	34.75	7.30	18.85	12.25	6.60	8.60	1.12	2.37
1982	37.84	8.36	22.71	14.73	7.98	6.77	1.34	2.64
1983	43.34	8.67	24.14	15.37	8.77	10.53	1.80	3.00
1984	50.22	10.48	27.55	17.92	9.63	12.19	2.53	3.47
1985	62.18	12.25	35.27	22.65	12.62	14.66	3.10	4.34
1986	71.17	14.11	39.49	26.79	12.70	17.57	2.96	5.20
1987	81.13	15.94	45.11	31.30	13.81	20.08	3.32	5.97
1988	101.76	19.49	59.08	42.51	16.57	23.19	3.68	7.46
1989	123.31	21.60	68.76	54.18	14.58	32.95	4.59	7.93
1990	144.62	24.53	71.29	55.25	16.04	48.80	9.12	14.00
1991	155.73	25.24	78.08	60.51	17.57	52.41	9.69	16.92
1992	183.24	27.26	95.07	58.22	26.82	60.91	11.90	18.79
1993	235.22	31.00	127.03	94.09	32.94	77.19	14.55	21.51
1994	295.98	44.87	157.71	127.06	30.65	93.40	15.78	26.11
1995	351.94	55.10	184.58	149.46	35.12	112.26	19.21	31.11
1996	392.05	56.16	202.74	156.34	46.40	133.15	23.40	34.65
1997	446.46	59.02	246.33	187.85	58.48	141.11	26.49	37.62
1998	501.15	60.79	287.49	214.36	73.13	152.87	29.01	39.80
1999	540.58	59.02	314.03	231.88	82.15	167.53	32.05	42.98
2000	615.62	56.99	367.63	269.05	98.58	191.00	37.14	46.94
2001	686.05	63.30	401.24	276.77	124.47	221.51	46.97	50.18
2002	787.38	65.51	472.75	312.02	160.73	249.12	53.03	55.03
2003	922.87	68.12	573.52	385.70	187.82	281.23	62.47	60.56
西宁市	456.48	16.45	269.05	183.63	85.42	170.98	23.78	36.88
海东地区	138.80	18.48	74.58	49.72	24.86	45.74	17.95	5.52
海北州	33.03	6.12	17.58	10.18	7.40	9.33	3.36	1.81
海南州	41.32	9.34	21.31	6.08	15.23	10.67	1.04	3.02
黄南州	31.18	6.50	18.95	11.74	7.21	5.73	0.86	0.84
果洛州	9.94	2.83	3.31	0.40	2.91	3.80	0.21	0.29
玉树州	19.04	8.80	5.58	0.81	4.77	4.66	0.34	1.88
海西州	202.92	5.05	150.95	106.32	44.63	46.92	11.95	10.72

注：1. 1990 年至 1993 年的总产出依据第三产业普查作了统一调整。

2. 1997 年工业总产出等于按新口径计算的工业总产值加销项税。

2－7 总产出指数

General Production Indices

（以上年为100） 单位：%

年 份	总产出	第一产业	第二产业	工 业	建筑业	第三产业	#交通运输、仓储及邮电通信业	#批发和零售贸易、餐饮业
1952	100.00	100.00	100.00	100.00	100.00	100.00	100.00	100.00
1957	91.26	100.31	70.97	104.01	57.83	122.58	123.26	120.33
1965	109.47	111.00	103.78	129.21	137.64	115.89	141.18	102.72
1970	118.56	100.02	131.31	142.33	123.41	105.56	110.57	103.65
1975	114.41	99.12	121.92	115.65	132.09	104.70	99.44	108.29
1978	123.27	99.38	129.77	116.26	146.96	117.81	124.44	112.01
1980	99.83	111.02	95.95	97.48	94.74	111.38	97.50	106.43
1981	91.77	93.05	89.05	85.46	91.99	102.63	86.25	107.87
1982	117.48	107.80	120.05	119.00	120.84	113.94	119.69	109.57
1983	108.27	102.48	106.25	101.39	109.88	119.60	134.72	111.25
1984	119.47	108.94	111.61	114.23	109.81	117.75	140.17	113.04
1985	106.89	111.11	106.77	119.72	97.48	105.32	97.13	112.52
1986	102.72	104.68	101.60	111.33	93.03	105.27	93.26	110.81
1987	106.82	103.86	106.54	113.01	99.73	109.26	104.84	109.51
1988	109.16	100.27	112.30	120.57	102.41	103.43	105.27	104.81
1989	95.69	102.43	96.34	108.09	79.82	93.71	118.18	92.62
1990	116.52	104.86	102.07	103.17	99.96	173.17	103.92	147.43
1991	107.95	102.34	99.98	105.74	88.65	126.19	98.30	121.06
1992	113.56	104.09	113.71	105.28	133.47	115.66	104.22	110.96
1993	106.70	100.18	109.89	113.47	103.27	106.98	115.29	114.32
1994	108.00	103.60	107.80	112.70	88.80	110.10	104.80	98.00
1995	108.10	99.80	109.30	109.00	110.40	109.80	106.90	101.70
1996	110.40	103.90	112.70	109.70	126.60	109.40	112.10	102.80
1997	110.30	105.70	112.40	110.50	120.30	108.70	111.20	104.60
1998	110.70	104.50	113.60	110.20	126.30	108.20	110.90	104.80
1999	108.40	100.20	110.20	109.90	111.20	108.30	113.30	108.90
2000	108.90	97.40	108.20	105.60	116.80	114.00	116.70	110.40
2001	112.20	105.40	113.60	109.40	125.00	111.60	116.60	107.00
2002	111.60	103.40	112.90	108.90	122.60	111.20	114.60	110.50
2003	114.00	97.80	118.20	120.10	114.20	109.80	113.60	109.10
西宁市	113.20	104.70	114.40	118.00	106.90	112.00	109.90	107.40
海东地区	114.10	106.40	118.40	115.00	126.30	110.60	112.10	111.00
海北州	115.20	104.50	122.60	121.80	123.80	109.20	113.60	105.10
海南州	111.20	109.10	111.90	86.40	127.10	111.40	123.20	113.40
黄南州	99.60	113.10	93.20	81.10	132.00	113.80	121.20	115.10
果洛州	114.30	104.80	141.30	70.60	165.40	104.50	94.70	112.30
玉树州	108.57	105.00	107.89	108.20	105.36	118.18	124.99	118.12
海西州	113.70	103.80	112.60	122.10	92.00	119.00	123.70	123.60

注:1995年工业指数与工业普查数有差距。

2-8 总产出指数

General Production Indices

（以1952年为100） 单位：%

年 份	总产出	第一产业	第二产业	工 业	建筑业	第三产业	#交通运输、仓储及邮电通信业	#批发和零售贸易、餐饮业
1952	100.00	100.00	100.00	100.00	100.00	100.00	100.00	100.00
1957	282.38	147.46	659.48	386.33	1333.53	513.51	1111.40	210.70
1965	374.18	187.14	921.11	789.04	2162.28	670.27	1201.18	304.33
1970	717.21	196.56	2847.38	1805.23	5392.36	924.32	1845.99	465.78
1975	1089.75	252.60	4669.44	3839.48	6677.47	1264.86	2048.66	659.97
1978	1541.39	267.56	7165.41	5037.37	12347.61	1627.03	2583.35	884.58
1980	1683.20	285.25	7782.74	4903.07	14814.51	1851.35	2809.18	920.64
1981	1544.67	265.42	6930.53	4190.16	13627.87	1900.00	2422.92	992.82
1982	1814.76	286.13	8320.10	4986.29	16467.91	2164.84	2899.99	1087.83
1983	1964.75	293.22	8840.10	5055.60	18094.94	2589.19	3906.86	1210.21
1984	2211.48	319.44	9866.44	5775.01	19870.06	3048.64	5476.25	1368.03
1985	2363.93	354.93	10534.40	6913.85	19369.33	3210.81	5319.08	1539.30
1986	2428.28	371.54	10702.95	7697.18	18019.29	3386.49	4960.56	1705.70
1987	2593.85	385.88	11402.93	8698.59	17970.64	3700.00	5200.67	1867.91
1988	2831.56	386.92	12805.49	10487.79	18403.72	3827.03	5474.74	1957.76
1989	2728.69	396.32	12336.81	11336.25	14689.85	3586.49	6470.05	1813.28
1990	3179.47	415.58	12592.17	11695.61	14683.97	6210.81	6723.68	2673.31
1991	3432.22	425.30	12589.65	12366.94	13017.34	7837.84	6609.37	3236.32
1992	3897.65	442.69	14315.70	13019.91	17374.24	9064.86	6888.29	3591.02
1993	4158.79	443.47	15731.39	14773.91	17818.18	9697.30	7941.50	4150.25
1994	4491.49	459.43	16958.44	16650.20	15822.54	10676.73	8322.69	4023.15
1995	4855.30	458.51	18535.57	18148.72	17468.08	11723.05	8896.96	4091.54
1996	5360.25	476.39	20889.59	19909.15	22114.59	12825.02	9973.49	4206.10
1997	5912.36	503.54	23479.90	21999.61	26603.85	13940.79	11090.52	4399.58
1998	6544.98	526.20	26673.17	24243.57	33600.66	15083.93	12299.39	4610.76
1999	7094.76	527.25	29393.83	26643.68	37363.93	16335.90	13935.21	5021.12
2000	7726.19	513.54	31804.12	28135.73	43641.07	18622.93	16262.39	5543.32
2001	8668.79	541.27	36129.48	30780.49	54551.34	20783.19	18961.95	5931.35
2002	9674.37	559.67	40790.18	33519.95	66879.94	23110.91	21730.39	6554.14
2003	11028.78	547.36	48213.99	40257.46	76376.89	25375.78	24685.72	7150.57

2－9 生产总值
Gross Product

（按当年价格计算） 单位：亿元

年份	生产总值	第一产业	第二产业	工业	建筑业	第三产业	#交通运输、仓储及邮电通信业	#批发和零售贸易、餐饮业	人均生产总值（元）
1952	1.63	1.20	0.12	0.10	0.02	0.31	0.02	0.21	101
1957	3.95	2.13	0.78	0.40	0.38	1.04	0.17	0.42	193
1965	6.14	3.36	1.28	0.96	0.32	1.50	0.21	0.57	271
1970	8.15	3.36	2.79	2.02	0.77	2.00	0.28	0.80	303
1975	12.42	4.64	4.76	3.78	0.98	3.02	0.36	1.16	371
1978	15.54	3.67	7.71	5.57	2.14	4.16	0.67	1.29	428
1980	17.79	5.00	7.83	5.67	2.16	4.96	0.67	1.51	473
1981	17.49	4.63	7.23	5.21	2.02	5.63	0.54	1.90	459
1982	19.95	5.56	8.03	5.62	2.41	6.36	0.67	1.99	513
1983	22.45	5.90	8.98	6.38	2.60	7.57	0.93	2.33	569
1984	26.42	7.35	10.15	7.19	2.96	8.92	1.50	2.53	662
1985	33.01	8.64	13.39	8.90	4.49	10.98	1.79	2.93	808
1986	38.44	10.47	15.40	11.06	4.34	12.57	1.60	3.74	916
1987	43.38	11.74	16.61	12.09	4.52	15.03	1.47	4.24	1018
1988	54.96	14.36	23.30	17.33	5.97	17.30	1.76	4.90	1260
1989	60.37	15.73	25.29	20.07	5.22	19.35	1.93	4.53	1365
1990	69.94	17.67	26.89	21.23	5.66	25.38	4.10	7.06	1558
1991	75.10	17.96	29.84	23.49	6.35	27.30	4.48	7.27	1647
1992	87.52	19.44	36.31	26.69	9.62	31.77	5.72	8.44	1890
1993	109.62	21.61	48.39	36.77	11.62	39.62	6.47	10.32	2337
1994	138.24	31.71	58.35	46.38	11.97	48.18	7.02	12.55	2910
1995	165.31	38.79	65.54	52.05	13.49	60.98	8.97	14.74	3430
1996	183.57	39.46	71.52	53.86	17.66	72.59	10.56	16.31	3748
1997	202.05	40.65	78.80	57.69	21.11	82.60	12.14	17.72	4066
1998	220.16	41.63	88.42	63.44	24.98	90.11	13.67	18.79	4367
1999	238.39	40.54	97.88	69.96	27.92	99.97	16.21	19.58	4662
2000	263.59	38.53	114.00	80.55	33.45	111.06	19.19	21.37	5087
2001	300.95	42.79	132.18	89.20	42.98	125.98	23.11	23.06	5735
2002	341.11	44.90	154.01	100.19	53.82	142.20	27.53	25.36	6426
2003	390.21	46.15	184.26	120.77	63.49	159.80	32.58	28.42	7277
西宁市	144.84	9.45	67.75	46.21	21.54	67.64	12.91	14.84	7109
海东地区	57.33	11.19	21.56	13.96	7.60	24.58	6.85	4.67	3719
海北州	16.10	4.47	5.96	3.00	2.96	5.67	1.51	0.87	6038
海南州	20.43	6.63	7.72	2.27	5.45	6.08	0.35	0.94	5020
黄南州	16.44	5.16	7.07	4.30	2.77	4.21	0.59	0.48	7688
果洛州	6.68	2.37	1.03	0.13	0.90	3.28	0.01	0.21	4820
玉树州	9.69	6.05	1.41	0.43	0.98	2.23	0.17	0.60	3603
海西州	83.03	3.59	54.57	44.10	10.47	24.87	7.66	2.76	21047

2－10 生产总值构成

Composition of Gross Product

（按当年价格计算） 单位：%

年份	生产总值	第一产业	第二产业	工业	建筑业	第三产业	#交通运输、仓储及邮电通信业	#批发和零售贸易、餐饮业
1952	100.0	73.6	7.4	6.2	1.2	19.0	1.2	12.9
1957	100.0	53.9	19.7	10.1	9.6	26.4	4.3	10.6
1965	100.0	54.7	20.8	15.6	5.2	24.5	3.4	9.3
1970	100.0	41.2	34.2	24.8	9.4	24.6	3.4	9.8
1975	100.0	37.4	38.3	30.4	7.9	24.3	2.9	9.3
1978	100.0	23.6	49.6	35.8	13.8	26.8	4.3	8.3
1980	100.0	28.1	44.0	31.9	12.1	27.9	3.8	8.5
1981	100.0	26.5	41.3	29.8	11.5	32.2	3.1	10.9
1982	100.0	27.9	40.3	28.2	12.1	31.8	3.4	10.0
1983	100.0	26.3	40.0	28.4	11.6	33.7	4.1	10.4
1984	100.0	27.8	38.4	27.2	11.2	33.8	5.7	9.6
1985	100.0	26.2	40.6	27.0	13.6	33.2	5.4	8.9
1986	100.0	27.2	40.1	28.8	11.3	32.7	4.2	9.7
1987	100.0	27.1	38.3	27.9	10.4	34.6	3.4	9.8
1988	100.0	26.1	42.4	31.5	10.9	31.5	3.2	8.9
1989	100.0	26.1	41.9	33.2	8.6	32.0	3.2	7.5
1990	100.0	25.3	38.4	30.4	8.0	36.3	5.9	10.1
1991	100.0	23.9	39.7	31.3	8.4	36.4	6.0	9.7
1992	100.0	22.2	41.5	30.5	11.0	36.3	6.5	9.6
1993	100.0	19.7	44.1	33.5	10.6	36.2	5.9	9.4
1994	100.0	22.9	42.2	33.6	8.6	34.9	5.1	9.1
1995	100.0	23.5	39.6	31.5	8.1	36.9	5.4	8.9
1996	100.0	21.5	39.0	29.3	9.6	39.5	5.8	8.9
1997	100.0	20.1	39.0	28.6	10.4	40.9	6.0	8.8
1998	100.0	18.9	40.2	28.8	11.3	40.9	6.2	8.5
1999	100.0	17.0	41.1	29.3	11.8	41.9	6.8	8.2
2000	100.0	14.6	43.3	30.6	12.7	42.1	7.3	8.1
2001	100.0	14.2	43.9	29.6	14.3	41.9	7.7	7.7
2002	100.0	13.2	45.1	29.3	15.8	41.7	8.1	7.4
2003	100.0	11.8	47.2	31.0	16.3	41.0	8.3	7.3
西宁市	100.0	6.5	46.8	31.9	14.9	46.7	8.9	10.2
海东地区	100.0	19.5	37.6	24.4	13.2	42.9	12.0	8.1
海北州	100.0	27.7	37.1	18.7	18.4	35.2	9.4	5.4
海南州	100.0	32.5	37.8	11.1	26.6	29.7	1.7	4.6
黄南州	100.0	31.4	43.0	26.2	16.9	25.6	3.6	2.9
果洛州	100.0	35.5	15.4	1.9	13.5	49.1	0.1	3.1
玉树州	100.0	62.4	14.6	4.5	10.1	23.0	1.8	6.2
海西州	100.0	4.3	65.7	53.1	12.6	30.0	9.2	3.3

2-11 生产总值指数

Indices of Gross Product

（按可比价格计算） (1952=100)

年份	生产总值	第一产业	第二产业	工业	建筑业	第三产业	#交通运输、仓储及邮电通信业	#批发和零售贸易、餐饮业	人均生产总值
1952	100.00	100.00	100.00	100.00	100.00	100.00	100.00	100.00	100.00
1957	216.67	151.20	591.67	330.00	1900.00	335.48	850.00	200.00	172.85
1965	312.26	203.62	1001.62	847.14	1600.00	493.60	1050.00	295.23	225.10
1970	445.69	203.60	2460.10	2111.84	3848.76	689.74	1400.00	457.14	260.41
1975	665.06	278.85	4075.30	3639.41	4899.10	959.28	1800.00	557.14	324.40
1978	825.92	234.54	6501.60	5435.19	10687.83	1326.01	3350.00	595.23	371.75
1980	884.25	243.25	6539.41	5465.59	10796.77	1389.94	3250.00	663.37	384.02
1981	871.87	230.60	6048.95	5049.11	10097.64	1690.17	2619.20	778.73	374.34
1982	974.75	261.17	6672.00	5398.00	12045.89	1901.44	3249.64	811.67	410.57
1983	1078.07	279.04	7279.15	5921.07	12995.10	2203.77	4365.24	927.01	447.61
1984	1224.69	318.10	8123.54	6551.07	14794.92	2547.55	6887.48	984.67	502.35
1985	1357.45	343.87	9358.31	7782.02	15845.36	2751.36	7178.82	1001.12	544.20
1986	1467.40	375.85	10006.00	8547.77	16095.72	2968.72	6063.23	1202.94	572.39
1987	1551.05	387.50	10362.60	9255.53	14246.32	3295.28	5190.01	1268.87	595.74
1988	1670.48	385.14	12755.62	11678.62	16045.63	3183.57	5190.01	1231.81	627.13
1989	1690.52	395.00	12717.35	12357.15	12595.82	3255.85	5238.39	1042.23	626.32
1990	1753.47	411.47	12797.35	12415.23	13745.82	3433.62	5626.56	1104.98	640.03
1991	1835.64	415.50	13556.07	13105.52	13565.75	3707.62	5952.34	1134.04	660.71
1992	1971.30	432.16	14586.27	13838.11	15877.35	4062.07	7341.01	1243.93	699.16
1993	2160.73	429.26	16599.68	15907.57	17777.87	4547.89	7766.06	1352.15	757.12
1994	2337.91	444.71	17960.85	17662.45	17475.65	5043.61	8045.63	1326.46	808.83
1995	2524.94	442.49	19649.17	19341.48	18961.08	5618.58	8701.34	1346.36	861.08
1996	2742.08	458.86	21633.74	20695.38	23720.31	6151.91	9632.38	1373.29	920.32
1997	2988.87	474.92	23883.65	22557.96	27539.28	6779.40	10913.48	1448.82	988.88
1998	3257.87	491.54	26558.62	24588.18	32909.44	7389.55	12255.84	1542.99	1062.25
1999	3525.02	496.46	29055.13	26801.12	36430.75	8113.73	14118.73	1632.48	1132.78
2000	3842.27	476.60	32396.47	29481.23	42478.25	9030.58	17069.54	1798.99	1217.97
2001	4303.34	504.24	37417.92	32724.17	53692.51	9987.82	20363.96	1942.91	1347.32
2002	4836.95	526.93	43629.29	37665.52	64269.93	11026.55	23520.37	2152.74	1498.22
2003	5422.22	546.95	50784.49	44106.32	74038.96	12096.13	26836.74	2391.69	1661.53

2-12 生产总值指数
Indices of Gross Product

（按可比价格计算） （上年=100）

年份	生产总值	第一产业	第二产业	工业	建筑业	第三产业	#交通运输、仓储及邮电通信业	#批发和零售贸易、餐饮业	人均生产总值
1952	100.00	100.00	100.00	100.00	100.00	100.00	100.00	100.00	100.00
1957	97.33	100.53	74.74	100.00	61.83	114.29	121.43	113.51	91.28
1965	112.45	110.49	127.00	121.79	145.45	106.12	150.00	98.41	107.59
1970	119.57	100.34	162.50	183.59	103.31	106.87	107.69	106.67	114.79
1975	107.83	99.78	116.23	113.41	128.95	108.13	102.86	108.33	104.82
1978	114.93	96.91	128.08	116.32	173.98	122.61	171.79	100.81	111.87
1980	117.78	97.74	123.20	131.40	105.88	129.89	135.42	113.18	115.87
1981	98.60	94.80	92.50	92.38	93.52	121.60	85.59	117.39	97.48
1982	111.80	113.30	110.30	106.91	119.30	112.50	124.07	104.23	109.68
1983	110.60	106.80	109.10	109.69	107.88	115.90	134.33	114.21	109.02
1984	113.60	114.00	111.60	110.64	113.85	115.60	157.78	106.22	112.23
1985	110.84	108.10	115.20	118.79	107.10	108.00	104.23	101.67	108.33
1986	108.10	109.30	107.50	109.84	101.58	107.90	84.56	120.16	105.68
1987	105.70	103.10	103.00	108.28	88.51	111.10	85.60	105.48	104.08
1988	107.70	99.39	123.10	126.18	112.63	96.61	100.00	97.08	105.27
1989	101.20	102.56	99.74	105.81	78.50	102.27	100.93	84.61	99.87
1990	103.72	104.17	102.23	100.47	109.13	105.46	107.41	106.02	102.19
1991	104.69	100.98	104.29	105.56	98.69	107.98	105.79	102.63	103.23
1992	107.39	104.01	107.61	105.59	117.04	109.56	123.33	109.69	105.82
1993	109.61	99.33	113.80	115.41	111.97	111.96	105.79	108.70	108.29
1994	108.20	103.60	108.20	110.60	98.30	110.90	103.60	98.10	106.83
1995	108.00	99.50	109.40	109.50	108.50	111.40	108.15	101.50	106.46
1996	108.60	103.70	110.10	107.00	125.10	109.50	110.70	102.00	106.88
1997	109.00	103.50	110.40	109.00	116.10	110.20	113.30	105.50	107.45
1998	109.00	103.50	111.20	109.00	119.50	109.00	112.30	106.50	107.42
1999	108.20	101.00	109.40	109.00	110.70	109.80	115.20	105.80	106.64
2000	109.00	96.00	111.50	110.00	116.60	111.30	120.90	110.20	107.52
2001	112.00	105.80	115.50	111.00	126.40	110.60	119.30	108.00	110.62
2002	112.40	104.50	116.60	115.10	119.70	110.40	115.50	110.80	111.07
2003	112.10	103.80	116.40	117.10	115.20	109.70	114.10	111.10	110.90
西宁市	113.70	103.50	119.60	125.60	107.70	109.70	107.60	107.50	111.90
海东地区	112.80	106.30	119.20	115.10	128.00	110.60	111.80	110.70	112.40
海北州	112.50	104.30	122.00	120.40	123.80	109.20	114.10	105.60	111.60
海南州	111.40	108.30	112.40	81.60	136.10	114.00	129.10	114.40	110.60
黄南州	102.30	108.00	94.10	82.80	126.50	114.40	120.30	116.10	101.00
果洛州	108.00	104.30	129.20	69.20	148.60	105.40	114.30	111.30	105.50
玉树州	108.28	104.60	113.00	91.20	124.48	116.11	112.63	113.47	105.90
海西州	115.10	105.00	114.80	119.50	96.60	117.50	119.00	122.70	109.90

2-13 第三产业增加值

单位：亿元

年　份	总　计	农林牧渔服务业	地质勘查水利管理业	交通运输仓储及邮电通信业	批发零售贸易及餐饮业	金融、保险业
1978	4.16			0.67	1.29	0.42
1980	4.96			0.67	1.51	0.45
1985	10.98			1.79	2.93	1.68
1990	25.38	0.34	0.63	4.10	7.06	4.35
1991	27.30	0.41	0.76	4.48	7.27	5.26
1992	31.77	0.46	0.82	5.72	8.44	5.83
1993	39.62	0.60	1.14	6.47	10.32	8.22
1994	48.18	0.69	1.35	7.02	12.55	10.69
1995	60.98	0.83	1.82	8.97	14.74	14.37
1996	72.59	0.95	2.15	10.56	16.31	16.89
1997	82.60	1.15	2.53	12.14	17.72	18.37
1998	90.11	1.31	3.08	13.67	18.79	18.57
1999	99.97	1.49	3.72	16.21	19.58	17.95
2000	111.06	1.59	4.11	19.19	21.37	16.20
2001	125.98	1.95	4.39	23.11	23.06	15.27
2002	142.20	2.41	4.75	27.53	25.36	15.80
2003	159.80	2.32	5.72	32.58	28.42	16.86
西宁市	67.64	0.57	1.19	12.91	14.84	18.07
海东地区	24.58	0.91	0.72	6.85	4.67	1.36
海北州	5.67	0.23	0.05	1.51	0.87	0.16
海南州	6.08	0.47	0.07	0.35	0.94	0.50
黄南州	4.20	0.18	0.03	0.59	0.48	0.30
果洛州	3.28	0.09		0.01	0.21	0.05
玉树州	2.23	0.04	0.01	0.17	0.60	0.06
海西州	24.87		5.16	7.66	2.76	2.57

注：本表按当年价格计算。

Value - added of the Tertiary Industry

(100 million yuan)

房地产业	社会服务业	卫生体育和社会福利业	教育、文化艺术及广播电影电视业	科学研究和综合技术服务事业	国家机关、政党机关和社会团体	其他行业
0.23	0.06	0.24	0.40	0.50	0.35	
0.25	0.15	0.23	0.46	0.81	0.43	
0.21	0.76	0.45	1.18	1.04	0.94	
0.43	0.91	0.85	2.46	0.48	3.21	0.56
0.41	0.91	0.85	2.53	0.35	3.37	0.70
0.49	1.01	0.99	2.93	0.40	4.02	0.66
0.72	1.09	1.18	3.49	0.49	5.27	0.63
0.98	1.31	1.49	4.20	0.62	6.53	0.75
1.32	1.68	1.94	5.63	0.81	7.92	0.95
2.01	1.93	2.37	7.10	1.03	10.32	0.97
2.49	2.52	2.86	8.05	1.13	12.63	1.01
2.98	3.15	3.14	8.66	1.26	14.30	1.20
3.56	3.63	3.58	10.58	1.42	16.95	1.30
4.06	6.26	4.07	11.98	1.58	19.14	1.51
4.34	7.79	5.03	14.56	1.77	23.05	1.66
5.38	9.07	5.72	15.85	2.02	26.22	2.09
5.94	10.10	6.40	17.53	2.22	29.33	2.38
1.20	2.61	2.85	6.20	1.22	5.82	0.16
0.94	0.53	1.04	4.01	0.18	3.37	
0.20	0.20	0.51	0.77	0.05	1.05	0.07
0.42	0.28	0.46	1.12	0.05	1.39	0.03
0.37	0.06	0.42	0.71	0.05	1.01	
0.03	0.28	0.29	0.45	0.06	1.70	0.11
0.01	0.01	0.07	0.28	0.01	0.97	
0.34	0.99	0.65	1.57	0.50	2.43	0.24

2－14 第三产业增加值构成及指数

年　　份	总　计	农林牧渔服务业	地质勘查水利管理业	交通运输仓储及邮电通信业	批发零售贸易及餐饮业	金融、保险业
构成(%)						
1978	100.0			16.1	31.0	10.1
1980	100.0			13.5	30.5	9.1
1985	100.0			16.3	26.7	15.3
1990	100.0	1.3	2.5	16.2	27.8	17.1
1991	100.0	1.5	2.8	16.4	26.6	19.3
1992	100.0	1.4	2.6	18.0	26.6	18.3
1993	100.0	1.5	2.9	16.3	26.1	20.7
1994	100.0	1.4	2.8	14.6	26.0	22.2
1995	100.0	1.4	3.0	14.7	24.2	23.6
1996	100.0	1.3	3.0	14.5	22.5	23.3
1997	100.0	1.4	3.1	14.7	21.4	22.2
1998	100.0	1.4	3.4	15.2	20.9	20.6
1999	100.0	1.5	3.7	16.2	19.6	18.0
2000	100.0	1.4	3.7	17.3	19.2	14.6
2001	100.0	1.6	3.5	18.3	18.3	12.1
2002	100.0	1.7	3.3	19.4	17.8	11.1
2003	100.0	1.5	3.5	20.3	17.8	10.6
增长速度(上年＝100)						
1978	100.0	100.0	100.0	100.0	100.0	100.0
1980	129.9			135.4	113.2	153.6
1985	108.0			104.2	101.7	135.0
1990	105.5			107.4	106.0	103.8
1991	108.0			105.8	102.6	126.9
1992	109.6			123.3	109.7	104.6
1993	112.0			105.8	108.7	125.7
1994	110.9	104.1	110.8	105.5	98.1	122.6
1995	111.4	103.9	117.5	108.2	101.5	116.8
1996	109.5	105.7	109.1	110.7	102.0	113.0
1997	110.2	117.9	114.4	113.3	105.5	107.0
1998	109.0	113.6	120.5	112.3	106.5	102.2
1999	109.8	108.0	114.8	115.2	105.8	97.3
2000	111.3	107.4	111.0	120.9	110.2	89.8
2001	110.6	119.5	104.1	119.3	108.0	92.9
2002	110.4	120.5	105.8	115.5	110.8	100.7
2003	109.7	94.8	117.9	114.1	111.1	104.7

Indices and Composition of the Value-added of the Tertiary Industry

房地产业	社会服务业	卫生体育和社会福利业	教育、文化艺术及广播电影电视业	科学研究和综合技术服务事业	国家机关、政党机关和社会团体	其他行业
5.5	1.5	5.8	9.6	12.0	8.4	
5.0	3.0	4.6	9.3	16.3	8.7	
1.9	6.9	4.1	10.7	9.5	8.6	
1.7	3.6	3.3	9.7	1.9	12.7	2.2
1.5	3.3	3.1	9.3	1.3	12.3	2.6
1.5	3.2	3.1	9.2	1.3	12.7	2.1
1.8	2.8	3.0	8.8	1.2	13.3	1.6
2.0	2.7	3.1	8.7	1.3	13.6	1.6
2.2	2.7	3.2	9.2	1.3	13.0	1.5
2.8	2.6	3.3	9.8	1.4	14.2	1.3
3.0	3.1	3.5	9.7	1.4	15.3	1.2
3.3	3.5	3.5	9.6	1.4	15.9	1.3
3.6	3.6	3.6	10.6	1.4	16.9	1.3
3.7	5.6	3.7	10.8	1.4	17.2	1.4
3.4	6.2	4.0	11.6	1.4	18.3	1.3
3.8	6.4	4.0	11.2	1.4	18.4	1.5
3.7	6.3	4.0	11.0	1.4	18.4	1.5
100.0	100.0	100.0	100.0	100.0	100.0	100.0
109.1	233.3	71.9	97.8	260.0	146.4	
100.0	234.6	90.2	89.8	103.6	100.0	
71.4	107.3	102.0	100.0	84.8	109.1	60.0
107.5	98.9	106.4	107.4	102.1	105.1	106.8
111.6	107.3	109.6	109.4	105.5	113.0	60.8
127.1	103.4	105.5	106.7	118.2	111.8	106.3
126.2	112.2	117.7	113.6	110.4	119.9	112.0
120.8	113.9	113.3	117.8	113.4	115.4	110.7
135.5	104.3	110.9	114.6	116.4	105.2	116.1
120.6	114.2	116.9	109.8	106.3	113.0	103.5
120.4	112.4	109.6	107.7	111.8	112.4	116.9
119.7	109.7	108.8	116.3	107.9	118.6	102.9
113.7	165.7	114.1	113.7	112.2	113.4	115.5
106.2	121.2	120.4	108.6	110.1	117.3	107.3
122.7	113.6	108.2	103.9	110.3	111.2	122.8
109.3	109.4	110.2	104.0	108.3	109.7	112.1

2－15 生产总值构成项目

Projcts of the Gross Product Formation

（按当年价格计算） 单位：亿元

年 份	生产总值	劳动者报酬	固定资产折旧	生产税净额	营业盈余
1990	69.94	39.50	9.86	8.48	12.10
1991	75.10	43.75	7.38	12.50	11.47
1992	87.52	49.86	14.32	10.87	12.47
1993	109.62	63.21	14.57	12.11	19.73
1994	138.24	77.97	19.37	14.19	26.71
1995	165.31	94.79	26.48	16.70	27.34
1996	183.57	116.54	25.68	16.13	25.22
1997	202.05	130.67	32.27	21.56	17.55
1998	220.16	137.45	34.95	20.66	27.10
1999	238.39	150.90	38.74	24.96	23.79
2000	263.59	159.50	59.91	29.57	14.61
2001	300.95	182.06	54.34	32.42	32.13
2002	341.11	203.39	57.95	38.06	41.71
2003	390.21	228.64	68.39	43.66	49.52

2－16 支出法生产总值

Final Use of Gross Product

（按当年价格计算） 单位：亿元

年 份	支出法生产总值	最终消费	资本形成总额		货物和服务净出口	资本形成率（%）	最终消费率（%）
			固定资产形成	库存增加			
1990	69.94	53.79	20.44	8.16	－12.45	40.89	76.91
1991	75.10	60.76	23.91	9.45	－19.02	44.42	80.90
1992	87.52	65.18	29.04	8.99	－15.69	43.45	74.47
1993	109.62	72.80	41.03	10.46	－14.67	46.97	66.41
1994	138.24	92.17	47.76	12.34	－14.03	43.48	66.67
1995	165.81	112.24	57.48	20.19	－24.10	46.84	67.69
1996	187.67	131.10	79.24	11.50	－34.17	48.35	69.86
1997	208.08	132.67	101.55	12.64	－38.78	54.88	63.76
1998	224.38	139.25	116.38	13.07	－44.32	57.69	62.06
1999	241.49	151.45	131.12	9.17	－50.25	58.09	62.71
2000	253.05	167.31	156.97	3.49	－74.72	63.41	66.12
2001	294.83	197.79	202.17	5.22	－110.35	70.34	67.09
2002	337.76	221.50	244.00	1.84	－129.58	72.79	65.58
2003	389.76	250.98	290.49	3.76	－155.47	75.50	64.39

注：1995年以后各年生产总值，是按支出法计算的，与生产法计算的生产总值存在统计误差。

2－17 生产总值消费额及构成

Consumption Expenditure and Composition of Gross Product

（按当年价格计算）

年 份	总消费（亿元）	居民消费（亿元）		政府消费（亿元）	以总消费为100		人均消费水平（元/人）		
		农业居民	非农业居民		居民消费	政府消费	全体居民	农业居民	非农业居民
1990	53.79	17.68	18.76	17.35	67.74	32.26	812	558	1421
1991	60.76	19.29	20.08	20.39	66.44	33.56	885	595	1597
1992	65.18	22.07	24.87	18.24	72.00	28.00	1014	669	1870
1993	72.80	25.03	29.27	18.50	74.59	25.41	1158	749	2168
1994	92.17	29.80	38.86	23.51	74.49	25.51	1445	879	2857
1995	112.24	33.72	47.69	30.83	72.53	27.47	1689	983	3431
1996	131.10	38.60	57.76	34.74	73.50	26.50	1967	1123	3957
1997	132.67	40.26	57.38	35.03	73.60	26.40	1965	1153	3886
1998	139.25	42.00	61.21	36.04	74.12	25.88	2047	1185	4087
1999	151.45	43.55	66.36	41.54	72.57	27.43	2150	1210	4384
2000	167.31	46.00	70.82	50.49	69.82	30.18	2255	1260	4630
2001	197.79	49.85	78.38	69.56	64.83	35.17	2443	1347	5063
2002	221.50	53.21	87.15	81.14	63.37	36.63	2644	1423	5558
2003	250.98	57.47	97.76	95.75	61.85	38.15	2895	1529	6102

2－18　非公有制经济基本情况

指　　标	户数（百户）				从业人员（百人）			
	2000	2001	2002	2003	2000	2001	2002	2003
按经济类型分	**1018.79**	**1094.50**	**1291.94**	**1391.94**	**3103**	**4021**	**4769**	**5427**
股份合作企业	0.78	0.74	0.72	0.84	87	78	83	77
联营企业	0.19	0.21	0.14	0.23	17	17	15	20
有限责任公司	0.99	1.14	1.95	1.79	292	401	464	427
股份有限公司	0.88	0.92	1.34	1.55	198	256	397	607
私营企业	38.39	53.77	64.50	73.15	668	1037	1214	1460
个体经济	975.64	1035.94	1221.82	1312.16	1649	2067	2445	2612
港澳台商投资企业	0.60	0.33	0.34	0.24	36	14	12	13
外商企业	0.47	0.14	0.27	0.34	27	2	10	16
其他企业	0.85	1.31	0.86	1.64	129	149	129	195
按行业类别分	**1018.79**	**1094.50**	**1291.94**	**1391.94**	**3103**	**4021**	**4769**	**5427**
第一产业	4.95	7.61	24.56	26.48	67	83	199	218
第二产业	198.02	194.73	192.61	205.39	1101	1515	1995	2146
工业	193.83	188.77	185.13	197.03	739	978	1305	1439
建筑业	4.19	5.96	7.48	8.36	362	537	690	707
第三产业	815.82	892.16	1074.77	1160.07	1935	2423	2574	3063
农林牧渔服务业	0.07	0.14	0.35	0.14	1	1	3	2
交通运输仓储业	98.00	118.77	120.90	133.07	143	160	172	183
邮电通信业	0.03	0.02	0.01		1	1	1	
批发零售贸易	443.09	533.87	585.20	644.75	1064	1311	1295	1538
餐饮业	146.85	88.24	191.54	192.60	372	534	595	706
房地产业	1.56	1.87	2.16	2.68	62	50	83	77
社会服务业	112.02	140.85	152.92	163.43	242	331	379	473
卫生、体育和社会福利业	13.25	7.43	20.68	21.00	34	19	29	29
教育、文艺及广播电影电视业	0.95	0.97	1.01	2.40	16	16	17	55
附：公有企业私人参股	4.32	4.14	3.72	3.50	1386	1313	1084	977

Non – public Economy Basic Information

注册资金(亿元)				销售收入或营业收入(亿元)			
2000	2001	2002	2003	2000	2001	2002	2003
89.53	**90.35**	**122.63**	**148.98**	**123.48**	**173.31**	**206.82**	**268.31**
1.61	2.65	1.42	1.88	4.30	6.31	4.24	4.64
0.06	0.06	0.25	0.47	0.89	0.89	0.97	1.37
3.29	2.92	10.14	8.47	4.07	8.30	10.22	12.68
5.03	3.94	7.57	11.70	4.43	6.86	10.92	14.39
43.30	58.49	80.44	96.57	27.51	50.54	65.61	81.52
11.05	13.14	17.02	19.79	70.23	88.64	103.18	135.26
9.89	3.09	3.48	2.80	2.57	2.73	2.72	3.29
14.56	2.60	1.82	1.24	1.73	0.69	1.35	2.01
0.74	3.46	0.50	6.06	7.75	8.36	7.63	13.15
89.53	**90.35**	**122.63**	**148.98**	**123.48**	**173.31**	**206.82**	**268.31**
3.45	4.19	5.19	6.61	1.06	1.54	3.69	5.27
36.12	23.76	42.49	53.40	38.87	54.19	60.63	75.21
27.85	10.33	14.14	16.71	28.90	35.59	40.97	49.78
8.27	13.43	28.35	36.69	9.97	18.60	19.66	25.43
49.96	62.39	74.95	88.97	83.55	117.58	142.51	187.83
0.05	0.10	0.11	0.07	0.02	0.05	0.03	0.02
4.02	4.30	5.18	6.54	3.54	6.68	1.49	13.46
0.03	0.03	0.03		0.01	0.01	0.01	
18.62	24.38	28.59	33.65	46.45	62.76	69.30	97.97
8.06	11.51	14.01	17.15	10.62	18.70	35.19	37.14
12.02	11.04	15.29	17.77	4.41	3.92	5.76	10.02
6.59	10.36	11.01	12.85	17.66	24.77	29.80	27.89
0.10	0.17	0.23	0.23	0.57	0.40	0.63	0.64
0.48	0.49	0.51	0.71	0.27	0.28	0.29	0.69
1.06	2.67	2.61	2.08	7.74	5.73	4.26	4.36

2－19　非公有制经济增加值构成

指　　标	总产出				增加值			
	2000	2001	2002	2003	2000	2001	2002	2003
按经济类型分	**994980**	**1256878**	**1472793**	**1815572**	**447670**	**548211**	**673912**	**804343**
股份合作企业	24144	32751	29495	28290	6158	7724	11965	13144
联营企业	1574	1654	2423	6582	473	377	866	1041
有限责任公司	39500	84946	102331	112270	12348	23603	31389	35921
股份有限公司	27271	62632	92941	117199	10480	26671	33817	31795
私营企业	180870	286144	352331	442709	68814	107214	126982	164584
个体经济	629420	694623	796472	977397	309506	353709	436766	516979
港澳台商投资企业	28258	28156	28316	28808	13603	6453	9261	7421
外商企业	15312	6014	28303	33166	7540	1300	10125	12235
其他企业	48631	59958	40181	69151	18748	21160	12741	21223
按行业类别分	**994980**	**1256878**	**1472793**	**1815572**	**447670**	**548211**	**673912**	**804343**
第一产业	87572	104528	130297	231044	28303	40747	50815	92817
第二产业	406805	583333	673793	819030	153727	202837	262411	316542
工业	295506	390683	436772	525300	113948	134296	185568	223398
建筑业	111299	192650	237021	293730	39779	68541	76843	93144
第三产业	500603	569017	668703	765498	265640	304627	360686	394984
农林牧渔服务业	191	505	341	162	116	307	207	98
交通运输邮电仓储业	48099	63606	84736	115677	24769	32751	43631	56381
邮电通信业	157	132	74		51	48	34	
批发零售贸易	218667	235283	257535	284502	105158	130385	142716	157660
餐饮业	104889	118486	129659	143234	58651	53318	58349	64458
房地产业	40859	50628	73006	78298	31351	35066	50883	44412
社会服务业	79358	94390	114124	130312	41451	49802	60521	66184
卫生、体育和社会福利业	5658	4039	6331	6429	2267	2126	3332	3384
教育、文艺及广播电影电视业	2725	1948	2897	6884	1826	824	1013	2407
附:公有企业私人参股	78916	60706	56657	59407	31418	27152	24494	23891

Non－public Economic Value－Added Form

单位:万元

劳动者报酬			固定资产折旧			生产税净额			营业盈余		
2001	2002	2003	2001	2002	2003	2001	2002	2003	2001	2002	2003
338108	**424577**	**503893**	**88471**	**107369**	**108700**	**56452**	**70190**	**102337**	**65180**	**71776**	**89413**
3794	6054	6625	998	3061	3290	1454	2284	2458	1478	566	771
158	552	664	118	184	222	76	118	141	25	12	14
10444	19926	25495	2869	2285	2554	3837	4684	5199	6453	4494	2673
13148	21470	17364	7340	4202	4122	4640	7089	6736	1543	1056	3573
59748	76741	99287	17568	18825	21790	17500	21474	26587	12398	9942	16920
236243	283356	334634	56310	75574	72983	22508	27728	51733	38648	50108	57629
2822	4211	2940	1086	1251	1074	1507	1842	1782	1038	1957	1625
498	5446	6132	99	948	921	279	2113	2276	424	1618	2906
11253	6821	10752	2083	1039	1744	4651	2858	5425	3173	2023	3302
338108	**424577**	**503893**	**88471**	**107369**	**108700**	**56452**	**70190**	**102337**	**65180**	**71776**	**89413**
38852	47251	85055	1793	2916	3500	1102	1848	5248	－1000	－1200	－986
113543	160230	166903	33994	37592	47040	25358	32824	50486	29942	31765	52113
72778	104168	100931	25329	30926	41623	15556	22141	37000	20633	28333	43844
40765	56062	65972	8665	6666	5417	9802	10683	13486	9309	3432	8269
185713	217096	251935	52684	66861	58160	29992	35518	46603	36238	41211	38286
233	139	56	50	53	35	19	12	6	5	3	1
19118	29858	38311	5592	5491	10139	4257	6049	5780	3784	2233	2151
61	36					5	3		－18	－5	
103244	113003	128133	12598	13789	3887	10142	11104	20315	4401	4820	5325
42616	46639	51522	1490	1630	1801	7596	8312	9182	1616	1768	1953
2504	6286	4548	29381	40758	36514	1099	1990	3808	2082	1849	－458
15204	17118	24122	3381	4837	5298	6874	8048	7512	24343	30518	29252
2044	3166	3215	82	166	169						
689	851	2028	110	137	317				25	25	62
14163	13034	12989	3252	3665	2780	6311	5716	5967	3426	2079	2155

2－20 按地区分组的法人单位、产业活动单位数(2003 年)

Numbers of Corporation unit and Industry Activity unit by Region(2003)

单位:个

地区	法人单位数			产业活动单位数	
	合计	单产业法人	多产业法人	合计	多产业法人所属的产业活动单位
总计	**20746**	**18838**	**1908**	**29552**	**10714**
青海省	**20739**	**18831**	**1908**	**29543**	**10712**
西宁市	**7419**	**6707**	**712**	**10545**	**3838**
城东区	1197	1101	96	1495	394
城中区	1278	1166	112	1659	493
城西区	1306	1175	131	1540	365
城北区	1019	885	134	1509	624
大通县	1177	1051	126	1918	867
湟中县	921	858	63	1564	706
湟源县	521	471	50	860	389
海东地区	**5187**	**4855**	**332**	**7835**	**2980**
平安县	607	554	53	871	317
民和县	1164	1099	65	1737	638
乐都县	920	848	72	1418	570
互助县	755	678	77	1505	827
化隆县	1136	1110	26	1445	335
循化县	605	566	39	859	293
海北藏族自治州	**1320**	**1113**	**207**	**1985**	**872**
门源县	408	334	74	729	395
祁连县	308	280	28	395	115
海晏县	370	294	76	524	230
刚察县	234	205	29	337	132
黄南藏族自治州	**985**	**915**	**70**	**1370**	**455**
同仁县	355	328	27	511	183
尖扎县	332	315	17	451	136
泽库县	165	148	17	243	95
河南县	133	124	9	165	41

2－20 续表 Continued

单位:个

地 区	法人单位数			产业活动单位数	
	合 计	单产业法人	多产业法人	合 计	多产业法人所属的产业活动单位
海南藏族自治州	**1656**	**1462**	**194**	**2437**	**975**
共和县	534	458	76	817	359
同德县	210	182	28	286	104
贵德县	428	399	29	601	202
兴海县	242	213	29	345	132
贵南县	242	210	32	388	178
果洛藏族自治州	**825**	**718**	**107**	**1129**	**411**
玛沁县	239	200	39	322	122
班玛县	139	131	8	174	43
甘德县	117	106	11	168	62
达日县	113	91	22	176	85
久治县	107	98	9	137	39
玛多县	110	92	18	152	60
玉树藏族自治州	**1167**	**1110**	**57**	**1355**	**245**
玉树县	345	317	28	438	121
杂多县	138	129	9	169	40
称多县	186	177	9	203	26
治多县	103	95	8	135	40
囊谦县	279	278	1	280	2
曲麻莱县	116	114	2	130	16
海西蒙古族藏族自治州	**2180**	**1951**	**229**	**2887**	**936**
格尔木市	929	848	81	1224	376
德令哈市	375	355	20	464	109
乌兰县	195	158	37	271	113
都兰县	296	240	56	389	149
天峻县	154	150	4	191	41
茫 崖	60	48	12	140	92
大柴旦	104	89	15	135	46
冷 湖	67	63	4	73	10

2-21 按国民经济行业分组的法人单位和产业活动单位数(2003年)

Numbers of Corporation unit and Industry Activity unit by Sector(2003)

单位:个

行业	法人单位数			产业活动单位数	
	合计	单产业法人	多产业法人	合计	多产业法人所属的产业活动单位
一、农、林、牧、渔业	**859**	**799**	**60**	**1637**	**838**
农业	82	66	16	112	46
林业	92	89	3	98	9
畜牧业	111	107	4	133	26
渔业	8	8		8	
农、林、牧、渔服务业	566	529	37	1286	757
二、采矿业	**265**	**253**	**12**	**299**	**46**
煤炭开采和洗选业	32	27	5	46	19
石油和天然气开采业	2	1	1	7	6
黑色金属矿采选业	20	19	1	22	3
有色金属矿采选业	34	32	2	37	5
非金属矿采选业	175	172	3	185	13
其他采矿业	2	2		2	
三、制造业	**1794**	**1688**	**106**	**1977**	**289**
农副食品加工业	197	189	8	205	16
食品制造业	69	66	3	77	11
饮料制造业	58	53	5	63	10
纺织业	29	28	1	31	3
纺织服装、鞋、帽制造业	53	48	5	58	10
皮革、毛皮、羽毛及其制品业	20	19	1	23	4
木材加工及制造业	13	13		14	1
家具制造业	19	18	1	22	4
造纸及纸制品业	18	17	1	21	4
印刷业和记录媒介的复制	81	79	2	93	14
石油加工、炼焦及核燃料加工业	4	4		6	2
化学原料及化学制品制造业	127	117	10	142	25
医药制造业	29	25	4	32	7
化学纤维制造业				1	1
橡胶制品业	3	3		3	
塑料制品业	35	34	1	36	2
非金属矿物制品业	432	422	10	468	46
黑色金属冶炼及压延加工业	63	59	4	69	10
有色金属冶炼及压延加工业	41	38	3	45	7
金属制品业	111	100	11	124	24
通用设备制造业	96	87	9	107	20
专用设备制造业	45	40	5	47	7
交通运输设备制造业	120	110	10	142	32
电气机械及器材制造业	42	35	7	46	11
通信设备、计算机及其他电子设备制造业	1	1		2	1

2－21　续表 1　Continued

单位:个

行　业	法人单位数			产业活动单位数	
	合　计	单产业法人	多产业法人	合　计	多产业法人所属的产业活动单位
仪器仪表及文化、办公用机械制造业	4	4		4	
工艺品及其他制造业	82	77	5	93	16
废弃资源和废旧材料回收加工业	2	2		3	1
四、电力、燃气及水的生产和供应业	**176**	**151**	**25**	**269**	**118**
电力、热力的生产和供应业	127	105	22	217	112
燃气生产和供应业	6	4	2	6	2
水的生产和供应业	43	42	1	46	4
五、建筑业	**405**	**358**	**47**	**495**	**137**
房屋和土木工程建筑业	305	267	38	373	106
建筑安装业	37	31	6	48	17
建筑装饰业	58	55	3	65	10
其他建筑业	5	5		9	4
六、交通运输、仓储和邮政业	**428**	**362**	**66**	**736**	**374**
铁路运输业	29	25	4	97	72
道路运输业	251	223	28	348	125
城市公共交通业	28	24	4	43	19
水上运输业	3	3		3	
航空运输业	5	5		7	2
管道运输业				1	1
装卸搬运和其他运输服务业	15	15		19	4
仓储业	46	40	6	82	42
邮政业	51	27	24	136	109
七、信息传输、计算机服务和软件业	**212**	**190**	**22**	**273**	**83**
电信和其他信息传输服务业	178	156	22	236	80
计算机服务业	11	11		14	3
软件业	23	23		23	
八、批发和零售业	**2568**	**2289**	**279**	**3600**	**1311**
批发业	1071	957	114	1337	380
零售业	1497	1332	165	2263	931
九、住宿和餐饮业	**448**	**413**	**35**	**566**	**153**
住宿业	264	245	19	334	89
餐饮业	184	168	16	232	64
十、金融业	**387**	**232**	**155**	**1066**	**834**
银行业	296	150	146	964	814
证券业	4	2	2	8	6
保险业	72	67	5	77	10
其他金融活动	15	13	2	17	4

2－21 续表 2 Continued

单位:个

行 业	法人单位数			产业活动单位数	
	合 计	单产业法人	多产业法人	合 计	多产业法人所属的产业活动单位
十一、房地产业	**224**	**205**	**19**	**269**	**64**
房地产业	224	205	19	269	64
十二、租赁和商务服务业	**518**	**493**	**25**	**806**	**313**
租赁业	41	39	2	49	10
商务服务业	477	454	23	757	303
十三、科学研究、技术服务和地质勘查业	**337**	**310**	**27**	**445**	**135**
研究与试验发展	45	38	7	64	26
专业技术服务业	224	212	12	269	57
科技交流和推广服务业	32	32		63	31
地质勘查业	36	28	8	49	21
十四、水利、环境和公共设施管理业	**235**	**222**	**13**	**319**	**97**
水利管理业	158	147	11	224	77
环境管理业	31	31		41	10
公共设施管理业	46	44	2	54	10
十五、居民服务和其他服务业	**138**	**128**	**10**	**219**	**91**
居民服务业	101	92	9	157	65
其他服务业	37	36	1	62	26
十六、教育	**1019**	**776**	**243**	**4031**	**3255**
学前教育	82	81	1	109	28
初等教育	496	314	182	3298	2984
中等教育	316	287	29	476	189
高等教育	20	13	7	34	21
其他教育	105	81	24	114	33
十七、卫生、社会保障和社会福利业	**631**	**606**	**25**	**996**	**390**
卫生	513	489	24	842	353
社会保障业	66	65	1	73	8
社会福利业	52	52		81	29
十八、文化、体育和娱乐业	**384**	**372**	**12**	**509**	**137**
新闻出版业	18	17	1	23	6
广播、电视、电影和音像业	76	68	8	119	51
文化艺术业	241	240	1	299	59
体育	17	16	1	30	14
娱乐业	32	31	1	38	7
十九、公共管理和社会组织	**9718**	**8991**	**727**	**11040**	**2049**
中国共产党机关	789	723	66	861	138
国家机构	2375	1808	567	3495	1687
人民政协和民主党派	62	60	2	66	6
群众团体、社会团体和宗教组织	2119	2101	18	2227	126
基层群众自治组织	4373	4299	74	4391	92

2-22 按地区、单位类别分组的法人单位数(2003年)

Numbers of Corporation unit by Region and Sort(2003)

单位:个

地区	全部法人	企业法人	事业法人	机关法人	社团法人	其他法人			
						小计	居委会	村委会	民办非企业
总计	**20746**	**7554**	**3320**	**3210**	**2119**	**4543**	**254**	**4119**	**170**
青海省	**20739**	**7547**	**3320**	**3210**	**2119**	**4543**	**254**	**4119**	**170**
西宁市	**7419**	**4281**	**990**	**618**	**303**	**1227**	**159**	**934**	**134**
城东区	1197	897	106	59	43	92	44	20	28
城中区	1278	897	136	129	54	62	31	5	26
城西区	1306	881	202	115	15	93	29	18	46
城北区	1019	805	79	51	12	72	23	37	12
大通县	1177	440	158	115	140	324	17	290	17
湟中县	921	216	188	78	18	421	2	418	1
湟源县	521	145	121	71	21	163	13	146	4
海东地区	**5187**	**1303**	**660**	**513**	**1069**	**1642**	**22**	**1612**	**8**
平安县	607	248	91	84	58	126	10	111	5
民和县	1164	194	151	81	417	321	1	318	2
乐都县	920	298	151	89	5	377	8	369	
互助县	755	214	124	95	26	296	2	294	
化隆县	1136	167	99	95	408	367	1	366	
循化县	605	182	44	69	155	155		154	1
海北藏族自治州	**1320**	**291**	**324**	**340**	**146**	**219**	**7**	**210**	**2**
门源县	408	76	68	75	76	113	4	109	
祁连县	308	70	85	70	38	45	1	44	
海晏县	370	102	101	126	13	28	1	26	1
刚察县	234	43	70	69	19	33	1	31	1
黄南藏族自治州	**985**	**166**	**206**	**288**	**57**	**268**	**11**	**252**	**5**
同仁县	355	55	110	103	9	78	3	75	
尖扎县	332	68	54	98	29	83	4	78	1
泽库县	165	26	15	49	11	64		60	4
河南县	133	17	27	38	8	43	4	39	

注:因2003年使用新国民经济行业代码,宗教组织归入社团法人,因此该项数据较往年有较大变动。

2－22 续表 Contunued

单位:个

地区	全部法人	企业法人	事业法人	机关法人	社团法人	其他法人			
						小计	居委会	村委会	民办非企业
海南藏族自治州	**1656**	**307**	**339**	**351**	**234**	**425**	**10**	**411**	**4**
共和县	534	135	113	131	53	102	7	93	2
同德县	210	31	35	50	20	74		73	1
贵德县	428	66	76	64	106	116	1	115	
兴海县	242	33	64	55	31	59	1	57	1
贵南县	242	42	51	51	24	74	1	73	
果洛藏族自治州	**825**	**104**	**133**	**322**	**84**	**182**		**181**	**1**
玛沁县	239	30	72	92	13	32		32	
班玛县	139	17	20	47	23	32		32	
甘德县	117	11	9	48	13	36		36	
达日县	113	12	6	50	12	33		33	
久治县	107	16	12	42	15	22		22	
玛多县	110	18	14	43	8	27		26	1
玉树藏族自治州	**1167**	**124**	**253**	**366**	**161**	**263**	**2**	**258**	**3**
玉树县	345	41	74	115	51	64	2	62	
杂多县	138	12	25	46	23	32		31	1
称多县	186	17	46	40	26	57		57	
治多县	103	15	14	50	4	20		20	
囊谦县	279	26	66	66	50	71		69	2
曲麻莱县	116	13	28	49	7	19		19	
海西蒙古族藏族自治州	**2180**	**971**	**415**	**412**	**65**	**317**	**43**	**261**	**13**
格尔木市	929	633	104	87	24	81	32	38	11
德令哈市	375	122	110	101	5	37	11	25	1
乌兰县	195	50	46	48	13	38		38	
都兰县	296	58	76	54	13	95		95	
天峻县	154	18	29	42	3	62		62	
茫崖	60	22	13	24	1				
大柴旦	104	45	22	31	3	3		3	
冷湖	67	23	15	25	3	1			1

2-23 按地区、按单位类别分组的产业活动单位数(2003年)

Numbers of Industry Activity unit by Region and Sort(2003)

单位:个

地　区	全部产业活动单位	生产经营性产业活动单位	非生产经营性产业活动单位
总　计	**29552**	**10796**	**18756**
青海省	**29543**	**10787**	**18756**
西宁市	**10545**	**6114**	**4431**
城东区	1495	1166	329
城中区	1659	1273	386
城西区	1540	1160	380
城北区	1509	1179	330
大通县	1918	736	1182
湟中县	1564	354	1210
湟源县	860	246	614
海东地区	**7835**	**1808**	**6027**
平安县	871	373	498
民和县	1737	330	1407
乐都县	1418	368	1050
互助县	1505	358	1147
化隆县	1445	176	1269
循化县	859	203	656
海北藏族自治州	**1985**	**560**	**1425**
门源县	729	209	520
祁连县	395	99	296
海晏县	524	153	371
刚察县	337	99	238
黄南藏族自治州	**1370**	**245**	**1125**
同仁县	511	82	429
尖扎县	451	96	355
泽库县	243	44	199
河南县	165	23	142

2-23 续表 Continued

单位:个

地　区	全部产业活动单位	生产经营性产业活动单位	非生产经营性产业活动单位
海南藏族自治州	**2437**	**466**	**1971**
共和县	817	210	607
同德县	286	45	241
贵德县	601	102	499
兴海县	345	44	301
贵南县	388	65	323
果洛藏族自治州	**1129**	**153**	**976**
玛沁县	322	58	264
班玛县	174	17	157
甘德县	168	14	154
达日县	176	13	163
久治县	137	22	115
玛多县	152	29	123
玉树藏族自治州	**1355**	**162**	**1193**
玉树县	438	53	385
杂多县	169	23	146
称多县	203	20	183
治多县	135	19	116
囊谦县	280	27	253
曲麻莱县	130	20	110
海西蒙古族藏族自治州	**2887**	**1279**	**1608**
格尔木市	1224	780	444
德令哈市	464	171	293
乌兰县	271	80	191
都兰县	389	82	307
天峻县	191	21	170
茫　崖	140	46	94
大柴旦	135	74	61
冷　湖	73	25	48

2-24 按登记注册类型分组的法人单位和产业活动单位数(2003年)

Numbers of Corporation unit and Industry Activity unit by Registration Status(2003)

单位:个

经济类型	法人单位数			产业活动单位数	
	合 计	单产业法人	多产业法人	合 计	多产业法人所属的产业活动单位
国 有	8332	6989	1343	15007	8018
集 体	1680	1486	194	3020	1534
股份合作	401	358	43	554	196
国有联营	12	10	2	18	8
集体联营	22	20	2	31	11
国有与集体联营	9	8	1	10	2
其他联营	9	9		11	2
国有独资公司	43	30	13	73	43
其他有限责任公司	959	860	99	1202	342
股份有限公司	98	82	16	218	136
私营独资	1098	1081	17	1147	66
私营合伙	254	247	7	268	21
私营有限责任公司	1250	1194	56	1330	136
私营股份有限公司	226	215	11	246	31
其他内资	6297	6195	102	6349	154
与港澳台商合资经营	19	18	1	22	4
与港澳台商合作经营	2	1	1	3	2
港澳台商独资	6	6		6	
港澳台商投资股份有限公司	1	1		1	
中外合资经营	23	23		27	4
中外合作经营	3	3		3	
外资企业	2	2		5	3
外商投资股份有限公司				1	1

主要统计指标解释

生产总值(GDP) 是按市场价格计算的一个国家(或地区)所有常住单位在一定时期内生产活动的最终成果。生产总值有三种表现形态，即价值形态、收入形态和产品形态。从价值形态看，它是所有常住单位在一定时期内生产的全部货物和服务的价值超过同期投入的全部非固定资产货物和服务价值的差额；从收入形态看，它是所有常住单位在一定时期内创造并分配给常住单位和非常住单位的初次分配收入之和；从产品形态看，它等于最终使用的货物和服务价值与货物和服务净出口价值之和。在实际核算中，生产总值有三种计算方法，即生产法、收入法和支出法。三种方法分别从不同的方面反映生产总值及其构成。

三次产业 是根据社会生产活动历史发展的顺序对产业结构的划分，产品直接取自自然界的部门称为第一产业，对初级产品进行再加工的部门称为第二产业，为生产和消费提供各种服务的部门称为第三产业。它是世界上较为通用的产业结构分类，但各国的划分不尽一致。

我国的三次产业划分是：

第一产业 农业(包括种植业、林业、牧业和渔业)。

第二产业 工业(包括采掘出，制造业，电力、煤气及水的生产和供应业)和建筑业。

第三产业 除第一、第二产业以外的其他各业。由于第三产业包括的行业多、范围广，根据我国的实际情况，第三产业可分为两大部分；一是流通部门，二是服务部门。

最终消费 指常住单位在核算期内对于货物和服务的全部最终消费支出；也就是常住单位为满足物质、文化和精神生活的需要，从本国经济领土和国外购买的货物和服务的支出，不包括非常住单位在本国经济领土内的消费支出。最终消费包括居民消费和政府消费。

居民消费 指常住住户在核算期内对于货物和服务的全部最终消费。居民消费除了居民直接以货币形式购买的货物和服务的消费之外，还包括以其他方式获得的货物和服务的消费，即政府或单位以实物报酬及实物转移的形式提供给劳动者的货物和服务；住户生产并由住户自己消费的货物和服务，其中的服务仅指住户的自有住房服务和保姆提供的有酬服务；金融机构提供的金融媒介服务；保险公司提供的保险服务。

政府消费 指政府部门为全社会提供公共服务的消费支出和免费或以较低价格向居民住户提供的货物和服务的净支出。前者等于政府服务的产出价值减去政府单位所获得的经营收入的价值，政府服务的产出价值等于它的经常性业务支出加上虚拟固定资产折旧；后者等于政府部门免费或以较低价格向居民住户提供的货物和服务的市场价值减去向居民住户收取的费用。

资本形成总额 指常住单位在核算期内获得的减去处置的固定资产与存货的净变动的合计，包括固定资本形成总额和存货增加。

固定资本形成总额 指常住单位在一定时期内购置、转入和建造的固定资产、扣除旧固定资产的销售和转让后的价值，固定资产是通过生产活动生产出来的，使用期限在一年以上，单位价值在固定标准以上的资产，不包括自然资产。固定资本形成总额分为有形固定资本形成总额和无形固定资本形成总额。有形固定资本形成总额包括一定时期内完成的建筑工程、设备安装工程和设备工器具购置(减处置)的价值，以及土地改良、新增役、种、奶、毛、娱乐用牲畜和新增经济林木的价值。无形固定资本形成总额包括矿藏勘探的支出、计算机软件等的获得减处置的价值。

法人单位 (1)依法成立，有自己的名称、组织机构和场所，能够独立承担民事责任；(2)独立拥有和使用(或授权使用)资产，承担负债，有权与其他单位签订合同；(3)会计上独立核算，能够编制资产负债表。

法人单位包括企业法人、事业单位法人，机关法人，社会团体法人和其他法人。

法人单位所属的产业活动单位(简称：产业活动单位) 是指具备以下条件的单位：(1)在一个场所从事一种或主要从事一种社会经济活动；(2)相对独立组织生产经营或业务活动；(3)能够掌握收入和支出等业务核算资料。

单产业法人 法人单位只位于一个场所并主要从事一种社会经济活动，称为单产业法人。单产业法人本身也是一个产业活动单位。

多产业法人 法人单位从事多种经济活动，或者位于多个地点，称为多产业法人。多产业法人由两个或两个以上产业活动单位组成。

Chapter 3

资源与环保

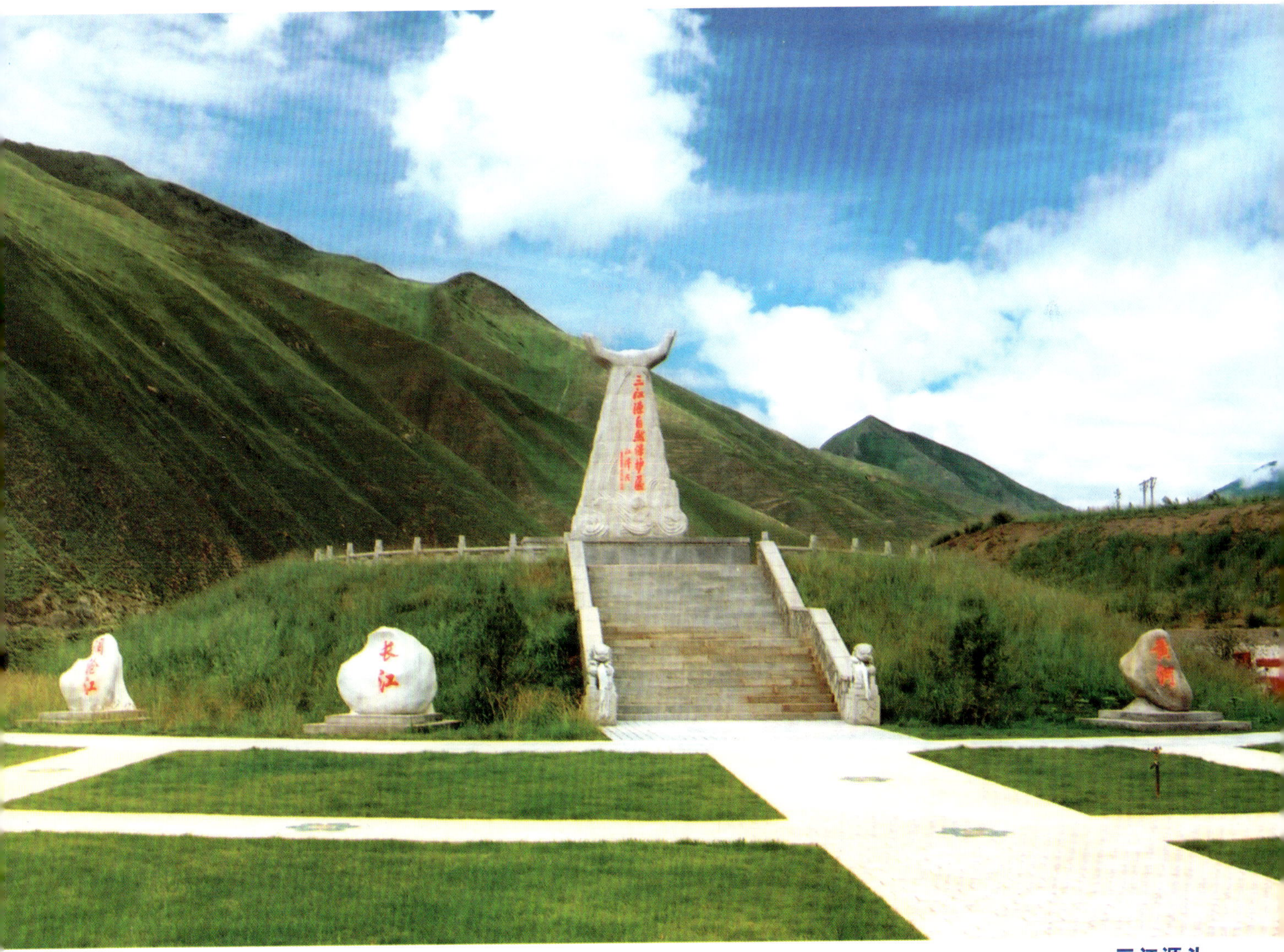

三江源头

Resource and Environment

大、中、小型矿产构成

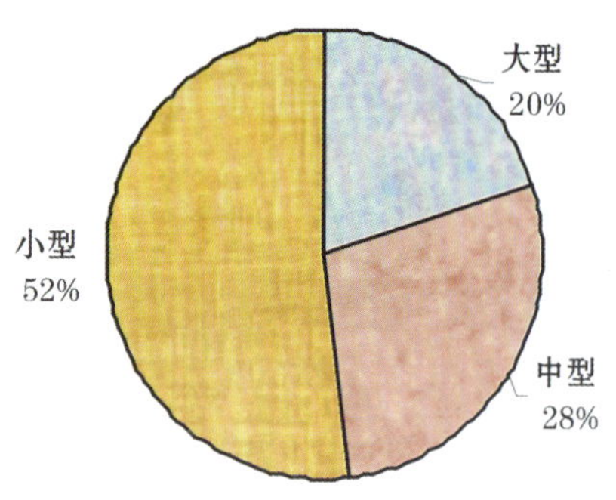

矿产资源分布图（处）

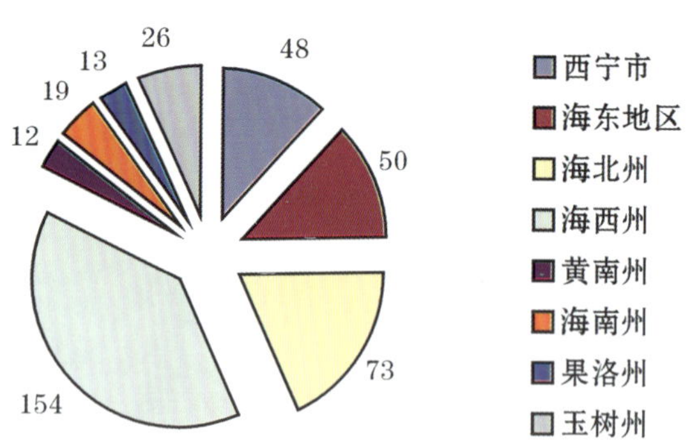

分地区耕地面积（万亩）

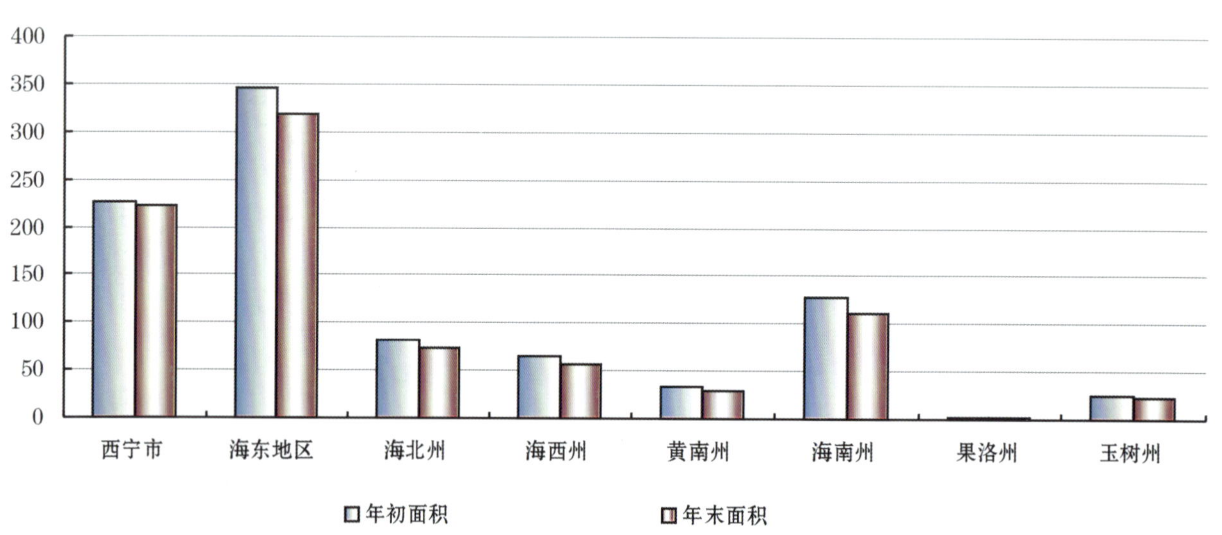

矿产储量前十位占全国比重（%）

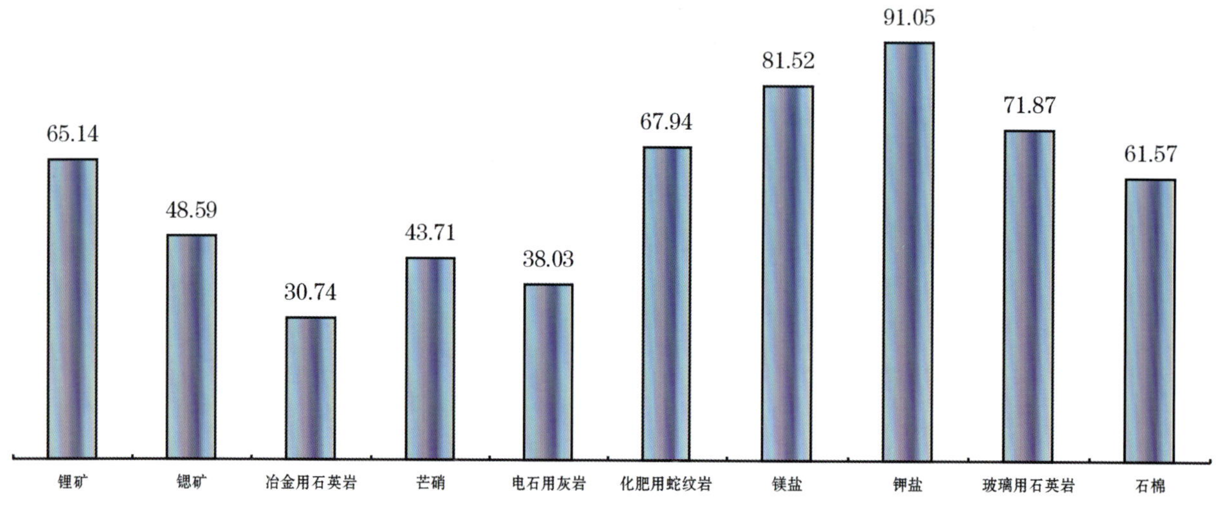

3-1 全省行政区划(2003年底)

Administrative Division of the Province (End of 2003)

地区	县级行政单位数	县级行政单位(地区)名称	街道办事处	镇	乡	民族乡	村(牧)民委员会	社区居民委员会
全省总计	**49**		**31**	**115**	**253**	**30**	**4133**	**348**
西宁市	7	城东区、城中区、城西区、城北区、大通回族土族自治县、湟中县、湟源县	23	26	24	6	934	165
海东地区行政公署	6	平安县、民和回族土族自治县、乐都县、互助土族自治县、化隆回族自治县、循化撒拉族自治县		31	53	20	1512	48
海北藏族自治州	4	门源回族自治县、祁连县、海晏县、刚察县		10	19	3	210	14
海南藏族自治州	5	共和县、同德县、贵德县、兴海县、贵南县、		10	29	1	408	22
黄南藏族自治州	4	同仁县、尖扎县、泽库县、河南蒙古族自治县		7	28		252	11
果洛藏族自治州	6	玛沁县、班玛县、甘德县、达日县、久治县、玛多县		7	38		182	9
玉树藏族自治州	6	玉树县、杂多县、称多县、治多县、囊谦县、曲麻莱县		10	35		258	16
海西蒙古族藏族自治州	11	格木市辖东城、西城、察尔汗三个行政委员会(副县级)、德令哈市、乌兰县、都兰县、天峻县、大柴旦行政委员会、冷湖行政委员会、芒崖行政委员会	8	14	27		277	63

3-2 各级政府驻地海拔高程

Altitude of the Different Ievels of Government Locations

县(市、行委)名称	海拔高程(米)	驻地名称	备　注
	西　宁　市		
西宁市	2250	西宁市	省政府驻地
大通县	2720	桥头镇	
湟中县	2645	鲁沙尔	
湟源县	2666	城关镇	
	海　东　地　区		
平安县	2114	平安镇	海东行署驻地
民和县	1800	川口镇	
乐都县	2000	碾伯镇	
互助县	2520	威远镇	
化隆县	2848	巴燕镇	
循化县	1860	积石镇	
	海　北　州		
海晏县	3000	西海镇	海北州驻地
门源县	2880	浩门	
祁连县	2810	八宝	
海晏县	3000	三角城	
刚察县	3300	沙柳滩	
	海　南　州		
共和县	2880	恰卜恰镇	海南州驻地
同德县	2980	尕巴松多	
贵德县	2205	河阴镇	
兴海县	3306	子科滩	
贵南县	3100	茫拉	
	黄　南　州		
同仁县	2480	隆务镇	黄南州驻地
尖扎县	1990	马克唐	
泽库县	3660	乃亥	
河南县	3510	优干宁	
	果　洛　州		
玛沁县	3730	大武镇	果洛州驻地
班玛县	3560	赛来塘	
甘德县	4020	吾勒	
达日县	3970	吉迈	
久治县	3628	智青松多	
玛多县	4300	玛查里	
	玉　树　州		
玉树县	3710	结古	玉树州驻地
杂多县	4080	萨呼腾	
称多县	3825	周筠	
治多县	4193	加吉博洛格	
囊谦县	3660	香达	
曲麻莱县	4223	约改滩	
	海　西　州		
德令哈市	2980	德令哈市	海西州驻地
格尔木市	2850	格尔木市	
乌兰县	2960	西里沟镇	
都兰县	3180	察汗乌苏镇	
天峻县	3408	新源	
大柴旦行委	3176	大柴旦	
冷湖行委	2755	冷湖镇	
茫崖行委	2940	花土沟镇	

3－3　全省主要旅游景点海拔高程

Altitude of the Main Senic Sports in the Province

旅游景点名称	海拔高程(米)	地理位置
东关清真大寺	2230	西宁市
塔尔寺	2680	湟中县
青海湖	3190	共和、刚察县交界处
瞿坛寺	2458	乐都县
坎布拉国家森林公园	2630	尖扎县
十世班禅故居	2530	循化县
孟达天池	2506	循化县
隆宝滩黑颈鹤自然保护区	4352	玉树县
长江源头	6564	格尔木市管辖区
察尔汗盐湖	2670	格尔木市
鸟岛	3228	青海湖
互助北山国家森林公园	2290	互助县
黄河源头	4780	曲麻莱县
阿尼玛卿山	6282	玛沁县
金银滩草原风光	3150	海晏县
布喀达坂峰(昆仑山最高点)	6860	新疆与玉树交界处
昆仑山口	4771	格尔木市与曲麻莱、治多县交界处
北禅寺	2330	西宁市
青海博物馆	2270	西宁市
老爷山	2928	大通县
互助北山国家森林公园	2740(场部2290)	互助县
街子清真大寺	1940	循化县
文都寺	2540	循化县
夏宗寺	2795	平安县
夏琼寺	2900	化隆县
佑宁寺	2640	互助县
日月山	3520	湟源县
倒淌河	3280	青海湖旅游区
龙羊峡	2480	龙羊峡工委
青海湖度假村	3190	青海湖旅游区
玉皇阁	2219	贵德县
茶卡盐湖	3061	乌兰县
原子城	3010	海晏县
李家峡	2060	李家峡工委
南宗寺	2320	尖扎县
隆务寺	2480	尖扎县
麦秀林场	2910	同仁县
土蕃葬墓	3225	都兰县
都兰国际狩猎场	4930	都兰县
可可西里无人区	5863－－4750	格尔木市

3-3 续表 Continued

旅游景点名称	海拔高程(米)	地理位置
万丈盐桥	2670	格尔木市
巴颜喀拉山	5267	玛多、称多县交界处
文城公主庙	4250	玉树县
西王母瑶池	4470	格尔木市
结古寺	3780	玉树县
骆驼泉撒拉族风情	1920	循化县
凤凰山公园	2420	西宁市
金塔寺	2253	西宁市
苏家堡城	2560	大通县
南佛山	3265	湟中县
哈城	3150	湟源县
城隍庙	2666	湟源县
七里寺药水泉	2465	民和县
官亭古文化遗址	2150	民和县
白马寺	2105	互助县
五峰寺	2860	互助县
却藏寺	3023	互助县
西海度假村	2155	平安县
十四世达赖故居	2850	平安县
古雷寺	2630	循化县
二郎剑	3190	青海湖旅游区
三块石	3211	青海湖旅游区
海心山	3266	青海湖旅游区
三角城	3215	青海湖旅游区
沙岛	3252 - -3195	青海湖旅游区
祁连山原始森林	3020	祁连县
祁连山鹿场	2870	祁连县
仙米寺	2990	门源县
珠固寺	2590	门源县
热贡艺术馆	2520	同仁县
二郎洞	3580	天峻县
石油城	2940	茫崖行委
扎陵湖	4610	玛多县
鄂陵湖	4309	玛多县
囊谦猕猴自然保护区	3974	囊谦县
晒经台	4120	玉树县
敦科尔寺	3170	湟源县
魔鬼城	2980	德令哈市
柳湾墓地	2060	乐都县

3－4 青海省对外开放山峰
Main Mountain Peaks Opened to the Outside

山峰名称	海拔高程(米)	所属山系	地理位置
阿尼玛卿峰	6282.0	昆仑山脉	果洛州玛沁县
各拉丹东峰	6621.0	唐古拉山脉	格尔木市
雅拉达则峰	5214.8	昆仑山脉	果洛州玛多县
新青峰	6860.0	昆仑山脉	海西州与新疆交界处
年保玉则峰	5369.0	昆仑山脉	果洛州久治县
错日尕则峰	4610.0	昆仑山脉	果洛州玛多县
玉珠峰	6178.6	昆仑山脉	格尔木市
玉虚峰	5933.1	昆仑山脉	格尔木市
马阑山	6056.0	昆仑山脉	玉树州治多县
湖北冰峰	5769.3	昆仑山脉	海西州与玉树州交界处
五雪峰	5805.0	昆仑山脉	玉树州治多县
大雪峰	5863.4	昆仑山脉	玉树州治多县
唐古拉山	6205.0	唐古拉山脉	格尔木市管辖区
龙亚拉峰	6104.0	唐古拉山脉	格尔木市管辖区

3－5　主要地区平均气温(2003 年)

Average Temperature of the Main Districts (2003)

单位:摄氏度

月 份	西 宁	海 东	门 源	海 南	黄 南	果 洛	玉 树	海 西
年平均	**5.9**	**7.7**	**1.8**	**5.2**	**6.5**	**0.7**	**4.5**	**5.1**
一 月	-6.7	-4.7	-11.9	-8.6	-5.2	-11.8	-5.6	-8.7
二 月	-2.5	-0.6	-6.4	-3.2	-1.5	-7.8	-3.3	-3.6
三 月	2.2	3.6	-1.8	1.4	2.4	-3.2	0.6	0.7
四 月	8.2	9.4	4.2	7.8	8.7	2.6	6.2	6.9
五 月	11.7	13.2	7.1	10.6	11.7	4.9	7.1	10.6
六 月	14.7	16.7	10.5	14.3	14.7	7.6	11.4	14.1
七 月	16.5	18.3	11.7	15.9	16.7	10.3	12.6	16.1
八 月	16.3	18.0	12.1	15.9	16.6	10.9	13.7	17.5
九 月	12.3	14.1	8.3	11.9	12.5	6.9	9.8	12.7
十 月	5.8	7.6	2.8	4.6	6.1	1.9	6.0	4.8
十一月	-0.4	1.2	-3.6	-1.1	0.7	-4.3	-0.7	-1.9
十二月	-6.8	-4.8	-10.9	-7.6	-5.0	-9.9	-4.1	-7.8

3－6　主要地区降水量(2003 年)

Rainfall of the Main Districts (2003)

单位:毫米

月 份	西 宁	海 东	门 源	海 南	黄 南	果 洛	玉 树	海 西
全 年	**537.9**	**364.1**	**615.2**	**266.7**	**477.7**	**520.3**	**578.0**	**196.1**
一 月	0.2		0.1		0.9	0.5	2.6	0.2
二 月			0.8		0.2	1.7	3.9	6.4
三 月	10.2	8.0	10.6	3.8	27.6	9.0	6.7	6.5
四 月	35.9	18.2	45.4	2.2	13.7	15.1	2.2	0.4
五 月	78.4	65.5	98.3	34.9	93.4	70.5	68.4	23.6
六 月	91.6	56.7	91.9	44.3	44.0	72.7	108.1	60.6
七 月	122.4	80.3	106.8	62.0	112.7	120.9	114.2	65.8
八 月	108.3	79.2	148.7	62.7	94.6	119.7	169.6	14.3
九 月	54.4	25.8	76.0	42.0	64.3	71.5	57.4	16.7
十 月	27.5	21.9	27.5	9.2	18.1	35.6	42.2	1.1
十一月	5.6	3.7	5.2		8.1	1.2	2.1	0.1
十二月	3.4	4.8	3.9	5.6	0.1	1.9	0.6	0.4

3-7 主要地区平均日照时数(2003)

Average Sunshine Hours of the Main Districts (2003)

单位:小时

月 份	西 宁	海 东	门 源	海 南	黄 南	果 洛	玉 树	海 西
全 年	**2375.1**	**2760.8**	**2562.0**	**3032.5**	**2499.8**	**2431.2**	**2409.9**	**2916.6**
一 月	215.3	239.8	229.8	253.1	220.6	207.8	187.4	236.7
二 月	184.9	226.1	206.9	240.5	199.6	181.4	168.9	212.2
三 月	186.0	234.0	219.2	246.3	203.1	217.2	233.5	229.4
四 月	218.0	254.4	223.7	292.6	233.4	230.9	241.8	262.9
五 月	218.3	253.0	222.1	270.2	229.4	225.4	202.0	257.0
六 月	247.8	274.8	233.7	290.8	220.0	197.7	183.1	240.6
七 月	215.1	242.8	192.6	262.5	228.6	222.4	215.1	251.7
八 月	171.3	203.0	191.0	220.6	152.6	147.5	181.9	254.9
九 月	204.1	222.7	202.4	239.3	205.5	180.9	192.3	252.2
十 月	170.6	198.9	216.7	223.8	182.6	181.7	215.7	275.3
十一月	173.8	196.8	209.8	249.5	205.5	225.9	198.8	229.4
十二月	169.9	214.5	214.1	243.3	218.9	212.4	189.4	214.3

3-8 主要地区平均风速(2003年)

Average Wind Speed of the Main Districts (2003)

单位:米/秒

月 份	西 宁	海 东	门 源	海 南	黄 南	果 洛	玉 树	海 西
年平均	**0.8**	**2.0**	**1.0**	**2.0**	**1.4**	**2.1**	**1.0**	**1.5**
一 月	0.5	2.0	0.9	1.8	1.2	1.8	0.8	0.9
二 月	0.9	2.0	1.2	1.7	1.2	2.8	1.3	1.5
三 月	1.2	2.4	1.5	2.3	1.5	2.5	1.4	1.4
四 月	1.3	2.8	2.0	3.3	2.1	3.0	1.6	2.0
五 月	1.1	2.2	1.4	2.2	1.6	2.1	1.1	1.9
六 月	1.0	2.1	1.2	2.8	1.7	2.2	1.0	2.5
七 月	0.7	1.7	0.8	2.1	1.4	2.0	0.8	1.8
八 月	0.6	1.7	0.8	1.7	1.3	1.9	0.7	1.8
九 月	0.8	1.9	0.8	1.6	1.4	1.7	0.8	1.2
十 月	0.6	1.6	0.7	1.6	1.1	1.8	0.7	0.8
十一月	0.8	2.1	0.6	1.8	1.1	1.8	1.1	1.2
十二月	0.4	1.9	0.4	1.2	1.1	1.5	0.9	0.8

3-9 土地利用现状(2003年)

Current Situation of Land Utilized(2003)

单位:亩

	年初面积	年内减少面积	年内增加面积	年末面积
总　　计	**1076220784.4**	**2715152.7**	**2715152.7**	**1076220784.4**
耕地	**9070041.4**	**755120.3**	**13225.4**	**8328146.0**
水浇地	2903210.8	184016.1	6777.1	2725971.8
旱地	6048195.8	571738.6	8364.4	5484721.6
菜地	118634.8	3613.0	2430.8	117452.6
园地	**108603.5**	**356.5**	**6551.6**	**114798.6**
果园	92314.4	319.3		91995.1
其它园地	162891.1	37.2	6551.6	22803.5
林地	**37294949.1**	**2290.1**	**1256109.3**	**38548768.3**
有林地	6622865.2	3973.4	18119.0	6637010.8
灌木林地	25799237.3	830.5	14576.5	25812983.3
疏林地	3589206.4	250.0		3588956.4
未造成林林地	1251574.7	109.3	1224856.4	2476321.8
迹地	187.0			187.0
苗圃	31878.5	43.8	1474.3	33309.0
牧草地	**605932913.0**	**479621.2**	**332894.6**	**605786186.0**
天然草地	601979042.0	1314527.1	121687.5	600786203.0
改良草地	2052671.5	1147.3	367480.6	2419004.8
人工草地	1901198.8	9082.4	688862.1	2580978.5
居民点及工矿用地	**3767418.9**	**199787.8**	**24324.5**	**3591955.6**
城市	154046.4	130.0	3058.8	156975.2
建制镇	95471.3		6923.0	102394.3
农村居民点	**1182373.7**	**203199.0**	**14247.3**	**993422.0**
独立工矿用地	238525.1	866.6	6228.0	243886.5
盐田	656941.0			656941.0
特殊用地	1440061.4	1981.7	256.9	1439336.6
交通运输用地	**394644.4**	**8.5**	**8667.1**	**403303.0**
铁路	76657.2			76657.2
公路	315252.7	8.5	8662.9	323907.1
管道运输	54.5		4.2	58.7
民用机场	2638.7			2638.7
港口码头	41.3			41.3
水利设施用地	**655790.9**		**2983.7**	**658774.6**
水库水面	642941.4			642941.4
水工建筑用地	12849.5		2983.7	15833.2
未利用土地	**370161273.0**	**409530.8**	**130175.1**	**369881917.0**
荒草地	16021992.5	358227.4	1010.4	15664775.5
盐碱地	58697591.8	479.2		58697112.6
沼泽地	4300011.2	5361.7		4294649.5
沙地	91992701.4	17118.7	128996.2	92104578.9
裸土地	23455986.3	14498.9		23441487.4
裸岩石砾地	157524546.0	13859.3		157510687.0
其他未利用土地	18168443.4		182.9	18168626.3

3－10 西宁市土地利用现状(2003 年)

Current Situation of Land Utilized of Xining(2003)

单位:亩

	年初面积	年内减少面积	年内增加面积	年末面积
总　计	**11136171.5**	**86779.6**	**86779.6**	**11136171.5**
耕地	2260393.8	42251.9	4250.4	2222392.3
园地	4265.5	37.2	551.6	4779.9
林地	1558263.7	276.1	71812.0	1626799.6
牧草地	4982126.8	4833.9		4977292.9
居民点及工矿用地小计	389975.8	589.2	6110.1	395496.7
交通运输用地	31440.4	8.5	1314.2	32746.1
水利设施用地	12245.1			12245.1
未利用土地	1166996.4	34283.6		1132712.8

3－11 海东地区土地利用现状(2003 年)

Current Situation of Land Utilized of Haidong(2003)

单位:亩

	年初面积	年内减少面积	年内增加面积	年末面积
总　计	**19565992.6**	**520570.7**	**520570.7**	**19565992.6**
耕地	3451740.9	277305.7	3286.6	3177721.8
园地	79562.2			79562.2
林地	3444525.2	146.1	453984.5	3898363.6
牧草地	7589609.5	1442.7	55571.8	7643738.6
居民点及工矿用地小计	357388.1	1635.2	1900.3	357653.2
交通运输用地	45350.3		1691.7	47042.0
水利设施用地	41325.0		904.1	42229.1
未利用土地	3374430.1	238314.2	290.0	3136405.9

3-12 海北州土地利用现状(2003年)

Current Situation of Land Utilized of Haibei(2003)

单位:亩

	年初面积	年内减少面积	年内增加面积	年末面积
总　计	**50024990.0**	**220242.5**	**220242.5**	**50024990.0**
耕地	824855.9	99691.7	43.5	725207.7
园地				
林地	3196806.0	1.9	79154.1	3275958.2
牧草地	33810272.7	178.3	44770.0	33854864.4
居民点及工矿用地	1394893.8	43.5	485.3	1395335.6
交通运输用地	39433.6			39433.6
水利设施用地	5002.5			5002.5
未利用土地	6375785.3	24546.5		6351238.8

3-13 海南州土地利用现状(2003年)

Current Situation of Land Utilized of Hainan(2003)

单位:亩

	年初面积	年内减少面积	年内增加面积	年末面积
总　计	**65065667.9**	**730847.9**	**730847.9**	**65065667.9**
耕地	1279372.4	178478.2	193.8	1101088.0
园地	9129.0			9129.0
林地	2752526.7	827.5	438360.1	3190059.3
牧草地	51052813.2	311688.2	56385.2	50797510.2
居民点及工矿用地	197616.7		69.6	197686.3
交通运输用地	30916.8		1183.5	32100.3
水利设施用地	573489.5			573489.5
未利用土地	5076059.1	5197.8		5070861.3

3-14 黄南州土地利用现状(2003年)
Current Situation of Land Utilized of Huangnan(2003)

单位:亩

	年初面积	年内减少面积	年内增加面积	年末面积
总　计	**26863328.6**	**184283.7**	**184283.7**	**26863328.6**
耕地	330912.9	35880.9	1840.0	296872.0
园地	2745.6	319.3		2426.3
林地	2558906.9	218.5	24918.7	2583607.1
牧草地	22580343.5	1840.0	20490.0	22598993.5
居民点及工矿用地	47164.1	105.0	303.1	47362.2
交通运输用地	14130.0			14130.0
水利设施用地	12524.8		2079.6	14604.4
未利用土地	1119663.1	10688.9		1108974.2

3-15 果洛州土地利用现状(2003年)
Current Situation of Land Utilized of Guoluo(2003)

单位:亩

	年初面积	年内减少面积	年内增加面积	年末面积
总　计	**114663576.4**	**316374.7**	**316376.7**	**114663576.4**
耕地	20879.4		120.0	20999.4
园地	6250.0		6000.0	12250.0
林地	6070098.1		180.0	6070278.1
牧草地	98064511.8	8497.9	25006.0	98081019.9
居民点及工矿用地	48020.2		1032.0	49052.2
交通运输用地	35703.8		202.6	35906.4
水利设施用地	678.5			678.5
未利用土地	6586826.7	25029.1		6561797.6

3－16 玉树州土地利用现状(2003 年)
Current Situation of Land Utilized of Yushu(2003)

单位:亩

	年初面积	年内减少面积	年内增加面积	年末面积
总　计	**296930555.9**	**334469.9**	**334469.9**	**296930555.9**
耕地	246161.8	20100.0	44.0	226105.8
园地	130.8			130.8
林地	8614499.5		20186.0	8634685.5
牧草地	231167632.0	8354.5	121811.7	231281089.0
居民点及工矿用地	332582.4	195331.7	7212.3	144463.0
交通运输用地	65370.7		2582.2	67952.9
水利设施用地	1168.2			1168.2
未利用土地	44770788.2	1570.0		44769218.2

3－17 海西州土地利用现状(2003 年)
Current Situation of Land Utilized of Haixi(2003)

单位:亩

	年初面积	年内减少面积	年内增加面积	年末面积
总　计	**491970501.5**	**321583.7**	**321583.7**	**491970501.5**
耕地	655724.3	101412.4	3447.1	557759.0
园地	6520.4		6520.4	6250.4
林地	9099323.0	820.0	167513.9	9266016.9
牧草地	156685603.0	142785.7	8859.9	156551677.0
居民点及工矿用地	999777.8	2083.2	7211.8	1004906.4
交通运输用地	132298.8		1692.9	133991.7
水利设施用地	9357.3			9357.3
未利用土地	301690724.0	69900.7	129885.1	301750708.0

3-18 青海省矿产种类(2002年)

Mineral Products Kind of Qinghai(2002)

<table>
<tr><td rowspan="3" colspan="2">矿产类别</td><td rowspan="3">矿种合计</td><td colspan="3">已发现矿种</td></tr>
<tr><td colspan="2">查明有储量矿种</td><td rowspan="2">未查明资源储量矿种</td></tr>
<tr><td>上矿产储量表矿种</td><td>未上表矿种</td></tr>
<tr><td colspan="2">燃料矿产</td><td>4</td><td>煤、油页岩、石油、天然气</td><td></td><td></td></tr>
<tr><td rowspan="5">金属矿产</td><td>黑色金属矿产</td><td>5</td><td>铁、铬</td><td>锰、钒</td><td>钛</td></tr>
<tr><td>有色金属矿产</td><td>13</td><td>铜、铅、锌、镁、镍、钴、钨、锡、钼、汞、锑</td><td></td><td>铝、铋</td></tr>
<tr><td>贵金属矿产</td><td>8(5)</td><td>金、银、铂、钯、铂族(铂、钯、钌、锇、铱、铑)未分</td><td></td><td></td></tr>
<tr><td>稀有、稀土、分散元素矿产</td><td>20(14)</td><td>铌钽、锂、锶、铷、稼、铟、镉、硒、稀土(镧、铈、钕、钐、钇、镱)</td><td>铍、锗</td><td>碲、铯、锆</td></tr>
<tr><td>放射性矿产</td><td>2</td><td></td><td>铀、钍</td><td></td></tr>
<tr><td rowspan="3">非金属矿产</td><td>冶金辅助原料非金属矿产</td><td>10</td><td>菱镁矿、普通萤石、熔剂用灰岩、冶金用白云岩、冶金用石英岩</td><td>耐火粘土、型砂</td><td>耐火铝土、质页岩、红柱石、蓝晶石</td></tr>
<tr><td>化工原料非金属矿产</td><td>20</td><td>自然硫、硫铁矿、芒硝、重晶石、天然碱、电石用灰岩、制碱用灰岩、化肥用蛇纹岩、泥炭、盐矿、钾盐、镁盐、碘、溴、砷、硼矿、磷矿</td><td>地蜡</td><td>含钾岩石、明矾石</td></tr>
<tr><td>建筑材料及其它非金属矿产</td><td>40</td><td>压电水晶、熔炼水晶、硅灰石、滑石、石棉、云母、长石、石膏、透辉石、水泥用灰岩、玻璃用石英岩、建筑用砂、砖瓦用粘土、水泥配料用粘土、水泥配料用黄土、水泥配料用泥岩、饰面用蛇纹岩、饰面用花岗岩、饰面用大理岩、铸石用玄武岩、岩棉用玄武岩、水泥用大理岩、玉石、水泥配料用板岩</td><td>冰洲石、石墨、脉石英、蛭石、透闪石、宝玉、刚玉</td><td>辉绿岩、高岭土、叶腊石、石榴石、建筑石料、膨润土、镁质粘土、沸石、珍珠岩</td></tr>
<tr><td colspan="2">水气矿产</td><td>3</td><td>地下水、矿泉水、地下热水</td><td></td><td></td></tr>
<tr><td colspan="2" rowspan="2">矿种总计</td><td rowspan="2">125</td><td>89(80)</td><td>16</td><td rowspan="2">20</td></tr>
<tr><td colspan="2">105</td></tr>
</table>

注:括号中是按元素组合统计列入《青海省矿产资源储量表》的矿种数,部分矿种查明有资源储量但未编入,资源储量表的原因主要是其勘查工作程度低或未形成完整的地质资料等。

3－19 矿产及产地数(2002年)

Number of Products and Area(2002)

矿产类别		矿产种类	单矿种产地数				备注
			合计	矿床规模			
				大型	中型	小型	
燃料矿产	煤	1	77	12	6	59	
	石油	1	17	1	6	10	
	天然气	1	9	3	1	5	
	油页岩	1	1			1	
	小计	**4**	**104**	**16**	**13**	**75**	
金属矿产	黑色金属矿产	2	28		7	21	
	有色金属矿产	11	90	7	17	66	
	贵金属矿产	5	51	2	18	31	
	稀有、稀土、分散元素矿产	9	31	10	10	11	氧化镁和硫酸镁分别统计矿产地
	小计	**27**	**200**	**19**	**52**	**129**	
非金属矿产	冶金辅助原料非金属矿产	5	22	1	12	9	
	化工原料非金属矿产	17	193	66	56	71	
	建筑材料及其它非金属矿产	24	73	22	32	19	
	小计	**46**	**288**	**89**	**100**	**99**	
水气矿产	矿泉水	1	20	1	2	17	
	地下水	1	25	5	15	5	
	地下热水	1	5			5	
	小计	**3**	**50**	**6**	**17**	**27**	
总计		**80**	**642**	**130**	**182**	**330**	

3－20 青海省保有资源储量在全国占前十位的矿种(2002年)

Qinghais Mineral Resources of Top Ten in Whole Country(2002)

位次	矿种名称	矿种数
第一位	锂矿、锶矿、冶金用石英岩、芒硝＊、电石用灰岩、化肥用蛇坟岩、钾盐＊、镁盐、玻璃用石英岩＊、石棉＊	10
第二位	镁矿、盐矿＊、溴矿、压电水晶、铸石用玄武岩	6
第三位	铟矿、自然硫、硼矿＊、硅灰石、滑石＊、水泥配料用板岩、饰面用蛇纹岩	7
第四位	伴生硫、天然硫＊、泥炭、长石、建筑用砂、透辉石、石膏＊	7
第五位	汞矿、铷矿、硒矿、制碱用灰岩、制碱用灰岩、砖瓦用粘土、水泥配料用黄土	6
第六位	天然气＊、铬矿＊、钴矿、熔炼水晶、玉石、岩棉用玄武岩种	6
第七位	镍矿＊、锡矿＊	2
第八位	稀土矿＊	1
第九位	铅矿＊、铂族金属＊、镉矿、菱镁矿＊、磷矿＊、云母(片云母)	6
第十位	镓矿、砷矿、水泥配料用泥岩	3
合计		54

注：＊为该矿种列入在国民经济建设中占主要地位的45种矿产之中。

3-21 矿产保有资源储量变化情况(2002年)

Reserves Change of Mineral Resources(2002)

矿产名称		开采量	损失量	勘增减(±)量	重算增减(±)量	总增减(±)量
煤炭	(千吨)	2071	568	5864		3225
铁矿	(矿石 千吨)	160	60			-220
铬矿	(矿石 千吨)	15	5			-20
铜矿	(铜 吨)	21	8		429	400
铅矿	(铅 吨)	56519	4706	275118	-70055	143838
锌矿	(锌 吨)	65001	5340	228917	-198788	-40212
镍矿	(镍 吨)				3195	3195
钴矿	(钴 吨)				80	80
金矿	(金 千克)	3226	237	4009	4168	4714
银矿	(银 吨)	39	3	-111	413	260
锂矿 氯化锂	(LiCl 吨)	19127	4836	2693176		2669213
锶矿	(天青石 吨)	4000	100			-4100
冶金用石英岩	(矿石 千吨)	22	3			-25
伴生硫	(硫 千吨)	216	15			-231
芒硝 Na_2SO_4	(千 吨)	126	21			-147
制碱用灰岩	(矿石 千吨)	125	12			-137
盐矿	(氯化钠 千吨)	4313	951	3914551	-337	3908950
硫酸镁	(千吨)			31611	-21	31590
氯化镁	(千吨)	16717	4268	96196	-895	74316
钾盐	(氯化钾 千吨)	1065	313	15637	-263	13996
碘	(碘 吨)	73	19			-92
溴	(溴 吨)	2053	526			-2579
硼矿	(B_2O_3 千吨)	32	7	1812		1773
玉石	(矿石 吨)	32	7			-39
制碱用灰岩	(矿石 千吨)	125	12			-137
玻璃用石英岩	(矿石 万吨)	2				-2
水泥用灰岩	(矿石 万吨)	97	10			-107
砖瓦用粘土	(矿石 万立方米)	2				-2
水泥配料用粘土	(矿石 万吨)	4				-4
水泥配料用黄土	(矿石 万吨)	10	1			-11
水泥配料用泥岩	(矿石 万吨)	2				-2
水泥用大理岩	(矿石 万吨)	23	2	611		586
建筑用砂	(矿石 万立方米)	3	1			-4
石棉	(石棉 千吨)	84	7			-91

3－22 分矿种矿产资源开发利用情况(2002年)

Utilization Situation of Mineral Products by Ores(2002)

矿产名称	矿山数（个）	从业人数（人）	年产矿量（固）（万吨）	年产矿量（液）（万吨）	年产矿量（气）（万 m^3）	工业总产值（万元）	利润总额（万元）
合　计	**634**	**44002**	**2127.33**	**224.94**	**115900**	**491488.06**	**91603.01**
煤	46	7956	185.19			19789.23	345.90
石　油	1	5759		214.02		257398.26	74888.00
天然气					115900	44758.00	
地　热	2	15		6.60		10.01	
铁　矿	8	822	17.83			2940.20	30.20
锰　矿	4	91	0.11			16.20	－2.60
铬铁矿	2	78	0.14			77.00	－24.00
铜　矿	11	339	2.10			710.00	28.00
铅　矿	32	3093	78.12			61618.63	8062.70
锌　矿	6	207	1.58			860.00	－7.00
镍　矿	2	231	0.38			49.40	
钨　矿	1	10	0.03			60.00	
锑　矿	1	38					
砂　金	1	269	242.30			765.41	
金　矿	11	802	15.08			5279.51	－109.31
锶矿(天青石)	1	46	0.8			240.00	
熔剂用石灰岩	4	63	3.53			54.50	1.10
冶金用白云岩	1	8	0.10			2.00	
冶金用石英岩	39	678	16.60			447.00	33.50
芒硝(含钙芒硝)	3	125	0.32			168.00	－238.00
制碱用灰岩	2	144	1.80			35.17	

3-22 续表 Continued

矿产名称	矿山数（个）	从业人数（人）	年产矿量（固）（万吨）	年产矿量（液）（万吨）	年产矿量（气）（万 m^3）	工业总产值（万元）	利润总额（万元）
湖 盐	6	1865	63.47			8668.30	-234.10
天然卤水	8	155		4.297		166.43	3.70
钾 盐	4	5059	666.00			59692.00	11098.00
石 墨	1	30					
石棉（温石棉）	12	2616	176.48			11624.83	-2618.34
石 膏	11	113	3.47			55.70	0.40
方解石	1	3	0.20			3.00	
玉 石	2	71	0.03			37.79	-260.00
水泥用灰岩	33	1356	124.51			2569.30	89.61
建筑石料用灰岩	17	301	14.48			401.23	2.50
饰面用灰岩	5	102	3.53			61.00	8.00
制灰用灰岩	4	41	2.05			31.22	
玻璃用白云岩	3	44	1.38			33.30	0.90
建筑用砂	143	2313	139.37			2705.62	139.60
砖瓦用砂	3	209	8.93			235.98	
砖瓦用粘土	148	7632	251.50			8006.24	262.70
水泥用粘土	6	201	38.12			288.75	
水泥配料料用红土	1	10					
饰面用花岗岩	2	43	0.743			9.23	
水泥混合材料用闪长玢岩	1	10					
建筑用花岗石	31	540	34.71			249.7	10.05
饰面用花岗岩	1	50	0.58			18	0.75
建筑大理石	3	42	1.62			30	0.15
水泥用大理石	6	76	26.75			385.7	0.3
玻璃用大理石	1	10	0.3			15	1.2
硼 矿	1	271	3.1			890	89.3
矿泉水	2	65		0.028		31.22	-0.2

3－23　各地区矿产开发基本情况(2002 年)

Basic Situation of Utilization by Region(2002)

地　区	矿产数(个)	从业人员(人)	年产矿量(固)(万吨)	年产矿量(液)(万吨)	年产矿量(气)(万 m³)	工　业总产值(万元)	利润总额(万元)
总　计	**634**	**44002**	**2127.329**	**224.942**	**115900**	**491488.06**	**91603.01**
西宁市	185	11634	401.993			18458.05	387.23
海东地区	187	3369	208.806			4716.96	105.71
海北州	80	4741	91.553			9577.69	－2582.5
黄南州	18	559	75.268			660.15	－209.18
海南州	35	1138	28.064	6.6		1539.93	－41.8
果洛州	7	102	3.757			259.3	
玉树州	13	535	244.947	4.297		1138.42	67.7
海西州	109	21924	1072.941	214.045	115900	455137.56	93875.85

3－24　矿产资源开发利用情况(按经济类型分)(2002 年)

Utilization Situation of Mineral Products by Economic Type(2002)

项目名称	矿山数(个)	从业人员(人)	年产矿量(固)(万吨)	年产矿量(液)(万吨)	年产矿量(汽)(亿 m³)	工业总总产值(万元)	利润总额(万元)
总　计	**634**	**44002**	**2127.329**	**224.942**	**11.59**	**491488.06**	**91603.01**
国有企业	80	21331	1320.013	224.421	11.59	450410.93	91240.78
集体企业	184	8623	208.862	0.5		8391.36	331.88
其他经济类型							
股份合作企业	15	743	29.177			459.29	－7.25
联营企业	15	525	51.549			3296.81	144.29
国有联营企业	33	629	22.585			573.55	95.77
其他联营企业	1	42	0.5			115	
有限责任公司	30	5629	207.761			15434.95	－107.16
股份有限公司	15	1313	50.485	0.021		4660.16	－190.6
私营企业	258	4803	218.797			5449.01	65.1
私营合伙企业	2	22	1.6			37	0.2
合资经营企业(港或澳、台资)	1	342	16			2624	30

3－25 矿产资源储量(按矿种统计)(2002年)

Reserves of Mineral Resources(2002)

矿产名称		矿区数	矿产资源储量			
			储量	基础储量	资源量	资源储量
煤炭	(千吨)	77	804389	1804933	3069320	4874253
油页岩	(千吨)	1		16572		16572
铁矿	(矿石 千吨)	22	6072	9135	221455	230590
铬矿	(矿石 千吨)	6	193	211	338	549
铜矿	(铜 吨)	19	407077	508224	1484936	1993160
铅矿	(铅 吨)	24	817057	925363	771479	1696842
锌矿	(锌 吨)	23	856301	973479	1211422	2184901
镁矿	(白云岩矿石 千吨)	4	12840	21422	14015	35437
镍矿	(镍 吨)	4	24014	30017	137299	167316
钴矿	(钴 吨)	3	1473	1841	32138	33979
钨矿	(原生矿)(WO_3 吨)	2	1356	1924	267	2191
钨矿	(砂矿)(WO_3 吨)	1			268	268
锡矿	(原生矿)(锡吨)	4	1995	2853	21170	24023
钼矿	(钼 吨)	1			75296	75296
汞矿	(汞 吨)	4		1113	3263	4376
锑矿	(锑 吨)	1			173	173
铂族金属	(原生矿)(金屈 千克)	1			114	114
铂矿	(原生矿)(铂 千克)	1			221	221
铂矿	(砂矿)(铂 千克)	2	17	19	9	28
钯矿	(原生矿)(钯 千克)	1			352	352
金矿	(岩金)(金 千克)	14	523	842	26716	27558
金矿	(砂矿)(金 千克)	16	8043	8783	19799	28582
金矿	(伴生金)(金 千克)	5	11960	13477	47261	60738
银矿	(银 吨)	11	961	1081	2710	3791
铌钽矿	($(Nb+Ta)_2O_5$ 吨)	1			2145	2145
锂矿	(LiCl 吨)	10	4315286	7717584	10371002	18088586
锶矿	(天青石 吨)	3	57237	72740	19209700	19282440
铷矿	(液体 Rb_2O 吨)	1			39989	39989
轻稀土矿	(轻稀土氧化物 吨)	2	55433	58350	287786	346136
镓矿	(镓 吨)	3			705	705
铟矿	(铟 吨)	3			1024	1024
镉矿	(镉 矿)	6			13587	13587
硒矿	(硒 吨)	2			1255	1255
自然硫	(硫 千吨)	6		246	13	259
硫铁矿	(矿石 千吨)	5	677	968	17473	18441
硫铁矿	(伴生硫)(硫 千吨)	13	7423	9290	18027	27317
压电水晶	(单晶 千克)	1			29382	29382
熔炼水晶	(矿物 吨)	1			352	352
硅灰石	(矿石 千吨)	1	6782	7139	10439	17578
滑石	(矿石 千吨)	2	449	499	41723	42222
石棉	(石棉 千吨)	7	17291	19125	38808	57933

3－25 续表 Continued

矿产名称		矿区数	矿产资源储量			
			储量	基础储量	资源量	资源储量
云母	（云母 吨）	1		1054		1054
长石	（矿石 千吨）	1			56315	56315
透辉石	（矿石 千吨）	1			4017	4017
芒硝	（Na_2SO_5 千吨）	12	129390	5374290	3558097	8932387
石膏	（矿石 千吨）	7	54256	67778	2988128	3055906
重晶石	（矿石 千吨）	2			1043	1043
天然碱	（Na_2CO_3 矿石）（$Na_2CO_3+HaHCO_3$ 千吨）	2			204	204
天然碱	（$NaCO_3$）（$Na_2CO_3+HaHCO_3$ 千吨）	1			278	278
菱镁矿	（矿石 千吨）	1	449	499	1370	1869
普通萤石	（CaF_2 或萤石 千吨）	3	30	37	299	336
玉石	（矿石 吨）	2			13881	13881
电石用灰岩	（矿石 千吨）	3	74352	78264	1304640	1382904
制碱用灰岩	（矿石 千吨）	1	40958	154864	24280	179144
熔剂用灰岩	（矿石 千吨）	2			31843	31843
水泥用灰岩	（矿石 万吨）	16	21981	29180	80896	110076
冶金用白云岩	（矿石 千吨）	6	4307	4534	38909	43443
冶金用石英岩	（矿石 千吨）	10	88036	97301	207710	305011
玻璃用石英岩	（矿石 万吨）	5	1847	1949	162681	164630
建筑用砂	（矿石 万立方米）	1	1547	1719		1719
砖瓦用粘土	（矿石 万立方米）	2	891	1723		1723
水泥配料用粘土	（矿石 万吨）	8	1364	1571	3747	5318
水泥配料用黄土	（矿石 万吨）	3	339	378	1483	1861
水泥配料用泥岩	（矿石 万吨）	2	296	330	104	434
化肥用蛇纹岩	（矿石 千吨）	7	7515	7476841	723331	8200172
饰面用蛇纹岩	（矿石 万立方）	1			549	549
铸石用玄武岩	（矿石 万吨）	2	37	41	2040	2081
岩棉用玄武岩	（矿石 万吨）	1	47	52	58	110
饰面用花岗岩	（矿石 万立方）	2	301	317	271	588
饰面用大理岩	（矿石 万立方）	1	46	48	1726	1774
水泥用大理岩	（矿石 万吨）	4	1215	1278	865	2143
水泥配料用板岩	（矿石 万吨）	1	358	398	366	764
泥炭	（矿石 万吨）	2			17682	17682
盐矿	（固体 NaCl 千吨）	24	2398018	141932065	180613633	322545698
盐矿	（液体 NaCl 千吨）	20	553496	4919780	4220161	9139941
镁盐	（固体 $MgSO_4$ 千吨）	1		21536	5066	26602
镁盐	（液体 $MgSO_4$ 千吨）	13	45172	1207081	488643	1695724
镁盐	（固体 $MgCl_2$ 千吨）	6	1418	2562	64138	66700
镁盐	（液体 $MgCl_2$ 千吨）	20	858565	1795012	2308737	4103749
钾盐	（固体 KCl 千吨）	9	2360	10557	65674	76231
钾盐	（液体 KCl 千吨）	22	119057	233789	395647	629436
碘矿	（液体）（碘 吨）	2			14156	14156
溴矿	（溴 吨）	3		13510	278889	292399
砷矿	（砷 吨）	4		19466	50851	70317
硼矿	（固体）（B_2O_3 千吨）	6	2479	3545	2030	5575
硼矿	（液体）（B_2O_3 千吨）	8	2488	4688	5466	10154
磷矿	（矿石）（矿石 千吨）	2	57429	60451	450829	511180

3-26 第五次人口普查分地区每万人拥有各种受教育程度人口

Various Educated Population of Every Million People by Region in 2000

单位:人、年

地 区 别	大专及以上	高中和中专	初 中	小 学
全 国	**354**	**1113**	**3399**	**3554**
全 省	**331**	**1036**	**2158**	**3083**
西宁市	558	1456	2935	2978
海东地区	152	684	2036	3533
海北州	172	807	1611	3587
黄南州	227	616	733	3024
海南州	202	726	1250	3271
果洛州	135	549	758	1861
玉树州	77	392	422	1484
海西州	427	1647	2555	2882

3-27 第五次人口普查分地区各种受教育程度人口和平均受教育年限

Varions Educated Population and Average Education Time in 2000

单位:万人、年

地 区 别	6岁及以上人口数	各种受教育程度人数				平均受教育年限
		大专及以上	高中和中专	初 中	小 学	
全 国	**115670.03**	**4402.01**	**13828.35**	**42238.66**	**44161.34**	**7.62**
全 省	**468.66**	**17.13**	**53.66**	**111.81**	**159.77**	**6.15**
西宁市	181.94	11.05	28.82	58.09	58.93	7.69
海东地区	137.67	2.31	10.40	30.95	53.71	5.54
海北州	24.61	0.47	2.23	4.46	9.93	5.45
黄南州	19.80	0.51	1.39	1.65	6.82	4.07
海南州	35.56	0.81	2.92	5.02	13.14	4.84
果洛州	12.22	0.19	0.77	1.06	2.61	3.07
玉树州	23.50	0.21	1.05	1.13	3.99	2.13
海西州	33.37	1.58	6.08	9.43	10.64	7.40

3-28 企事业环境污染治理情况
Treatment of Environment Pollution in All Enterprises and Institution

类　　别		1990	1995	1999	2000	2001	2002	2003
一、汇总单位数	(个)	45	32	15	16	21	10	10
二、企事业污染治理资金来源合计	(万元)	799	4296	3924	4083	3858	2830	2403
其中:1. 国家预算内资金	(万元)	348	654	27	2042	137	259	694
2. 环境保护补助资金	(万元)	139	126	15	2	48		10
3. 其他资金	(万元)				1790	3594	2571	1699
三、企事业污染治理资金使用合计	(万元)	800	4297	4174	3833	3859	2830	2402
1. 废水治理项目	(万元)	368	590	336	548	431	196	602
2. 废气治理项目	(万元)	327	3624	3529	3285	3401	2491	1752
3. 固体废物治理项目	(万元)	39	71	39			44	48
4. 噪声治理项目	(万元)	1	7	20			10	
5. 其他治理项目	(万元)	65	5	250		27	89	
四、本年竣工项目数	(个)	61	51	22	19	24	14	19
1. 废水治理项目	(个)	13	16	7	6	5	2	3
2. 废气治理项目	(个)	34	22	11	12	18	11	15
3. 固体废物治理项目	(个)	9	5	3				1
4. 噪声治理项目	(个)	3	5	1			1	
5. 其他治理项目	(个)		3		1	1		

3－29 工业企业“三废”排放及处理情况

Discharging Processing and Utilization of Waste Water, Waste gas and waste Residue

类 别		1990	1995	1999	2000	2001	2002	2003
一、废水排放总量	(万吨/年)	12259	9440	11375	11997	11831	11131	11310
工业废水		6865	5029	4094	4661	4385	3583	3453
排放达标量		1775	2212	2862	3777	3507	2148	2067
二、废气排放总量	(亿标立方米/年)	389	442	606	607	846	937	1002
燃料燃烧过程中废气排放量		256	189	183	163	259	241	312
#经过消烟除尘的		123	168	167	154			
生产工艺过程中废气排放量		133	253	423	444	587	696	690
#经过净化处理的		24	208	265	271			
三、工业粉尘排放量	(万吨/年)	3	3	6	4	5	4	5
工业粉尘回收量		5	4	9	11	12	12	13
四、工业固体废物产生量	(万吨/年)	256	208	305	337	368	314	379
工业固体废物贮存量		92	86	171	242	283	220	292
工业固体废物综合利用量		32	59	111	458	82	96	78
工业固体废物排放量		127	65	1		7	2	8
五、锅炉	(台/千蒸吨)	1618/4.9	582/4.4	480/4.4	416/4.3	406/4.8	325/4.3	302/4.7
烟尘排放达标的				301/3.4	251/3.0	249/4.2	161/3.6	178/4.0
六、工业炉窑	(台)	357	325	379	333	352	386	467
七、“三废”综合利用产品产值	(万元/年)	830	2017	953	1613	2969	3102	2823
“三废”综合利用利润		391	280	188	344			
八、汇总企业数	(个)	278	260	221	204	170	171	206

注：1. 包括处理后外排和处理后回用工业废排量。

2. 废水排放总量：含生活污水排放量。

3－30　环境污染治理情况(2003年)

Treatment of Environment Pollution(2003)

指　标		2003
一、污染源治理本年完成投资总额	(万元)	10949.3
工业污染源治理投资		
本年施工项目数	(个)	19
施工项目本年完成投额	(万元)	2403
#治理废水	(万元)	602
治理废气	(万元)	1753
治理固体废物	(万元)	48
治理噪声	(万元)	
治理其他	(万元)	
新改扩建“三同时”项目环保投资		
本年建成投产“三同时”项目环保项目数	(个)	76
实际执行“三同时”项目环保投资额	(万元)	8546.3
#治理废水	(万元)	1298.8
治理废气	(万元)	5284.6
治理固体废物	(万元)	124
治理噪声	(万元)	187
治理其他	(万元)	1651.9
二、城市环境基础设施建设本年完成额	(万元)	63652.6
污水处理工程建设	(万元)	6300
燃气工程建设	(万元)	49600.6
供热工程建设	(万元)	1400
园林绿化工程建设	(万元)	2643
垃圾防治工程建设	(万元)	3709
其他防治工程建设	(万元)	
三、环境污染治理本年完成投资总额	(万元)	74601.9
#治理废水	(万元)	8200.8
治理废气	(万元)	60681.2
治理固体废物	(万元)	3881
治理噪声	(万元)	187
治理其他	(万元)	1651.9

3-31 城镇生活及其他污染情况

Discharge of Pollutants from Daily Life

指标		2002	2003
一、基本情况			
1. 人口总数	(万人)	528.6	533.8
#城镇人口数	(万人)	137.87	143.51
2. 污水处理厂数	(座)	1	1
3. 煤炭消费总量	(万吨)	511.57	625.87
#工业煤炭消费量	(万吨)	385.77	503.89
生活及其他煤炭消费量	(万吨)	125.8	121.89
4. 生活及其他煤炭含硫量	(%)	0.5	0.5
5. 生活及其他煤炭灰份	(%)	28	28
二、污水排放情况			
1. 城镇生活污水排放系数	(千克/人·日)	150	150
2. 城镇生活污水排放量	(万吨)	7548	7857
3. 城镇生活污水中COD产生系数	(克/人·日)	60	60
4. 城镇生活污水中COD产生量	(吨)	30193.5	31428.7
5. 城镇生活污水中COD排放量	(吨)	29385	28959.7
6. 城镇生活污水中COD去除量	(吨)	808.5	2469
7. 城镇生活污水中氨氮产生系数	(吨)	7	7
8. 城镇生活污水中氨氮产生量	(吨)	3522.6	3666.7
9. 城镇生活污水中氨氮排放量	(吨)	3385	3570.6
10. 城镇生活污水中氨氮去除量	(吨)	137.6	96.1
11. 生活及其他二氧化硫排放量	(吨)	10064	9758
12. 生活及其他烟尘排放量	(吨)	21980	21039

3－32 城市污水处理情况

Basic Situation of Sewage Treatment

指　标		2002	2003
污水处理厂	（座）	1	1
#当年新增	（座）	1	
污水处理厂处理能力	（万吨/日）	2	1.94
#当年新增	（万吨/日）	2	
污水处理量	（万吨）	330	641
#处理生活污水量	（万吨）	330	641
化学需氧量去除量	（吨）	808	2469
氨氮去除量	（吨）	138	96
总磷去除量	（吨）	2	5
污泥产生量	（吨）	170	980
污泥利用量	（吨）	85	
污泥排放量	（吨）	85	980
本年运行费用	（万元）	264	630

主要统计指标解释

自然资源 指人类可以直接从自然界获得,并用于生产和生活的物质资源。一般可以分成可再生资源和非再生资源两大类。可再生资源指在较短时间内可以再生、可以循环利用的资源,包括土地资源、水资源、气候资源、生物资源和海洋资源。非再生资源指在使用后不能再生的资源包括矿产资源和地热能源。

土地资源 土地指陆地的表层部分,它主要由岩石、岩石的风化物和土壤构成。土地资源按利用类型可以分为农用地、建筑用地和未利用地。农用地包括耕地、园地、林地,牧草地和水面。建筑用地包括居民点及工矿地、交通用地和水利设施用地。未利用地指农用地和建筑用地以外的土地、包括滩涂、荒漠、戈壁、冰川和石山等。

林业用地面积 指生长乔木、竹类、灌木、沿海红树林等林木的土地面积,包括有林地、灌木林、疏林地、未成林造林地、迹地、苗圃等。

草地面积 指牧区和农区用于放牧牲畜或割草,植被盖度在5%以上的草原、草坡、草山等面积。包括天然的和人工种植或改良的草地面积。

森林资源 指森林、林木、林地以及依托森林、林木、林地生存的野生动物、植物和微生物。林木指树木和竹子。森林指以乔木为主体的植物群落,是集生的乔木及与共同作用的植物、动物、微生物和土壤、气候等的总体。

森林面积 指由乔木树种构成,郁闭度0.2以上(含0.2)的林地或冠幅宽度10米以上的林带的面积,即有林地面积。森林面积包括天然起源和人工起源的针叶林面积、阔叶林面积、针阔混交林面积和竹林面积,不包括灌木林地面积和疏林地面积。

森林覆盖率 指一个国家或地区森林面积占土地面积的百分比。在计算森林覆盖率时,森林面积包括郁闭度0.2以上的乔木林地面积和竹林地面积,国家特别规定的灌木林地面积、农田林网以及四旁(村旁、路旁、水旁、宅旁)林木的覆盖面积。森林覆盖率是反映森林资源的丰富程度和生态平衡状况的重要指标。计算公式为:

森林覆盖率(%)=森林面积/土地总面积×100%

水资源 水资源包括经人类控制并直接可供灌溉、发电、给水、航运、养殖等用途的地表水和地下水,以及江河、湖泊、井、泉、湖汐、港湾和养殖水域等。

矿产资源 矿产指由地质作用形成,富集于地壳中或出露于地表达到工农业利用要求的有用矿物。从某种意义上讲,一个国家对矿产资源开发利用的广度和深度,可以作为这个国家经济发展水平的标志。

矿产保有储量 指探明的矿产储量(包括工业储量和远景储量),扣除已开采部分和地下损失量后的年末实有储量,是反映国家矿产资源现状的重要指标。

气温 指空气的温度,我国一般以摄氏度(℃)为单位表示。气象观测的温度表是放在离地面约1.5米处通风良好的百叶箱里测量的,因此,通常说的气温指的是离地面1.5米处百叶箱中的温度。其统计计算方法为:月平均气温是将全月各日的平均气温相加,除以该月的天数而得。年平均气温是将12个月的月平均气温累加后除以12而得。

相对湿度 指空气中实际水气压与当时气温下的饱合水气压之比。其统计方法与气温相同。

降水量 指从天空降落到地面的液态或固态(经融化后)水,未经蒸发、渗透、流失而在地面上积聚的深度。其统计计算方法为:

月降水量是将全月各日的降水量累加而得。

年降水量是将12个月的月降水量累加而得。

日照时数 指太阳实际照射地面的时间。其统计方法与降水量相同。

工业废水排放量 指经过企业厂区所有排放口排列到企业外部的工业废水量。包括生产废水、外排的直接冷却水、超标排放的矿井地下水和与工业废水混排的厂区生活污水,不包括外排的间接冷却水(清污不分流的间接冷却水应计算在内)。

工业废水排放达标量 指各项指标都达到国家或地方排放标准的外排工业废水量,包括未经处理外排达标和经过处理后外排达标两部分。

工业废气排放量 指企业厂区内燃料燃烧和生产工艺过程中产生的各种排入空气的含有污染物的气体总量,按标准状态[273K,101325Pa]计算。

烟尘排放量 指企业厂区内燃料燃烧产生的烟气中夹带着颗粒物数量。

工业粉尘排放量 指企业在生产工艺过程中排放的颗粒物重量,如钢铁企业的耐火材料粉尘、焦化企业的筛焦系统粉尘、烧结机的粉尘、石灰窑的粉尘、建材企业的水泥粉尘等。不包括电厂排入大气的烟尘。

工业固体废物产生量 指企业在生产过程中产生的固体状、半固体状和高浓度液体状废弃物的总量,包括危险废物、冶炼废渣、粉煤灰、炉渣、煤矸石、尾矿、放射性废物和其他废物等;不包括矿山开采的剥离废石和掘进废石(煤矸石和呈酸性或碱性的废石除外)。酸性或碱性废石指采掘的废石其流经水、雨淋水的PH值小于4或PH值大于10.5者。

工业固体废物综合利用量 指通过回收、加工、循环、交换等方式,从固体废物中提取或者使其转化为可以利用的资源、能源和其他原材料的固体废物量(包括当年利用往年的工业固体废物累计贮存量,如用作农业肥料、生产建筑材料、筑路等。综合利用量由原产生固体废物的单位统计)。

"三废"综合利用产品产值 指利用"三废"(废液、废气、废渣)作为主要原料生产的产品价值(现行价);已经销售或准备销售的应计算产品价值,留作生产自用的不应计算产品价值。

"三废"综合利用产品利润 指利用"三废"(废液、废气、废渣)生产的产品,销售后所得到的利润。

人　口

土族彩虹舞

Population

总人口（万人）

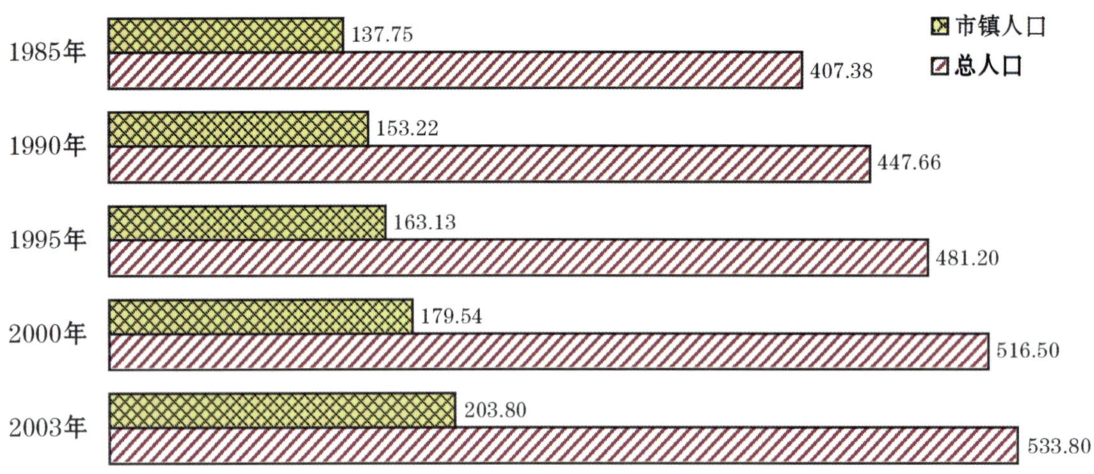

各民族人口构成（%）

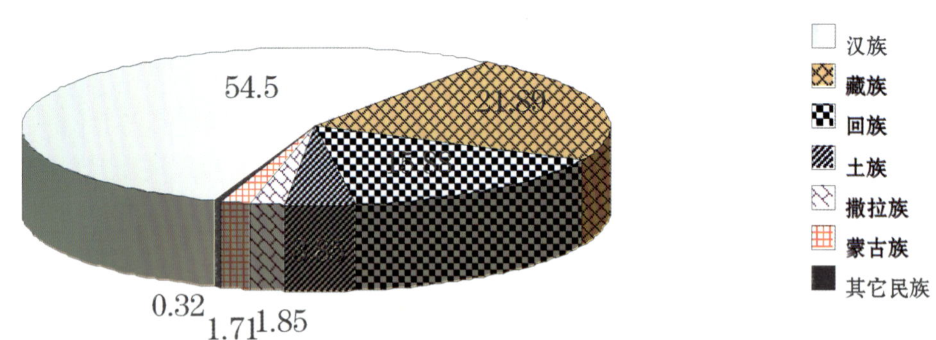

人口自然变动情况(‰)

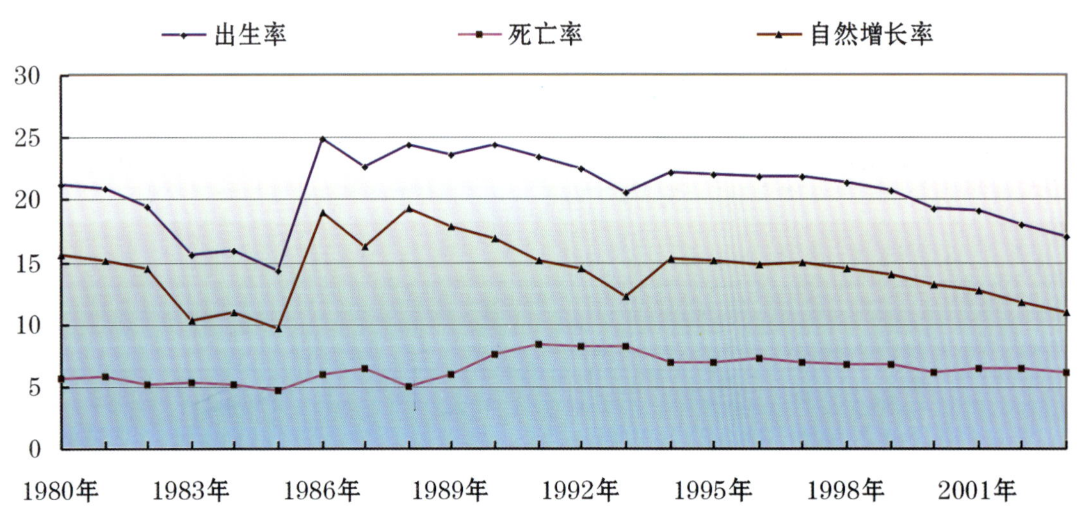

4-1 总人口及自然变动情况

Natural Changes and Total Population

年 份	总人口(万人)	自然变动情况					
		出 生		死 亡		自然增加	
		人 数(人)	出生率(‰)	人 数(人)	死亡率(‰)	人 数(人)	自然增长率(‰)
1952	161.38	48052	30.25	22207	13.98	25845	16.27
1954	173.24	74469	44.16	22427	13.30	52042	30.86
1957	204.64	65094	32.20	21037	10.40	44057	21.78
1965	230.45	109596	48.72	20371	9.06	89225	39.66
1970	282.73	111111	40.06	20863	7.52	90248	32.54
1975	337.49	106448	31.95	27457	8.24	78991	23.71
1978	364.86	94353	26.15	24030	6.66	70322	19.49
1980	376.90	79167	21.14	21015	5.61	58152	15.53
1985	407.38	57471	14.24	18533	4.58	38938	9.63
1986	421.12	104186	24.94	25106	6.01	79080	18.93
1987	427.90	95897	22.59	27254	6.42	68643	16.17
1988	434.20	104894	24.33	21768	5.05	83126	19.28
1989	440.20	103801	23.66	26028	5.93	77773	17.73
1990	447.66	108052	24.34	33162	7.47	74890	16.87
1991	454.43	105409	23.37	37662	8.35	67747	15.02
1992	461.02	103171	22.54	37259	8.14	65912	14.40
1993	466.70	95091	20.50	38315	8.26	56776	12.24
1994	474.00	103759	22.06	32078	6.82	71681	15.24
1995	481.20	105000	22.01	33000	6.89	72000	15.12
1996	488.30	106000	21.89	35000	7.20	71000	14.69
1997	495.60	107000	21.80	34000	6.95	73000	14.85
1998	502.80	106130	21.26	33850	6.78	72280	14.48
1999	509.80	104703	20.68	34327	6.78	70376	13.90
2000	516.50	98781	19.25	31559	6.15	67222	13.10
2001	523.10	99074	19.06	33475	6.44	65599	12.62
2002	528.60	94916	18.05	33391	6.35	61525	11.70
2003	533.80	89985	16.94	32350	6.09	57635	10.85

4-2 人口变化情况

General Situation of the Population Changes

单位:万人

年份	年末总人口	按性别分		按城乡分		按农业、非农业分	
		男	女	市镇人口	乡村人口	农业人口	非农业人口
1952	161.38	81.82	79.56	8.38	153.00	145.08	16.30
1978	364.86	189.30	175.56	67.84	297.02	277.40	87.46
1979	372.02	192.25	179.77	71.06	300.96	279.70	92.32
1980	376.90	194.18	182.72	74.71	302.19	280.38	96.52
1981	381.60	196.62	184.98	76.78	304.82	284.12	97.48
1982	392.79	201.92	190.87	79.82	312.97	294.39	98.40
1983	392.57	201.64	190.93	77.25	315.32	292.96	99.61
1984	401.61	205.98	195.63	128.63	272.98	294.20	107.41
1985	407.38	208.43	198.95	137.75	269.63	291.24	116.14
1986	421.12	216.26	204.86	140.75	280.37	298.90	122.22
1987	427.90	219.16	208.74	143.00	284.90	303.50	124.40
1988	434.20	222.18	212.02	146.86	287.34	307.93	126.27
1989	440.20	225.27	214.93	150.69	289.51	313.46	126.74
1990	447.66	229.36	218.30	153.22	294.44	321.19	126.47
1991	454.43	232.80	221.63	155.11	299.32	329.76	124.67
1992	461.02	235.95	225.07	157.34	303.68	334.57	126.45
1993	466.70	238.95	227.75	158.04	308.66	341.70	125.00
1994	474.00	242.74	321.26	160.90	313.10	347.61	126.39
1995	481.20	246.37	234.83	163.13	318.07	352.72	128.48
1996	488.30	250.01	238.29	166.93	321.37	357.88	130.42
1997	495.60	252.76	242.84	171.94	323.66	363.81	131.79
1998	502.80	252.13	250.67	174.18	328.62	369.43	133.37
1999	509.80	259.29	250.51	176.33	333.47	374.57	135.23
2000	516.50	267.03	249.47	179.54	336.96	379.47	137.03
2001	523.10	266.09	257.01	190.00	333.10	382.91	140.19
2002	528.60	271.12	257.48	199.16	329.44	385.09	143.51
2003	533.80	272.33	261.47	203.80	330.00	387.06	146.74

注:1990、2000 年数据根据人口普查数据进行了调整,1990 年以前数据为公安户籍统计数,其余年份数据为人口变动抽样调查推算数。

4－3 人口机械变动情况

Situaiton of the Provincial Mechanical Changes Popualtion

单位：人，%

年 份	迁 入		迁 出		机 械 增 加	
	人 数	迁入率	人 数	迁出率	人 数	增长率
1952	57027	3.59	32270	2.03	24757	1.56
1955	47126	2.62	37611	2.09	9515	0.53
1957	79101	3.91	75298	3.72	3803	0.19
1965	132814	5.90	115107	5.12	17707	0.79
1970	151266	5.45	130879	4.72	20387	0.74
1975	102755	3.08	95082	2.85	7673	0.23
1978	105991	2.94	95264	2.64	10727	0.30
1980	121385	3.24	124151	3.32	-2766	-0.07
1985	52358	1.29	33172	0.82	19181	0.47
1986	24530	0.59	27113	0.65	-2583	-0.06
1987	17493	0.41	26730	0.63	-9237	-0.22
1988	13204	0.31	33330	0.77	-20126	-0.46
1989	11910	0.27	27357	0.63	-15447	-0.36
1990	10306	0.23	24491	0.55	-14185	-0.32
1991	11201	0.25	26295	0.58	-15094	-0.33
1992	12040	0.27	27666	0.62	-15626	-0.35
1993	10824	0.23	25059	0.54	-14235	-0.31
1994	10871	0.24	19464	0.43	-8593	-0.19
1995	11439	0.25	17156	0.38	-5717	-0.13
1996	11209	0.24	17219	0.37	-6010	-0.13
1997	11043	0.24	14550	0.31	-3507	-0.08
1998	7687	0.16	12734	0.27	-5047	-0.11
1999	6872	0.15	12057	0.26	-5185	-0.11
2000	8749	0.17	17782	0.35	-9033	-0.18
2001	9789	0.19	20231	0.39	-10442	-0.20
2002	10601	0.22	19534	0.40	-8933	-0.18
2003	13736	0.28	22527	0.46	-8791	-0.18

注：1. 以上数据系省公安厅年报数据。

2. 1985 年以后的迁入迁出人口均为省际间迁入迁出。

3. 1952 年数据根据《中国财经出版社》出版的《中国人口·青海分册》的有关资料推算。

4-4 分地区户籍统计人口数及变动情况(2003年)

地区别	年末数					
	总户数	总人口			总人口中	
		合计	男	女	#非农业人口	#未落常住户口的人员
全　省	**1234724**	**4919683**	**2524690**	**2394993**	**1437560**	**27648**
西宁市	**477833**	**1809616**	**923300**	**886316**	**814810**	**5578**
城东区	64474	223659	112754	110905	190288	2821
城中区	45573	152454	76946	75508	148273	126
城西区	62284	218246	108748	109498	195529	65
城北区	54940	194138	98851	95287	137117	139
大通县	106999	424433	218669	205764	87019	297
湟中县	109809	462263	238510	223753	29209	1769
湟源县	33754	134423	68822	65601	27375	361
海东地区	**352360**	**1482207**	**768855**	**713352**	**156690**	**3350**
平安县	31526	111667	57947	53720	30161	2056
民和县	81415	369562	192522	177040	32264	
乐都县	75153	287874	148124	139750	40532	1272
互助县	87815	370772	193797	176975	25908	22
化隆县	51482	230124	119925	110199	17601	
循化县	24969	112208	56540	55668	10224	
海北州	**64747**	**267533**	**138738**	**128795**	**62176**	**223**
门源县	33005	150630	79024	71606	26465	
祁连县	11562	45465	22736	22729	11049	187
海晏县	9397	32125	16591	15534	12786	36
刚察县	10783	39313	20387	18926	11876	
黄南州	**47246**	**212584**	**107199**	**105385**	**36508**	**850**
同仁县	17383	75645	37371	38274	20315	
尖扎县	11484	50368	26172	24196	7806	336
泽库县	12009	54660	27548	27112	4350	314
河南县	6370	31911	16108	15803	4037	200

注:以上数据来源于省公安厅年报。

Statistical Population Number and Changing Situation of the Different Districts(2003)

单位:户、人

年内人口变动				
出生	死亡	迁入	迁出	
		省内	省内	省外
67040	**20355**	**72278**	**13736**	**63159**
25272	**7154**	**19782**	**4486**	**11229**
5477	1067	4432	975	931
1718	759	1994	798	623
2558	941	3936	1109	818
3063	882	2571	1170	486
5618	1983	2232	90	4023
5248	1099	3117	230	3548
1590	423	1500	114	800
16758	**6735**	**20603**	**3574**	**30895**
1028	271	1214	182	1636
3951	1344	5360	1922	12826
4115	2160	7539	1017	8174
4093	2137	2469	189	3438
2028	448	3529	222	3995
1543	375	492	42	826
3772	**893**	**2968**	**352**	**2939**
1992	400	1330	123	1271
619	202	327	48	550
527	127	805	100	601
634	164	506	81	517
2169	**433**	**1371**	**162**	**1102**
542	125	297	70	472
651	90	581	69	319
612	144	423	6	237
364	74	70	17	74

4－4 续表

地区别	年末数					
	总户数	总人口			总人口中	
		合计	男	女	#非农业人口	#未落常住户口的人员
海南州	**95135**	**394084**	**200330**	**193754**	**81930**	**945**
共和县	32118	121997	63195	58802	45190	175
同德县	9566	49092	24755	24337	5957	107
贵德县	24307	94737	47792	46945	12204	476
兴海县	13124	60393	30811	29582	6272	180
贵南县	16020	67865	33777	34088	12307	7
果洛州	**32306**	**138624**	**70144**	**68480**	**25385**	**5674**
玛沁县	8583	36279	18187	18092	13307	2513
班玛县	5062	23392	11723	11669	3625	10
甘德县	5130	23919	12227	11692	1726	762
达日县	6112	24745	12586	12159	2342	705
久治县	3971	18255	9110	9145	1970	468
玛多县	3448	12034	6311	5723	2415	1216
玉树州	**56905**	**274789**	**138442**	**136347**	**42179**	**276**
玉树县	18957	82045	40758	41287	20770	
杂多县	7479	39011	19746	19265	4332	
称多县	9354	42723	22173	20550	4857	73
治多县	5829	24213	11974	12239	3285	34
囊谦县	10469	63603	32216	31387	6006	169
曲麻莱县	4817	23194	11575	11619	2929	
海西州	**108192**	**340246**	**177682**	**162564**	**217882**	**10752**
格尔木市	37996	106916	55885	51031	87643	371
德令哈市	19372	60489	31381	29108	35305	6187
乌兰县	31897	101596	53052	48544	78514	780
都兰县	14590	53389	28357	25032	11998	3332
天峻县	4337	17856	9007	8849	4422	82

Continued

单位:户、人

年内人口变动				
出生	死亡	迁入省内	迁出	
			省内	省外
6338	**1556**	**7388**	**681**	**8266**
1471	311	2066	434	3853
850	180	812	14	1084
908	564	1711	70	1455
1304	193	1511	61	324
1805	308	1288	102	1550
3348	**1027**	**1118**	**209**	**944**
570	129	664	108	298
1094	338	102	42	143
255	152	78	25	162
452	186	134	12	62
228	101	72	4	122
749	121	68	18	157
5617	**1723**	**9821**	**112**	**2044**
1298	539	4490	75	756
604	222	1090	20	251
656	239	2287		555
370	111	218	11	65
1515	359	1116		116
1174	253	620	6	301
3766	**834**	**9227**	**4160**	**5740**
1074	218	4802	2647	1857
667	136	2036	539	1532
1276	324	1606	847	1587
549	109	639	64	593
200	47	144	63	171

4-5 少数民族人口数

Population of Minority Nationalities in the Province

单位:人、%

民族	1952	1978	1982	1990	1998	1999	2000	2001	2002	2003
少数民族人口合计	804773	1363488	1535780	1885100	2150000	2180000	2350592	2380628	2405130	2428790
占全省人口的	48.8	37.4	39.5	42.1	42.8	42.8	45.5	45.5	45.5	45.5
藏族	454510	673790	753897	915900	1049300	1064000	1130618	1145066	1157105	1168488
占全省人口的	27.5	18.5	19.4	20.4	20.87	20.87	21.89	21.89	21.89	21.89
回族	246777	477471	533859	641700	730000	740200	820719	831206	839945	847674
占全省人口的	15.0	13.1	13.7	14.3	14.52	14.52	15.89	15.89	15.89	15.88
土族	51876	112026	129194	163800	189100	191200	198852	201394	203511	205513
占全省人口的	3.1	3.1	3.3	3.6	3.76	3.75	3.85	3.85	3.85	3.85
撒拉族	27102	52787	60981	77300	87000	88700	95553	96774	97791	98753
占全省人口的	1.6	1.5	1.6	1.7	1.73	1.74	1.85	1.85	1.85	1.85
蒙古族	23501	43319	50454	71800	84000	85100	88322	89450	90391	91280
占全省人口的	1.4	1.2	1.3	1.6	1.67	1.67	1.71	1.71	1.71	1.71
其它民族	1007	4095	7395	14600	10600	10700	16528	16738	16915	17082
占全省人口的	0.1	0.1	0.2	0.3	0.21	0.21	0.32	0.32	0.32	0.32

注:1996 年以后少数民族人口数是按比重推算的。

4-6 人口计划生育情况(2003年)

Provincial Family - Planning Situation(2003)

单位:人

指　　标	合　计	西宁市	海东地区	海北州	黄南州	海南州	果洛州	玉树州	海西州
计划生育率(%)	89.48	91.08	89.29	88.24	87.5	87.82	88.74	86.96	89.71
领取独生子女证的人数	107872	55816	13883	4242	845	6259	2505	1455	22867
期末已婚育龄妇女人数	1055123	386780	323350	57480	44472	81555	23358	43288	94840
采取各种节育措施人数	908064	345844	274236	50169	34687	68686	19505	32535	82402
男性绝育	1523	655	545	3	5	23	9	2	281
女性绝育	416699	155836	170708	32745	8189	18468	7085	1977	21691
放置宫内节育器	391920	165610	83276	13593	22159	37495	5019	24288	40480
皮下埋植	3785	760	503	341	54	1187	51	37	852
口服及注射避孕药	54394	9832	10397	1926	3251	9382	5982	4757	8867
避孕套	34640	11800	8022	1052	719	1496	1118	1129	9304
外用药	4078	1173	647	314	281	612	97	341	613
其　它	1025	178	138	195	29	23	144	4	314
节育率(%)	86.06	89.42	84.81	87.28	78.00	84.22	83.50	75.16	86.89

说明及主要统计指标解释

一、简要说明

(一)、本篇资料反映历年人口方面的基本情况,如:全省历年人口总数、城镇人口、乡村人口、农业人口、非农业人口、主要少数民族人口;历年人口的自然变动、机械变动;全省八个州、地、市 2003 年公安户籍人口统计数据,人口计划生育统计数据。

(二)、本篇的6张表均由省统计局人口与就业统计处整理提供。其中表4-2中1990、2000年数据是根据人口普查数据调整的;1990年以前的数据是公安户籍统计数,其余年份数据为人口变动抽样调查数据推算的。

二、主要统计指标解释

人口数 指一定时点、一定地区范围内的有生命的个人的总和。

年度统计的年末人口数,指每年12月31日24时的人口数。

出生率(又称粗出生率) 指在一定时期内(通常为一年)一定地区的出生人数与同期内平均人数(或期中人数)之比。一般用千分率表示。本资料中的出生率指年出生率,其计算公式为:

出生率=年出生人数/年平均人数×1000‰

式中:出生人数指活产婴儿,即胎儿脱离母体时(不管怀孕月数),有过呼吸或其他生命现象。年平均人数指年初、年底人口数的平均数,也可用年中人口数代替。

死亡率(又称粗死亡率) 指在一定时期内(通常为一年)一定地区的死亡人数与同期内平均人数(或期中人数)之比,一般用千分率表示。本资料中的死亡率指年死亡率,其计算公式为:

死亡率=年死亡人数/年平均人数×1000‰

人口自然增长率 指在一定时期内(通常为一年)人口自然增加数(出生人数减死亡人数)与该时期内平均人数(或期中人数)之比,一般用千分率表示。计算公式为:

人口自然增长率=(本年出生人数-本年死亡人数)/年平均人数×1000‰=人口出生率-人口死亡率

计划生育率 指一定时期(通常为一年)内符合计划生育要求的计划内的出生人数占出生人口总数的比重。计算公式为:

计划生育率=年内符合计划生育要求的计划内的出生人数/全年出生总数×100%

晚婚率 是指一年内初婚的女性中,符合晚婚年龄(23岁及以上)的人所占的比例,计算公式为:

女性晚婚率=年内符合晚婚年龄的初婚人数/全年女性初婚总人数×100%

节育率 指调查时点上使用各种节育措施的已婚育龄妇女人数占已婚育龄妇女人数的比重,计算公式为:

节育率=调查时点上使用各种节育措施的已婚育龄妇女人数/该时点已婚育龄妇女人数×100%

从业人员和职工工资

互助青稞酒厂

Employed Personnel and Their Wages

职工平均工资指数(上年为100)

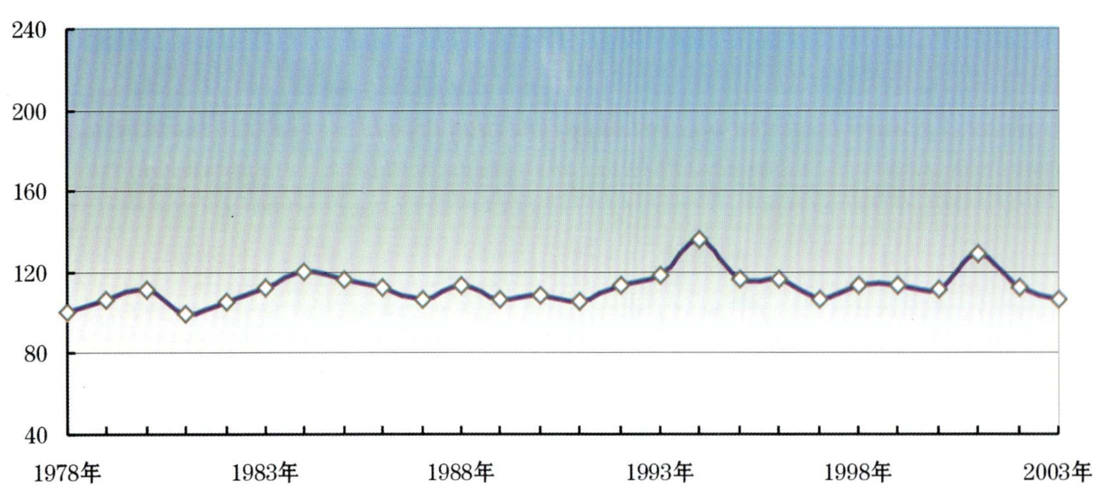

从业人员总数(万人)

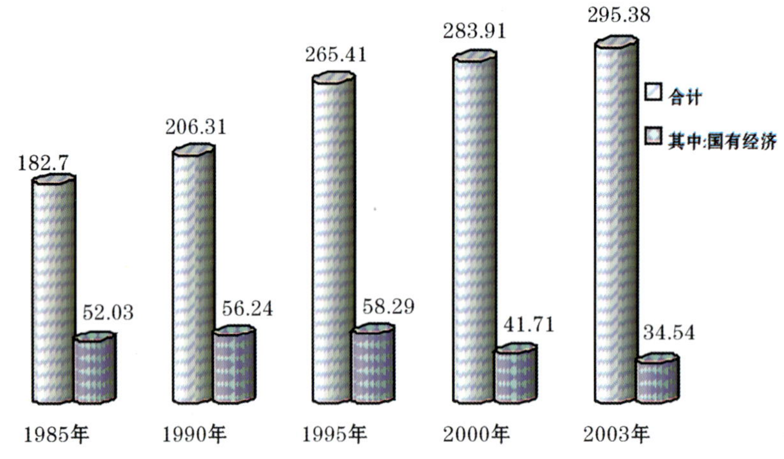

职工平均工资(元)

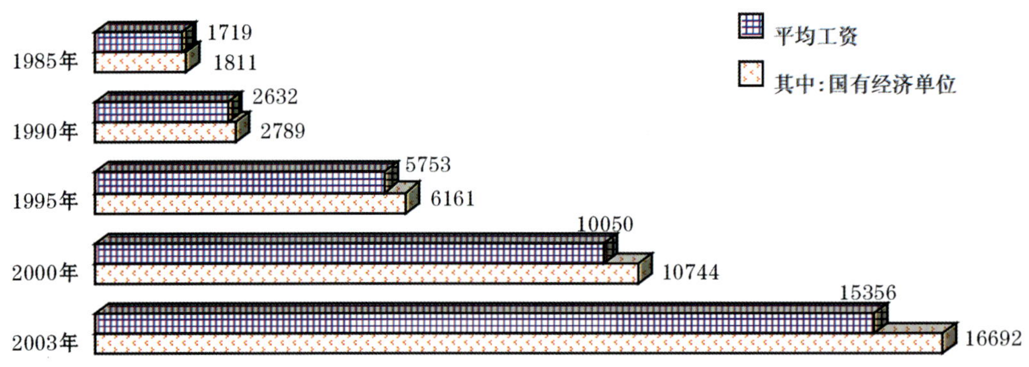

5－1 就业基本情况

Employment

项　　目	1997	1998	1999	2000	2001	2002	2003
从业人员合计(万人)	**270.4**	**274.8**	**279.3**	**283.9**	**287.3**	**291.3**	**295.4**
第一产业	191.4	196.2	200.8	205.8	209.2	209.2	203.3
第二产业	28.4	27.5	26.8	26.1	25.2	22.0	27.2
第三产业	50.6	51.1	51.7	52.0	52.9	60.1	64.9
从业人员构成(合计=100)							
第一产业	70.8	71.4	71.9	72.5	72.8	71.8	68.8
第二产业	10.5	10.0	9.6	9.2	8.8	7.6	9.2
第三产业	18.7	18.6	18.5	18.3	18.4	20.6	22.0
按城乡分从业人员(万人)							
城镇从业人员	78.0	79.1	80.2	81.5	84.4	87.3	90.3
#国有单位	56.5	54.5	52.8	41.7	37.2	35.7	34.5
城镇集体单位	7.6	7.2	6.3	4.2	3.8	3.1	2.5
股份合作单位	0.2	0.3	0.4	0.3	0.4	0.9	0.9
联营单位							0.1
有限责任公司		0.4	0.4	0.5	2.1	2.6	2.8
股份有限公司		0.2	0.2	0.4	1.1	1.5	1.8
私营企业	2.5	3.2	3.8	8.1	9.6	12.3	14.3
港澳台商投资单位	0.2	0.2	0.2	0.1			0.1
外商投资单位	0.1						
个体	6.6	7.6	10.6	10.5	12.5	14.0	16.7
乡村从业人员	192.4	195.7	199.1	202.4	202.9	204.0	205.1
#乡镇企业	21.3	21.5	23.8	21.3	24.4	24.7	24.4
私营企业	1.0	1.6	2.5	3.1	4.5	5.1	6.3
个体	4.1	4.5	3.0	5.3	6.5	7.5	7.7
职工人数(万人)	**63.7**	**56.2**	**52.4**	**46.9**	**43.5**	**42.2**	**41.1**
国有单位	55.4	48.8	45.8	40.8	36.2	34.4	33.3
城镇集体单位	7.5	6.3	5.4	4.5	3.7	3.0	2.4
其他单位	0.8	1.1	1.2	1.6	3.6	4.8	5.4
城镇单位女性从业人员(万人)	**23.5**	**20.2**	**19.9**	**17.3**	**16.0**	**16.0**	**15.5**
城镇登记失业人数(万人)	**1.50**	**1.82**	**1.93**	**1.80**	**2.45**	**2.85**	**3.07**
城镇登记失业率(%)	**2.10**	**2.50**	**2.64**	**2.40**	**3.50**	**3.60**	**3.80**

注:1.1996年及以后,从业人员总计、城镇和乡村从业人员小计资料根据人口普查和人口变动情况抽样调查调整,因此分经济类型、分行业的资料相加不等于总计。

2.1998年及以后城镇单位从业人员、职工人数统计口径有调整,详见本篇指标解释。

5-2 按三次产业分的年末从业人员数

Number of Employed Persons at the Year-end by Type of Industry

年 份	从业人员（万人）	第一产业	第二产业	第三产业	构 成 （合计=100）		
					第一产业	第二产业	第三产业
1952	71.66	62.41	1.07	8.18	87.10	1.50	11.40
1957	96.10	72.56	5.72	17.82	75.50	6.00	18.50
1965	102.49	86.65	7.32	8.52	84.60	7.10	8.30
1970	124.35	102.01	14.92	7.42	82.00	12.00	6.00
1975	136.31	105.47	21.27	9.57	77.40	15.60	7.00
1978	144.71	103.21	26.44	15.06	71.30	18.30	10.40
1980	157.62	108.31	28.24	21.07	68.70	17.90	13.40
1981	165.55	113.90	29.61	22.04	68.80	17.90	13.30
1982	171.17	113.87	29.58	27.72	66.50	17.30	16.20
1983	174.31	115.42	30.04	28.85	66.20	17.20	16.60
1984	177.35	115.46	30.79	31.10	65.10	17.40	17.50
1985	182.70	112.20	36.70	33.80	61.40	20.10	18.50
1986	189.20	111.20	38.49	39.51	58.80	20.30	20.90
1987	193.70	113.90	38.09	41.71	58.80	19.70	21.50
1988	197.83	115.90	38.64	43.29	58.60	19.50	21.90
1989	200.83	120.43	38.02	42.38	60.00	18.90	21.10
1990	241.25	144.75	45.35	51.15	60.00	18.80	21.20
1991	245.21	147.37	45.36	52.48	60.10	18.50	21.40
1992	249.24	150.54	45.61	53.09	60.40	18.30	21.30
1993	253.33	142.62	43.07	67.64	56.30	17.00	26.70
1994	257.49	144.96	43.26	69.27	56.30	16.80	26.90
1995	261.71	182.15	29.83	49.73	69.60	11.40	19.00
1996	266.01	186.74	28.99	50.28	70.20	10.90	18.90
1997	270.38	191.43	28.39	50.56	70.80	10.50	18.70
1998	274.81	196.22	27.48	51.11	71.40	10.00	18.60
1999	279.32	200.83	26.82	51.67	71.90	9.60	18.50
2000	283.91	205.83	26.12	51.96	72.50	9.20	18.30
2001	287.32	209.17	25.28	52.87	72.80	8.80	18.40
2002	291.32	209.20	22.02	60.10	71.81	7.56	20.63
2003	295.38	203.26	27.26	64.86	68.81	9.23	21.96

注：从1990年及以后，从业人员总数根据人口普查、人口变动情况抽样调查资料调整。

5-3 按城乡分的年末从业人员数(2003年)

Number of Employment Persons at the Year-end by Residence in Urban and Rural Areas (2003)

单位:万人

	合计	城镇	乡村
从业人员	**295.38**	**90.32**	**205.06**
按经济类型分组			
国有经济	34.54	34.54	
集体经济	169.07	2.47	166.60
私营经济	20.55	14.30	6.25
个体经济	24.40	16.70	7.70
联营经济	0.09	0.09	
股份合作制经济	0.88	0.88	
外商投资经济			
港、澳、台投资经济	0.14	0.14	
其他经济	4.56	4.56	
按国民经济行业分组			
农林牧渔业	137.56	2.76	134.80
采矿业	3.53	2.07	1.46
制造业	18.24	10.82	7.42
电力、燃气及水的生产和供应业	1.73	1.73	
建筑业	16.77	6.79	9.98
交通运输、仓储及邮政业	9.35	4.21	5.14
信息传输、计算机服务和软件业	0.97	0.81	0.16
批发和零售业	19.67	14.03	5.64
住宿和餐饮业	7.95	5.48	2.47
金融业	1.50	1.50	
房地产业	0.16	0.16	
租赁和商务服务业	0.71	0.7	0.01
科学研究、技术服务和地质勘查业	1.93	1.93	
水利、环境和公共设施管理业	1.18	1.18	
居民服务和其他服务业	15.32	3.38	11.94
教育	6.11	6.11	
卫生、社会保障和社会福利业	2.19	2.19	
文化、体育和娱乐业	2.68	1.15	1.53
公共管理和社会组织	6.68	6.68	

5-4 分行业年末职工人数(2003年)

Number of Staff and Workers at the Year-end by Sector(2003)

单位:人

行业类别	全省合计	西宁市	海东地区	海北州	海南州	黄南州	果洛州	玉树州	海西州
合计	**410791**	**213021**	**54183**	**22852**	**25345**	**15553**	**10448**	**12890**	**56499**
农林牧渔业	22140	4472	2934	2956	6713	933	783	904	2445
采矿业	18585	4301	294	5117	477	183	22	215	7976
制造业	67176	45023	9071	1080	880	1249	578	522	8773
电力、燃气及水的生产和供应业	17115	8287	1472	760	2281	1697	161	390	2067
建筑业	26828	21778	1255	572	212	545	63	76	2327
交通运输、仓储和邮政业	28448	20164	1275	676	626	425	903	903	3476
信息传输、计算机服务和软件业	6578	4913	468	226	83	271	131		486
批发和零售业	17459	10567	2443	476	352	602	170	600	2249
住宿和餐饮业	5077	2245	298	141	280	251	83	254	1525
金融业	13061	7222	1697	671	657	700	256	253	1605
房地产业	1624	1409	129	18	14	47			7
租赁和商务服务业	4337	3690	160	90	18		75		304
科学研究、技术服务和地质勘查业	17426	7484	1171	259	221	93	136	183	7879
水利、环境和公共设施管理业	10406	7915	1105	448	347	164	11	20	396
居民服务和其他服务业	2226	755	48	51	34	62			1276
教育	59789	24631	16073	2875	4605	3114	1777	2455	4259
卫生、社会保障和社会福利业	21337	10577	2651	1112	1475	1357	1029	1085	2051
文化、体育和娱乐业	5732	2834	779	282	275	325	165	254	818
公共管理和社会组织	65447	24754	10860	5042	5795	3535	4105	4776	6580

5-5 分登记注册类型和细行业年末职工人数(2003年)

Number of Staff and Workers at the Year-end by Status of Registration and Sector in Detail(2003)

单位:人

项　　目	合 计	国 有 单 位	城镇集体 单 位	其 他 单 位
全省总计	**410791**	**332748**	**24026**	**54017**
按企、事业和机关分组				
企业	219121	143487	21655	53979
事业	127700	125938	1724	38
机关	63970	63323	647	
按国民经济行业分组				
(一)农、林、牧、渔业	22140	21363	492	285
1.农业	7599	7574		25
2.林业	2206	2049	157	
3.畜牧业	3119	2828	43	248
4.渔业	66	54		12
5.农、林、牧、渔服务业	9150	8858	292	
(二)采矿业	18585	11426	413	6746
1.煤炭开采和洗选业	9481	4673		4808
2.石油和天然气开采业	2796	2796		
3.黑色金属矿采选业	490			490
4.有色金属矿采选业	2673	1107	220	1346
5.非金属矿采选业	2537	2295	140	102
6.其他采矿业	608	555	53	
(三)制造业	67176	29710	6931	30535
1.农副食品加工业	1923	851	263	809
2.食品制造业	1258	578	78	602
3.饮料制造业	1579	1359		220
5.纺织业	2716		104	2612
6.纺织服装、鞋、帽制造业	828	604	165	59
7.皮革、毛皮、羽毛(绒)及其制品业	50		50	
8.木材加工及木、竹、藤、棕、草制品业	33	21	12	
9.家具制造业	25	2	5	18
10.造纸及纸制品业	518	388	6	124
11.印刷业和记录媒介的复制	1427	670	499	258
13.石油加工、炼焦及核燃料加工业	1214	1114		100
14.化学原料及化学制品制造业	11653	6329	290	5034
15.医药制造业	2437	136		2301
17.橡胶制品业	8			8
19.非金属矿物制品业	7674	4570	368	2736
20.黑色金属冶炼及压延加工业	8467	771		7696
21.有色金属冶炼及压延加工业	14207	8277	2786	3144

5－5 续表 1 Continued

单位:人

项　目	合计	国有单位	城镇集体单位	其他单位
22.金属制品业	3173	862	1394	917
23.通用设备制造业	4831	2658	106	2067
24.专用设备制造业	985	109	132	744
25.交通运输设备制造业	1483	341	112	1030
26.电气机械及器材制造业	193		159	34
29.工艺品及其他制造业	494	70	402	22
(四)电力、燃气及水的生产和供应业	17115	15697	491	927
1.电力、热力的生产和供应业	14765	13488	480	797
2.燃气生产和供应业	115	115		
3.水的生产和供应业	2235	2094	11	130
(五)建筑业	26828	18563	5264	3001
1.房屋和土木工程建筑业	24308	16411	4944	2953
2.建筑安装业	1103	863	240	
3.建筑装饰业	128		80	48
4.其他建筑业	1289	1289		
(六)交通运输、仓储和邮政业	28448	26459	524	1465
1.铁路运输业	14845	14845		
2.道路运输业	9765	8430		1335
3.城市公共交通业	621	115	476	30
4.水上运输业	19	19		
5.航空运输业	237	237		
7.装卸搬运和其他运输服务业	77	29	48	
8.仓储业	813	713		100
9.邮政业	2071	2071		
(七)信息传输、计算机服务和软件业	6578	5867		711
1.电信和其他信息传输服务业	6544	5833		711
2.计算机服务业	34	34		
(八)批发和零售业	17459	11116	2386	3957
1.批发业	7294	5981	487	826
2.零售业	10165	5135	1899	3131
(九)住宿和餐饮业	5077	3591	321	1165
1.住宿业	4463	3205	246	1012
2.餐饮业	614	386	75	153
(十)金融业	13061	10053	2799	209
1.银行业	11767	9021	2746	
2.证券业	62			62
3.保险业	876	736		140
4.其他金融活动	356	296	53	7
(十一)房地产业	1624	1140	90	394
其中:房地产开发经营	1041	664	69	308
物业管理	335	278		57
房地产中介服务	117	88		29
(十二)租赁和商务服务业	4337	2148	1880	309
其中:商务服务业	4337	2148	1880	309

5－5 续表 2 Continued

单位:人

项　　目	合　计	国有单位	城镇集体单位	其他单位
(十三)科学研究、技术服务和地质勘查业	17426	17050		376
1. 研究与试验发展	2743	2743		
(1)自然科学研究与试验发展	1760	1760		
(2)工程和技术研究与试验发展	604	604		
(3)农业科学研究与试验发展	186	186		
(4)医学研究与试验发展	12	12		
(5)社会人文科学研究与试验发展	181	181		
2. 专业技术服务业	4244	4144		100
其中：气象服务	1438	1438		
地震服务	229	229		
测绘服务	664	664		
技术检测	733	681		52
环境监测	281	281		
工程技术与规划管理	827	779		48
3. 科技交流和推广服务业	439	439		
4. 地质勘查业	10000	9724		276
(十四)水利、环境和公共设施管理业	10406	6413	194	3799
1. 水利管理业	3526	3499		27
2. 环境管理业	2734	2653	81	
3. 公共设施管理业	4146	261	113	3772
(十五)居民服务和其他服务业	2226	1334	754	138
1. 居民服务业	1606	1302	197	107
2. 其他服务业	620	32	557	31
(十六)教育	59789	59463	326	
其中：初等教育	28790	28521	269	
中等教育	21596	21596		
高等教育	5717	5717		
(十七)卫生、社会保障和社会福利业	21337	20835	502	
1. 卫生	20544	20042	502	
2. 社会保障业	370	370		
3. 社会福利业	423	423		
(十八)文化、体育和娱乐业	5732	5732		
1. 新闻出版社	571	571		
2. 广播、电视、电影和音像业	2074	2074		
3. 文化艺术业	2243	2243		
4. 体育	520	520		
5. 娱乐业	324	324		
(十九)公共管理和社会组织	65447	64788	659	
其中：中国共产党机关	4723	4723		
国家机构	56314	55669	645	
人民政协和民主党派	1358	1358		
群众社团、社会团体和宗教组织	3008	2994	14	

5－6 国有单位分行业年末职工人数(2003 年)

Number of Staff and Workers in State－owned Units at the Year－end(2003)

单位:人

行业 类别	全省 合计	西宁市	海东 地区	海北州	海南州	黄南州	果洛州	玉树州	海西州
合　计	**332748**	**159151**	**46881**	**16228**	**23255**	**15102**	**10379**	**12215**	**49537**
农林牧渔业	21363	3986	2934	2905	6713	933	783	874	2235
采矿业	11426	4161	234	493	477	183	22	215	5641
制造业	29710	16374	4489	358	159	1234	578	301	6217
电力、燃气及水的生产和供应业	15697	8236	1393	663	1515	1697	161	365	1667
建筑业	18563	15741	714	61		335	24	17	1671
交通运输、仓储和邮政业	26459	18452	1231	510	589	425	903	903	3446
信息传输、计算机服务和软件业	5867	4228	468	200	83	271	131		486
批发和零售业	11116	6154	1348	257	255	528	170	463	1941
住宿和餐饮业	3591	1044	298	141	231	205	83	106	1483
金融业	10053	5601	1178	479	460	594	226	198	1317
房地产业	1140	934	120	18	14	47			7
租赁和商务服务业	2148	1584	88	79	18		75		304
科学研究、技术服务和地质勘查业	17050	7108	1171	259	221	93	136	183	7879
水利、环境和公共设施管理业	6413	3922	1105	448	347	164	11	20	396
居民服务和其他服务业	1334	31	28	51	23	62			1139
教育	59463	24574	15804	2875	4605	3114	1777	2455	4259
卫生、社会保障和社会福利业	20835	10075	2651	1112	1475	1357	1029	1085	2051
文化、体育和娱乐业	5732	2834	779	282	275	325	165	254	818
公共管理和社会组织	64788	24112	10848	5037	5795	3535	4105	4776	6580

5 –7 城镇集体单位分行业年末职工人数(2003 年)

Number of Staff Workers in Urban Collective – owend Units at the Year – end by Sector(2003)

单位:人

行业类别	全省合计	西宁市	海东地区	海北州	海南州	黄南州	果洛州	玉树州	海西州
总计	**24026**	**17884**	**2342**	**728**	**872**	**451**	**69**	**313**	**1367**
农林牧渔业	492	449		13				30	
采矿业	413	140	60	160					53
制造业	6931	5989	218		70	15		113	526
电力、燃气及水的生产和供应业	491				479			12	
建筑业	5264	3710	487	323	77	210	39	59	359
交通运输、仓储和邮政业	524	522		2					
批发和零售业	2386	1479	744	45		74		44	
住宿和餐饮业	321	222			49	46			4
金融业	2799	1424	519	180	197	106	30	55	288
房地产业	90	90							
租赁和商务服务业	1880	1847	33						
水利、环境和公共设施管理业	194	194							
居民服务和其他服务业	754	617							137
教育	326	57	269						
卫生、社会保障和社会福利业	502	502							
公共管理和社会组织	659	642	12	5					

5-8 其他单位分行业年末职工人数(2003年)

Number of Staff and Workers in Units of Other Types of Ownership at the Year-end by Sector(2003)

单位:人

项目	全省合计	西宁市	海东地区	海北州	海南州	黄南州	果洛州	玉树州	海西州
总计	**54017**	**35986**	**4960**	**5896**	**1218**			**362**	**5595**
按登记注册类型分组									
股份合作单位	8372	5514	1288	307	136			89	1038
联营单位	673	598			24				51
有限责任公司	27288	16891	554	5415	1011			273	3144
股份有限公司	16284	12425	2846	174	47				792
其他	109	15	94						
港澳台商投资单位	1291	543	178						570
按国民经济行业分组									
农林牧渔业	285	37		38					210
采矿业	6746			4464					2282
制造业	30535	22660	4364	722	651			108	2030
电力、燃气及水的生产和供应业	927	51	79	97	287			13	400
建筑业	3001	2327	54	188	135				297
交通运输、仓储和邮政业	1465	1190	44	164	37				30
信息传输、计算机服务和软件业	711	685		26					
批发和零售业	3957	2934	351	174	97			93	308
住宿和餐饮业	1165	979						148	38
金融业	209	197		12					
房地产业	394	385	9						
租赁和商务服务业	309	259	39	11					
科学研究、技术服务和地质勘查业	376	376							
水利、环境和公共设施管理业	3799	3799							
居民服务和其他服务业	138	107	20		11				

5－9 分行业城镇单位年末女性从业人员(2003年)

Number of Female Employ in Urban Units at the Year－end by Sector(2003)

单位:人

项　　目	全省合计	西宁市	海东地区	海北州	海南州	黄南州	果洛州	玉树州	海西州
合　　计	**154644**	**88894**	**17838**	**6983**	**8214**	**5428**	**3398**	**1550**	**22339**
农林牧渔业	6183	1686	796	860	1337	249	224	262	769
采矿业	4212	848	36	777	42	51	1	51	2406
制造业	24236	16552	2544	329	522	331	128	200	3630
电力、燃气及水的生产和供应业	5182	2177	493	258	762	471	54	88	879
建筑业	6572	5440	177	21	43		7	8	876
交通运输、仓储和邮政业	10780	7529	432	237	211	178	223	250	1720
信息传输、计算机服务和软件业	2456	1810	173	77	23	70	45		258
批发和零售业	9563	6219	1110	261	184	292	64	239	1194
住宿和餐饮业	2635	1098	170	89	190	154	55	135	744
金融业	6668	4327	707	256	280	225	70	89	714
房地产业	741	655	48	10	5	21			2
租赁和商务服务业	1456	1259	63	25	7		21		81
科学研究、技术服务和地质勘查业	5460	2697	355	105	91	35	43	65	2069
水利、环境和公共设施管理业	4613	3721	377	180	87	53	2	11	182
居民服务和其他服务业	1138	503	12	19	14	42			548
教育	27058	13488	5641	1334	2050	1330	757	65	2393
卫生、社会保障和社会福利业	12972	7381	1539	633	791	769	580	11	1268
文化、体育和娱乐业	2356	1203	308	128	111	151	64	65	326
公共管理和社会组织	20363	10301	2857	1384	1464	1006	1060	11	2280

5－10　分登记注册类型和细行业女性年末从业人员(2003年)

Number of Female Employed by Registration Status and Sector in Detail at the Year－end(2003)

单位:人、%

项　目	合　计		国有单位		城镇集体单位		其他单位	
	人 数	比 重	人 数	比 重	人 数	比 重	人 数	比 重
全省总计	**154644**	**100**	**124555**	**100**	**10273**	**100**	**19816**	**100**
按企、事业和机关分组								
企业	78144	50.53	49471	39.72	8888	86.52	19785	99.84
事业	56119	36.29	55262	44.37	826	8.04	31	0.16
机关	20381	13.18	19822	15.91	559	5.44		
按国民经济行业分组								
(一)农、林、牧、渔业	6183	4.00	5903	4.74	214	2.08	66	0.33
1.农业	1616	1.04	1606	1.29			10	0.05
2.林业	754	0.49	661	0.53	93	0.91		
3.畜牧业	861	0.56	794	0.64	15	0.15	52	0.26
4.渔业	19	0.01	15	0.01			4	0.02
5.农、林、牧、渔服务业	2933	1.90	2827	2.27	106	1.03		
(二)采矿业	4212	2.72	2878	2.31	113	1.10	1221	6.16
1.煤炭开采和洗选业	1498	0.97	809	0.65			689	3.48
2.石油和天然气开采业	734	0.47	734	0.59				
3.黑色金属矿采选业	98	0.06					98	0.49
4.有色金属矿采选业	585	0.38	153	0.12	7	0.07	425	2.14
5.非金属矿采选业	957	0.62	864	0.69	84	0.82	9	0.05
6.其他采矿业	340	0.22	318	0.26	22	0.21		
(三)制造业	24236	15.67	10213	8.20	3465	33.73	10558	53.28
1.农副食品加工业	816	0.53	312	0.25	154	1.50	350	1.77
2.食品制造业	381	0.25	138	0.11	50	0.49	193	0.97
3.饮料制造业	297	0.19	165	0.13			132	0.67
5.纺织业	2053	1.33			80	0.78	1973	9.96
6.纺织服装、鞋、帽制造业	472	0.31	276	0.22	148	1.44	48	0.24
7.皮革、毛皮、羽毛(绒)及其制品业	20	0.01			20	0.19		
8.木材加工及木、竹、藤、棕、草制品业	6		3		3	0.03		
9.家具制造业	9	0.01			1	0.01	8	0.04
10.造纸及纸制品业	108	0.07	62	0.05	2	0.02	44	0.22
11.印刷业和记录媒介的复制	859	0.56	368	0.30	304	2.96	187	0.94
13.石油加工、炼焦及核燃料加工业	487	0.31	437	0.35			50	0.25
14.化学原料及化学制品制造业	4785	3.09	2554	2.05	260	2.53	1971	9.95
15.医药制造业	1070	0.69	79	0.06			991	5.00
17.橡胶制品业	3						3	0.02
19.非金属矿物制品业	2308	1.49	1659	1.33	138	1.34	511	2.58
20.黑色金属冶炼及压延加工业	1798	1.16	119	0.10			1679	8.47
21.有色金属冶炼及压延加工业	4250	2.75	2389	1.92	1105	10.76	756	3.82

5－10 续表1 Continued

单位:人、%

项　　目	合　计		国有单位		城镇集体单位		其他单位	
	人 数	比 重	人 数	比 重	人 数	比 重	人 数	比 重
22. 金属制品业	1454	0.94	330	0.26	741	7.21	383	1.93
23. 通用设备制造业	1902	1.23	1141	0.92	13	0.13	748	3.77
24. 专用设备制造业	324	0.21	30	0.02	86	0.84	208	1.05
25. 交通运输设备制造业	463	0.30	126	0.10	42	0.41	295	1.49
26. 电气机械及器材制造业	123	0.08			101	0.98	22	0.11
29. 工艺品及其他制造业	248	0.16	25	0.02	217	2.11	6	0.03
(四)电力、燃气及水的生产和供应业	5182	3.35	4511	3.62	217	2.11	454	2.29
1. 电力、热力的生产和供应业	4298	2.78	3692	2.96	212	2.06	394	1.99
2. 燃气生产和供应业	41	0.03	41	0.03				
3. 水的生产和供应业	843	0.55	778	0.62	5	0.05	60	0.30
(五)建筑业	6572	4.25	4902	3.94	849	8.26	821	4.14
1. 房屋和土木工程建筑业	5712	3.69	4193	3.37	712	6.93	807	4.07
2. 建筑安装业	274	0.18	187	0.15	87	0.85		
3. 建筑装饰业	64	0.04			50	0.49	14	0.07
4. 其他建筑业	522	0.34	522	0.42				
(六)交通运输、仓储和邮政业	10780	6.97	9878	7.93	263	2.56	639	3.22
1. 铁路运输业	5096	3.30	5096	4.09				
2. 道路运输业	3912	2.53	3326	2.67			586	2.96
3. 城市公共交通业	324	0.21	53	0.04	259	2.52	12	0.06
4. 水上运输业	5		5					
5. 航空运输业	51	0.03	51	0.04				
7. 装卸搬运和其他运输服务业	10	0.01	6					
8. 仓储业	293	0.19	252	0.20			41	0.21
9. 邮政业	1089	0.70	1089	0.87				
(七)信息传输、计算机服务和软件业	2456	1.59	2111	1.69			345	1.74
1. 电信和其他信息传输服务业	2442	1.58	2097	1.68			345	1.74
2. 计算机服务业	14	0.01	14	0.01				
(八)批发和零售业	9563	6.18	5688	4.57	1373	13.37	2502	12.63
1. 批发业	3493	2.26	2838	2.28	254	2.47	401	2.02
2. 零售业	6070	3.93	2850	2.29	1119	10.89	2101	10.60
(九)住宿和餐饮业	2635	1.70	1876	1.51	254	2.47	505	2.55
1. 住宿业	2405	1.56	1771	1.42	185	1.80	449	2.27
2. 餐饮业	230	0.15	105	0.08	69	0.67	56	0.28
(十)金融业	6668	4.31	4738	3.80	1390	13.53	540	2.73
1. 银行业	5512	3.56	4136	3.32	1376	13.39		
2. 证券业	29	0.02					29	0.15
3. 保险业	933	0.60	427	0.34			506	2.55
4. 其他金融活动	194	0.13	175	0.14	14	0.14	5	0.03
(十一)房地产业	741	0.48	529	0.42	55	0.54	157	0.79
其中:房地产开发经营	443	0.29	289	0.23	39	0.38	115	0.58
物业管理	170	0.11	143	0.11			27	0.14
房地产中介服务	54	0.03	39	0.03			15	0.08
(十二)租赁和商务服务业	1456	0.94	850	0.68	462	4.50	144	0.73
其中:商务服务业	1456	0.94	850	0.68	462	4.50	144	0.73

5－10 续表2 Continued

单位:人、%

项　　目	合　计		国有单位		城镇集体单位		其他单位	
	人 数	比 重	人 数	比 重	人 数	比 重	人 数	比 重
(十三)科学研究、技术服务和地质勘查业	5460	3.53	5333	4.28			127	0.64
1.研究与试验发展	1018	0.66	1018	0.82				
(1)自然科学研究与试验发展	626	0.40	626	0.50				
(2)工程和技术研究与试验发展	258	0.17	258	0.21				
(3)农业科学研究与试验发展	64	0.04	64	0.05				
(4)医学研究与试验发展	4		4					
(5)社会人文科学研究与试验发展	66	0.04	66	0.05				
2.专业技术服务业	1739	1.12	1696	1.36			43	0.22
其中：气象服务	626	0.40	626	0.50				
地震服务	72	0.05	72	0.06				
测绘服务	395	0.26	395	0.32				
技术检测	299	0.19	277	0.22			22	0.11
环境监测	97	0.06	97	0.08				
工程技术与规划管理	227	0.15	206	0.17			21	0.11
3.科技交流和推广服务业	158	0.10	158	0.13				
4.地质勘查业	2545	1.65	2461	1.98			84	0.42
(十四)水利、环境和公共设施管理业	4613	2.98	2855	2.29	113	1.10	1645	8.30
1.水利管理业	976	0.63	967	0.78			9	0.05
2.环境管理业	1774	1.15	1725	1.38	49	0.48		
3.公共设施管理业	1863	1.20	163	0.13	64	0.62	1636	8.26
(十五)居民服务和其他服务业	1138	0.74	542	0.44	504	4.91	92	0.46
1.居民服务业	728	0.47	534	0.43	113	1.10	81	0.41
2.其他服务业	410	0.27	8	0.01	391	3.81	11	0.06
(十六)教育	27058	17.50	26969	21.65	89	0.87		
其中：初等教育	12603	8.15	12571	10.09	32	0.31		
中等教育	9687	6.26	9687	7.78				
高等教育	2528	1.63	2528	2.03				
(十七)卫生、社会保障和社会福利业	12972	8.39	12622	10.13	350	3.41		
1.卫生	12672	8.19	12322	9.89	350	3.41		
2.社会保障业	154	0.10	154	0.12				
3.社会福利业	146	0.09	146	0.12				
(十八)文化、体育和娱乐业	2356	1.52	2356	1.89				
1.新闻出版社	198	0.13	198	0.16				
2.广播、电视、电影和音像业	758	0.49	758	0.61				
3.文化艺术业	1104	0.71	1104	0.89				
4.体育	174	0.11	174	0.14				
5.娱乐业	122	0.08	122	0.10				
(十九)公共管理和社会组织	20363	13.17	19801	15.90	562	5.47		
其中：中国共产党机关	1256	0.81	1256	1.01				
国家机构	17575	11.36	17016	13.66	559	5.44		
人民政协和民主党派	316	0.20	316	0.25				
群众社团、社会团体和宗教组织	1213	0.78	1210	0.97	3	0.03		

5-11 分行业城镇单位专业技术人员年末人数(2003年)

Number of Specialiged Technicians in Urban Area at the Year-end by Sector(2003)

单位:人

项目	全省合计	西宁市	海东地区	海北州	海南州	黄南州	果洛州	玉树州	海西州
合计	**137766**	**70036**	**21641**	**6297**	**7341**	**5883**	**2556**	**4143**	**19869**
农林牧渔业	7008	2186	1415	663	853	418	243	424	806
采矿业	2507	421	28	212	39	20		31	1756
制造业	10690	6859	1216	155	11	133	33	53	2230
电力、燃气及水的生产和供应业	4096	2041	194	236	266	924	12	72	351
建筑业	7955	6627	294	154	62		11	8	799
交通运输、仓储和邮政业	5612	2807	253	120	126	78	93	247	1888
信息传输、计算机服务和软件业	2269	1736	56	88	40	95	45		209
批发和零售业	2845	1723	384	64	83	68	2	69	452
住宿和餐饮业	758	241	37	6	32	19	1	30	392
金融业	7720	4914	760	374	305	341		113	913
房地产业	490	420	52	4	2	12			
租赁和商务服务业	793	689	50	12	7				35
科学研究、技术服务和地质勘查业	8431	4525	642	170	171	68		138	2717
水利、环境和公共设施管理业	2337	1346	432	86	131	63		12	267
居民服务和其他服务业	427	88	17		4	5			313
教育	48944	21209	12470	2400	3562	2465	1334	1973	3531
卫生、社会保障和社会福利业	16262	8438	1790	874	1088	862	691	806	1713
文化、体育和娱乐业	3118	1565	392	132	138	211	46	154	480
公共管理和社会组织	5504	2201	1159	547	421	101	45	13	1017

5－12　城镇单位从业人员变动情况(2003年)

Number of Employ Both in Urban and Township Private Enterprises by Sector(2003)

单位:人

	本　年　增　加　人　数							
	合　计	从农村招　收	从城镇招　收	录用的退　伍军　人	录用的大、中专技校毕业生	调　入	#由外省自治区、区、直辖市调入	其　他
总　计	**29847**	**9212**	**2890**	**741**	**4356**	**5782**	**192**	**6866**
一、按登记注册类型分组								
(一)国有单位	21388	4056	1864	609	4200	5043	163	5616
(二)城镇集体单位	1295	758	262	24	29	84	1	138
(三)其他单位	7164	4398	764	108	127	655	28	1112
二、按国民经济行业分组								
(一)农、林、牧、渔业	1837	292	41	21	200	163	1	1120
(二)采矿业	4566	3891	28	1	30	173	72	443
(三)制造业	3630	1447	546	114	184	785	5	554
(四)电力、燃气及水的生产和供应业	3227	1670	978	26	343	194	25	16
(五)建筑业	2759	1675	278	37	231	70		468
(六)交通运输、仓储和邮政业	941	1	88	153	263	146	4	290
(七)信息传输、计算机服务和软件业	690	35	18	14	23	160		440
(八)批发和零售业	371	1	106	45	33	59	2	127
(九)住宿和餐饮业	198	5	47	5		18		123
(十)金融业	691	10	33	7	113	310	20	218
(十一)房地产业	49		13	7	14	14	12	1
(十二)租赁和商务服务业	515	63	90	53	23	47	1	239
(十三)科学研究、技术服务和地质勘查业	716		1	24	135	287	10	269
(十四)水利、环境和公共设施管理业	1030	45	337	25	27	135	4	461
(十五)居民服务和其他服务业	105		73	1	1	29		1
(十六)教育	2938	39	29	36	1653	862	16	319
(十七)卫生、社会保障和社会福利业	839	5	40	24	435	242	2	93
(十八)文化、体育和娱乐业	274			9	53	100		112
(十九)公共管理和社会组织	4471	33	144	139	595	1988	18	1572

5－12 续表 Continued

单位:人

	本年减少人数							
	合计	离休退休退职	开除除名辞职	终止解除合同	离开本单位仍保留劳动关系的职工	调出	#调到省外、自治区、直辖市	其他
总计	**31152**	**4758**	**1205**	**6547**	**2662**	**7234**	**1441**	**8746**
一、按登记注册类型分组								
(一)国有单位	23768	4071	706	3781	1793	6456	1435	6961
(二)城镇集体单位	2104	218	404	582	185	75		640
(三)其他单位	5280	469	95	2184	684	703	6	1145
二、按国民经济行业分组								
(一)农、林、牧、渔业	3100	299	71	51	38	209	2	2432
(二)采矿业	1257	127	9	124	525	84	1	388
(三)制造业	4420	728	282	1328	442	632	47	1008
(四)电力、燃气及水的生产和供应业	2082	85	39	1716	34	84	6	124
(五)建筑业	4263	202	384	2159	483	148	26	887
(六)交通运输、仓储和邮政业	1192	238	1	50	304	169	5	430
(七)信息传输、计算机服务和软件业	318	23	11	31	60	184	1	9
(八)批发和零售业	2014	352	30	394	241	112	2	885
(九)住宿和餐饮业	215	46	2	51	28	31	2	57
(十)金融业	693	60	123	119	54	250	2	87
(十一)房地产业	175	9		25	100	33	1	8
(十二)租赁和商务服务业	332	40	178	49	22	36	1	7
(十三)科学研究、技术服务和地质勘查业	2820	728	18	64	52	1922	1226	36
(十四)水利、环境和公共设施管理业	324	114	4	112		36	1	58
(十五)居民服务和其他服务业	913	15		16	2	19		861
(十六)教育	2243	619	13	20	110	1360	22	121
(十七)卫生、社会保障和社会福利业	985	258	6	41	42	182	26	456
(十八)文化、体育和娱乐业	329	65	1	69	19	78	1	97
(十九)公共管理和社会组织	3477	750	33	128	106	1665	69	795

5－13　分行业城乡私营企业从业人数

Number of Individual Private Economy Owners in Urban Ares by Sector

单位:人

行　业	1997	1998	1999	2000	2001	2002	2003
总　计	**34804**	**47807**	**62414**	**111564**	**140414**	**174101**	**205509**
农、林、牧、渔业	1211	2378	3059	6988	8502	17200	18407
采掘业	1498	1866	2293	3438	4011	5149	5719
制造业	13946	20066	18637	33988	42252	44249	47564
建筑业	1990	3756	13610	20412	29156	38215	43311
交通运输、仓储及邮电通信业	827	447	367	876	1138	1543	2332
批发和零售贸易餐饮业	10226	15686	18617	36917	42476	52230	67832
社会服务业	4907	2524	4002	6023	8309	10878	14637
其　他	199	1084	1829	2922	4570	4637	5707

5－14　分行业城镇个体从业人数

Number of Self－employed Individuals in Urban by Sector

单位:人

行　业	1997	1998	1999	2000	2001	2002	2003
总　计	**66099**	**76063**	**105882**	**105106**	**124808**	**140176**	**167040**
农、林、牧、渔业	5	3	24	7	17	544	734
采掘业	51	22		82	332	503	552
制造业	5726	6406	8188	8350	9092	11655	13818
建筑业	98	36	66	57	175	80	80
交通运输、仓储及邮电通信业	6517	7619	7769	9236	10030	10971	11417
批发和零售贸易餐饮业	43363	49353	74954	71357	84034	93708	112271
社会服务业	9076	11083	13467	14243	18918	20194	24523
其　他	1263	1541	1414	1774	2210	2521	3645

5-15 职工工资总额和指数

Total Wages of Staff and Workers and Related Index

年份 地区	工资总额（万元）				指数(上年=100)			
	合计	国有单位	城镇集体单位	其他单位	合计	国有单位	城镇集体单位	其他单位
1978	42928.97	39490.58	3438.39		116.51	117.25	108.57	
1979	48979.22	44699.99	4279.23		114.09	113.19	124.45	
1980	57663.80	52032.71	5631.09		117.73	116.40	131.59	
1981	58892.79	52547.95	6344.84		102.13	100.99	112.68	
1982	63473.65	56398.55	7075.10		107.78	107.33	111.51	
1983	72821.90	64590.50	8231.40		114.73	114.53	116.34	
1984	88791.30	78482.80	10308.50		121.93	121.51	125.23	
1985	105034.00	93009.40	12016.80	7.80	118.29	118.51	116.57	
1986	121877.47	108385.92	13454.48	37.07	116.04	116.53	111.96	475.26
1987	131633.70	117302.42	14292.48	38.80	108.00	108.23	106.23	104.67
1988	149116.90	133290.30	15753.90	72.70	113.28	113.63	110.23	187.37
1989	160348.27	144330.50	15937.07	80.70	107.53	108.28	101.16	111.00
1990	173045.12	156406.08	16566.01	73.03	107.92	108.37	103.95	90.50
1991	184656.32	166116.63	18433.59	106.10	106.71	106.21	111.27	145.28
1992	209226.34	188042.65	21010.47	173.22	113.31	113.20	113.98	163.26
1993	243829.16	223340.61	20127.57	360.98	116.54	118.77	95.80	208.39
1994	327134.75	304604.01	21693.99	836.75	134.17	136.39	107.78	231.80
1995	380242.65	354554.31	24226.21	1462.13	116.23	116.40	111.67	174.74
1996	442899.48	413836.58	26867.96	2194.94	116.48	116.72	110.90	150.12
1997	459073.08	429768.50	25869.21	3435.37	103.65	103.85	96.28	156.51
1998	461574.07	428709.22	26231.45	6633.40	100.54	99.75	101.40	193.09
1999	486047.29	452903.20	25031.56	8112.53	105.30	105.64	95.43	122.30
2000	497630.44	463606.71	22731.51	11292.22	102.38	102.36	90.81	139.19
2001	573591.69	517030.47	23392.32	33168.90	115.26	111.52	102.91	293.73
2002	614001.50	544899.40	22328.30	46773.80	107.05	105.39	95.45	141.02
2003	634734.70	557899.90	20380.50	56454.30	103.38	102.39	91.28	120.70
西宁市	320028.20	268178.90	13610.80	38238.50	102.84	103.06	84.31	109.81
海东地区	72187.70	65440.80	2199.70	4547.20	102.64	101.88	95.71	119.81
海北州	28141.20	22290.20	562.60	5288.40	114.18	101.71	117.36	234.96
海南州	36176.60	33141.40	1975.10	1060.10	113.91	111.22	130.86	235.42
黄南州	24503.90	24111.50	392.40		109.47	110.10	80.71	
果洛州	18213.70	18115.50	98.20		104.37	104.31	115.53	
玉树州	24795.00	24353.50	234.40	207.10	110.02	109.77	163.69	99.57
海西州	110688.40	102268.10	1307.30	7113.00	97.35	95.34	110.47	135.59

注:1998 年及以后工资总额为在岗职工工资总额,1998 年及以后指数按可比口径计算(以下各表同)。

5-16 职工平均工资和指数

Average Wages of Staff and Workers and Related Index

年份 地区	平均工资(元)				指数(上年=100)			
	合计	国有单位	城镇集体单位	其他单位	合计	国有单位	城镇集体单位	其他单位
1978	907	938	654		104.49	105.39	95.20	
1979	959	991	721		105.73	105.65	110.24	
1980	1065	1100	823		111.05	111.00	113.73	
1981	1059	1103	796		99.44	100.27	97.07	
1982	1111	1155	848		104.91	104.71	106.53	
1983	1246	1301	933		112.15	112.64	110.02	
1984	1490	1565	1091		119.58	120.29	116.93	
1985	1719	1811	1233	765	115.37	115.72	113.02	
1986	1917	2021	1353	1278	111.52	111.60	109.73	167.06
1987	2041	2143	1469	1470	106.47	106.04	108.57	115.02
1988	2305	2421	1644	1731	112.93	112.97	111.91	117.76
1989	2438	2580	1628	2028	105.77	106.57	99.03	117.16
1990	2632	2789	1722	1799	107.96	108.10	105.77	88.66
1992	3098	3290	2036	2892	112.57	112.79	111.44	160.31
1993	3658	3891	2201	3006	118.08	118.27	108.10	103.94
1994	4976	5348	2512	5642	136.03	137.45	114.13	187.69
1995	5753	6161	2928	5452	115.61	115.20	116.56	96.63
1996	6687	7146	3373	6176	116.24	115.99	115.20	113.28
1997	7091	7623	3419	4326	106.04	106.68	101.36	70.05
1998	8011	8511	4249	6187	112.97	111.65	124.28	143.02
1999	9081	9664	4570	6851	113.36	113.55	107.55	110.73
2000	10050	10744	4785	6989	110.67	111.18	104.70	102.01
2001	12906	14028	6101	8841	128.42	130.57	127.50	126.50
2002	14472	15816	7211	9585	112.13	112.75	118.19	108.42
2003	15356	16692	8306	10341	106.11	105.54	115.19	107.89
西宁市	14883	16764	7439	10404	107.70	107.26	109.93	104.06
海东地区	13351	14011	9278	9109	103.79	101.86	118.21	121.52
海北州	12543	13902	7194	9412	99.49	102.17	93.34	123.27
海南州	14362	14329	22598	8938	111.38	111.48	150.02	88.45
黄南州	15454	15619	9365		111.49	110.05	138.68	
果洛州	17778	17802	14232		103.73	103.63	122.23	
玉树州	19350	20049	7685	5721	110.88	111.24	133.10	98.20
海西州	19177	20202	9206	12530	102.84	102.26	118.79	123.00

5-17 分行业职工工资总额(2003年)

Average Wages of Stuff and workers by Sector(2003)

单位:千元

行业类别	全省合计	西宁市	海东地区	海北州	海南州	黄南州	果洛州	玉树州	海西州
合计	**6347347**	**3204404**	**721877**	**281412**	**361766**	**245039**	**182137**	**247950**	**1106884**
农林牧渔业	239614	56968	40810	22038	49038	14797	14351	18777	22835
采矿业	277382	42852	2314	48284	1732	1529	139	2859	177673
制造业	811499	541339	85430	6844	2863	11108	2847	3673	157395
电力、燃气及水的生产和供应业	367586	193630	26722	8419	64504	32038	1154	5147	35972
建筑业	308593	254880	11877	3619	1423	4122	716	455	35623
交通运输、仓储和邮政业	508508	379846	16849	8459	7769	5622	16128	18009	55826
信息传输、计算机服务和软件业	179561	146882	9028	4299	1055	5040	2731		10526
批发和零售业	178556	114782	21263	3073	2566	3934	1273	5006	26659
住宿和餐饮业	61089	24461	2097	1119	2965	2073	881	1794	25699
金融业	250883	149064	25910	10925	13190	11002	4828	4181	31783
房地产业	26631	24080	1514	115	229	561			132
租赁和商务服务业	54146	47671	1807	1373	304		612		2379
科学研究、技术服务和地质勘查业	397852	128440	18110	4303	3842	1337	3218	4036	234566
水利、环境和公共设施管理业	110918	77245	13959	5715	4563	2498	179	429	6330
居民服务和其他服务业	30439	4614	424	283	395	488			24235
教育	978282	399681	230365	47311	79238	54467	33222	51430	82568
卫生、社会保障和社会福利业	365118	179189	40736	17569	24136	22763	19306	23806	37613
文化、体育和娱乐业	86099	40973	10602	3513	3783	5378	3129	4837	13884
公共管理和社会组织	1114591	397807	162060	84151	98171	66282	77423	103511	125186

5－18　分行业职工平均工资(2003年)

Average Salary of the Employees by Sector(2003)

单位:元

行业类别	全省合计	西宁市	海东地区	海北州	海南州	黄南州	果洛州	玉树州	海西州
合　计	**15356**	**14883**	**13351**	**12543**	**14362**	**15454**	**17778**	**19350**	**19177**
农林牧渔业	10836	12989	14039	7410	7260	15809	18422	20702	9249
采矿业	14930	9715	7688	10150	3631	8355	6318	13360	21631
制造业	12193	12129	9500	6851	3368	8851	6369	6904	17791
电力、燃气及水的生产和供应业	21364	23043	18154	11034	28453	18901	7213	13369	17454
建筑业	10694	10711	8163	5377	6558	8051	11365	6149	14528
交通运输、仓储和邮政业	18227	19351	13082	12550	12391	13228	18060	19747	16181
信息传输、计算机服务和软件业	24594	26080	19249	19278	12711	18598	20381		21526
批发和零售业	9986	10518	8704	6259	7525	6345	7233	9004	11388
住宿和餐饮业	11811	10635	7037	5709	10704	8259	10365	8925	16432
金融业	19235	20804	15205	15856	20076	15695	18933	16791	19583
房地产业	14024	14282	12016	6389	16357	11688			18857
租赁和商务服务业	12874	13482	11365	14924	16889		8160		7298
科学研究、技术服务和地质勘查业	21917	16691	15599	16809	17229	14376	23662	22055	27905
水利、环境和公共设施管理业	10930	8024	13231	13804	12890	15232	16273	22579	17248
居民服务和其他服务业	13188	5467	8833	5549	13167	8000			19023
教育	16473	16264	14523	16783	17620	17491	18738	21052	19180
卫生、社会保障和社会福利业	17172	16975	15320	15928	16726	16799	19077	22043	18303
文化、体育和娱乐业	15071	14306	13787	13108	13807	16548	18737	21498	16911
公共管理和社会组织	16971	17475	14865	16915	16970	17230	19084	21413	18828

5－19 分细行业职工平均工资(2003年)

Average Salary of the Employees by Sector in Detall(2003)

单位:元

项　　目	合　　计	国　有 单　位	城镇集体 单　位	其　他 单　位
全省总计	**15356**	**16692**	**8306**	**10341**
按企、事业和机关分组				
企业	14693	17340	8014	10340
事业	15830	15865	13399	11463
机关	16713	16835	4857	
按国民经济行业分组				
(一)农、林、牧、渔业	10836	10849	12752	6530
1.农业	5961	5949		9600
2.林业	14263	14257	14331	
3.畜牧业	8710	9018	4318	5948
4.渔业	10224	9800		12167
5.农、林、牧、渔服务业	14877	14933	13176	
(二)采矿业	14930	16746	7545	12190
1.煤炭开采和洗选业	10230	9636		10869
2.石油和天然气开采业	35127	35127		
3.黑色金属矿采选业	13604			13604
4.有色金属矿采选业	11992	7867	8731	16215
5.非金属矿采选业	14723	15729	1286	10186
6.其他采矿业	8921	8095	17407	
(三)制造业	12193	15631	5567	10389
1.农副食品加工业	5600	5835	3738	5947
2.食品制造业	7903	7107	10295	8236
3.饮料制造业	11218	12029		6209
5.纺织业	6126		6431	6112
6.纺织服装、鞋、帽制造业	12418	15088	4653	5443
7.皮革、毛皮、羽毛(绒)及其制品业	4800		4800	
8.木材加工及木、竹、藤、棕、草制品业	10938	12250	8750	
9.家具制造业	6440		3600	7944
10.造纸及纸制品业	9333	11206	6667	3408
11.印刷业和记录媒介的复制	8221	9725	6586	7496
13.石油加工、炼焦及核燃料加工业	31605	32980		16160
14.化学原料及化学制品制造业	13132	16716	5793	8816
15.医药制造业	11897	3529		12141
17.橡胶制品业	4750			4750
19.非金属矿物制品业	10438	11148	6677	9769
20.黑色金属冶炼及压延加工业	11902	7673		12313
21.有色金属冶炼及压延加工业	16223	21739	4787	12448

5－19 续表1 Continued

单位:元

项　目	合 计	国有单位	城镇集体单位	其他单位
22.金属制品业	8451	12924	5492	8541
23.通用设备制造业	9060	8230	6085	10226
24.专用设备制造业	12249	11052	4305	14068
25.交通运输设备制造业	11170	8592	10707	12066
26.电气机械及器材制造业	5726		6095	3889
29.工艺品及其他制造业	7773	7557	8045	3286
(四)电力、燃气及水的生产和供应业	21364	21413	33164	14286
1.电力、热力的生产和供应业	22934	23021	33788	14908
2.燃气生产和供应业	11191	11191		
3.水的生产和供应业	11436	11521	6182	10534
(五)建筑业	10694	12071	7545	8602
1.房屋和土木工程建筑业	10090	11161	7689	8656
2.建筑安装业	19418	23394	5121	
3.建筑装饰业	4969		5852	3447
4.其他建筑业	18044	18044		
(六)交通运输、仓储和邮政业	18227	19116	6545	7020
1.铁路运输业	21927	21927		
2.道路运输业	13772	14919		6600
3.城市公共交通业	7005	8578	6461	9600
4.水上运输业	15235	15235		
5.航空运输业	19687	19687		
7 装卸搬运和其他运输服务业	11143	17379	7375	
8.仓储业	13490	13829		11342
9.邮政业	19443	19443		
(七)信息传输、计算机服务和软件业	24594	24987		20948
1.电信和其他信息传输服务业	24642	25042		20948
2.计算机服务业	14382	14382		
(八)批发和零售业	9986	11331	6358	8411
1.批发业	12743	13988	6619	8324
2.零售业	7993	8344	6275	8435
(九)住宿和餐饮业	11811	13057	7551	9120
1.住宿业	11845	12844	8390	9577
2.餐饮业	11580	14644	4424	5993
(十)金融业	19235	21160	12111	21855
1.银行业	19436	21690	12013	
2.证券业	16155			16155
3.保险业	17930	16597		25519
4.其他金融活动	16418	16385	17170	12143
(十一)房地产业	14024	15940	8467	8293
其中：房地产开发经营	13113	15524	10304	8440
物业管理	15895	16715		7825
房地产中介服务	13653	15533		7690
(十二)租赁和商务服务业	12874	15538	10080	12340
其中:商务服务业	12874	15538	10080	12340

5－19 续表 2 Continued

单位:元

项　　目	合计	国有单位	城镇集体单位	其他单位
(十三)科学研究、技术服务和地质勘查业	21917	22032		16256
1. 研究与试验发展	21846	21846		
(1)自然科学研究与试验发展	24352	24352		
(2)工程和技术研究与试验发展	17453	17453		
(3)农业科学研究与试验发展	16535	16535		
(4)医学研究与试验发展	14083	14083		
(5)社会人文科学研究与试验发展	17951	17951		
2. 专业技术服务业	16392	16515		10989
其中：气象服务	17124	17124		
地震服务	21118	21118		
测绘服务	17329	17329		
技术检测	14814	15344		7660
环境监测	16907	16907		
工程技术与规划管理	14426	14412		14689
3. 科技交流和推广服务业	15431	15431		
4. 地质勘查业	24416	24578		18123
(十四)水利、环境和公共设施管理业	10930	12027	13747	8907
1. 水利管理业	13803	13781		16840
2. 环境管理业	9664	9498	14938	
3. 公共设施管理业	9281	13705	12894	8852
(十五)居民服务和其他服务业	13188	18323	6255	6418
1. 居民服务业	15637	18467	6735	6600
2. 其他服务业	6326	12500	5996	5742
(十六)教育	16473	16494	12619	
其中：初等教育	16177	16200	13745	
中等教育	16670	16670		
高等教育	17036	17036		
(十七)卫生、社会保障和社会福利业	17172	17230	14761	
1. 卫生	17211	17272	14761	
2. 社会保障业	16595	16595		
3. 社会福利业	15778	15778		
(十八)文化、体育和娱乐业	15071	15071		
1. 新闻出版社	16190	16190		
2. 广播、电视、电影和音像业	14437	14437		
3. 文化艺术业	15161	15161		
4. 体育	14230	14230		
5. 娱乐业	17746	17746		
(十九)公共管理和社会组织	16971	17095	4916	
其中：中国共产党机关	19040	19040		
国家机构	16811	16951	4818	
人民政协和民主党派	19362	19362		
群众社团、社会团体和宗教组织	15468	15499	9200	

5-20 国有单位分行业职工平均工资(2003年)

Average Salary of the Employees in State-owned Units by Sector(2003)

单位:元

行业类别	全省合计	西宁市	海东地区	海北州	海南州	黄南州	果洛州	玉树州	海西州
合　计	**16692**	**16764**	**14011**	**13902**	**14329**	**15619**	**17802**	**20049**	**20202**
农林牧渔业	10849	12945	14039	7489	7260	15809	18422	21308	9480
采矿业	16746	9991	8257	7682	3631	8355	6318	13360	24297
制造业	15631	16402	9961	4124	748	8869	6369	7556	20854
电力、燃气及水的生产和供应业	21413	23118	18597	11290	28314	18901	7213	14011	18539
建筑业	12071	11919	6672	14254		6540	9125	16059	17227
交通运输、仓储和邮政业	19116	20559	13084	15497	12771	13228	18060	19747	16239
信息传输、计算机服务和软件业	24987	26761	19249	19797	12711	18598	20381		21526
批发和零售业	11331	12502	10324	7133	7160	6628	7233	9358	11377
住宿和餐饮业	13057	12138	7037	5709	11662	8463	10365	17491	16654
金融业	21160	22808	17002	18229	22398	16451	19302	17080	21672
房地产业	15940	16574	12333	6389	16357	11688			18857
租赁和商务服务业	15538	17997	12250	15341	16889		8160		7298
科学研究、技术服务和地质勘查业	22032	16713	15599	16809	17229	14376	23662	22055	27905
水利、环境和公共设施管理业	12027	10744	13231	13804	12890	15232	16273	22579	17248
居民服务和其他服务业	18323	19067	12250	5549	15684	8000			19626
教育	16494	17391	14537	16783	17620	17491	18738	21052	19180
卫生、社会保障和社会福利业	17230	17086	15320	15928	16726	16799	19077	22043	18303
文化、体育和娱乐业	15071	14306	13787	13108	13807	16548	18737	21498	16911
公共管理和社会组织	17095	15334	14866	16916	16970	17230	19084	21413	18828

5－21　城镇集体单位分行业职工平均工资（2003 年）

Average Salary of Staff and Workers in Urban Collectire－owned Units by Sector（2003）

单位:元

行业类别	全省合计	西宁市	海东地区	海北州	海南州	黄南州	果洛州	玉树州	海西州
合　计	**8306**	**7439**	**9278**	**7194**	**22598**	**9365**	**14232**	**7685**	**9206**
农林牧渔业	12752	13582		7143				3000	
采矿业	7545	1286	5400	9600					17407
制造业	5567	5406	4414		2700	7333		6080	8170
电力、燃气及水的生产和供应业	33164				33918			3333	
建筑业	7545	7331	11209	4000	3108	10910	12744	3193	7234
交通运输、仓储和邮政业	6545	6539		8000					
信息传输、计算机服务和软件业									
批发和零售业	6358	6182	6709	4190		4257		13182	
住宿和餐饮业	7551	7962			6245	7348			4000
金融业	12111	12679	11093	9940	14655	11495	16167	15612	10021
房地产业	8467	8467							
租赁和商务服务业	10080	9986	15469						
科学研究、技术服务和地质勘查业									
水利、环境和公共设施管理业	13747	13747							
居民服务和其他服务业	6255	4697							14094
教育	12619	7263	13745						
卫生、社会保障和社会福利业	14761	14761							
文化、体育和娱乐业									
公共管理和社会组织	4916	4660	14250	16000					

5－22　其他单位分行业职工平均工资（2003 年）

Average Salary of the Employees in the other Enterprises by Sector（2003）

单位:元

行业类别	全省合计	西宁市	海东地区	海北州	海南州	黄南州	果洛州	玉树州	海西州
合　计	**10341**	**10404**	**9109**	**9412**	**8938**			**5721**	**12530**
农林牧渔业	6530	10432		1447					6762
采矿业	12190			10460					15173
制造业	10389	10830	9331	7972	4114			5889	10876
电力、燃气及水的生产和供应业	14286	10686	10438	9278	20084			4846	12891
建筑业	8602	8982	5926	4878	8694				8337
交通运输、仓储和邮政业	7020	7244	13000	3405	6324				9600
信息传输、计算机服务和软件业	20948	21161		15346					
批发和零售业	8411	8554	6689	5672	8429			5430	11460
住宿和餐饮业	9120	9607		8417				5858	8842
金融业	21855	22682							
房地产业	8293	8302	7889						
租赁和商务服务业	12340	13290	6000	11500					
科学研究、技术服务和地质勘查业	16256	16256							
水利、环境和公共设施管理业	8907	8907							
居民服务和其他服务业	6418	6600	4050		8818				

5－23 职业介绍工作情况(2003年)

Occupation Introduction(2003)

单位:个、人

指　　标	总 计	劳动保障部门办	其中:县(区)以上	街 道	乡 镇	其他组织办	公民个人
本年末职业介绍机构个数	282	255	57	24	174	6	21
本年末职业介绍机构人数	663	575	188	49	338	40	48
本年登记招聘人数	355147	347674	86918	7057	253699	4782	2691
本年登记求职人数	367600	356016	90331	9823	255862	9634	1950
#女性	88865	82797	24045	4183	54569	5349	719
#下岗职工	18250	11120	9587	1151	382	6784	346
#失业人员	58195	54513	42350	8600	3563	2800	882
#获得职业资格人员	18130	12035	2906	715	8414	6038	57
本年职业指导人数	330961	323378	83226	7114	233038	7351	232
本年介绍成功人数	332641	326025	65818	6221	253986	5359	1257
#女性	75036	71825	15949	2978	52898	2743	468
#下岗职工	10097	6072	4842	647	583	3779	246
#失业人员	37229	35105	26921	5254	2930	1545	579
#获得职业资格人员	69772	65979	3578	693	61708	3757	36

5-24 城镇登记失业人员变化情况

Changes of Unemployed Person of Registration in Urban Areas

单位:万人,%

年 份	失业人员总数	上年结转人数	本年新增加人数	#由就业转失业人数	本年度安排失业人员就业的人数	除安排就业外因其他原因减少的人数	本年末实有失业人员数	#女性	城镇登记失业率
1980	4.89				1.64		3.25		5.68
1982	6.70	4.45	2.25		4.05		2.65		4.34
1983	6.96	2.65	4.31	0.10	2.39	0.11	4.46	1.74	6.97
1984	9.52	4.46	5.06	1.07	2.61	0.09	6.82	2.31	10.02
1985	10.66	6.82	3.84	0.48	5.18	0.09	5.39	1.99	7.67
1986	8.21	5.39	2.82	0.73	4.06	0.61	3.54	1.22	4.98
1987	7.45	3.54	3.91	1.15	2.84	0.25	4.36	1.99	5.94
1988	8.74	4.36	4.38	1.38	2.63	0.26	5.85	2.61	7.72
1989	8.45	5.85	2.60	0.34	3.60	0.51	4.34	2.07	5.65
1990	7.82	4.34	3.48	0.99	3.35	0.30	4.17	1.99	4.88
1992	6.68	3.32	3.36	0.76	3.65	0.39	2.64	1.36	3.35
1993	5.11	2.64	2.47	0.35	2.97	0.30	1.84	1.04	2.49
1994	4.40	1.84	2.56	0.27	2.61	0.15	1.64	0.98	2.21
1995	4.14	1.64	2.50	0.28	2.53	0.10	1.51	0.75	2.18
1996	4.39	1.51	2.88	0.41	2.93	0.12	1.34	0.80	1.87
1997	3.89	1.34	2.55	0.47	2.30	0.09	1.50	0.79	2.10
1998	3.84	1.50	2.34	0.59	1.95	0.07	1.82	0.86	2.50
1999	4.49	1.82	2.67	0.48	2.13	0.43	1.93	1.01	2.64
2000	4.54	1.93	2.61	1.13	2.38	0.36	1.80	0.94	2.40
2001	6.66	1.80	4.86	1.48	4.21		2.45	1.03	3.50
2002	6.92	2.45	4.47	1.37	3.98	0.09	2.85	1.46	3.60
2003	7.61	2.85	4.76	2.64	4.54		3.07	1.71	3.80

5－25 离休、退休、退职人数(2003年)

Number of Retired and Resigned Persons(2003)

单位:人

	合计	截止本年末离休干部人数	截止本年末退休职工人数	截止本年末领取定期生活费的退职职工人数
总计	**230439**	**8269**	**217659**	**4511**
企业	150395	3524	144612	2259
1.国有企业	126756	3427	121472	1857
2.集体企业	21648	67	21273	308
3.其他企业	1991	30	1867	94
事业	45016	1356	42639	1021
机关	35028	3389	30408	1231

5－26 离休、退休、退职保险福利费用构成(2003年)

Number of Retired and Resigned People and Compositions of Social Insurance and Welfare Funds(2003)

单位:千元

	合计	离休金	退休金	退职生活费	医疗卫生费	其他
总计	**3115912**	**199715**	**2678491**	**23587**	**59005**	**155114**
企业	1689656	81230	1485165	10027	17373	95861
1.国有企业	1524404	79811	1336987	7915	15007	84684
2.集体企业	145660	838	132610	1617	413	10182
3.其他企业	19592	581	15568	495	1953	995
事业	809802	34061	713158	6093	31704	24786
机关	616454	84424	480168	7467	9928	34467

5－27　基本养老保险情况

Basic Statistics of the Insurance for the Retired

单位:人、万元

指　　标	2002	2003
一、参保职工期末人数	391970	564485
二、实际缴费人员期末人数	329579	327490
三、离休、退休、退职人员期末人数	150262	159165
#离　休	4457	3625
#退　休	145775	154493
四、应发养老金金额	138432	155731
五、实发养老金金额	138432	155731

5－28　参加生育保险人员及基金征缴情况(2003年)

Number of People Joining the Basic Medical Care Insurance and the Collection of Funds(2003)

指　　标		数　　量
(一)基金收支情况		
1.上年结余	(万元)	303
2.本年收入	(万元)	507
其中:保险费收入	(万元)	505
财政补贴收入	(万元)	
3.本年支出	(万元)	315
其中:医疗费支出	(万元)	243
其他生育保险待遇费支出	(万元)	72
4.本年收支节余	(万元)	192
5.年末滚存节余	(万元)	495
(二)参保情况		
1.参保人员	(人)	51843
2.享受生育保险待遇全年平均人数	(人)	78

5-29 参加工伤保险人员及基金征缴情况(2003年)

Number of People Joining Injury Insurance and the Collection of Funds(2003)

指　　标		数　　量
(一)基金收支情况		
1.上年结余	(万元)	923
2.本年收入	(万元)	1182
其中:保险费收入	(万元)	698
财政补贴收入	(万元)	475
3.本年支出	(万元)	1208
其中:医疗费支出	(万元)	508
其他工伤保险待遇费支出	(万元)	218
劳动能力鉴定费支出	(万元)	
4.本年收支节余	(万元)	-26
5.年末滚存节余	(万元)	897
(二)参保情况		
1.参报保人员	(人)	6603
2.享受工伤保险待遇全年平均人数	(人)	767

5-30 失业保险基本情况

Basic Statistics of Unemployment Insurance

项　　目		2001	2002	2003
一、参保人数	(千人)	357.19	322.20	332.37
1.企业	(千人)	233.50	210.24	220.47
2.事业	(千人)	123.40	107.41	108.42
3.其他	(千人)	0.29	4.55	3.48
二、参保单位职工工资总额	(万元)	337738.77	367788.40	412761.70
1.企业	(万元)	242821.52	243971.40	270689.56
2.事业	(万元)	91581.34	120807.00	138417.00
3.其他	(万元)	3335.91	3010.00	3655.14
三、领取失业保险金人月数	(人月)	126342	138801	124747
四、领取失业保险金人数	(人)	19583	22200	12942
五、累计欠缴失业保险费	(万元)	8550.27	3681.79	8920.41
1.以前年度欠费	(万元)	6736.91	3024.54	4164.26
2.当年欠费	(万元)	1813.36	657.25	4756.15
六、以前年度借出的生产自救费	(万元)	552.92	515.44	345.50
七、年末尚未收回或纠正的挤占挪用、违纪违规动用的基金	(万元)			

说明及主要统计指标解释

一、简要说明

（一）、本篇资料反映我省劳动经济方面的基本情况，包括8个州、地、市的主要劳动统计数据。如：从业人员及职工人数，城乡私营企业和个体工商业从业人数，城镇登记失业人数，职工工资总额，平均工资及指数变化情况，社会保障情况等。

（二）、本篇资料来源主要有以下三个方面：

1. 就业基本情况及分组资料（5－1至5－10表）及在岗职工工资总额等资料（5－11至5－22表），根据青海省统计局《劳动综合统计报表制度》及《乡村社会经济调查方案》搜集汇总的资料，由青海省统计局人口与就业统计处整理提供。

2. 私营企业及个体工商业从业人员（5－3表），根据国家工商行政管理局的《城乡私营企业基本情况统计表》及《城乡个体工商业基本情况统计表》搜集汇总的资料，由青海省工商行政管理局提供。

3. 职业介绍服务机构、劳动力交流情况（5－23表）、城镇登记失业人员变化情况（5－24表）、离退休人员情况（5－25至5－26表）及养老、生育、工伤、失业保险（5－27至5－30表），根据劳动和社会保障部的《培训、就业统计报表制度》《离休、退休、退职人员人数及保险福利费用构成情况表》《社会保险统计报表》《失业保险基金决算报表》搜集汇总的资料，由省劳动和社会保障厅和省民政厅提供。

（三）、统计范围和调查方法

1. 统计范围：《劳动综合统计报表制度》的调查范围为全部独立核算单位；《乡村社会经济调查方案》的调查范围为全省乡镇以下农村地区；私营企业及个体工商业统计范围为全部在私营企业和个体工商业就业的从业人员；《培训、就业统计报表制度》《社会保险统计报表》《失业保险基金决算报表》的调查范围为全省的城镇人口；《离休、退休、退职人员人数及保险福利费用构成情况》的调查范围为劳动、人事、民政部门管理的离退休、退职人员。

2. 调查方法：劳动综合统计采用全面调查方法，由各级统计部门逐级上报；私营企业和个体工商业统计、培训、就业统计、离休、退休、退职人员人数及保险福利费用构成情况、社会保险统计、失业保险基金决算报表利用行政登记资料加工整理。

二、指标解释

经济活动人口　是指在16岁以上，有劳动能力，参加或要求参加社会经济活动的人口；包括从业人员和失业人员。

从业人员　指从事一定社会劳动并取得劳动报酬或经营收入的人员，包括全部职工、再就业的离退休人员、私营业主、个体户主、私营和个体从业人员、乡镇企业从业人员、农村从业人员、其他从业人员（包括民办教师、宗教职业者、现役军人等）。这一指标反映了一定时期内全部劳动力资源的实际利用情况，是研究我国基本国情国力的重要指标。

各单位的从业人员 指在各级国家机关、政党机关、社会团体及企业、事业单位中工作，取得工资或其他形式的劳动报酬的全部人员。包括在岗职工、再就业的离退休人员、民办教师以及在各单位中工作的外方人员和港澳台方人员、兼职人员、借用的外单位人员和第二职业者。不包括离开本单位仍保留劳动关系的职工。各单位的从业人员反映了各单位实际参加生产或工作的全部劳动力。

城镇私营和个体从业人员　城镇私营从业人员指在工商管理部门注册登记，其经营地址设在县城关镇（含城关镇）以上的私营企业从业人员；包括私营企业投资者和雇工。城镇个体从业人员指在工商管理部门注册登记，并持有城镇户口或在城镇长期居住，经批准从事个体工商经营的从业人员；包括个体经营者和在个体工商户劳动的家庭帮工和雇工。

城镇登记失业人员　指有非农业户口，在一定的劳动年龄内,有劳动能力,无业而要求就业,并在当地就业服务机构进行求职登记的人员。

城镇登记失业率 指城镇登记失业人数同城镇从业人数与城镇登记失业人数之和的比。计算公式为:

城镇登记失业率 = 城镇登记失业人数/(城镇从业人数 + 城镇登记失业人数) ×100%

职工 指在国有经济、城镇集体经济、联营经济、股份制经济、外商和港、澳、台投资经济、其他经济单位及其附属机构工作,并由其支付工资的各类人员,不包括返聘的离退休人员、民办教师、在国有经济单位工作的外方人员和港、澳、台人员(1998 年以后的数据均为在岗职工数据,其他相关指标如职工工资总额,职工平均工资等指标也从 1998 年按此口径进行了相应调整)。

国有单位职工 指在国有经济单位及其附属机构工作,并由其支付工资的各类人员。城镇集体单位职工 指在城镇集体经济单位及其管理部门工作,并由其支付工资的各类人员。

其他单位职工 指在联营经济、股份制经济、外商投资经济、港、澳、台投资经济单位工作,并由其支付工资的各类人员。

在岗职工 指在本单位工作并由单位支付工资的人员,以及有工作岗位,但由于学习、病伤产假等原因暂未工作,仍由单位支付工资的人员。

职工工资总额 指各单位在一定时期内直接支付给本单位全部职工的劳动报酬总额。工资总额的计算原则应以直接支付给职工的全部劳动报酬为根据。各单位支付给职工的劳动报酬以及其他根据有关规定支付的工资,不论是计入成本的还是不计入成本的,不论是按国家规定列入计征奖金税项目的,还是未列入计征奖金税项目的,不论是以货币形式支付的还是以实物形式支付的,均包括在工资总额内。

职工平均工资 指企业、事业、机关单位的职工在一定时期内平均每人所得的货币工资额。它表明一定时期职工工资收入的高低程度,是反映职工工资水平的主要指标。计算公式为:

职工平均工资 = 报告期实际支付的全部职工工资总额/报告期全部职工平均人数

职工平均工资指数 指报告期职工平均工资与基期职工平均工资的比率,是反映不同时期职工货币工资水平变动情况的相对数。计算公式为:

职工平均工资指数 = 报告期职工平均工资/基期职工平均工资 ×100%

职工平均实际工资指数 职工平均实际工资指扣除物价变动因素后的职工平均工资。职工平均实际工资指数是反映实际工资变动情况的相对数,表明职工实际工资水平提高或降低的程度。计算公式为: 职工平均实际工资指数 = 报告期职工平均工资指数/报告期城镇居民消费价格指数 ×100%

专业技术人员 指从事专业技术工作的人员以及从事专业技术管理工作且已在 1983 年以前评定了专业技术职称或在 1984 年以后聘任了专业技术职务的人员。

专业技术人员具体指工程技术人员、农业技术人员、科研人员(自然科学研究、社会科学研究及实验技术人员)、卫生技术人员、教学人员(含高等院校、中等专业学校、技工学校、中学、小学)、民用航空飞行技术人员、船舶技术人员、经济人员、会计人员、统计人员、翻译人员、图书资料、档案、文博人员、新闻、出版人员、律师、公证人员、广播电视播音人员、工艺美术人员、体育人员、艺术人员及政工人员。

专业技术管理人员具体指企业、事业单位的领导;企业、事业单位下设的职能机构、企业的生产和辅助车间(或附属辅助生产单位)中从事生产、技术、经济管理和政治工作人员。

按照公务员管理或参照公务员管理的人员不统计为专业技术人员。

Chapter 6

人民生活

2004青海郁金香节

People's Livelihood

城乡居民人均储蓄存款(元/人)

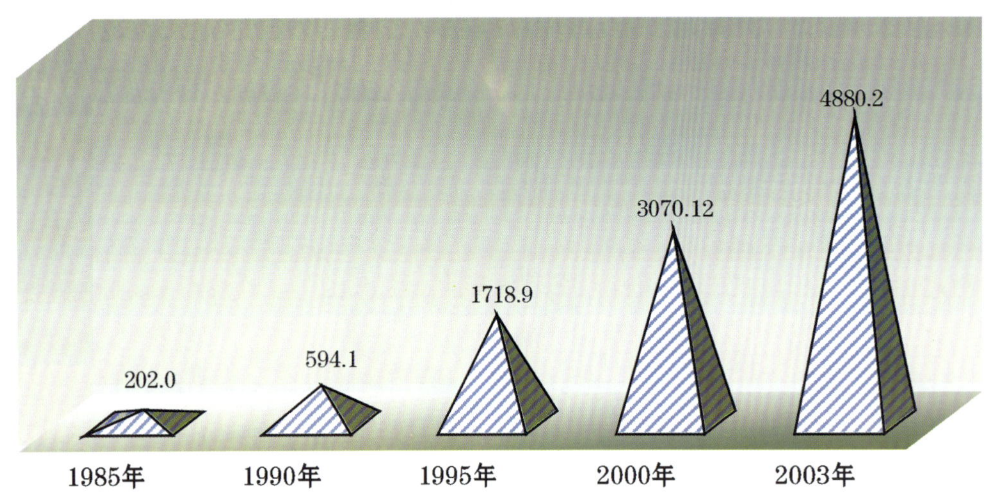

主要耐用消费品百户拥有量

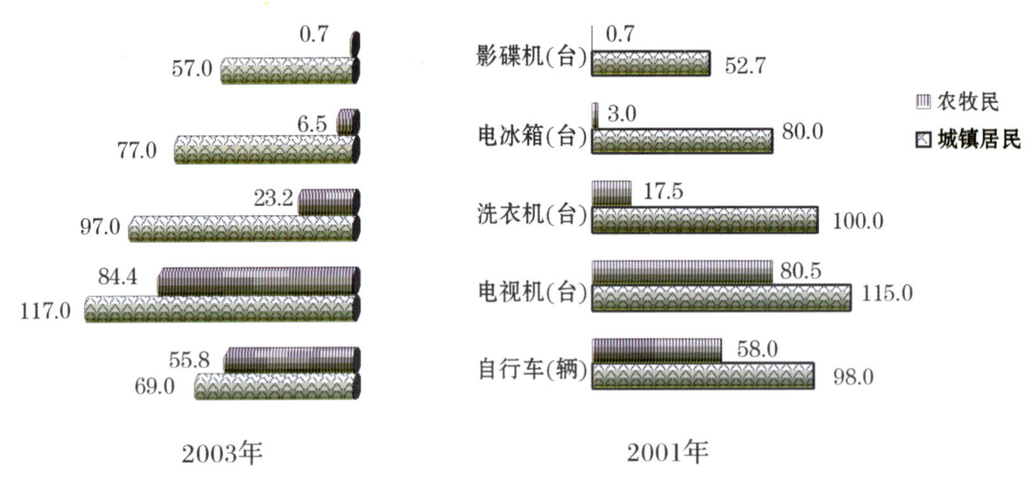

城乡居民人均收入(元)

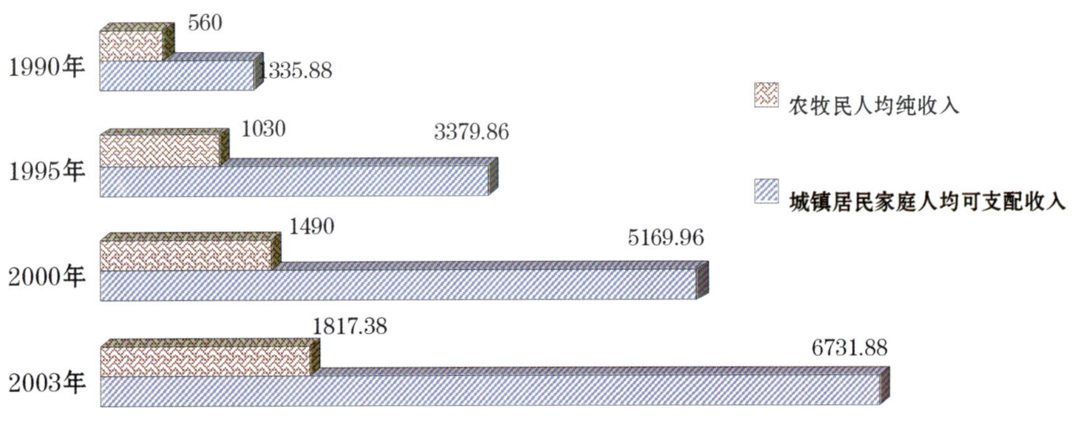

6-1 人民物质文化生活情况
People's Material and Cultural Life

项　　目		1985	1990	1995	2000	2001	2002	2003
就业								
每一农村劳动力负担人数	(人)	1.91	1.87	1.71	1.61	1.62	1.62	1.62
每一城镇就业者负担人数	(人)	2.18	2.21	2.00	2.14	2.16	2.43	2.47
城镇登记失业率	(%)	2.43	4.88	2.18	2.40	3.50	3.60	3.80
收入								
农村居民家庭人均纯收入	(元)	342.94	559.78	1029.77	1490.49	1610.87	1710.80	1817.38
农村居民家庭人均纯收入指数	(1980=100)	157.94	177.53	205.40	264.30	280.24	304.87	313.86
城镇居民家庭人均可支配收入	(元)	849.24	1335.88	3379.86	5169.96	5853.72	6199.88	6731.88
职工年平均工资	(元)	1719	2632	5753	10050	12906	14472	15356
消费水平	(元)							
农村居民		274.68	474.75	913.84	1218.23	1345.62	1411.70	1571.96
城镇居民		679.00	1117.00	2930.00	4185.73	4698.59	5045.04	5389.44
储蓄								
城乡居民年底储蓄存款余额	(亿元)	8.23	26.59	82.71	159.08	188.53	222.99	260.50
平均每人储蓄存款余额	(元)	201.99	594.09	1718.86	3070.17	3604.13	4200.70	4880.15
住房面积								
农村平均每人居住	(平方米)	10.54	12.77	14.98	15.32	15.93	16.34	16.86
城市平均每人使用	(平方米)	7.03	9.53	9.63	12.06	13.45	16.92	17.02
交通								
城镇每百户拥有摩托车	(辆)			6	9	8	7	6
城市每万人拥有公共车辆	(辆)	4.56	4.84	5.95	13.90	13.31	13.23	13.73
城市公用事业								
自来水普及率	(%)	95.20	98.00	98.00	97.29	100.00	100.00	100.00
用气普及率	(%)			39.50	48.88	37.98	48.89	54.68
人均拥有公共绿地	(平方米)	1.20	1.40	3.00	3.74	5.26	5.92	6.31
文化								
城镇每百户有彩色电视机	(台)	47	78	106	112	115	115	117
农村每百户有电视机	(台)	1.06	36.09	55.87	75.16	80.50	84.34	89.83
广播综合人口覆盖率	(%)	48.00	50.00	59.00	63.00	80.50	84.40	84.54
电视综合人口覆盖率	(%)	46.00	72.00	76.00	86.00	87.80	88.86	90.44
教育								
学龄儿童入学率	(%)	79.20	81.50	87.40	94.20	95.40	95.40	96.14
每万人口中在校大学生数	(人)	15.90	14.00	15.40	25.70	34.20	42.00	48.94
卫生								
每万人有医院、卫生院病床	(张)	33.74	35.07	35.67	31.99	31.47	30.51	31.19
每万人有卫生技术人员数	(人)	44.26	44.44	42.05	59.91	38.46	36.50	43.15

6-2 城镇居民家庭基本情况

Basic Conditions of Urban Households

项　　目	1985	1992	1995	2000	2001	2002	2003
调查户数　（户）	**490**	**450**	**450**	**550**	**550**	**550**	**550**
平均每户家庭人口　（人）	**4.5**	**3.7**	**3.5**	**3.2**	**3.2**	**3.1**	**3.1**
平均每户就业人口　（人）	**2.1**	**1.8**	**1.8**	**1.5**	**1.5**	**1.3**	**1.2**
平均每户就业面　（%）	**45.9**	**48.1**	**50.0**	**46.8**	**46.2**	**41.2**	**40.5**
平均每一就业者负担人数	**2.2**	**2.1**	**2.0**	**2.1**	**2.2**	**2.4**	**2.5**
（包括就业者本人）　（人）							
平均每人全部年收入　（元）	**849.2**	**1757.1**	**3379.9**	**5196.6**	**5883.8**	**6510.1**	**7140.8**
#可支配收入		1756.0	3111.6	5170.0	5853.7	6199.9	6731.9
人均工薪收入	768.0	1488.4	2862.3	3607.0	4112.0	4066.9	4484.4
人均经营净收入	44.6	12.4	29.7	160.9	204.6	260.6	275.6
人均财产性收入	5.6	7.4	10.0	29.3	18.8	26.1	50.8
人均转移性收入	31.0	248.9	477.8	1399.4	1548.4	2156.4	2330.0
平均每人消费性支出　（元）	**678.7**	**1488.7**	**2930.1**	**4185.7**	**4698.6**	**5045**	**5389.4**
食　品	348.4	802.4	1507.1	1711.1	1790.3	1799	1982.6
衣　着	112.9	221.0	408.8	458.6	532.5	521	611.5
家庭设备用品及服务	55.4	109.1	195.6	334.9	350.9	315	370.2
医疗保健	6.7	62.7	162.0	307.2	374.4	473.3	450.4
交通通讯		35.8	138.6	297.7	361.9	513.5	508.3
娱乐教育文化服务	72.4	122.6	232.0	495.3	594.0	727.9	711.8
居　住	6.2	51.1	102.7	274.5	295.5	509.9	558.2
杂项商品与服务	76.7	84.0	183.3	306.4	399.1	185.4	196.3
平均每人消费性支出构成							
（人均消费支出=100）	**100.0**	**100.0**	**100.0**	**100.0**	**100.0**	**100.0**	**100**
食　品	51.3	53.9	51.4	40.9	38.1	35.7	36.8
衣　着	16.6	14.8	14.0	11.0	11.3	10.3	11.3
家庭设备用品及服务	8.2	7.5	6.7	8.0	7.5	6.2	6.9
医疗保健	1.0	4.2	5.5	7.3	8.0	9.4	8.4
交通通讯		2.4	4.7	7.1	7.7	10	9.4
娱乐教育文化服务	10.7	8.2	7.9	11.8	12.6	14.4	13.2
居　住	1.0	3.4	3.5	6.6	6.3	10.1	10.4
杂项商品与服务	11.2	5.6	6.2	7.3	8.5	3.7	3.6

6-3 城镇居民家庭基本情况(2003 年)
Basic Conditions of Urban Hourseholds(2003)

项　　目		全省	按收入等级分							
			最低收入户	#更低户	低收入户	中等偏下户	中等收入户	中等偏上户	高收入户	最高收入户
调查户数	(户)	550	55	29	55	110	110	110	55	55
比重	(%)	100.0	10.0	5.3	10.0	20.0	20.0	20.0	10.0	10.0
平均每户家庭人口	(人)	3.1	3.6	3.9	3.3	3.3	3.1	2.9	2.7	2.5
平均每户就业人口	(人)	1.2	1.3	1.3	1.1	1.1	1.2	1.4	1.4	1.3
平均每户就业面	(%)	40.5	36.1	33.3	33.3	33.3	38.7	48.3	51.9	52.0
每一就业者负担人数	(人)	2.5	2.8	3	3	3	2.6	2.1	1.9	1.9
平均每人可支配收入	(元)	6731.9	1534.7	1092.6	3000.4	4489.8	6386.0	8722.3	11259.6	16380.0
平均每人消费性支出	(元)	5389.4	2324.9	2375.9	2898.2	3948.8	5032.1	6786.0	8711.9	10978.8

6-4 城镇居民人均总收支指数及恩格尔系数(抽样调查)
Personal Arerage Practical Income Related Index and Enger Indexec (Sample Survey)

年份	总收入(元)	环比指数(上年=100)	定基指数(1984=100)	总支出(元)	环比指数(上年=100)	定基指数(1984=100)	恩格尔系数
1984	684.8	100.0	100.0	651.6	100.0	100.0	51.5
1985	849.2	124.0	124.0	778.7	119.5	119.5	55.1
1986	1002.2	118.0	146.3	901.8	115.8	138.4	57.1
1987	1084.0	108.2	158.3	963.4	106.8	147.9	60.3
1988	1153.8	106.4	168.5	1185.3	123.0	181.9	55.0
1989	1274.9	115.5	186.2	1237.9	104.4	190.0	62.5
1990	1335.9	104.8	195.1	1428.8	100.9	191.7	63.4
1991	1486.6	111.3	217.1	1424.3	114.5	219.4	64.1
1992	1757.9	118.3	256.7	1685.0	117.9	258.6	61.0
1993	2081.4	118.4	303.9	2042.6	121.2	313.5	58.2
1994	2769.5	133.1	404.4	2835.1	138.8	435.1	59.7
1995	3379.9	122.0	493.5	3323.3	117.2	510.1	51.4
1996	3829.9	113.3	559.2	3829.1	115.2	587.7	49.7
1997	4015.4	104.9	586.3	3781.1	98.8	580.3	48.3
1998	4257.5	106.0	621.7	4382.0	115.9	672.5	45.4
1999	4727.4	111.0	690.3	4665.1	106.5	716.0	42.4
2000	5196.6	109.9	758.8	5078.2	108.9	779.4	40.9
2001	5883.8	113.2	859.1	5664.6	111.6	869.4	38.1
2002	6510.1	110.6	950.7	6564.0	115.9	1007.4	35.7
2003	7140.8	109.7	1042.8	7076.2	107.8	1086.0	36.8

6－5 历年城镇居民人均可支配收入及指数

Per Capita Annual Income and Indices of Urban Households

年 份	可支配收入（元）	环比指数		定比指数	
		（上年＝100）	（扣除物价，上年＝100）	（1992＝100）	（扣除物价，1992＝100）
1992	1756.03			100	100
1993	2078.87	118.38	104.58	118.38	104.58
1994	2769.36	133.21	109.37	157.69	114.38
1995	3379.85	122.04	103.42	192.45	118.29
1996	3829.78	113.31	102.26	218.06	120.96
1997	3999.36	104.43	99.65	227.73	120.54
1998	4240.08	106.02	105.28	241.43	126.91
1999	4703.52	110.93	111.49	267.82	141.49
2000	5169.96	109.91	110.46	294.36	156.29
2001	5853.72	113.23	110.36	333.30	172.48
2002	6199.88	111.11	108.61	370.33	187.33
2003	6731.88	108.58	106.45	402.10	199.41

注:2002 年起城镇居民人均可支配收入按新口径计算,2002 年指数按老口径计算。

6－6 城镇居民家庭平均每人全年消费性支出(2003 年)

Per Capita Annual Living Expenditure of Urban Households(2003)

单位:元

项 目	总平均	最低收入户	#更低户	低收入户	中等偏下户	中等收入户	中等偏上户	高收入户	最高收入户
消费性支出	**5389**	**2325**	**2376**	**2898**	**3949**	**5032**	**6786**	**8712**	**10979**
食品	1983	943	879	1278	1611	2009	2456	2789	3345
#粮油	320	254	240	305	324	319	332	338	377
肉禽蛋及水产品	478	228	211	354	422	504	561	630	725
蔬菜类	184	124	117	149	170	184	206	227	252
糖、烟 、酒饮料类	270	95	83	137	205	269	345	416	540
奶及奶制品	96	38	32	52	71	106	130	146	147
衣着	611	216	212	300	423	548	816	1053	1303
#服装	402	134	133	176	269	359	534	712	908
家庭设备用品及服务	370	113	97	154	209	265	404	1087	900
#耐用消费品	185	41	28	58	86	106	183	751	445
医疗保健	450	338	493	252	318	476	535	548	843
交通通讯	508	190	180	254	354	488	684	818	1020
娱乐教育文化服务	712	261	273	301	475	588	1015	1204	1608
#文娱耐用消费品	218	52	65	37	111	187	294	365	709
居住	558	203	186	293	408	487	638	869	1467
#住房	206	12	14	60	128	135	195	288	993
杂项商品与服务	196	61	55	67	150	170	237	344	495

6－7 城镇居民年人均现金收支平衡表(2003年)(抽样调查)

Pre Capita Annual Cash Income and Outgo of Urban Households Balance Sheet(2003)(Sample Survey)

单位:元

指　　标	金　额	指　　标	金　额
一、期初手存现金	**2209.0**	**五、家庭总支出**	**7076.2**
二、家庭总收入	**7140.8**	消费性支出	5389.4
工薪收入	4484.4	#食品	1982.6
#工资及补贴收入	4183.4	衣着	611.5
其它劳动收入	301.0	教育文化娱乐	711.8
经营净收入	275.6	居住	558.2
财产性收入	50.8	购房与建房支出	589.8
#股息与红利收入	19.6	#购房	589.8
出租房屋收入	12.8	转移性支出	729.2
转移性收入	2330.0	#捐赠支出	425.6
#养老、离退休金	1984.1	赡养支出	244.0
辞退休金	56.5	财产性支出	2.4
赡养收入	101.2	社会保障支出	365.3
捐赠收入	58.7	#个人交纳养老金	118.5
记帐补贴	36.5	个人交纳的住房公积金	164.3
三、出售财物收入	**5.8**	个人交纳医疗基金	59.5
#出售住房收入	2.3	**六、借贷支出**	**3044.3**
四、借贷收入	**2957.0**	#存入储蓄款	2753.9
#提取储蓄存款	2511.4	借出款	14.3
借入款	185.9	归还借款	45.4
住房贷款	239.2	归还住房贷款	130.4
其它借贷收入	4.0	**七、期末手存现金**	**2192.1**

6－8 城镇居民家庭年人均消费性支出构成(2003年)
Per Capita Annual Living Expenditure of Urban Households Its Composition(2003)

单位:%

项目	总平均	最低收入户	#更低户	低收入户	中等偏下户	中等收入户	中等偏上户	高收入户	最高收入户
消费性支出	**100.0**	**100.0**	**100.0**	**100.0**	**100.0**	**100.0**	**100.0**	**100.0**	**100.0**
食品	36.8	40.6	36.9	44.1	40.8	39.9	36.2	32.0	30.2
衣着	11.3	9.3	8.9	10.4	10.7	10.9	12.0	12.1	11.9
家庭设备用品及服务	6.9	4.9	4.0	5.3	5.3	5.3	5.9	12.5	8.2
医疗保健	8.4	14.5	21.1	8.7	8.1	9.5	7.9	6.3	7.8
交通通讯	9.4	8.2	7.6	8.8	9.0	9.6	10.1	9.4	9.3
娱乐教育文化服务	13.2	11.2	11.5	10.4	12.0	11.7	15.0	13.8	14.6
居住	10.4	8.7	7.8	10.0	10.3	9.7	9.4	10.0	13.4
杂项商品与服务	3.6	2.6	2.2	2.3	3.8	3.4	3.5	3.9	4.6

6－9 城镇居民家庭平均每人全年购买的主要商品数量
Amount of Per Capita Annual Major Commodty Purchase of Urban Households

项目		1985	1990	1995	1999	2000	2001	2002	2003
粮食	(千克)	126.00	187.51	140.59	99.65	93.04	99.18	87.72	85.8
鲜菜	(千克)	112.68	155.96	132.84	94.41	88.63	100.23	112.68	101.28
食用植物油	(千克)	7.44	9.77	8.50	7.51	9.59	10.34	9.72	9.48
猪肉	(千克)	10.98	15.56	15.45	10.64	11.54	12.96	12.48	12.24
牛羊肉	(千克)	12.42	15.96	11.04	11.15	13.19	13.46	12.24	10.56
家禽	(千克)	1.02	0.71	2.05	2.44	3.24	4.39	3.96	4.68
鲜蛋	(千克)	4.92	4.00	7.96	9.36	8.37	8.23	8.28	8.64
水产品	(千克)	4.20	4.30	4.52	3.42	4.16	4.74	3	4.2
酒	(千克)	5.22	7.48	8.04	6.74	5.62	5.95	3.12	5.28
奶及奶制品	(千克)	5.79	13.00	15.43	15.98	17.61	22.83	28.08	31.68
鲜瓜果	(千克)	31.40	41.67	42.82	42.07	43.34	49.31	54.6	45.84
干果及制品	(千克)	4.16		2.98	3.10	3.43	4	3	3
糕点	(千克)	3.08		2.79	1.92	1.86	2.48	2.4	2.76
鞋	(双)	2.06	1.30	1.35	1.25	1.15	2.32	2.16	2.4
服装	(件)	1.70	1.80	4.34	5.05	4.91	5.3	5.88	5.4

6－10 城镇居民家庭平均每百户年底耐用消费品拥有量

Number of Major Durable Consumper Goods Owned by Per 100 Urban Households of the Year－end

项　目		1985	1990	1995	1999	2000	2001	2002	2003
组合家具	（套）	7	9	43	58	51	53	39	42
摩托车	（辆）		3	6	9	9	8	7	6
自行车	（辆）	135	157	157	123	103	98	68	69
洗衣机	（台）	58	86	96	98	101	100	95	97
电冰箱	（台）	3	15	47	75	86	80	74	77
彩色电视机	（台）	47	78	94	108	112	115	115	117
影碟机	（台）	54			17	36	44	54	57
家用电脑	（台）				1	2	6	8	12
组合音响	（套）			7	18	22	25	19	21
录音机	（台）	57	74	35	63	53	50	53	53
照相机	（台）	10	17	35	39	43	47	42	44
微波炉	（台）				1	7	13	20	25
电炊具	（台）			1	13	23	32	43	47
排油烟机	（台）			24	55	66	72	72	75
移动电话	（部）				1	10	27	54	69
淋浴热水器	（台）			7	15	18	25	26	28

6－11 按收入等级分城镇居民家庭每百户消费品拥有量(2003 年)

Number of Durable Consumer Goods Owned Per 100 Urban Households at the Year－end(2003)

项　目		总平均	最低收入户	#更低户	低收入户	中等偏下户	中等收入户	中等偏上户	高收入户	最高收入户
组合家具	（套）	42	41	47	35	46	43	45	44	36
摩托车	（辆）	6	5	6	4	8	5	9	7	5
自行车	（辆）	69	68	76	67	76	67	70	64	66
洗衣机	（台）	97	91	93	88	96	99	100	100	102
电冰箱	（台）	77	52	51	50	71	80	90	92	89
彩色电视机	（台）	117	98	97	99	117	120	123	128	124
影碟机	（台）	57	36	36	45	50	65	66	66	67
家用电脑	（台）	12	2	3	5	7	11	17	18	21
组合音响	（套）	21	9	9	17	17	25	24	20	26
录音机	（台）	53	54	59	44	48	57	57	58	52
照相机	（架）	54	21	15	24	35	47	56	62	53
微波炉	（台）	25	6	8	10	15	30	35	31	36
电炊具	（台）	47	32	34	33	42	50	57	52	60
淋浴热水器	（台）	28	12	11	16	20	29	37	45	38
排油烟机	（台）	75	60	57	64	70	76	83	83	88
移动电话	（部）	69	27	26	38	45	74	93	101	102
普动电话	（部）	88	70	68	77	85	91	93	93	96

6－12 城镇居民住房情况(2003年)(抽样调查)
Living Conditions of Urban Households (Sample Survey) (2003)

项　　目	户　数	比　重	项　　目	户　数	比　重
总　计	**550**	**100**	公用自来水	26	4.79
按住宅建筑式样分		**100**	河水	5	0.94
单栋住宅	16	2.82	**按取暖设备分**		**100**
四居室	47	7.78	无取暖设备	2	0.29
三居室	181	32.48	空调设备	4	0.78
二居室	262	47.26	暖气	368	67
一居室	14	3.35	其他	176	31.94
普通楼房	11	2.67	**按用燃料使用情况分**		**100**
平房及其他	19	3.64	管道煤气	13	2.4
按房屋产权分		**100**	液化石油气	129	23.39
租赁公房	28	5.62	煤	47	8.48
租赁私房	13	1.38	其他	361	65.73
原有私房	20	4.74	**按通信设备使用情况分**		**100**
房改私房	448	81.2	有电话	501	91.01
商品房	22	3.86	无电话	49	.8.99
其他	19	3.2	固定电话	481	87.43
按饮水情况分		100	移动电话	380	69.1
自来水	519	95	使用互联网	10	1.73
纯净水	25	3.82	**按卫生设备分**		**100**
河水	5	0.94	无卫生设备	21	3.74
其他	1	0.24	有浴室厕所	133	24.15
按用水情况分		**100**	有厕所无浴室	342	62.25
独用自来水	519	94.32	公用	54	9.86

6－13 农村居民家庭基本情况
Basic Conditions of Rural Household

项　　目	1985	1990	1995	1999	2000	2001	2002	2003
调查户数　　（户）	**450**	**460**	**600**	**600**	**600**	**600**	**600**	**600**
调查户人口　　（人）	**2912**	**2878**	**3579**	**3422**	**3190**	**3148**	**3116**	**3070**
常住人口	2912	2878	3579	3422	3190	3148	3116	3070
平均每户常住人口	6.5	6.3	6.0	5.7	5.3	5.3	5.2	5.1
平均每户整半劳力	3.4	3.5	3.5	3.4	3.3	3.2	3.2	3.2
平均每个劳动力负担人口(含本人)	1.9	1.8	1.7	1.7	1.6	1.6	1.6	1.6
平均每人年收入　　（元）								
总收入	**470.4**	**782.7**	**1382.2**	**2027.9**	**2000.3**	**2211.1**	**2300.1**	**2408.5**
工资性收入	49.9	73.0	96.7	277.2	312.3	351.3	401.5	436.7
家庭经营收入	381.5	664.2	1253.5	1682.5	1597.0	1745.9	1747.2	1823.1
财产性收入	30.4	27.3	3.0	10.6	24.7	34.7	39.0	45.7
转移性收入	8.6	18.1	29.0	57.6	66.3	79.2	112.4	103.0
现金收入	**279.0**	**541.1**	**733.2**	**1174.4**	**1365.7**	**1470.6**	**1653.8**	**1746.3**
工资性收入	49.4	71.6	96.5	277.0	311.0	351.3	401.5	436.7
家庭经营收入	194.9	403.2	573.9	796.2	974.1	1013.7	1109.7	1193.6
财产性收入	16.6	48.2	21.1	26.1	24.7	34.7	39.0	36.1
转移性收入	18.1	18.1	41.7	75.3	55.9	71.0	103.6	79.9
平均每人年支出　　（元）								
总支出	**409.6**	**683.0**	**1306.4**	**1694.5**	**1928.1**	**2071.5**	**2258.3**	**2270.7**
家庭经营费用支出	85.5	120.6	258.3	369.2	348.1	416.1	403.5	419.2
购置生产性固定资产	28.7	40.4	69.5	62.6	136.4	153.2	269.6	152.1
税费支出	12.5	23.6	39.2	44.5	46.9	55.0	43.8	45.1
生活消费支出	274.7	474.8	913.8	1133.6	1218.2	1345.6	1411.7	1572.0
转移性和财产性支出	8.2	23.7	25.6	57.5	96.2	101.7	129.7	82.3
现金支出	**237.9**	**486.5**	**779.8**	**1049.8**	**1327.2**	**1512.7**	**1752.6**	**1679.4**
家庭经营费用支出	42.1	126.6	165.6	259.5	285.2	316.4	311.5	318.6
购买生产性固定资产	28.6	40.4	69.5	62.6	136.4	153.2	269.6	152.1
税费支出	11.8	23.3	38.8	44.1	46.9	54.9	43.8	45.1
生活消费支出	141.0	256.6	458.7	606.4	765.5	898.5	1001.2	1081.3
转移性和财产性支出	14.4	39.6	47.2	77.1	93.2	89.7	126.5	82.2
平均每人年纯收入	**342.9**	**559.8**	**1029.8**	**1486.3**	**1490.5**	**1610.9**	**1710.8**	**1817.4**
工资性收入	49.9	73.0	96.7	277.2	312.3	351.3	401.5	436.7
家庭经营纯收入	260.4	448.8	908.2	1153.0	1119.8	1183.8	1204.0	1246.7
财产性收入	24.0	19.9	3.0	10.6	24.7	34.7	39.0	45.7
转移性收入	8.6	18.1	21.9	45.6	33.8	41.0	66.3	88.3

6-14 农村居民按纯收入分组的户数占调查户比重

Average Pure Income of the Rural Aear

项　目	1985	1990	1995	1999	2000	2001	2002	2003
按纯收入分组户数	**450**	**460**	**600**	**600**	**600**	**600**	**600**	**600**
占调查户比重(%)								
300元以下	47.11	15.43	1.67	1.00	3.33	3.33	2.70	3
300-400元	22.89	18.91	3.17	1.33	3.67	3.67	2.30	1.7
400-500元	13.33	13.04	5.33	1.33	3.50	3.17	3.20	2.5
500-600元	5.56	17.18	9.50	2.33	5.00	4.33	2.70	2.8
600-800元	6.44	16.74	21.33	7.83	13.16	9.17	9.00	6.8
800-1000元	2	8.48	16.33	17.17	10.83	10.83	10.50	6.3
1000-1200元		8.04	15.33	14.17	11.50	10.17	10.70	11.2
1200-1300元		1.52	3.50	5.50	5.00	4.67	5.50	5.3
1300-1500元	2.22	0.65	7.83	9.33	9.50	9.33	8.50	8.5
1500-1700元	0.44		5.17	10.00	6.50	8.83	8.70	8.5
1700-2000元			4.50	11.50	6.33	7.00	9.00	11.8
2000-2500元			2.83	6.67	8.17	8.67	12.50	10.7
2500-3000元			2.17	5.83	5.17	5.50	5.30	7.7
3000-3500元			0.17	3.17	2.33	4.17	2.50	4.5
3500-4000元				1.00	1.16	1.67	1.30	2
4000-4500元			0.33	0.83	0.67	1.00	1.50	2
4500-5000元			0.17	0.17	0.83	0.50	0.50	0.5
5000元以上			0.67	0.83	3.33	4.00	3.70	4.2

6-15 农村居民家庭平均每人纯收入及构成

Compositions of Per Capita Net Income of Rural Households

单位:元、%

项　目	1985	1990	1995	1999	2000	2001	2002	2003
农村居民人均纯收入	**342.9**	**559.8**	**1029.8**	**1486.3**	**1490.5**	**1610.87**	**1710.8**	**1817.4**
按收入来源分								
1.工资性收入	49.9	73.0	96.7	277.2	312.3	351.3	401.5	436.7
2.家庭经营纯收入	260.4	448.8	908.2	1153.0	1119.8	1183.8	1204.0	1246.7
农业收入	128.3	243.9	508.8	609.7	398.3	448.8	414.1	455.5
林业收入	1.8	2.0	4.0	6.6	4.4	5.3	5.6	14.9
牧业收入	87.9	150.9	258.1	350.4	519.2	525.8	542.1	552.4
渔业收入	0.1	0.3		2.9	18.9	10.0	7.3	8.4
工业收入	3.3	6.1	6.7	17.9	13.6	27.1	43.3	17.7
建筑业收入	3.7	4.6	8.6	27.7	9.0	10.6	20.3	31.6
交通运输邮电业收入	14.4	22.0	28.4	42.8	73.3	70.8	109.3	87.3
批发零售贸易及餐饮业收入	9.4	10.5	30.5	26.8	27.7	26.1	29.1	46.7
社会服务业收入	4.9	5.8	7.5	8.8	2.8	5.3	2.5	8.6
文教卫生业收入					11.6	6.0	5.7	4.8
其他收入	6.7	2.7	55.7	59.4	41.0	48.1	24.7	18.8
3.转移性和财产性收入	32.6	38.0	24.8	56.2	58.5	75.7	105.3	134.0
农村居民人均纯收入构成	**100.0**	**100.0**	**100.0**	**100.0**	**100.0**	**100.0**	**100.0**	**100.0**
按收入来源分								
1.工资性收入	14.6	13.0	9.4	18.6	21.0	21.8	23.5	24.03
2.家庭经营纯收入	75.9	80.2	88.2	77.6	75.1	73.5	70.4	68.60
农业收入	49.3	54.3	56.0	52.9	35.6	37.9	34.4	36.5
林业收入	0.7	0.4	0.4	0.6	0.4	0.4	0.5	1.2
牧业收入	33.7	33.6	28.4	30.4	46.4	44.4	45.0	44.3
渔业收入		0.1		0.2	1.7	0.8	0.6	0.7
工业收入	1.3	1.4	0.7	1.6	1.2	2.3	3.6	1.4
建筑业收入	1.4	1.0	1.0	2.4	0.8	0.9	1.7	2.5
交通运输邮电业收入	5.5	4.9	3.1	3.7	6.5	6.0	9.1	7.0
批发零售贸易及餐饮业收入	3.6	2.3	3.4	2.3	2.5	2.2	2.4	3.7
社会服务业收入	1.9	1.3	0.8	0.8	0.3	0.4	0.2	0.7
文教卫生业收入					1.0	0.5	0.5	0.4
其他收入	2.6	0.6	6.1	5.1	3.7	4.1	2.1	1.5
3.转移性和财产性收入	9.5	6.8	2.4	3.8	3.9	4.7	6.2	7.37

6－16　农村居民家庭平均每人生活消费总支出及构成

Compositions of Per Capita Living Expenditur of Rural Households

单位:元、%

指　　标	1985	1990	1995	1999	2000	2001	2002	2003
生活消费总支出	**274.7**	**474.8**	**913.8**	**1133.6**	**1218.2**	**1345.6**	**1411.7**	**1572.0**
食品	176.1	282.6	593.9	699.4	705.2	704.7	690.3	771.4
衣着	37.9	61.6	85.5	98.0	93.4	100.9	113.9	113.9
居住	30.9	59.7	88.8	124.2	126.2	183.5	164.4	205.4
家庭设备用品及服务	10.6	30.2	34.3	46.0	44.8	54.4	69.7	60.9
医疗保健	6.3	18.4	34.7	56.9	78.2	85.6	118.0	115.7
交通通讯	2.5	4.0	22.5	35.4	53.2	88.2	112.2	145.9
文教娱乐用品及服务	7.5	17.8	33.7	50.2	79.4	91.8	107.9	131.7
其他商品及服务	3.0	0.3	20.5	23.5	37.9	36.5	35.3	27.0
生活消费总支出构成	**100.0**	**100.0**	**100.0**	**100.0**	**100.0**	**100.0**	**100.0**	**100.0**
食品	64.1	59.5	65.0	61.7	57.9	52.4	48.9	49.1
衣着	13.8	13.0	9.4	8.6	7.7	7.5	8.1	7.2
居住	11.3	12.6	9.7	11.0	10.4	13.6	11.7	13.1
家庭设备用品及服务	3.8	6.4	3.8	4.1	3.7	4.0	4.9	3.9
医疗保健	2.3	3.9	3.8	5.0	6.4	6.4	8.4	7.4
交通通讯	0.9	0.9	2.5	3.1	4.4	6.6	7.9	9.3
文教娱乐用品及服务	2.7	3.8	3.7	4.4	6.5	6.8	7.6	8.3
其他商品及服务	1.1	0.1	2.2	2.1	3.1	2.7	2.5	1.7

6-17 农村居民家庭平均每人主要消费品消费量

Amount of Major Consumption Goods of Per Captita living Expenditure in Rural Area

单位:公斤

品　名	1985	1990	1995	1999	2000	2001	2002	2003
粮食(原粮)	226.1	247.8	240.8	257.8	270.8	258.0	228.6	220.8
#小麦	174.0	176.2	196.2	205.9	222.7	213.5	191.4	185.1
豆类及豆制品			1.8	0.2	1.4	1.6	1.5	0.6
蔬菜及制品	49.3	54.4	35.0	41.9	42.6	40.5	42.6	40.5
食油	5.7	6.4	8.5	9.9	9.1	10.2	9.2	8.3
#植物油	4.6	5.5	8.1	9.5	8.7	9.8	8.5	8.1
肉禽及制品	15.7	16.2	12.2	17.6	20.1	21.1	20.9	30.9
#猪肉	7.0	8.1	7.1	9.0	8.6	8.8	9.4	12.3
牛肉	3.6	3.7	2.0	3.5	4.5	5.0	4.2	6.4
羊肉	5.0	4.0	3.0	4.7	6.5	6.8	6.7	11.0
家禽	0.1	0.5	0.2	0.3	0.4	0.5	0.5	0.5
蛋类及蛋制品	0.5	0.7	0.5	0.5	0.7	0.8	0.7	0.8
奶和奶制品	25.5	17.3	12.8	15.4	21.7	20.6	16.9	19.4
水产品		0.1	0.1	0.4	0.8	0.3	0.5	0.5
#鱼类		0.1	0.1	0.4	0.2	0.2	0.2	0.5
糖类	0.7	0.6	1.1	1.5	1.1	1.2	1.3	1.4
酒和饮料	1.6	1.5	19.6	3.7	4.5	5.0	4.6	4.3
水果及制品	1.2	1.6	2.4	5.3	6.0	6.0	7.1	5.1
坚果及制品	0.1	0.3	0.3	1.2	0.6	0.7	1.0	1.1

6－18 农村居民家庭平均每百户年底耐用消费品拥有量
Number of Durabl Consumption Goods Owned Per 100 Rural Households at the Year－end

品　　名	1985	1990	1995	1999	2000	2001	2002	2003
缝纫机　（架）	33.1	48.0	50.8	52.0				
钟　（只）	31.6	73.3	61.8	70.7				
手表　（只）	102.7	176.7	182.0	169.7				
电子表　（只）		82.4	88.8	89.7				
洗衣机　（台）	0.7	6.1	8.8	12.7	17.3	17.5	19.5	23.2
电风扇　（台）		0.2	0.2	0.8	1.7	2.3	2.0	3.0
电冰箱　（台）			0.8	1.7	1.8	3.0	3.5	6.5
空调机　（台）				0.1		0.2		
抽油烟机　（台）						0.2	0.2	0.3
自行车　（辆）	41.3	77.6	82.7	82.7	58.8	58.0	58.7	55.8
摩托车　（辆）	0.2	2.2	3.3	9.0	11.5	15.2	22.5	33.8
电话机　（部）					4.0	6.8	12.2	21.5
移动电话　（部）					0.3	0.3	1.2	9.8
组合音响　（台）					2.7	2.5	3.3	5.0
寻呼机　（台）					0.5	1.2	0.8	1.2
黑白电视机（台）	6.0	32.0	43.2	51.2	40.8	41.3	38.7	33.0
彩色电视机（台）	0.9	4.1	12.7	23.8	34.3	39.2	45.7	56.8
录放像机　（台）				4.0	0.8	0.7	1.0	0.7
收录机　（台）	6.2	33.9	40.2	54.0	52.3	48.5	52.7	56.5
照相机　（架）	0.4	1.7	1.7	2.5	2.2	2.7	1.8	2.0

6－19 农村居民家庭住房情况

Housing Conditions of Rural Household at the year－end by Regions

项　　目		1985	1990	1995	1999	2000	2001	2002	2003
本年新建房屋									
住房面积	(平方米/人)	0.5	0.3	0.4	0.5	0.6	0.7	0.7	0.7
住房价值	(元/平方米)				108.2	130.1	123.2	138.8	158.9
住房结构									
#钢筋混凝土结构	(平方米/人)						0.1	0.1	0.1
砖木结构	(平方米/人)	0.2	0.1	0.1	0.2	0.3	0.3	0.2	0.1
年末住房情况									
住房面积	(平方米/人)	10.5	12.8	15.0	14.2	15.3	15.9	16.3	16.9
住房价值	(元/平方米)	19.0	26.9	40.2	67.4	95.0	96.7	100.2	104.4
住房结构									
#钢筋混凝土结构	(平方米/人)			0.1	0.2	0.2	0.2	0.4	0.4
砖木结构	(平方米/人)	0.7	1.2	1.6	1.6	1.8	1.8	1.6	1.3

注:本表为农村住户抽样调查资料。

6－20 农村居民家庭人均收入及恩格尔系数

Personal Average Income of Rural Household and Enger Index

年　份	农村居民家庭人均纯收入(元)				农村居民家庭恩格尔系数(%)
	绝对数(元)	指　数(上年＝100)	指数(上年＝100)(扣除物价因素)	指　数(1980年＝100)	
1980	204.31	100.00	100.00	100.00	
1981	191.56	93.76	93.32	93.32	
1982	223.39	116.62	116.15	108.39	
1983	252.45	113.01	112.53	121.97	
1984	281.22	111.39	109.39	133.43	62.71
1985	342.94	121.95	118.37	157.94	64.11
1986	369.15	107.64	104.21	164.59	61.58
1987	392.15	106.23	103.45	170.27	57.84
1988	492.82	125.67	114.19	194.43	55.99
1989	463.52	94.05	86.04	167.29	59.13
1990	559.78	120.77	106.12	177.53	59.53
1991	555.56	99.25	96.73	171.72	60.42
1992	603.40	108.61	105.67	181.46	60.95
1993	672.56	111.46	103.77	188.30	60.56
1994	869.34	129.26	106.63	200.78	61.25
1995	1029.77	118.45	102.30	205.40	64.99
1996	1173.80	113.99	104.00	213.62	66.59
1997	1320.63	112.51	104.40	223.02	66.29
1998	1426.00	107.98	109.70	244.65	62.14
1999	1486.31	104.23	107.60	263.25	61.70
2000	1490.49	100.28	100.40	264.30	57.89
2001	1610.87	108.08	106.03	280.24	52.37
2002	1710.80	106.20	108.79	304.87	48.90
2003	1817.38	106.23	102.95	313.86	49.07

6-21 主要年份城乡居民储蓄存款年末余额
Saving Deposit in Urban and Rural Areas in Major Years

单位:万元

年 份	合 计	城 镇	农村信用社农牧民储 蓄	城乡居民人均储蓄(元/人)
1952	128	128		0.81
1957	2828	2453	375	13.98
1965	4632	4274	358	20.59
1970	6559	6195	363	23.65
1975	11469	10617	852	34.43
1978	16269	14874	1395	45.09
1980	28127	25782	2345	75.11
1983	50696	46587	5184	129.10
1984	64283	58165	6118	160.06
1985	82288	75904	6384	201.99
1986	106634	96825	9809	253.33
1987	134286	122623	11663	319.39
1988	161525	147273	14252	372.01
1989	200943	185257	15686	456.48
1990	265952	246818	19134	594.09
1991	325109	302396	22713	715.42
1992	398679	370301	28378	864.78
1993	499196	463863	35333	1069.63
1994	631475	584531	46944	1332.23
1995	827116	770250	56866	1718.86
1996	971707	874877	96830	2004.55
1997	1131378	1016854	114524	2299.78
1998	1304272	1210250	94022	2612.72
1999	1428608	1329205	99403	2821.66
2000	1590782	1469556	121226	3070.17
2001	1885323	1742336	142987	3604.13
2002	2229941	2069463	160478	4200.70
2003	2605022	2421771	183251	4880.15

6-22 农村贫困监测调查户人均收支情况(抽样调查)

Per Capita Annual Total Income, Total Expenditure and Net Income of Surveyed Indigent Rural Households (Sample Survey)

单位:元

	2000	2001	2002	2003
调查村数(个)	**112**	**112**	**116**	**116**
调查户数(户)	**560**	**560**	**840**	**840**
调查人数(人)	**3320**	**3277**	**4333**	**4341**
整、半劳动力(人)	**1984**	**1970**	**2591**	**2614**
一、全年总收入	**1460.11**	**1571.76**	**1794.01**	**1820.20**
(一)工资性收入	209.55	227.69	419.57	388.83
(二)家庭经营收入	1172.95	1259.85	1276.65	1312.52
1.种植业收入	284.10	279.46	307.57	324.29
2.牧业收入	550.03	578.06	532.49	502.15
3.二、三产业收入	98.21	96.74	188.84	175.40
(三)转移性收入	66.87	63.84	66.28	77.22
(四)财产性收入	10.73	20.38	31.5	41.64
二、全年总支出	**1303.71**	**1441.43**	**1695.33**	**1622.69**
(一)家庭经营生产费用	188.47	200.89	280.48	271.53
1.种植业支出	87.26	90.49	103.43	122.88
2.牧业支出	86.39	86.65	133.3	105.43
3.二、三产业费用支出	10.01	16.93	35.2	42.72
(二)购买生产性固定资产	58.85	69.74	156.43	133.35
(三)税费支出	43.29	36.16	34.32	33.13
(四)生活消费支出	967.77	1088.40	1162.52	1140.15
1.食品消费支出	636.16	631.92	682.26	629.56
2.衣着消费支出	70.47	76.47	79.24	94.47
3.居住消费支出	102.10	200.03	150.18	122.48
4.家庭设备用品及服务消费	26.55	35.35	32.5	46.76
5.医疗保健支出	54.65	59.12	83.6	70.81
6.交通通讯支出	33.52	32.40	53.44	71.81
7.文化教育、娱乐用品及服务	27.66	36.27	61.14	70.05
8.其他商品及服务支出	16.65	16.85	20.16	34.20
(五)转移性支出	45.34	46.25	53.93	35.88
(六)财产性支出			7.65	8.65
三、生产性固定资产折旧	**45.66**	**50.00**	**110.70**	**101.22**
四、全年纯收入	**1174.63**	**1275.11**	**1341.13**	**1385.67**

主要统计指标解释

农村经济总收入　指农村集体经济组织和农民在一年之中经营生产性和服务性活动所得到的可以用于抵偿本年开支,并在国家、集体和农民个人之间进行分配的全部收入。包括农林牧渔业、农村工业、建筑业、运输业、商业、饮食业、服务业、劳务等各项经营收入和利息、租金等项收入,不包括那些不能用来分配,属于借贷性质或暂收性质的收入,如贷款收入、预购定金、国家投资、农民投资等。

农村经济总消费　是指为实现当年各项生产经营收入应由当年负担的各项费用支出,包括生产费用、管理费用和其他费用三项。

农村经济总费用包括乡(镇)、村办企业费用,集体统一经营费用,新经济联合费用和农民家庭经营费用四部分。这里的总费用只包括生产费用,管理费用和其他等物化劳动费用。

城镇居民家庭全部收入　指被调查城镇居民家庭全部的实际收入,包括经常或固定得到的收入和一次性收入。不包括周转性收入,如提取银行存款、向亲友借款、收回借出款以及其他各种暂收款。

城镇居民家庭可支配收入　指被调查的城镇居民家庭在支付个人所得税、财产税及其他经常性转移支出后所余下的实际收入。

城镇居民家庭消费性支出　指被调查的城镇居民家庭用于日常生活的全部支出,包括购买商品支出和文化生活、服务等非商品性支出。不包括罚没、丢失款和缴纳的各种税款(如个人所得税、牌照税、房产税等),也不包括个体劳动者生产经营过程中发生的各项费用。

城镇居民购买商品支出　指被调查的城镇居民家庭为自用或赠送亲友而购买商品的全部支出,包括从商店、工厂、饮食业、工作单位食堂、集市以及直接从农民手中购买各种商品的开支。商品支出分为以下八类:食品;衣着;家庭设备用品及服务;医疗保健;交通与通信;娱乐、教育文化服务;居住;杂项商品和服务。

农村居民家庭总收入　指调查期内农村住户和成员从各种来源渠道得到的收入总和。按收入的性质划分为工资性收入、家庭经营收入、财产性收入和转移性收入四部分。

农村居民家庭总支出　指农村住户用于生产、生活和再分配的全部支出。包括家庭经营费用支出、购置生产性固定资产支出、生产性固定资产折旧、税费支出、生活消费支出、财产性支出和转移性支出七部分。

农村居民家庭纯收入　指农村住户当年从各个来源得到的总收入相应地扣除所发生的费用后的收入总和。纯收入主要用于生产投入当年生活消费支出,也可用于储蓄和各种非义务性支出。"农牧民人均纯收入"按人口平均的纯收入水平,反映的是一个地区或一个农牧户农村居民的平均收入水平。计算方法:纯收入 = 总收入 - 家庭经营费用支出 - 税费支出 - 生产性固定资产折旧 - 调查补贴 - 赠送农村外部亲友支出

农村居民家庭生活消费支出　指农村住户用于物质生活和精神生活方面的支出。生活消费支出包括食品、衣着、居住、家庭设备、用品及服务、医疗保健、交通和通讯、文化教育娱乐用品及服务、其他商品和服务等消费支出。

城乡居民储蓄存款余额　指某一时点城乡居民存入银行及农村信用社的储蓄金额,包括城镇居民储蓄存款和农民个人储蓄存款,不包括居民的手存现金和工矿企业、部队、机关、团体等单位存款。

恩格尔系数　是指食品支出占总消费支出的比例。用公式表示为:

$$恩格尔系数(\%) = \frac{食品支出总额}{家庭或个人消费支出总额} \times 100\%$$

Chapter 7

物　价

Prices Index

各种物价总指数

(以上年为100)

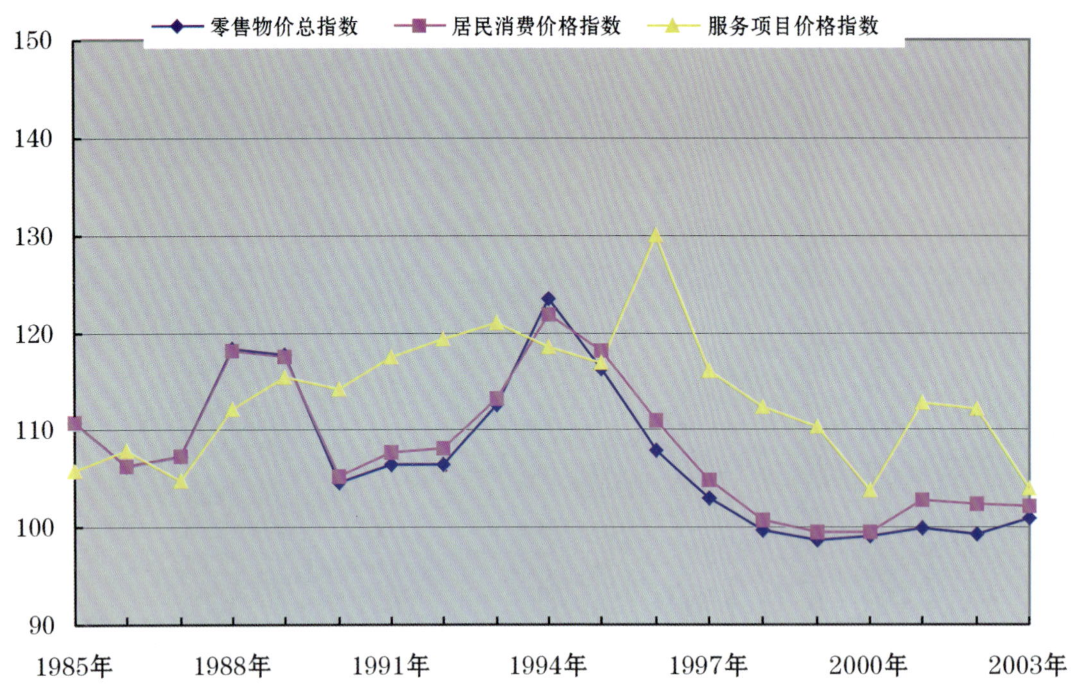

各种物价总指数

（以1978年价格为100）

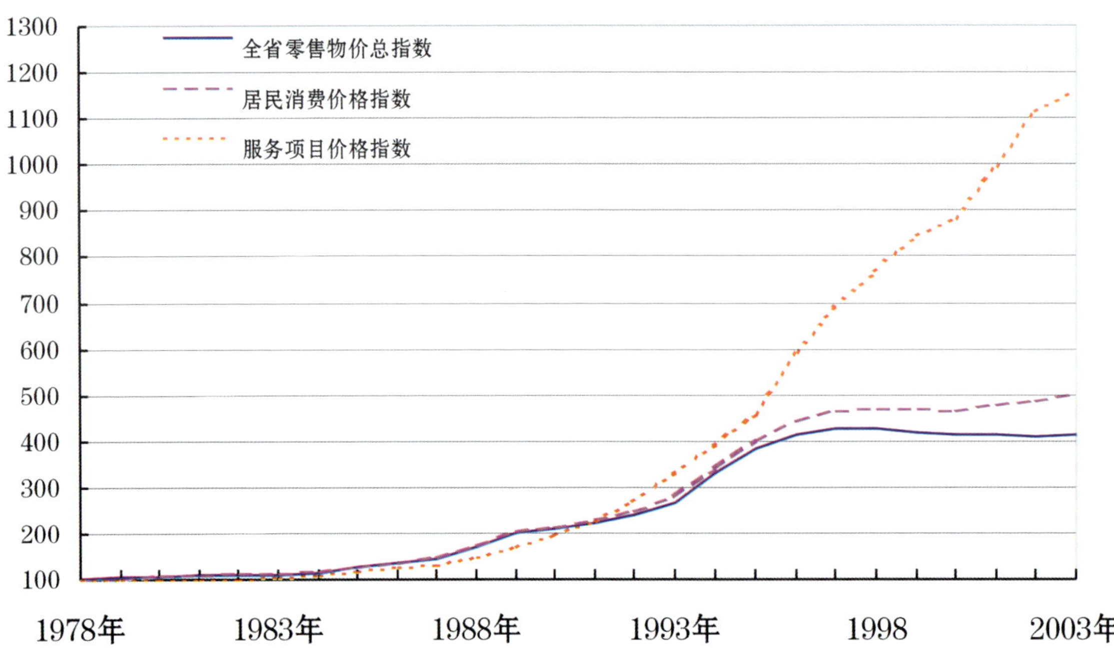

7－1 各种价格总指数

Overall Price Indices(Last Year＝100)

(上年＝100)

年份	商品零售价格指数	居民消费价格指数	城市居民消费价格指数	农村居民消费价格指数	服务项目价格指数	农业生产资料价格指数
1978	100.22	100.35	100.23	100.50	100.00	100.04
1979	102.22	102.15	103.38	100.31	100.11	99.16
1980	104.08	105.59	105.59	101.30	100.44	99.23
1981	101.37	101.30	101.30	100.67	100.00	100.52
1982	101.80	101.77	102.07	100.88	100.20	100.88
1983	100.65	100.74	100.62	101.40	104.73	100.36
1984	103.40	103.10	103.10	102.40	103.86	107.90
1985	110.70	110.70	111.80	106.20	105.80	103.70
1986	106.10	106.20	106.40	105.70	107.80	102.60
1987	107.30	107.20	107.80	105.20	104.80	104.10
1988	118.30	118.00	118.60	116.20	112.20	111.00
1989	117.70	117.50	117.30	118.00	115.30	116.40
1990	104.50	105.10	104.70	107.60	114.10	108.70
1991	106.30	107.60	108.70	105.20	117.50	104.10
1992	106.40	108.00	108.60	106.60	119.30	103.80
1993	112.50	113.20	114.00	110.50	121.00	117.60
1994	123.30	121.80	123.20	120.70	118.50	124.10
1995	116.30	118.00	119.70	115.70	116.80	123.90
1996	107.80	110.80	111.40	108.80	129.90	112.60
1997	103.00	104.80	105.10	104.20	116.00	105.00
1998	99.60	100.70	100.60	101.00	112.30	100.30
1999	98.50	99.50	99.50	99.60	110.30	95.60
2000	99.00	99.50	99.60	99.40	103.80	100.70
2001	99.90	102.60	103.00	101.20	112.70	99.60
2002	99.30	102.30	102.10	102.90	112.20	98.00
2003	100.80	102.00	101.80	102.50	104.00	101.10

7－2 各种价格总指数

Overall Price Indices(1978＝100)

（1978年＝100）

年 份	商品零售价格指数	居民消费价格指数	城市居民消费价格指数	农村居民消费价格指数	服务项目价格指数	农业生产资料价格指数
1978	100.00	100.00	100.00	100.00	100.00	100.00
1979	102.22	102.15	103.38	100.31	100.11	99.16
1980	106.39	107.86	109.16	101.61	100.55	98.40
1981	107.85	109.26	110.58	102.29	100.55	98.91
1982	109.79	111.20	112.87	103.20	100.75	99.78
1983	110.50	112.02	113.57	104.64	105.52	100.14
1984	114.26	115.49	117.09	107.15	109.59	108.05
1985	126.49	127.85	130.90	113.79	115.95	112.05
1986	134.20	135.78	139.28	120.28	124.99	114.96
1987	144.00	145.55	150.15	126.54	130.99	119.67
1988	170.35	171.75	178.07	147.03	146.97	132.84
1989	200.50	201.81	208.88	173.50	169.46	154.62
1990	209.52	212.10	218.70	186.69	193.35	168.07
1991	222.72	228.22	237.30	196.39	227.19	174.97
1992	236.98	246.48	258.17	209.36	271.03	181.61
1993	266.60	279.01	294.31	231.34	327.95	213.58
1994	328.72	339.84	362.59	279.23	388.62	265.05
1995	381.99	401.01	434.02	323.06	453.91	328.40
1996	412.12	444.32	483.50	351.49	589.63	369.78
1997	424.48	465.65	508.16	366.25	683.97	388.27
1998	422.79	468.91	511.21	369.92	768.10	389.43
1999	416.44	466.57	508.65	368.44	847.21	372.29
2000	412.28	464.24	506.62	366.23	879.41	374.90
2001	411.87	476.31	521.82	370.62	991.09	373.40
2002	408.98	487.25	532.77	381.37	1112.00	365.93
2003	412.25	497.00	542.36	390.90	1156.48	369.96

7-3 居民消费价格分类指数

Price Indices of Residents Consuming (2000 = 100)

(2000 年 = 100)

项　　目	2001	2002	2003
居民消费价格总指数	**103.8**	**105.6**	**108.8**
非食品价格指数	**104.6**	**107.5**	**108.2**
服务项目价格指数	**120.0**	**131.2**	**133.9**
扣除鲜菜鲜果总指数	**104.2**	**105.8**	**108.3**
消费品价格指数	**99.3**	**98.6**	**101.9**
一、食品	**102.0**	**101.7**	**110.2**
1.粮食	94.8	91.3	101.5
2.油脂	91.7	93.3	119.4
3.肉禽及其制品	115.6	112.4	123.7
4.蛋	113.9	110.3	122.3
5.水产品	97.7	101.7	103.3
6.菜	94.2	103.2	124.6
鲜菜	94.1	105.3	128.4
7.干鲜瓜果	93.8	96.0	102.7
鲜果	94.5	96.8	105.7
8.奶及奶制品	100.6	99.8	104.3
9.在外用膳食品	102.5	102.0	102.3
炒菜	102.4	101.2	99.7
二、烟酒及用品	**99.2**	**99.5**	**99.3**
三、衣着	**98.2**	**99.8**	**104.8**
服装	97.1	99.9	105.5
四、家庭设备用品及维修服务	**95.5**	**94.8**	**94.8**
1.耐用消费品	94.6	94.1	93.4
2.家庭日用杂品	92.9	89.4	88.0
五、医疗保健和个人用品	**99.0**	**108.2**	**106.7**
医疗保健	99.3	112.1	110.1
(1)中药材及中成药	101.0	98.7	99.3
(2)西药	94.5	88.2	83.4
(3)医疗保健服务	109.8	263.6	270.0
六、交通和通讯	**102.2**	**103.4**	**101.8**
1.交通	105.3	110.6	110.2
2.通信	98.0	95.1	92.4
七、娱乐教育文化用品及服务	**124.8**	**128.6**	**131.3**
1.教育	148.6	156.2	166.5
2.旅游及外出	107.0	116.8	115.7
八、居住	**102.2**	**103.1**	**102.6**
1.建房及装修材料	100.0	98.1	93.4
2.租房	100.0	100.0	100.2
3.自有住房	101.4	95.3	95.2
4.水、电、燃料	104.9	113.1	117.6

7－4 居民消费价格分类指数(2003年)

Price Indices of Residents Consuming(2003)(Lasf year＝100)

(上年＝100)

项 目	城 市	农 村	全 省
居民消费价格总指数	**101.8**	**102.5**	**102.0**
非食品价格指数	**100.4**	**102.9**	**101.1**
服务项目价格指数	**101.2**	**113.2**	**104.0**
扣除鲜菜鲜果总指数	**101.0**	**102.2**	**101.3**
消费品价格指数	**102.0**	**99.3**	**101.3**
一、食品	**104.9**	**101.4**	**104.1**
1.粮食	102.1	100.8	101.5
2.油脂	113.1	109.5	112.1
3.肉禽及其制品	104.9	102.8	104.5
4.蛋	98.6	98.9	98.6
5.水产品	101.3	97.3	101.2
6.菜	123.6	110.9	121.1
鲜菜	124.8	124.2	123.8
7.干鲜瓜果	110.5	98.9	108.7
鲜果	111.3	102.3	110.2
8.奶及奶制品	103.4	99.7	103.0
9.在外用膳食品	99.6	101.2	99.7
炒菜	96.7	102.8	97.3
二、烟酒及用品	**98.9**	**99.4**	**99.0**
三、衣着	**102.8**	**99.4**	**101.9**
服装	103.0	99.6	102.2
四、家庭设备用品及维修服务	**100.6**	**97.8**	**100.1**
1.耐用消费品	99.4	98.1	99.2
2.家庭日用杂品	99.3	95.3	98.6
五、医疗保健和个人用品	**100.4**	**112.1**	**104.8**
医疗保健	100.0	116.8	106.4
(1)中药材及中成药	101.2	97.4	100.8
(2)西药	96.8	93.2	96.1
(3)医疗保健服务	119.0	142.5	138.9
六、交通和通讯	**98.1**	**100.0**	**98.7**
1.交通	99.8	100.1	99.9
2.通信	97.1	98.7	97.2
七、娱乐教育文化用品及服务	**99.7**	**106.1**	**100.9**
1.教育	103.3	109.6	105.0
2.旅游及外出	99.5	99.6	99.5
八、居住	**100.8**	**98.7**	**99.9**
1.建房及装修材料	98.4	95.0	96.3
2.租房	100.0	100.9	100.2
3.自有住房	98.6	98.8	98.7
4.水、电、燃料	103.9	105.8	104.5

7-5 商品零售价格分类指数(2003年)

Price Indices of Retail (2003) (Last year = 100)

(上年 = 100)

项　　　目	城　市	农　村	全　省
商品零售价格总指数	**101.2**	**100.1**	**100.8**
一、食品类	**104.6**	**103.0**	**104.0**
二、饮料、烟酒	**99.2**	**99.1**	**99.2**
三、服装、鞋帽类	**103.4**	**99.7**	**102.0**
四、纺织品类	**99.4**	**98.4**	**99.0**
五、家用电器及音像器材	**93.2**	**97.6**	**94.6**
1. 家庭设备	98.1	98.6	98.3
2. 文娱用耐用消费品	84.0	96.7	89.5
3. 音像器材类	100.0	98.0	99.6
六、文化办公用品	**92.7**	**95.3**	**93.6**
七、日用品	**100.3**	**98.0**	**99.6**
1. 日用百货	99.8	99.6	99.7
2. 日用杂品	100.8	98.7	100.1
3. 洗涤用品	100.3	93.2	98.5
八、体育娱乐用品	**96.4**	**99.4**	**97.4**
九、交通、通信用品	**94.3**	**95.4**	**94.7**
1. 交通运输机械	97.3	98.6	97.7
2. 通讯器材类	83.4	92.7	89.3
十、家具	**99.4**	**96.6**	**98.0**
十一、化妆品类	**99.9**	**100.2**	**100.0**
十二、金银珠宝类	**99.0**	**106.4**	**101.5**
十三、中西药品及医疗保健用品类	**99.5**	**93.9**	**97.3**
十四、书报杂志及电子出版物类	**100.0**	**100.5**	**100.2**
1. 教材及参考书	101.0	100.8	100.9
2. 书报杂志	99.7	100.2	99.9
3. 电子音像制品	97.9	99.7	98.7
十五、燃料类	**107.7**	**107.5**	**107.6**
1. 煤炭及制品类	105.5	106.4	106.0
2. 石油及制品类	108.5	108.5	108.5
十六、建筑材料及五金电料类	**98.5**	**95.9**	**97.4**
1. 建筑装璜材料	96.7	95.3	96.1
2. 五金电料类	101.1	98.5	100.5

7-6 调查市、县商品零售价格指数(2003年)

Price Indices of Retail in Each Surveyed City and Country(Last Year=100)

(上年=100)

项　　目	西宁市	格尔木	大通县	乐都县	共和县
商品零售价格总指数	101.9	99.4	99.6	99.6	101.7
一、食品类	105.2	101.5	102.5	104.1	102.6
二、饮料、烟酒	99.6	97.6	99.1	98.0	100.3
三、服装、鞋帽类	103.7	102.6	100.0	99.3	100.1
四、纺织品类	98.5	103.4	99.8	94.8	100.0
五、家用电器及音像器材	94.3	88.3	98.5	94.6	98.8
1.家庭设备	98.6	96.7	98.9	96.9	99.2
2.文娱用耐用消费品	86.1	76.6	98.0	93.7	98.2
3.音像器材类	100.0		100.0	93.8	
六、文化办公用品	92.7	95.0	96.2	91.5	102.1
七、日用品	100.5	99.4	97.2	98.0	99.7
1.日用百货	99.4	102.6	100.0	98.2	99.7
2.日用杂品	100.5	104.1	98.9	97.8	100.0
3.洗涤用品	101.1	95.0	92.2	95.3	100.0
八、体育娱乐用品	95.8	102.9	99.2	99.0	100.0
九、交通、通信用品	95.3	88.5	96.6	90.2	100.0
1.交通运输机械	97.4	96.6	100.0	96.0	100.0
2.通讯器材类	87.0	72.6	93.1	82.5	100.0
十、家具	99.7	97.2	100.0	91.1	100.0
十一、化妆品类	100.0	99.5	101.0	98.2	100.0
十二、金银珠宝类	105.1	95.3	105.7	108.3	106.4
十三、中西药品及医疗保健用品类	99.1	100.5	92.2	95.8	100.2
十四、书报杂志及电子出版物类	99.7	99.6	100.9	99.1	99.9
1.教材及参考书	99.5	107.5	101.6	98.2	99.6
2.书报杂志	100.0	98.3	100.0	101.2	100.0
3.电子音像制品	98.7	95.9	100.0	98.5	100.0
十五、燃料类	108.2	109.9	103.7	114.4	106.3
1.煤炭及制品类	105.2	107.6	101.0	121.4	102.7
2.石油及制品类	109.2	111.0	109.2	108.4	107.8
十六、建筑材料及五金电料类	98.9	92.5	100.0	92.1	100.3
1.建筑装璜材料	97.1	92.3	100.0	92.0	100.1
2.五金电料类	101.5	93.3	99.8	94.1	100.9

7-7 调查市、县居民消费价格指数(2003年)

Residents Consumption Price Index in Each Surveyed City and County (2003) (Last Year = 100)

(上年=100)

项　目	西宁市	格尔木市	大通县	乐都县	共和县
居民消费价格总指数	**101.8**	**102.2**	**102.1**	**99.1**	**104.9**
非食品价格指数	**100.1**	**102.1**	**101.9**	**97.7**	**105.9**
服务项目价格指数	**100.3**	**107.8**	**107.1**	**99.7**	**111.1**
扣除鲜菜鲜果总指数	**100.8**	**101.7**	**101.5**	**98.5**	**104.5**
消费品价格指数	**102.3**	**99.8**	**100.3**	**98.9**	**101.2**
一、食品	**104.9**	**102.6**	**102.6**	**103.8**	**102.1**
1.粮食	102.7	96.7	101.6	103.2	99.2
2.油脂	113.1	115.0	110.8	111.7	109.3
3.肉禽及其制品	105.0	103.2	103.5	104.3	100.8
4.蛋	99.0	92.7	94.4	103.1	98.6
5.水产品	101.1	105.5	97.9	96.9	95.8
6.菜	123.7	116.3	115.4	121.4	119.6
鲜菜	125.3	117.3	121.9	128.0	124.8
7.干鲜瓜果	110.4	109.1	100.9	98.2	99.1
鲜果	111.2	112.1	103.3	101.4	99.0
8.奶及奶制品	104.0	98.6	99.5	100.0	100.0
9.在外用膳食品	98.6	100.0	99.8	103.7	100.7
炒菜	97.1	91.8	99.5	110.1	100.0
二、烟酒及用品	**99.2**	**97.7**	**99.8**	**97.9**	**100.4**
三、衣着	**103.2**	**101.9**	**99.9**	**98.9**	**100.0**
服装	103.1	102.8	99.6	99.8	99.9
四、家庭设备用品及维修服务	**100.1**	**98.5**	**98.0**	**95.7**	**99.9**
1.耐用消费品	99.4	97.7	99.1	94.1	99.8
2.家庭日用杂品	99.6	94.5	93.4	94.5	100.0
五、医疗保健和个人用品	**100.5**	**102.3**	**94.9**	**100.4**	**121.4**
医疗保健	100.4	100.5	93.2	100.6	127.3
(1)中药材及中成药	102.6	100.8	99.2	91.7	108.9
(2)西药	97.0	99.8	87.2	99.2	92.0
(3)医疗保健服务	119.4	123.8	114.2	139.1	145.5
六、交通和通讯	**99.0**	**96.6**	**98.6**	**101.9**	**101.2**
1.交通	99.7	101.1	100.1	103.9	101.7
2.通信	98.5	94.4	96.9	96.9	100.0
七、娱乐教育文化用品及服务	**98.2**	**107.2**	**110.3**	**96.2**	**104.7**
1.教育	100.0	121.9	117.3	96.4	110.1
2.旅游及外出	100.1	93.9	100.0	95.9	100.0
八、居住	**100.9**	**98.8**	**102.1**	**96.3**	**99.4**
1.建房及装修材料	99.4	92.2	100.0	92.6	100.1
2.租房	100.0	100.0	100.0	105.7	100.0
3.自有住房	98.5	96.4	99.9	95.7	97.9
4.水、电、燃料	103.3	108.5	105.6	102.7	104.4

7－8 全省及调查县农业生产资料价格指数（2003 年）

Price Indices of Agricultural Means of Production in Province and Each Country（2003）（Last Year＝100）

（上年＝100）

类　　别	大通县	乐都县	共和县	全　省
农业生产资料价格指数	**101.5**	**99.9**	**100.8**	**101.1**
一、小农具	**92.5**	**100.0**	**100.0**	**97.4**
二、饲料	**100.8**	**101.1**	**88.3**	**99.9**
混合饲料	100.7	101.4	83.3	99.7
三、产品畜	**100.0**	**87.8**	**100.0**	**95.7**
四、役畜	**100.0**			**100.0**
五、半机械化农具	**102.6**	**100.0**	**100.0**	**100.9**
六、机械化农具	**97.3**	**97.4**	**93.4**	**96.5**
七、化学肥料	**104.0**	**101.7**	**99.2**	**101.8**
氮肥	112.0	103.2	98.8	104.9
磷肥	98.4	102.6	99.7	99.9
钾肥	100.4			100.4
复合肥料	101.4	96.7		98.5
八、农药及农药械	**104.1**	**99.1**	**100.0**	**101.9**
化学农药	104.5	98.9	100.0	102.3
农药器械	100.0	100.0	100.0	100.0
九、农用机油	**106.1**	**103.7**	**110.7**	**108.3**
十、其他农业生产资料	**99.3**	**101.5**	**98.7**	**100.5**
农用种子	96.1	103.2	100.0	100.8

7-9 固定资产投资价格指数

Price Indices of Investment in Fixed Assets (Last year = 100)

(上年=100)

年 份	固定资产投资价格总指数	建筑安装、装饰工程	设备、工器具购置	其他费用
1991	119.5	123.5	109.5	114.2
1992	115.1	114.5	111.2	124.8
1993	125.9	129.6	120.2	112.5
1994	108.4	107.6	111.2	107.9
1995	105.3	104.3	106.7	108.7
1996	103.5	104.4	99.6	102.1
1997	103.0	104.5	97.9	100.6
1998	98.5	99.0	95.9	98.7
1999	100.1	101.0	96.2	100.0
2000	101.6	102.7	97.9	100.3
2001	100.3	101.0	97.3	100.0
2002	103.2	104.7	97.3	101.5
2003	102.0	102.9	97.8	101.9

7-10 固定资产投资价格指数

Price Indices of Investment in Fixed Assets (1990 = 100)

(1990年=100)

年 份	固定资产投资价格总指数	建筑安装、装饰工程	设备、工器具购置	其他费用
1991	119.5	123.5	109.5	114.2
1992	137.5	141.4	121.8	142.5
1993	173.2	183.3	146.4	160.3
1994	187.7	197.2	162.8	173.0
1995	197.7	205.7	173.7	188.1
1996	204.6	214.7	172.9	192.0
1997	210.7	224.4	169.3	193.2
1998	207.6	222.1	162.4	190.6
1999	207.8	224.4	156.2	190.6
2000	211.1	230.4	152.9	191.2
2001	211.7	232.7	148.8	191.2
2002	218.5	243.6	144.8	194.1
2003	222.9	250.7	141.6	197.8

7－11 工业品出厂价格及原材料、燃料、动力购进价格指数(上年＝100)

Ex－Factory Prices Indices of Industrial Products and Purchasing Price Indices of Raw Material, Fuels, Motive Power All Over Province (Last Year＝100)

(上年＝100)

年 份	工业品出厂价格指数					原材料、燃料、动力购进价格指数
	总指数	轻工业	重工业	生产资料	生活资料	
1989	112.66	112.40	113.22	113.16	112.48	123.81
1990	109.48	114.89	107.75	107.76	114.93	113.87
1991	108.70	108.98	109.19	109.11	109.25	112.76
1992	103.64	107.73	101.88	102.03	107.72	108.43
1993	124.37	112.94	127.94	127.58	113.33	138.86
1994	124.86	121.30	126.00	125.54	122.40	112.33
1995	114.58	119.76	112.23	112.55	119.41	110.22
1996	106.66	107.21	106.06	106.74	106.52	108.81
1997	103.54	102.09	103.78	103.77	102.10	110.93
1998	100.67	97.32	101.26	101.27	97.12	101.32
1999	102.81	98.74	104.05	103.99	98.73	99.06
2000	108.05	92.21	111.09	110.89	91.65	98.93
2001	93.74	94.96	93.50	93.60	94.46	99.09
2002	97.57	100.91	97.23	97.29	100.67	102.75
2003	105.46	99.99	106.19	105.84	100.67	101.84

7-12 工业品出厂价格及原材料、燃料、动力购进价格指数(1988年=100)

Ex-Factory Prices Indices of Industrial Products and Purchasing Price Indices of Raw Material, Fuels, Motive Power All Over Province (1988=100)

(1988年=100)

年 份	工业品出厂价格指数					原材料、燃料、动力购进价格指数
	总指数	轻工业	重工业	生产资料	生活资料	
1989	112.66	112.40	113.22	113.16	112.48	123.81
1990	123.34	129.14	121.99	121.94	129.27	140.98
1991	134.07	140.73	133.21	133.05	141.23	158.97
1992	138.95	151.61	135.71	135.75	152.13	172.37
1993	172.81	171.23	173.63	173.19	172.41	239.36
1994	215.77	207.70	218.77	217.42	211.03	368.87
1995	247.23	248.74	245.53	244.71	251.99	296.35
1996	263.70	266.68	260.41	261.20	268.43	322.46
1997	273.04	272.25	270.25	271.05	274.06	357.70
1998	274.87	264.95	273.66	274.49	266.17	362.42
1999	282.59	261.61	284.74	285.44	262.79	359.01
2000	305.34	241.23	316.32	316.52	240.85	355.17
2001	286.23	229.07	295.76	296.26	227.51	351.94
2002	279.27	231.15	287.57	288.23	229.03	361.62
2003	294.52	231.13	305.37	305.06	230.56	368.27

7-13 房地产价格总指数

Overall Price Indices of Real Estate (Last Year=100)

(西宁市区) (上年=100)

年 份	房地产价格总指数	房屋销售价格指数	商品房	交易房	房地产租赁价格指数	住 宅	办公用房	商业用房	土地交易价格指数
1997	114.7	110.7	100.4	100.0	136.7	197.6	105.1	100.9	100.8
1998	104.0	101.5	100.8	100.7	117.9	146.2	100.0	100.5	99.4
1999	100.9	101.0	99.2	100.5	100.5	100.0	99.5	96.8	94.4
2000	103.0	101.1	99.9	99.3	114.3	133.4	99.2	116.2	100.4
2001	102.3	100.5	100.8	102.5	112.2	126.4	102.1	103.4	99.7
2002	103.0	102.2	101.2	111.2	107.3	117.4	104.2	99.8	102.7
2003	102.1	101.9	102.1	106.1	103.1	106.5	104.2	98.9	106.2

主要统计指标解释

居民消费价格指数 是度量一组代表性消费商品及服务项目价格水平随着时间而变动的相对数,反映居民家庭购买的消费品及服务价格水平的变动情况。它是用于宏观经济分析和决策、价格总水平监测和调控以及国民经济核算的重要指标。其按年度计算的变动率通常被用来作为反映通货膨胀(或紧缩)程度的指标。

商品零售价格指数 是商品在流通过程中最后一个环节的价格,是工业、商业、餐饮业和其他零售企业向城乡居民、机关团体出售生活消费品和办公用品的价格,商品零售价格调查的任务是系统的调查、搜集和整理市场商品零售价格资料,编制商品零售价格指数,以此反映市场商品零售价格的变动趋势和变动程度。其目的在于掌握商品价格的变动趋势,为国家宏观调控和国民经济核算提供参考依据。

农业生产资料价格 是农业生产资料在流通领域的最后一个环节,是工业、商业及其他单位和个人向农民出售农业生产资料的价格。农业生产资料价格调查的任务是系统地调查、搜集和整理市场农业生产资料价格资料,编制农业生产资料价格指数,据此测定全国市场农业生产资料价格变动趋势和变动程度。其目的在于掌握农业生产资料的平均价格水平,为国家制定经济政策提供依据;同时,为研究城乡市场流通和国民经济核算提供参考依据。

工业品出厂价格指数 是反映全部工业产品出厂价格总水平的变动趋势和程度的相对数,包括工业企业售给本企业以外所有单位的各种产品和直接售给居民用于生活消费的产品。通过工业品出厂价格指数能观察出厂价格变动对工业总产值的影响。

原材料、燃料、动力购进价格指数

是反映工业企业作为中间投入的原材料、燃料、动力价格变动趋势和程度的相对数。及时、准确的原材料、燃料、动力购进价格指数科学地反映了各地区和各行业的企业生产成本变动情况,不国民经济核算,计算工业发展速度,宏观经济调控,分析理顺价格体系提供依据。

固定资产投资价格指数 是反映固定资产投资额价格变动趋势和程度的相对数。固定资产投资额是由建筑安装工程投资完成额、设备、工器具购置投资完成额和其他费用投资完成额三部分组成的。编制固定资产投资价格指数应首先分别编制上述三部分投资的价格指数,然后采用加权算术平均法求出固定资产投资价格总指数。

编制固定资产投资价格指数可以准确地反映固定资产投资中涉及的各类商品和取费项目价格变动趋势和变动幅度,消除按现价计算的固定资产投资指标中的价格变动因素,真实地反映固定资产投资的规模、速度、结构和效益,为国家科学地制定、检查固定资产投资计划并提高宏观调控水平,为完善国民经济核算体系提供科学的、可靠的依据。

房地产价格指数 是反映房屋销售、房屋租赁和土地交易市场综合价格变动趋势和程度的相对数。房地产既是生产资料,又是生活资料。及时、准确的反映房地产价格指数反映了固定资产投资构成、价格变动情况和城镇居民消费支出影响状况。为国民经济宏观调控和景气预警,调节各经济主体之间的利益关系,监控房地产业的发展规模和结构,理顺、完善价格体系提供依据。我省房地产价格目前只在西宁市区调查统计。

Chapter 8

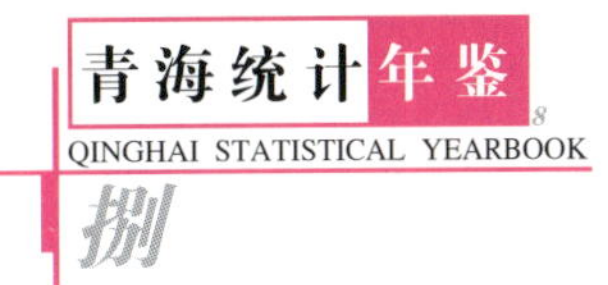

能源生产与消费

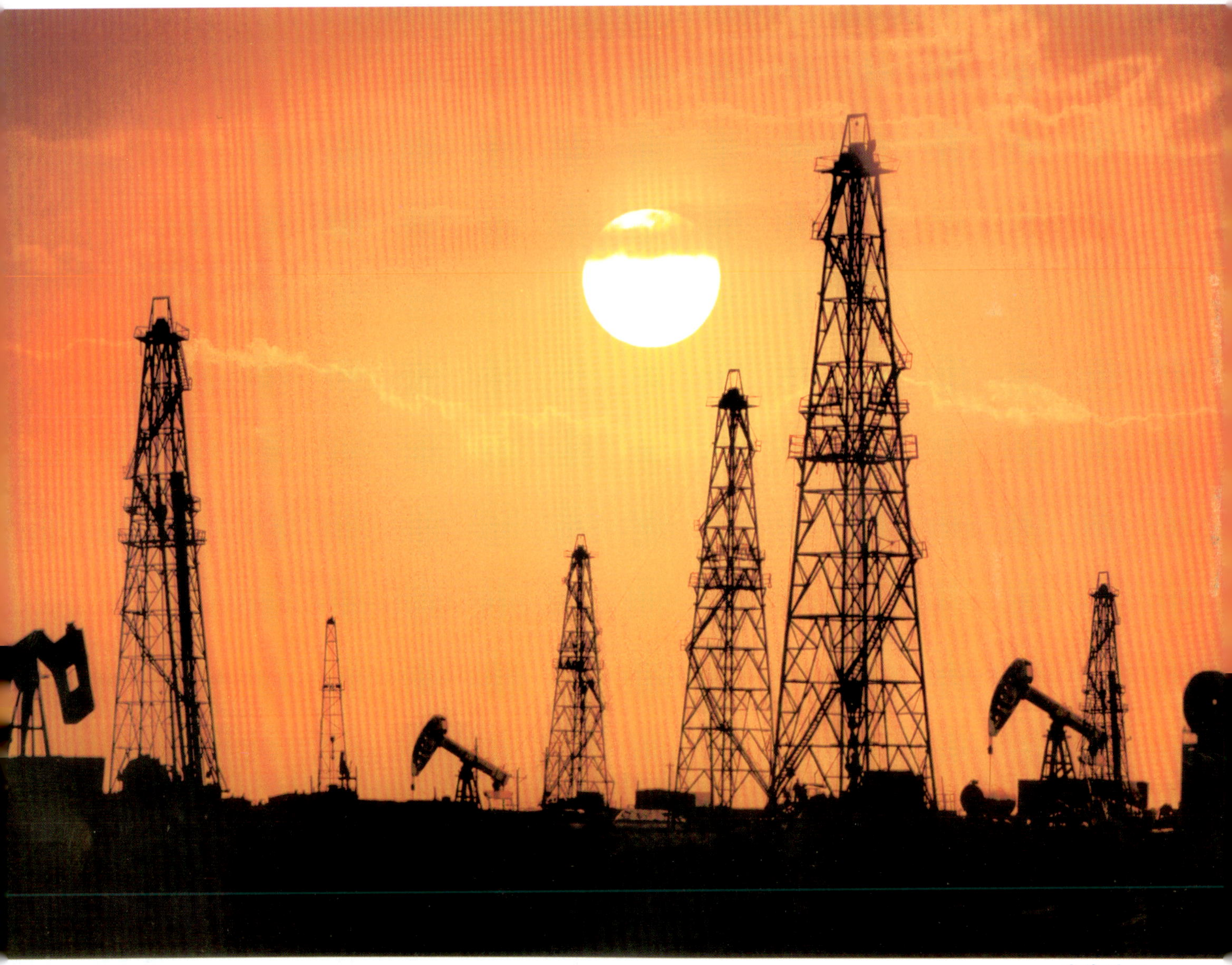

青海油田

Production and Consumption of Energy

能源消费构成（%）

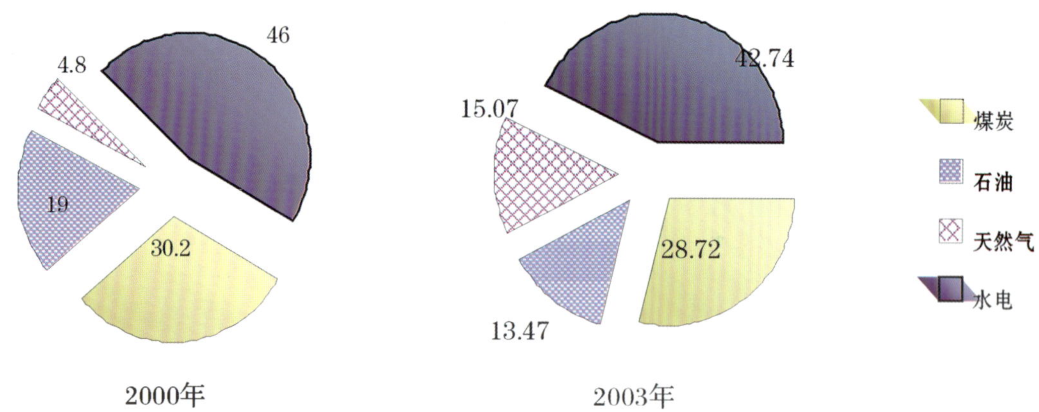

能源生产消费情况（万吨标准煤）

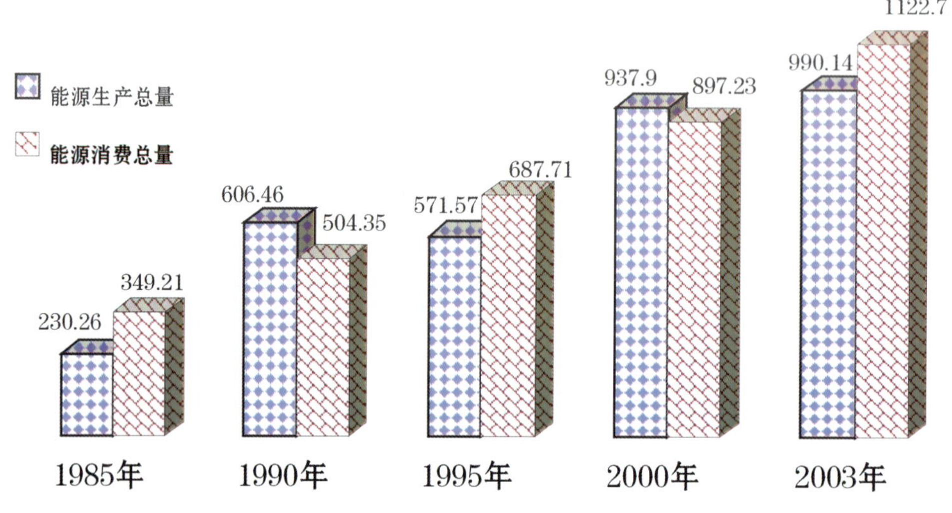

能源自给率（%）

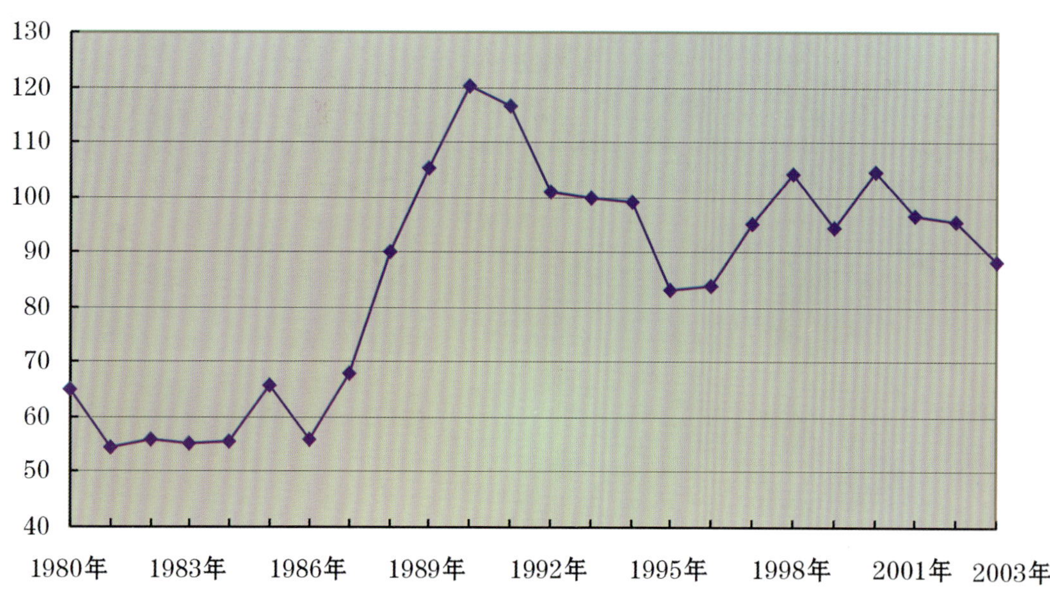

8-1 能源生产总量及构成

Total Amount of Energy Production and Its Formation

年 份	能源生产总量（万吨标准煤）	占能源生产总量的比重(%)			
		原 煤	原 油	天然气	水 电
1990	606.46	32.28	19.08	1.02	47.62
1991	552.26	31.82	26.39	1.65	40.14
1992	504.85	34.32	30.00	1.25	34.43
1993	559.17	25.29	27.69	1.00	46.01
1994	619.47	26.12	26.06	1.31	46.50
1995	571.57	29.74	30.41	1.36	38.49
1996	584.71	35.34	33.32	2.49	28.85
1997	672.89	28.79	34.02	3.97	33.22
1998	771.00	24.90	32.63	4.22	38.25
1999	885.89	23.00	30.57	4.76	41.67
2000	937.90	16.79	30.46	5.06	47.69
2001	907.05	13.31	32.44	8.76	45.49
2002	974.46	18.31	31.38	14.34	35.97
2003	990.14	22.40	31.75	18.90	26.95

注：电力折算标准煤的系数根据当年平均发电煤耗计算，下表同。

8－2 能源消费总量及构成

Total Consumption of Energy and Its Composition

年 份	能源消费总量（万吨标准煤）	占能源消费总量的比重(%)			
		煤 炭	石 油	天然气	水 电
1990	504.35	51.5	12.5	1.0	33.0
1991	474.29	44.1	11.3	2.2	42.4
1992	499.29	42.5	7.8	1.9	47.8
1993	559.98	38.6	8.7	1.0	51.7
1994	625.38	40.3	8.2	1.3	50.2
1995	687.71	41.6	8.4	1.1	48.8
1996	698.25	40.8	8.6	2.1	48.6
1997	706.78	45.5	19.2	3.8	31.6
1998	738.88	39.8	17.9	4.4	37.9
1999	938.68	37.3	16.8	4.4	41.5
2000	897.23	30.2	19.0	4.8	46.0
2001	939.33	28.02	18.05	7.52	46.41
2002	1018.83	26.42	15.77	13.25	44.56
2003	1122.7	28.72	13.47	15.07	42.74

8-3 能源生产弹性系数

Elasticity Ratio of Energy Production

年 份	能源生产比上年增长(%)	电力生产比上年增长(%)	国内生产总值比上年增长(%)	能源生产弹性系数	电力生产弹性系数
1990	17.2	21.3	3.7	4.63	5.73
1991	-8.9	-15.4	4.7		
1992	-8.6	-16.7	7.4		
1993	10.8	36.5	9.6	1.12	3.80
1994	10.8	7.4	8.2	1.31	0.90
1995	-7.7	-17.4	8.0		
1996	2.3	2.2	8.6	0.27	0.26
1997	15.1	36.5	9.0	1.68	4.04
1998	14.6	19.3	9.0	1.62	2.14
1999	14.9	13.8	8.2	1.82	1.68
2000	5.9	17.0	9.0	0.65	1.89
2001	-3.3	2.9	12.0		0.24
2002	7.4	-4.1	12.1	0.60	
2003	1.6	-14.9	12.1	0.13	

注:国内生产总值增长速度按可比价格计算,下表同。

8-4 能源消费弹性系数

Elasticity Ratio of Energy Consumption

年 份	能源消费比上年增长(%)	电力消费比上年增长(%)	国内生产总值比上年增长(%)	能源消费弹性系数	电力消费弹性系数
1990	6.81		3.72	1.83	
1991	-5.96		4.69		
1992	5.27		7.39	0.71	
1993	12.16		9.61	1.27	
1994	11.68	9.78	8.20	1.42	1.19
1995	9.97	3.59	8.00	1.25	0.44
1996	1.53	4.40	8.60	0.18	0.51
1997	1.22	21.68	9.00	0.14	2.41
1998	4.54	7.61	9.00	0.50	0.85
1999	27.04	13.66	8.20	3.30	1.66
2000	-4.42	8.13	9.00		0.90
2001	4.69	-3.58	12.00	0.39	
2002	8.46	18.15	12.40	0.68	1.46
2003	10.19	19.65	12.10	0.92	1.62

8-5 分行业能源消费总量和主要能源品种消费量(2003年)

Consumption of Total Energy and Its Main Varieties by Sector(2003)

行业	能源消费总量(万吨标准煤)	原煤消费量(万吨)	汽油消费量(万吨)	电力消费量(亿千瓦小时)
消费总量	**1065.56**	**300.41**	**15.46**	**150.16**
农林牧渔业	**11.22**	**3.98**	**1.10**	**1.24**
工业	**712.10**	**184.13**	**1.00**	**133.52**
采掘业	**30.59**	**6.17**	**0.16**	**4.80**
煤炭采选业	3.79	3.26	0.04	0.31
石油和天然气开采业	12.02			1.31
黑色金属矿采选业	0.21	2.00	0.02	0.03
有色金属矿采选业	4.49	1.58	0.01	0.82
非金属矿采选业	3.35	1.31	0.09	0.42
其他矿采选业	6.75			1.91
木材及竹材采运业				
制造业	**557.80**	**89.35**	**0.61**	**113.46**
食品加工业	2.75	2.10	0.02	0.34
食品制造业	1.33	1.15	0.03	0.13
饮料制造业	2.35	2.14	0.03	0.20
烟草加工业				
纺织业	1.86	1.81		0.16
服装及其他纤维制品制造	0.90	1.19	0.01	0.01
皮革毛皮羽绒及其制品业	0.16	0.21	0.01	
家具制造业	0.06			0.02
造纸及纸制品业	0.28	0.11		0.06
印刷业记录媒介的复制	0.31	0.26	0.01	0.03
文教体育用品制造业				
石油加工及炼焦业	3.74	0.06		1.05

8-5 续表 Continued

行业	能源消费总量（万吨标准煤）	原煤消费量（万吨）	汽油消费量（吨）	电力消费量（亿千瓦小时）
化学原料及制品制造业	65.60	13.20	0.20	3.30
医药制造业	1.18	1.06	0.01	0.11
化学纤维制造业				
橡胶制品业	0.03			0.01
塑料制品业	0.61	0.81		0.01
非金属矿物制品业	56.47	52.65	0.05	4.32
黑色金属冶炼压延加工业	148.84	3.56	0.05	34.04
有色金属冶炼压延加工业	258.38	1.12	0.06	67.72
金属制品业	4.29	0.86	0.01	1.04
普通机械制造业	5.60	5.71	0.02	0.40
专用设备制造业	0.67	0.68	0.08	0.01
交通运输设备制造业	0.33	0.21	0.01	0.05
电气机械及器材制造业	0.07	0.05		0.01
电子及通信设备制造业	0.03			0.01
仪器仪表文化办公用机械	0.13		0.01	
其他制造业	1.81	0.41		0.43
电力煤气水生产供应业	**123.69**	**88.61**	**0.23**	**15.26**
电力蒸汽热水生产供应业	121.37	87.33	0.21	14.91
煤气的生产和供应业				
自来水的生产和供应业	2.32	1.28	0.02	0.35
建筑业	**14.75**	**2.37**	**2.63**	**1.37**
交通运输仓储邮电通信业	28.98	12.55	4.68	0.84
批发和零售贸易餐饮业	26.02	2.98	2.15	1.41
其他行业	69.41	9.60	3.90	3.82
生活消费	203.06	84.80		7.96

注:1.工业能源消费量中包括村办工业。

2.工业分行业数字中不包括其他石油制品和其他焦化产品,但工业合计中包括。

8-6 能源自给率

Energy Self - supply Rate

单位:万吨标准煤

年 份	能源生产总量	能源消费总量	能源自给率(%)
1990	606.46	504.35	120.24
1991	552.26	474.29	116.44
1992	504.85	499.29	101.11
1993	559.17	559.98	99.85
1994	619.47	625.38	99.05
1995	571.57	687.71	83.11
1996	584.71	698.25	83.74
1997	672.89	706.78	95.21
1998	771.00	738.88	104.35
1999	885.89	938.68	94.38
2000	937.90	897.23	104.53
2001	907.05	939.33	96.56
2002	974.46	1018.83	95.65
2003	990.14	1122.70	88.19

说明及主要统计指标解释

一、简要说明

本篇包括的主要内容有：能源生产、消费及品种构成，能源生产和消费弹性系数，综合能源平衡表和主要能源品种的单项平衡表、分行业主要能源品种的消费量，能源加工转换效率及生活用能源消费量等。

数据口径与计算的说明：

1. 一次能源生产量与工业统计数字一致。

2. 能源生产与消费弹性系数分别以能源生产、消费增长速度与国内生产总值增长速度相比求得。

3. 能源平衡表中，电力折算标准煤系数按平均发电煤耗计算。

4. 能源加工转换效率表中，电力折算标准煤系数采用当量值计算。每千瓦小时折 0.1229 千克标准煤。

二、主要指标解释

能源生产总量 指一定时期内青海省一次能源生产量的总和，是观察青海能源生产水平、规模、构成和发展速度的总量指标。一次能源生产量包括原煤、原油、天然气、水电，不包括低热值燃料生产量、生物质能、太阳能等的利用和由一次能源加工转换而成的二次能源产量。

能源消费总量 指一定时期内青海省物质生产部门、非物质生产部门和生活消费的各种能源的总和，是观察能源消费水平、构成和增长速度的总量指标。能源消费总量包括原煤和原油及其制品、天然气、电力，不包括低热值燃料、生物质能和太阳能等的利用。能源消费总量分为终端能源消费量、能源加工转换损失量和损失量三部分。

能源终端消费量 指一定时期内青海省生产和生活消费的各种能源在扣除了用于加工转换二次能源消费量和损失量以后的数量。

能源加工转换损失量 指一定时期内青海省投入加工转换的各种能源数量之和与产出各种能源产品之和的差额，是观察能源在加工转换过程中损失量变化的指标。

能源损失量 指一定时期内能源在输送、分配、储存过程中发生的损失和由客观原因造成的各种损失量，不包括各种气体能源放空、放散量。

能源生产弹性系数 是研究能源生产增长速度与国民经济增长速度之间关系的指标。计算公式为：

能源生产弹性系数 = 能源生产总量年平均增长速度/国民经济年平均增长速度

国民经济年平均增长速度，可根据不同的目的或需要，用国民生产总值、国内生产总值指标计算，本年鉴是采用国内生产总值指标计算的。

电力生产弹性系数 是研究电力生产增长速度与国民经济增长速度之间关系的指标。计算公式为：

电力生产弹性系数 = 电力生产量年平均增长速度/国民经济年平均增长速度

能源消费弹性系数 是反映能源消费增长速度与国民经济增长速度之间比例关系的指标。计算公式为：

能源消费弹性系数 = 能源消费量年平均增长速度/国民经济年平均增长速度

电力消费弹性系数　反映电力消费增长速度与国民经济增长速度之间比例关系的指标。计算公式为：

电力消费弹性系数 = 电力消费量年平均增长速度/国民经济年平均增长速度

固定资产投资

青藏铁路

Investment in Fixed Assets

全社会固定资产投资总额（亿元）

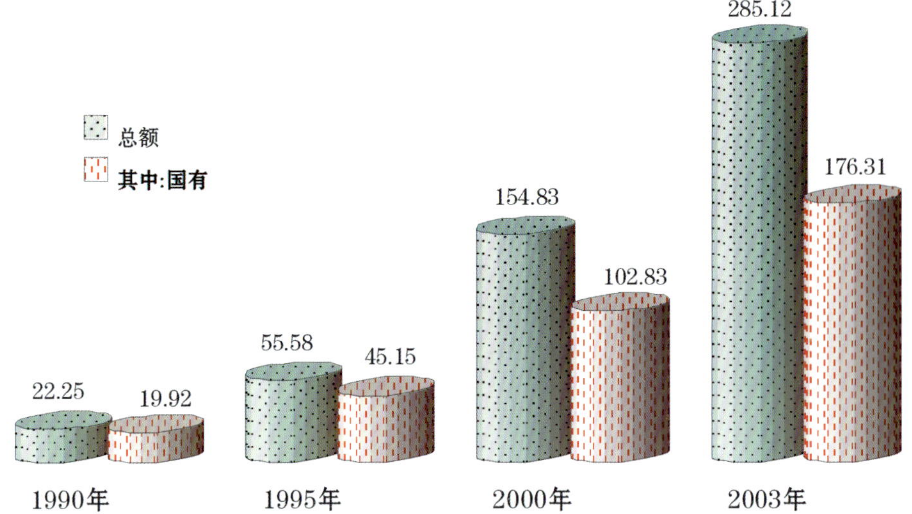

全社会固定资产投资总额构成（%）

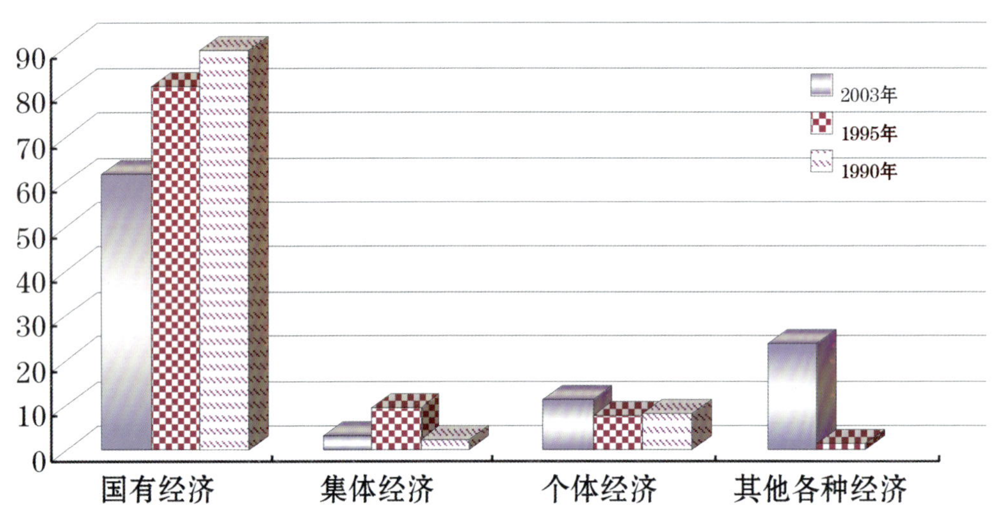

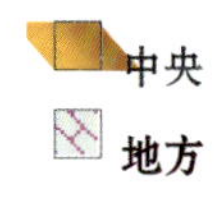

基本建设投资额比重(%)

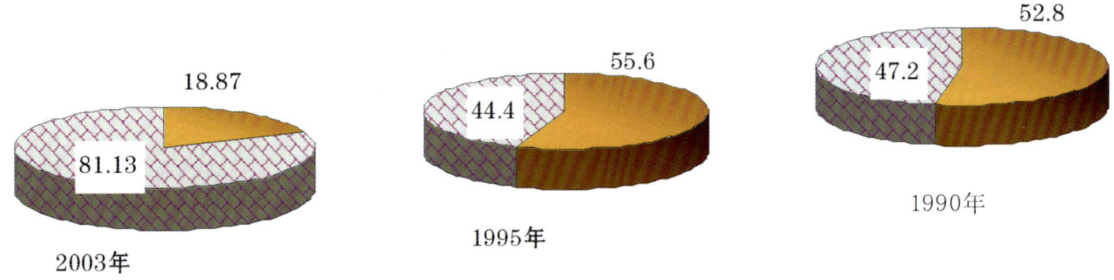

9-1 全社会固定资产投资
Total Investment in Fixed Assets

指　　　标	2002	2003	2003年比上年增长(%)
投资总额　　　(亿元)	**245.02**	**285.12**	**16.4**
按经济类型分			
国有经济	153.88	176.31	14.6
联营经济	0.10	0.89	790
股份制经济	62.68	35.36	-43.6
其他内资	0.41	0.81	97.6
外商投资经济	2.71	2.25	-17.0
港澳台投资经济	1.26	1.34	6.3
按管理渠道分			
基本建设	174.39	189.87	8.9
更新改造	25.87	40.98	58.4
房地产开发	16.92	22.31	31.9
其他投资	7.62	7.71	1.20
按资金来源分			
国家预算内资金	49.00	50.84	3.8
国内贷款	68.61	34.70	-49.4
利用外资	2.45	4.22	72.2
自筹资金	75.96	138.68	82.60
其他资金	49.00	56.68	15.7
按构成分			
建筑安装工程	192.49	222.87	15.8
设备工具器具购置	35.16	41.34	17.6
其他费用	17.37	20.91	20.4
房屋建筑面积　　(万平方米)			
施工面积	966.03	1070.36	10.8
竣工面积	568.24	568.56	0.1
#住宅	229.53	402.54	75.4

注:1.按经济类型分、按管理渠道和按资金来源分组为其中项,各项相加不等于投资总额。以下各表同。

2.增长速度未扣除价格因素,以下各表同。

9－2　全社会固定资产投资(按经济类型分)

Total Investment in Fixed Assets by Ownership

指　标	总　计	国有经济	集体经济	个体经济	其他经济
投资额(亿元)					
1985	17.17	14.61	1.00	1.56	
1986	17.81	15.98	0.59	1.24	
1987	21.99	19.68	0.49	1.82	
1988	25.67	22.51	1.06	2.10	
1989	21.53	18.83	0.67	2.03	
1990	22.25	19.92	0.54	1.79	
1991	23.94	21.49	0.56	1.89	
1992	30.27	27.46	0.68	2.13	
1993	44.73	40.02	1.07	3.50	0.14
1994	45.20	39.45	1.48	3.49	0.78
1995	55.58	45.15	5.34	4.34	0.75
1996	77.66	64.42	5.08	4.62	3.54
1997	97.66	76.24	4.60	10.24	6.58
1998	116.38	89.01	3.99	10.89	12.49
1999	128.13	94.09	7.05	15.02	11.97
2000	154.83	102.83	6.61	13.08	32.31
2001	201.61	125.18	3.50	17.90	55.03
2002	245.02	153.88	2.72	21.26	67.16
2003	285.12	176.31	9.03	31.57	68.21
增长速度(上年＝100)					
1985	27.09	29.18	49.25	1.96	
1986	3.73	9.38	－41.00	－20.51	
1987	23.47	23.15	－16.95	46.77	
1988	16.73	14.38	116.33	15.38	
1989	－16.13	－16.35	－36.79	－3.33	
1990	3.34	5.79	－19.40	－11.82	
1991	7.60	7.88	3.70	5.59	
1992	26.44	27.78	21.43	12.70	
1993	47.77	45.74	57.35	64.32	
1994	1.05	－1.42	38.32	－0.29	457.14
1995	22.96	14.45	260.81	24.36	－3.85
1996	39.73	42.68	－4.87	6.45	372.00
1997	25.75	18.35	－9.45	121.65	85.88
1998	19.17	16.75	－13.26	6.35	89.82
1999	10.10	5.71	76.69	37.92	－4.16
2000	20.84	9.29	－6.24	－12.92	170.43
2001	30.21	21.73	－45.45	36.85	70.32
2002	21.53	2.93	77.71	18.77	22.04
2003	16.37	14.58	231.99	48.49	1.56

9-3 全社会固定资产投资(按资金来源和构成分)

Total Investment in Fixed Assets by Source of Founds and Use of Funds

年份	按资金来源分					按构成分		
	国家预算内资金	国内贷款	利用外资	自筹	其他资金	建筑安装工程	设备工具器具购置	其他费用
投资额(亿元)								
1985	8.15	3.00		5.54	0.47			
1986	7.88	3.44	0.89	4.93	0.66			
1987	3.34	10.11	0.28	7.62	0.54			
1988	3.29	10.68	1.98	8.82	0.90			
1989	6.49	2.82	2.25	8.39	1.58			
1990	5.99	4.38	1.59	9.09	1.22			
1991	3.75	6.37	1.96	9.60	2.26	17.23	4.39	2.32
1992	3.66	9.84	0.57	14.42	1.79	20.77	6.00	3.50
1993	2.82	17.73	0.13	19.17	4.87	31.83	8.49	4.41
1994	2.83	19.15	0.90	18.78	3.54	30.08	10.39	4.73
1995	3.43	21.98	0.36	23.69	6.12	35.79	11.21	8.58
1996	2.33	31.28	2.43	29.26	11.85	48.62	18.73	10.31
1997	5.22	37.58	2.33	42.20	10.17	67.80	16.96	12.90
1998	5.47	35.08	3.49	52.06	16.72	83.70	17.33	15.35
1999	15.32	32.58	0.99	64.75	13.84	93.37	20.03	14.73
2000	25.79	36.17	2.17	47.63	42.64	117.04	25.47	12.36
2001	36.07	44.01	1.61	78.47	37.98	146.39	34.55	20.67
2002	49.00	68.61	2.45	75.96	49.00	192.49	35.16	17.37
2003	50.84	34.70	4.22	138.68	56.42	222.87	41.34	20.91
构成(%)								
1985	47.47	17.47		32.27	2.74			
1986	44.24	19.31	5.00	27.68	3.71			
1987	15.19	45.98	1.27	34.65	2.46			
1988	12.82	41.60	7.71	34.36	3.51			
1989	30.14	13.10	10.45	38.97	7.34			
1990	26.92	19.69	7.15	40.85	5.48			
1991	15.66	26.61	8.19	40.10	9.44	71.97	18.34	9.69
1992	12.09	32.51	1.88	47.64	5.91	68.62	19.82	11.56
1993	6.30	39.64	0.29	42.86	10.89	71.16	18.98	9.86
1994	6.26	42.37	1.99	41.55	7.83	66.55	22.99	10.46
1995	6.17	39.55	0.65	42.62	11.01	64.39	20.17	15.44
1996	3.00	40.28	3.13	37.68	15.26	62.61	24.12	13.28
1997	5.35	38.48	2.39	43.21	10.41	69.42	17.37	13.21
1998	4.70	30.14	3.00	44.73	14.37	71.92	14.89	13.19
1999	11.96	25.43	0.77	50.53	10.80	72.87	15.63	11.50
2000	16.66	23.36	1.40	30.76	27.54	75.59	16.45	7.98
2001	12.79	17.94	1.08	23.62	21.15	58.05	12.63	6.13
2002	20.00	28.00	1.00	31.00	20.00	78.56	14.35	7.09
2003	17.83	12.17	1.48	48.64	19.79	78.17	14.50	7.33

注:本表按资金来源分未含债券资金。2003 年未包括 50 万元以下及跨省项目。

9－4 利用外资情况(2003 年)

Foreign Investment(2003)

单位:万元人民币

国别(地区)名称	总计	#直接投资	基本建设	更新改造	其他投资	房地产开发
总计	**19600**	**19600**	**8066**	**7984**		**3550**
亚洲	17738	17738	7104	7084		3550
#香港	1514	15154	7104	4500		3550
日本						
台湾	2584	2584		2584		
其他亚洲国家						
欧洲	970	970	70	900		
#法国	900	900		900		
意大利						
瑞士	70	70	70			
其他欧洲						
北美洲	892	892	892			
#美国	17	17	17			
加拿大	875	875	875			
大洋洲						
#澳大利亚						
其他						

9－5 按地区分的全社会固定资产投资完成情况(2003 年)

Total Investment in Fixed Assets by Region(2003)

	西宁市	海东地区	海北州	海南州	黄南州	果洛州	玉树州	海西州
投资总额(万元)	**854223**	**265113**	**87905**	**155404**	**75085**	**36514**	**47691**	**546658**
国有经济	444781	115750	64236	121425	35867	35575	37578	380580
集体经济	54632	5795	189	313			3325	
私营个体经济	39384	59134	9034	11772	2085	939	6345	28909
联营经济		450						1442
股份制经济	246940	64035		20502				93327
外商投资	3601				18686			884
港澳台投资经济	11227							2206
其他经济	53658	19949	14446	1392	18447		443	39311
按资金来源分								
国家预算内资金	60203	49515	29693	58797	9908	22387	23579	102790
国内贷款	127923	11785	10593	11282	12757	3697	700	46518
利用外资	3750	1176		6094	6372			16995
自筹资金	368649	106941	27007	30027	17726	9653	4437	239561
其他资金	130051	53400	13398	33038	13271	3117	9567	195832
按构成分								
建筑安装工程	682655	214258	67153	132919	51676	35996	44741	416894
设备、工具、器具购置	97521	37719	12356	16191	12075	518	2841	79682
其他费用	74037	13136	8396	6294	11334		109	50082
本年新增固定资产	**490141**	**183127**	**63649**	**113512**	**33883**	**19048**	**32899**	**89704**
房屋建筑面积(平方米)								
施工面积	5027259	1129825	215843	347302	184338	239264	208704	579053
竣工面积	1896826	592666	134132	74465	81541	92176	133136	173709
#住宅	1348552	338851	57889	14109	12162	92176	30676	100445

注:本表未含跨省区直报省局项目。资金来源财务拨款。

9－6　基本建设和更新改造投资

Investment in Basic Construction and Innovation

单位：万元

年　份	基本建设投资	#国家预算内投资	更新改造投资	#国家预算内投资
1952	868	704		
1978	67458	59715		
1979	96863	90808	2790	
1980	69339	44296	4054	
1981	58408	50877	5534	745
1982	71887	58916	11736	836
1983	80886	61295	11960	2084
1984	87319	61986	12926	1457
1985	118314	69627	14212	2448
1986	139521	77209	17038	1609
1987	148156	66722	25380	1251
1988	172514	63617	28341	446
1989	125547	57733	27784	625
1990	134387	48735	22550	781
1991	150740	34262	29009	1366
1992	176842	34819	36705	347
1993	288638	25994	50513	1534
1994	282415	24649	69302	661
1995	317003	28213	86387	1511
1996	513916	21584	109070	969
1997	594272	38194	138280	5956
1998	746197	47925	139314	3999
1999	741579	116387	154194	4408
2000	1003736	229067	172649	3783
2001	1339980	269189	209597	13714
2002	1636598	410468	258740	23146
2003	1898749	367648	409803	13283

注:1980 年及以前年份更新改造投资中含国有经济其他固定资产投资。

9－7 按资金来源和隶属关系分的基本建设投资

Investmen in Capital Construction by Source of Funds and Administrative Relationship

单位：万元

年份 地区	按资金来源分					按隶属关系分	
	国家预算	国内贷款	利用外资	自筹资金	其他资金	中央项目	地方项目
1978	59715					43083	24375
1979	90808					69258	27605
1980	44296	15474		95680		44986	24353
1981	50877	468		7063		41257	17151
1982	58916	1479	100	10454	938	51313	20574
1983	61295	5417		13636	538	61966	18920
1984	61986	5239		18030	2064	62381	24938
1985	69627	19003	5	26443	3236	67601	50713
1986	77209	22901	8886	24338	6178	88360	51161
1987	68181	51617	3821	26715	1061	108421	39735
1988	63617	52110	19692	31690	5405	121558	50956
1989	57733	14624	22440	20187	10563	83683	41864
1990	48735	32759	15882	29856	7155	70950	63437
1991	34262	46774	19492	32882	17330	88547	62193
1992	34819	81428	5521	45661	9413	99889	76953
1993	25994	139219	1262	84452	32389	137429	151209
1994	24649	142418	8590	81040	21996	181541	100874
1995	1511	28856	45	48639	3751	176222	140781
1996	21029	252136	21614	133328	77649	266535	247381
1997	38194	279063	8741	193193	67395	330836	263436
1998	49432	302624	35750	28504	225284	377580	368617
1999	113576	273058	6776	206287	117678	303285	438294
2000	216303	263477	15149	236457	212830	430094	573642
2001	269189	333817	12461	379310	203872	452690	887290
2002	410468	586161	19604	388515	305216	355627	1280971
2003	367648	161208	20187	666506	226270	310819	1336457
西宁市	56007	30248		167413	42649	46532	312613
海东地区	48667	5813	276	49816	35201	6312	131267
海北州	27006	10593		23883	12310	3977	67256
海南州	56016	11282	5044	27072	27644	1802	132407
黄南州	9466	10757	6372	12425	11751	1020	54140
果洛州	22167	3697		9295	3117	202	32841
玉树州	23579	700		4437	9567	335	37948
海西州	100290	43118	8495	208536	84031	87465	303098
不分地区	24450	45000		163629		163174	264887

注:1993 年以后的资金来源为财务拨款数,2003 年以后为 50 万元以上投资完成情况,以下各表相同。

9－8 按构成和建设性质分的基本建设投资

Investment in Capital Construction by Use of Funds and Type of Construction

单位：万元

年份 地区	投资额	按构成分			按建设性质分		
		建筑 安装工程	设备、工 器具购置	其他 费用	新建	扩建改建	其他
1978	67458	46865	17468	3125	53863	13595	
1979	96863	55945	33948	6970	81947	14916	
1980	69339	55553	9074	4712	59111	9988	240
1981	58408	49709	5161	3538	26695	31559	154
1982	71887	56842	9710	5335	57647	12377	1863
1983	80886	63697	6151	11038	41413	34285	5188
1984	87319	69483	8030	9806	50098	32546	4675
1985	118314	91912	15051	11351	71648	40206	6460
1986	139521	103870	20112	15539	87917	46009	5595
1987	148156	100123	30957	16105	102866	36674	8616
1988	172514	122494	30697	18483	83721	80366	8427
1989	125547	85564	24952	13546	65014	53975	6558
1990	134387	100199	22163	12025	90906	33035	10446
1991	150740	113188	21883	15669	77653	62993	10094
1992	176842	120400	30357	26085	79669	86377	10796
1993	288638	211088	39782	37768	197597	78346	12695
1994	282415	192184	47594	42637	139283	128250	14882
1995	317003	202657	42316	72030	168659	115176	33168
1996	513916	321678	109276	82962	383535	95407	34974
1997	594272	423259	74947	96066	330298	199481	64493
1998	746197	570043	90126	86028	299346	79521	497707
1999	741579	549879	91997	99703	386437	298164	56978
2000	1003736	858343	95232	50161	633022	298998	71716
2001	1339980	1074448	145102	120430	834637	456299	1210887
2002	1636598	1361335	164719	110544	944410	651383	40805
2003	1647276	1358105	172762	116409	1216710	397864	32702
西宁市	359145	310929	17676	30540	297278	49355	12512
海东地区	137579	118100	9682	9797	96633	36424	4522
海北州	71233	54424	8418	8391	36960	31974	2299
海南州	134209	114748	13392	6069	67505	63482	3222
黄南州	55160	46126	2430	6604	37125	11607	6428
果洛州	33043	33043			25470	7528	45
玉树州	38283	35552	2631	100	27157	7582	3544
海西州	390563	273172	101313	16078	289195	101238	130
不分地区	428061	372011	17220	38830	339387	88674	

注：1987、1988、1989 年完成投资中包含了商品房购置费。

9－9 按行业和四大支柱分组的固定资产投资(2003年)

Investment in Capital Construction by Sector(2003)

单位：亿元

	基本建设	更新改造	其他投资	房地产业开发
全省总计	**164.73**	**40.57**	**7.63**	**22.31**
按行业分				
农林牧渔业	10.91	0.17	0.18	
采矿业	11.16	6.86	5.73	
制造业	17.68	27.66	0.11	
电力、煤气及水的生产和供应业	30.46	1.45	0.09	
建筑业	8.04	0.41	0.33	
交通运输、仓储及邮政业	39.37	1.74		
信息传输、计算机服务和软件业	4.64	0.35	0.10	
批发和零售业	3.26	0.12	0.71	
住宿、餐饮业	1.40	0.02	0.12	
金融业	0.38			
房地产业	0.31			22.31
租赁和商务服务业	0.16			
科学研究、技术服务和地质勘查业	0.89	0.05		
水利、环境和公共设施管理业	14.48	1.13	0.02	
居民服务和其他服务业	0.12			
教育	2.93	0.50		
卫生、社会保障和社会福利业	1.47		0.02	
文化、体育和娱乐业	0.73	0.01	0.02	
公共管理和社会组织	16.34	0.10	0.20	
国际组织				
按四大支柱产业分	**40.01**	**20.57**	**5.51**	
石油天然气开采业	7.52	6.28	5.28	
水利发电业	20.59	0.06	0.09	
有色金属业	2.61	13.14	0.12	
盐化工	9.29	1.09	0.02	

注：本表为50万元以上项目投资情况。

9－10 按项目规模分的基本建设投资及项目个数
Number of Capital Construction Projects by Project Size

年 份 地 区	项目投资 （亿元）	#大中型	施工项目 （个）	# 大中型	全 部 建 成 投产项目(个)	# 大中型
1978	6.74	4.39	562	19	331	1
1979	9.69	6.94	618	14	215	
1980	6.93	4.40	668	16	355	
1981	5.84	4.05	561	12	290	
1982	7.19	4.83	670	9	373	
1983	8.09	5.48	753	8	467	3
1984	8.73	5.65	795	9	524	3
1985	11.83	6.44	1 088	11	513	1
1986	13.95	8.08	934	8	673	1
1987	14.82	9.98	975	6	572	1
1988	17.25	11.65	1 027	15	578	1
1989	12.55	8.15	781	9	443	
1990	13.44	7.85	854	10	561	
1991	15.07	8.62	890	10	604	2
1992	17.68	10.15	867	11	590	
1993	28.86	19.58	857	12	545	2
1994	28.24	17.14	803	12	528	4
1995	31.70	17.15	890	13	516	
1996	51.39	31.21	1 013	18	677	2
1997	59.43	29.38	1 334	15	919	1
1998	74.62	35.00	1 662	12	1 079	1
1999	74.16	23.71	1 747	12	1 219	1
2000	100.37	32.97	1 818	13	1 255	2
2001	134.00	37.04	2 072	15	1 414	3
2002	163.66	34.39	2 328	10	1 640	3
2003	164.73	32.54	1 971	13	1 083	2
西宁市	35.91	1.43	397	5	220	1
海东地区	13.76		395		238	
海北州	7.12	0.32	195	1	140	1
海南州	13.42	2.66	273	2	187	
黄南州	5.52	1.78	118	1	83	
果洛州	3.3		135		66	
玉树州	3.83		153		113	
海西州	39.06	13.31	280	3	36	
不分地区	42.81	13.04	25	1		

9-11 基本建设施工和竣工房屋面积

Floor Space of Buildings Under Construction and Completed Ones in Capital Construction

单位：万平方米

年份 地区	施工面积	#住宅	竣工面积	#住宅
1978	150.79		70.65	25.61
1979	222.00		91.99	40.18
1980	208.00	102.00	107.00	55.00
1981	160.73	88.21	77.15	47.27
1982	194.94	97.73	100.04	54.59
1983	167.39	83.17	88.28	46.67
1984	227.85	111.58	117.73	60.21
1985	334.01	164.78	36.65	73.14
1986	244.22	116.58	125.67	66.67
1987	277.95	119.00	146.29	67.15
1988	251.60	103.59	112.43	50.15
1989	207.83	85.93	85.41	37.81
1990	216.81	95.59	112.68	58.15
1991	195.52	75.36	100.12	75.36
1992	161.24	65.15	91.84	37.84
1993	177.87	66.50	88.87	40.07
1994	170.85	73.28	93.67	44.00
1995	147.08	78.96	82.05	51.00
1996	187.80	99.34	108.74	56.66
1997	256.44	163.01	147.74	95.30
1998	326.22	213.30	179.80	121.17
1999	308.48	187.59	189.87	123.36
2000	272.78	148.64	151.48	84.76
2001	315.91	156.41	157.73	84.14
2002	317.55	117.89	144.19	53.99
2003	337.65	110.23	130.50	39.57
西宁市	128.75	55.52	43.18	13.87
海东地区	47.72	17.55	29.79	11.90
海北州	19.79	4.93	11.62	4.07
海南州	29.86	5.01	5.99	1.37
黄南州	18.35	10.17	8.07	3.45
果洛州	21.26	5.34	6.56	1.70
玉树州	30.70	6.87	23.15	3.07
海西州	41.22	4.83	2.14	0.14
不分地区				

9－12 基本建设大中型项目一览表(2003年)

Schedule of Large and Medium－sized Projects in Capital Construction(2003)

单位:万元

建设项目名称	建设地址	行业	隶属关系	性质	开工年月	计划总投资	自开始建设至本年底累计完成	累计新增固定资产	未完工程
公伯峡水电站	循化	4412	中	新	200107	625700	335913	74842	261071
黑泉水库	西宁	5100	省	新	199609	77625	73062	2753	70309
广播电视中心	西宁	9130	省	新	199809	13000	13000	13000	
海北铝业有限公司二万吨扩建	西海镇	3316	州	扩	200303	14000	3200		3200
直岗拉卡水电站	尖扎	4412	地	新	200012	142000	42193	11580	27483
尼那水电站	贵德	4412	省	新	199808	114400	100181	210	99971
赛什塘铜矿	同德	911	地	新	200106	23600	18500	18500	
100万吨钾肥生产线	格尔木	2623	省	扩	200005	300000	227541	2363	225178
青海石油管理局基建项目	海西	710	中	扩	200305	17840	17840		17840
330kv景阳送变电工程	西宁	4420	中	扩	200303	4000	3600		3600
曹家堡机场航站区改扩建	西宁	5531	省	扩	200307	13306	1300		1300
省人民医院综合楼	西宁	8511	省	扩	200304	6000	1300		1300
青海油田基建项目	海西	710	中	扩	200302	56736	56736	56736	

9－12 续表 Cotinued

单位:万元

建设项目名称	本年计划投资	本年完成投资	本年新增固定资产	生产能力名称	单位	建设规模	累计新增	#本年新增
公伯峡水电站	110000	101902		水电装机容量	万千瓦	150		
黑泉水库	5000	4358		水库容量	亿立方米	1.82		
广播电视中心	1300	1227	13000					
海北铝业有限公司二万吨扩建	1097	1097		电解铝	吨/年	10000		
直岗拉卡水电站	12920	12920		水电装机容量	万千瓦	19		
尼那水电站	48996	22511		水电装机容量	万千瓦	16	16	16
赛什塘铜矿	9800	9800	8700	铜采矿	万吨/年	50		
100万吨钾肥生产线	138017	71000		钾肥	万吨/年	100		
青海石油管理局基建项目	38400	38400		其他发电	万千瓦	3	3	3
330kv景阳送变电工程	4000	3600		输电线路长度	公里	6		
曹家堡机场航站区改扩建	1000	1300						
省人民医院综合楼	6000	1300						
青海油田基建项目	75788	74453		天然原油	万吨/年	27	5	5

9-13 基本建设施工、投产项目个数和新增固定资产

Number of Capital Construction Projects Under Construction and Put into Use and Newly Increased Fixed Assets

年份 地区	施工项目 (个)	全部建成投产项目 (个)	全部建成投产率 (%)	新增固定资产 (亿元)	固定资产交付使用率 (%)
1978	562	331	58.90	3.46	51.30
1979	618	215	31.60	6.25	64.50
1980	668	355	53.10	3.40	49.10
1981	561	290	51.70	2.23	38.20
1982	670	373	55.70	3.76	52.30
1983	753	467	62.00	6.42	79.40
1984	795	524	65.90	11.30	129.40
1985	1088	513	47.20	4.83	40.82
1986	934	673	72.10	7.68	55.03
1987	975	572	58.70	18.68	126.10
1988	1027	578	56.30	9.14	52.97
1989	781	443	56.70	13.23	105.40
1990	854	561	65.70	11.52	85.74
1991	890	604	67.90	14.56	96.59
1992	867	590	68.10	12.52	70.81
1993	857	545	63.60	19.70	68.25
1994	803	528	65.80	20.59	73.30
1995	890	516	58.00	21.13	67.00
1996	1013	677	66.80	38.38	76.90
1997	1334	919	68.90	61.29	74.70
1998	1662	1079	64.90	49.77	66.70
1999	1747	1219	69.78	60.55	81.65
2000	1818	1255	69.03	47.09	46.92
2001	2072	1414	68.24	96.33	71.89
2002	2328	1640	70.45	73.22	44.74
2003	1971	1083	54.95	60.89	36.96
西宁市	397	220	55.42	22.47	159.81
海东地区	395	238	60.25	12.50	90.84
海北州	195	140	71.79	4.86	68.26
海南州	273	187	68.50	7.90	58.87
黄南州	118	83	70.33	1.70	30.80
果洛州	135	66	48.89	1.80	47.00
玉树州	153	113	73.86	2.66	69.45
海西州	280	36	12.86	7.00	17.92
跨地区项目	25			60.89	142.23

9-14 基本建设新增主要产品生产能力

Newly Increased Production Capacity Through Capital Construction

能 力 名 称		1997	1998	1999	2000	2001	2002	2003
原煤开采	(万吨/年)	12	4	4	3		11.4	52
洗　煤	(万吨/年)	10						
天然原油	(万吨/年)	18	43	40	40	30	30	5
天然气开采	(亿立方米/年)			5	2	3	3	3
天然气管输	(公里)			212		17		
	(亿立方米/年)					10		
铁合金	(万吨/年)			1				
钢　丝	(万吨/年)					110		
铜采矿(原矿)	(万吨/年)			2			15	
铜选矿:(1)处理原矿	(万吨/年)		1	2				
其中:电解铜	(吨/年)			100				
铅锌采矿(原矿)	(万吨/年)				3			
铅锌选矿:(1)处理原矿	(万吨/年)					2		
(2)铅含量	(吨/年)					1200		
(3)锌含量	(吨/年)					300		
电解铝	(吨/年)	11000		2134	7000	3000		
铝加工	(吨/年)				5000			
金采矿(原矿)	(万吨/年)	2		1500				
金选矿:(1)处理原矿	(吨/年)	10000				170	5000	
(2)金含量	(公斤/年)	75		12		40	1	
黄金	(公斤/年)			102			110	
矿山成品金	(公斤/年)	34		102	25			
银选矿:(1)处理原矿							0.04	
水力发电	(万千瓦)	81	41	42			5.1	17
火力发电	(万千瓦)			13		25		3
输电线路长度(11万伏及以上)	(公里)	76	133	212	247	882	6	1140
变电设备能力(11万伏及以上)	(万千伏安)			26		129	11	
水泥	(万吨/年)	7	18			30		
电石	(吨/年)	4000						
钾肥	(吨/年)	45000	20850		1			3
食用植物油	日处理原料:吨		30	56				
	日精炼油:吨		18					
肉加工品	(吨/年)					121		
其中:熟肉加工	(吨/年)					22		
移动通信基站设备	(个/年)					14	17	11
程控交换机	(万线/年)					2	1.4	
新建公路	(公里)	312	276	1030	448	1701	2162	574
其中:高速公路	(公里)					26	9	83
一级公路	(公里)					31		
二级公路	(公里)				29	16	72	
改建公路	(公里)	648	563	175	1159	1014	2803	1150
其中:高速公路	(公里)							
一级公路	(公里)		11	886	452			46
二级公路	(公里)			2	24	29	616	220
新建独立公路桥梁	(延长米)	1109	306	907	540	669	637	355
	(座)	30	8	8	12	24	19	5
新(扩)建港口码头	年吞吐量:万吨				12			
	泊位:个				2			

9－14 续表 Continued

能力名称		1997	1998	1999	2000	2001	2002	2003
船舶购置	(艘)	1						
载重量:吨位		44						
载客量:客位		20						
拖轮功率:千瓦		237						
新(扩)建客、货运站	(个)	2	2	4		1	1	2
	(平方米)	2500	2097	2752		1000	470	1219
长途电缆线路长度	(公里)	173	70		105	548	180	627
新建微波电路	(路)	1						
农牧场机具购置	(台)	84	158	71	109			
	(千瓦)	2170	2753	1363				
耕地面积	(万亩)				3	3		9
造林面积	(万亩)	5	5	23	38	61	129	104
水库容量(总库容)	(亿立方米)						2	
有效灌溉面积	(万亩)	18	9	24	14	10	37	2011
商业石油库	(万立方米)							
粮食仓库	(万公斤)	3040	250	5659	5001	800	5002	
	(平方米)	7249	539	19226	14077	500	3541	
高等院校:学生席位	(个)	47				950	1500	
建筑面积	(平方米)	2524		23862		26833	79490	
中等学校:学生席位	(个)	2420	7358	10472	5001	3107	10499	8529
建筑面积	(平方米)	32974	53030	75687	32387	41872	25076	59244
小学校:学生席位	(个)	11840	18527	9283	9687	9438	136194	11583
建筑面积	(平方米)	55079	72743	61337	57174	62396	364	45701
其他院校:学生席位	(个)	160	1710	53	138	755	4795	6776
建筑面积	(平方米)	7460	17361	430	1380	10616	364	3288
公共图书馆:藏书量	万册(件)		30					100
阅览室座席	(个)		200					40
建筑面积	(平方米)		6173					4560
影剧院:座席	(个)		500	60				
	(平方米)		1200	450				
文化馆	(平方米)		1800			1387		908
医院病床	(张)	20	203	60	780	567	551	1070
疗养院、所病床	(张)	12			15	90		60
宾馆、旅馆、招待所客房数	(间)	110	109	197	57	53	1463	246
	(平方米)	5339	2482	2500	4	1533	43324	6850
城市自来水供水能力	(万吨/日)		15	9	69	2	2	2
城市自来水管道长度	(公里)	1	64	23	59	60	44	116
城市供热能力:蒸汽	(吨/小时)			2		14	26	
热水	(兆瓦/小时)	7		5		17	240	
城市公共交通车辆购置	(辆)	383				12		
城市道路扩建长度	(公里)	9	42	31		69	75.13	36
城市道路扩建面积	(万平方米)	9	20	16		38	30.28	49
城市排水管道铺设长度	(公里)	7	8	2		24	28.79	23
城市永久性桥梁	(座)		3	1		2	2	1
城市防洪堤长度	(公里)		21	2		16	63.35	11

9-15 按资金来源和隶属关系分的更新改造投资

Investment in Innovation by Source of Funds and Administrative Relationship

单位：万元

年份 地区	按资金来源分					按隶属关系分	
	国家预算内资金	国内贷款	利用外资	自筹资金	其他资金	中央项目	地方项目
“六五”时期	**13259**	**10367**	**193**	**31751**	**798**	**19577**	**36791**
1981	1829	715		2882	108	2382	3152
1982	836	1045		9248	607	2691	9045
1983	4052	1701		6178	29	4934	7026
1984	4094	1959	193	6639	41	4307	8619
1985	2448	4947		6804	13	5263	8949
“七五”时期	**4712**	**44871**	**171**	**55503**	**16836**	**28196**	**92897**
1986	1609	8172	63	7151	43	2800	14238
1987	1251	9259	43	16314	570	8523	16857
1988	446	10822	49	15926	1098	4159	24182
1989	625	9974	16	1472	14640	8253	19531
1990	781	6644		14640	485	4461	18089
“八五”时期	**5419**	**110960**	**4460**	**82721**	**6669**	**52872**	**219044**
1991	1366	11967		14850	826	5562	23447
1992	347	14210		21990	158	4575	32130
1993	1534	29722		24561	545	5466	45047
1994	661	38994		26763	2478	16197	53105
1995	1511	28856	45	48639	3751	21072	65315
“九五”时期	**19115**	**145874**	**10655**	**468298**	**50106**	**260748**	**452759**
1996	969	33502	188	73413	5286	21071	87999
1997	5956	35720	4460	82721	6669	44779	93501
1998	3999	25716	2719	91370	5049	38329	100985
1999	4408	18859	2848	114715	3741	60039	94155
2000	3783	32077	440	106079	29361	96530	76119
“十五”时期							
2001	13714	51893	91	106429	37341	105076	104521
2002	23146	26607	165	143862	40202	110016	148724
2003	13283	67009	10600	195926	74555	184540	221206
西宁市	4196	58337	200	120998	6731	115337	126262
海东地区	848	3772	900	46079	10404		60885
海北州	2687			3124	1088	2679	4161
海南州	2390		1000	1829			5219
黄南州	442	2000		5301	1520	350	14845
果洛州	220			358			518
玉树州							
海西州	2500	2900	8500	15382	54812	63319	9316
不分地区				2855		2855	

注:1994 年以后为财务拨款。1997 年以后数据中未包含债券。2003 年以后为 50 万元以上项目投资下同。

9－16 按构成和建设性质分的更新改造投资

Investment in Innovation by Use of Funds and Type of Construction

单位:万元

年份 地区	投资额	按构成分			按建设性质分		
		建筑安装工程	设备、工器具购置	其他费用	#新建	#扩建	#改建
1978							
1979	2790	1631	1078	81			
1980	4054	2541	1353	160	1362	9498	15439
1981	5534	3906	1435	193	1675	1578	2281
1982	11736	7864	3719	153	1050	1777	8828
1983	11960	7779	3840	341	1381	2607	7098
1984	12926	7584	4856	486	747	1607	8404
1985	14212	7752	5870	590	1033	2890	7919
1986	17038	8011	8311	716	1281	6565	7680
1987	25380	12448	11777	1155	982	9044	13509
1988	28341	15413	11427	1501	1362	9498	15439
1989	27784	16487	9246	2051	276	4939	20216
1990	22550	12082	9842	626	580	6923	12564
1991	29009	16090	11780	1139	898	6565	18934
1992	36705	18083	17429	1193	867	7177	23754
1993	50513	23593	24679	2241	679	16831	30312
1994	69302	26509	40701	2092	483	25723	40993
1995	86387	30375	48270	7742	1693	37149	42656
1996	109070	51606	46437	11027	4882	45330	51314
1997	138280	60826	68373	9081	7692	75310	52362
1998	139314	63510	64483	11321	7627	57205	64193
1999	154194	76733	75922	1539	11974	81193	50448
2000	172649	77935	92350	2364	4783	100654	49376
2001	209597	78900	122798	7899	15522	94677	87827
2002	258740	155344	96052	7344	60843	89552	90406
2003	405746	250819	141535	13392	136020	161615	97644
西宁市	241599	155734	76845	9020	133026	57552	43179
海东地区	60885	32808	26577	1500	1130	36173	21141
海北州	6840	2897	3938	5		1954	4764
海南州	5219	3844	1335	40		557	4600
黄南州	15195	5550	9645			5656	9539
果洛州	518		518		80		438
玉树州							
海西州	72635	49604	20204	2827	1784	59723	11128

9－17 更新改造施工、投产项目个数和新增固定资产

Number of Innovation Projectsb under Construction and put into use and Newly Increased Fixed

年 份 地 区	施工项目 （个）	全部建成 投产项目 （个）	项目建成 投 产 率 （%）	新 增 固定资产 （万元）	固 定 资 产 交付使用率 （%）
1980	233	121	51.9	2363	58.3
1981	243	135	55.6	3129	56.5
1982	669	440	65.8	8619	73.4
1983	607	306	50.4	8863	74.1
1984	471	286	60.7	9417	72.9
1985	412	143	34.7	9104	64.1
1986	431	208	48.3	10718	62.9
1987	567	385	67.9	21325	84.0
1988	450	275	61.1	21347	75.3
1989	291	151	51.9	20640	74.3
1990	292	186	63.7	22734	100.8
1991	323	190	58.8	16556	57.1
1992	247	186	75.3	23487	64.0
1993	213	115	54.0	30838	61.0
1994	194	111	57.2	51694	74.6
1995	260	183	70.4	75209	87.1
1996	331	228	68.9	81698	74.9
1997	324	226	69.8	110788	80.1
1998	323	209	64.7	125716	90.2
1999	277	195	70.4	120260	78.0
2000	316	185	58.5	119757	69.4
2001	386	269	69.7	141207	67.4
2002	351	217	61.8	143083	55.3
2003	241	126	52.3	115769	28.5
西宁市	79	31	39.2	58278	24.1
海东地区	60	23	38.3	12015	19.7
海北州	21	18	85.7	9435	137.9
海南州	19	15	78.9	5282	101.2
黄南州	15	13	86.7	15681	103.2
果洛州	3	1	33.3	80	15.4
玉树州					
海西州	20	1	5.0	12167	16.8
不分地区	24	6	25.00	2831	98.1

9－18　更新改造新增主要产品生产能力

Newly Increased Production Capacity Through Innovation

能 力 名 称		1997	1998	1999	2000	2001	2002	2003
原煤开采	（万吨/年）	2	70	6	1	2	7	20
洗煤	（万吨/年）							10
铁矿石原矿开采	（万吨/年）				1		25	
铁矿石成品矿	（万吨/年）					15		
初轧	（万吨/年）							2
连　铸	（万吨/年）		30					
铁合金	（万吨/年）	2	1	1		1		4
铜选矿：(1)处理原矿	（万吨/年）					2		
铜冶炼	（吨/年）		1100					
铅锌选矿：(1)处理原矿	（万吨/年）					51	60	3
(2)铅含量	（吨/年）					80		1
(3)锌含量	（吨/年）					180		1
铅冶炼	（吨/年）	600				50000		
其中：电解铅	（吨/年）					50000		
锌冶炼	（吨/年）	1000						
氧化铝							16000	5
电解铝	（吨/年）	10000	3200	2134		25000	14500	20901
粗　铅	（吨/年）					20000		
铝加工	（吨/年）					10000		23000
铝型材	（吨/年）					10000		
金采矿（原矿）	（万吨/年）	6	1			4		
金选矿：(1)处理原矿	（吨/年）						560	
(2)金含量	（公斤/年）	35			100			
黄　金	（公斤/年）					70		
冶炼厂产金	（公斤/年）	2						
石棉选矿：(1)处理原矿	（万吨/年）			4				
(2)成 品 棉	（万吨/年）			1				
水力发电	（万千瓦）					49	2	2
火力发电	（万千瓦）		1	1				
变电设备能力（11万伏及以上）	（万千伏安）				28			
水　泥	（万吨/年）	22	12	5	39	31	76	21
硫　酸	（吨/年）	800						
纯　碱	（吨/年）	4000					2	
磷　肥	（吨/年）				39		30000	
钾　肥	（吨/年）		19807		10400	15001	10000	1
中成药	（吨/年）			106000		15	21	
原　盐	（万吨/年）							
食用植物油	日处理原料：吨	25		150			200	100
	日精炼油：吨	9		60			150	35
肉加工品	（吨/年）	200			200		103	
奶　粉	（吨/年）				200			
白　酒	（吨/年）	30	4000					
卷　烟	（箱/年）		50000					
机制纸板	（万吨/年）		1			1	3	

9－18 续表 Continued

能 力 名 称		1997	1998	1999	2000	2001	2002	2003
程控交换机	(万线/年)			1		7	2	
电话单机	(万部/年)					1	4.6	
新建公路	(公里)		29					
改建公路	(公里)	56	123	60				
长途电缆线路长度	(公里)		46	155		107		
新建微波电路	(路)							
农牧场机具购置	(台)	10	22	13				
	(千瓦)	550	870					
耕地面积	(万亩)			103				
造林面积	(万亩)						10	
水库容量(总库容)	(亿立方米)							
有效灌溉面积	(万亩)			6				
商业冷藏库	(万吨)							1920
中等学校:学生席位	(个)		200					
建筑面积	(平方米)		581					
小学校:学生席位	(个)	450		185	900			
建筑面积	(平方米)	943		500	1109			
其他院校:学生席位	(个)							
建筑面积	(平方米)							
公共图书馆:藏书量	万册(件)							
阅览室座席	(个)							
建筑面积	(平方米)							
影剧院:座席	(个)							
	(平方米)							
文化馆	(平方米)							
医院病床	(张)		20	10				
疗养院、所病床	(张)							
宾馆、旅馆、招待所客房数	(间)				50			
	(平方米)				3393			
城市自来水供水能力	(万吨/日)		1					2
城市自来水管道长度	(公里)		15		325		4	57
城市煤气生产能力	(万立方米/日)							
城市天然气储气能力	(万立方米/日)							
城市液化石油气储气能力	(吨)							
城市供热能力:蒸汽	(吨/小时)			10				
热水	(兆瓦/小时)							40
城市公共交通车辆购置	(辆)					100	78	
城市道路扩建长度	(公里)		5	5		10	3	13
城市道路扩建面积	(万平方米)		4	42				
城市排水管道铺设长度	(公里)					11	3	
城市污水处理能力	(万吨/日)							
城市永久性桥梁	(座)							
城市防洪堤长度	(公里)							

9－19　更新改造施工和竣工房屋面积

Floor Space of Buildings Under Construction and Completed Ones in Innovation

单位:万平方米、%、元

年　份	施工面积	竣工面积	#住　宅	房屋面积竣工率	平均每平方米竣工房屋造价	#住　宅
1979	4.5	2.4	0.9	52.4		
1980	13.0	7.1	1.8	54.7	114.0	92.0
1985	33.9	19.2	7.4	56.7	23.0	186.0
1986	38.6	19.0	8.1	49.9	245.0	210.0
1987	47.5	25.8	13.2	54.4	258.0	215.0
1988	45.3	22.6	10.6	49.9	301.7	242.0
1989	36.9	17.4	6.4	47.2	331.6	294.0
1990	33.8	20.5	10.5	60.7	349.4	316.0
1991	37.2	18.7	8.6	50.3	399.3	321.0
1992	39.9	18.6	10.0	46.5	410.5	380.0
1993	44.0	21.7	11.6	49.4	480.9	403.0
1994	33.2	14.8	5.0	44.7	533.3	551.0
1995	41.5	24.9	5.2	60.0	683.1	640.0
1996	46.1	29.3	18.7	63.5	726.6	645.0
1997	33.8	25.1	11.2	74.4	812.3	660.0
1998	20.5	9.8	3.5	47.6	1310.8	846.0
1999	16.2	11.2	5.0	69.2	833.6	884.0
2000	26.5	15.4	11.3	58.2	719.6	720.0
2001	13.1	4.1	1.3	32.0	728.0	745.0
2002	17.5	7.4	2.2	42.3	985.4	791.2
2003	21.6	3.9	1.5	18.1	1000.6	761.8

9－20 城镇集体单位按构成分的固定资产投资和房屋面积

Investment in Fixed Assets of Urban Collective－owned Units by Use of Funds and Floor Space

单位:万元、万平方米

年份 地区	合计	建筑安装工程	设备工具器具购置	其他费用	房屋面积 施工面积	#住宅	竣工面积	#住宅
1985	3034	2077	832	125	16.40	3.40	10.30	1.70
1986	3610	2700	907	3	13.06	2.66	7.53	1.65
1987	2496	2006	325	165	14.28	2.47	4.62	0.89
1988	7393	4438	2442	513	15.63	2.76	6.93	1.24
1989	4724	3322	1231	171	15.68	2.31	9.13	1.57
1990	2870	1919	802	149	7.89	1.37	3.66	1.05
1991	1794	1266	450	78	3.90	0.83	1.90	0.53
1992	3384	2096	1159	129	6.97	2.28	4.65	1.05
1993	4451	3515	818	118	10.35	2.69	6.49	1.89
1994	6384	4222	2057	105	9.25	4.17	5.01	1.88
1995	12122	7942	3416	764	12.16	4.62	7.38	3.47
1996	8733	4769	3581	383	5.58	2.41	3.64	1.76
1997	11056	7533	3346	177	8.10	3.69	4.75	1.25
1998	7667	5811	1794	62	8.30	4.88	5.28	2.93
1999	13691	12034	1593	64	12.62	4.40	6.25	2.30
2000	11273	7362	3642	269	7.63	2.70	4.49	2.19
2001	11707	8164	3310	233	8.53	3.49	3.54	0.99
2002	11661	10150	1511		9.37	5.76	4.26	2.41
2003	100	100			0.93	0.39	0.93	0.39
西宁市	100	100			0.93	0.39	0.93	0.39
海东地区								
海北州								
海南州								
黄南州								
果洛州								
玉树州								
海西州								

注:本表中2002年包含列入基建和更改计划的投资,未含股份合作制。2003年以后为50万元以上项目,下同。

9-21 城镇和工矿区个人建房

Building Construction by Individuals in Cities and Towns and in Industrial Mining Areas

年份 地区	竣工房屋建筑面积（平方米）	#住宅	竣工房屋价值（万元）	#住宅
1985	328508	274974	2086	
1986	323956	261410	2943	2442
1987	270516	238435	2095	1410
1988	357357	301473	2528	2379
1989	297149	227280	2762	2239
1990	283874	227567	3178	2560
1991	202891	180736	2773	2423
1992	195677	168830	3207	2620
1993	212516	176673	2955	2442
1994	187401	144623	4273	3415
1995	384287	214638	8309	4745
1996	292607	252734	8774	7492
1997	399247	321981	13060	8805
1998	278740	238184	11490	7305
1999	285285	237227	11637	7918
2000	625626	526152	22381	19182
2001	750763	651088	27525	22933
2002	683928	624312	33024	26328
2003	522218	426252	24888	20656
西宁市	75091	73091	4100	3850
海东地区	239750	181440	7433	5449
海北州	16320	16320	612	612
海南州	46639	32177	4774	4196
黄南州	7310	7310	412	412
果洛州	26615	19069	939	542
玉树州	90448	86517	4500	4138
海西州	20045	10328	2118	1457

9-22 农村个人固定资产投资和建房

Indivdual Investment in Fixed Assets and Building Construction in Rural Areas

年份	投资总额 (万元)	#竣工房屋投资		施工房屋建筑面积 (万平方米)	竣工房屋建筑面积 (万平方米)		竣工房屋造价 (元/平方米)	
		小计	#住宅		总计	#住宅	总计	#住宅
1985	9567			211.77	214.63	206.04		
1986	9467			109.31	109.31	109.31		
1987	11388			596.78	192.13	160.11		
1988	19950			167.82	167.82	126.60		
1989	17508			151.95	148.98	140.04		
1990	14747			124.64	121.60	112.48		
1991	16079			197.36	197.36	181.94		
1992	18259			113.00	113.00	113.00		
1993	31972			208.66	189.69	145.43		
1994	30580			176.25	176.25	163.96		
1995	35128			122.50	122.50	115.65		
1996	37359			150.41	150.41	122.90		
1997	36965			149.00	147.93	130.90		
1998	41852			198.09	198.09	172.37		
1999	40441	18986	18134	142.00	137.00	129.00	138.58	140.57
2000	77197	31286	28837	197.07	197.07	197.07	158.76	164.39
2001	81595	29520	27200	181.89	180.70	160.56	163.36	170.58
2002	98619	25580	22375	141.45	141.28	127.05	181.06	176.11
2003	143102	38225	34537	233.72	217.53	196.92	175.7	175.38

注:本表为抽样调查数。

9－23　房地产开发主要指标

Main Indicators of Real Estate Development

指　　标		1997	1999	2000	2001	2002	2003
一、企业个数	**（个）**	**47**	**94**	**177**	**216**	**275**	**275**
内资			89	170	209	264	264
#国有		25	21	18	23	22	22
集体		9	9	7	6	9	9
港、澳、台投资			3	7	4	5	5
外商投资			2	6	3	6	6
二、平均从业人数	**（人）**	**1501**	**2740**	**8110**	**4360**	**5590**	**5464**
内资		1457	2576	7744	4224	5433	5231
#国有		922	831	150	715	906	791
集体		223	188	460	124	195	201
港、澳、台投资		44	102	179	53	117	78
外商投资			62	535	83	40	155
三、土地开发及购置	**（万平方米）**						
本年土地开发面积		7.88	30.79	36.61	39.63	88.30	108.82
本年土地购置面积		3.70	20.68	39.33	30.46	110.85	118.01
四、本年完成投资额	**（亿元）**	**2.46**	**11.20**	**13.50**	**15.36**	**16.92**	**22.31**
#住宅		1.24	6.83	8.14	8.60	9.48	15.46
#经济适用房屋				2.20	4.19	4.93	5.34
五、资金来源小计	**（亿元）**	**2.53**	**10.49**	**12.89**	**16.43**	**18.00**	**23.07**
#国内贷款		0.44	2.73	2.17	2.75	2.55	4.20
利用外资		0.10	0.67	0.31	0.22	0.50	0.36
自筹资金		0.54	4.68	8.57	9.87	9.34	9.80
六、房屋建筑面积	**（万平方米）**						
施工面积		63.29	174.31	218.63	267.58	342.38	412.08
竣工面积		20.36	78.10	74.26	105.99	133.60	156.99
#住宅		17.70	58.82	59.08	80.16	107.87	137.54
七、商品房屋销售面积	**（万平方米）**	**8.99**	**30.74**	**39.91**	**33.66**	**68.04**	**83.51**
#住宅		8.27	25.71	36.84	31.86	61.17	70.34
商品房屋销售价格	（元/平方米）	1220.99	1462.22	1238.16	1208.25	1291.85	1465.30
#住宅		1137.50	1261.96	1135.89	1123.54	1166.83	1341.99
八、实收资本合计	**（亿元）**	**2.67**	**9.21**	**18.91**	**7.40**	**8.92**	**9.06**
#国家资本金		0.16	0.21	0.06	0.59	1.12	1.06
资产负债率	（%）	68.55	61.57	49.45	60.72	59.96	56.21
九、经营总收入	**（亿元）**	**1.66**	**4.87**	**5.56**	**6.77**	**7.36**	**8.10**
#土地转让收入		0.06	0.02		0.02	0.07	

注：平均从业人数2003年为期末从业人数。

9－24 房地产开发企业(单位)个数

Number of Enterpises forb Real Estate Development

单位:个

年份 地区	企业 个数	内资 企业			港、澳、台 投资企业	外商投资 企业
			#国有	#集体		
1997	47		25	9		
1998	63	58	20	8	4	1
1999	94	89	21	9	3	2
2000	177	170	18	7	7	6
2001	216	209	23	6	4	3
2002	274	263	22	11	5	6
2003	274	263	22	11	5	6
西宁市	247	236	19	10	5	6
海东地区	18	18	2	1		
海北州						
海南州						
黄南州						
果洛州						
玉树州						
海西州	9	9	1			

9－25 房地产开发企业(单位)从业人员

Number of Employ Persons in Enterises fox Real Estate Development

单位:人

年份 地区	平均从业 人数	内资 企业			港、澳、台 投资企业	外商投资 企业
			#国有	#集体		
1997	1501	1457	922	223	44	
1998	2008	1867	756	261	109	32
1999	2740	2576	831	188	102	62
2000	8110	7744	150	460	179	535
2001	4360	4224	715	124	53	83
2002	5590	5433	906	195	40	117
2003	5464	5231	791	201	78	155
西宁市	3447	3124	413	115	78	155
海东地区	1046	1046	258			
海北州						
海南州						
黄南州						
果洛州						
玉树州						
海西州	971	971	120	86		

注:2003 年为年末从业人数。

9－26　房地产开发企业(单位)的土地开发及其购置

Land Developmend and Purchase of Enterprises
Real Estate Development

单位:万平方米

年份 地区	本年完成开发 土地面积	正在开发的 土地面积	待开发的 土地面积	本年购置 土地面积
1997	7.88	3.33	6.24	3.70
1998	36.84	30.49	13.24	60.48
1999	30.79	3.63	2.19	20.68
2000	3.61	14.78	21.02	39.33
2001	39.63	24.17	22.39	30.46
2002	88.30		5.14	110.85
2003	108.82		40.62	118.01
西宁市	92.77		40.62	97.84
海东地区	12.70			20.17
海北州				
海南州				
黄南州				
果洛州				
玉树州				
海西州	3.35			

9－27　商品房屋销售与出租情况(2003年)

Selling and Leasing of Commerical Houses(2003)

指标名称	实际销售(平方米)	#销售给个人	预售(平方米)	空置(平方米)	#空置一年以上(含一年)	出租(平方米)	实际销售额(万元)	#销售给个人
房屋面积合计	**835083**	**692700**	**303529**	**199676**	**69897**	**70786**	**122365**	**101912**
#外销(租)	4000						300	
1.住宅	703417	654625	255354	102272	39819	37000	94398	89787
#经济适用房	209864	198064	65001	55649	32663		26150	25062
2.办公楼	41427	4062	36374	41324	6732	456	8807	1061
3.商业营业用房	82702	26476	11284	53497	23346	33330	18820	10724
4.其他	7537	7537	517	2583			340	340

9-28 房地产开发施工、竣工价值(2003年)
Value of Real Estate Development under(2003)

单位:平方米

指标名称	施工面积	#新开工	竣工面积	竣工房屋价值(万元)
房屋建筑面积合计	**4120773**	**2363376**	**1569854**	**152522**
1.住宅	3094563	1853441	1375395	126586
#别墅、高档公寓	82500			
经济适用房	1238021	690431	452117	40666
2.办公楼	385447	170017	56201	9223
3.商业营业用房	565347	308402	136065	16284
4.其他	75416	31516	2193	429

9-29 按资质等级分的房地产开发投资完成情况
Finish Invrstmen of Real Estate Development by Grade(2003)

单位:万元

项目	总计	一级	二级	三级	四级	暂定	其他
本年完成投资	**223121**	**1500**	**59804**	**66253**	**53141**	**38066**	**4357**
其中:商品房建设投资额	193202		55692	50047	49041	34476	3946
土地开发投资额	10956		2488	5112	1545	1400	411
按构成分:							
建筑工程	183497	1500	50377	52819	46175	29680	2946
安装工程	1798		1000	760	38		
设备工器具购置							
其中:购置旧设备							
其他费用	37826		8427	12674	6928	8386	1411
其中:旧建筑物购置费							
土地购置费	29861		6811	9720	5296	6705	1329
按工程用途分:							
住宅	154604	1500	41495	44753	39718	24118	3020
其中:别墅、高档公寓	2097		1937		160		
经济适用房	53412		15037	18267	3535	16573	
办公楼	21610		7381	2275	4219	7735	
商业营业用房	21205		4282	11012	3215	2386	310
其他	25702		6646	8213	5989	3827	1027
本年新增固定资产	**159032**		**62459**	**40426**	**35501**	**17529**	**3117**

主要统计指标解释

全社会固定资产投资 固定资产投资是指建造和购置固定资产的经济活动,即固定资产再生产活动。固定资产投资数与实物投资,它的承担物为机械、设备和建筑物等。固定资产再生产过程包括固定资产更新、改建、迁建、扩建和新建等活动(不包括大修理、养护、维护新质的工程)。

固定资产投资额是以货币表现的在一定时期内建造和购置固定资产的工作量以及与此有关的费用的总称。它是反映固定资产投资规模、结构发展和速度的综合性指标,又是观察工程进度和考核投资效果的重要依据。

基本建设投资额 基本建设投资额是以货币表现的基本建设完成的工作量。它是通过基本建设活动由实物量价值转化而成,是反映基本建设规模的综合性指标。它根据工程的实际进度按预算价格(预算价格是编制施工图预算时所用的价格)计算的工作量。没有形成工程实体的建筑材料和没有开始安装的设备,都不计算投资完成额。基本建设投资额包括:(1)建筑安装工程;(2)购置设备、工具、器具;(3)与前述两项活动相联系的其他基本建设投资,如勘察设计费、建设单位管理费、生产职工培训费等。

基本建设投资额和银行对基本建设的财务支出数是两个含义不同的指标。基本建设投资额是按预算价格计算的工作量;而没形成工程实体的财务支出资金不能计算工作量,使用时应加以区别。

更新改造投资额 更新改造是指现有的企业、事业单位对其固定资产进行更新改造工程和购置(不包括大修理和维护工程)。更新改造投资额是以货币表现的更新改造工作量。

其他固定资产投资

指不列入基本建设和更新改造计划管理的固定资产投资,包括国有单位其他固定资产投资,城镇集体单位固定资产投资,联营经济、股份制经济、外商投资经济、港澳台投资经济及其他经济类型企、事业单位的固定资产投资。

房地产开发投资 是指以货币形式表现的房地产开发企业(单位)在一定时期内进行房屋建设和土地开发所完成的工作量及有关费用的总称。

固定资产投资财务拨款额 指建设单位或企业、事业、行政单位在报告期内进行固定资产建造和购置而拨入和借入的各种资金,不管该资金在报告期内是否形成工作量,均作为拨款额。它和投资额的区别在于:财务拨款是建设资金的投入和来源,投资额是指资金运用的结果,两个指标是从不同的侧面反映固定资产的投资活动。

新增固定资产(或称交付使用的固定资产) 新增固定资产是指已经建成投入生产或交付使用的工程价值和达到固定资产标准的设备、工具、器具的投资,以及有关应摊入的费用。新增固定资产价值包括交付使用工程的全部价值,即包括交付使用工程在报告期内完成的投资和报告期以前完成的投资的全部价值在内。

固定资产交付使用率 新增固定资产与投资额的比例,即固定资产交付使用率。

它是从投资额中形成固定资产的比例来反映投资的建设速度,是衡量投资效果的一个综合指标。计算公式:

$$\text{固定资产交付使用率} = \frac{\text{新增固定资产}}{\text{固定资产投资额}} \times 100\%$$

房屋建筑面积 房屋建筑面积是房屋建筑物勒脚以上外墙外围的水平截面面积,包括房屋建筑物的有效面积和结构面积。房屋建筑面积统计指标是从实物形态上反映建筑规模和建设成果的重要指标之一,也是检查工程形象进度、计算工程造价、分析投资效果、研究施工任务和建筑材料之间平衡情况的重要依据。

竣工住宅建筑面积 竣工住宅建筑面积是指报告期内竣工的可供使用的住宅建筑面积。即按照住宅建筑设计要求在土建工程和房屋本身附属的水、电、卫生(设计中的有煤气、暖气的应包括这部分)工程以及通风、电梯等设备已经全部完成,具备使用条件,经验收合格正式交付给使用单位的建筑面积。

财政、金融和保险

Finance, Banking and Insurance

财政收支情况（万元）

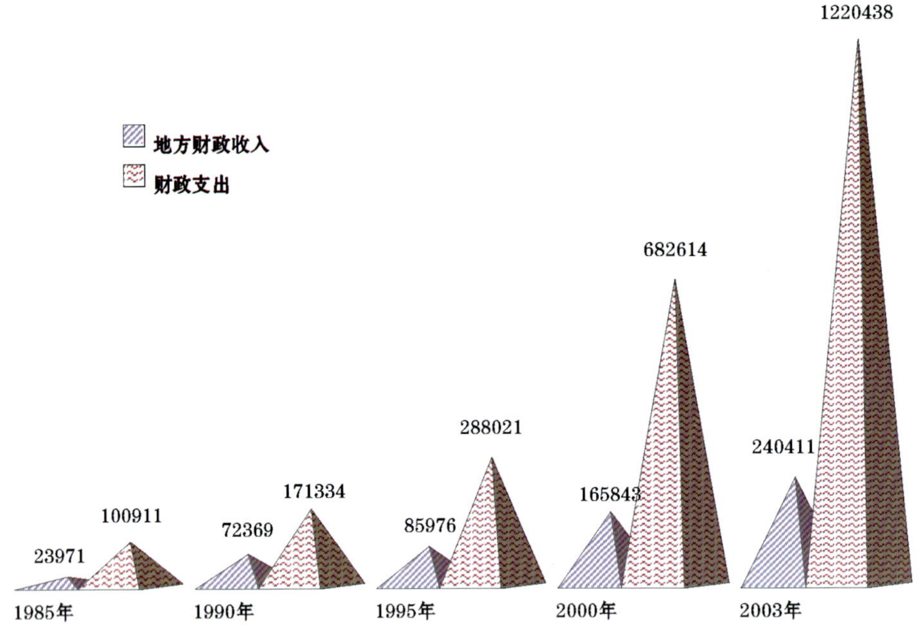

银行存款余额(亿元)

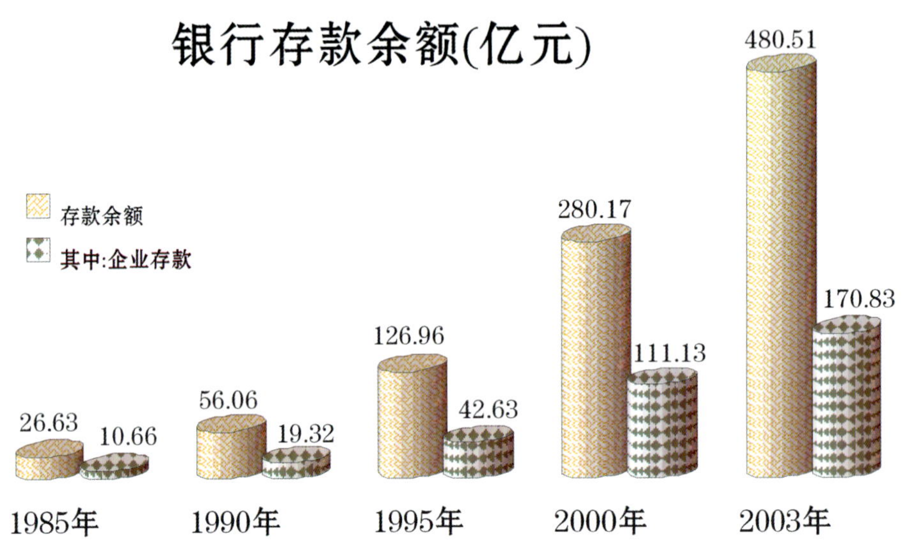

银行贷款余额（亿元）

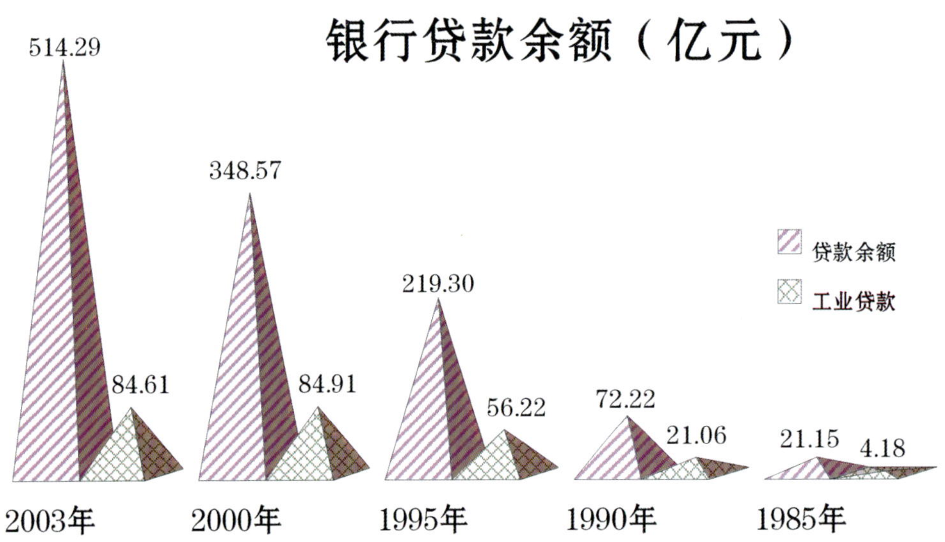

10－1 主要年份财政收支情况

Situation of Financial Revenue and Expenditure in Major Years

单位:万元、%

年份	财政收入			财政支出	地方财政收入	
		地方财政收入	国家财政补贴及其他收入		占收入合计的比重	占支出合计的比重
1957	16358	6171	10187	16212	37.7	38.1
1965	17585	10577	7008	18738	60.1	56.4
1970	26228	11975	14254	27105	45.7	44.2
1975	47928	20478	27450	45173	42.7	45.3
1978	70301	29040	41261	68010	41.3	42.7
1980	63684	16493	47191	58841	25.9	28.0
1985	105053	23971	81082	100911	22.8	23.8
1986	123875	32112	91763	122231	25.9	26.3
1987	141025	40088	100936	122555	28.4	32.7
1988	143165	50684	92481	142802	35.4	35.5
1989	162836	66906	95929	156668	41.1	42.7
1990	169745	72369	97375	171334	42.6	42.2
1991	184729	87908	96821	182272	47.6	48.2
1992	179833	81558	98275	186197	45.4	43.8
1993	215325	113682	101643	225395	52.8	50.4
1994	241980	70074	171906	253649	29.0	28.0
1995	276662	85976	190686	288021	31.1	29.9
1996	314159	95798	218361	327145	30.5	29.3
1997	353100	109200	243900	364713	30.9	29.9
1998	457668	127718	329950	440914	27.9	29.0
1999	667176	141736	525440	557191	21.2	25.4
2000	813082	165843	647239	682614	20.4	24.3
2001	1283790	198241	1085549	1012951	15.4	19.6
2002	1416571	210965	1205606	1187280	14.9	17.8
2003	1400434	240411	1160023	1220438	17.2	19.7
西宁市	127151	84397	42754	191586	66.4	44.1
海东地区	29540	20401	9139	118581	69.1	17.2
海北州	10225	7489	2736	41715	73.2	18.0
海南州	11400	10070	1330	55330	88.3	18.2
黄南州	7396	6453	943	41734	87.2	15.5
果洛州	3208	2767	441	37338	86.3	7.4
玉树州	4528	3930	598	44021	86.8	8.9
海西州	102650	34263	68387	86808	33.4	39.5

注:1. 1992 年财政收支为调整后口径。

2. 1994 年以后的数据是按照财税体制改革后的口径计算的。

10－2 财政收入占生产总值的比重

Percentage of Financial Revenue on Gross Product

单位:万元、%

年 份	财政收入合计	地方财政收入	生 产 总 值	财政收入合计生产总值的比重	地方财政收入占生产总值的比重
1957	16358	6171	39500	41.4	15.6
1965	17585	10577	61400	28.6	17.2
1970	26228	11975	81500	32.2	14.7
1975	47928	20478	124200	38.6	16.5
1978	70301	29040	155400	45.2	18.7
1980	63684	16493	177900	35.8	9.3
1985	105053	23971	330100	31.8	7.3
1986	123875	32112	384400	32.2	8.4
1987	141025	40088	433800	32.5	9.2
1988	143165	50684	549600	26.0	9.2
1989	162836	66906	603700	27.0	11.1
1990	169745	72369	699400	24.3	10.3
1991	184729	87908	751000	24.6	11.7
1992	179833	81558	875200	20.5	9.3
1993	215325	113682	1096200	19.6	10.4
1994	241980	70074	1382400	17.5	5.1
1995	276662	85976	1653100	16.7	5.2
1996	314159	95798	1835700	17.1	5.2
1997	353100	109200	2020500	17.5	5.4
1998	457668	127718	2201600	20.8	5.8
1999	667176	141736	2383900	28.0	5.9
2000	813082	165843	2635900	30.8	6.3
2001	1283790	198241	3009500	41.5	6.6
2002	1416571	210965	3411100	41.5	6.2
2003	1400434	240411	3902100	35.9	6.2
西宁市	127151	84397	1448328	8.8	5.8
海东地区	29540	20401	573325	5.2	3.6
海北州	10225	7489	160967	6.4	4.7
海南州	11400	10070	204305	5.6	4.9
黄南州	7396	6453	164400	4.5	3.9
玉树州	4528	3930	96895	4.7	4.1
果洛州	3208	2767	66815	4.8	4.1
海西州	102650	34263	830289	12.4	4.1

注:生产总值按当年价格计算。

10－3 财政收支情况(2003年)

Situation of Financial Revenue and Expenditure(2003)

单位:万元

收入	金额	支出	金额
一、增值税	52503	一、基本建设支出	295285
二、营业税	73079	二、企业挖潜改造资金	10488
三、企业所得税	12177	三、地质勘探费	13216
四、企业所得税退税	－1	四、科技三项费用	7490
五、个人所得税	7831	五、流动资金	
六、资源税	6252	六、支援农村生产支出	41566
七、固定资产投资方向调节税	25	七、农业综合开发支出	21169
八、城市维护建设税	15483	八、农林水利气象等部门的事业费	12148
九、房产税	8401	九、工业交通等部门的事业费	13799
十、印花税	1538	十、流通部门事业费	299
十一、城镇土地使用税	883	十一、文体广播事业费	25618
十二、土地增值税	8	十二、教育事业费	126319
十三、车船使用和牌照税	365	十三、科学事业费	3756
十四、屠宰税	6	十四、卫生经费	52972
十五、筵席税		十五、税务统计财政审计等部门事业费	37836
十六、农业税	5043	十六、抚恤和社会福利救济费	35463
十七、农业特产税	2703	十七、行政事业单位离退休经费	131365
十八、牧业税	6242	十八、社会保障补助支出	107051
十九、耕地占用税	919	十九、国防支出	1379
二十、契税	2814	二十、行政管理费	111201
二十一、国有资产经营收益	4885	二十一、外交外事支出	707
二十二、国有企业计划亏损补贴	－40	二十二、武装警察部队支出	1300
二十三、行政性收费收入	12467	二十三、公检法司支出	52951
二十四、罚没收入	5798	二十四、城市维护费	12089
二十五、海域场地矿区使用费收入		二十五、政策性补贴支出	11371
二十六、专项收入	14557	二十六、支援不发达地区支出	43244
二十七、其他收入	6473	二十七、海域开发建设和场地使用费支出	
		二十八、债务利息支出	2682
		二十九、专项支出	8521
		三十、其他支出	39153
		三十一、总预备费	
本年收入合计	**240411**	**本年支出合计**	**1220438**

10－3 续表 Continued

单位:万元

收　入	金　额	支　出	金　额
中央补助收入	927963	上解中央支出	2708
消费税和增值税税收返还	80005	原体制上解	
所得税基数返还	11865	专项上解	2708
原体制补助	98607	计划单列市上解省支出	
专项补助	242505		
一般性转移支付补助	95100		
民族地区转移支付补助	54301		
农村税费改革转移支付补助	21400		
其中:中小学教师工资转移支付补助	4107		
增发国债补助	149702		
调整工资转移支付补助	123028		
结算补助	9942		
农业税灾歉减免及企事业单位预算划转补助	21508		
其他补助	20000		
省补助计划单列市收入		增设预算周转金	
国债转贷收入	28172	拨付国债转贷资金数	50320
国债转贷资金上年结余	30584	国债转贷资金结余	8436
国债转贷转补助			
上年结余收入	167446	调出资金	
调入资金	5858	年终结余	118532
其中:预算外调入	5858	其中:省本级	118154
		减:结转下年的支出	182462
		其中:省本级	147019
		净结余	－63930
		其中:省本级	－28865
总　计	**1400434**	**总　计**	**1400434**

10－4 各时期地方财政收入主要项目

Major Items of Financial Revenue of the Local Governments in Different Periods

单位:万元

时期(年份)	财政收入合计	企业收入	#国企所得税调节税	各项税收	#工商税收	#农牧业税	其他
"恢复"时期	1358	168		779	656	123	411
1952	958	128		430	430		400
"一五"时期	18879	3315		14070	9608	4462	1494
1953	1061	227		560	453	107	274
1957	6171	1169		4551	3329	1222	451
"二五"时期	84133	45598		30410	24586	58240	8125
"三年"调整	29813	9241		15679	12627	3051	4893
1965	10577	3394		5628	4586	1042	1516
"三五"时期	50247	14925		30938	24350	6588	4384
1970	11975	4033		7478	5946	1532	464
"四五"时期	76897	19614		55626	48019	7607	1657
1975	20478	6314		13887	12316	1571	227
"五五"时期	106032	18866		80348	72906	7442	6818
1978	29040	9361		17322	15734	1588	393
1980	16493	－1803		16679	15384	1295	471
"六五"时期	79583	－31663	27226	103440	96503	6937	7806
1985	23971	－6666	11051	29561	28031	1530	1076
"七五"时期	262159	－23221	54199	258095	246002	12093	27285
1986	32112	－3267	9877	33798	32110	1688	1581
1990	72369	－6336	9603	67833	64553	3280	10872
"八五"时期	439198	－20180	39339	398643	369399	29244	60735
1991	87908	－2981	10804	71741	68419	3322	19148
1995	85976	－1379	7007	73313	64477	8836	14042
"九五"时期	640295	41413	62402	491057	430528	60529	107825
1996	95798	－2381	5991	80826	69519	11307	17353
1997	109200	3659	8824	89154	76885	12269	16387
1998	127718	5677	11939	97514	84146	13368	24503
1999	141736	12121	13402	106629	95565	11064	22986
2000	165843	22337	22246	116934	104413	12521	26572
"十五"时期							
2001	198241	32562	28928	132185	123665	8520	33494
2002	210965	19340	13412	158181	141381	16800	33444
2003	240411	17021	12177	184095	166374	17721	39295

注:1. 企业收入系企业所得税,国有企业上缴利润,国有企业计划亏损补贴及所得税退税之和。

2. 各项税收按1988年口径整理,工商税收中包括盐税、建筑税等。农牧业税中包括耕地占用税和契税。

3. 国家从1994年起取消调节税。

10－5 各时期财政支出主要项目

Major Items of Financial Expenditure in Different Periods Governments in Different Periods

单位:万元

时期(年份)	财政支出	基本建设支出	支援农业支出	科技三项费用	文教科学卫生事业费	行政管理费	其他
"恢复"时期	3383	630	203		464	1941	145
1952	1830	415	107		309	786	123
"一五"时期	49514	20607	3558		5538	12383	7428
1953	3848	888	270		754	1703	233
1957	16212	6932	1035		1769	3278	3198
"二五"时期	197238	90089	22194	1229	14512	24145	45069
"三年"调整	48594	15627	7072	1320	7598	9924	7053
1965	18738	7527	2422	481	2652	3191	2946
"三五"时期	104601	51806	10299	1560	13291	14095	13550
1970	27105	13886	1939	643	2817	2983	4837
"四五"时期	209602	81257	18636	5263	25417	21283	57746
1975	45173	16248	5308	1151	5987	4614	11865
"五五"时期	295403	98011	43906	4339	43893	29229	76025
1978	68011	23422	9738	926	9105	5598	19222
1980	58841	17884	9816	826	11006	7734	11575
"六五"时期	384186	79049	55485	5549	90795	53625	99683
1985	100911	22187	11968	1515	23641	13079	28521
"七五"时期	715590	87184	82406	9925	160574	103070	272431
1986	122231	21171	15409	201	27114	15718	40618
1990	171334	14623	18682	1941	37364	26882	71842
"八五"时期	1135534	81204	118474	11322	283225	210644	430665
1991	182272	15794	22382	2372	40249	21885	79590
1995	288021	17590	25864	2277	76644	61016	104630
"九五"时期	2372577	243227	191011	16059	500845	661590	759845
1996	327145	15465	30202	2102	90186	78157	111033
1997	364713	18037	29171	2223	87408	109008	118866
1998	440914	29811	38139	2303	99808	136233	134620
1999	557191	70791	43216	3915	106726	155095	177448
2000	682614	109123	50283	5516	116717	183097	217878
"十五"时期							
2001	1012951	262317	74081	4985	168745	246994	255829
2002	1187280	350357	84491	5910	184186	272122	290214
2003	1220438	295285	74883	7490	208665	295517	338598

注:1. 支援农业支出中包括农业生产支出和农林等部门事业费及农业综合开发支出。

2. 行政管理费中包括公检法支出和行政事业离退休经费类。

10-6 各时期财政用于农业部门的主要项目支出

Major Items of Financial Expenditure for Agriculture in Different Periods

单位:万元

时期(年份)	合 计	支援农业	基本建设	挖潜改造	科技三项费用	流动资金	其 他
"恢复"时期	226	203	23				
1952	115	107	8				
"一五"时期	7516	3558	3752			206	
1953	391	270	121			0.3	
1957	2491	1035	1362			94	
"二五"时期	51320	22194	27462		10	1654	
"三年"调整	10709	7072	3416		83	138	
1965	3838	2422	1329		27	60	
"三五"时期	19069	10299	8014	6	46	704	
1970	4217	1939	1803			475	
"四五"时期	33380	18636	13521			1223	
1975	8667	5308	3223			136	
"五五"时期	66890	43906	19763	203	1539	1479	
1978	15408	9738	4841		370	459	
1980	14010	9816	3776		298	120	
"六五"时期	66591	55485	9282	97	1530	197	
1985		11968					
"七五"时期	98201	82405	13406	60	2330		
1986	17793	15409	1808	23	553		
1990	21821	18682	2688	18	432		
"八五"时期	129749	118474	8211	642	2421		
1991	25232	22382	2370		480		
1995	28772	25864	2051	314	543		
"九五"时期	259602	191011	63306	376	4889		20
1996	33272	30202	2370	3	697		
1997	32771	29171	3175	174	251		
1998	45483	38139	6205	34	1085		20
1999	61341	43216	16849		1276		
2000	86735	50283	34707	165	1580		
"十五"时期							
2001	188638	74081	114061	100	396		
2002	157299	84491	72326	10	472		
2003	134128	74883	58573	25	647		

注:1. 农业指农林牧水利等部门。

2. 支援农业支出中包括支援农业生产支出和农林等部门事业费及农业综合开发支出。

10－7　各时期财政用于工、交、商部门的主要项目支出

Major Items of Financial Expenditure for Industrial, Transportation and Commercial Departments in Different Periods

单位：万元

时期（年份）	合　计	工交商事业费	基本建设	挖潜改造	科技三项费用	流动资金	其　他
“恢复”时期	358	4	349			5	
1952	313	4	309				
“一五”时期	15467	4659	9839			969	
1953	419	94	325				
1957	6577	2702	3736			139	
“二五”时期	64501	13527	50077		770	127	
“三年”调整	9034	1523	6402	28	1066	15	
1965	4374	454	3510		409	1	
“三五”时期	13265	3092	8664	266	518	725	
1970	720	720					
“四五”时期	77632	6081	54853			16698	
1975	14408	1701	9903			2804	
“五五”时期	83896	8930	52099	8800	2042	12025	
1978	19224	1820	13895		454	3055	
1980	8630	1381	5825	193	1231		
“六五”时期	51496	11781	21169	13288	2097	3161	
1985	11545	2990	5855	2104	596		
“七五”时期	61042	9827	26370	19465	5380		
1986	13407	2339	6106	3908	1074		
1990	12827	1970	3572	6199	1086		
“八五”时期	127939	24879	16781	79232	6842	205	
1991	15630	1872	4023	8321	1414		
1995	26309	6922	2797	15019	1371	200	
“九五”时期	126093	42613	31362	44160	7019	68	871
1996	21890	7938	1506	11096	1295	55	
1997	22474	9690	985	10275	1519	5	
1998	18242	7740	1412	7407	804	8	871
1999	26111	8116	5165	10364	2466		
2000	37376	9129	22294	5018	935		
“十五”时期							
2001	83231	10196	62588	9037	1410		
2002	143829	10914	127907	3182	1826		
2003	118863	14098	98289	5573	903		

注：本表包括用于工业．建工．交通邮电和商业部门支出。

10－8 主要年份文教卫生科学部门事业费

Operating Expenses for Culture, Educational, Scientific and Health Care Department in Major Year

单位:万元

年 份	合 计	文 化	教 育	卫 生	科 学	广播电视	体 育	文物出版计生档案
1952	309	26	111	93		9		69
1957	1769	158	934	364	27	32	14	239
1965	2652	256	1271	961	38	58	66	5
1970	2817	265	1253	1091	18	168	22	
1975	5987	468	2971	1608	104	326	184	327
1978	9104	598	4654	2227	257	625	267	476
1980	11006	749	5840	2667	177	590	300	683
1985	23641	1425	12275	4869	526	1127	647	2773
1986	27114	1478	13606	5624	560	1371	844	3630
1987	28253	1477	14335	5399	1174	1390	733	3746
1988	31050	1484	16637	5169	1450	1657	845	3809
1989	35344	1611	18185	5483	1405	1899	933	5829
1990	37364	1730	19340	6116	1402	1725	1088	5962
1991	40250	1876	20370	6239	1487	1849	968	7461
1992	45363	2221	23803	6697	1714	2115	992	7821
1993	50720	2305	26826	7530	1971	2091	1084	8913
1994	70249	3355	38575	10910	2160	2478	1353	11417
1995	76644	3307	41961	12328	2422	2959	1461	12206
1996	90186	3872	50381	23243	2918	3485	1654	4633
1997	87408	3241	48619	23819	1986	3445	1514	4784
1998	99808	3465	59214	24705	1964	3512	1454	5494
1999	106726	3472	66497	24806	1855	3236	1392	5468
2000	114718	3707	72712	2822	1918	3322	1285	3554
2001	165889	5284	101814	41538	3581	5053	1926	6693
2002	181456	5243	115126	44221	3448	3592	1990	7836
2003	205225	6236	126319	52972	3756	5172	2325	8445

10－9 财政用于抚恤和社会福利支出
Financial Expenditure for Pension and Social Welfare

单位：万元

年份	合计	抚恤支出	离退休费	社会救济福利费	救灾支出	其他
1957	233.6	30.2		115.7	87.7	
1965	701.6	42.4		639.4	19.8	
1970	207.4			151.6		
1975	540.7	124.3		219.8	196.6	
1978	679.3	191.1		425.8	62.4	
1980	867.6	221.5		451.3	194.8	
1984	1855.0	287.0	385.0	546.0	637.0	
1985	2445.7	155.9	598.1	570.1	1060.6	61.0
1986	2671.3	215.3	733.5	625.0	935.9	161.6
1987	2167.5	211.5	693.5	462.0	661.6	138.9
1988	2643.2	303.1	900.7	443.0	871.2	125.2
1989	2842.9	372.9	1112.4	427.5	791.7	138.4
1990	2921.3	334.6	1212.1	465.3	714.8	194.5
1991	3477.0	345.0	1600.0	474.0	786.0	272.0
1992	3876.0	384.0	2029.0	505.0	688.0	270.0
1993	4776.0	409.0	1608.0	521.0	1183.0	1055.0
1994	7089.0	468.0	2988.0	576.0	919.0	2138.0
1995	7930.0	561.0	3968.0	711.0	1268.0	1422.0
1996	5682.0	679.0	384.0	716.0	3073.0	830.0
1997	7695.0	720.0	435.0	1123.0	4683.0	734.0
1998	8211.0	952.0	510.0	1691.0	3968.0	1090.0
1999	12032.0	1123.0	503.0	3462.0	5942.0	1002.0
2000	14014.0	1551.0	951.0	5419.0	4875.0	1218.0
2001	16770.0	1946.0	1095.0	7708.0	4622.0	1399.0
2002	24324.0	2148.0	1374.0	12406.0	6135.0	2261.0
2003	35463.0	2581.0	2826.0	20700.0	7082.0	2274.0

注：1. 1984 年以前各年退休费包括在抚恤支出中，从 1996 年起离退休费不包括已划入行政事业离退休经费支出类中的由民政部门管理的地方离退休费。在此的离退休费指安置事业费。

2. 从 1993 年起救灾支出中包括特大自然灾害救济重建补助费。

10－10　主要年份预算外资金收支情况
Situation of Financial Income and Expenditune Beyond Budget in Major Year

单位 :万元

年　份	收入合计	支出合计	年终滚存结余
1985	54223	45959	52835
1986	55803	54377	45929
1987	65059	61265	58902
1988	78088	74588	62735
1989	86989	81529	70323
1990	92308	84614	78139
1991	97353	96763	78319
1992	112220	101859	87872
1993	35859	35955	14311
1994	48641	44580	19173
1995	56711	54904	20980
1996	94358	90604	43090
1997	76029	82782	33269
1998	48029	43026	10049
1999	56120	52744	8693
2000	71801	71121	8366
2001	90528	79684	8366
2002	73278	65355	15847
2003	100901	90967	19745

10－11　预算外资金分项目收支总额
Amount of Extra－budgetary Revenues and Expenditures by Item

单位:万元

项　目	收　入		项　目	支　出	
	2002	2003		2002	2003
合　计	**73278**	**100901**	**合　计**	**65355**	**90967**
一、行政事业性收费	61271	94324	一、行政事业性支出	52786	62073
二、政府性基金(资金、附加)收入	936	2455	其中:项目支出	4042	3447
三、主管部门集中收入	82	179	二、基本建设支出	6304	20471
四、乡镇自筹、统筹资金收入	1047		三、城市维护支出	292	1077
五、其他收入	9942	3943	四、乡镇自筹、统筹资金支出	1059	173
			五、其他支出	4914	7173

10-12 主要年份银行存款余额

Total Balance of Saving Bank System in Major Years

单位:万元

年 份	合 计	企业存款	财政性存款	城镇储蓄存款	农村牧区存款	其他存款
1952	2099	217	1749	128		5
1957	8953	2588	2697	2453	1209	6
1965	46481	13535	22498	4274	6174	
1970	57131	14406	26935	6195	9595	
1975	82110	22364	32718	10617	16411	
1978	100339	33516	32647	14874	19302	
1980	136134	38969	50577	25782	20806	
1985	266332	106574	52570	75904	21095	10189
1990	560559	193233	75295	246249	27973	17809
1995	1269563	426289	69016	754251	14647	5360
1996	1509996	545665	70922	874877	15726	2806
1997	1833930	697237	80226	1016854	16369	23244
1998	2120501	815584	84040	1168088	20640	32149
1999	2422371	923216	121434	1286714	27178	63829
2000	2801666	1111325	144392	1424066	38783	83100
2001	3470085	1257920	308811	1696971	77584	128799
2002	4194101	1540601	331618	2008176	64901	248805
2003	4805055	1708327	365941	2350585	64819	315383
西宁市	3468103	1310092	278453	1608225	47269	224064
海东地区	331208	78458	18992	215813	4676	13269
海北州	84111	25026	4811	49815	3175	1284
海南州	116939	32286	9070	70150	3691	1742
黄南州	71750	24088	5170	41139	217	1136
果洛州	39837	10554	6734	19146	2313	1090
玉树州	48957	8724	13031	24153	939	2109
海西州	644150	219099	29679	322144	2539	70689

注:1. 1984 年以前的财政性存款中包括基本建设存款、机关团体、部队存款,自 1985 年起建设银行信贷资金全部纳入国家信贷计划,基本建设存款项目予以取消。

2. 历年存款余额均按当年口径整理。财政性存款中包括机关团体存款,其他存款中包括部队、委托存款等。

3. 分地区数据为 2002 年年度数,以下各表同。

10-13 主要年份银行贷款余额

Total Balance of Loan Bank System in Major Years

单位:万元

年份	合计	工业贷款	#工业生产企业	商业贷款	农业贷款	中长期贷款
1952	723	22	11	137	564	
1957	18504	1084	593	15639	1781	
1965	18584	2955	1530	12685	2944	
1970	43836	12823	8837	27889	3124	
1975	52619	17184	10374	32971	2464	
1978	68615	22575	12999	41235	4805	
1980	76666	25274	16621	42379	7905	1108
1985	211460	41799	31201	76082	13279	51032
1990	722182	210602	186310	191329	28877	228825
1995	2193031	562209	528963	395580	27788	996438
1996	2678707	703042	651941	462468	40775	1253046
1997	2525677	791822	731042	533269	49954	886492
1998	2800249	1045417	973103	538743	52935	999267
1999	2906699	1086389	998343	543349	47314	1043500
2000	3485654	849095	771103	391630	38955	1866413
2001	3946845	793411	721359	399922	37331	2414551
2002	4432375	818721	755737	339188	40569	2842025
2003	5142880	846115		364087	44475	2966423
西宁市	4038665	663436		230611	14351	2399826
海东地区	419878	37964		59319	13188	231326
海北州	39252	8263		8020	4105	12477
海南州	62459	10018		20740	7812	16032
黄南州	66046	4148		5406	1831	35599
果洛州	26375	2855		4468	205	18638
玉树州	59981	398		7438	794	50995
海西州	430224	119033		28085	2189	201530

注:1. 工业贷款中包括乡镇企业、三资企业、私营企业及个体企业贷款。

2. 1987 年以前农村贷款中包括预购定金贷款,农村托放专用贷款;农村集体农户贷款中不包括预购定金贷款和农村托放专用贷款。自 1989 年起贷款合计中不再包括农村托放专用贷款,农业贷款中不再包括乡镇企业贷款。

3. 历年贷款余额均按当年口径整理。

4. 中长期贷款中包括中期流动资金贷款。

10－14 主要年份银行现金收支情况
Total Statistics of Cash Income and Payment of Bank System in Major Years

单位:万元

年 份	收入合计	#商品销售收入	货币投放或回笼	支出合计	#工资性支出
1954	11125	6360	655	11780	1947
1957	36128	19779	3390	39518	13875
1965	38351	21003	3514	41865	18614
1970	49005	28672	1760	50765	22736
1975	65085	40687	6805	71890	31258
1978	78641	47563	9540	88181	38012
1980	111379	63273	14250	125629	50606
1985	263420	128824	24484	287904	91559
1990	615664	225256	41468	657132	162513
1991	702506	246830	49219	751725	282791
1995	2320186	506652	125809	2445995	568831
1996	2678687	534585	207880	2886567	610895
1997	3344125	514491	292803	3636928	610811
1998	3716018	503063	313150	4029168	629626
1999	4367183	506174	338177	4705360	645902
2000	5244030	606005	378372	5622402	677493
2001	6414717	702681	349264	6763981	721022
2002	7850012	872998	431295	8281307	1144744
2003	9629703	1031051	378255	10007958	1111979
西宁市	6173200	703411	53159	6226359	584370
海东地区	804230	54378	90918	895148	66212
海北州	192002	11380	29669	221671	21412
海南州	285495	11380	35135	320630	36592
黄南州	144628	5660	34956	179584	26577
果洛州	63305	2981	30639	93944	16248
玉树州	122097	1585	32367	154464	37615
海西州	1844746	240575	71411	1916157	322953

注:工资性支出中包括奖金。

10－15 信用合作社存、贷款年末余额

Deposit and Loan Amount of Credit Cooperatives at the end of Year

单位:万元

项　　目	1985	1990	1995	1998	1999	2000	2001	2002	2003
存款合计	**19956**	**32438**	**111417**	**223386**	**229784**	**290052**	**447051**	**485080**	**588619**
一、城市信用社存款		2998	39089	104046	102743	133456	256278	268017	343644
企业存款		1747	8707	52185	46250	72364	161586	128823	166411
机关团体存款							2390	2374	3678
居民储蓄存款		569	15999	42162	42491	45490	45365	61287	71186
其他存款		682	14383	9695	14002	15602	46937	75533	102369
二、农村信用社存款	19956	29440	72328	119340	127041	156596	190773	217063	244975
企业存款	12200	10306	15462	3656	3283	2943	2928	2847	3526
机关团体存款							1009	1438	1794
储蓄存款	7756	19134	56866	94022	99403	121226	142987	160478	183251
活期储蓄存款			16742	33563	38937	52717	67580	82489	99568
定期储蓄存款			40124	60459	60466	68509	75407	77989	83683
农业存款				20217	22755	29784	40534	44918	50540
其他存款						2643	3315	7382	5864
贷款合计	**7290**	**13091**	**56040**	**114200**	**128472**	**171451**	**273456**	**367840**	**504250**
一、城市信用社贷款		1212	17600	52387	55193	80160	129725	175246	233441
二、农村信用社贷款	7290	11879	38440	61813	73279	91291	143731	192594	270809

注:1. 城市信用社存贷款中包括商业银行存贷款。

2. 自2001年9月份起,城市信用社并入农村信用社。2001年城市信用社科目下的数为市商业银行的存贷款。

10－16 保险业务基本情况

Basic Statistics of Insurance Business

单位:万元

项　　目	2002	2003	项　　目	2002	2003
保费收入合计	**65850**	**75997**	**保费支出合计**	**15112**	**15713**
一、财产保险费收入	25947	28397	一、财产保险费支出	12577	13364
(一)财产保险	8862	8656	(一)财产保险	4327	3778
1. 企事业财产险	5964	5636	1. 企事业财产险	1971	2734
2. 家庭财产险	366	430	2. 家庭财产险	71	65
3. 工程/责任/其他险	2532	2590	3. 工程/责任/其他险	2285	979
(二)机动车辆保险	16378	18391	(二)机动车辆保险	7924	9363
(三)船舶保险	35	53	(三)船舶保险	2	5
(四)货物运输保险	672	678	(四)货物运输保险	324	153
(五)能源保险			(五)能源保险		
(六)出口信用保险			(六)出口信用保险		
(七)农业保险		84	(七)农业保险		53
(八)意外险		535	(八)意外险		12
二、人寿保险保费收入	39903	47600	二、人寿保险保费支出	2535	2349
意外短期险类	1691	1492	意外短期险类	573	328
健康险类	2592	18139	健康险类	1673	1632
寿险类	35620	27969	寿险类	289	389
储金性业务			储金性业务		
其　　他			其　　他		

注:本资料为中保、平安保险公司业务之和。

10－17 资金流量表(实物交易)(2002年)

交易项目 \ 机构部门	非金融企业部门		金融机构部门		政府部门	
	使用	来源	使用	来源	使用	来源
1.净出口						
2.增加值		230.71		15.8		56.88
3.劳动者报酬	124.73		4.28		50.1	
(1)工资及工资性收入	116.47		3.99		50.1	
(2)单位社会保险付款	8.26		0.29			
4.生产税净额	33.18		2.45			38.06
(1)生产税	34.08		2.45			38.96
(2)生产补贴		0.9			0.9	
5.财产收入	21.05	2.2	6.06	20.81		0.52
(1)利息	20.75	2.2	6.06	20.81		0.24
(2)红利	0.02					
(3)土地租金	0.28					0.28
(4)其他						
6.初次分配总收入		53.95		23.82		45.36
7.经常转移	13.68	1.26	1.85		14.04	14.32
(1)收入税	2.66					3.53
(2)社会保险付款	10.49		0.29			10.79
(3)社会补助	0.53		0.26		14.04	
(4)其他		1.26	1.3			
8.可支配总收入		41.53		21.97		45.64
9.最终消费					81.14	
(1)居民消费						
(2)政府消费					81.14	
10.总储蓄		41.53		21.97		-35.50
11.资本转移		14.63			37.47	22.84
(1)投资性补助		14.63			37.47	22.84
(2)其他						
12.资本形成总额	172.45		0.51		45.28	
(1)固定资产形成总额	172.35		0.51		45.16	
(2)存货增加	0.10				0.12	
13.其他非金融资产获得减处置						
14.净金融投资	-116.29		21.46		-95.41	
15.统计误差						

Copital Flowing Chart (Barter Trade) (2002)

单位:亿元

住户部门		省内合计		国内省外		国外部门		合　计	
使　用	来　源	使　用	来　源	使　用	来　源	使　用	来　源	使　用	来　源
					134.94	8.71		8.71	134.94
	37.72		341.11						341.11
24.28	203.39	203.39	203.39					203.39	203.39
24.28	194.84	194.84	194.84					194.84	194.84
	8.55	8.55	8.55					8.55	8.55
2.43		38.06	38.06					38.06	38.06
2.43		38.96	38.96					38.96	38.96
			0.9					0.9	0.9
0.12	3.7	27.23	27.23					27.23	27.23
0.12	3.68	26.93	26.93					26.93	26.93
	0.02	0.02	0.02					0.02	0.02
		0.28	0.28					0.28	0.28
	217.98		341.11						341.11
0.88	14.87	30.5	30.5					30.45	30.45
0.87		3.53	3.53					3.53	3.53
0.01		10.79	10.79					10.79	10.79
	14.83	14.83	14.83					14.83	14.83
	0.04	1.3	1.3					1.3	1.3
	231.97		341.11						341.11
140.36		221.5						221.5	
140.36		140.36						140.36	
		81.14						81.14	
	91.61		119.61						119.61
		37.47	37.47					37.47	37.47
		37.47	37.47					37.47	37.47
27.6		245.84						245.84	
25.98		244						244	
1.62		1.84						1.84	
64.01		-126.23			134.94	8.71		-117.52	134.94

主要统计指标解释

财政收入 指国家财政参与社会产品分配所取得的收入,是实现国家职能的财力保证。财政收入所包括的内容几经变化,目前主要包括:

(1)各项税收:包括增值税、营业税、消费税、土地增值税、城市维护建设税、资源税、城市土地使用税、印花税、个人所得税、企业所得税、关税、农牧业税和耕地占用税等。

(2)专项收入:包括征收排污费收入、征收城市水资源费收入、教育费附加收入等。

(3)其他收入:包括基本建设贷款归还收入、基本建设收入、捐赠收入等。

(4)国有企业亏损补贴:这项为负收入,冲减财政收入。

财政支出 国家财政将筹集起来的资金进行分配使用,以满足经济建设和各项事业的需要,主要包括:

(1)基本建设支出:指按国家有关规定,属于基本建设范围内的基本建设有偿使用、拨款、资本金支出以及经国家批准对专项和政策性基建投资贷款,在部门的基建投资额中统筹支付的贴息支出。

(2)企业挖潜改造资金:指国家预算内拨给的用于企业挖潜、革新和改造方面的资金。包括各部门企业挖潜改造资金和企业挖潜改造贷款资金为农业服务的县办"五小"企业技术改造补助,挖潜改造贷款利息支出。

(3)科技三项费用:指国家预算用于科技支出的费用,包括新产品试制费、中间试验费、重要科学研究补贴费。

(4)支援农村生产支出:指国家财政支援农村集体(户)各项生产的支出。包括对农村举办的小型农田水利和打井、喷灌等的补助费,对农村水土保湿措施的补助费,对农村举办的小水电站的补助费,特大抗旱的补助费,农村开荒补助费,扶持乡镇企业资金,农村农技推广和植保护补助费,农村草场和畜禽保护补助费,农村造林和林木保护补助费,农村水产补助费,发展粮食和产专项资金。

(5)文教科学卫生事业费:指国家预算用于文化、出版、文物、教育、卫生、中医、公费医疗、体育、档案、地震、海洋、通讯、电影电视、计划生育、党政群干部训练、自然科学、社会科学、科协等项事业的经费支出和高技术研究专项经费。主要包括工资、补助工资、福利费、离退休费、助学金、公务费、设备购置等、修缮费、业务费、差额补助费。

(6)抚恤和社会福利救济费:指国家预算用于抚恤和社会福利救济事业的经费。包括由民政部门开支的烈士家属和牺牲病残人员家属的一次性、定期抚恤金,革命伤残人员的抚恤金,各种伤残补助费、烈军属、复员退伍军人生活补助费,退伍军人安置费,优抚事业单位经费,烈士纪念建筑物管理,维修费,自然灾害救济事业费和特大自然灾害灾后重建补助费等。

信贷资金 指金融机构以信用方式积聚和分配的货币资金。金融机构信贷资金的来源有各项存款、对国际金融机构负债、流通中货币、银行自有资金及当年结益等;信贷资金的运用有各项贷款、黄金占款、外汇占款、财政借款及在国际金融机构中的资产等。

存款 指企业、机关、团体或居民根据资金必须收回的原则,把货币资金存入银行或其他信用机构保管并取得一定利息的一种信用活动形式。根据存款对象的不同可划分为企业存款、财政存款、机关团体存款、基本建设存款、城镇储蓄存款、农村存款科目。它是银行信贷资金的主要来源。

贷款 指银行或其他信用机构根据资金必须归还的原则,按一定利率,为企业、个人等提供资金的一种信用活动形式。我国银行贷款分为流动资金贷款、固定资产贷款、城乡个体工商户贷款以及农业贷款等科目。

保险金额 指保险人承担赔偿或者给付保险金责任的最高限额。

保费 指投保人为取得保险人在约定范围内所承担赔偿责任而支付给保险人的费用。

赔款 指保险人根据保险合同的规定,向被保险人支付的赔偿保险责任损失的金额。

给付 包括死伤医疗给付和满期给付。死伤医疗给付是指保险人根据人寿保险及长期健康保险合同的规定,因被保险人在保险期内发生保险责任范围内的保险事故支付给被保险人(或受益人)的金额,满期给付是指被保险人生存期满,保险人按人寿保险合同规定支付给被保险人的满期保险金额。

Chapter 11

农 业

Agriculture

农业总产值指数

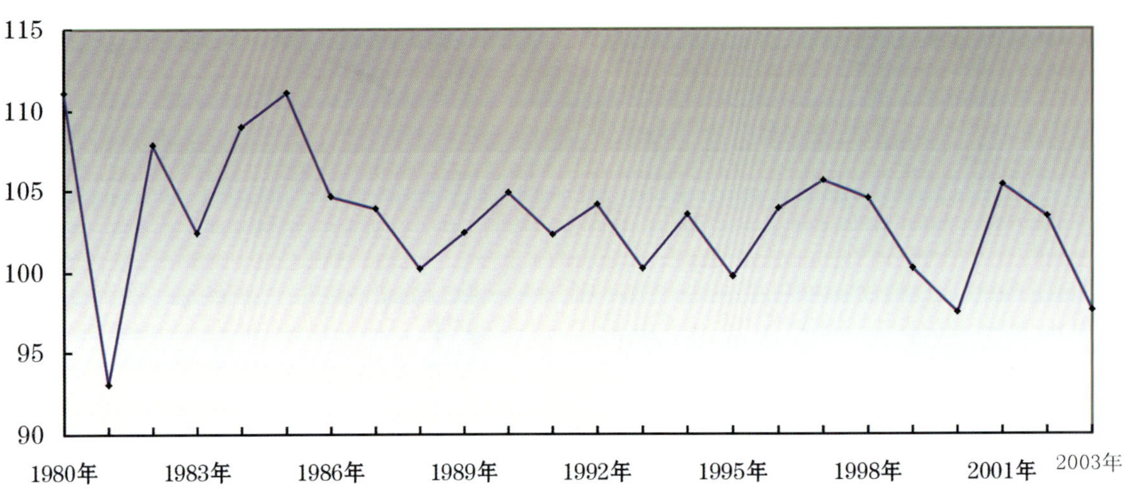

农业总产值(当年价.万元)

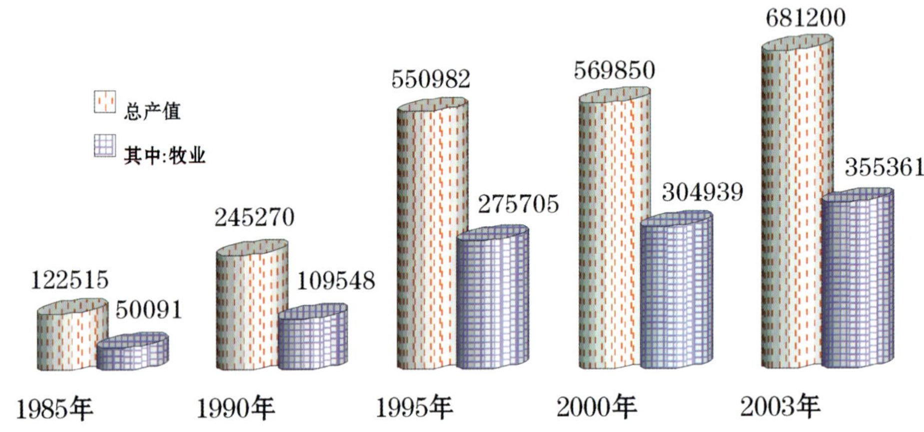

牲畜年末存栏头数 (万头(只))

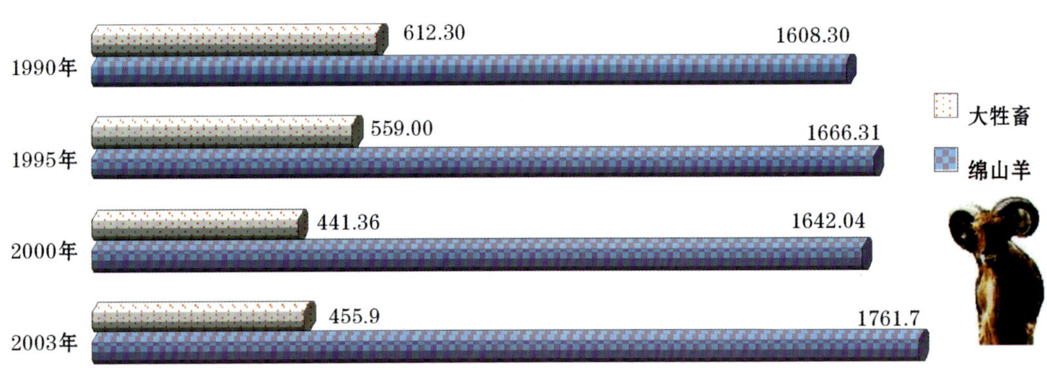

11-1 农村基本情况及乡村从业人员

Basic Statistics of Rural Household and Rural by Sector Labor Forces (Year-end)

指　　标		2000	2001	2002	2003	2003年为2002年%
一、农村基层组织情况						
1.乡镇数	(个)	430	422	392	392	100.00
#镇数	(个)	40	73	107	107	100.00
2.村民委员会	(个)	4120	4123	4129	4133	100.10
#牧业	(个)	880	887	875	882	100.80
二、户数及人口情况						
1.乡村户数	(万户)	69.9	71.2	72.5	73.8	101.79
2.乡村人口数	(万人)	336.6	339.5	342.9	347.3	101.28
三、乡村从业人员						
1.乡村劳动力资源数	(万人)	180.7	183.6	188.1	192.0	102.09
2.乡村从业人员	(万人)	172.0	174.0	177.3	180.5	101.80
(一)按性别分						
男	(万人)	88.7	89.7	91.7	94.6	103.16
女	(万人)	83.3	84.3	85.6	86.0	100.47
(二)按国民经济行业分						
1.农林牧渔业	(万人)	142.3	141.6	136.5	134.8	98.75
2.工　业	(万人)	6.1	6.3	6.9	8.9	128.99
3.建筑业	(万人)	5.0	5.3	6.9	10.0	144.93
4.交通运输、仓储及邮电业	(万人)	3.9	4.3	5.1	5.1	100.00
5.批发与零售贸易业	(万人)	3.6	4.1	5.0	5.6	112.00
6.其他非农行业	(万人)	11.0	12.5	16.9	16.1	95.27
其中:通讯业	(万人)				0.2	
餐饮业	(万人)				2.7	

11-2 农村基层组织情况

Basic Conditions of Rural Grassroots Unit

单位:个

年 份 地 区	乡镇数	乡个数	镇个数	村民委员会
1978	399			3545
1979	399			3603
1980	403			3688
1981	418			3743
1982	420			3729
1983	422			3749
1984	428			3880
1985	428	403	25	3933
1986	429	404	25	3940
1987	429	404	25	3970
1988	429	403	26	3977
1989	430	403	27	4022
1990	430	403	27	4021
1991	430	403	27	4027
1992	430	403	27	4039
1993	431	404	27	4002
1994	431	404	27	4002
1995	432	404	28	4008
1996	432	404	28	4008
1997	432	404	28	4046
1998	432	402	30	4054
1999	430	390	40	4056
2000	430	390	40	4120
2001	422	349	73	4123
2002	392	285	107	4129
2003	392	285	107	4133
西宁市	55	30	25	934
海东地区	104	73	31	1612
海北州	31	22	9	210
海南州	40	30	10	410
黄南州	35	28	7	257
果洛州	45	38	7	182
玉树州	46	37	9	258
海西州	36	27	9	270

11-3 乡村户数、人口及乡村从业人员

Number of Rural Household and, Populatition and Employed Persons

年份 地区	乡村户数 (万户)	乡村人口数 (万人)	乡村从业人员 (万人)	男	女
1978	46.35	263.77	97.15		
1979	46.95	267.47	98.28		
1980	47.70	271.80	103.63	51.53	52.10
1981	48.75	276.77	109.59	54.54	55.05
1982	49.13	282.23	112.89	56.74	56.15
1983	49.52	284.67	116.25	60.55	55.70
1984	50.30	286.56	118.47	60.77	57.70
1985	50.72	286.17	120.17	61.31	58.86
1986	51.44	287.67	121.65	61.85	59.80
1987	52.52	291.11	124.60	63.41	61.19
1988	53.55	294.43	127.81	64.93	62.88
1989	54.81	297.95	131.79	67.36	64.43
1990	57.35	304.13	135.88	69.00	66.88
1991	58.70	308.38	139.80	71.34	68.46
1992	59.93	314.60	143.74	73.38	70.36
1993	61.01	316.15	146.02	74.55	71.47
1994	62.19	319.65	150.02	76.56	73.46
1995	63.34	322.86	152.65	78.01	74.64
1996	64.80	325.99	158.33	81.21	77.12
1997	65.73	328.30	161.40	82.93	78.47
1998	67.08	331.11	162.38	83.33	79.05
1999	68.48	334.06	173.25	88.60	84.65
2000	69.90	336.59	171.97	88.68	83.29
2001	71.16	339.48	174.01	89.75	84.26
2002	72.50	342.89	177.32	91.66	85.66
2003	73.82	347.28	180.55	94.60	85.95
西宁市	22.86	99.84	57.06	30.01	27.05
海东地区	28.44	134.49	68.30	35.30	33.00
海北州	4.24	20.53	10.51	5.60	4.91
海南州	5.79	30.09	14.68	7.67	7.01
黄南州	3.37	18.38	8.76	5.04	3.72
果洛州	2.28	10.58	4.87	2.41	2.46
玉树州	4.38	22.24	10.90	5.62	5.29
海西州	2.47	11.12	5.47	2.95	2.52

11－3 续表 Continued

单位：万人

年份 地区	乡村 从业人员 合计	农林 牧渔业	工业	建筑业	交通运输业 仓储及邮电 通讯业	批发零售 贸易业 餐饮业	其他 行业
1978	97.14	95.67	1.47				
1979	98.28	95.68	1.50				
1980	103.63	101.49	1.31				
1981	109.59	108.21	0.90				
1982	112.89	108.89	0.67				
1983	116.30	110.44	0.65	0.45	0.43	0.42	0.22
1984	118.47	109.68	0.72	0.89	0.69	0.68	1.79
1985	120.17	107.09	3.48	2.77	1.83	1.10	2.34
1986	121.65	106.13	3.60	3.49	2.33	1.35	3.01
1987	124.60	109.09	3.37	3.05	2.52	1.43	3.45
1988	127.81	111.87	3.67	2.77	2.67	1.62	3.51
1989	131.79	116.50	3.79	2.38	2.62	1.61	3.30
1990	135.88	119.65	3.94	2.47	2.92	1.69	3.64
1991	139.80	123.10	3.98	2.78	2.97	1.87	3.54
1992	143.74	126.59	4.03	2.79	3.15	1.92	3.70
1993	146.02	127.01	4.66	3.21	3.34	2.43	5.35
1994	150.02	130.18	5.11	3.02	3.68	2.60	5.43
1995	152.65	131.83	5.62	3.39	3.82	2.81	5.18
1996	158.33	137.09	5.67	3.07	3.52	2.82	6.16
1997	161.40	138.20	6.04	3.38	3.84	3.00	6.94
1998	162.38	138.16	6.09	3.65	3.85	3.01	7.62
1999	173.25	144.03	6.09	4.43	4.45	3.61	10.64
2000	171.97	142.25	6.14	5.01	3.93	3.63	11.01
2001	174.01	141.57	6.27	5.33	4.31	4.07	12.46
2002	177.32	136.50	6.94	6.86	5.11	4.99	16.92
2003	180.55	134.80	8.87	9.98	5.14	5.64	16.12
西宁市	57.06	40.00	4.91	3.68	2.18	1.74	4.54
海东地区	68.30	45.64	3.28	5.56	2.35	3.05	8.42
海北州	10.51	8.77	0.33	0.22	0.13	0.22	0.84
海南州	14.68	12.77	0.14	0.22	0.20	0.28	1.06
黄南州	8.76	7.43	0.07	0.19	0.10	0.14	0.82
果洛州	4.87	4.75			0.02	0.03	0.07
玉树州	10.90	10.66		0.01	0.03	0.03	0.17
海西州	5.47	4.76	0.13	0.11	0.12	0.14	0.21

注:1. 工业劳动力中包括村及村以下办的工业的劳动力。

2. 本表分行业劳动力是按从事的主行业划分的,如以农业为主、兼营商业的,仍作为农林牧渔业劳动力。

11－4 农业机械年末拥有量

Number of Farm Machinery (year－end)

指　　标		2000	2001	2002	2003	2003年为2002年%
一、农业机械总动力	(万千瓦)	**256.2**	**264.7**	**281.4**	**292.4**	**103.91**
柴油发动机动力	(万千瓦)	178.2	197.4	216.5	226.3	104.53
汽油发动机动力	(万千瓦)	46.7	39.3	35.6	36.8	103.66
电动机动力	(万千瓦)	25.1	23.1	24.9	24.4	97.99
其他机械动力	(万千瓦)	6.2	4.9	4.4	4.9	111.36
二、主要农业机械与设备						
大中型拖拉机	(台)	2409	2469	2787	2808	100.75
	(万千瓦)	10.5	10.7	11.0	10.5	95.45
小型拖拉机(万台)	(万台)	16.4	17.9	19.1	20.1	105.24
	(万千瓦)	150.7	160.7	174.8	177.2	101.37
大中型拖拉机配套农具	(部)	4296	4194	3441	3595	104.48
小型拖拉机配套农具	(万部)	11.3	12.3	13.0	13.2	101.48
农用排灌动力机械	(台)	2725	2858	3080	2874	93.31
	(万千瓦)	8.7	8.9	9.1	8.7	96.60
联合收割机	(台)	670	676	651	658	101.08
	(万千瓦)	5.0	5.7	4.8	4.7	97.92
机动脱粒机	(台)	8946	9566	9667	9542	98.71
渔用机动船	(艘)	37	140	68	71	104.41
	(万千瓦)	0.1	0.2	0.1	0.1	100.00
农用运输车	(辆)	8906	13433	16320	21192	129.85
农用排灌机械						
节水灌溉机械	(套)		238	246	2017	819.92
农用水泵	(台)	2167	2362	2502	3235	129.30
机电井	(眼)	38	78	263	216	82.13

11-5 主要年份及各地区农业机械年末拥有量

Number of Farm Machinery Owned of Maior Years and by Rogion (year-end)

年份	农机总动力（万千瓦）	大中型拖拉机（混合台/万千瓦）	小型和手扶拖拉机（台/万千瓦）	排灌动力机械（台/万千瓦）	农用载重汽车（辆）	联合收割机（台）
1957		138/0.48		24/0.05	167	6
1965		775/2.66	6/0.01	127/0.50	275	100
1970		1296/3.02	749/1.12	263/1.40	417	98
1975	30.47	3434/12.02	5776/4.26	1716/4.41	673	113
1978	52.91	4999/18.02	10289/8.61	2963/6.45	1466	251
1980	69.62	6364/23.07	13933/12.48	4552/8.46	1930	363
1985	88.03	5018/17.91	28589/25.21	3117/7.77	3160	439
1990	126.86	4232/15.44	63143/56.91	2919/7.01	3736	479
1995	188.47	3149/11.89	112907/100.67	2963/8.53	4766	533
1996	199.21	2980/11.25	124629/111.12	3081/8.87	4856	541
1997	207.85	2772/10.92	127796/111.45	4922/9.05	5033	549
1998	219.43	2750/11.06	138187/122.01	5074/9.38	5580	626
1999	241.94	2548/11.02	158867/135.97	2974/8.71	5722	650
2000	256.18	2409/10.46	167830/150.66	2725/8.65	4914	670
2001	264.66	2469/10.69	178638/160.66	2858/8.89		676
2002	281.39	2787/11.04	190581/174.77	3080/9.06		651
2003	292.43	2808/10.53	200714/177.24	2874/8.73		665
西宁市	119.39	413/1.43	83737/75.91	487/1.58		21
海东地区	85.00	240/0.98	60242/54.82	1074/3.17		20
海北州	18.50	329/1.42	11287/10.15	68/0.22		172
海南州	24.24	649/3.02	14461/12.51	307/1.32		350
黄南州	7.71	51/0.22	4030/3.7	113/0.76		7
果洛州	1.53	1/0	367/0.41	8/0.02		
玉树州	8.15	390/0.98	10508/4.51	639/1.04		3
海西州	27.91	735/2.48	16082/15.23	178/0.62		92

11－6　农村电力、农田水利建设和物资消耗

Electricity Consumption ,Water Conservancy Facilities in Rural Areas

指　　标		2000	2001	2002	2003	2003年为2002年%
一、农村电力						
乡村办水电站	（个）	57	56	54	52	96.30
发电能力	（万千瓦）	1.64	1.84	2.73	4.23	154.95
发电量	（万千瓦时）	5249.00	8563.00	9805.00	23481.51	239.49
农村用电量	（万千瓦时）	23005.00	24427.00	22468.00	28788.67	128.13
二、农田水利建设情况						
有效灌溉面积	（千公顷）	211.42	208.33	193.50	181.73	93.92
机电排灌面积	（千公顷）	19.36	20.11	17.11	19.95	116.60
旱涝保收面积	（千公顷）	80.35	79.11	76.77	76.33	99.43
三、农用化肥施用量(折纯)	**（万吨）**	**7.17**	**7.15**	**7.15**	**6.85**	**95.80**
氮肥(实物量)	（万吨）	7.42	7.51	7.11	6.91	97.19
折纯量	（万吨）	3.34	3.35	3.26	3.13	96.01
磷肥(实物量)	（万吨）	5.38	5.33	5.33	5.35	100.38
折纯量	（万吨）	1.38	1.47	1.60	1.55	96.88
钾肥(实物量)	（万吨）	0.71	0.76	0.68	0.74	108.82
折纯量	（万吨）	0.28	0.32	0.32	0.32	100.00
复合肥(实物量)	（万吨）	4.73	4.64	4.52	4.15	91.81
折纯量	（万吨）	2.16	2.01	1.97	1.85	93.91
四、农用塑料薄膜使用量	**（吨）**	**635.56**	**644.83**	**820.90**	**994.21**	**121.11**
#地膜使用量	（吨）	320.40	317.88	326.39	349.55	107.10
地膜覆盖面积	（公顷）	7046	7626	7572	6638	87.67
五、农用柴油使用量	**（万吨）**	**5.94**	**4.94**	**5.26**	**5.12**	**97.34**
六、农药使用量	**（吨）**	**1919.71**	**1775.54**	**1646.65**	**1690.53**	**102.66**

11－7 主要年份及各地区农村电力、灌溉面积、化肥施用量

Irrigated Area Consumption of Chemical Fertilizers Number of Hydropower Stations and Electricity Consumption in Rural Areas by Region

年份 地区	乡村办水电站		农村用电量 （万千瓦时）	有效灌溉面积 （千公顷）	化肥施用量(实物) （吨）
	个数 （个）	发电能力 （万千瓦时）			
1978	128	0.55	7442	164.33	158394
1979	126	0.73	7703	161.76	158394
1980	138	0.77	8664	159.62	159014
1981	117	0.64	8514	159.57	123598
1982	131	1.35	8407	158.74	149936
1983	107	1.24	7267	157.11	125321
1984	105	1.29	7653	158.78	124231
1985	93	1.18	8292	160.15	117845
1986	94	1.21	9523	163.67	118954
1987	84	1.13	11342	164.69	124979
1988	82	1.17	11003	163.17	134290
1989	76	0.89	13689	167.14	151691
1990	67	0.76	14758	171.56	158840
1991	52	0.59	14856	175.36	160662
1992	43	0.48	15730	175.05	165501
1993	40	0.56	18647	176.65	171517
1994	41	0.69	21563	176.99	167100
1995	46	0.73	20377	177.31	179250
1996			20952	176.12	175006
1997	47	1.21	21446	176.12	181104
1998	48	1.26	21144	187.43	179885
1999	49	1.28	21420	189.72	185318
2000	57	1.64	23005	211.42	182439
2001	56	1.84	24427	208.33	182397
2002	54	2.73	22468	193.55	176458
2003	52	4.23	28789	181.73	171386
西宁市	9	1.36	6334	36.98	66740
海东地区	7	1.85	10296	46.53	67535
海北州	1	0.02	1310	15.91	8297
海南州	10	0.29	4013	5.82	14049
黄南州	1	0.06	2709	36.72	2167
果洛州			88		12
玉树州	11	0.05	2804	2.93	228
海西州	13	0.61	1234	36.84	12359

11－8 各地区耕地面积及占全省的比重(2003年)

Cultivated Land and Proportion of Whole Province (2003)

地区	耕地面积(总资源) (公顷)	占全省的比重 (%)
全省总计	**555209.7**	**100.00**
西宁市	148159.5	26.69
海东地区	211848.1	38.16
海北州	48347.2	8.71
黄南州	19791.5	3.56
海南州	73405.9	13.22
果洛州	1400.0	0.25
玉树州	15073.7	2.71
海西州	37183.9	6.70

11－9 耕地面积增减变动情况

Changing Situation of Increased and Decreased Cultivated Land

单位:千公顷

指标	2000	2001	2002	2003	2003年为 2003年%
一、年初耕地总资源	687.2	669.2	652.5	604.7	92.67
二、年内增加	0.3	0.9	1.7	0.9	52.94
其中:新开荒地			1.3		
园地改为耕地					
三、年内减少	18.3	17.5	49.5	50.4	101.82
其中:国家基建占地		0.6	0.6	0.6	100.00
其他基建占地		0.1	0.8	0.2	25.00
退耕还林还草占地		16.7	33.3	49.3	148.05
耕地改为园地			0.1		
四、年末耕地总资源	669.2	652.5	604.7	555.2	91.81
(一)常用耕地面积	352.5	352.6	338.0	337.8	99.94
其中:水浇地	211.4	208.3	193.5	181.7	93.90
(二)临时性耕地	316.7	300.0	266.7	217.4	81.51

11－10 主要农作物播种面积及种植结构

Total Sown Areas and Planting Structure of Major Farm Crops

指　　标	播种面积(千公顷)					种植结构(%)	
	2000	2001	2002	2003	2003年为2002年%	2002	2003
农作物总播种面积	**553.68**	**526.71**	**494.36**	**466.80**	**94.43**	**100.00**	**100.00**
一、粮食作物	**322.72**	**309.87**	**284.74**	**248.00**	**87.10**	**57.60**	**53.13**
谷物	225.91	203.70	175.83	142.60	81.10	61.75	57.50
小麦	165.54	149.75	142.50	107.00	75.09	81.04	75.04
青稞	53.96	50.41	29.68	32.36	109.03	17.26	22.69
玉米	2.07	2.26	1.83	1.33	72.68	1.04	0.93
其它	4.34	1.28	1.82	1.91	104.95	0.66	1.34
豆类	50.54	46.99	48.21	39.70	82.35	16.93	16.01
蚕豆	23.74	25.81	27.36	23.92	87.43	54.93	60.25
豌豆	26.80	21.18	20.85	15.78	75.68	45.07	39.75
薯类	46.27	59.18	60.70	65.70	108.24	21.32	26.49
二、经济作物	**192.23**	**170.14**	**159.35**	**155.90**	**97.83**	**32.23**	**33.40**
油料作物	191.58	168.74	152.93	152.10	99.46	95.97	97.56
油菜籽	185.51	163.52	148.23	149.20	100.65	96.92	98.09
胡麻	6.07	5.22	4.70	2.90	61.70	2.98	1.91
其它经济作物	0.65	1.40	6.42	3.80	59.19	4.03	2.44
#药材	0.51	1.10	2.79	3.60	129.03	43.46	94.74
三、蔬菜、瓜类	**16.02**	**17.99**	**20.61**	**24.39**	**118.34**	**4.17**	**5.22**
#蔬菜	15.78	17.81	20.61	24.11	116.98	98.84	98.85
四、其他农作物	**22.71**	**28.71**	**29.66**	**38.51**	**129.84**	**6.00**	**8.25**
#青饲料	19.98	26.55	27.89	35.97	128.97	94.03	93.40
果园面积(千公顷)	**5.00**	**5.13**	**5.06**	**5.11**	**100.99**		

11－11 农作物总播种面积

Total Sown Areas of Farm Crops

单位：千公顷

年份 地区	总播种 面积	粮食 作物	小麦	杂粮	薯类	经济 作物	#油料	蔬菜
1978	514.58	434.76	207.03	190.39	37.00	62.11	61.18	
1980	508.73	411.96	201.14	174.47	36.35	78.89	78.77	5.58
1985	500.46	386.57	200.69	154.87	31.01	95.19	94.89	4.49
1986	507.81	386.98	200.98	154.41	31.59	100.74	100.53	4.95
1987	507.79	384.46	201.37	152.04	31.05	102.89	102.57	5.27
1988	514.30	385.72	204.78	149.07	31.87	106.69	106.43	5.43
1989	532.22	395.21	209.99	151.53	33.69	110.24	109.75	6.89
1990	544.71	400.33	213.46	152.51	34.36	114.39	113.91	6.89
1991	543.46	401.95	217.62	149.01	35.33	117.38	117.01	7.36
1992	546.55	401.26	220.74	143.21	37.31	118.05	117.75	8.19
1993	548.17	389.83	209.92	143.23	36.68	129.20	129.02	10.18
1994	562.10	386.85	204.99	143.55	38.31	144.67	144.60	10.11
1995	568.81	384.25	205.98	140.56	37.71	149.88	149.77	12.44
1996	564.37	394.79	210.58	146.29	37.92	136.04	135.93	11.61
1997	567.96	394.72	213.46	144.00	37.26	137.89	137.76	12.61
1998	566.93	384.85	211.91	135.44	37.50	147.95	147.78	12.48
1999	571.02	344.83	182.89	117.81	44.13	192.45	192.36	13.94
2000	553.68	322.72	165.54	110.91	46.27	192.23	191.58	15.78
2001	526.72	309.87	149.75	100.94	59.18	154.67	168.74	17.81
2002	494.36	284.74	142.50	81.54	60.70	159.35	152.93	20.61
2003	466.80	248.00	107.00	75.30	65.70	155.90	152.10	24.11
西宁市	127.79	73.61	36.22	21.86	15.54	43.09	42.54	8.60
海东地区	182.83	116.99	46.19	24.22	46.58	46.15	45.21	12.41
海北州	40.18	10.43	0.96	8.27	1.19	23.78	23.46	0.33
海南州	51.56	15.03	8.88	4.93	1.23	27.23	26.67	1.47
黄南州	17.16	8.35	4.85	2.34	1.16	3.68	3.22	0.37
果洛州	0.77	0.65	0.03	0.56	0.06	0.08	0.08	
玉树州	12.90	9.77	0.13	8.85	0.80	1.22	1.21	0.27
海西州	24.31	11.61	7.02	3.84	0.75	10.71	10.13	0.94

11－12　主要农产品产量

年份 地区	粮食 （万吨）	小麦	杂粮	薯类	油料 （万吨）
1978	90.30	53.30	28.77	8.23	4.53
1980	95.60	56.31	31.67	7.62	7.07
1985	100.32	62.96	28.96	8.40	9.92
1986	98.35	60.89	28.26	9.20	10.36
1987	104.15	67.60	27.72	8.83	10.38
1988	105.82	68.40	27.10	10.32	10.45
1989	110.84	70.59	29.24	11.01	10.55
1990	114.56	74.18	29.51	10.87	12.04
1991	114.63	76.92	29.41	8.30	13.21
1992	118.50	74.90	31.41	12.19	14.03
1993	118.63	73.92	32.69	12.02	15.21
1994	116.84	68.64	33.59	14.61	18.44
1995	114.19	69.49	29.92	14.78	16.21
1996	123.83	76.66	33.36	13.81	17.09
1997	127.55	78.29	35.24	14.02	18.36
1998	128.20	79.94	33.41	14.85	21.04
1999	103.61	59.37	29.46	14.78	28.50
2000	82.70	47.58	20.23	14.89	19.40
2001	103.20	52.70	23.89	26.61	23.00
2002	91.28	45.20	21.68	24.40	23.40
2003	86.80	36.80	21.80	28.20	26.20
西宁市	24.59	11.32	6.42	6.86	8.80
海东地区	38.08	14.35	6.02	17.72	7.58
海北州	3.65	0.42	2.75	0.49	3.58
海南州	5.81	4.20	1.04	0.57	3.59
黄南州	2.89	1.86	0.57	0.46	0.29
果洛州	0.17	0.01	0.14	0.02	0.01
玉树州	1.41	0.01	1.08	0.32	0.10
海西州	4.97	2.91	1.73	0.33	1.72

注：全省粮食、油料总产量为抽样调查数，故各州、地、市数相加不等于全省合计数。

Yield of Major Farm Crops

#油菜籽	蔬 菜 （万吨）	水 果 （吨）				水产品产量 （吨）
			苹 果	梨	葡 萄	
4.18	19.77					
6.81	14.33	7434	4281	3014	22	3245
9.57	16.15	19825	11552	6880	41	4350
10.01	15.71	19281	11571	4885	58	4580
9.98	16.46	21154	12770	6830	37	2260
10.14	19.01	25717	15974	8090	138	2380
10.26	22.48	22679	12971	7299	70	2781
11.74	22.85	22019	14431	6210	95	3356
12.92	23.34	21365	14471	5148	77	3943
13.68	28.59	26049	17388	6632	127	3994
14.69	30.45	27180	18677	6236	69	3886
18.05	34.00	25704	17444	6460	56	3602
15.82	38.31	26831	17446	7116	72	2444
16.56	39.26	29062	18935	7807	159	2213
17.80	42.37	27179	18884	5891	189	1752
20.42	46.26	24766	16138	6585	67	1416
27.85	56.63	24144	15897	5931	106	1488
19.08	60.28	22415	14144	5963	106	1166
22.60	63.72	17252	9661	5525	117	1989
22.66	67.63	16301	9078	5228	106	1796
25.70	77.11	14603	8246	4418	74	1253
8.79	30.74	1277	1176	34		214
7.02	39.18	9356	5084	3022	71	227
3.58	0.24					
3.45	3.16	2733	1094	1145	1	630
0.27	0.99	1212	867	217	2	70
0.01						
0.10	0.10					
1.72	3.63	25	25			112

11-13 主要农牧渔业生产情况
Qutput of Farming Animal Husbandry and Fishery

指　　标		1999	2000	2001	2002	2003	2003年为2003年%
一、农产品产量							
(一)粮　食	(万吨)	103.6	82.7	103.2	91.3	86.8	95.07
1.谷物	(万吨)	77.9	61.3	66.8	56.0	49.7	88.75
#小麦	(万吨)	59.4	47.6	52.7	45.2	36.8	81.42
玉米	(万吨)	2.2	1.3	1.3	1.2	1.0	83.33
2.豆类	(万吨)	11.0	6.6	9.8	10.9	8.9	81.05
3.薯类	(万吨)	14.8	14.9	26.6	24.4	28.2	115.57
(二)油　料	(万吨)	28.5	19.4	23.0	23.4	26.2	111.97
#油菜籽	(万吨)	27.9	19.1	22.6	22.7	25.7	113.42
(三)麻　类	(吨)	7	13	34	3928	1032	26.27
(四)甜　菜	(吨)	243	904	90			
(五)烟　叶	(吨)	54	179	465	407	540	132.68
(六)水　果	(吨)	24144	22415	17252	16301	14603	89.58
二、大牲畜年末头数	**(万头)**	**431.4**	**441.4**	**454.3**	**462.2**	**455.9**	**98.64**
#牛	(万头)	378.2	391.0	400.7	410.7	405.6	98.76
马	(万头)	35.1	33.8	28.9	27.3	26.8	98.17
三、羊年底只数	**(万头)**	**1639.5**	**1642.0**	**1676.2**	**1732.9**	**1761.7**	**101.66**
#绵　羊	(万头)	1372.5	1369.5	1396.7	1437.2	1446.0	100.61
四、猪年底头数	**(万头)**	**109.2**	**103.6**	**103.2**	**104.8**	**101.0**	**96.37**
五、肉猪出栏头数	**(万头)**	**114.2**	**111.6**	**111.4**	**104.6**	**105.4**	**100.76**
六、肉类产量	**(万吨)**	**20.2**	**20.8**	**22.1**	**22.8**	**23.7**	**103.95**
#猪　肉	(万吨)	7.0	7.0	7.0	7.2	7.4	102.78
牛　肉	(万吨)	6.1	6.4	7.0	7.0	7.1	101.43
羊　肉	(万吨)	6.7	7.0	7.6	8.0	8.5	106.25
七、奶　类	**(万吨)**	**19.6**	**21.3**	**22.8**	**23.5**	**23.5**	**99.92**
#牛　奶	(万吨)	19.0	20.6	21.7	22.0	22.1	100.50
八、羊　毛	**(吨)**	**14980**	**15588**	**15775**	**15903**	**17349**	**109.09**
#绵羊毛	(吨)	14980	15588	15775	15903	16483	103.65
九、羊绒	**(吨)**	**281**	**310**	**313**	**314**	**319**	**101.59**
十、禽蛋	**(吨)**	**13495**	**13392**	**12941**	**13672**	**14005**	**102.44**
十一、水产品总产量	**(吨)**	**1488**	**1166**	**1989**	**1796**	**1253**	**69.77**

11－14 林业生产情况

Forestry Production

指　　标	1978	1990	1995	2000	2001	2002	2003	2003年为 2003年%
一、营林情况								
1.当年造林面积（千公顷）	6	36	28	45	56	133.4	96.91	72.67
按主要林种用途分								
用材林（千公顷）		7	6	2				
经济林（千公顷）			2	1		0.1		
防护林（千公顷）		16	12	27	55	133.3	96.91	72.71
薪炭林（千公顷）		14	9	13				
其他林（千公顷）								
2.迹地更新面积（千公顷）	1	1			2			
#人工更新面积（千公顷）		1						
3.封山育林面积（千公顷）		128		430	525	389.9	406.65	104.30
#本年新封面积（千公顷）		64		206	204	60.0	69.27	115.39
4.零星（四旁）植树（万株）	1786	2554	2268	2183	3598	1303.0	1341.8	102.98
5.育苗面积（千公顷）	4	3	3	3	3	3.0	3.2	106.76
#本年新育面积（千公顷）	1	1	1	1	1	1.3	1.4	103.76
6.幼林抚育作业面积（千公顷）	5	93	86	91	102	108.2	80.8	74.72
7.成林抚育面积（千公顷）		4	3		19		10.8	
二、主要林产品产量								
花椒（吨）	21	47	34	87	63	74.0	81.3	109.86
核桃（吨）	35	93	115	93	27	72.0	82.7	114.86
三、村及村以下木材采伐（万立方米）	**0.9**	**3.3**	**2.5**	**2.4**	**3.0**	**2.9**	**2.9**	**98.98**

11－15 牲畜饲养情况

Number of Livestock

单位：万头(只)

年 份 地 区	大牲畜 年底头数	#牛	#马	羊年底 只 数	#绵 羊	猪年底 头 数
1978	568.8	497.3	46.6	1645.0	1475.2	84.5
1980	553.9	486.8	41.9	1612.8	1447.0	68.3
1985	589.4	515.9	44.0	1328.2	1197.4	83.0
1990	612.3	538.6	44.8	1608.3	1404.7	96.5
1991	622.2	550.2	41.6	1641.5	1432.4	93.2
1992	622.6	550.7	41.7	1648.1	1436.7	97.7
1993	575.1	509.1	38.2	1635.1	1421.7	102.6
1994	587.4	524.2	37.2	1677.1	1463.3	101.6
1995	559.0	500.9	34.6	1666.3	1466.2	108.9
1996	505.5	443.2	37.3	1569.5	1368.6	107.1
1997	481.3	421.7	37.4	1601.2	1372.9	108.9
1998	451.7	394.3	36.9	1638.9	1378.8	113.3
1999	431.4	378.2	35.1	1639.5	1372.5	109.2
2000	441.4	390.5	33.8	1642.0	1369.5	103.6
2001	454.3	400.7	28.9	1676.2	1396.7	103.2
2002	462.2	410.7	27.3	1732.9	1437.7	104.8
2003	455.9	405.6	26.8	1761.7	1446.0	101.0
西宁市	30.0	22.2	3.0	47.6	43.9	34.9
海东地区	39.6	23.6	1.8	119.1	98.0	57.8
海北州	49.3	44.7	4.2	209.9	206.7	2.0
海南州	43.1	38.6	3.5	276.9	226.8	3.0
黄南州	61.3	57.3	2.2	142.2	133.6	0.7
果洛州	108.3	104.2	4.2	120.1	119.4	
玉树州	82.7	78.7	4.0	197.3	156.6	0.1
海西州	21.6	18.2	2.6	182.8	128.7	2.6

注：全省大牲畜、羊年底存栏数为抽样调查数，与各州、地、市相加数不等。

11－16 主要牲畜出栏情况

Deliver Situation of Major Livestock

单位：万头(只)

年份 地区	肉用畜出栏数		肉猪出栏 头数	家禽出栏 只数
	大牲畜	羊		
1978	33.1	184.9	37.6	
1980	36.5	248.1	35.7	
1985	48.0	294.6	42.4	
1990	61.9	326.4	61.6	
1991	63.5	349.9	62.6	
1992	76.4	366.8	63.6	
1993	71.3	351.4	66.3	
1994	61.3	385.3	73.1	
1995	82.7	397.2	80.7	
1996	81.4	399.5	85.2	
1997	87.8	393.8	89.0	
1998	90.1	397.3	95.0	
1999	73.4	400.1	98.5	
2000	75.6	417.0	99.7	
2001	89.0	449.0	101.4	100.7
2002	91.7	475.4	104.6	188.6
2003	95.9	508.6	105.4	248.8
西宁市	10.4	55.2	40.3	70.0
海东地区	10.5	80.2	57.1	167.6
海北州	10.2	92.4	1.9	5.7
海南州	15.4	115.2	2.6	3.2
黄南州	22.0	76.7	1.5	
果洛州	25.4	44.6		
玉树州	27.4	69.4		
海西州	7.6	64.3	2.0	2.4

注：全省肉用畜出栏数为抽样调查数，与各州、地、市相加数不等。

11－17 主要畜产品产量

年份 地区	肉类产量					奶类
	合计	猪肉	牛肉	羊肉	其他	
1978	59900					125260
1980	84857	19635	24920	39696	606	119179
1985	111602	27825	35790	45783	2204	159108
1990	163442	43985	52088	55518	1851	209610
1991	157360	45787	52611	56120	2842	210296
1992	163405	45994	57173	57790	2448	214454
1993	159082	46725	54768	54633	2956	195945
1994	178407	51688	58186	64946	3587	201233
1995	183743	56114	62922	61346	3361	205951
1996	187226	57813	63378	63834	2201	185641
1997	198382	64047	68514	63211	2610	190638
1998	205296	68022	68735	64325	4214	204596
1999	201493	69923	60529	66508	4533	196435
2000	208323	69530	63529	70011	5253	212852
2001	220692	70419	69973	76269	4031	228289
2002	227885	71703	70293	80001	5888	235277
2003	236651	74195	70932	84919	6605	235113
西宁市	51395	29728	10496	8475	2696	63318
海东地区	65395	38327	11507	12604	2957	24433
海北州	23786	1401	7814	14487	84	27376
海南州	30473	1945	10945	17209	373	26790
黄南州	35459	1316	20925	13217	1	24797
果洛州	27283	3	20228	7052		39324
玉树州	30407	16	20142	10249		38175
海西州	20113	1458	6310	11849	495	10473

注:部分数据为抽样调查数,与各州、地、市相加数不等。

Output of Major Livestock Products

单位:吨

#牛奶	羊毛产量	#绵羊毛	羊 绒	牛毛绒	蜂 蜜	禽蛋产量
116030						
115614	17040	16662	113	1742	203	
154527	15293	14956	107	1874	119	9160
201312	17575	17155	157	2048	73	10690
203234	18237	17736	189	2125	19	11068
208438	18515	17887	190	2287	70	11132
188922	17578	17044	173	1950	80	11281
193769	17974	17390	209	2236	60	12394
200184	17907	17302	211	2263	97	12444
181421	16481	15974	195	2098	109	11739
186035	16398	15861	225	2041	103	13284
198677	16463	15904	221	2087	94	13683
190405	15593	14980	281	1890	96	13495
206132	16333	15588	310	1897	51	13392
216514	16566	15775	313	1836	48	12941
220342	16740	15930	314	1868	480	13672
221398	17349	16483	319	2090	484	14005
63318	874	850	5	97	5	4541
24433	2092	1957	26	78	15	8891
27376	2929	2900	5	243	461	364
26272	3053	2872	92	278	4	72
24583	977	907	3	125		3
39324	1014	1013		608		
27704	1383	1261	60	450		
7961	2105	1945	112	212		134

11－18 农、林、牧、渔业总产值

年份 地区	按不变价格计算(万元)					
	农林牧渔业总产值	农业	林业	牧业	副业	渔业
	(按1952年不变价格计算)					
1952	16873	7340	26	8355	1136	16
	(按1970年不变价格计算)					
1978	57341	27830	522	27972	898	119
1980	61133	30746	548	28873	868	98
1981	56884	26363	520	29082	807	112
	(按1980年不变价格计算)					
1981	77368	37360	1526	37420	937	125
1985	103457	49620	4407	44231	5022	177
1990	121129	58404	4062	52113	6373	177
	(按1990年不变价格计算)					
1990	255918	113898	8520	121256	11629	615
1991	261870	114965	7533	126981	11697	694
1992	272642	120664	7276	132297	11716	689
1993	273122	135019	7637	129580		886
1994	282914	140125	7207	134519		1063
1995	282283	136201	7373	137872		837
1996	293328	152282	7758	132509		779
1997	310029	161461	7960	140138		470
1998	324057	166994	8144	148504		415
1999	324807	162885	11310	150175		437
2000	316560	147686	11723	156639		512
2001	333580	157297	11758	163710		815
2002	345101	154975	17144	172179		803
2003(旧)	336855	139462	14178	182624		591
2003(新)	353119	139462	14178	182624		591
西宁市	84827	41741	2133	37528		100
海东地区	107734	52614	6552	42106		124
海北州	30962	11089	916	17368		
海南州	41802	14020	3343	21827		190
黄南州	22155	5431	200	15432		140
果洛州	16124	1107	101	14567		
玉树州	24506	6138	120	18080		
海西州	25009	7323	811	15717		37

Total Output Value of Agicultaure, Forestry, Fishery, an Animal Husbandry

农林牧渔服务业	按当年现行价格计算(万元)						
	农林牧渔业总产值	农业	林业	牧业	副业	渔业	农林牧渔服务业
	16071						
	59898						
	77772	47170	683	28725	1085	109	
	72958	40265	685	30736	1148	124	
	72958	40265	685	30736	1148	124	
	122515	61968	4709	50091	5220	527	
	245270	114837	6944	109548	13271	670	
	245270	114837	6944	109548	13271	670	
	252406	115579	6787	116486	12762	792	
	272619	120585	6839	129816	14580	799	
	309975	151834	7463	149779		899	
	448723	218100	7699	221601		1323	
	550982	265469	8630	275705		1178	
	561574	299864	9099	251409		1220	
	590148	306163	9735	273363		887	
	607924	314152	9993	283127		652	
	590200	293093	13840	282361		906	
	569850	249055	15056	304939		800	
	632975	289023	18206	324693		1053	
	655019	285919	26555	341463		1082	
	681200	297347	27617	355361		875	
16264	769492	297384	26377	407062		875	37795
3324	164140	80024	2892	73274		182	7768
6339	199586	91803	10150	82615		207	14810
1589	64984	19991	2054	39228			3711
2422	68102	19449	304	45913		210	2225
953	98806	36198	8488	48260		200	5660
349	33617	4763	209	27828			817
168	87830	29298	705	57434			393
1120	52427	15858	1575	32509		75	2410

11－19 农业总产值构成及环比指数(按可比价格计算)

Total Agriculture Output Value and Compsition Indexes

单位:%

年 份	农业总产值构成	农 业	林 业	牧 业	副 业	渔 业	农林牧渔服务业
1952	100	43.50	0.15	49.52	6.73	0.10	
1978	100	48.53	0.91	48.78	1.57	0.21	
1980	100	50.29	0.90	47.23	1.42	0.16	
1985	100	47.96	4.26	42.75	4.86	0.17	
1990	100	48.22	3.35	43.02	5.26	0.15	
1995	100	48.25	2.61	48.84		0.30	
1996	100	51.92	2.64	45.17		0.27	
1997	100	52.08	2.57	45.20		0.15	
1998	100	51.53	2.51	45.83		0.13	
1999	100	50.15	3.48	46.24		0.13	
2000	100	46.66	3.70	49.48		0.16	
2001	100	47.15	3.53	49.08		0.24	
2002	100	44.91	4.97	49.89		0.23	
2003	100	38.65	3.43	52.90		0.11	4.91

11－19 续表 Continued

单位:%

年 份	农业总产值环比指数	农 业	林 业	牧 业	副 业	渔 业
1952	111.86	112.27	216.67	110.21	120.98	114.29
1978	99.38	103.39	88.78	95.51	116.47	86.86
1980	111.02	119.12	114.88	105.82	62.67	91.59
1985	111.11	104.73	123.76	109.77	292.32	111.32
1990	104.86	105.21	87.49	105.77	107.00	127.34
1995	99.78	97.20	102.30	102.49		78.74
1996	103.91	111.81	105.22	96.11		93.07
1997	105.69	106.03	102.60	105.76		60.33
1998	104.52	103.43	102.31	105.97		88.30
1999	100.23	97.54	138.88	101.13		105.30
2000	97.46	90.67	103.65	104.30		117.16
2001	105.38	106.51	100.30	104.51		159.18
2002	103.45	98.52	145.81	105.17		98.53
2003	97.61	89.99	82.70	106.07		73.64

11-20 分项目农业总产值(2003年)

Total Agriculture Value by Program(2003)

指标	农业总产值(万元)	
	按1990年不变价格计算	按当年价格计算
农林牧渔业总产值	**353119.3**	**769492.4**
一、农业产值	**139462.4**	**297384.3**
(一)谷物及其他作物	109378.7	251558.8
1.谷物	32039.9	52700.9
2.薯类	16678.3	41613.4
3.油料	36784.2	66576.6
4.豆类	9375.0	17237.5
5.麻类	208.9	501.7
6.烟草	126.1	185.6
7.其他农作物	14166.2	72743.2
(二)蔬菜园艺作物	25215.6	40510.3
1.蔬菜(含菜用瓜)	24339.3	39350.8
2.花卉	319.7	359.7
3.其他园艺作物	556.6	799.7
(三)水果、坚果、饮料和香料作物	1998.6	2113.0
(四)中药材	2869.6	3202.3
二、林业产值	**14177.7**	**26376.8**
(一)林木的培育和种植	12648.0	24630.2
1.育种育苗	954.1	1481.6
2.造林	9138.2	18641.6
3.抚育和管理	2555.7	4507.1
(二)竹木采运	1288.3	1285.0
(三)林产品	241.5	461.6
三、牧业产值	**182623.8**	**407061.8**
(一)牲畜饲养	139147.5	321554.1
1.牛的饲养	50881.8	120411.6
2.羊的饲养	46856.8	130370.5
3.其他牲畜饲养	1660.7	2217.3
4.奶产品	18062.9	51147.1
5.毛绒产品	21685.3	17407.5
6.其他牲畜副产品		
(二)猪的饲养	33479.7	72468.3
(三)家禽饲养	8392.3	10716.1
(四)狩猎和捕捉动物	692.4	1319.3
(五)其他畜牧业	911.9	1004.0
四、渔业产品	**591.4**	**874.5**
五、农林牧渔服务业	**16264.0**	**37795.0**

11－21　分项目农业增加值(按当年价格计算)

The Adeled Value of Agriculture by Branch (Caculated at Current at Prices)

单位:万元

指　　标	1999	2000	2001	2002	2003
一、农业总产值	**590201**	**569850**	**632975**	**655019**	**769493**
农　业	293094	249055	289023	285919	297384
#种植业	237400	187240	215695	206968	231544
林　业	13840	15056	18206	26555	26377
牧　业	282361	304939	324693	341463	407062
渔　业	906	800	1053	1082	875
农林牧渔服务业					37795
二、中间消耗	**184768**	**184569**	**205046**	**206033**	**232905**
农　业	112177	116210	121893	114748	113315
#种植业	107463	108309	111090	103387	113315
林　业	3501	4104	5361	9779	10086
牧　业	68802	63995	77422	81222	95786
渔　业	288	260	370	285	529
农林牧渔服务业					13189
三、增加值	**405433**	**385281**	**427929**	**448986**	**536588**
农　业	180917	132845	167130	171171	184069
#种植业	129936	78931	104605	103580	118229
林　业	10339	10952	12846	16777	16291
牧　业	213559	240944	247270	260241	311276
渔　业	618	540	683	798	346
农林牧渔服务业					24606

注:2003 年数据是以国家统计局新制定的方案计算的。

11－22 乡镇企业基本情况

Basic Situation of Town and Township Enterprises

单位:个、人、万元

指　　标	企业个数		年末人数		总产值		增加值	
	2002	2003	2002	2003	2002	2003	2002	2003
总　　计	**55600**	**56889**	**247756**	**243566**	**1136082**	**1275231**	**236756**	**269760**
农业企业	421	426	2922	2738	8933	10586	2211	2328
工业企业	11417	12544	92978	93442	545048	670900	120361	141718
施工企业	766	748	33237	27392	97262	96978	21589	21428
交通运输企业	13852	13734	39780	34341	122454	124965	26403	27535
商品流通企业	17432	17871	40434	42628	195292	170111	35137	27235
旅游饮食服务企业	8497	9093	27445	32061	87970	130935	16869	23804
其他企业	3215	2473	10960	10964	79123	70756	14186	11040

注:总产值、增加值为现价。

11－23 乡镇集体企业主要财务指标

Major Financial Indices of Town and Township Enterprises

单位:万元

指　　标	2000	2001	2002	2003
主营业务收入	223555	225954	218964	199524
主营业务成本	190424	194549	189129	172250
主营业务费用	10144	8609	10482	13847
营业税金及附加	3674	3995	3863	2642
利润总额	7543	7486	6987	10235
增值税应纳税额	5163	5147	6066	5411
纯利润	6797	6362	5941	9322
工资总额	18689	18374	18107	12284
年末固定资产原值	165891	188088	141625	115059
本年提取折旧基金	34478	6208	12583	12990
年末占用流动资金	86436	87369	92682	
本年银行贷款余额	72844	55709	58956	25462
利息支出	4505	4197	2532	5066
亏损企业个数(个)	121	115	76	7
亏损企业亏损总额	3416	3039	1992	493

注:2003 年为规模以上乡镇集体企业主要财务指标,与上年不可比。

11－24 农业现代化情况

Situation of Agricultural Modernization

单位:千公顷

指　　标	1990	1995	1998	1999	2000	2001	2002	2003
一、农业机械化情况								
当年实际机耕面积	211	256	276	280	274	292	243	225
当年机械播种面积	176	233	234	252	257	262	222	197
当年机械收割面积	83	101	98	115	90	78	82	66
二、草原建设情况								
1.围栏草场面积	742	1453	2550	2984	3153	3413	3682	4962
#当年新围面积	93	251	422	332	280	287	344	1261
2.人工种草面积	94	208	223	1594	1626	1672	431	514
#当年新种面积	19	41	38	1371	55	70	113	102
3.年内鼠害发生面积	2675	6433	5761	7190	6834	5313	7654	7420
#年内灭鼠面积	654	554	1122	911	1282	1371	3320	2037
4.年内虫害发生面积	575	630	1088	721	677	1229	1835	3558
#年内灭虫面积	29	75	94	65	32	101	107	2905

11－25 水果、渔业生产情况

Fruit Fishery Production

指　　标		1999	2000	2001	2002	2003	2003年为2002年%
一、水果							
1.水果产量合计	(吨)	24144	22415	17252	16301	14603	89.58
苹果	(吨)	15897	14144	9661	9078	8246	90.83
梨	(吨)	5931	5963	5525	5228	4418	84.51
葡萄	(吨)	106	106	117	106	74	69.81
2.年末实有果园面积	(公顷)	5261	5189	5127	5056	5105	100.97
苹果园	(公顷)	4111	3987	3908	3872	3869	99.92
梨园	(公顷)	1025	1084	1055	1142	1168	102.28
葡萄园	(公顷)	15	30	24	37	54	145.95
3.年末实有零星果树	(万株)	246.62	270.98	260.79	222.58	217.76	97.83
苹果树	(万株)	177.99	198.68	175.18	131.81	129.56	98.29
梨树	(万株)	49.75	53.33	70.41	70.46	70.08	99.46
二、渔业							
1.水产品总产量	(吨)	1488	1166	1989	1796	1253	69.77
养殖产量	(吨)	681	1074	1886	1717	1195	69.60
2.养殖面积	(千公顷)	4.92	5.95	43.67	43.34	43.36	100.05

11－26　主要年份农业经济效益主要指标
Major Indexes of Agriculture Economy Efficiency

年份	人均粮食产量(千克/人)			人均油料产量(千克/人)			人均农业总产值(元/人)		
	按总人口	按农业人口	按农业从业人员	按总人口	按农业人口	按农业从业人员	按总人口	按农业人口	按农业从业人员
1952	231	258	595	10	11	26	383	425	972
1957	285	354	806	10	12	28	462	566	1285
1965	291	373	752	15	19	39	527	718	1367
1970	230	292	651	9	12	26	429	545	1192
1975	276	362	904	13	16	40	486	637	1569
1978	248	326	875	12	16	44	476	626	1663
1980	254	341	883	19	25	65	492	658	1701
1985	246	343	894	25	34	88	585	808	2109
1990	258	361	952	27	38	100	576	806	2127
1995	239	362	854	34	51	121	591	854	2111
1996	254	371	886	35	51	122	601	880	2099
1997	257	383	911	37	55	131	626	930	2214
1998	255	379	908	42	62	149	645	957	2295
1999	203	303	706	56	84	194	637	951	2212
2000	160	244	577	38	57	135	613	933	2210
2001	197	298	714	44	66	159	638	962	2309
2002	173	261	656	44	67	168	653	987	2478
2003	163	250	644	49	75	194	662	1017	2620

注:产值按1990年不变价格计算。

主要统计指标解释

乡村户数 是指长期(一年以上)居住在乡镇(不包括城关镇)行政管理区域内的住户,还包括居住在城关镇所辖行政村范围内的农村住户。户口不在本地而在本地居住一年及以上的住户也包括在本地农村住户内;有本地户口但举家外出谋生一年以上的住户,无论是否保留承包耕地都不包括在本地农村住户范围内。不包括乡村地区内的国有经济的机关、团体、学校、企业、事业单位的集体户。

乡村人口数 指乡村地区常住居民户中的常住人口数,即经常在家或在家居住6个月以上,而且经济和生活与本户连成一体的人口。外出从业人员在外居住时间虽然在6个月以上,但收入主要带回家中,经济与本户连成一体,仍视为家庭常住人口;在家居住,生活和本户连成一体的国家职工、退休人员也为家庭常住人口。但是现役军人、中专及以上(走读生除外)的在校学生、以及常年在外(不包括探亲、看病等)且已有稳定的职业与居住场所的外出从业人员,不应当作家庭常住人口。

乡村劳动力资源数 指乡村人口中劳动年龄(16周岁)以上能够参加生产经营活动的人员。不论是否参加劳动,均应计算在内。

乡村从业人员 指乡村人口中16岁以上实际参加生产经营活动并取得实物或货币收入的人员,既包括劳动年龄内经常参加劳动的人员,也包括超过劳动年龄但经常参加劳动的人员。但不包括户口在家的在外学生、现役军人和丧失劳动能力的人,也不包括待业人员和家务劳动者。从业人员按从事主业时间最长(时间相同按收入)分为农林牧渔业从业人员、工业从业人员、建筑业从业人员、交运仓储及邮电业从业人员、批发与零售业从业人员、其它从业人员。

年末耕地总资源 指能够种植农作物的田地。包括当年实际耕种的熟地;新开荒且已种植的地;"沿海"、"沿湖"地区已围垦利用三年以上的"海涂"、"湖田";弃耕、休闲不满三年,随时可以复耕的地;因灾害或其他因素,虽然当年内未种植农作物但仍可复耕的地;以种植农作物为主,附带种植桑树、果树和其他林的地;年年进行耕耘种草的地;南方小于1米、北方小于2米宽的沟、渠、路、田埂。不包括:因灾害或其他因素,已不能复耕的地;弃耕、休闲满三年的地;或者虽不满三年,但已经成为荒地的土地;不进行耕耘,种植牧草已成为永久性草地的土地;专业性的桑园、茶园、果园、果木苗圃地、芦苇地、天然草场等;以混凝土等铺设的温室、玻璃室,导致栽培的植物体与地面隔绝的基地。

常用耕地 指耕地总资源中专门种植农作物并经常进行耕种、能够正常收获的土地。包括当年实际耕种的熟地;弃耕、休闲不满三年,随时可以复耕的地;开荒利用三年以上的地;南方小于1米,北方小于2米宽的沟、渠路、田埂。不包括临时种植农作物的坡度在25度以上的陡坡地;在河套、湖畔、库区临时开发的成片或零星土地;也不包括已列为国家和省(区、市)退耕计划但仍临时耕种的土地。常用耕地分为基本农田和零星可用耕地。

临时性耕地 指在常用耕以外临时开垦种植农作物,不能正常收获的土地。包括临时种植农作物的坡度在25度以上的陡坡地,在河套、湖畔、库区临时开发种植农作物的成片或零星土地。根据我国《水土保持法》规定,现在临时种植农作物坡度在25度以上的坡地要逐步退耕还林还草。

乡村办水电站发电量 是指乡村、集体各种合作经济组织及农户办水电站的全部发电机组年内实际发电的总量,计算公式为:

发电量(千瓦时)=设计能力或装机容量(千瓦)×年内实际发电时(小时)

农村用电量 是指在本年度内,扣除在农村中的全民所有制工业、交通、基建单位的用电量以后农村生产和生活上的全年用电总数(按全年累计数统计)。即包括国家电网对农村的供电量,也包括农村自办电站的供电量。

农作物总播种面积 是指在本日历年度内收获农产品的各种农作物的播种面积之和。其计算公式为:

本年农作物总播面积=上年秋冬播种面积+本年春播作物面积+本年夏播作物面积=本年夏收作物播种面积+本年秋收作物播种面积

农作物总产量 指本年度全社会范围内生产的各种农作物产品的总产量,不论计划内外,数量多少,耕地上与非耕地上的农作物产量,都应统计在内。各种主要作物产量按国家的统一规定计算。作为粮食的薯类产量按五斤折一斤计算,城市郊区按蔬菜计算的薯类产量按鲜品统计。

期初(末)畜禽存栏头数 指本期期初(报告期)(末)农村各种合作经济组织和国营农场、农民个人、机关、团体、学校、工矿企业、部队等单位以及城镇居民饲养的大牲畜、猪、羊、家禽等畜禽的存栏头数。

当年(期内)出栏的畜禽数 是指当年(报告期内)乡、村、各种合作经济和农民、国有农场、机关、团体、学校、工矿企业、部队等单位以及城镇居民饲养的,已屠宰或出售的全部畜禽数,包括交售给国家,集市上出售和农民自食的部份。但不包括个别地区习惯吃的"烤小猪"或出口的"乳猪"。

造林面积 是指报告期内在荒地、荒山、沙丘等一切可以造林的土地上,采用人工播种、植苗、飞机播种等方法新植的成片乔木林和灌木林,经过检查验收符合"造林技术规程"要求株数,成活率达85%以上的面积,四旁植树如一侧在四行以上,连续面积0.066公顷(1亩)以上,应统计在造林面积内。

迹地更新面积 森林经过采伐或者遭受火灾毁损以后,达不到疏林地标准,且尚未更新的地面,称为迹地。在新、旧采伐迹地和火烧迹地上,进行人工更新或人工促进天然更新的面积(包括乔木林和灌木林)称迹地更新面积。迹地更新面积不包括未经人工措施的天然更新面积以及补植面积。

封山育林面积 指为达到恢复森林的目的,对具有天然下种或萌蘖能力的疏林地、灌丛、采伐迹地、火烧迹地以及荒山、荒地等有条件的地方采取划界封禁，禁止或者限制开荒、砍柴或者其他有害于林木生长的人畜活动等人工辅助措施的面积。封山育林面积指实际封禁的面积，包括当年新封和历年封禁至本年尚未开放的面积。封山育林不包括为保护新造幼林而进行的临时性的封山。

育苗面积 指为造林和迹地更新培育苗木所实际利用的苗圃面积。包括新育苗面积、留床面积、移植面积三部分，以及用于育苗的临时性灌溉排水设施和苗床间步道的面积。不包括苗圃休闲地、固定性或永久性灌溉排水设施和道路、建筑物等面积。营养杯、营养砖育苗，可折算育苗面积。并规定育苗面积不包括死亡的育苗面积。

农林牧渔业总产值 是以货币表现的农林牧渔业的全部产品总量和对农林牧渔业生产活动进行的各种支持性服务活动的价值。它反映一定时期内农林牧渔业生产总规模和总成果，是观察农林牧渔业生产水平和发展速度，研究农林牧渔业内部比例关系、农林牧渔业与工业、农林 牧渔业与国家建设、人民生活比例关系的重要指标，也是计算农林牧渔业劳动生产率和农林牧渔业增加值的基础资料。

农林牧渔服务业产值 农林牧渔服务业现价产值等于农林牧渔服务业营业收入。普查年份资料来源于基本单位普查，非普查年份主要是通过测算年度增加值，然后用上年度增加值率来反推得到产值。

农林牧渔服务业不变价产值用农林牧渔服务业现价产值除以1990年为100的居民消费价格指数。

中间消耗(中间投入) 是指农林牧渔业生产经营过程中所消耗的各种物质新产品和服务价值的总和，包括物质产品消耗和生产服务支出。物质产品消耗是指农林牧渔业生产过程中所消耗的各种物质产品的价值，包括外购的和计入总产出的自给性物质产品消耗，如种籽、饲料、肥料、农药、燃料、用电量、小农具购置、原材料消耗等；生产服务支出包括修理费、生产用外雇运输费、生产用邮电费、畜禽配种费、畜禽防疫费、科研费、差旅费、金融服务费、保险费、广告费等，以及其他物质消耗。

农林牧渔业增加值 指农、林、牧、渔及农林牧渔服务业生产货物或提供服务活动中所提供的社会最终新产品的货币表现，即新创造的价值。增加值的计算方法有两种，一是生产法：即由现价农林牧渔业总产值减去农林牧渔业中间消耗的方法取得。二是分配法：分配法也称收入法，是根据各种生产要素在生产过程中应取得收入份额来进行计算的一种方法。即农林牧渔服务业增加值＝劳动者报酬＋生产税净额＋固定资产折旧＋营业盈余。

工 业

Industry

工业总产值(万元)

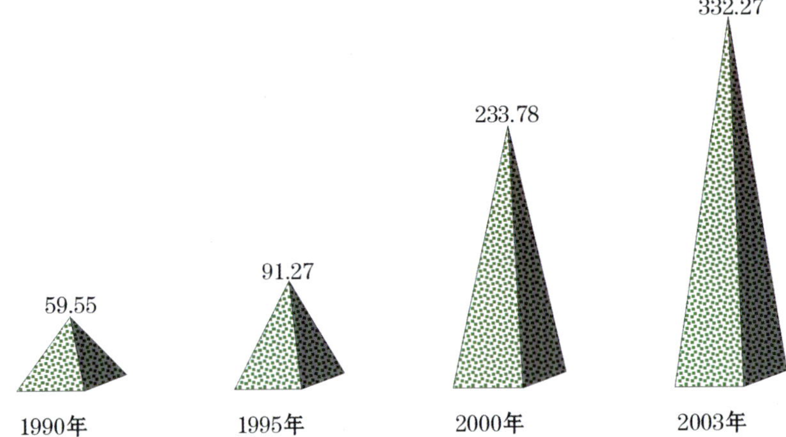

大中小企业产值构成(%)

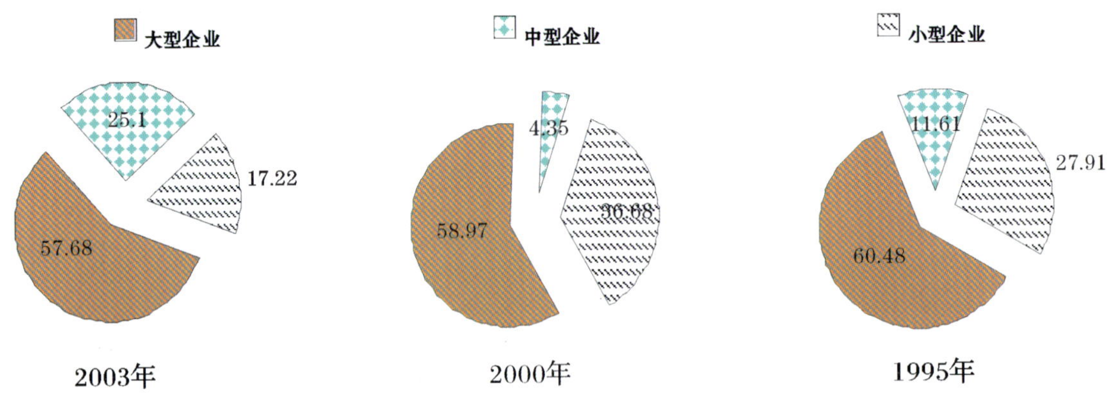

主要工业产品产量

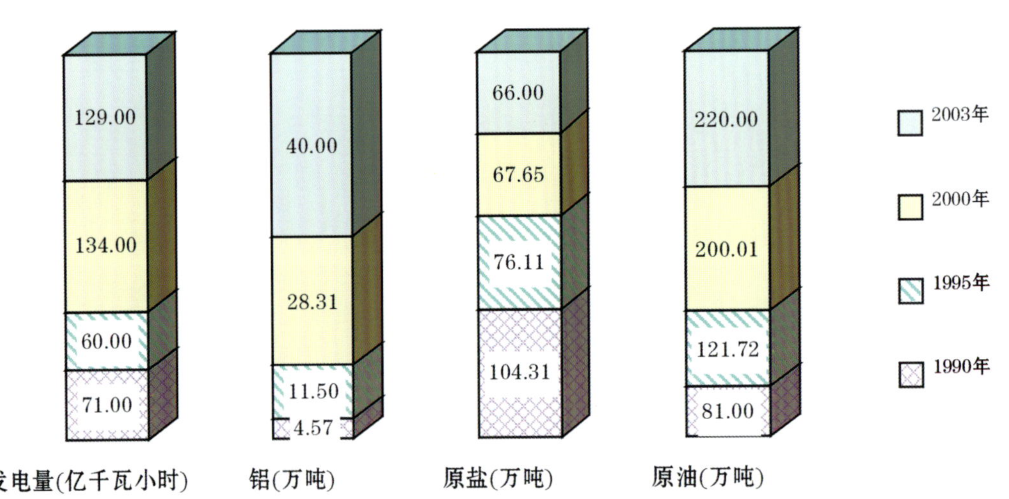

12－1 全部工业企业单位数和总产值
Number and Total Value of the All Industry Enterprises

指　　标	2002		2003	
	企业单位数（个）	工业总产值（万元）	企业单位数（个）	工业总产值（万元）
全部工业企业总计	**23831**	**2726168**	**24237**	**3322733**
#规模以上工业企业(下同)	**399**	**2075924**	**400**	**2479042**
按登记注册类型分组:				
内资企业	389	2024864	387	2404696
国有企业	169	499615	144	322217
中央企业	10	116552	11	166580
地方企业	159	383063	133	155637
集体企业	30	33452	22	29821
股份合作企业	33	60147	28	63329
联营企业	3	2529	3	3717
国有联营企业	3	2529	1	680
集体联营企业			2	3037
有限责任公司	55	577537	70	354765
国有独资公司	5	355551	4	90925
其他有限责任公司	50	221986	66	263840
股份有限公司	30	725120	52	1451167
私营企业	69	126463	68	179680
私营独资企业	25	20950	24	35842
私营合伙企业	5	4944	5	1153
私营有限责任公司	37	99463	34	128309
私营股份有限公司	2	1107	5	14376
港、澳、台商投资企业	8	44401	6	55366
合资经营企业(港或澳、台资)	6	41144	4	51367
港澳台商独资经营企业	2	3257	2	3999
外商投资企业	2	6660	7	18980
中外合资经营企业	2	6660	5	17138
中外合作经营企业			1	1109
外资企业			1	734
#亏损企业	**161**	**220281**	**138**	**486772**
#国有控股企业	**238**	**1709284**	**206**	**1950149**
#农村工业	**9**	**10497**	**8**	**6640**
#轻工业	**148**	**224915**	**124**	**222588**
重工业	**251**	**1851009**	**276**	**2256455**
在总计中:大型企业	**20**	**1322034**	**9**	**1429971**
中型企业	**41**	**322038**	**46**	**622209**
小型企业	**338**	**431853**	**345**	**426862**

注:1. 规模以上工业企业是指全部国有工业及年产品销售收入在500万元以上的非国有工业企业(下同)。

2. 工业总产值按当年价格计算。

12－2　全部国有及规模以上非国有工业企业主要指标(2003年)

指　　标	企业单位数(个)		工业总产值(当年价)	工业增加值(当年价)	资产合计
	小　计	亏损企业			
总　　计	**400**	**138**	**2479042**	**952301**	**8714821**
按登记注册类型分组:					
在总计中：国有控股企业	206	81	1950149	768970	7753329
在总计中：集体企业	22	11	29821	11252	48103
股份合作企业	28	5	63329	27620	90505
联营企业	3		3717	1129	2190
有限责任公司	70	23	354765	107644	1268212
股份有限公司	52	11	1451167	557599	4880789
私营企业	68	22	179680	63532	228273
港、澳、台商投资企业	6	1	55366	13478	76302
外商投资企业	7	2	18980	7596	29877
在总计中：农村工业	8	2	6640	1913	9441
按轻重工业分:轻工业	124	51	222588	73461	512668
重工业	276	87	2256455	878839	8202153
按企业规模分:大型企业	9	2	1429971	578045	4649347
中型企业	46	13	622209	220634	3141129
小型企业	345	123	426862	153622	924345
采掘业	**54**	**14**	**776138**	**378928**	**1721817**
煤炭采选业	14	3	36346	14380	77253
石油和天然气开采业	3	2	608783	318427	1209027
黑色金属矿采选业	6	1	7287	4038	9083
有色金属矿采选业	22	7	93360	25864	362518
非金属矿采选业	9	1	30362	16219	63936
制造业	**270**	**92**	**1379122**	**398196**	**2824351**
农副食品加工业	39	16	59826	15019	92871
食品制造业	7	2	8367	3125	11669
饮料制造业	9	6	28579	5536	61347
纺织业	8	2	24395	8185	40597
服装及其他纤维制品制造业	3		20564	6900	110700
木材加工及竹、藤、棕、草制品业	1		59	36	460
家具制造业	1	1	75	23	180
造纸及纸制品业	3	2	2128	660	8304
印刷业、记录媒介的复制	7	3	4345	1211	7550
石油加工及炼焦化	2		1406	420	2531
化学原料及化学制品制造业	31	11	160741	60717	723380
医药制造业	11	2	51728	18366	102696
塑料制品业	6	3	3877	1176	7378
非金属矿物制品业	52	16	113781	40780	204120
黑色金属冶炼及压延加工业	24	10	278094	79652	545228
有色金属冶炼及压延加工业	13	4	495263	111102	650221
金属制品业	13	3	17076	5647	26773
通用设备制造业	11	6	57663	18469	146140
专用设备制造业	4	2	6791	1895	11502
交通运输设备制造业	14	2	19835	7790	36344
电器机械及器材制造业	4	1	6638	1654	6235
通信设备、计算机及其他电子设备	1		941	454	691
仪器仪表及文化、办公用机械制造业	2		5778	2495	12655
工艺品及其他制造业	4		11172	6884	14779
电力、煤气、自来水的生产和供应业	**76**	**32**	**323785**	**175179**	**4168654**
电力、蒸汽、热水的生产和供应业	47	17	313369	167951	4110315
水的生产和供应业	29	15	10416	7228	58339

Main Indicators of all Stateowned and Big Scaled Non－state－owned Above Design Size Industrial Enterprises(2003)

单位:万元

流动资产	流动资产年平均余额	固定资产原价	固定资产净值年平均余额	负债合计	流动负债	长期负债	所有者权益合计
2594168	**2599473**	**6151122**	**4231579**	**5945410**	**2687094**	**3172080**	**2769411**
2220010	2244719	5668647	3842918	5376410	2270347	3063095	2376918
22970	21743	29527	15577	36028	25601	6296	12074
40919	39260	62214	42953	55019	37808	12447	35487
913	940	1580	1196	1273	817	456	917
332244	451736	598261	408190	721790	439916	226436	546422
1109923	1006654	3917784	2693530	3781103	1395478	2383754	1099686
90131	85229	118545	104639	136937	93684	30421	91335
23253	25536	60252	43332	42525	33976	8549	33777
12672	10783	15144	11890	15999	12265	3429	13878
2616	3170	6069	4743	5211	2657	2554	4231
235506	229345	258490	206432	301232	215972	77157	211436
2358662	2370128	5892631	4025147	5644178	2471122	3094923	2557975
1575894	1626094	3228731	2039835	2791511	1592592	1167820	1857836
690096	669576	2442987	1809816	2638525	730523	1881831	502604
328179	303803	479404	381928	515374	363979	122429	408971
408470	**396583**	**1492381**	**953207**	**1032433**	**806756**	**219897**	**689386**
31838	31039	40579	31148	27528	22970	4558	49725
229867	223745	1251070	808706	712209	537144	175065	496818
6519	4670	2544	1775	3722	3582	140	5362
115492	111202	152123	85874	245337	208684	30873	117182
24754	25927	46065	25704	43637	34376	9261	20299
1021040	**1114011**	**1549015**	**1026718**	**1850976**	**1229692**	**541363**	**973376**
28137	28302	68982	55891	48523	30440	10545	44349
6380	7859	6181	3381	9603	7710	1765	2066
30181	31260	34759	26428	43891	34974	8481	17455
17666	14083	18057	17369	21494	12787	8707	19103
74658	74964	22968	26278	70082	62440	7642	40618
20	18	480	380	30	18	12	430
128	67	52	52	21	21		159
4159	638	3519	3396	4449	932	3517	3855
3472	3560	6942	4091	4241	4043	198	3309
1130	991	1184	967	1112	1107	5	1419
149866	284851	305489	215487	372779	182272	148621	350601
49351	47120	36340	28451	50551	37355	13196	52145
3332	3203	2742	2509	5064	4304	759	2314
74568	76014	128507	96814	119541	84465	31568	84579
244943	229096	261974	163545	388879	288343	100036	156349
195108	177910	549480	323543	562552	356811	180474	87669
15057	13802	12256	6164	12865	9662	3203	13908
81036	77241	57807	30436	82401	69672	12379	63739
8517	8266	3249	2743	5830	5256	574	5673
15465	15659	16535	10725	22910	16844	6065	13433
3610	4687	3344	2588	4692	3866	825	1543
381	286	131	129	305	292	13	387
6353	6288	3841	2450	10434	7779	2350	2221
7522	7846	4196	2901	8727	8299	428	6052
1164659	**1088880**	**3109727**	**2251655**	**3062002**	**650649**	**2410821**	**1106652**
1152447	1077022	3054405	2215587	3025684	635354	2389798	1084630
12212	11858	55322	36068	36318	15295	21023	22022

12－2 续表

指　　标	实收资本	产品销售收　　入	产品销售成　　本	产品销售税金及附加	产品销售利　　润
总　　计	**2277408**	**2753620**	**2152561**	**42672**	**480853**
按登记注册类型分组:					
在总计中:国有控股企业	1997755	2290138	1777575	36966	428074
在总计中:集体企业	14577	32672	27008	297	3689
股份合作企业	21349	48856	40200	378	5547
联营企业	145	3146	2847	19	222
有限责任公司	384987	386257	272443	6282	90704
股份有限公司	1018245	1412496	1014432	20761	339973
私营企业	68411	142239	123529	464	8332
港、澳、台商投资企业	25065	66962	55102	61	10261
外商投资企业	6488	19886	14948	31	3298
在总计中:农村工业	4788	4845	3805	38	831
按轻重工业分:轻工业	157535	216793	176585	4800	21790
重工业	2119872	2536826	1975975	37872	459062
按企业规模分:大型企业	1396604	1743231	1354216	32261	330145
中型企业	553780	627969	495113	7664	93029
小型企业	327024	382419	303232	2748	57676
采掘业	**776656**	**813750**	**531002**	**17471**	**248723**
煤炭采选业	47103	29665	22220	350	5234
石油和天然气开采业	646198	605124	385287	15677	200425
黑色金属矿采选业	3302	9819	5270	20	2212
有色金属矿采选业	57946	145894	104543	653	35378
非金属矿采选业	22107	23248	13682	771	5474
制造业	**816209**	**1369813**	**1126851**	**11241**	**174018**
农副食品加工业	45333	55924	51818	155	733
食品制造业	2766	6173	5303	69	482
饮料制造业	15894	29255	20314	3646	3827
纺织业	8645	15197	13753	49	976
服装及其他纤维制品制造业	12035	42471	45238	206	－4266
木材加工及竹、藤、棕、草制品业	430	59	20	2	37
家具制造业	159	64	57		7
造纸及纸制品业	3606	899	1094	3	－208
印刷业、记录媒介的复制	3075	4076	3412	25	567
石油加工及炼焦化	713	570	114		431
化学原料及化学制品制造业	235354	157052	106043	2377	35199
医药制造业	46063	40982	18596	288	16040
塑料制品业	1389	2821	2693	8	32
非金属矿物制品业	56718	107223	81727	792	18630
黑色金属冶炼及压延加工业	136804	274696	236013	1551	27251
有色金属冶炼及压延加工业	159567	503611	433914	1274	58041
金属制品业	10778	15847	13801	37	1399
通用设备制造业	54233	61480	50628	281	8647
专用设备制造业	5249	3775	3179	3	247
交通运输设备制造业	11279	23992	18546	160	3750
电器机械及器材制造业	1155	7037	6355	33	504
通信设备、计算机及其他电子设备	191	240	217	1	17
仪器仪表及文化、办公用机械制造业	1484	5005	4013	28	711
工艺品及其他制造业	3289	11364	10003	253	964
电力、煤气、自来水的生产和供应业	**684544**	**570057**	**494707**	**13960**	**58112**
电力、蒸汽、热水的生产和供应业	668974	560231	488195	13857	55457
水的生产和供应业	15570	9826	6512	103	2655

Continued

单位:万元

营业利润	利润总额	应交所得税	亏损企业 亏损总额	利税总额	本年应交 增 值 税	全部从业人员 年平均人数(人)
168075	**121585**	**32358**	**69490**	**324192**	**159935**	**142432**
152231	99298	28262	61824	275030	138766	104055
771	188	76	720	2451	1967	3684
555	1559	369	418	4245	2308	4344
54	40			195	137	283
26390	25130	13967	7420	49179	17767	29021
128587	114722	16063	21400	225274	89791	46882
4182	6532	1281	1888	11940	4943	10511
6102	6313	83	63	9343	2969	989
912	941	22	212	1467	494	777
528	419		109	630	173	487
6316	8848	2101	4983	22752	9104	21548
161759	112737	30257	64507	301440	150831	120884
164366	115744	19299	17370	250236	102232	57781
-1110	-5109	7280	35674	42789	40234	40382
4819	10950	5779	16446	31167	17469	44269
108879	**85422**	**11898**	**9487**	**155721**	**52830**	**39797**
875	1092	273	70	4549	3108	6919
97880	74607	7368	7262	132813	42529	20346
1348	1226	101	12	2015	770	739
8431	8072	3957	1772	12886	4162	7065
345	425	199	371	3458	2261	4728
50553	**46647**	**18611**	**29723**	**118248**	**60361**	**85080**
-999	946	508	1352	1921	820	3259
121	190	4	25	482	223	785
-466	-639	352	1146	5020	2013	2594
556	379	83	395	1191	763	3110
2424	3068	322		3890	616	2089
	30	2		33	1	5
				4	4	29
-584	-493		493	-406	85	227
-575	-367	15	409	-67	276	922
315	315			347	32	36
15994	15466	8493	1555	23930	6087	12757
6092	5955	723	89	9495	3253	3241
-127	-58	11	122	-34	16	596
3691	6425	1415	2611	15229	8012	13235
3670	5802	2506	888	22109	14756	15824
22559	11435	3775	14551	30521	17812	11440
196	295	14	65	849	517	1865
-3469	-3353	296	5413	293	3365	6398
-3	-23	2	33	-6	14	894
804	724	31	575	1591	707	1773
110	131	40	1	408	243	495
5	5			21	14	34
89	89	15		397	280	768
150	325	4		1030	452	2704
8644	**-10481**	**1854**	**30278**	**50225**	**46745**	**17555**
8926	-10186	1762	29425	49846	46175	15516
-282	-295	92	853	379	570	2039

12－3 国有及国有控股工业企业主要经济指标(2003年)

指标	企业单位数(个)		工业总产值(当年价)	工业增加值(当年价)	资产合计
	小计	亏损企业			
总计	**206**	**81**	**1950149**	**768970**	**7753329**
按轻重工业分					
轻工业	65	30	82454	28630	273435
重工业	141	51	1867695	740340	7479894
按企业规模分					
大型企业	9	2	1429971	578045	4649347
中型企业	26	9	387307	141678	2761498
小型企业	171	70	132871	49248	342484
按行业分					
采掘业	**30**	**8**	**756500**	**369796**	**1663527**
煤炭采选业	10	2	31979	12464	55549
石油和天然气开采业	3	2	608783	318427	1209027
黑色金属矿采选业	1		680	272	310
有色金属矿采选业	9	3	85362	22658	335229
非金属矿采选业	7	1	29696	15975	63412
制造业	**110**	**42**	**880661**	**230995**	**1957039**
农副食品加工业	16	9	20376	4051	40778
食品制造业	3	2	4822	2184	8674
饮料制造业	1	1	72	36	956
纺织业	1		84	－3	1482
服装及其他纤维制品制造业	2		15819	5745	108239
木材加工及竹、藤、棕、草制品业	1		59	36	460
造纸及纸制品业	1	1	1628	488	7030
印刷业、记录媒介的复制	6	2	3887	1073	6455
化学原料及化学制品制造业	15	5	105989	42468	595879
医药制造业	6		25457	7848	41920
非金属矿物制品业	20	9	19881	7997	34079
黑色金属冶炼及压延加工业	8	4	213626	60979	504466
有色金属冶炼及压延加工业	4	1	395155	73138	436067
金属制品业	4		2670	1397	5854
通用设备制造业	8	5	51071	16965	134404
专用设备制造业	2		5929	1637	10088
交通运输设备制造业	9	2	7990	3502	14022
电器机械及器材制造业	3	1	6146	1454	6186
电力、煤气、自来水的生产和供应业	**66**	**31**	**312990**	**168179**	**4132762**
电力、蒸汽、热水的生产和供应业	37	16	302574	160951	4074423
水的生产和供应业	29	15	10416	7228	58339

Major Economy Indexes of State – owned and State Holding Majority Shares Industrial Enterprises(2003)

单位:万元

流动资产	流动资产 年平均余额	固定资产 原价	固定资产净值 年平均余额	负债合计	流动负债	长期负债	所有者权益 合计
2220010	**2244719**	**5668647**	**3842918**	**5376410**	**2270347**	**3063095**	**2376918**
130059	126764	141479	107861	157913	114253	43421	115522
2089951	2117955	5527168	3735057	5218497	2156094	3019674	2261397
1575894	1626094	3228731	2039835	2791511	1592592	1167820	1857836
517649	504909	2240228	1658501	2396113	565945	1829766	365385
126466	113715	199688	144582	188786	111810	65509	153697
388788	**376209**	**1461695**	**925135**	**1021494**	**798791**	**217567**	**642033**
21255	20290	35224	25763	24976	22558	2418	30573
229867	223745	1251070	808706	712209	537144	175065	496818
120	110	190	185	240	240		70
113079	106442	129421	64984	240645	204686	30823	94584
24467	25622	45790	25497	43424	34163	9261	19988
675056	**785631**	**1129797**	**692785**	**1310896**	**828956**	**444215**	**646147**
14653	12954	35399	25916	23902	15289	8374	16876
4107	5586	5559	2816	7339	5614	1725	1335
51	427	516	530	58	58		899
795	764	843	685	1165	606	559	317
74062	74368	21408	24718	68922	61580	7342	39317
20	18	480	380	30	18	12	430
3630	552	3000	2966	3408		3408	3622
2811	2815	5711	3538	4041	3843	198	2415
96254	228930	242432	164191	308477	135192	136157	287402
17811	17554	14158	10637	12692	11491	1201	29228
16682	16816	23721	14690	20823	13736	7081	13256
229411	214707	236017	143385	363167	264867	98300	141300
119595	115931	472419	259437	397395	232901	164494	38672
3829	3733	2386	2140	2314	2295	19	3540
74965	71884	51986	26738	75851	64028	11474	58553
7725	7511	2521	2246	4726	4629	97	5362
5076	6428	7923	5201	11898	8947	2949	2125
3579	4653	3318	2571	4688	3862	825	1498
1156168	**1082878**	**3077155**	**2224996**	**3044023**	**642604**	**2401313**	**1088740**
1143956	1071020	3021833	2188928	3007705	627309	2380290	1066718
12212	11858	55322	36068	36318	15295	21023	22022

12－3 续表

指 标	实收资本	产品销售收入	产品销售成本	产品销售税金及附加	产品销售利润
总 计	**1997755**	**2290138**	**1777575**	**36966**	**428074**
按轻重工业分					
轻工业	83960	103416	87512	601	10711
重工业	1913794	2186722	1690063	36365	417363
按企业规模分					
大型企业	1396604	1743231	1354216	32261	330145
中型企业	463328	426544	336480	3413	72599
小型企业	137823	120362	86878	1292	25330
按行业分					
采掘业	**731353**	**794276**	**518659**	**17377**	**244377**
煤炭采选业	28259	26888	20207	327	4622
石油和天然气开采业	646198	605124	385287	15677	200425
黑色金属矿采选业	59	630	580	11	34
有色金属矿采选业	34935	139040	99442	604	33840
非金属矿采选业	21902	22594	13143	758	5456
制造业	**598285**	**936244**	**767779**	**5674**	**132247**
农副食品加工业	19579	19932	18770	13	605
食品制造业	2375	2698	2292	64	101
饮料制造业	1020	97	59	6	－2
纺织业	666	38	34		3
服装及其他纤维制品制造业	11935	39821	43298	201	－4968
木材加工及竹、藤、棕、草制品业	430	59	20	2	37
造纸及纸制品业	3500	462	597	2	－143
印刷业、记录媒介的复制	2175	3396	2891	19	415
化学原料及化学制品制造业	204910	113914	73284	2048	31492
医药制造业	27164	27243	13139	193	12071
非金属矿物制品业	9975	19298	15586	182	2882
黑色金属冶炼及压延加工业	125150	220031	186728	1403	23942
有色金属冶炼及压延加工业	121518	413796	348673	1122	55679
金属制品业	3644	2353	1484	9	698
通用设备制造业	50894	56061	46514	244	7623
专用设备制造业	5032	2956	2396	3	272
交通运输设备制造业	7193	7532	6108	133	1060
电器机械及器材制造业	1125	6557	5906	30	480
电力、煤气、自来水的生产和供应业	**668116**	**559619**	**491138**	**13915**	**51448**
电力、蒸汽、热水的生产和供应业	652546	549793	484626	13812	48793
水的生产和供应业	15570	9826	6512	103	2655

Continued

单位:万元

营业利润	利润总额	应交所得税	亏损企业亏损总额	利税总额	本年应交增值税	全部从业人员年平均人数(人)
152231	**99298**	**28262**	**61824**	**275030**	**138766**	**104055**
4525	5758	1158	2780	10642	4284	8112
147706	93541	27104	59044	264388	134482	95943
164366	115744	19299	17370	250236	102232	57781
-7634	-12329	5555	32349	20836	29752	28000
-4501	-4116	3408	12105	3958	6782	18274
107456	**84230**	**11763**	**9100**	**153275**	**51667**	**37084**
608	827	262	66	4038	2884	6055
97880	74607	7368	7262	132813	42529	20346
20	20			56	25	40
8617	8364	3934	1401	12943	3974	5968
331	412	199	371	3425	2255	4675
40235	**30699**	**14839**	**22456**	**77574**	**41200**	**50020**
-1146	-493	3	969	-151	329	1366
-60	1	4	25	276	210	551
	-24		24	-12	6	45
-23						53
2129	2773	322		3573	600	1389
	30	2		33	1	5
-383	-383		383	-309	72	10
-542	-334	14	376	-118	197	764
14667	13327	8062	769	19158	3784	9674
4875	4662	723		7158	2303	1926
-709	-918	64	1487	323	1059	3939
1563	3595	1854	753	17910	12912	13079
23701	12247	3478	11859	29199	15830	8716
43	81	13		231	141	576
-3781	-3664	236	5235	-268	3152	5670
13	10	2		24	11	762
-222	-331	26	575	176	373	1063
110	120	36	1	371	220	432
4539	**-15631**	**1662**	**30267**	**44184**	**45899**	**16951**
4821	-15336	1570	29414	43805	45329	14912
-282	-295	92	853	379	570	2039

12－4　集体工业企业主要经济指标(2003年)

指　　标	企业单位数(个)		工业总产值(当年价)	工业增加值(当年价)	资产合计
	小　计	亏损企业			
总　　计	**22**	**11**	**29821**	**11252**	**48103**
#农村工业	5	2	4300	1252	4572
按轻重工业分					
轻工业	6	5	3086	947	7050
重工业	16	6	26735	10305	41053
按行业分					
采掘业	**4**	**1**	**4042**	**1831**	**1632**
有色金属矿采选业	3	1	3616	1652	1428
非金属矿采选业	1		426	179	204
制造业	**18**	**10**	**25779**	**9421**	**46471**
农副食品加工业	2	1	1611	431	668
饮料制造业	2	2	708	266	2959
造纸及纸制品业	1	1	373	117	572
化学原料及化学制品制造业	1	1	1726	776	4790
塑料制品业	1		1150	345	1851
非金属矿物制品业	3	1	10922	4724	24701
黑色金属冶炼及压延加工业	3	2	7366	2177	5039
有色金属冶炼及压延加工业	1	1	336	126	2321
金属制品业	2		695	208	473
专用设备制造业	1	1	70	20	731
交通运输设备制造业	1		822	231	2366

Major Indexes of Industrial Collective Enterprises (2003)

单位:万元

流动资产	流动资产年平均余额	固定资产原价	固定资产净值年平均余额	负债合计	流动负债	长期负债	所有者权益合计
22970	**21743**	**29527**	**15577**	**36028**	**25601**	**6296**	**12074**
1330	1320	3025	2708	2120	1405	716	2452
2419	2434	3831	3755	4983	1918	3065	2067
20551	19309	25696	11823	31046	23683	3231	10007
474	**482**	**1216**	**1168**	**479**	**479**		**1153**
367	342	1061	1071	476	476		952
107	140	155	97	3	3		201
22498	**21260**	**28311**	**14410**	**35549**	**25121**	**6296**	**10923**
277	264	443	377	638	411	226	31
695	702	1790	1732	1072	356	716	1887
75	49	497	251	333	224	109	239
421	42	3155	2051	4603	2819		187
1422	1444	261	192	1453	1323	130	398
15455	14319	13063	4405	20840	16376	2117	3861
1937	1872	4745	2283	2531	2323	208	2508
415	579	1594	1474	1730	480	1250	591
390	390	102	66	292	292		181
302	403	535	350	721	244	477	10
1109	1196	2126	1229	1336	273	1063	1030

12－4 续表

指标	实收资本	产品销售收入	产品销售成本	产品销售税金及附加	产品销售利润
总计	**14577**	**32672**	**27008**	**297**	**3689**
#农村工业	3372	3735	3455	37	107
按轻重工业分					
轻工业	2987	2415	2206	66	3
重工业	11590	30257	24802	231	3686
按行业分					
采掘业	**1095**	**3879**	**2610**	**22**	**1159**
有色金属矿采选业	960	3365	2199	11	1149
非金属矿采选业	135	514	411	11	10
制造业	**13484**	**28794**	**24399**	**277**	**2528**
农副食品加工业	49	1528	1435	6	14
饮料制造业	2505	218	106	58	34
造纸及纸制品业	54	263	315		－54
化学原料及化学制品制造业	1381	1726	75	21	552
塑料制品业	495	1147	1133	1	13
非金属矿物制品业	4588	14577	12638	159	1530
黑色金属冶炼及压延加工业	2815	6830	6433	17	225
有色金属冶炼及压延加工业	591	393	417		－28
金属制品业	144	537	511		26
专用设备制造业	110	120	124		－8
交通运输设备制造业	752	1455	1212	15	224

Continued

单位:万元

营业利润	利润总额	应交所得税	亏损企业 亏损总额	利税总额	本年应交 增 值 税	全部从业人员 年平均人数(人)
771	**188**	**76**	**720**	**2451**	**1967**	**3684**
30	-86		109	55	104	351
-205	-270		275	-165	39	584
976	457	76	445	2616	1928	3100
181	**22**		**1**	**106**	**63**	**249**
174	15		1	83	58	220
7	7			23	5	29
593	**166**	**75**	**719**	**2345**	**1903**	**3435**
1	1		4	6		44
-10	-93		93	-28	7	165
-128	-110		110	-109	1	115
	-170		170	-149		370
	28			29		164
671	554		67	2176	1463	1720
83	166	74	59	520	337	377
	-184		184	-178	6	41
5	5	1		23	18	82
-34	-32		32	-30	2	79
5	1			85	69	278

12－5　大中型企业主要经济指标(2003年)

指　　标	企业单位数(个)		工业总产值(当年价)	工业增加值(当年价)	资产合计
	小　计	亏损企业			
总　　计	**55**	**15**	**2052180**	**798679**	**7790476**
#国有控股企业	35	11	1817278	719723	7410845
按轻重工业分					
轻工业	12	2	125260	41675	333399
重工业	43	13	1926920	757004	7457077
按企业规模划分					
大型企业	9	2	1429971	578045	4649347
中型企业	46	13	622209	220634	3141129
按行业划分					
采掘业	**9**	**2**	**744625**	**366299**	**1632433**
煤炭采选业	2	1	21755	8342	42419
石油和天然气开采业	2	1	608774	318425	1208936
黑色金属矿采选业	1		5450	3151	5593
有色金属矿采选业	2		80464	21059	322407
非金属矿采选业	2		28182	15322	53078
制造业	**41**	**11**	**1008492**	**270161**	**2101350**
农副食品加工业	2	1	19053	3238	41055
饮料制造业	2	1	25490	4751	44802
纺织业	1		12996	4472	14000
服装及其他纤维制品制造业	2		15819	5745	108239
化学原料及化学制品制造业	8	3	110764	42577	589799
医药制造业	3		36675	12159	73943
非金属矿物制品业	5		40970	17426	70671
黑色金属冶炼及压延加工业	4	1	229301	66535	507025
有色金属冶炼及压延加工业	8	3	453715	88600	525301
通用设备制造业	3	2	45893	14918	102182
交通运输设备制造业	1		4665	2183	4591
仪器仪表及文化、办公用机械制造业	1		5011	2243	11801
工艺品及其他制造业	1		8140	5314	7941
电力、煤气、自来水的生产和供应业	**5**	**2**	**299064**	**162219**	**4056694**
电力、蒸汽、热水的生产和供应业	4	2	291977	156225	4013275
水的生产和供应业	1		7087	5994	43419

Major Indexes of Large－scale and Medium－scale Industrial Enterprises(2003)

单位:万元

流动资产	流动资产年平均余额	固定资产原价	固定资产净值年平均余额	负债合计	流动负债	长期负债	所有者权益合计
2265989	**2295670**	**5671718**	**3849651**	**5430036**	**2323115**	**3049651**	**2360440**
2093543	2131004	5468959	3698336	5187624	2158537	2997586	2223221
170176	167750	162172	127240	205490	155154	50335	127909
2095813	2127920	5509546	3722411	5224546	2167960	2999315	2232531
1575894	1626094	3228731	2039835	2791511	1592592	1167820	1857836
690096	669576	2442987	1809816	2638525	730523	1881831	502604
379269	**366962**	**1437461**	**906863**	**995780**	**788336**	**207043**	**636655**
13552	15237	29144	22101	20063	18526	1537	22356
229850	223728	1250947	808632	712187	537122	175065	496749
4229	2504	1387	1099	2192	2192		3401
108899	102325	119825	57852	229519	200148	28971	92889
22739	23168	36158	17179	31819	30348	1470	21260
746172	**861541**	**1225175**	**764902**	**1439755**	**908854**	**474070**	**661597**
8477	8713	38937	33077	20410	12375	8035	20645
26149	26708	23633	16025	36059	31549	4510	8744
7200	7200	6862	5600	9320	4920	4400	4680
74062	74368	21408	24718	68922	61580	7342	39317
95767	242951	243717	163469	314045	143726	139608	275754
39379	36106	28459	21406	37273	28630	8643	36670
25888	23620	55128	31861	46517	34301	11715	24154
234798	219260	229538	138050	365105	268177	96928	141920
152527	143109	529979	306083	460778	256286	179224	64523
69691	65752	39513	19881	62044	51772	9922	40139
1192	2456	3070	1879	3123	2132	989	1469
5880	5879	3540	2156	10129	7779	2350	1672
5162	5419	1391	697	6030	5627	404	1910
1140551	**1067166**	**3009084**	**2177886**	**2994503**	**625925**	**2368540**	**1062192**
1130802	1057931	2967602	2152167	2967027	615451	2351538	1046248
9749	9235	41482	25719	27476	10474	17002	15944

12－5 续表

指　　标	实收资本	产品销售收　入	产品销售成　本	产品销售税金及附加	产品销售利　润
总　计	**1950384**	**2371200**	**1849329**	**39924**	**423176**
#国有控股企业	1859931	2169775	1690697	35674	402743
按轻重工业分					
轻工业	84698	141484	117008	4084	12840
重工业	1865686	2229716	1732321	35840	410335
按企业规模划分					
大型企业	1396604	1743231	1354216	32260	330146
中型企业	553780	627969	495113	7664	93029
按行业划分					
采掘业	**722299**	**786363**	**510078**	**17171**	**243565**
煤炭采选业	21918	18203	13283	182	3412
石油和天然气开采业	646129	605120	385283	15677	200426
黑色金属矿采选业	2096	8378	4073		2001
有色金属矿采选业	30976	134027	95874	586	32503
非金属矿采选业	21180	20635	11565	726	5223
制造业	**584768**	**1038354**	**855527**	**8954**	**133304**
农副食品加工业	23031	21560	20814	2	269
饮料制造业	7822	27169	18877	3341	3696
纺织业	565	9000	7921	18	1024
服装及其他纤维制品制造业	11935	39821	43298	201	－4968
化学原料及化学制品制造业	206750	106332	69539	1642	25103
医药制造业	31744	28492	14098	239	10189
非金属矿物制品业	17422	43351	32318	355	7935
黑色金属冶炼及压延加工业	115642	237131	199864	1477	26388
有色金属冶炼及压延加工业	139038	455724	390099	1161	55143
通用设备制造业	25655	52613	43876	218	6985
交通运输设备制造业	2580	4150	3617	35	368
仪器仪表及文化、办公用机械制造业	984	4276	3403	25	602
工艺品及其他制造业	1600	8735	7803	240	570
电力、煤气、自来水的生产和供应业	**643316**	**546485**	**483724**	**13802**	**46303**
电力、蒸汽、热水的生产和供应业	635316	539778	479527	13758	44245
水的生产和供应业	8000	6707	4197	44	2058

Continued

单位:万元

营业利润	利润总额	应交所得税	亏损企业亏损总额	利税总额	本年应交增值税	全部从业人员年平均人数(人)
163256	**110635**	**26579**	**53044**	**293025**	**142466**	**98163**
156732	103415	24854	49719	271072	131984	85781
7068	8163	1303	1203	18322	6074	8899
156188	102472	25276	51841	274704	136392	89264
164366	115744	19299	17370	250236	102232	57781
-1110	-5109	7280	35674	42789	40234	40382
108475	**86329**	**11730**	**7320**	**154725**	**51225**	**34944**
4	225	156	61	2499	2093	4408
97883	74610	7368	7259	132816	42529	20333
1335	1189	101		1877	687	550
8569	9565	3909		14009	3858	5242
684	740	196		3524	2058	4411
50133	**40249**	**13371**	**16733**	**95128**	**45931**	**49281**
-1087	-460		574	-458		918
-132	-220	335	629	5011	1890	1944
450	450			1018	550	1050
2129	2773	322		3573	600	1389
13410	11925	5438	485	17059	3492	9304
5207	4979	555		7575	2357	2353
3483	3550	586		7710	3806	3333
3946	5918	2418	40	20833	13438	13400
21625	10156	3478	14368	27580	16264	10379
967	930	234	637	3952	2804	3822
102	102			341	205	311
33	33	5		307	250	718
	113			627	275	360
4648	**-15940**	**1479**	**28993**	**43172**	**45310**	**13938**
4146	-16469	1388	28993	42197	44908	13053
502	529	91		975	402	885

12－6 国有及规模以上非国有工业企业主要经济效益指标(2003年)

Main Efficiency Indexes of all State－owned and Big Scaled Non－state－owned Industrial Enterprises(2003)

指标	工业增加值率(%)	总资产贡献率(%)	资产负债率(%)	流动资产周转率(次/年)	成本费用利润率(%)	全员劳动生产率(元/人.年)	产品销售率(%)
合计	**38.41**	**4.97**	**68.22**	**1.06**	**4.72**	**66860.02**	**97.14**
按轻重工业分							
轻工业	33.00	5.78	58.76	0.95	4.08	34091.93	96.84
重工业	38.95	4.92	68.81	1.07	4.78	72701.04	97.17
按行业分							
煤炭采选业	39.56	6.21	35.63	0.96	3.82	20782.77	96.07
石油和天然气开采业	52.31	11.05	58.91	2.70	15.33	156506.05	98.46
黑色金属矿采选业	55.42	23.86	40.97	2.10	14.59	54646.82	109.38
有色金属矿采选业	27.70	4.79	67.68	1.31	5.91	36608.35	91.35
非金属矿采选业	53.42	6.99	68.25	0.90	1.93	34304.36	79.82
农副食品加工业	25.10	3.54	52.25	1.98	1.57	46084.69	96.40
食品制造业	37.35	4.84	82.30	0.79	3.12	39806.37	88.01
饮料制造业	19.37	10.87	71.55	0.94	－2.43	21340.02	93.08
纺织业	33.55	4.23	52.94	1.08	2.48	26319.29	93.17
服装及其他纤维制品制造业	33.55	4.39	63.31	0.57	6.15	33029.20	104.84
木材加工及竹、藤、棕、草制品业	61.49	7.22	6.52	3.29	111.03	72800.00	100.00
家具制造业	30.01	2.45	11.52	0.95	－0.47	7793.10	94.02
造纸及纸制品业	31.03	－3.55	53.58	1.41	－35.74	29088.11	95.32
印刷业、记录媒介的复制	27.86	－0.63	56.17	1.15	－7.80	13130.15	93.33
石油加工及炼焦化	29.86	16.83	43.92	0.57	123.72	116611.11	40.50
化学原料及化学制品制造业	37.77	3.86	51.53	0.55	10.73	47594.81	88.95
医药制造业	35.50	10.19	49.22	0.87	19.18	56667.39	102.05
塑料制品业	30.33	0.34	68.63	0.88	－1.88	19726.51	99.48
非金属矿物制品业	35.84	8.37	58.56	1.41	6.31	30812.16	97.69
黑色金属冶炼及压延加工业	28.64	6.03	71.32	1.20	2.14	50336.13	96.37
有色金属冶炼及压延加工业	22.43	5.82	86.52	2.83	2.41	97117.05	98.84
金属制品业	33.07	4.05	48.05	1.15	1.89	30280.97	96.35
通用设备制造业	32.03	1.26	56.39	0.80	－5.45	28866.05	97.96
专用设备制造业	27.90	0.10	50.68	0.46	－0.58	21196.87	56.95
交通运输设备制造业	39.27	5.09	63.04	1.53	3.17	43934.57	111.82
电器机械及器材制造业	24.91	7.56	75.25	1.50	1.91	33410.10	99.67
通信设备、计算机及其他电子设备	48.25	2.20	44.05	0.84	2.05	133470.59	100.00
仪器仪表及文化、办公用机械制造业	43.17	4.83	82.45	0.80	1.80	32481.77	107.98
工艺品及其他制造业	61.62	8.92	59.05	1.45	3.00	25459.32	87.30
电力、蒸汽、热水的生产和供应业	53.60	2.89	73.61	0.52	－1.80	108243.75	99.83
水的生产和供应业	69.39	2.23	62.25	0.83	－2.86	35450.71	96.51

12－7 国有及国有控股工业企业主要经济效益指标(2003年)
Economy Efficiency Indexes of all State－owned and Big Scaled Non－state－owned Industrial Enterprises(2003)

指　标	工　业 增加值率 (%)	总资产 贡献率 (%)	资　产 负债率 (%)	流动资产 周转率 (次/年)	成本费用 利润率 (%)	全员劳动 生产率 (元/人.年)	产　品 销售率 (%)
合　计	**39.43**	**4.80**	**69.34**	**1.02**	**4.66**	**73900.38**	**96.86**
按轻重工业分							
轻工业	34.72	4.82	57.75	0.82	5.44	35293.89	98.68
重工业	39.64	4.80	69.77	1.03	4.62	77164.57	96.78
按行业分							
煤炭采选业	38.98	7.77	44.96	1.33	3.18	20584.97	98.55
石油和天然气开采业	52.31	11.05	58.91	2.70	15.33	156506.05	98.46
黑色金属矿采选业	40.00	20.32	77.42	5.73	3.34	68000.00	91.18
有色金属矿采选业	26.54	5.19	71.79	1.31	6.41	37965.32	91.34
非金属矿采选业	53.80	7.00	68.48	0.88	1.93	34171.98	79.57
农副食品加工业	19.88	0.61	58.61	1.54	－2.33	29653.00	94.54
食品制造业	45.29	3.68	84.61	0.48	0.04	39633.39	80.99
饮料制造业	49.31	－0.26	6.02	0.23	－17.78	7888.89	86.11
纺织业	－3.44	0.01	78.61	0.05		－547.17	37.20
服装及其他纤维制品制造业	36.32	4.18	63.68	0.54	5.79	41359.25	106.29
木材加工及竹、藤、棕、草制品业	61.49	7.22	6.52	3.29	111.03	72800.00	100.00
造纸及纸制品业	30.00	－2.81	48.48	0.84	－50.61	488300.00	94.09
印刷业、记录媒介的复制	27.61	－1.73	62.59	1.21	－8.34	14048.43	86.82
化学原料及化学制品制造业	40.07	3.73	51.77	0.50	13.23	43899.01	87.97
医药制造业	30.83	17.44	30.28	1.55	24.93	40749.74	103.85
非金属矿物制品业	40.22	1.83	61.10	1.15	－4.55	20301.60	105.00
黑色金属冶炼及压延加工业	28.54	5.60	71.99	1.02	1.65	46623.60	95.99
有色金属冶炼及压延加工业	18.51	7.74	91.13	3.57	3.21	83911.77	97.16
金属制品业	52.32	5.21	39.53	0.63	3.58	24256.94	87.99
通用设备制造业	33.22	0.91	56.44	0.78	－6.49	29920.11	97.10
专用设备制造业	27.61	0.33	46.85	0.39	0.33	21482.94	50.69
交通运输设备制造业	43.83	2.29	84.85	1.17	－4.23	32945.44	99.06
电器机械及器材制造业	23.65	7.02	75.78	1.41	1.88	33652.78	100.12
电力、蒸汽、热水的生产和供应业	53.19	2.75	73.82	0.51	－2.74	107934.08	99.83
水的生产和供应业	69.39	2.23	62.25	0.83	－2.86	35450.71	96.51

12-8 按行业分集体工业企业经济效益指标(2003年)
Economy Efficiency Indexes of Collective Industrial Enterprises by Sector(2003)

指 标	工 业 增加值率 (%)	总资产 贡献率 (%)	资 产 负债率 (%)	流动资产 周 转 率 (次/年)	成本费用 利 润 率 (%)	全员劳动 生 产 率 (元/人.年)	产 品 销售率 (%)
合 计	**37.73**	**5.63**	**74.90**	**1.50**	**0.61**	**30542.89**	**98.19**
按轻重工业分							
轻工业	30.68	-1.85	70.68	0.99	-10.34	16212.33	100.99
重工业	38.55	6.92	75.62	1.57	1.62	33242.58	97.86
按行业分							
采掘业							
有色金属矿采选业	45.69	6.23	33.35	9.83	0.62	75100.00	98.23
非金属矿采选业	42.00	11.67	1.47	3.67	1.49	61689.66	90.38
制造业							
农副食品加工业	26.76	2.98	95.41	5.79	0.04	97977.27	98.11
饮料制造业	37.61	-0.63	36.23	0.31	-45.20	16139.39	95.11
造纸及纸制品业	31.30	-19.03	58.29	5.37	-28.20	10156.52	86.90
化学原料及化学制品制造业	44.94	-2.88	96.10	41.10	-12.67	20964.86	92.41
塑料制品业	30.00	1.54	78.51	0.79	2.41	21036.59	100.00
非金属矿物制品业	43.25	8.86	84.37	1.02	3.98	27465.12	97.66
黑色金属冶炼及压延加工业	29.55	11.54	50.22	3.65	2.45	57742.71	100.10
有色金属冶炼及压延加工业	37.63	-3.61	74.53	0.68	-31.35	30804.88	116.95
金属制品业	29.88	5.48	61.80	1.38	0.85	25329.27	100.00
专用设备制造业	28.21	-4.08	98.67	0.30	-21.00	2506.33	100.00
交通运输设备制造业	28.15	5.56	56.47	1.22	0.08	8320.14	100.00

12－9 按行业分大中型工业企业经济效益指标(2003年)

Economy Indexes of Large and Medium Siged Enterprises by sector(2003)

指标	工业增加值率(%)	总资产贡献率(%)	资产负债率(%)	流动资产周转率(次/年)	成本费用利润率(%)	全员劳动生产率(元/人.年)	产品销售率(%)
合计	**38.92**	**5.02**	**69.70**	**1.03**	**5.01**	**81362.50**	**97.28**
按轻重工业分							
轻工业	33.27	6.97	61.63	0.84	5.79	46830.66	99.68
重工业	39.29	4.94	70.06	1.05	4.96	84805.08	97.12
按行业分							
煤炭采选业	38.34	6.51	47.30	1.19	1.24	18923.55	98.17
石油和天然气开采业	52.31	11.06	58.91	2.70	15.33	156605.03	98.46
黑色金属矿采选业	57.81	35.71	39.19	3.35	16.83	57285.45	119.99
有色金属矿采选业	26.17	5.70	71.19	1.31	7.62	40173.41	90.81
非金属矿采选业	54.37	7.96	59.95	0.89	3.88	34734.98	76.89
农副食品加工业	17.00	0.15	49.71	2.47	-2.03	35275.60	101.17
饮料制造业	18.64	14.23	80.48	1.02	-0.91	24440.33	93.79
纺织业	34.41	10.87	66.57	1.25	5.27	42593.33	95.28
服装及其他纤维制品制造业	36.32	4.18	63.68	0.54	5.79	41359.25	106.29
化学原料及化学制品制造业	38.44	3.40	53.25	0.44	11.99	45761.61	90.90
医药制造业	33.15	11.52	50.41	0.79	21.57	51676.16	104.80
非金属矿物制品业	42.53	12.24	65.82	1.84	8.79	52283.83	101.46
黑色金属冶炼及压延加工业	29.02	6.12	72.01	1.08	2.54	49653.06	96.24
有色金属冶炼及压延加工业	19.53	6.45	87.72	3.18	2.38	85364.68	96.82
通用设备制造业	32.51	4.92	60.72	0.80	1.79	39031.14	98.33
交通运输设备制造业	46.79	7.43	68.01	1.69	2.46	70176.85	98.81
仪器仪表及文化、办公用机械制造业	44.77	4.43	85.83	0.73	0.77	31245.13	109.97
工艺品及其他制造业	65.29	11.42	75.94	1.61	1.34	147622.22	85.52
电力、蒸汽、热水的生产和供应业	53.51	2.68	73.93	0.51	-2.99	119685.05	100.00
水的生产和供应业	84.59	3.07	63.28	0.73	8.51	67731.07	100.00

12－10　四大支柱工业企业主要指标(2003年)

Main Financial Indices of Four Largest Key Industrial Enterprises(2003)

单位:万元

指　　标	工业总产值（当年价）	工业增加值（当年价）	固定资产原　　价	产品销售收　　入	利润总额	利税总额
总　　计	**1407835**	**547022**	**4126509**	**1434725**	**96609**	**198757**
一、石油和天然气开采业	608783	318427	1251070	605124	74607	132813
二、水力发电业	123778	55721	1948171	115087	－10635	5601
三、有色金属业	579667	133122	692852	626820	18906	42453
四、盐化工业	95608	39752	234416	87695	13732	17890

12－11　四大优势工业企业主要指标(2003年)

Main Financial Indices of Four Predominant Industrial Enterprises(2003)

单位:万元

指　　标	工业总产值（当年价）	工业增加值（当年价）	固定资产原　　价	产品销售收　　入	利　　润总　　额	利　　税总　　额
总　　计	**850446**	**224461**	**929111**	**860785**	**32540**	**71326**
一、冶金业	719674	179151	776427	743038	21241	50827
二、医药制造业	29665	10566	27910	29730	5169	8078
三、畜产品加工业	25510	7141	33175	23527	－85	88
四、建材业	75596	27604	91599	64489	6215	12334

12－12 主要年份主要工业产品产量
Output of Major Inductor

产品名称	1952	1978	1985	1990	1995	2000	2002	2003
棉纱 (吨)		2900	3900	5145	6830	3025		
棉布 (万米)		1527	1648	2183	2995	435		
呢绒 (万米)		112	248	170	256			
毛线 (吨)		455	1611	1436	501	267	92	
毛毯 (万条)		15	23	33	18			
地毯 (万平方米)		1	7	9	25			
工业用呢 (吨)		250	313	411	362			
皮鞋 (万双)	2	55	101	76	56	3	3	4
机制纸及纸板 (吨)	41	5300	6456	7100	14310	3657	6426	3965
原盐 (万吨)	1	39	37	104	76	68	62	66
食用植物油 (万吨)	…	1	2	3	4	1	2	4
合成洗涤剂 (万吨)			1	1	1	…		
白酒 (吨)	123	2174	5300	7100	15263	16639	17205	12290
啤酒 (万吨)				1	2	1		
日用精铝制品 (吨)		1670	1453	1621	1928	39		
原煤 (万吨)	10	245	277	320	278	145	250	311
原油 (万吨)		14	20	81	122	200	214	220
原油加工量 (万吨)		6	17	15	84	62	60	65
发电量 (亿千瓦小时)	…	7	11	71	66	134	139	129
水电 (亿千瓦小时)			1	57	43	108	89	64
火电 (亿千瓦小时)			10	13	18	26	51	66
钢 (万吨)		18	21	32	36	43	42	48
钢材 (万吨)		14	17	28	31	36	36	40
铝 (万吨)				5	11	28	35	40
纯硅 (万吨)			1	1	1	1		
铁合金 (万吨)				8	18	15	15	22
木材 (万立方米)	…	5	6	7	7			
铜精矿含铜 (吨)		703	1371	1336	1536	1079	9611	7430
镍精矿含镍 (吨)			309	528	117			
锌精矿含锌 (万吨)				2	4	6	6	7
铅精矿含铅 (万吨)				2	3	5	5	6
烧碱 (万吨)		1	1	1	1	1	1	1
硫酸 (万吨)		3	1	2	4	2	4	7
红矾钠 (吨)		1109	1470	1451	3510	4142	4843	2599
硼砂 (吨)		4338	2080		1218			2269
电石 (万吨)		…	1	1	1			
合成氨 (万吨)		1	1	…	1			
化肥(折100%)(万吨)		2	2	7	21	67	77	73
金属切削机床 (台)		1258	1114	1297	453	192	438	453
水泥 (万吨)		18	48	51	64	124	264	307
石棉 (万吨)		2	3	4	6	5	8	10

12-13 主要工业产品产量

Amount of Major Industrial Products

产品名称		2002	2003
原煤	(吨)	2497683	3105662
#烟煤	(吨)	2497083	3104712
褐煤	(吨)		
天然原油	(吨)	2140245	2200247
天然气	(万立方米)	115066	154111
铜精矿含铜	(吨)	9611	7430
铅精矿含铅	(吨)	46947	59100
锌精矿含锌	(吨)	61832	66278
原盐	(吨)	622111	663527
石棉	(吨)	76815	102440
小麦粉	(万吨)	3	4
配混合饲料	(吨)	18250	35359
食用植物油	(吨)	18324	40907
鲜、冻畜肉	(吨)	16184	19985
糕点	(吨)	89	
乳制品	(吨)	324	354
酱油	(吨)	149	
饮料酒	(吨)	20075	14202
#白酒	(吨)	17205	12290
啤酒	(吨)	2870	1912
软饮料	(吨)	27514	37060
#果汁及果汁饮料	(吨)	1512	2333
瓶(灌)装饮用水	(吨)	26002	34727
纱	(吨)	142	137
毛线	(吨)	92	160
服装	(万件)	100	94
#梭织服装	(万件)	22	31
针织服装	(万件)	79	62
缝制帽	(万顶)	310	997
轻革	(平方米)	38351	91467
皮鞋	(万双)	3	4
革皮服装	(件)	67	
毛皮(折羊毛皮)	(张)		
锯材	(立方米)	950	1400
家具	(件)	1237	4227
#木制家俱	(件)	1237	4227
机制纸	(吨)	3614	2168
纸制品	(吨)	1230	1214
单色印刷品	(万令)	58	22
多色印刷品	(万色令)	115	159
原油加工量	(吨)	604304	650327
#汽油	(吨)	208942	225721
#车用汽油	(吨)	208942	225721
柴油	(吨)	252739	264122
润滑油	(吨)		
燃料油	(吨)	24964	19730
液化石油气	(吨)	55063	60018
焦炭	(吨)		
硫酸(折100%)	(吨)	36016	73150
盐酸(含量30%以上)	(吨)	11769	11476
烧碱	(吨)	10320	9920
纯碱	(吨)	52596	60822
红凡纳	(吨)	4843	2599
商品液氯	(吨)	3677	2367
钾肥	(吨)	772855	729681
精甲醇	(吨)	87544	110100

12－13 续表 Continued

产品名称		2002	2003
塑料树脂及共聚物	（吨）	13839	15500
#聚丙烯树脂	（吨）	13839	15500
炸药	（吨）	7656	8623
食品添加剂	（吨）		
合成洗涤剂	（吨）		
化学原料药	（吨）	60	63
中成药	（吨）	359	405
塑料制品	（吨）	2794	2782
#塑料丝及编织品	（吨）	2346	2324
泡沫塑料	（吨）	136	163
其他塑料制品	（吨）	312	295
水泥	（万吨）	264	307
水泥排水管	（吨）	25598	18487
水泥电杆	（吨）	22449	12539
水泥预制构件	（立方米）	2315	3107
砖（折标准砖）	（万块）	25801	31342
瓦	（万片）	980	934
加气混凝土	（立方米）	15744	104478
平板玻璃	（重量箱）		
日用玻璃制品	（吨）	4822	2666
耐火材料制品	（吨）	5040	35001
石墨及碳素制品	（吨）		
钢	（吨）	417715	477308
#普通低合金钢	（吨）	852	1643
其他优质钢	（吨）	416863	475665
成品钢材	（吨）	355462	402957
#铁道用钢材	（吨）	11962	960
优质型钢材	（吨）	282547	336157
无缝钢管	（吨）	60273	64440
其他成品钢材	（吨）	680	1400
铁合金	（吨）	151641	221902
十种有色金属	（吨）	370011	438994
#铅	（吨）	10720	10210
锌	（吨）	10003	27301
铝	（吨）	346860	400436
镁	（吨）	2428	1047
铝材	（吨）	5081	8371
金属结构制品	（吨）	157	189
手工工具	（万把）	507	340
钢丝网	（吨）	16534	12215
建筑用金属品	（吨）	1960	2073
金属切削机床	（台）	438	453
铸件	（吨）	7917	9920
锻件	（吨）	7665	8458
工矿配件	（吨）		
石油钻采设备	（吨）	1615	965
农业运输机械	（辆）	817	300
铲土运输机械	（台）	32	38
改装汽车	（辆）		
变压器	（千伏安）	22456	21515
发电量	（万千瓦小时）	1394883	1294842
#火电	（万千瓦小时）	505152	638796
水电	（万千瓦小时）	889731	656046
供电量	（万千瓦小时）	1124268	1239481
供热量	（万千焦）	38	692
自来水生产量	（万吨）	11013	13325

12－14　地区工业企业主要经济指标(2003 年)

指　标	企业单位数(个)		工业总产值(不变价)	工业总产值(不变价)	资产合计	流动资产
	小计	亏损企业				
西宁市	**127**	**32**	**1085221**	**1070594**	**2465864**	**982619**
在总计中:国有控股企业	45	15	800330	782248	1887308	741321
在总计中:集体企业	9	3	19582	19342	34061	19382
股份合作企业	13	3	44373	42528	64864	32184
有限责任公司	32	11	106849	104439	237373	95333
股份有限公司	25	1	734399	708691	1815211	702666
私营企业	15	3	47578	54377	72870	33197
港、澳、台商投资企业	5	1	52191	63667	70609	21440
外商投资企业	5		17138	19536	24288	11089
海东地区	**80**	**38**	**225371**	**213441**	**312846**	**108883**
在总计中:国有控股企业	30	19	73786	68811	127051	39479
在总计中:集体企业	5	4	2525	2433	4630	2003
股份合作企业	5	1	12581	11380	18024	5706
有限责任公司	8	4	31486	28387	66755	32026
股份有限公司	13	5	39438	37912	34967	12657
私营企业	26	8	88776	86757	89011	26245
外商投资企业	1	1	734	730	2265	1275
海北州	**52**	**18**	**70543**	**67282**	**122042**	**37977**
在总计中:国有控股企业	26	10	54111	53191	81036	22458
在总计中:集体企业	5	1	4719	4607	2048	533
股份合作企业	1		1353	1353	861	147
有限责任公司	5	2	35069	33667	55245	20112
股份有限公司	4	1	6365	5380	15447	4522
私营企业	16	5	5683	4517	6673	3469
海南州	**20**	**7**	**15777**	**13963**	**52495**	**7122**
在总计中:国有控股企业	7	3	4647	4127	3263	856
有限责任公司	5	2	5009	4989	27858	1587
股份有限公司	7	2	8614	7291	19339	3962
私营企业	4	1	1893	1440	5002	1503
黄南地区	**18**	**10**	**35616**	**33597**	**65772**	**25203**
在总计中:国有控股企业	11	5	2282	2134	12634	3399
在总计中:集体企业	2	2	1270	1303	2573	632
股份合作企业	2	1	1328	1264	3400	1250
有限责任公司	1		1140	1140	2016	985
股份有限公司	1	1	11999	11473	15970	6680
私营企业	2	2	17770	16391	29564	12464
果洛州	**16**	**7**	**2852**	**1893**	**13101**	**4936**
在总计中:国有控股企业	16	7	2852	1893	13101	4936
有限责任公司	1	1	635	345	1099	392
玉树州	**20**	**7**	**4933**	**4253**	**13157**	**4339**
在总计中:国有控股企业	20	7	4933	4253	13157	4339
海西州	**56**	**16**	**247089**	**220951**	**1007961**	**232356**
在总计中:国有控股企业	40	12	215568	189907	954197	212488
在总计中:集体企业	1	1	1726	1595	4790	421
股份合作企业	7		3693	3489	3357	1632
有限责任公司	18	3	174578	156693	877866	181808
股份有限公司	4		22103	18382	36402	14930
私营企业	5	3	17981	18718	25153	13254
港、澳、台商投资企业	1		3176	2364	5693	1813
外商投资企业	1	1	1109	1109	3324	308
直报企业	**11**	**3**	**791641**	**782282**	**4661582**	**1190734**
在总计中:国有控股企业	11	3	791641	782282	4661582	1190734
股份有限公司	3	1	642626	635417	2959652	371782

Main Statistical Indicators of Industrial Enterises by Region(2003)

单位:万元

流动资产年平均余额	固定资产原价	固定资产净值年平均余额	负债合计	流动负债	长期负债	所有者权益
892254	**1398305**	**868373**	**1667859**	**1032926**	**622903**	**798005**
671171	1154315	687118	1321278	751413	569056	566030
18208	20635	8197	23858	19390	2121	10202
29765	37149	26728	39052	27517	6777	25812
93321	131722	90484	122570	89136	33414	114803
624024	1036370	621956	1294160	738849	553866	521051
30168	23072	22773	38529	34295	1079	34341
22886	56005	40202	39751	31451	8300	30859
9353	11892	10585	13169	9435	3429	11119
107239	**230118**	**187845**	**290565**	**154173**	**118160**	**22281**
39948	105024	84236	161652	75676	85968	-34601
2167	2483	2311	4720	2021	2698	-89
6566	16834	11715	12297	7018	5279	5727
26882	41242	30956	52171	32813	2202	14584
13750	20664	19571	16165	13087	2577	18803
28753	61521	55237	55002	31947	21989	34009
1275	1000	892	1616	1616		649
36656	**70349**	**59061**	**62106**	**26901**	**34500**	**59936**
21161	50658	40415	44914	17474	27235	36122
545	1558	1510	908	682	225	1140
148	1049	711	726	387	339	135
19103	20834	16374	14729	9454	5275	40515
3361	11038	10531	9408	5338	4070	6038
3554	2777	2743	5510	4481	529	1163
11407	**39922**	**38982**	**13815**	**7863**	**739**	**38679**
533	2899	2141	1686	1573	113	1577
5691	21563	21759	7830	2795	249	20028
4191	14103	13806	2963	2160	377	16377
1368	3849	3217	1705	1705		3298
23949	**46916**	**29517**	**45462**	**24845**	**12330**	**20311**
3300	12448	7129	8721	6536	2010	3913
780	1696	1509	1939	688	1251	634
1050	5103	2349	452	419	27	2948
788	2879	1031	145	145		1871
6923	9631	7736	12223	9803	2420	3746
11313	15450	9940	22280	7520	6649	7283
4827	**9667**	**6826**	**5513**	**3462**	**2051**	**7588**
4827	9667	6826	5513	3462	2051	7588
392	1214	653	361	361		738
4287	**11438**	**7930**	**6403**	**4866**	**1037**	**6754**
4287	11438	7930	6403	4866	1037	6754
359014	**461311**	**295884**	**608910**	**373969**	**193710**	**399052**
339651	439101	269962	581466	351260	188975	372731
42	3155	2051	4603	2819		187
1730	2079	1451	2492	2467	25	865
305559	378806	246934	523983	305214	185295	353883
14999	17471	9363	21689	20162	1527	14713
10074	11875	10729	13912	13737	175	11241
2650	4248	3129	2775	2526	249	2918
154	2251	413	1214	1214		2110
1159840	**3883096**	**2737162**	**3244777**	**1058089**	**2186650**	**1416805**
1159840	3883096	2737162	3244777	1058089	2186650	1416805
344657	2818036	2018557	2430542	610178	1820365	529110

12－14 续表

指　　标	实收资本	产品销售收　入	产品销售成　本	产品销售税金及附加	产品销售利　润
西宁市	**626242**	**1177926**	**971960**	**6680**	**153151**
在总计中:国有控股企业	480839	902119	750411	4913	120392
在总计中:集体企业	10654	23047	20523	204	1947
股份合作企业	14369	33890	28656	295	2595
有限责任公司	93055	107691	84373	666	18365
股份有限公司	389928	813009	669951	4556	108255
私营企业	27293	51254	47131	206	407
港、澳、台商投资企业	23153	64583	53856	14	9309
外商投资企业	3614	17991	13301	29	3159
海东地区	**90097**	**177550**	**146442**	**3773**	**22167**
在总计中:国有控股企业	56099	67062	57033	131	8671
在总计中:集体企业	807	2099	1949	45	42
股份合作企业	3493	10483	7961	68	2139
有限责任公司	8738	30802	21760	3356	3827
股份有限公司	20165	26125	22984	58	2179
私营企业	18877	56526	47605	167	7119
外商投资企业	649	1027	920		49
海北州	**59658**	**63966**	**52556**	**381**	**8316**
在总计中:国有控股企业	35163	52430	43350	300	6385
在总计中:集体企业	1115	4497	3202	24	1178
股份合作企业	165	1353	1312	2	37
有限责任公司	40057	30404	26408	113	2131
股份有限公司	4921	6606	5631	6	934
私营企业	1957	2735	2651	39	－27
海南州	**43605**	**14993**	**9349**	**19**	**5259**
在总计中:国有控股企业	2349	4684	863	2	3748
有限责任公司	24333	5344	4240		980
股份有限公司	15884	7799	3281	15	4334
私营企业	3383	1614	1611	2	－41
黄南州	**16884**	**30741**	**29789**	**31**	**363**
在总计中:国有控股企业	4150	1276	987	10	254
在总计中:集体企业	621	1303	1259	3	－31
股份合作企业	2793	1116	546	5	565
有限责任公司	1300	954	430	5	519
股份有限公司		9806	10931	4	－1240
私营企业	8081	16391	15721	4	315
果洛州	**7205**	**1554**	**1379**	**17**	**3**
在总计中:国有控股企业	7205	1554	1379	17	3
有限责任公司	430	345	259		86
玉树州	**6129**	**4544**	**2672**	**32**	**1789**
在总计中:国有控股企业	6129	4544	2672	32	1789
海西州	**265238**	**268580**	**172236**	**3293**	**74397**
在总计中:国有控股企业	243473	242702	154702	3113	71426
在总计中:集体企业	1381	1726	75	21	552
股份合作企业	527	2015	1724	8	214
有限责任公司	217074	210717	134973	2142	64796
股份有限公司	11519	20603	9510	750	5214
私营企业	8820	13721	8811	47	559
港、澳、台商投资企业	1912	2379	1247	48	950
外商投资企业	2224	868	727	2	90
直报企业	**1162348**	**1013766**	**766179**	**28447**	**215406**
在总计中:国有控股企业	1162348	1013766	766179	28447	215406
股份有限公司	583262	543731	301335	15388	223632

Continued

单位:万元

营业利润	利润总额	应交所得税	亏损企业亏损总额	利税总额	本年应交增值税	全部从业人员年平均人数(人)
53239	**61784**	**10923**	**10598**	**130345**	**61881**	**63432**
39656	44246	8088	7909	97522	48363	42290
735	660	76	219	2691	1828	2480
471	563	58	384	2263	1405	2336
-772	708	1347	6556	7245	5871	11777
47730	52600	8429	30	100093	42938	32571
882	2013	610	478	3668	1448	2681
5509	5595	44	63	8578	2969	909
1086	1153	19		1673	491	534
-2632	**-9979**	**913**	**15464**	**1206**	**7413**	**17635**
-4833	-14180	16	14312	-12244	1806	7488
-146	-142		142	-26	70	500
-1	377	118	33	1167	723	1559
-367	-289	208	638	5143	2075	2332
1000	854	207	195	1989	1078	3400
2711	4351	571	184	7024	2506	4756
	-97		97	-94	3	94
770	**709**	**148**	**1154**	**4860**	**3770**	**6050**
635	697	148	733	4362	3365	4296
186	27		1	114	63	279
5	5			16	9	117
492	741	148	65	3366	2512	2771
348	348		119	587	233	286
-257	-219		298	-63	117	499
269	**-13**	**2**	**400**	**138**	**133**	**2049**
-109	-185		188	-164	19	363
197	-6		9	-6		820
187	175	2	123	293	102	844
17	15		87	43	26	238
-2634	**-2133**	**184**	**3137**	**-1863**	**239**	**1694**
-145	-427	1	434	-334	84	554
-4	-188		188	-180	6	55
	504	167	1	575	66	67
	492	16		554	57	40
-2035	-2051		2051	-2047		348
-450	-464		464	-428	32	657
-25	**-244**	**2**	**296**	**-64**	**163**	**567**
-25	-244	2	296	-64	163	567
-52	-52		52	-50	2	96
-61	**-124**	**26**	**358**	**24**	**116**	**889**
-61	-124	26	358	24	116	889
29511	**25968**	**12792**	**1831**	**40396**	**11136**	**20113**
27476	23899	12612	1340	36778	9765	17605
	-170		170	-149		370
80	111	26		225	105	265
26892	23536	12248	101	32926	7249	11185
2279	1959	350		4866	2157	2864
1279	835	101	377	1696	814	1680
592	718	39		765		80
-174	-114	3	114	-112		149
89638	**45617**	**7368**	**36252**	**149150**	**75086**	**30003**
89638	45617	7368	36252	149150	75086	30003
81333	62987	7368	18882	122720	44344	7652

主要统计指标解释

工业　指从事自然资源的开采，对采掘品和农产品进行加工和再加工的物质生产部门。具体包括：(1)对自然资源的开采，如采矿、晒盐、森林采伐等(但不包括禽兽捕猎和水产捕捞)(2)对农副产品的加工、再加工，如粮油加工、食品加工、轧花、缫丝、纺织、制革等；(3)对采掘品的加工、再加工，如炼铁、炼钢、化工生产，石油加工、机器制造、木材加工等，以电力、自来水、煤气的生产和供应等；(4)对工业品的修理、翻新，如机器设备的修理、交通运输工具(包括小卧车)的修理等。

1984年以前农村的村及村以下办工业归属农业，1984年以后划归工业。

工业统计调查单位　工业统计调查单位分为两类：独立核算法人工业企业和工业活动单位。

(1)独立核算法人工业企业　是指从事工业生产经营活动的单位。独立核算法人工业企业应同时具备以下条件：①依法成立，有自己的名称、组织机构和场所，能够承担民事责任；②独立拥有和使用资产，承担负债，有权与其他单位签订合同；③独立核算盈亏，并能够编制资产负债表。

(2)工业活动单位　是指在一具场所从事一种或主要从事一种工业生产活动的经济单位。工业活动单位，一般应同时具备以下三个条件：①具有一个场所，从事一种或主要从事一种工业活动；②单独组织工业生产、经营或业务活动；③单独核算收入和支出。

本年鉴中涉及的企业登记注册类型：

(1)国有及国有控股企业　指国有企业加上国有控股企业。国有企业(即过去的全民所有制工业或国营工业)是指企业全部资产归国家所有，并按《中华人民共和国企业法人登记管理条例》规定登记注册的非公司制的经济组织。包括国有企业、国有独资公司和国有联营企业。1957年以前的公私合营和私营工业，后均改造为国营工业，1992年改为国有工业，这部分工业的资料不单独分列时，均包括在国有企业内。国有控股企业是对混合所有制经济的企业进行的“国有控股”分类。它是指这些企业的全部资产中国有资产(股份)相对其他所有者中的任何一个所有者占资(股)最多的企业。该分组反映了国有经济控股情况。

(2)集体企业　指企业资产归集体所有，并按《中华人民共和国企业法人登记管理条例》规定登记注册的经济组织。是社会主义公有制经济的组成部分。包括城乡所有使用集体投资举办的企业，以及部分个人通过集资自愿放弃所有权并依法经工商行政管理机关认定为集体所有制的企业。

(3)股份合作企业　指以合作制为基础，由企业职工共同出资入股，吸收一定比例的社会资产投资组建，实行自主经营，自负盈亏，共同劳动，民主管理，按劳分配与按股分红相结合的一种集体经济组织。

(4)联营企业　指两个及两个以上相同或不同所有制性质的企业法人或事业单位法人，按自愿、平等、互利的原则，共同投资组成的经济组织。联营企业包括：

国有联营企业指国有企业与国有企业间的联营；

集体联营企业指集体企业与集体企业间的联营；

国有与集体企业间的联营企业指国有与集体企业间的联营；

(5)有限责任公司　指根据《中华人民共和国公司登记管理条例》规定登记注册，由两个以上，五十个以下的股东共同出资，每个股东以其所缴的出资额对公司承担有限责任，公司以其全部资产对其债务承担责任的经济组织。

有限责任公司包括国有独资公司以及其他有限责任公司。

(6)股份有限公司　指根据《中华人民共和国企业法人登记管理条例》规定登记注册，其全部注册资本由等额股份构成并通过发行股票筹集资本，股东以其认购的股份对公司承担有限责任，公司以其全部资产对其债务承担责任的经济组织。

(7)私营企业　指由自然人投资设立或由自然人控股，以雇佣劳动为基础的营利性经济组织。包括按照《公司法》、《合伙企业法》、《私营企业暂行条例》规定登记注册的私营有限公司、私营股份有限公司、私营合伙企业和私营独资企业。

(8)**港、澳、台商投资企业**　指企业注册登记类型中的港、澳、台资合资、合作、独资经营企业和股份有限公司之和。

(9)**外商投资企业**　指企业注册登记类型中的中外合资、合作经营企业、外资企业和外商投资股份有限公司之和。

“三资”企业系指港、澳、台商投资企业和外资企业的简称。

轻工业　指主要提供生活消费品和制作手工工具的工业。按其所使用的原料不同,可分为两大娄:(1)以农产品为原料的轻工业,是指直接或间接以农产品为基本原料的轻工业。主要包括食品制造、饮料制造、烟草加工、纺织、缝纫、皮革和笔皮制作、造纸以及印刷等工业;(2)以非农产品为原料的轻工业,是指以工业品为原料的轻工业。主要包括文教体育用品、化学药品制造、合成纤维制造、日用化学制品、日用玻璃制品、日用金属制品、手工工具制造、医疗器械制造、文化和办公用机械制造等工业。

重工业　是指为国民经济各部门提供物质技术基础的主要生产资料的工业。按其生产性质和产品作途,可以分为下列三类:(1)采掘(伐)工业,是指对自然资源的开采,包括石油开采、煤炭开采、金属矿开采、非金属矿开采和木材采伐等工业(2)原材料工业,指向国民经济各部门提供基本材料、动力和燃料的工业。包括金属冶炼及加工、炼焦及焦炭、化学、化工原料、水泥、人造板以及电力、石油和煤炭加工等工业;(3)加工工业,是指对工业原材料进行再加工制造的工业。包括装备国民经济各部门的机械设备制造工业、金属结构、水泥制品等工业、以及为农业提供的生产资料如化肥、农药等工业。

根据上述划分原则,修理业中民重工业产品为修理作业对象的划为重工业,反之划为轻工业。

工业总产值　是以货币表现的工业企业在一定时期内生产的已出售或可供出售工业产品总量,它反映一定时间内工业生产的总规模和总水平。

工业增加值　是指工业行业在报告期内以货币表现的工业生产活动的最终成果。

实收资本　指企业实际收到的投资人投入的资本。按投资主体可分为国家资本、集体资本、个人资本、港澳台资本和外商资本等。

资产合计　指企业拥有或控制的能以货币计量的经济资源。包括各种财产、债权和其他权利。资产按其流动性划分为流动资产、长期投资、固定资产、无形及递延资产和其他资产。

(1)**流动资产**　指企业可以在一年内或者超过一年的一个生产周期内变现或耗用的资产合计。包括现金及各种存款、短期投资、应收及预付款项、存货等。

(2)**固定资产**　指企业固定资产净值、固定资产清理、在建工程、待处理固定资产损失所占用的资金合计。

(3)**无形资产**　指企业长期使用而没有实物形态的资产。包括专利权、非专利技术、商标权、著作权、土地使用权、商誉等。

负债合计　指企业承担的能以货币计量,将以资产或劳务偿付的债务。负债一般按偿还期长短分为流动负债和长期负债、递延税项等。

(1)**流动负债**　指企业在一年内或者超过一年的一个营业周期内需要偿还的债务合计,其中包括短期借款、应付及预收款项、应付工资、应交税金和应交利润等。

(2)**长期负债**　指企业在一年以上或者超过一年的一个营业周期以上需要偿还的债务合计,其中包括长期借款、应付债务、长期应付款项等。

所有者权益　指企业投资人对企业净资产的所有权。企业净资产等于企业全部资产减去全部负债后的余额,其中包括投资者对企业的最初投入,以及资本公积金、盈余公积金和未分配利润,对股份制企业即为股东权益。

固定资产原价　指企业在建造、购置、安装、改建、扩建、技术改造某项固定资产时所支出的全部货币总额。它一般包括买价、包装费、运杂费和安装费等。

固定资产净值　是指固定资产原价减去历年已提折旧额后的净额。

流动资产　是指可以在一年或者超过一年的一个营业周期内变现或者耗用的资产,包括现金及各种存款、短期投资、应收及预付货款、存货等。

产品销售收入　指企业销售产品和提供劳务等主要经营业务取得的业务总额。

产品销售成本　指企业销售产品和提供劳务等主要经营业务的实际成本。

产品销售税金及附加 指企业销售产品和提供工业性劳务等主要经营业务应负担的城市维护建设税、消费税、资源税和教育费附加。

产品销售利润 指企业销售产品和提供工业性劳务等主要经营业务收入扣除其成本、费用、税金后的利润。

利润总额 指企业实现的利润。

应交增值税 指企业在报告期内应交纳的增值税额。

工业中间投入 指工业企业在报告期内用于工业生产活动所一次消耗的外购原材料、燃料、动力及其他实物产品和对外支付的服务费用,是计算工业增加值的基础指标。工业中间投入的计算对企业来讲,难度相对较大,需要对企业内部会计明细表的有关科目进行归类整理计算。

经营活动产生的现金流量净额 现金流量是某一段时期内企业现金流入和流出的数量,包括三类,即经营活动产生的现金流量、投资活动产生的现金流量、筹资活动产生的现金流量。

经营活动指企业投资活动和筹资活动以外的所有交易和事项。包括销售商品、提供劳务、经营租赁、购买商品、接受劳务、广告宣传、推销产品、交纳税款等。

经营活动产生的现金流量净额指经营活动产生的现金流入小计减去经营活动产生的现金流出小计后的净额,如果流出大于流入,以"-"表示。该项根据会计"现金流量表"中的"经营活动产生的现金流量净额"的期末数填报。

投资活动产生的现金流量净额 指投资活动产生的现金流入小计减去投资活动产生的现金流出小计后的净额,如果流出大于流入,以"-"表示。该项根据会计"现金流量表"中的"投资活动产生的现金流量净额"的期末数填报。

筹资活动产生的现金流量净额 指筹资活动产生的现金流入小计减去筹资活动产生的现金流出小计后的净额,如果流出大于流入,以"-"表示。该项根据会计"现金流量表"中的"筹资活动产生的现金流量净额"的期末数填报。

总资产贡献率 反映企业全部资产的获利能力,是企业经营业绩和管理水平的集中体现,是评价和考核企业盈利能力的核心指标。计算公式为:

总资产贡献率(%)=(利润总额+税金总额+利息支出)/平均资产总额×100%

资产负债率 该指标既反映企业经营风险的大小,也反映企业利用债权人提供的资金从事经营活动的能力。计算公式为:

资产负债率(%)=负债总额/资产总额×100%

工业成本费用利润率 指在一定时期内实现的利润与成本费用之比,是反映工业生产成本及费用投入的经济效益指标,同时也是反映降低成本的经济效益的指标。计算公式为

工业成本费用利润率(%)=利润总额/成本费用总额×100%

工业增加值率 指在一定时期内工业增加值占同期工业总产值的比重,反映降低中间消耗的经济效益。计算公式为:

工业增加值率(%)=工业增加值(现价)/工业总产值(现价)×100%

流动资产周转次数 指在一定时期内流动资产完成的周转次数,反映流动资产的周转速度。计算公式为:

流动资金周转次数=产品销售收入/全部流动资产平均余额

产品销售率 指报告期工业销售产值与同期全部工业总产值之比,是反映工业产品已实现销售的程度,分析工业产销衔接情况,研究工业产品满足社会需求程度的指标。计算公式为:

产品销售率(%)=工业销售产值/工业总产值(现价)×100%

全员劳动生产率 指根据产品的价值量指标计算的平均每一个从业人员在单位时间内的产品生产量。是考核企业经济活动的重要指标,是企业生产技术水平、经营管理水平、职工技术熟练程度和劳动积极性的综合表现。目前我国的全员劳动生产率是将工业企业的工业增加值除以同一时期全部从业人员的平均人数来计算的。计算公式为:

全员劳动生产率=工业增加值/全部从业人员平均人数

为了使各年度的全员劳动生产率数字可以比较,1990年以前各年的人员劳动生产均按指数换算成1990年不变价格。

建筑业

Construction

建筑安装企业单位数（个）

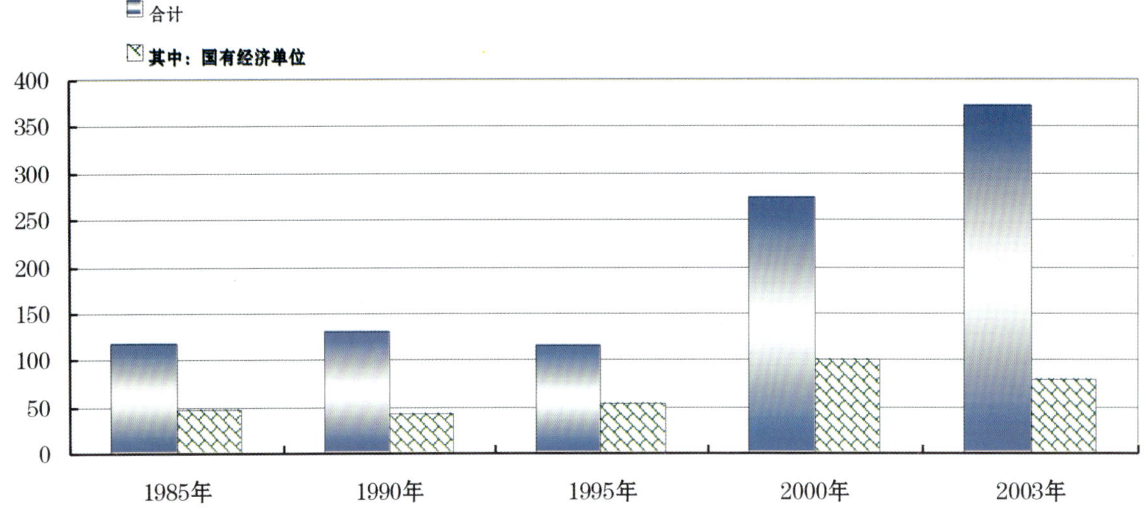

建筑业总产值构成（%）　　劳动生产率（元/人）

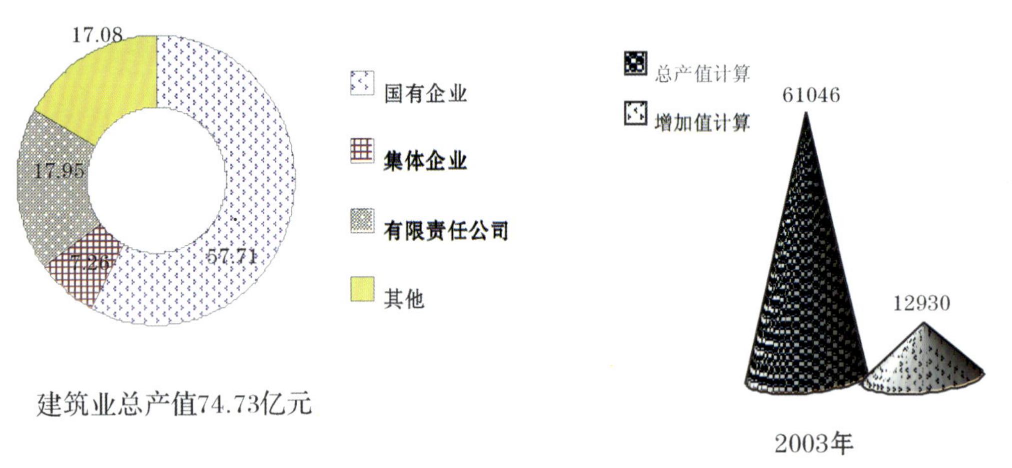

建筑安装企业全部职工人数（人）

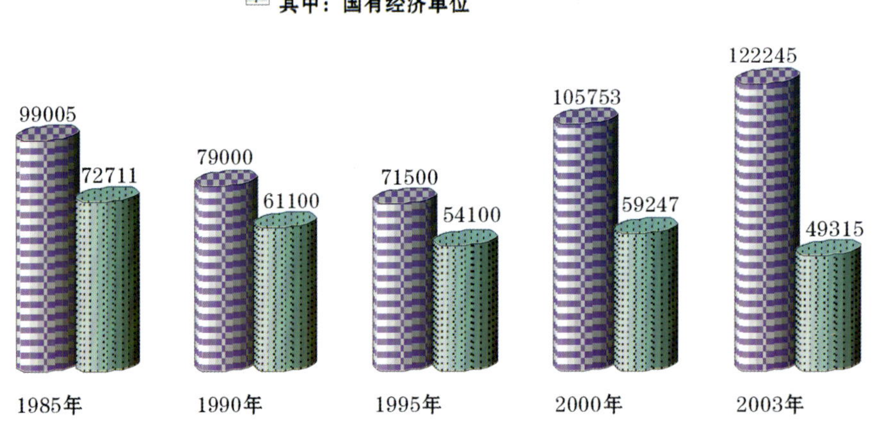

13－1 建筑安装施工企业单位数和职工人数

Numbers of Construction and Installation Enterprises and Numbers of Staff and Workes

年 份	企业单位数(个)			全部职工平均人数(人)		
	合 计	国有经济单 位	城镇集体单 位	合 计	国有经济单 位	城镇集体单 位
1952	2	2		2727	2727	
1978	67	33	32	43391	38995	4396
1980	67	38	29	56987	50851	6136
1981	73	41	32	52938	47308	5630
1982	77	45	32	96293	90112	6181
1983	79	46	33	83764	76914	6850
1984	87	49	38	96213	74333	21880
1985	117	46	71	99005	72711	26294
1986	113	46	67	92750	72264	20486
1987	136	47	89	93600	69400	24200
1988	145	46	99	90948	64700	26248
1989	130	45	85	82000	62500	19500
1990	131	43	88	79000	61100	17900
1991	81	432	38	73900	60012	13900
1992	87	46	41	77300	60900	16400
1993	111	52	59	74900	59000	15900
1994	115	53	62	82005	55393	26612
1995	115	53	62	71500	54100	17400
1996	212	84	109	133187	101544	29788
1997	202	82	94	95640	64244	26820
1998	215	81	98	97988	61941	26897
1999	214	75	90	101604	59644	26202
2000	273	101	91	105753	59247	45616
2001	270	88	79	86023	40795	21510
2002	374	94	62	125171	50997	18281
2003	373	79	57	122420	49315	17656

13－2 建筑业企业主要经济指标(2003年)

指标		合计	内资企业	国有企业
建筑企业个数	(个)	373	371	79
期末从业人员	(人)	101501	101326	38509
建筑业总产值	(万元)	747325	745985	431290
自有固定资产原值	(万元)	412157	411684	240828
#本年提取固定资产折旧	(万元)	25223	25185	20225
自有机械设备台数	(台)	42820	42780	15459
自有机械设备总功率	(千瓦)	722198	721798	343201
自有机械设备净值	(万元)	176329	176105	89969
工程结算税金及附加	(万元)	20794	20758	11821
管理费用中的税金	(万元)	1568	1568	641
工程结算利润	(万元)	64470	64351	42440
应付工资	(万元)	79654	79496	40348
应付福利费	(万元)	7696	7693	4530
利润总额	(万元)	13601	13661	6863
税金总额	(万元)	26147	26110	14398
施工面积	(万平方米)	556.64	556.29	112.52
竣工面积	(万平方米)	242.88	242.88	49.83
劳动生产率				
按总产值计算	(元/人)	61046	61024	87456
按增加值计算	(元/人)	12930	12934	18905
技术装备率	(元/人)	17372	17380	23363
动力装备率	(千瓦/人)	7.1	7.1	8.9
房屋建筑面积竣工率	(%)	43.6	43.7	44.3
产值利润率	(%)	1.8	1.8	1.6
产值利税率	(%)	5.3	5.3	4.9

注:建筑业总产值为现价。

Main Economic Indicators on Construction Enteprises(2003)

集体企业	股份合作企业	有限责任公司	股份有限公司	私营企业	港澳台商投资企业
57	13	105	36	81	2
16967	1738	22887	9378	11847	175
54289	16128	134071	48198	62009	1340
33134	3062	72730	29947	31983	473
813	114	1772	981	1280	38
7034	894	11304	2735	5354	40
123015	16604	112033	54479	72466	400
15296	2204	30059	20501	18076	224
1529	174	4042	1220	1972	36
201	76	340	52	258	
3845	1040	9760	2237	5029	119
8463	1262	15184	5622	8617	158
603	58	1215	433	854	3
872	507	3723	343	1353	-60
2022	396	5127	1541	2626	37
79.84	6.54	181.29	77.22	98.88	0.35
36.95	1.81	84.52	36	33.77	
30748	90862	48929	48967	38148	76571
7217	12789	9652	8736	9121	10171
9015	12681	13134	21861	15258	12800
7.3	9.6	4.9	5.8	6.1	2.3
46.3	27.7	46.6	46.6	34.2	
1.6	3.1	2.8	0.7	2.2	-4.5
5.3	5.6	6.6	3.9	6.4	-1.7

13－3 建筑施工企业主要财务指标(2003 年)

单位:万元

项　　目	实收资本	资产总计	流动资产	固定资产	无形及递延
总　计	**349365**	**958230**	**527520**	**350713**	**27945**
按企业登记注册类型分					
内资企业	348262	956017	526266	350201	27858
国有企业	134453	554280	323480	189965	16824
集体企业	40336	76942	42897	27968	381
股份合作企业	3947	16661	10610	4771	611
联营企业					
有限责任公司	82353	147088	74760	62425	1707
股份有限公司	38606	68698	29827	29663	3928
私营企业	48567	92348	44692	35409	4407
外商投资企业					
港、澳、台投资企业	1103	2213	1254	512	87
按行业类别分					
房屋和土木工程建筑业	276250	791850	419221	300315	36503
建筑安装业	48372	126914	83441	38106	1015
建筑装饰业	9837	15464	9632	4604	416
其他建筑业	14906	24002	15226	7688	11
按隶属关系分					
中央	49426	265347	177805	67079	1376
地方	299939	692883	349715	283634	36569
省属	105752	304113	163581	125808	10175
地县属	115129	243242	114359	104218	9076

Major FinancialIndices of Construction Enterprise(2003)

(10000 yuan)

负债合计	流动负债	长期负债	所有者权益	企业总收入	工程结算收入	其他业务收入	税金总额	利润总额
533867	**502102**	**31765**	**424363**	**675545**	**658381**	**17164**	**26147**	**13601**
532757	500992	31765	423260	674308	657144	17164	26110	13661
375141	355472	19669	179139	412194	396744	15450	14398	6863
33307	31254	2053	43635	47913	47293	620	2022	872
10647	8758	1889	6014	6643	6443	200	396	507
53224	51480	1744	93864	117160	117035	125	5127	3723
26647	23011	3636	42051	41618	40976	642	1541	343
33791	31017	2774	58557	48780	48653	127	2626	1353
1110	1110		1103	1237	1237		37	-60
450524	423134	27390	341326	537095	520861	16234	21268	10231
69438	65408	4030	57476	114627	113829	798	3544	2543
5140	5067	73	10324	12384	12384		685	443
8765	8493	272	15237	11439	11307	132	650	384
196573	193798	2775	68774	241252	228506	12746	6960	2434
337294	308304	28990	355589	434293	429875	4418	19187	11167
166352	155040	11312	137761	209533	206474	3059	8126	5301
115382	101636	13746	127860	140497	139621	876	7096	4554

13－4 按行业分建筑企业主要指标(2003年)

Main Indexes of Construction Enterprises by Sector(2003)

类　　别	企业数(个)	年末从业人员(人)	建筑业总产值(万元)	#建筑工程	#安装工程
总　　计	**373**	**101501**	**747325**	**622176**	**91853**
房屋土木工程建筑业	235	84627	605965	569663	13442
#房屋工程建筑业	162	54147	266816	255534	7692
土木工程建筑业	73	30480	339149	314129	5750
铁路公路、隧道桥梁建筑业	41	11992	152932	147241	
水利和港口建筑	17	15666	165514	156654	4471
工矿工程建筑	2	303	617	617	
架线和管道工程建筑业	7	1500	14182	3835	1279
其他土木工程建筑业	6	1019	5904	5782	
建筑安装业	54	11900	109449	32492	75696
建筑装饰业	55	2574	15208	14781	
其他建筑业	29	2400	16703	5240	2715

13－4 续表 Continued

类　　别	竣工产值(万元)	房屋建筑面积(平方米)		年末自有机械设备	
		施工面积	竣工面积	总台数(台)	总功率(千瓦)
总　　计	**529432**	**5566353**	**2428775**	**42820**	**722198**
房屋土木工程建筑业	404354	5247939	2274695	35878	614651
#房屋工程建筑业	226472	5092576	2210114	23538	293826
土木工程建筑业	177882	155363	64581	12340	320825
铁路公路、隧道桥梁建筑业	96686	60796		4329	149260
水利和港口建筑	64159	45167	17181	6514	143024
工矿工程建筑	617	9000	7000	734	6719
架线和管道工程建筑业	14182	1079	1079	461	8694
其他土木工程建筑业	2238	39321	39321	302	13128
建筑安装业	87993	268527	140783	5013	72666
建筑装饰业	15154			1227	19154
其他建筑业	21931	49887	13297	702	15727

13-5 建筑业企业(含劳务分包企业)主要指标(2003年)

Main Indicators on Construction Enterprises(2003)

单位:万元/人

项目	企业个数	建筑业总产值	增加值	企业总收入	税金总额	利润总额	计算劳动生产率的平均人数	期末从业人员	工程技术人员
总计	**373**	**747325**	**158293**	**675545**	**26147**	**13601**	**122420**	**101501**	**19717**
其中:国有及国有控股	92	453547	97832	436580	15790	7698	53193	42739	8959
一、按登记注册类型分组									
内资企业	371	745985	158115	674308	26110	13661	122245	101326	19689
国有企业	79	431290	93230	412194	14398	6863	49315	38509	7764
集体企业	57	54289	12742	47913	2022	872	17656	16967	2419
股份合作企业	13	16128	2270	6643	396	507	1775	1738	382
有限责任公司	105	134071	26448	117160	5127	3723	27401	22887	4442
股份有限公司	36	48198	8599	41618	1541	343	9843	9378	1896
私营企业	81	62009	14826	48780	2626	1353	16255	11847	2786
港、澳、台商投资企业	2	1340	178	1237	37	-60	175	175	28
合资经营企业(港或澳)	1	1160	145	1160	35	4	120	120	25
港、澳、台商独资经营	1	180	33	77	2	-64	55	55	3
二、按国民经济行业分组									
房屋土木工程建筑业	235	605965	132293	537095	21268	10231	104673	84627	16144
#房屋工程建筑业	162	266816	54231	204866	8203	1274	65606	54147	9945
土木工程建筑业	73	339149	78062	332229	13065	8957	39067	30480	6199
铁路公路、隧道桥梁建筑业	41	152932	29973	141406	5793	5944	20057	11992	2437
水利和港口建筑	17	165514	40044	169297	6047	1378	16264	15666	3118
工矿工程建筑	2	617	303	617	26	-85	347	303	82
架线和管道工程建筑业	7	14182	6160	14461	1034	1731	1669	1500	256
其他土木工程建筑业	6	5904	1582	6448	165	-11	730	1019	306
建筑安装业	54	109449	20300	114627	3544	2543	12511	11900	2353
建筑装饰业	55	15208	3014	12384	685	443	2663	2574	701
其他建筑业	29	16703	2686	11439	650	384	2573	2400	519
三、按国有经济控股情况分组									
1. 国有绝对控股	88	442521	95818	423534	15329	7549	51512	40549	8230
2. 国有相对控股	4	11026	2014	13046	461	149	1681	2190	729
3. 其他国有	279	291878	60379	238185	10347	6016	68925	58460	10649
四、按隶属关系分组									
中央	12	233081	50965	241252	6960	2434	16600	15246	3220
省	95	232158	44333	209533	8126	5301	40026	29074	5836
地区	71	67926	16883	58509	3252	2946	13509	10077	2514
县	84	108762	22400	81988	3844	1608	25940	25283	4142
街道	3	2726	856	2726	131	-39	963	963	149
镇	1	525	160	525	28	15	286	286	58
乡	1	420	166	420	14		290	250	36
村委会	1	1221	370	1225	44		539	611	21
其他	105	100506	22160	79367	3748	1336	24267	19711	3741
五、按企业资质等级分组(新标准)									
施工总承包	242	655067	141731	598857	23208	11503	106471	87579	16701
一级	13	326709	66443	322810	10910	5779	26295	20289	5012
二级	50	148305	29792	118717	4337	112	29648	22415	4991
三级	179	180053	45496	157330	7961	5612	50528	44875	6698
专业承包	131	92258	16562	76688	2939	2098	15949	13922	3016
一级	2	30992	2051	23288	54	103	1394	1388	422
二级	39	22463	5232	19826	1053	384	5927	4738	948
三级	90	38803	9279	33574	1832	1611	8628	7796	1646

13－6 建筑业企业房屋竣工面积
Finished Housing Area of Construction Enterprises

单位:平方米

项目	2002	2003
总计	**2440855**	**2428775**
按房屋主要用途分		
厂房	94478	58918
住宅	1632373	1465144
办公用房	306793	405469
批发零售用房	146391	44128
住宿和餐饮用房		24857
居民服务业用房		34970
教育用房		158337
文化、体育娱乐用房	153251	51251
医疗用房	12238	40179
科研用房	300	20420
其他用房	95031	125102

13－7 建筑业经济效益指标
Major Economic Benefit Indices of Construction Enterprises

指标名称		2002	2003	2003年较2002年(±%)
按总产值计算的劳动生产率	(元/人)	58626	61046	4.1
房屋建筑面积竣工率	(%)	54.08	43.60	-10.48个百分点
产值利润率	(%)	1.88	1.80	-0.08个百分点
人均竣工产值	(元/人)	46807	43247	-7.6
人均施工面积	(平米/人)	36.12	45.50	26
人均竣工面积	(平米/人)	19.53	19.80	1.4
人均利润	(元/人)	1101.50	1111.00	0.8
资产负债率	(%)	59.37	55.70	-3.67个百分点
技术装备	(元/人)	16306	17372	6.5
亏损企业比重	(%)	22.46	23.32	0.86个百分点

13－8　按资质等级分的建筑业合同和承包完成情况(2003年)

Executive Construction Contract by Grade(2003)

单位:万元

项　目	建筑业合同情况			承包工程完成情况			
	签订的合同额	上年结转合同额	本年新签合同额	直接从建设单位承揽工程完成的产值	自行完成施工产值	分包出去工程的产值	从建设单位以外承揽工程完成的产值
总　计	**1294163**	**555233**	**738930**	**747143**	**723851**	**23292**	**23474**
按企业资质等级分组(新标准)							
施工总承包	1200618	543382	657236	654326	632754	21572	22313
一　级	777007	390310	386697	340727	321326	19401	5383
二　级	194489	85087	109402	139835	139630	205	8675
三　级	229122	67985	161137	173764	171798	1966	8255
专业承包	93545	11851	81694	92817	91097	1720	1161
一　级	25197		25197	30487	30347	140	645
二　级	26362	4584	21778	23503	22043	1460	420
三　级	41986	7267	34719	38827	38707	120	96

13－9　各地区建筑业企业情况(2003年)

Situation of Construction Enterprises by Region(2003)

地　区	建筑业企业单位个数(个)	期末从业人员(人)	建筑业总产值(万元)	建筑业增加值(万元)	建筑业税金总额(万元)	建筑业利润总额(万元)	房屋建筑施工面积(平方米)	房屋建筑竣工面积(平方米)
西宁市	250	72,610	568,030	122117	20184	8715	4301477	1770262
海东地区	39	13352	65109	12091	1838	1155	609152	281994
海北州	10	1420	6199	1770	289	241	74477	69692
海南州	15	1423	7678	2528	360	1267	34258	22899
黄南州	12	1853	10389	1875	321	50	80658	56311
玉树州	7	402	2597	308	98	129	9551	
果洛州	6	915	2584	749	168	53	12713	
海西州	34	9526	84739	16855	2889	1991	444067	227617

主要统计指标解释

建筑业统计单位 具有新的建筑业资质等级的独立核算的建筑业企业。包括施工总承包、专业承包、劳务分包三个序列的建筑业企业和由省、市、区批准的四级及其他级别的建筑业企业。

建筑业总产值(自行完成施工产值)

是以货币表现的建筑安装企业在一定时期内生产的建筑业产品的总和。建筑业总产值包括:

(1)**建筑工程产值** 指列入建筑工程预算内的各种工程价值。

(2)**安装工程产值** 指设备安装工程价值。

(3)**其他产值** 建筑业总产值中除建筑工程、安装工程以外的产值。包括房屋构筑物修理产值、非标准设备制造产值、总包企业向分包企业收取的管理费、注册登记为装饰装修类企业完成的产值以及不能明确划分的施工活动所完成的产值。

建筑业增加值 指建筑业企业在报告期内以货币表现的建筑业生产经营活动的最终成果。目前建筑业增加值采用分配法(收入法)计算,即从收入的角度出发,根据生产要素在生产过程中应得的收入份额计算。具体计算公式为:

建筑业增加值=本年提取的固定资产折旧+应付工资+应付福利费+管理费用中的劳动待业保险金、税金+工程结算税金及附加+营业利润

房屋建筑施工面积 指在报告期内施工的全部房屋建筑面积、包括本期新开工的房屋面积、上期施工跨入本期继续施工的房屋面积、上期停缓建在本期恢复施工的房屋面积、本期竣工的房屋面积及本期施工后又停缓建的房屋面积。

房屋建筑竣工面积 指在报告期内房屋建筑按照设计要求全部完工,达到了住人和使用条件,经验收鉴定合格,正式移交使用单位的房屋建筑面积。

自有机械设备年末总台数 指归本企业所有,属于本企业固定资产的生产性机械设备年末总台数。包括施工机械、生产设备、运输设备以及其他设备。

自有机械设备年末总功率 指企业自有施工机械、生产设备、运输设备以及其他设备等列为在册固定资产的生产性机械设备年末总功率,按设定能力或查定能力计算。包括机械本身的动力和为该机械服务的单独动力设备,如电动机等。计算单位用千瓦,动力换算可按1马力=0.735千瓦折合成千瓦数。电焊机、变压器、锅炉不计算动力。

工程结算收入 指企业承包工程实现的工程价款结算收入,以及向发包单位收取的除工程价款以外的按规定列作营业收入的各种款项,如临时设施费、劳动保险费、施工机械调迁费等以及向发包单位收取的各种索赔款。

工程结算利润 指已结算工程实现的利润,如亏损以“-”号表示。计算公式为:

工程结算利润=工程结算收入-工程结算成本-工程结算税金及附加

企业总产值 指建筑业企业在报告期内全部经济活动的最终成果的货币表现。在企业总产值中除包括建筑业总产值外,还包括建筑业企业从事其他经济活动所创造的价值(如工业产值、交通运输产值、商业服务业产值、其他产值收入和劳务收入等)。

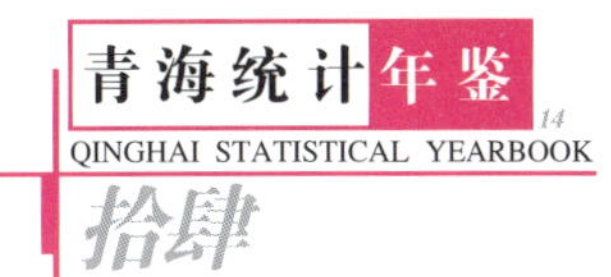

Chapter 14

交通运输和邮电通信

土族阿姑

西宁至湟源一级公路

Transportation, Post and Telecommunication

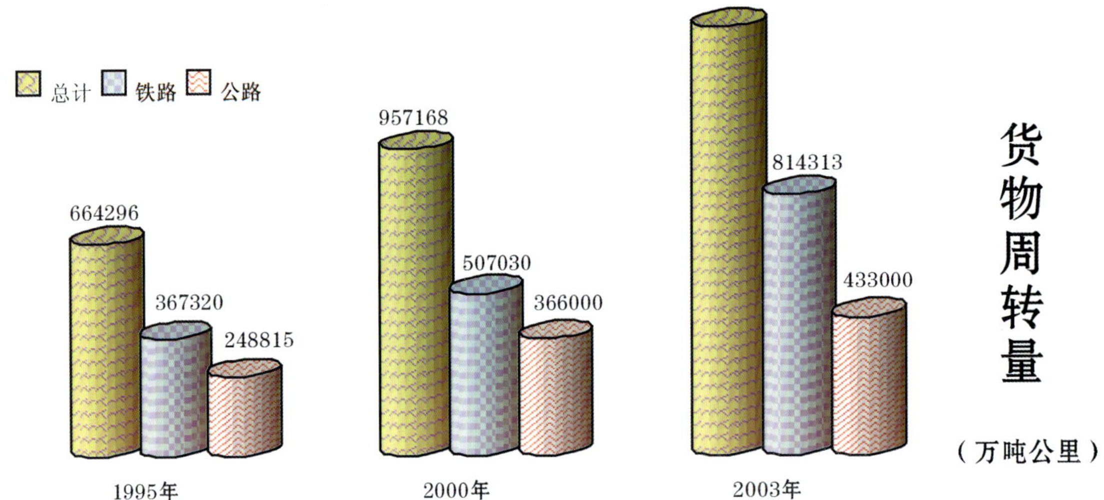

旅客周转量(万人公里)

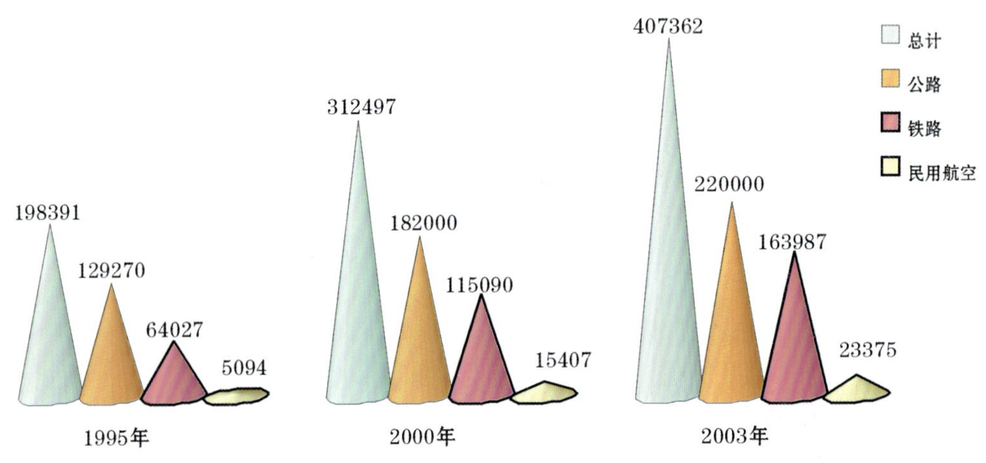

本地电话年末用户(户)

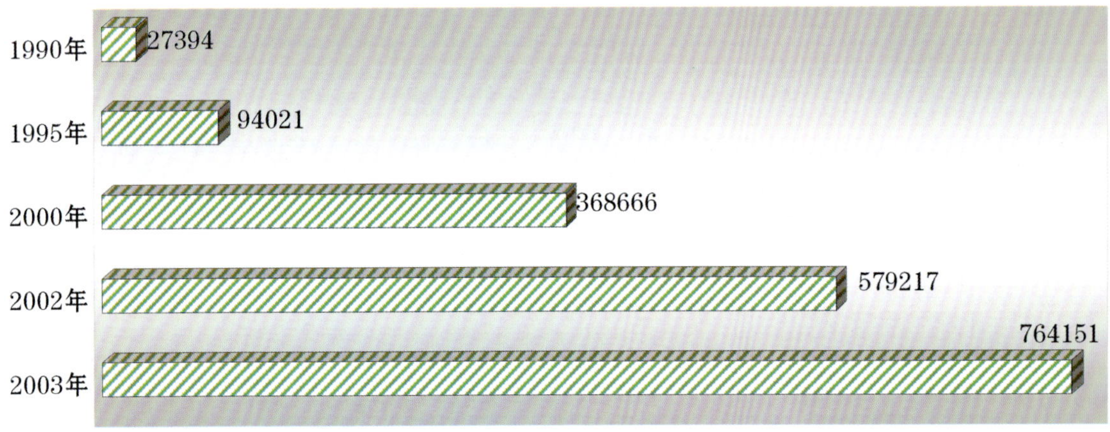

14－1 交通运输业基本情况
Basic Conditions of Transport

指　　标	1995	1998	1999	2000	2001	2002	2003
客运量总计　　（万人次）	**2388**	**3157**	**3359**	**3612**	**3832**	**4007**	**4324**
铁路	220	261	297	352	392	436	408
公路	2165	2889	3055	3250	3428	3556	3900
民用航空	3	7	7	10	12	15	16
旅客周转量总计（万人次公里）	**198391**	**245574**	**275227**	**312497**	**347706**	**372837**	**407362**
铁路	64027	73025	93634	115090	133605	150444	163987
公路	129270	161569	171219	182000	195930	200720	220000
民用航空	5094	10980	10374	15407	18171	21673	23375
货运量总计　　（万吨）	**3529**	**4502**	**4654**	**5076**	**5456**	**5652**	**6189**
铁路	532	590	607	833	957	1000	1092
公路	2887	3743	3865	4050	4305	4450	4890
民用航空							
管道	110	169	182	193	194	202	207
货物周转量总计（万吨公里）	**664296**	**816028**	**883310**	**957168**	**1067872**	**1120184**	**1337595**
铁路	367320	409500	459448	507030	598885	694370	814313
公路	248815	333172	344629	366000	384419	397538	433000
民用航空	57	101	93	140	178	189	237
管道	48104	73255	79140	83998	84390	88087	90045
民用汽车拥有量　　（辆）	**57582**	**77561**	**83495**	**87121**	**86001**	**86261**	**104657**
#载客汽车	23665	36318	39769	45344	45548	49897	57762
载货汽车	31801	38855	41377	39324	38235	34970	44876
#普通载货汽车	31205	37838	40254	38171	36757	26956	35732
#个人	13612	17593	25583	27166	31557	35106	40960

14－2 客运量

Passenger Traffic

单位:万人次

年 份	客运量总计	铁 路	公 路	民用航空
1952	5		5	
1978	328	170	158	
1985	1288	295	993	
1986	1633	289	1344	0.2
1987	1749	296	1453	0.2
1988	1844	323	1521	
1989	1864	275	1589	
1990	1843	209	1634	
1991	1899	196	1703	
1992	2010	197	1812	1
1993	2227	208	2017	2
1994	2292	217	2073	2
1995	2388	220	2165	3
1996	2690	185	2500	5
1997	2885	200	2680	5
1998	3157	261	2889	7
1999	3359	297	3055	7
2000	3612	352	3250	10
2001	3832	392	3428	12
2002	4007	436	3556	15
2003	4324	408	3900	16

14－3　旅客周转量

Passenger－kilometers

单位：万人次公里

年 份	旅客周转量 总　　计	铁　　路	公　　路	民用航空
1952	381		381	
1978	103241	85259	17982	
1985	127647	73123	54524	
1986	147911	76260	71414	237
1987	161244	79430	81552	262
1988	182477	93796	88422	259
1989	169501	82658	86696	147
1990	153736	61220	92411	105
1991	154238	55314	98817	107
1992	161839	54785	105760	1294
1993	186261	59608	123432	3221
1994	193057	62980	126527	3550
1995	198391	64027	129270	5094
1996	205356	53923	144088	7345
1997	220469	59275	153000	8194
1998	245574	73025	161569	10980
1999	275227	93634	171219	10374
2000	312497	115090	182000	15407
2001	347706	133605	195930	18171
2002	372837	150444	200720	21673
2003	407362	163987	220000	23375

14-4 货运量

Freight Traffic

单位：万吨

年 份	货运量总计	铁 路	公 路	民用航空	管道输油(气)量
1952	3		3		
1978	1326	546	780		
1985	2033	334	1699		
1986	1823	337	1486		
1987	2234	390	1844		
1988	2072	411	1661		
1989	2254	427	1837		
1990	2434	454	1957		23
1991	2998	502	2413	…	83
1992	3071	518	2471	…	82
1993	3127	550	2533	…	89
1994	3328	538	2694	…	96
1995	3529	532	2887	…	110
1996	3909	535	3247	…	127
1997	4180	585	3450	…	145
1998	4502	590	3743	…	169
1999	4654	607	3865	…	182
2000	5076	833	4050	…	193
2001	5456	957	4305	…	194
2002	5652	1000	4450	…	202
2003	6189	1092	4890	…	207

14－5 货物周转量

Freight Ton－Kilometers

单位：万吨公里

年 份	货物周转量总计	铁 路	公 路	民用航空	管道输油（气）量
1952	553		553		
1978	321164	274437	46727		
1985	244198	141109	103089		
1986	299403	208001	91400	2	
1987	348903	229900	119000	3	
1988	400524	259532	140989	3	
1989	468089	293183	174904	2	
1990	498544	298810	187665	3	10066
1991	565197	329657	199435	2	36103
1992	559774	317891	205994	15	35670
1993	578134	327642	211633	35	38824
1994	613271	335860	235274	41	42096
1995	664296	367320	248815	57	48104
1996	702042	357686	289646	86	54624
1997	760636	390821	306500	99	63216
1998	816028	409500	333172	101	73255
1999	883310	459448	344629	93	79140
2000	957168	507030	366000	140	83998
2001	1067872	598885	384419	178	84390
2002	1120184	694370	397538	189	88087
2003	1337595	814313	433000	237	90045

14－6 民用车拥有量(2003 年)

Number of Possessed Civil Motor Vehicles(2003)

指　　标		总　计	#新注册	#个　人
一、民用汽车	(辆)	104657	12354	40960
1. 载客汽车	(辆)	57762	7776	23737
#大型	(辆)	4034	630	458
中型	(辆)	5351	535	1643
小型	(辆)	41438	5452	16350
微型	(辆)	6939	1159	5286
#轿车	(辆)	23443	3189	12296
2. 载货汽车	(辆)	44876	4342	17060
#重型	(辆)	6778	1097	2031
中型	(辆)	18039	618	7303
轻型	(辆)	15842	2299	5805
微型	(辆)	4217	328	1921
#普通载货	(辆)	35732	3176	13868
3. 其他汽车	(辆)	2019	236	163
二、摩托车	(辆)	85825	11365	81887
1. 普通	(辆)	82209	11146	78313
2. 轻便	(辆)	3616	219	3574
三、农用运输车	(辆)	27455	5735	3719
1. 三轮	(辆)	14463	2272	1720
2. 四轮	(辆)	12992	3463	1999
四、拖拉机	(辆)	198860	10560	198860
1. 大型	(辆)	2860	290	2860
2. 小型	(辆)	196000	10270	196000
五、挂车	(辆)	574	52	71
六、其他类型车	(辆)	62		

补充资料:机动车驾驶员 443177 人,其中汽车驾驶员 230047 人。

14－7 主要年份铁路、公路、民航里程年末达到数

Total Length of Railway, Highways, Civil Aviation at the Ends of Major Years

单位:公里

年 份	铁路营业里程	公路通车里程	#有路面里程	#高级次高级路面	民用航空航线里程
1952		1346	547		
1957		8259	4426		188
1965	198	11981	6643	182	1949
1970	409	12584	7244	367	1949
1975	497	12979	9141	1268	4893
1978	503	13675	9837	1958	4893
1980	505	15497	11624	2105	4251
1985	1095	15933	12252	2939	4972
1990	1095	16732	14212	3408	4972
1991	1095	16769	14249	3435	4748
1992	1100	16854	14334	3617	4892
1993	1097	16963	14491	3640	5942
1994	1097	17089	14646	3911	5942
1995	1100	17223	14887	4028	8869
1996	1100	17383	15047	4284	11442
1997	1100	17640	15451	4494	14700
1998	1100	17936	15866	4818	14700
1999	1100	18268	16252	5191	14700
2000	1100	18679	16713	5313	16490
2001	1100	23328	19849	6452	27636
2002	1100	24003	20868	7910	31413
2003	1100	24377	21278	8745	23423

14-8 公路技术等级(2003年)

Technical Degree of Highways(2003)

单位:公里

行政等级	合计	一级	二级	三级	四级	等外公路
总计	**24377**	**144**	**3187**	**6694**	**11425**	**2809**
国道	4295	139	2203	1626	209	
省道	3595	5	694	2833	63	
县道	10069		215	1904	6081	1869
乡道	5175		3	30	4723	419
专用公路	1243		72	301	349	521

14-9 公路桥梁

Highways and Bridges

项目		1990	1995	1999	2000	2001	2002	2003
公路桥梁	(座)	1452	1598	1872	1967	2049	2161	2364
	(延米)	36924	41470	46937	49161	50905	55262	77897
1.按孔径分								
大桥	(座)	50	58	62	63	74	74	127
	(延米)	8002	9513	1018	10346	11556	11556	21520
中桥	(座)	215	239	282	299	279	287	325
	(延米)	11601	12794	15169	16434	15006	15402	17759
小桥	(座)	1187	1301	1528	1605	1690	1792	1894
	(延米)	17321	19163	21586	22681	23168	24773	26712
2.按使用年限分								
永久式	(座)	1355	1501	1775	1870	2042	2154	2364
	(延米)	35045	39591	45058	47282	50296	54653	77897
半永久式	(座)	28	28	28	28	7	7	7
	(延米)	751	751	751	751	609	609	609

14－10 铁路、公路运输线路密度
Density Circuit of Railways and Highways

单位:公里/万平方公里

年 份	铁 路	公 路
1952		18.69
1957		114.71
1965	2.75	166.40
1970	5.68	174.78
1975	6.90	180.26
1978	6.99	189.93
1980	7.01	215.24
1985	15.21	221.29
1990	15.21	232.39
1991	15.21	232.90
1992	15.28	234.08
1993	15.24	235.60
1994	15.24	237.35
1995	15.28	239.21
1996	15.28	241.43
1997	15.28	245.00
1998	15.28	249.11
1999	15.28	253.72
2000	15.28	259.43
2001	15.28	315.24
2002	15.28	333.38
2003	15.24	338.57

注:铁路为营业里程。

14－11 邮政业务基本情况

Basic Conditions of Post and Telecommunications Services

指 标		1996	1999	2000	2001	2002	2003
邮政业务总量	（万元）	**3913**	**5212**	**6206**	**14078**	**14728**	**15343**
函件	（万件）	3156	2108	2762	2961	3580	3800
包件	（万件）	41.8	28	29.1	29.5	34.5	38.1
特快专递	（万件）	16.6	11.8	16.7	31.4	39.5	47.7
报纸期发数	（万份）	41.1	29.8	21	21.6	21.9	41.7
杂志期发数	（万份）	39.1	22.7	26	23.4	23.1	24.8
邮政局所	（处）	521	207	201	198	220	210
信筒信箱	（处）	717	663	574	576	598	600
邮路总长度	（公里）	22431	25488	26978	28090	35351	24107
其中:汽车邮路	（公里）	9185	8541	9947	8709	10255	10281
铁路邮路	（公里）	1101	3139	2923	2923	2923	2923
农村投递线路	（公里）	11601	11596	11563	12081	12737	12728

注:邮政业务总量1990—2000年按1990年不变价格计算,2001年后按2000年不变价格计算。

14－12 电信业务基本情况

Basic Conditions of Post and Telecommunication Service

年 份	电信业务总量（万元）	长途电话（万次）	移动电话用户（户）	本地电话年末用户（户）	城市电话用户	#住宅电话	乡村电话用户	#住宅电话	公用电话（户）
1985		168		22245	15012	64	7233	14	125
1986		200		24953	16581		8372		
1987		207		28325	18576		9749		
1988		226		31481	20449	282	11032	30	159
1989		271		24320	21926	953	2394	4	199
1990	3265	315		27394	24937	1219	2457	4	236
1991	3426	378		29052	27332	3521	1720		252
1992	4863	567		34510	32923	5666	1587		271
1993	6281	834		43096	41313	13849	1783	181	386
1994	8084	1203	1061	53782	53872	23116	2163		484
1995	12118	1987	2561	94021	91245	56057	2776	795	1523
1996	11906	3408	6471	138354	134273	91844	4081	1657	2401
1997	21612	4582	14108	175729	170999	125518	4730	2448	4930
1998	47018	6110	35288	215646	207967	160319	7679	5720	6077
1999	32608	5731	65862	275504	261401	200855	14103	10328	8297
2000	42974	7854	210752	368666	343515	276819	25151	21288	10882
2001	50714	9577	420969	468103	425206	347161	42897	37498	13295
2002	184376	8759	771382	579217	502095	385253	76698	71209	15329
2003	214468	8948	1003580	764151	649078	518734	115073	109429	32348

注：电信业务总量1985—1989年按1980年不变价格计算，1990—2000年的业务总量按1990年不变价格计算，2001年后的业务量按2000年不变价格计算。2002、2003年数据中含铁通、吉通业务量。

主要统计指标解释

铁路营业里程 又称营业长度(包括正式营业和临时营业里程),指办理客货运输业务的铁路正线总长度。凡是全线或部分建成双线及以上的线路,以第一线的实际长度计算;复线、站线、段管线、岔线和特殊用途线以及不计算运费的联络线都不计算营业里程。铁路营业里程是反映铁路运输业基础设施发展的水平的重要指标,也是计算客货周转量、运输密度和机车车辆运用效率等指标的基础资料。

公路里程 指在一定时期内实际达到《公路工程[WTBZ]技术标准 JTJ01—88》规定的等级公路,并经公路主管部门正式验收交付使用的公路里程数。包括大中城市的郊区公路以及通过小城镇街道部分的公路里程和桥梁、渡口的长度,不包括大中城市的街道、厂矿、林区生产用道和农业生产用道的里程。两条或多条公路共同经由同一路段,只计算一次,不得重复计算里程长度。它是反映公路建设发展规模的重要指标,也是计算运输网密度等指标的基础资料。

民用航空线里程 指民航运输定期班机飞行的航线长度的总和。航线长度按机场之间的距离计算,通常有两种计算方法:一是将每条航线长度相加称为重复计算航线里程;一是将两线或两条以上航线经过同一区段里程,只计算一次航线长度称为不重复计算航线里程。一般常用的是后者,它能确切反映民航运输网的规模,是表明民航事业为国民经济服务和方便人民生活程度的主要指标。

货(客)运量 指在一定时期内,各种运输工具实际运送的货物(旅客)数量。它是反映运输业为国民经济和人民生活服务的数量指标,也是制定和检查运输生产计划、研究运输发展规模和速度的重要指标。货运按吨计算,客运按人计算。货物不论运输距离长短、货物类别,均按一人一次客运量统计;半价票、小孩票也按一人统计。

货物(客)周转量 指在一定时期内,由各种运输工具运送的货物(旅客)数量与其相应运输距离的乘积之总和。它是反映运输业生产总成果的重要指标,也是编制和检查运输生产计划,计算运输效率、劳动生产率以及核算运输单位成本的主要基础资料。计算货物周转通常按发出站与到达站之间的最短距离,也就是计费距离计算。计算公式为:

货物(旅客)周转量 = Σ 货物(旅客)运输量 × 运输距离

邮电业务总量 指以价值量形式表现的邮电通信企业为社会提供各类邮电通信服务的总数量。邮电业务量按专业分类包括函件、包件、汇票、报刊发行、邮政快件、特快专递、邮政储蓄、集邮、公众电报、用户电报、传真、长途电话、出租电路、市话无线寻呼、移动电话、分组交换数据通信、出租代维等。计算方法为各类产品乘以相应的平均单价(不变价)之和,再加上出租电路和设备、代用户维护电话交换机和线路等的服务收入。它综合反映了一定时期邮电业务发展的总成果,是研究邮电业务量构成和发展趋势的重要指标。计算公式为:

邮电业务总量 = Σ(各类邮电业务量 × 不变单价) + 出租代维及其他业务收入

无线寻呼电话用户 指携带小型寻呼机,接收市话用户通过无线寻呼中心,在规定范围内向其发出声音、数字或文字显示的用户。在寻呼台办理登记手续的无线寻呼用户,每一部寻呼机按一户计算。

移动电话用户 指在移动电话营业部门登记,通过移动电话交换机进入移动电话网、占有移动电话号码的电话用户。用户数量以实际办理登记手续进入邮电部门移动电话网的户数进行计算,一部或一台移动电话统计为一户。

电话用户 指接入国家公众固定电话网,并按固定电话业务进行经营管理的电话用户。1997 年以前,电话用户分为市内电话用户和农村电话用户。市内电话用户是指接入县城及县以上城市电话网上的电话用户;农村电话用户是指接入县邮电局农话台及县以下农村电话交换点,以县城为中心(除市话用户外)联通县、乡(镇)、行政村、村民小组的用户。从 1997 年起,电话用户数分组调整为以用户所在区域划分为“城市电话用户”和“乡村电话用户”,与过去的按市内电话和农村电话划分方法不同。而电话用户数、电话机部数统计方法不变。

住宅电话 指话机装在居民住宅里的电话,包括私人付费、公费和免费三个部分。

私人付费电话 指住宅居民自费安装并自己缴纳通话费的电话。

Chapter 15

国内贸易

Domestic Trade

社会消费品零售总额(亿元)

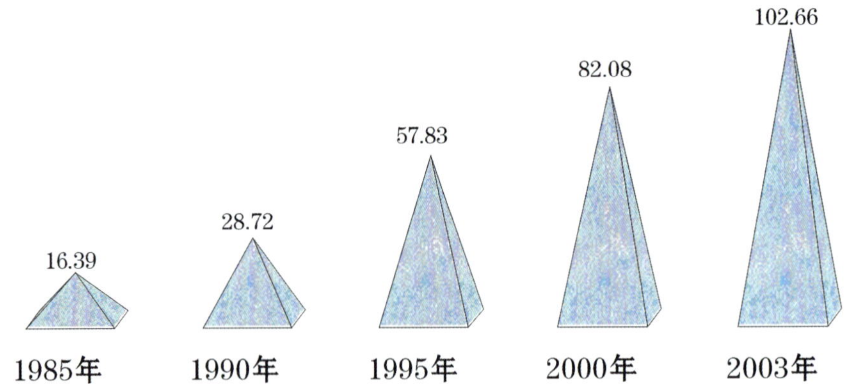

社会消费品零售总额构成(%)

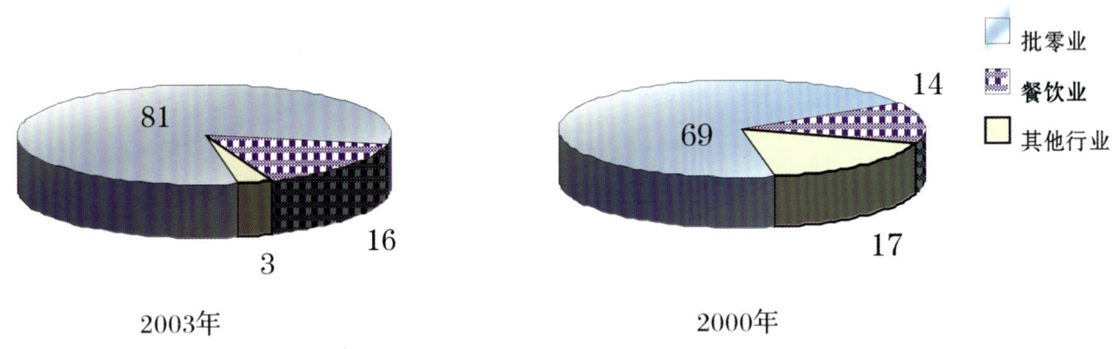

社会消费品零售总额(亿元)

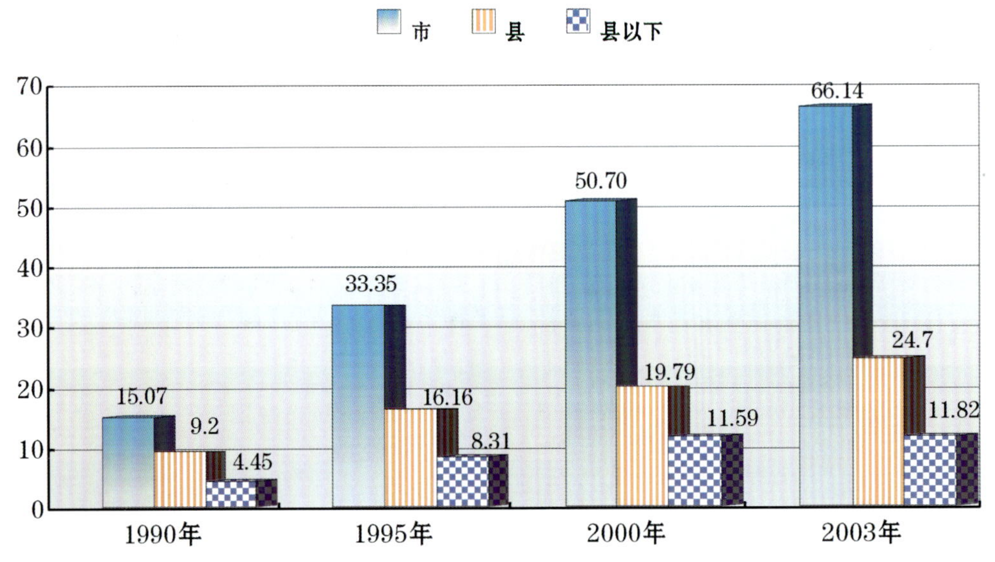

15－1 社会消费品零售总额(按销售地区分)

Total Retail Sale of Consumer Goods by Region

单位:万元

年 份 地 区	社会消费品 零售总额	市	县	县以下
1952	6016			
1957	24398			
1965	30641			
1970	41017			
1975	55964			
1978	66815	27703	28126	10986
1980	82920	33854	29934	19132
1985	163903	74571	50379	38953
1986	190154	91738	65373	33043
1987	213758	115489	78619	33703
1988	267965	133491	90571	43903
1989	268978	132768	92603	43607
1990	287193	150671	92031	44491
1991	319869	157814	102502	59553
1992	352897	185142	113086	54669
1993	401552	210668	128677	62207
1994	487789	281110	136724	69955
1995	578268	333566	161591	83111
1996	624718	370609	157388	96721
1997	667119	403790	166376	96953
1998	706009	428812	172012	105185
1999	751549	457137	182685	111727
2000	820802	506998	197889	115915
2001	903545	564637	215178	123730
2002	1010024	636909	239743	133372
2003	1026614	661422	246964	118228
西宁市	635848	550138	52374	33336
海东地区	132243		78749	53494
海北州	36208		32075	4133
海南州	43535		29416	14119
黄南州	15892		11862	4030
玉树州	18776		14918	3858
果洛州	11082		8180	2902
海西州	133030	110617	17939	4474

注:1.各地区数据相加不等于全省总计(下表同)。

2.2003 年社会消费品零售总额不包括制造业和农业生产者的零售额。

15－2 社会消费品零售总额(按行业分)

Total Retail Sale of Consumer Goods by Sector

单位:万元

年份 地区	批发零售贸易业	餐饮业	其他行业	# 农业生产者
1978	61067	1775	3973	822
1980	71743	1978	9199	1396
1985	141625	7032	15246	10365
1986	162635	9349	18170	11358
1987	185218	9856	18684	13038
1988	231763	11997	24205	17150
1989	239737	8669	20572	17153
1990	254247	13842	19104	18415
1991	283174	15417	21278	11635
1992	312414	17009	23474	12836
1993	355487	18354	27711	14605
1994	362318	36363	89108	48724
1995	428187	41798	108283	65731
1996	442719	47161	134838	91000
1997	459665	67007	140447	83051
1998	472364	89905	143740	89480
1999	506673	104119	140757	80627
2000	568829	112908	139065	60630
2001	630331	127507	145707	85080
2002	709503	147375	153146	88022
2003	833733	164414	28467	
西宁市	540024	90935	4889	
海东地区	100178	22750	9315	
海北州	29132	7058	18	
海南州	30598	8832	4105	
黄南州	11821	2699	1372	
玉树州	13930	2469	2377	
果洛州	7725	2316	1041	
海西州	102340	27124	3566	

15－3　限额以上批发零售贸易业商品购进、销售、库存总额(2003年)

Total Purchases and Sales and Inventory of Enterprise above Designated Size in Wholesale and Retail Trade (2003)

单位:万元

	法人企业数(个)	活动单位数(个)	从业人员(人)	购进总额	销售			年末库存总额
					总额	批发	零售	
总　　计	**59**	**62**	**12185**	**527110**	**595903**	**400718**	**195185**	**124798**
一、批发业	**32**	**33**	**6400**	**406229**	**459261**	**374539**	**84723**	**95020**
其中:国有及国有控股	21	21	4750	347892	390387	320549	69838	82860
1.按登记注册类型分组								
内资企业	32	33	6400	406229	459261	374539	84723	95020
国有企业	14	15	4396	329117	375185	302569	72616	77636
集体企业	5	5	801	30617	35701	34907	794	7306
股份合作企业	1	1	349	5406	5570		5570	
联营企业	1	1	66	296	587	88	499	478
国有联营企业	1	1	66	296	587	88	499	478
有限责任公司	8	8	718	23863	25908	25871	37	5578
国有独资企业	1	1	131	48	425	425		79
其他有限责任公司	7	7	587	23815	25484	25447	37	5499
私营企业	3	3	70	16931	16310	11104	5207	4203
私营有限责任公司	2	2	45	13049	12564	7357	5207	3636
私营股份有限公司	1	1	25	3883	3747	3747		567
2.按国民经济行业分组								
农畜产品批发业		1	700	7087	7935	4089	3846	1347
食品、饮料及烟草制品批发业	8	8	873	215051	244977	243371	1606	10957
烟草制品批发业	6	6	622	214840	244049	242541	1508	10582
纺织、服装及日用品批发业	4	4	618	32771	37242	37234	8	9099
文化、体育用品及器材批发业	1	1	154	7930	8189	7200	989	1637
医药及医疗器材批发业	3	3	103	1189	3752	2992	760	825
矿产品、建材及化工产品批发业	13	13	3511	127575	142776	67042	75734	68310
石油及制品批发业	2	2	2512	80798	93781	23619	70161	55716
金属及金属矿批发业	5	5	176	28008	30259	30256	3	8262
建材批发业	1	1	166	658	825	825		430
化肥批发业	2	2	187	3346	3526	3526		508
机械设备、五金交电及电子产品批发业	3	3	441	14627	14389	12610	1779	2845
汽车、摩托车及零配件批发业	1	1	108	1847	1826	841	985	346
计算机、软件及辅助设备批发业	1	1	60	3800	4002	4002		860

15－3 续表 Continued

单位:万元

	法人企业数（个）	活动单位数（个）	从业人员（人）	购进总额	销售总额			年末库存总额
						批发	零售	
二、零售业	**27**	**29**	**5785**	**120881**	**136642**	**26179**	**110463**	**29778**
其中:国有及国有控股	11	11	2371	56984	68207	13048	55159	15505
1. 按登记注册类型分组								
内资企业	26	28	5600	113809	130789	24716	106073	28797
国有企业	4	4	1261	32080	40260	10139	30121	10685
集体企业	1	1	25	8267	8575	6002	2572	286
股份合作企业	6	7	1906	13283	15222	966	14256	6920
联营企业	2	2	84	4395	4482	4378	104	245
国有联营企业	1	1	77	162	231	127	104	184
其他联营企业	1	1	7	4232	4251	4251		61
有限责任公司	5	5	1083	23051	25784	327	25457	5131
其他有限责任公司	5	5	1083	23051	25784	327	25457	5131
股份有限公司	2	2	553	22696	25314	2269	23045	1617
私营企业	6	7	688	10038	11152	635	10517	3914
私营独资企业	1	2	30	474	873		873	234
私营有限责任公司	4	4	388	8542	9206	635	8571	2927
私营股份有限公司	1	1	270	1022	1073		1073	752
港、澳、台商投资企业	1	1	185	7072	5853	1463	4390	982
合资经营企业	1	1	185	7072	5853	1463	4390	982
2. 按国民经济行业分组								
综合零售业	9	9	2829	63946	74267	2269	71998	5698
百货零售业	7	7	2390	46889	55724	2269	53454	3824
超级市场零售业	2	2	439	17058	18544		18544	1874
食品、饮料及烟草制品专门零售业	3	5	1043	6938	7506	454	7052	2090
纺织、服装及日用品专门零售业	1	1	602	5121	6325		6325	2255
文化、体育用品及器材专门零售业	3	3	452	5855	5117	538	4579	9243
图书零售业	2	2	440	5455	4731	152	4579	9142
医药及医疗器材专门零售业	4	4	452	9467	11333	1088	10246	7660
药品零售业	3	3	240	3554	4382	839	3543	5791
汽车、摩托车、燃料及零配件专门	2	2	32	12499	12826	10253	2572	347
家用电器及电子产品专门零售业	2	2	134	7961	11048	10115	934	137
计算机、软件及辅助设备零售业	1	1	77	162	231	127	104	184
通讯设备零售业	1	1	57	7799	10817	9987	830	
无店铺及其他零售业	3	3	241	9093	8220	1463	6756	2349

15－4　限额以上批发零售贸易企业商品销售

Total Sales Amount of Enterprises above Designated Size in Wholesale and Retail Trade

项　　目		销售合计		批　　发		零　　售	
		2002	2003	2002	2003	2002	2003
粮食	（吨）	47182	46122	21997	18800	25185	27312
	（千元）	64306		30391		33915	
食用植物油	（吨）	8746	3072	5906	1843	2840	1229
	（千元）	48134		31648		16486	
食糖	（吨）	64	594			64	594
	（千元）	275				275	
棉花	（吨）	1				1	
	（千元）	39				39	
电视机	（台）	26518	37116			26518	37116
	（千元）	50623				50623	
组合音响	（台）	208	2410			208	2410
	（千元）	233				233	
摄像机	（台）	136	175			136	175
	（千元）	1122				1122	
录像机	（台）	81				81	
	（千元）	135				135	
影碟机	（台）	7881	14503			7881	14503
	（千元）	6009				6009	
家用电冰箱	（台）	13380	19306			13380	19306
	（千元）	24877				24877	
家用洗衣机	（台）	14738	19665			14738	19665
	（千元）	12101				12101	
房间空调器	（台）	3	38			3	38
	（千元）	12				12	
微波炉	（台）	10032	17585			10032	17585
	（千元）	5608				5608	
普通电话机	（部）	3042	3512			3042	3512
	（千元）	671				671	
移动电话机	（部）		2288				2288
	（千元）						

15-4 续表 Continued

项目		销售合计		批发		零售	
		2002	2003	2002	2003	2002	2003
煤炭	(吨)	651162	99431	556832		94330	99431
	(千元)	74453		57946		16507	
汽油	(吨)	146747	158520	59886	36361	86861	122159
	(千元)	509731		208218		301513	
柴油	(吨)	267519	299588	129723	114159	137796	185429
	(千元)	830472		405801		424671	
化学肥料	(吨)	162271	137162	162271	137162		
农用薄膜	(吨)	186	160	186	160		
	(千元)	1699		1699			
化学农药	(吨)	1317	753	1317	753		
	(千元)	20566		20566			
钢材	(吨)	986	59875	986	58575		1300
	(千元)	2767		2767			
铜	(吨)	612	3905	612	3905		
	(千元)	8879		8879			
铝	(吨)						
	(千元)						
汽车	(辆)	501	128	348	66	153	62
#轿车	(辆)	153	56			153	56
	(千元)	32516				30068	
摩托车	(辆)	2797	697	846	50	1951	647
	(千元)	11140		2867		8273	
拖拉机	(辆)	3537	190	3537	190		
	(千元)	10075		10075			

15－5 限额以上批发零售贸易企业商品销售类值

Total Sales Value of Enterprises above Designated Size in Wholesale and Retail Trade

单位:万元

类别名称	销售合计		批发		零售	
	2002	2003	2002	2003	2002	2003
总计	**566195**	**565864**	**379810**	**366951**	**186385**	**198913**
食品、饮料、烟酒类	255311	289801	215580	241791	39731	48010
肉禽蛋类	5007	6573	1481	631	3526	5942
其他食品类	37718	32877	14418	5982	23300	26895
饮料类	3829	5773			3829	5773
烟酒类	208757	244578	199681	235178	9076	9400
服装、鞋帽、针、纺织品类	57541	30913	6206	10240	21335	20673
服装类	11149	13406	2298	5180	8851	8226
鞋帽类	3817	3742	33	26	3784	3716
针、纺织品类	12575	13765	3875	5034	8700	8731
化妆品类	5219	5520	1316	1361	3903	4159
金银珠宝类	546	459			546	459
日用品类	11552	10382	2377	2083	9175	8299
洗涤用品类	4649	4224	1479	1272	3170	2952
儿童用品类	1912	1246	88	31	1824	1215
五金、电料类	1877	1092	184	125	1693	967
体育、娱乐用品类	1099	896	20	121	1079	775
书报杂志类	10713	11021	6364	7125	4349	3896
电子出版物及音像制品类	280	1185	130	76	150	1109
家用电器和音像器材类	16898	23502	1156	1473	15742	22029
中西药品类	11773	12427	3550	4492	8223	7935
西药	9643	10182	2364	2983	7279	7199
中草药及中成药	2130	2245	1186	1509	944	736
文化办公用品类	1544	1092	134	100	1410	992
家具类	682	36			682	36
通讯器材类	6124	11678	5289	9988	835	1690
煤炭及制品类	5709	1720	4148		1561	1720
木材及制品类	1055	1656	1055	1656		
石油及制品类	135519	106016	66401	36187	69118	69829
化工材料及制品类	32509	23497	32488	23480	21	17
化肥类	28397	21851	28397	21851		
金属材料类	3883	16683	3883	16538		145
建筑及装潢材料类	1801	946	1801	946		
机电产品及设备类	18590	4694	14675	3541	3915	1153
农机类	7341	2581	7341	2581		
汽车类	9285	1926	6232	941	3053	985
其他类	15970	10648	13053	5628	2917	5020

15-6 限额以上批发零售贸易业财务状况(2003年)

	企业数(个)	亏损企业(个)	流动资产小计	固定资产小计	所有者权益合计	商品销售收入净额
总计	**59**	**19**	**180895**	**119013**	**115148**	**590721**
一、批发企业	**32**	**8**	**129688**	**56344**	**85230**	**474044**
其中:国有及国有控股	21	6	101046	49903	75331	388201
(一)按登记注册类型分组						
内资企业	32	8	129688	56344	85230	474044
国有企业	14	3	83990	43776	73162	366021
集体企业	5	2	18099	3159	4312	34970
股份合作企业	1		417	1728	902	5570
联营企业	1	1	449	144	-135	515
国有联营企业	1	1	449	144	-135	515
有限责任公司	8	2	20123	6406	4848	26555
国有独资企业	1	1	1648	2585	-1240	376
其他有限责任公司	7	1	18474	3821	6088	26179
私营企业	3		6612	1131	2141	40412
私营有限责任公司	2		5815	971	2024	36370
私营股份有限公司	1		796	160	117	4041
(二)按国民经济行业分组						
食品、饮料及烟草制品批发业	8	2	50934	10199	50349	195514
烟草制品批发业	6	1	48643	6837	50855	194695
纺织、服装及日用品批发业	4	1	22586	2598	5703	37231
文化、体育用品及器材批发业	1		2750	1878	729	5610
医药及医疗器材批发业	3	3	2706	796	864	4170
矿产品、建材及化工产品批发业	13		41849	38350	24332	212752
石油及制品批发业	2		17147	32958	15171	139331
金属及金属矿批发业	5		13228	1184	4289	30553
建材批发业	1		2976	206	64	1150
化肥批发业	2		2212	732	1141	3526
机械设备、五金交电及电子产品批	3	2	8863	2523	3254	18767
汽车、摩托车及零配件批发业	1	1	682	487	1018	1980
计算机、软件及辅助设备批发业	1		4212	1044	2115	8945

Financial Conditions of Enterprises above Designated Size in Wholesale and Retajl Trade(2003)

单位:万元

商品销售成本	经营费用	商品销售税金及附加	商品销售利润	营业利润	利润总额	本年应交增殖税总额	本年进项税额	本年销项税额
513571	**25703**	**1372**	**50074**	**19727**	**20555**	**8141**	**84254**	**90941**
411698	**18891**	**1123**	**42333**	**17940**	**17713**	**6303**	**73468**	**77862**
333602	13702	1098	39799	17998	17707	6164	65240	69660
411698	18891	1123	42333	17940	17713	6303	73468	77862
312880	13110	882	39150	19063	18624	6085	61682	66196
31589	1644	3	1734	-209	-172	2	928	973
5354	60	5	152	11	1	35	908	947
462	33		20	-36	-36	1	86	88
462	33		20	-36	-36	1	86	88
24769	995	221	570	-970	-829	120	4813	4686
389	16	2	-32	-971	-985	24	6	49
24379	979	219	602	1	155	97	4806	4637
36644	3049	13	706	80	124	60	5050	4973
32896	2864	10	600	80	121	44	4380	4286
3748	186	2	106		4	17	670	687
173040	1517	334	20624	18131	17065	3247	30755	33934
172293	1468	328	20606	19102	18050	3186	30720	33825
33920	1623	211	1476	-41	187	20	2489	2276
4844	341	17	408	52	80	144	575	727
3762	429	2	-23	-285	-273	12	195	208
179004	13864	383	19502	248	824	2881	36906	39465
111967	9600	316	17449	64	375	2614	27154	29610
28336	1180	51	986	63	336	192	4849	5056
824	161		165	70	15		244	195
2952	254	1	320	19	24		1	3
17128	1117	177	345	-165	-170		2547	1252
1934	64		-18	-26	-26		346	337
7735	834	177	200	42	42		1389	61

15－6 续表

	企业数（个）	亏损企业（个）	流动资产 小 计	固定资产 小 计	所有者权益 合 计	商品销售收入净额
二、零售企业	**27**	**11**	**51207**	**62670**	**29918**	**116677**
其中:国有及国有控股	11	4	15983	22207	6874	57695
（一）按登记注册类型分组						
内资企业	26	11	44600	47588	24485	109629
国有企业	4		4984	14831	3825	34412
集体企业	1		1397	120	208	7329
股份合作企业	6	4	5956	10714	4473	12571
联营企业	2	1	636	14	432	218
国有联营企业	1	1	272	5	236	198
其他联营企业	1		364	10	196	20
有限责任公司	5	2	9312	14755	9574	23916
其他有限责任公司	5	2	9312	14755	9574	23916
股份有限公司	2		9113	3559	1718	21235
私营企业	6	4	13202	3594	4255	9949
私营独资企业	1	1	382	249	－172	
私营有限责任公司	4	2	11825	2956	3526	8948
私营股份有限公司	1	1	995	388	901	1001
港、澳、台商投资企业	1		6606	15082	5433	7049
合资经营企业	1		6606	15082	5433	7049
（二）按国民经济行业分组						
综合零售业	9	3	17530	32897	14207	65304
百货零售业	7	2	13214	24871	7058	47425
超级市场零售业	2	1	4317	8026	7149	17879
食品、饮料及烟草制品专门零售业	3	2	3376	4776	3521	5479
纺织、服装及日用品专门零售业	1	1	2201	3172	460	5379
文化、体育用品及器材专门零售业	3	1	5198	3054	2086	4427
图书零售业	2	1	5050	3049	2011	4007
医药及医疗器材专门零售业	4	2	10674	2199	2868	10072
药品零售业	3	2	2922	854	616	3256
汽车、摩托车、燃料及零配件专门	2		1761	130	404	7349
家用电器及电子产品专门零售业	2	1	1433	306	705	9450
计算机、软件及辅助设备零售业	1	1	272	5	236	198
通讯设备零售业	1		1160	302	469	9252
无店铺及其他零售业	3	1	9034	16136	5667	9217
（三）按业态分组						
百货商店	7	3	6381	24696	6026	32089
超级市场	3	1	13350	11372	8641	38594
专业（专卖）商店	9	4	16984	6268	5982	28559
其他	8	3	14492	20333	9269	17435

Continued

单位:万元

商品销售成本	经营费用	商品销售税金及附加	商品销售利润	营业利润	利润总额	本年应交增值税总额	本年进项税额	本年销项税额
101874	**6813**	**250**	**7742**	**1787**	**2842**	**1838**	**10786**	**13079**
50954	2654	165	3923	297	1145	1195	5031	5974
95819	6479	250	7081	625	1684	1735	9973	12162
29325	1765	85	3238	810	965	845	4837	5682
7098	110	5	116	-7	6	42	1203	1245
10672	1233	51	615	-860	-163	199	1060	2065
173	8	2	36	1	-5	8	752	759
154	7	1	37		-5	6	28	34
19	1	1		1		2	724	725
20545	1796	13	1562	917	898	234	1236	1469
20545	1796	13	1562	917	898	234	1236	1469
19545	674	58	957	3	288	340		
8461	894	37	557	-239	-304	66	886	942
5	11		-17	-76	-76			
7552	802	22	572	-163	-163	56	729	775
903	80	16	2		-64	10	157	167
6055	333		660	1162	1158	103	814	916
6055	333		660	1162	1158	103	814	916
57409	3450	159	4287	1048	1260	1114	3995	4868
41586	2287	164	3389	159	398	1055	3522	4336
15823	1163	-5	898	889	862	59	473	532
4771	646	14	49	-475	-66	131	758	889
4347	452	16	565	-378	-80	63	135	918
3359	497	24	547	-167	-173	174	341	515
2973	479	24	531	-168	-174	171	273	444
8341	961	14	755	-6	-18	57	1079	1113
2480	459	7	311	-62	-73	57	492	536
7118	112	6	115	-6	6	45	1927	1970
8761	107	14	569	601	748	130	1477	1607
154	7	1	37		-5	6	28	34
8607	100	13	532	601	753	124	1450	1574
7769	589	3	856	1171	1166	125	1074	1198
26847	2118	122	3002	-219	31	779	3657	5254
34908	1783	52	1850	889	1148	398	473	532
25782	1349	51	1379	-34	538	340	3691	4009
14337	1563	25	1511	1151	1125	321	2965	3284

15－7　餐饮业销售情况(2003年)

Catering Trade(2003)

项　　目	法人企业数(个)	活动单位数(个)	营业总收入(万元)	#零　售
总　计	**12**	**21**	**164995**	**164414**
1.限额以上企业	12	21	7963	7382
正　餐	10	17	7532	6956
快　餐	1	2	62	57
其　他	1	2	369	369
2.限额以下企业和个体户			157032	157032

15－8　城乡集市贸易情况

Basic Statistics of Kermis Trade in Urban and Rural Areas

单位:个、万元

项　　目	1990	1995	1998	1999	2000	2001	2002	2003
一、集市数	**231**	**330**	**412**	**390**	**431**	**437**	**373**	**333**
#城市	45	70	133	102	164	152	173	132
#乡村	186	260	279	288	267	285	200	201
二、集市贸易成交额	**43439**	**175122**	**375448**	**353648**	**452048**	**589850**	**645638**	**648708**
#城市	27266	118361	286592	260711	356320	463188	519092	521005
#乡村	16173	56761	88856	92937	95728	126662	126546	127703

15-9 城乡个体工商业基本情况(2003 年)

Basic Statistics of Individual Indutry and Commerce in Urban and Rural Areas(2003)

项目	户数(个)	从业人员(人)	销售总额或营业收入(万元)		社会消费品零售总额(万元)	
			小计	#城镇	小计	#城镇
合计	**123243**	**244021**	**1119582**	**874061**	**704196**	**546083**
1. 农、林、牧、渔业	2036	4812	12288	4424	4549	2762
2. 采掘业	352	2632			2267	604
3. 制造业	9810	24604			32312	22474
4. 建筑业	24	484			520	
5. 交通运输、仓储业	13193	16262	75526	38316	33240	6392
6. 批发零售贸易、餐饮业	79479	156585	846230	685701	526621	433827
#批发零售贸易业	61389	106420	631779	526443	400874	329141
7. 社会服务业	15355	32720	142360	108584	72788	53424
8. 其他行业	2994	5922	43179	37037	31899	26600

15-10 城乡私营企业基本情况(2003 年)

Basic Statistics of Private Enterprises in Urban and Rural Areas(2003)

项目	合计		#独资		#城镇	
	户数(户)	注册资金(万元)	户数(户)	注册资金(万元)	户数(户)	注册资金(万元)
合计	**8815**	**1122996**	**2073**	**105695**	**6617**	**912865**
1. 农、林、牧、渔业	626	63655	372	14610	197	40966
2. 采掘业	203	30345	101	8737	51	12441
3. 制造业	1695	228557	741	42593	881	122037
4. 建筑业	676	257866	37	2535	592	245490
5. 交通运输、仓储业	114	11691	16	350	76	8717
6. 批发零售贸易、餐饮业	4256	409044	507	22060	3812	378742
#批发零售贸易业	3086	261788	336	14071	2721	212640
7. 社会服务业	969	91525	213	10134	836	83550
8. 其他行业	276	30313	86	4676	172	20921

主要统计指标解释

社会消费品零售总额 指国民经济各行业直接售给城乡居民和社会集团的消费品总额。它是反映各行业通过多种商品流通渠道向居民和社会集团供应的生活消费品总量,是研究国内零售市场变动情况,反映经济景气程度的重要指标。

社会消费品零售总额包括:(1)售给城乡居民作为生活用的商品和修建房屋用的建筑材料;(2)售给社会集团的各种办公用品和公用消费品;(3)售给机关、团体、学校、部队、企业、事业单位的职工食堂和旅店(招待所)附设专门供本店旅客食用,不对外营业的食堂的各种食品、燃料;企业、单位和国营农场直接售给本单位职工和职工食堂的自己生产的产品;(4)售给部队干部、战士生活用的粮食、副食品、衣着品、日用品、燃料;(5)售给来华的外国人、华侨、港澳台同胞的消费品;(6)居民自费购买的中、西药品,中药材及医疗用品;(7)报社、出版社直接给居民和社会集团的报纸、图书、杂志,集邮公司出售的新、旧纪念邮票、特殊邮票、首日封、集邮、集邮工具等;(8)旧货寄售商店自购、自销部分的商品;(9)煤气公司、液化石油气站售给居民和社会集团的煤气灶具和罐装液化石油气。不包括售给国民经济各部门企业、事业单位(包括国有经济的农场)生产经营用的各种原材料、燃料、设备、工具等和售给批发零售贸易业、餐饮业作为转卖用的商品,旧货寄售商店受托寄售卖出的商品,服务业的营业收入,邮局出售邮票的收入,自来水、电力、煤气生产(供应)单位的产品供应收入,也不包括农民之间的商品销售。

批发零售贸易业商品购、销、存总额 指各种登记注册类型的批发、零售贸易业(不包括个体)企业(单位)以本企业(单位)为总体的商品购进、销售、库存总额。

商品购进总额 指从本企业(单位)以外的单位和个人购进(包括从境外直接进口)作为转卖或加工后转卖的商品总额。它反映批发零售贸易业从国内、国外市场上购进商品的总量。商品购进总额包括:(1)从工农业生产者购进的商品;(2)从出版社、报社的出版发行部门购进的图书、杂志和报纸;(3)从各种登记注册类型的批发零售贸易企业(单位)购进的商品;(4)从其他单位购进的商品、如从机关、团体、企业等单位购进的剩余物资,从餐饮业、服务业购进的商品,从海关、市场管理部门购进的缉私和没收的商品,从居民手中收购的废旧商品等;(5)从国(境)外直接进口的商品。不包括企业(单位)为自身经营用和未通过买卖行为而收入的商品以及销售退回、商品升溢等。

商品销售总额 指对本企业(单位)以外的单位和个人出售(包括对境外直接出口)的商品总额。它反映批发零售贸易业在国内市场上销售商品以及出口商品的总量。商品销售总额包括:(1)售给城乡居民和社会集团消费用的商品;(2)售给工业、农业、建筑业、运输邮电业、批发零售贸易业、餐饮业、服务业等作为生产、经营使用的商品;(3)售给批发零售贸易业作为转卖或加工后转卖的商品:(4)对国(境)外直接出口的商品。不包括出售本企业(单位)自用的废旧包装用品;未通过买卖行为付出的商品;经本单位介绍,由买卖双方直接结算,本单位只收取手续费的业务;购货退出的商品以及商品损耗和损失等。

批发零售贸易业库存 指报告期末各种登记注册类型的批发零售贸易企业(单位)已取得所有权的商品。它反映批发零售贸易企业(单位)的商品库存情况和对市场商品供应的保证程度。期末库存包括:(1)存放在批发零售贸易业经营单位(如门市部、批发站、经营处)仓库、货场、货柜和货架中的商品;(2)挑选、整理、包装中的商品;(3)已记入购进而尚未运到本单位的商品,即发货单或银行承兑凭证已到而货未到的部分,(4)寄放他处的商品,如因购货方拒绝承付而暂时存放在购货方的商品和已办完加工成品收回手续而未提回的商品;(5)委托其他单位代销(未作销售或调出)尚未售出的商品;(6)代其他单位购进尚未交付的商品。不包括所有权不属于本单位的商品、拨付除批发零售贸易业以外的其他行业所属独立核算加工厂等加工生产尚未收回成品的商品、代国家物资储备部门保管的商品等。

库存总额采用的计算价格是:农副产品采购单位按购进价计算;批发单位按进货价计算;零售单位按核算价格计算,即按什么价格核算就按什么价格计算。

消费品市场成交额 指从事消费品交易的商品市场的全部商品成交金额。消费品市场包括农副产品市场和工业消费品市场。

对外经济贸易和旅游

Foreign Trade and Economic Cooperation and Tourism

进出口贸易总额（万美元）

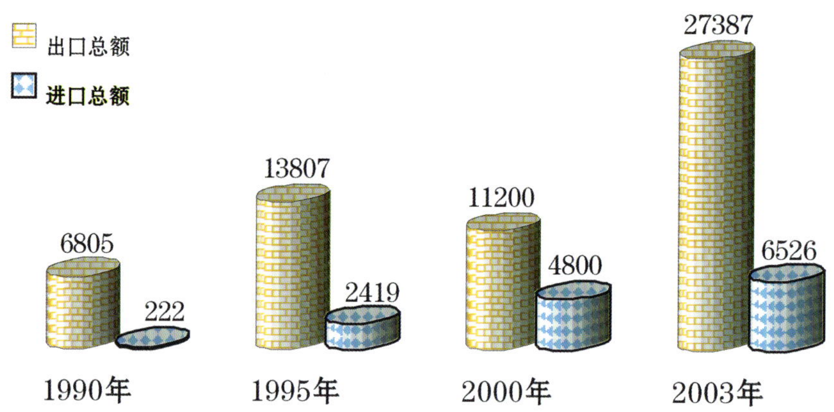

利用外资分地区构成(%)

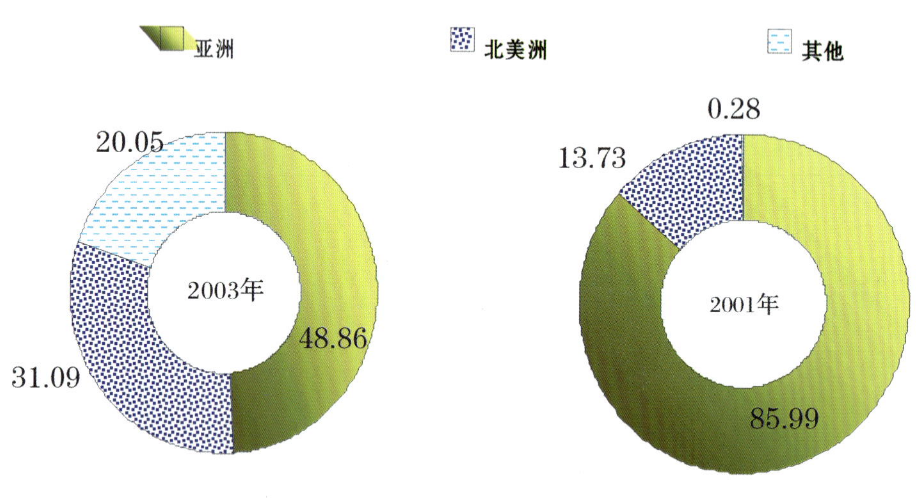

旅游外汇收入(万美元)

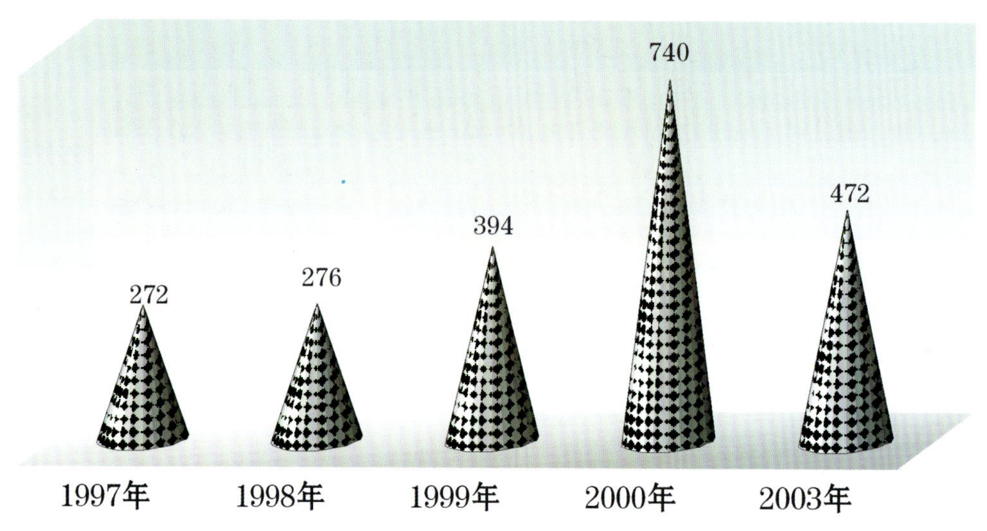

16－1 进出口贸易总额

Total Value of Imports and Exports

单位:万美元

年 份	进出口总额	进口总额	出口总额
1978	1064	988	76
1980	887	485	402
1985	3411	1288	2123
1986	4320	1677	2643
1987	5142	1127	4015
1988	5384	826	4558
1989	6488	639	5849
1990	7027	222	6805
1991	7791	240	7552
1992	10399	1356	9043
1993	12442	2268	10174
1994	14331	1981	12350
1995	16226	2419	13807
1996	22497	9017	13480
1997	16476	4036	12440
1998	11405	974	10431
1999	10785	2099	8686
2000	15973	4773	11200
2001	20490	5577	14913
2002	19671	4562	15109
2003	33913	6526	27387

注:1997 年以前为省外贸厅统计数据,1998 年以后为西宁海关统计数据。

16－2 海关进口主要商品量值表

Total Amount and Value of Major Import Commodities Form the Customs

商品名称		2002		2003	
		数量	货值（万美元）	数量	货值（万美元）
天然橡胶(包括乳胶)	(吨)	341	23	344	22
氧化铝	(吨)	90930	1476	130794	3329
液泵及液体提升机	(台)	12	6	8	4
机械提升搬运装卸设备及零件		6353	4	901	1
建筑及采矿用机械及零件		89	377	104	24
食品加工机械		1	120	1	123
纺织机械及零件		75	143	21	150
金属加工机床	(台)	2	2	1	131
阀门	(套)	213	8	1054	44
自动数据处理设备及其部件	(台)	5	242	5	12
发电机组及旋转式变流机	(台)	10	3	17	110
通断及保护电路装置	(个)	627	5	33	9
二极管、晶体管及类似半导体	(个)	200		3820	12
集成电路及微电子组件	(个)	114	4	114	3
汽车及汽车地盘	(辆)	4	89	7	21
船舶	(艘)			2	1066
医疗仪器及器械		5	3	4	52
计量监测分析自控仪器及器具		109	36	4554	124
塑料制品	(吨)	4	2	4	2

注:表中无数量单位的商品,原因是计量单位不统一,数量值为参考值。

16－3 海关出口主要商品量值表

Amount and Value Table of Main Export Commodities Form the Customs

商 品 名 称		2002		2003	
		数 量	货 值 (万美元)	数 量	货 值 (万美元)
硅	(吨)	11804	889	14402	1210
硅铁	(吨)	49464	2213	58091	2999
活牛	(头)	440	25	380	22
氯化镁	(吨)	20235	353	10029	175
镁	(吨)	359	47	1227	207
干豆	(吨)			4001	111
未锻造的铝及铝材	(吨)			56277	8119
地毯	(万平方米)	23	698	35	1101
钢材	(吨)			232	11
人造花	(吨)			1215	46
棉坯布	(万米)	1	1	7	9
绵羊肠衣	(吨)	36	127	104	384
铅	(吨)	36366	1762	2116	110
山羊绒	(吨)			37	203
碳化硅	(吨)	19740	681	21821	1160
铣床	(台)	6.00	5	8	8
鞋	(万双)	33.80	64	353.78	373
医疗仪器及器械		1139420	9	14232875	47
针织或钩编的服装	(万件)	294	389	2195	2956
织物制服装	(万件)	372	585	3115	3728

注:医疗仪器及器械计量单位不统一,数量值为参考值。

16－4 海关按国别(地区)分出口总值

Total Value of Export by and Region State From the Customs

单位:万美元

国　家(地区)	2002	2003	国　家(地区)	2002	2003
亚　洲			卢森堡	0.36	
#孟加拉国	12.56	65.82	荷　兰	203.06	439.89
缅　甸	4.50		希　腊	26.23	62.52
朝鲜民主主义人民共和国	25.38		葡萄牙	12.31	53.67
中国香港	1909.54	4830.26	西班牙	51.49	249.10
印　度	197.07	283.09	奥地利	0.23	1.69
印度尼西亚	112.96	242.03	芬　兰	63.27	70.18
伊　朗	32.01	29.89	马耳他	59.62	26.59
以色列	16.97	75.13	波　兰	245.89	313.62
日　本	2958.64	5015.65	罗马尼亚	7.40	18.17
约　旦	7.02	25.39	瑞　典	10.09	129.27
科威特	2.20	25.07	瑞　士	11.74	13.10
老　挝	0.12		拉托维亚	4.40	0.38
黎巴嫩	3.75	46.83	哈萨克斯坦	336.69	
中国澳门	43.22	45.58	俄罗斯联邦	1.59	48.61
马来西亚	263.65	373.53	克罗地亚共和国		60.98
阿　曼	0.89	2.01	捷克共和国	0.36	7.59
巴基斯坦	15.94	38.59	阿根廷	8.92	13.37
菲律宾	8.05	70.30	拉丁美洲		
沙特阿拉伯	51.87	285.81	#巴　西	111.19	37.92
新加坡	1264.14	545.49	智　利	29.01	103.43
韩　国	3764.43	6176.10	哥伦比亚	0.03	21.32
斯里兰卡	7.88	16.43	多米尼加共和国	1.21	12.21
泰　国	98.22	477.49	厄瓜多尔	2.76	1.79
土耳其	40.01	141.86	洪都拉斯	1.65	2.59
阿拉伯联合酋长国	53.10	221.76	古　巴		0.87
也门共和国	156.82	41.81	牙买加		0.26
越　南		103.20	墨西哥	87.09	85.12
中国台湾	87.40	841.86	巴拿马	14.43	30.87
非　洲			巴拉圭	0.93	0.93
#阿尔及利亚	2.95	56.07	秘　鲁	2.90	11.24
埃　及	0.33	75.14	波多黎各	7.10	0.01
尼日利亚	9.95	35.79	萨尔瓦多	3.99	28.19
南非(阿扎尼亚)	25.93	109.75	北美洲		
欧　洲			#加拿大	100.37	214.87
#比利时	21.63	63.42	美　国	1624.14	2707.89
丹　麦	17.80	19.92	大洋洲及太平洋岛屿		
英　国	114.25	219.19	#澳大利亚	80.17	169.58
德意志联邦共和国	334.37	535.44	新西兰	6.43	32.34
法　国	49.54	64.52	萨摩亚		1.53
意大利	276.65	369.11			

16－5 利用外资概况

Utilization of Foreign Capital

年份	外商直接投资	
	项目(个)	金额(万美元)
签订利用外资(合同)外资额		
1985	4	318
1991	2	19
1992	11	399
1993	54	2300
1994	19	924
1995	28	2447
1996	18	1699
1997	22	5284
1998	24	7584
1999	15	1421
2000	40	11020
2001	47	19839
2002	32	24158
2003	44	28584

16-6 按行业分外商直接投资合同外资额
Agreement of Foreign Direct Investment by Sector

行业	项目(个)		金额(万美元)	
	2002	2003	2002	2003
总计	**32**	**44**	**24158**	**28584**
农、林、牧、渔业	2	2	155	651
采掘业	2	2	1862	217
制造业	8	15	5096	8268
电力、煤气及水的生产和供应业	5	7	12883	13305
石油、天然气地质勘查业		1		3199
批发和零售贸易、餐饮业		1		5
房地产业	6	10	3117	2157
卫生体育和社会福利业		1		253
社会服务业	6	2	369	54
综合技术服务业		2		7
工程设计		1		
建筑业	2		621	
其他行业	1		55	

注:2003 年合同外资总额中包括外商投资企业再投资 468 万美元。

16-7 利用外资额(按方式和国别(地区)分)

Amount of Utilization of Foreign Capital and Foreign Investment

指　　标	合同数(个)		外方直接投资合同外资额(万美元)	
	2002	2003	2002	2003
总　　计	**32**	**44**	**24158**	**28584**
按投资方式分组:				
合资经营企业	16	22	3143	7680
合作经营企业	6	3	4004	3706
独资企业	10	16	17011	16510
股份制		1		220
按投资国别(地区)分组				
1.亚　洲	**25**	**25**	**15868**	**13965**
中国香港	19	20	15016	13776
中国澳门	1		168	
中国台湾	2	3	504	60
韩　国		2		129
菲律宾	1		143	
日　本	1		27	
沙　特	1		10	
2.欧　洲	**1**	**5**	**6**	**3497**
德　国	1		6	
西班牙		1		42
英　国		3		256
意大利		1		3199
3.北美洲	**6**	**11**	**7922**	**8887**
维尔京群岛		1		120
加拿大	2	2	374	234
美国	4	8	7548	8533
4.大洋洲及太平洋诸岛		**1**		**1767**
澳大利亚		1		1667
萨摩亚				100
其他(外商投资企业再投资)		**2**		

注:2003 年合同外资总额中包括外商投资企业再投资 468 万美元。

16－8 旅游情况

Tourism Situation

指　　标	2002	2003
一、年末旅行社数　（个）	**101**	**125**
国际旅行社	11	11
国内旅行社	90	114
二、年末旅行社数从业人员　（人）	**1700**	**1418**
三、来青旅游人数合计　（人）	**4223500**	**3960711**
国际旅游者	43500	17711
外国人	19100	7715
港澳和台湾同胞	24400	9996
国内旅游者	4180000	3943000
四、旅游收入　（万元）	**152000**	**146300**
#国际旅游外汇收入　（万美元）	998.73	472

16－9 接待外国旅游人数(按国别分)

Number of Foreign Tourists by Country

单位:人

国家(地区)	2002	2003	国家(地区)	2002	2003
总　计	**19110**	**7715**	瑞　典	43	5
亚洲小计	**9566**	**3702**	瑞　士	210	58
日　本	4844	1668	荷　兰	240	87
韩　国	614	690	俄罗斯	29	40
蒙　古	98	473	西班牙	49	24
印度尼西亚	36	12	其　它	183	67
马来西亚	169	13	**美洲小计**	**2959**	**1276**
菲律宾	40	2	美　国	1735	841
新加坡	2639	609	加那大	1048	379
泰　国	117	9	其　它	176	56
印　度	66	15	**大洋洲小计**	**401**	**417**
其　他	943	211	澳大利亚	291	230
欧洲小计	**5288**	**2102**	新西兰	63	150
英　国	1476	483	其　它	47	37
法　国	1801	803	**非洲小计**	**98**	**28**
德　国	885	346	**其　它**	**798**	**190**
意大利	372	189			

主要统计指标解释

进出口贸易总额　又称“对外贸易额”。指以货币表示的一个国家(或地区)在一定时期内的全部对外贸易总额,也就是出口贸易额(即出口额)和进口贸易额(即进口额)之和,它是反映一个国家(或地区)对外贸易规模的重要指标之一,通常用本国货币或国际上习惯通用的货币来计算。

出口贸易额　简称“出口额”。指以货币表示的一个国家(或地区)在一定时期内实际出口商品的总金额。它不等于出口收汇额。出口贸易额一般按离岸价格计算。

进口贸易额　简称“进口额”。指以货币表示的一个国家(或地区)在一定时期内实际到货的进口商品总金额。进口贸易额一般按到岸价格计算。到岸价格即通常所说的“成本加保险费,运费(到达目的港)的价格”。

旅游人数　包括入境国际旅游者人数、出境居民人数和国内旅游者人数。

(1)入境国际旅游者人数:指来中国参观、访问、旅行、探亲、访友、休养、考察、参加会议和从事经济、科技、文化、教育、宗教等活动的外国人、华侨、港澳同胞和台湾同胞的人数。不包括外国在我国的常驻机构,如使领馆、通迅社、企业办事处的工作人员;来我国常住的外国专家,留学生以及在岸逗留不过夜人员。

(2)出境居民人数:指大陆居民因公务活动或私人事务短期出境的人数。公务活动出境居民人数包括在国际交通工具上的中国服务员工,因私出境居民人数不包括在国际交通工具上的中国服务员工。

(3)国内旅游者人数:指我国大陆居民和在我国常住1年以上的外国人、华侨、港澳台同胞离开常住地在境内其他地方的旅游设施内至少停留一夜、最长不超过6个月的人数。

国际旅游(外汇)收入　指入境旅游的外国人、华侨、港澳同胞和台湾同胞在中国大陆旅游过程中发生的一切旅游支出,对于国家来说就是国际旅游(外汇)收入。

国际旅行社　指经营对外招徕并接待外国人、华侨、港澳同胞和台湾同胞来中国、归国或回内地旅游业务的旅行社。

国内旅行社　指负责经营招徕、组团、接待国内旅客的旅游业务,以及不对外招徕,负责经营接待国际旅行社或其它涉外部门组织的外国人、华侨、港澳同胞和台湾同胞来中国、归国或内地的旅游业务的旅行社。

涉外饭店　指经有关部门批准,允许接待外国人、华侨、港澳同胞和台湾同胞的饭店。

Chapter 17

科　技

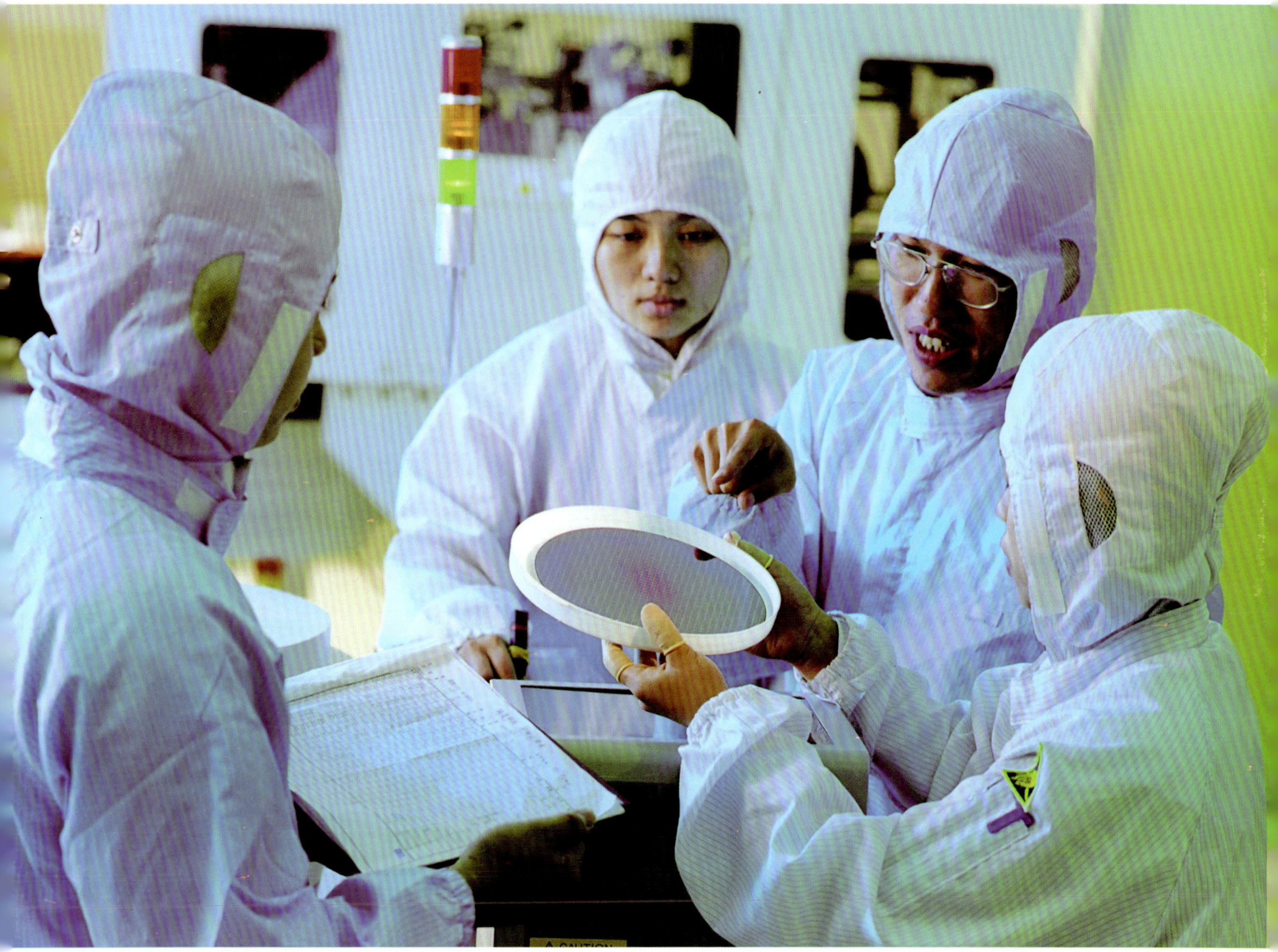

Science and Technology

2003年事业企业单位专业技术人员构成(%)

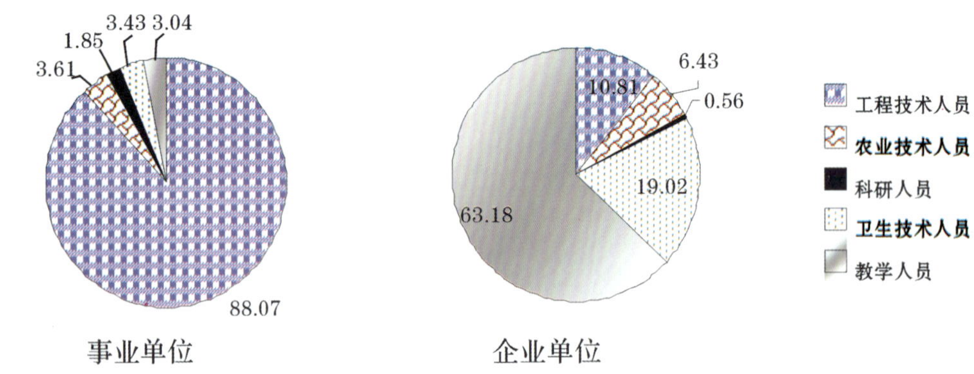

各类技术合同成交额（万元）

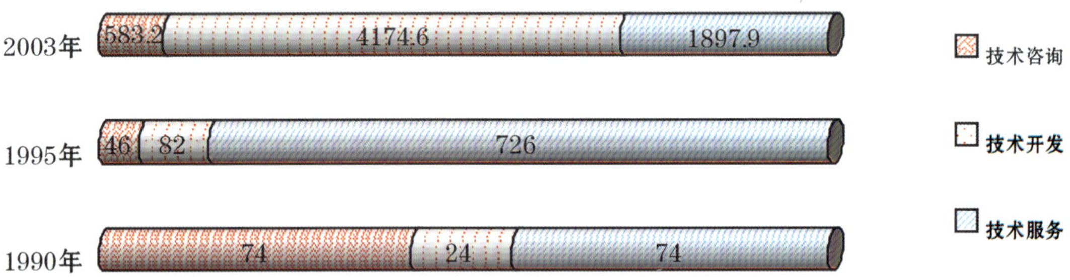

大中型工业企业技术开发项目经费（万元）

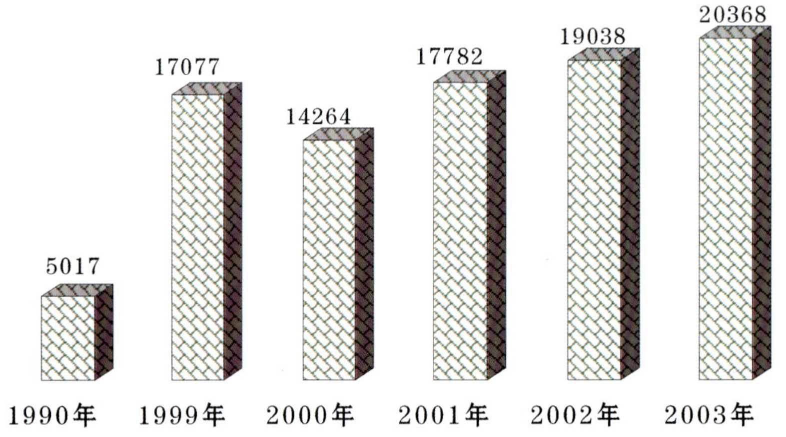

17－1 县以上研究与开发机构科技活动情况

Basic Statistics on Scientific and Technological Activities of R&D Institutions at County Level and Above

类　　别		1988	1990	1999	2000	2001	2002	2003
一、研究与开发机构数	（个）	62	60	52	52	50	43	48
二、从事科技活动人数	（人）	3384	3161	2411	2335	1776	1882	2024
科技管理人员	（人）	685	640	439	451	365	376	407
课题活动人员	（人）	1896	1771	1438	1346	1063	1152	1180
科技服务人员	（人）	803	750	534	538	348	354	437
三、研究与开发经费收入	（万元）	4381	4846	10777	14027	14290	22550	28972
四、研究与开发经费支出	（万元）	4323	4703	11539	13142	16511	18855	27238
五、研究与开发课题	（项）	454	391	295	323	297	298	326
基础研究	（项）	30	37	49	49	46	34	27
应用研究	（项）	82	55	36	44	29	48	57
试验发展	（项）	106	46	36	75	55	88	76

17－2 事业、企业单位各类专业技术人员情况

Scientific and Technical Personnel in Public Institutions and Enterorises

单位:人

类　　别	2001	2002	2003
总　　计	**107864**	**98564**	**105029**
其中:市(地、州)			12949
县(市、区)			46799
乡(镇)			23624
其中:1. 高级职务	4664	4856	5417
#正高级职务	301	323	396
2. 中级职务	28087	29353	32199
3. 初级职务	68882	58596	62797

17－3 事业单位分行业各类专业技术人员情况(2003年)

Scientific and Technical Personnel in Public Institution by Sector(2003)

单位:人

行　业	合 计	工程技术人员	农业技术人员	科研人员	卫生技术人员	教学人员
总　计	**88245**	**9538**	**5671**	**499**	**16785**	**55752**
一、农、林、牧、渔业	7905	2012	5566	66	52	209
二、采矿业						
三、制造业						
四、电力蒸汽及水的生产、供应业						
五、建筑业						
六、交通运输仓储邮政业	906	831	2		38	35
七、信息传输计算机服务和软件业	9	9				
八、批发和零售业						
九、住宿和餐饮业						
十、金融业	1	1				
十一、房地产业						
十二、租赁和商务服务业						
十三、科学研究技术服务地质勘查业	3039	2470	37	377	88	67
十四、水利环境和公共设施管理业	2451	2446	2	1		2
十五、居民服务和其他服务业	1218	1006	46		132	34
十六、教育	55571	129	11	6	147	55278
十七、卫生社会保障和社会福利业	16542	84	1	36	16311	110
十八 、文化体育和娱乐业	603	550	6	13	17	17

17-4 企业分行业各类专业技术人员情况(2003年)

Scientific and Technical Personnel in Enterprises by Sector(2003)

单位:人

行　　业	合 计	工程技术人　员	农业技术人　员	科　研人　员	卫生技术人　员	教　学人　员
总　　计	**3789**	**3337**	**137**	**70**	**130**	**115**
一、农、林、牧、渔业	239	66	103		14	56
二、采矿业	320	304			16	
三、制造业	1087	966	30		56	35
四、电力蒸汽及水的生产、供应业	202	202				
五、建筑业	343	343				
六、交通运输仓储邮政业	162	162				
七、信息传输计算机服务和软件业	3	3				
八、批发和零售业	151	126	1		24	
九、住宿和餐饮业	17	6	2		3	6
十、金融业						
十一、房地产业	30	30				
十二、租赁和商务服务业						
十三、科学研究技术服务地质勘查业	214	144	1	69		
十四、水利环境和公共设施管理业	751	747		1	3	
十五、居民服务和其他服务业	227	227				
十六、教育	18					18
十七、卫生社会保障和社会福利业	14				14	
十八 、文化体育和娱乐业	11	11				

17－5 自然科学研究机构、人员和经费情况(2003年)

类别	机构	从业人员	从事科技活动人员	#科学家和工程师
总计	**42**	**2847**	**1880**	**1322**
一、按机构隶属关系分				
地方部门属	38	2438	1584	1050
省级部门属	19	1820	1167	782
地市级部门属	19	618	417	268
中央部门属	4	409	296	272
中国科学院	2	357	254	242
二、按机构所在地域分				
西宁市	32	2639	1721	1215
海东地区	1	10	6	4
海北州	2	53	43	25
黄南州	2	34	31	20
海南州	1	25	15	8
果洛州	1	31	22	15
玉树州				
海西州	3	55	42	35
三、按机构所属行业分				
农、林、牧、渔业	13	692	553	388
农业	4	332	272	176
林业	1	31	8	5
农、林、牧、渔服务业	8	329	273	207
采矿业	1	44	34	28
煤炭开采和洗选业	1	44	34	28
制造业	4	148	77	54
农副食品加工业	1	12	6	5
化学原料及化学制品制造业	2	101	43	32
通用设备制造业	1	35	28	17
电力、燃气及水的生产和供应业	1	187	132	92
电力、热力的生产和供应业	1	187	132	92
建筑业	4	295	150	105
房屋和土木工程建筑业	4	295	150	105
信息传输、计算机服务和软件业	2	37	30	18
电信和其他信息传输服务业	1	9	6	6
软件业	1	28	24	12
科学研究、技术服务和地质勘查业	11	874	632	479
研究与试验发展	3	362	258	243
专业技术服务业	8	512	374	236
水利、环境和公共设施管理业	2	73	58	35
水利管理业	2	73	58	35
卫生、社会保障和社会福利业	3	488	206	117
卫生	3	488	206	117
文化、体育和娱乐业	1	9	8	6
体育	1	9	8	6

Basic Statistics on Research Institutions and Personnel and Funds of Natural Science(2003)

单位:人、个、千元

课题组折合全时人员	#科学家和工程师	经费收入总额(千元)	#政府资金	经费支出总额(千元)	#科技经费支出
623	**450**	**281527**	**163067**	**263286**	**229031**
501	338	200014	93979	180444	148028
364	262	167922	68448	148463	117902
137	76	32092	25531	31981	30126
122	112	81513	69088	82842	81003
119	109	78925	67091	80995	79532
549	406	273180	154767	254946	220691
		188	188	188	188
31	16	2681	2681	2681	2681
12	10	942	942	949	949
15	8	1020	1020	1020	1020
		1089	1042	1090	1090
16	10	2427	2427	2412	2412
227	192	44286	35627	40776	40436
121	101	24243	16839	21428	21409
		2206	1117	2206	1885
106	91	17837	17671	17142	17142
		5051	2323	4733	4202
		5051	2323	4733	4202
29	20	8322	6049	7806	7160
		564	564	590	590
16	8	5354	3836	5026	4380
13	12	2404	1649	2190	2190
14	14	19579		19223	19140
14	14	19579		19223	19140
30	9	30466	8179	24193	15753
30	9	30466	8179	24193	15753
4	3	1793	1493	1817	1817
		170	170	170	170
4	3	1623	1323	1647	1647
208	163	112993	85267	111437	106395
122	109	79055	67221	81205	79742
86	54	33938	18046	30232	26653
53	21	14092	8534	14092	14092
53	21	14092	8534	14092	14092
55	25	44345	14995	38613	19440
55	25	44345	14995	38613	19440
3	3	600	600	596	596
3	3	600	600	596	596

17－6 自然科学研究机构人员按学位、学历及技术职称分类(2003年)

Classification of Personnel in Natural science Research Institutions in Accordance With Their Degrees ,Educational Background and Academic Titles(2003)

单位:人

类别	学位		学历			职称		
	博士	硕士	研究生	大学	大专	高级	中级	初级
总计	**22**	**59**	**91**	**814**	**519**	**441**	**769**	**507**
一、按机构隶属关系分								
地方部门属	1	23	34	670	452	319	672	443
省级部门属	1	18	27	534	316	259	475	314
地市级部门属		5	7	136	136	60	197	129
中央部门属	21	36	57	144	67	122	97	64
中国科学院	21	34	55	124	54	113	83	52
二、按机构所在地域分								
西宁市	22	59	90	776	478	414	694	462
海东地区				1	1	1	3	2
海北州			1	8	12	9	13	19
黄南州				6	1	2	18	7
海南州				4	3	4	4	2
果洛州				2	5	7	7	8
玉树州								
海西州				17	19	4	30	7

17－7 社会、人文科学研究机构、人员情况(2003年)

Basic Statistics on Research Institutions and Personnel in Social and Human Science(2003)

单位:人

名 称	全部从业人数	#专业技术人员	从事科技活动人员	#女性	#科学家和工程师
总 计	**180**	**143**	**144**	**49**	**104**
青海省文化厅					
青海省文物考古研究所	48	43	47	14	31
青海省文学艺术研究所	14	11	12	7	5
青海省委宣传部					
青海省社会科学院	92	70	63	21	50
青海省教育厅					
青海教育科学研究所	7	4	5	1	4
青海省文学艺术联合会					
青海省《格萨尔》史诗研究所	7	7	7	3	7
青海省计划委员会					
青海省计委经济研究所	12	8	10	3	7

17－8 全省重大科技成果登记基本情况(2003年)

Basic Statistics of Important Achievements in Scientific Research(2003)

类别		合计	科研机构	大专院校	企业	医疗机构	其他
总计	**(项)**	**100**	**18**	**10**	**30**	**18**	**24**
一、按成果水平分类							
1. 国际领先	(项)	2		1	1		
2. 国际先进	(项)	6		3	1	1	1
3. 国内领先	(项)	27		1	16	4	6
4. 国内先进	(项)	31	8	3	9	8	3
5. 国内一般	(项)	25	7	1	2	4	11
二、按应用行业分类							
1. 农、林、牧、渔业	(项)	39	13	6	5		15
2. 采掘业	(项)	4			4		
3. 制造业	(项)	14			13		1
4. 电力煤气及水生产供应业	(项)						
5. 建筑业	(项)	1			1		
6. 地质勘查业、水利管理业	(项)						
7. 交通运输、仓储及邮电通信业	(项)	3			2		1
8. 房地产业	(项)	1		1			
9. 社会服务业	(项)	1					1
10. 卫生、体育和社会福利事业	(项)	21	1		1	17	2
11. 教育、文化艺术和广播电影电视业	(项)	2		2			
12. 科学研究和综合技术服务业	(项)	2	1				1
13. 国家机关、政党机关和社会团体	(项)	1			1		
14. 其他行业	(项)	3		1	2		
三、按应用情况分类							
1. 已应用项目数	(项)	82	13	9	26	14	20
2. 未应用项目数	(项)	9	2		3	3	1
其中:资金问题	(项)	6	2		3		1
技术问题	(项)	3				3	
四、经济效益的项目数	(项)	41	7	4	20	2	8
五、应用后本年度取得的经济效益							
1. 新增产值	(万元)	264928	888	1212	260896	705	1227
新增利税	(万元)	5806	32		5592		182
出口创汇	(万元)	1460			1460		
2. 节约资金	(万元)	3555			3555		

17－9　国家级星火计划项目执行情况
Performance of State Level Spark Plan Projects

指　　标		2000	2001	2002	2003
一、国家级星火计划项目数	（项）	6	9	11	20
二、参加项目工作的主要人员	（人）	218	223	210	288
其中:高级职称	（人）	6	16	21	41
中级职称	（人）	22	31	48	71
初级职称	（人）	29	26	71	80
其他人员	（人）	161	150	78	96
三、本年度资金落实及支出情况					
（一）到位资金合计	（千元）	17140	16568	83240	174570
政府资金	（千元）	830	360	1500	8910
其中:有偿使用资金	（千元）				4000
科技活动事业单位资金	（千元）				680
企业资金	（千元）	3630	10108	24990	77410
金融机构贷款	（千元）	12680	2900	56250	85480
国外资金					
其它资金	（千元）		3200	500	2090
（二）项目支出合计	（千元）	12915	10313	45470	156780
其中:研究开发费	（千元）	2080	1978	7390	6320
（三）已偿还项目贷款	（千元）	4110	500	5000	8600
四、本年度项目效益及成果					
（一）本项目已取得的直接经济效益					
新增产值		28170	19616	85824	132098
出口额	（千美元）	2000	44	2560	4320
净利润额	（千元）	602	2393	14434	17364
实交税金总额	（千元）	785	2520	2730	18959
（二）项目专利申请和授权情况					
专利申请数	（项）	1		1	1
其中:发明					1
其中:国外授权					
专利授权数	（项）	1		1	1
其中:发明	（项）	1		1	1
其中:国外授权	（项）				

注:2002年及以前科技活动事业单位资金未分列。

17－10　大中型工业企业科技活动情况(2003年)

类　　别	有科技活动企业数（个）	企业科技活动人员（人）	#研究试验发展人员	科学活动经费筹集总额（万元）
总　　计	**25**	**3514**	**1639**	**35283**
一、按企业规模分组				
大型企业	7	2387	1240	30785
中型企业	18	1127	399	4498
二、按登记注册类型分组				
内资企业	24	3471	1621	35253
国有	3	496	244	3981
其中:大型企业	1	218	85	2306
股份合作	1	47		43
国有独资公司	2	418	54	2088
其中:大型企业	1	402	43	2030
其他有限责任公司	6	716	225	5961
股份有限公司	10	1714	1078	22791
私营有限责任公司	1	52	20	389
私营股份有限公司	1	28		
港澳台商投资	1	43	18	30
与港澳台商合作经营	1	43	18	30
三、按工业行业大类分组				
煤炭开采和洗选业	1	268	159	408
石油和天然气开采业	1	699	618	12899
黑色金属矿采选业	1	43	18	30
有色金属矿采选业	1	529	122	5250
非金属矿采选业	1	10		967
饮料制造业	1	28		300
纺织服装、鞋、帽制造业	1	16	16	30
皮革、毛皮、羽毛(绒)及其制品业	1	52	20	389
化学原料及化学制品制造业	5	773	95	2647
医药制造业	3	73	11	586
非金属矿物制品业	2	153	17	452
黑色金属冶炼及压延加工业	1	264	211	5841
有色金属冶炼及压延加工业	1	42	42	1310
通用设备制造业	2	270	149	1430
仪器仪表及文化、办公用机械制造业	1	35	35	170
电力、热力的生产和供应业	2	259	126	2518
水的生产和供应业				56

Scientific and Technological Activities in Large and Medium – sized Industrd Enterprises(2003)

科学活动经费支出总额（万元）	内部支出中研究与试验发展经费支出（万元）	全部科技项目数（项）	专利申请数（个）	技术改造经费支出（万元）	技术引进经费支出（万元）	企业科技机构情况（个）
35721	**14990**	**248**	**38**	**7074**	**1183**	**29**
30438	13596	216	7	5843	1028	12
5283	1394	32	31	1231	155	17
35634	14976	246	38	7074	1183	27
5296	1237	25	26	1698	50	3
2306	352	23		1230		1
43						
2088	1014	13				2
2030	980	7				1
5992	1862	20	4	1007	256	10
21824	10842	186	7	4369	877	10
389	21	2	1			1
2						1
87	14	2				2
87	14	2				2
2023	885	1		131		1
13609	5405	107	1	870	230	2
87	14	2				2
5250	1525	8		761	215	5
967		1		112		1
2			26	225	50	1
30	30	1				1
389	21	2	1			1
2666	1036	13		159	41	5
263	34	11		87	64	2
452	26	2		132		1
5549	4273	52				1
562	311	6	6			1
1154	766	13		1423	583	2
182	100		4	87		1
2518	564	29		3087		2
18						

17－11 大中型工业企业科研与开发情况

Basic Statistics on Science R&D in Large and Medium－sized Industrial Enterprises

类 别		1987	1990	1999	2000	2001	2002	2003
一、大中型工业企业数	（个）	46	50	65	63	61	59	55
大 型	（个）	16	18		25	23	22	9
中 型	（个）	30	32		38	38	37	46
二、企业办技术开发机构	（个）	38	26	28	34	27	21	29
三、从事科技活动人员	（人）	1743	2371	9922	3945	4174	3630	3514
四、当年筹集的科技经费	（万元）	2962	7548	18856	25344	32510	34895	35283
五、当年科技活动经费支出	（万元）	2427	7084	18301	24566	27379	33709	35721
用于新产品	（万元）	1657		4154	1484	2484	3555	4370
六、技术开发项目	（项）	125	148	224	251	278	280	248
基础研究	（项）		1		1	1		1
应用研究	（项）	12	35		15	12	42	47
试验发展	（项）	34	25		85	78	64	33
技术开发项目经费	（万元）	1805	5017	17077	14264	17782	19038	20368
技术开发项目投入人员	（人）	1215	1511	2357	2243	2682	2367	1845
七、技术开发成果获奖数	（项）	56	62	75				
八、科学论文数	（篇）	82	113					
九、科技著作数	（种）		1					
十、专利申请数	（项）	2	5	14	27	28	51	38
十一、专利授权数	（项）	1	3	1				

注：科技论文数、科技著作数、技术开发项目中基础研究、应用研究、试验发展1999年未作统计。基础研究、应用研究、试验发展项目均为立项经费10万元及以上的项目数。

17－12 科协系统科技活动基本情况

Basic Statistics on Scientific and Technological Activities of Science and Technology Associations

类别		1990	1995	1999	2000	2001	2002	2003
一、学术活动		90	152	6	70	57	14	42
1. 国内学术会议	（次）	1			1	54	14	42
2. 国内举行的国际会议	（次）		11		47	3		
3. 赴国外参加的国际会议	（人次）	26	73		5			
二、科技培训								
1. 办培训班	（次）	28	3535	138	166	155	2874	1328
2. 培训人次	（人次）	158	561244	17654	12961	7575	522853	253287
三、科普活动								
1. 科普讲座次数	（次）	119	1560	2070	1474	2814	358	809
参加人次	（人次）	13325	260634	353581	222015	345076	49611	344032
2. 科普展览次数	（次）	79	334	591	65	291	135	659
参观人次	（万人次）	39	150.5	135.5	34.5	13.7	8.8	151.1
四、咨询活动								
1. 参加咨询的科技人员数	（人）	2776						3145
2. 完成合同数	（项）	326	114854	178	107	6	22	29
3. 无偿咨询项目数	（项）	292	3004	289	182	372	104	108
五、出版								
1. 科技期刊年发行册数	（册）	112704	93758	321110	42396	37716	27100	36000
发表学术论文	（篇）	1525	2582		483	831	196	300
2. 论文集	（种）	11	26	1	7	9	1	
发表学术论文数	（篇）	322	2174		483	3800	1601	

17－13 高等院校科技活动基本情况

Basic Statistics on Scientific Techological Activities in Colleges and Universities

类　　别		1985	1990	1999	2000	2001	2002	2003
一、参加科技统计的高校	（所）	6	8	7	7	5	8	8
二、从事科技活动人数	（人）	1830	3029	3311	3678	4468	4961	5368
1.教师	（人）	879	1643	1603	1753	2229	2589	2792
2.其他技术人员	（人）	407	1310	1660	1859	2106	2210	2345
3.辅助人员	（人）	544	76	48	66	133	162	231
三、从事研究与发展活动人员	（人）	282	160	368	337	428	385	614
正、副教授	（人）	12	33	130	133	133	153	271
讲师	（人）	66	50	167	112	238	200	290
助教	（人）	43	25	71	92	57	32	53
四、研究与发展机构	（个）		4	4	4	17	20	15
机构中研究与发展人员	（人）		11	10	20	190	179	251
五、当年研究与发展经费收入	（万元）	21	60	62	174	293	1119	2135
当年研究与发展经费支出	（万元）	14	41	56	80	275	1028	1925
六、研究与发展课题	（项）	76	88	112	51	74	138	136
基础研究	（项）	26	39	25	13	36	32	28
应用研究	（项）	36	36	84	38	80	84	86
实验发展	（项）	14	13	3		24	22	22
七、研究与发展成果								
1.出版科学专著	（部）	6	3	5	4	20	8	15
2.发表学术论文	（篇）	296	429	818	1105	2010	1821	1742
3.鉴定科技成果	（项）	8	24	27	15	23	17	
4.获奖成果数	（项）	39	11	3		9	6	57
5.科技成果转让	（项）	3	2					

17－14 技术市场基本情况
Basic Statistics of Technical Marker

类　　别		1990	1995	1999	2000	2001	2002	2003
一、各类技术合同登记表	(项)	219	415	540	552	236	329	205
技术开发合同	(项)	13	36	24	39	89	46	73
技术转让合同	(项)	32	6	6	6		21	30
技术咨询合同	(项)	68	171	99	111	6	32	11
技术服务合同	(项)	106	202	411	396	141	230	91
二、各类技术合同成交额	(万元)	213.7	1054.8	4282.6	5096	4656.6	12372.7	8291.0
技术开发合同	(万元)	24.3	82.0	39.2	224.2	2120.1	4351.2	4174.6
技术转让合同	(万元)	40.8	201.0	68.6	68.5		743.4	1635.5
技术咨询合同	(万元)	74.2	45.8	533.7	607.9	41.8	2637.9	583.2
技术服务合同	(万元)	74.4	726.0	3641.1	4195.4	2494.7	4640.2	1897.9

17－15 专利申请受理量及授权量
Number of Patent Applications Examined and Granted

年　份	受理量(项)	发　明	实　用新　型	外　观设　计	授权量(项)	发　明	实　用新　型	外　观设　计
1985	14	8	6					
1990	111	26	82	3	59	4	55	
1995	100	24	66	10	65	2	61	2
1996	92	22	53	17	43	2	34	7
1997	130	30	87	13	56	5	38	13
1998	137	34	76	27	62	1	47	14
1999	172	35	82	55	123	5	89	29
2000	174	36	90	48	117	16	67	34
2001	162	44	75	43	101	15	58	28
2002	151	40	56	55	85	14	48	23
2003	173	70	60	43	91	17	36	38

主要统计指标解释

自然科学技术人员　指已取得科学技术职称，或大学、中专的理、工、农、医科系毕业，以及国民经济各部门从工作实践中提拔，从事理、工、农、医等自然科学技术的研究、教学、生产(事业)技术方面工作的专业人员和在机关、企业、事业中从事科学技术业务管理工作的专业人员。包括:工程技术人员、农业技术人员、卫生技术人员、科学研究人员和教学人员等。

专业技术人员　指已取得科学技术职称，或大学、中专的理、工、农、医科系毕业，以及国民经济各部门从工作实践中提拔，从事理、工、农、医等自然科学技术的研究、教学、生产的专业人员和在机关、企业、事业中从事科学技术业务管理工作的专业人员。

工程技术人员　指在国民经济各行业中从事工程技术工作的自然科学技术专业人员，包括高级工程师、工程师、助理工程师、技术员和未评定职称的技术人员。

农业技术人员　指在国民经济各行业中从事农业技术工作的自然科学技术专业人员，包括高级农艺师、农艺师、助理农艺师、技术员和未评定职称的技术人员。

卫生技术人员　指在国民经济各行业中从事卫生医务工作的自然科学技术专业人员，包括正副主任医师、主治医师、医师、医(护)士和未评定职称的技术人员。

科学研究人员　指在国民经济各行业中从事科学技术活动的自然科学技术专业人员，包括正副研究员、助理研究员、研究实习员、技术员和未评定职称的技术人员。

教学人员　指在国民经济各行业中从事技术教学活动的专业人员，包括正副教授、讲师、助教、教师和在中学从事技术教学活动的人员。

发明　是专利法及其实施细则所称的发明，指对有关产品、方法或其改进所提出的新的技术方案。

实用新型　是专利法及其实施细则所称的实用新型，指对产品的形状、构造或者其结合所提出的适于实用的新的技术方案。

外观设计　是专利法及其实施细则所称的外观设计，指对产品的形状、图案、色彩或者其结合所作出的富有美感并适于工业上应用的新设计。

Chapter 18

教育和文化

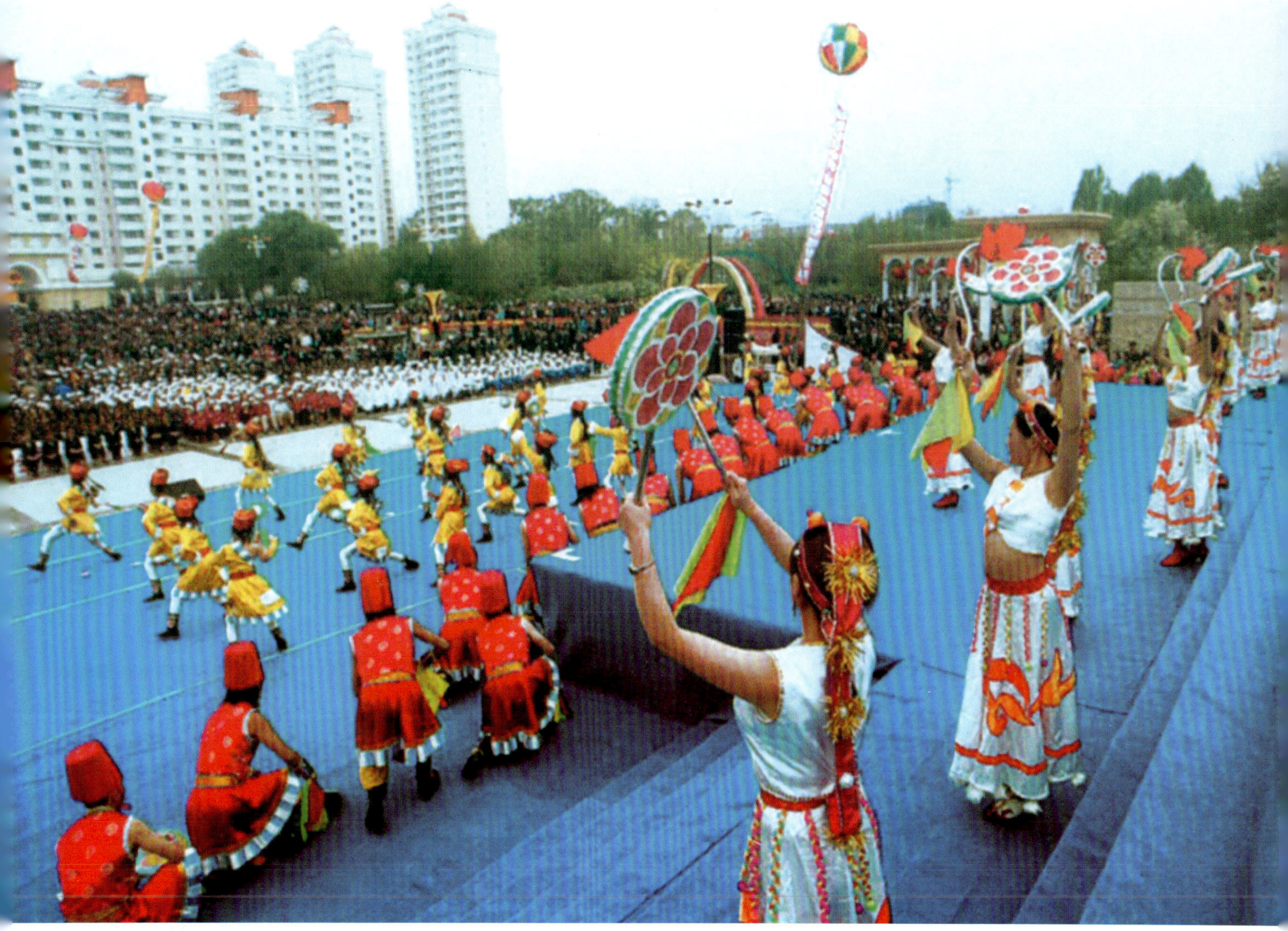

藏族舞蹈

Education and Culture

每万人口中在校学生数(人)

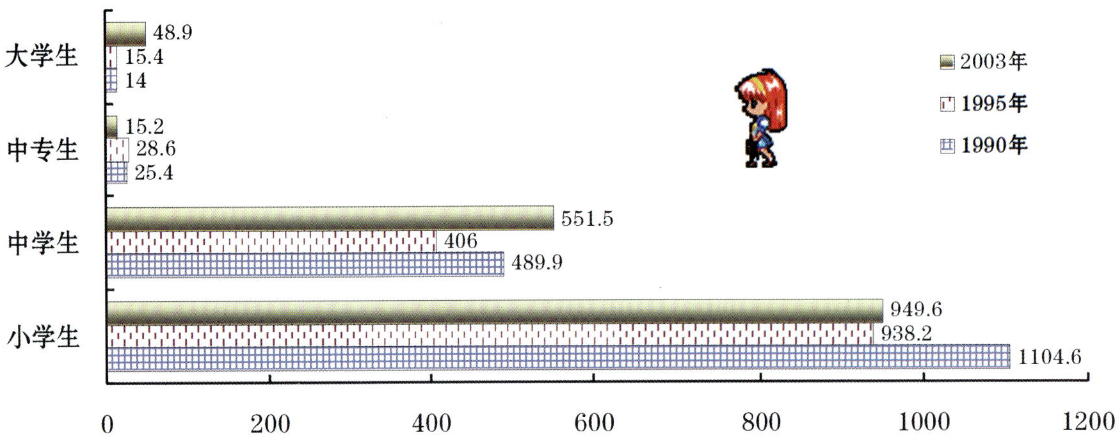

各级各类学校在校学生数(万人)

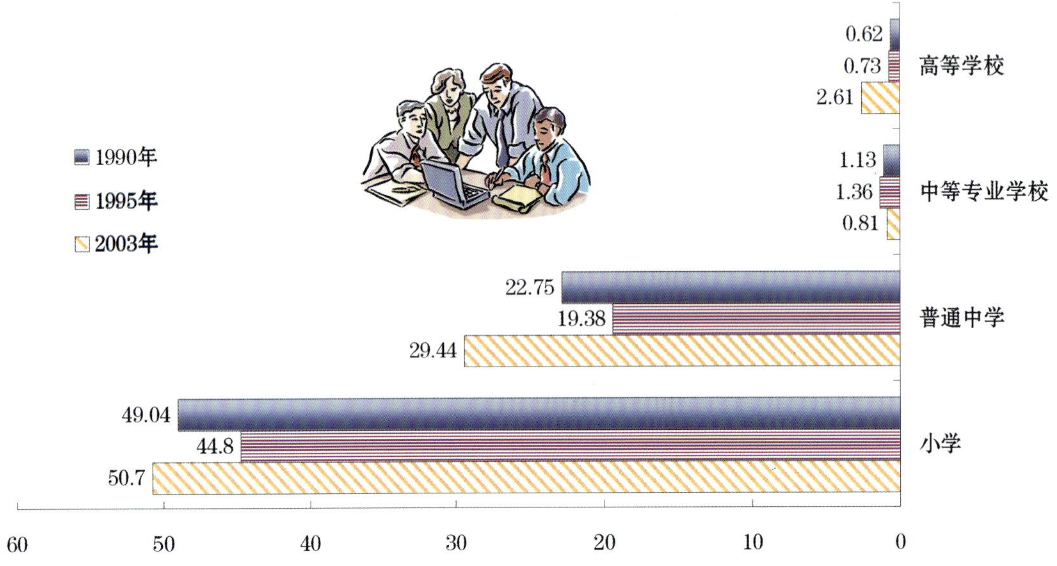

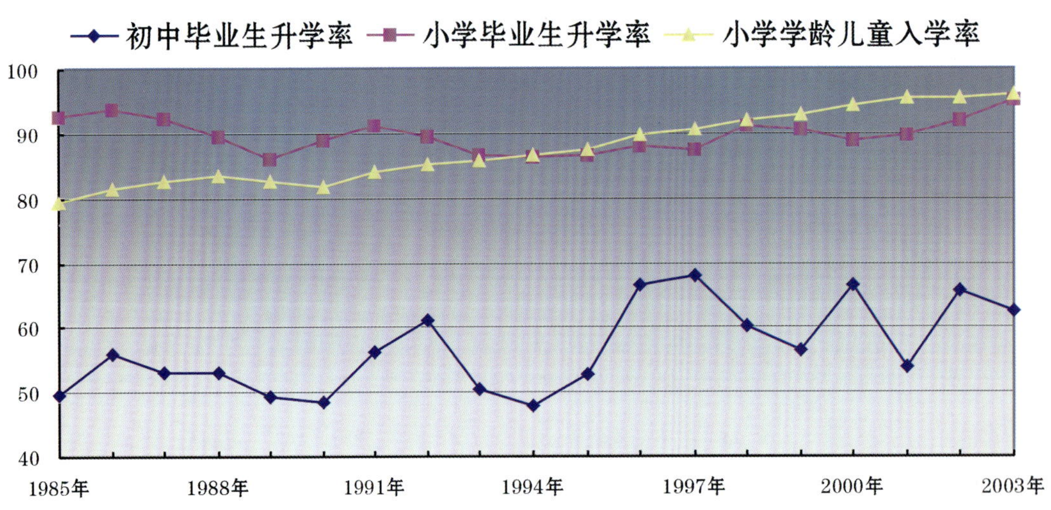

18－1 各级各类学校数

Number of ALL School

单位:所

年　份	高等学校	中等专业学校	#中　师	普通中学	农业中学及其他职业中学	小　学
1952		7	5	4		1065
1957	1	18	9	14		1441
1965	1	14	8	30	12	5847
1970	3	9	6	49		3097
1975	4	11	8	540	1	6531
1978	6	27	16	818		6577
1980	6	33	16	582	1	5207
1985	7	37	16	435	6	4256
1990	7	39	16	484	35	3839
1995	7	34	11	471	28	3437
1996	7	34	11	467	29	3451
1997	6	35	11	459	35	3473
1998	6	35	11	449	32	3465
1999	6	35	11	448	31	3448
2000	8	15	7	448	31	3429
2001	6	16	7	486	31	3159
2002	8	15	7	444	29	3120
2003	9	17	5	504	19	2998

18－2 高等学校基本情况
Basic Statistics on Institution of Higher Education

单位:人

年 份	毕业人数	招生人数	在校学生数	教职工人数	#专任教师	每一专任教师负担学生数
1957		102	178	113	55	3.2
1965	297	176	566	634	326	1.7
1970	323	368	616	792	351	1.8
1975	688	861	2709	1350	625	4.3
1978	785	1314	3538	1663	819	4.3
1980	692	1208	4238	1970	999	4.2
1985	1159	2037	6414	2559	1253	5.1
1990	1930	1725	6241	2805	1470	4.2
1995	2133	2339	7332	2965	1410	5.2
1996	2033	2460	7780	2973	1398	5.6
1997	2135	2619	8202	3108	1587	5.2
1998	2241	2787	8691	3399	1678	5.2
1999	2490	3172	7347	3454	1711	5.5
2000	2130	6105	13307	4229	2107	6.3
2001	2561	7032	17918	4669	2094	8.6
2002	2763	7123	22198	5314	2580	8.6
2003	4771	9075	26124	5589	2769	9.9

18－3 中等学校基本情况

Basic Statistics on Secondary Specialized Schools

单位:人

年 份	毕业人数	招生人数	在校学生数	教职工人数	#专任教师	每一专任教师负担学生数
1952	134	499	1602	236	88	18.2
1957	465	1486	5856	862	330	17.8
1965	510	1644	3825	753	313	12.2
1970	970	1677	2210	578	261	8.5
1975	1502	2006	5703	989	436	13.1
1978	1778	3459	7966	1374	657	12.1
1980	2484	2922	9615	1917	955	10.5
1985	2872	4512	12159	2555	1283	9.5
1990	4216	3378	11286	3102	1670	6.8
1995	3280	4217	13643	3048	1691	8.1
1996	4296	4186	13479	3062	1701	7.9
1997	4121	3867	13215	3048	1719	7.7
1998	4215	4019	12925	3079	1758	7.4
1999	4252	4050	12600	3072	1777	7.1
2000	4093	4781	13406	2398	1363	9.8
2001	3477	3006	12296	2252	1307	9.4
2002	3266	2881	11382	1159	713	16.0
2003	4204	1829	8107	773	470	10.2

18－4 普通中学基本情况

Basic Statistics on Regular Secondary Schools

单位:人

年　份	毕业人数	招生人数	在校学生数	教职工人数	#专任教师	每一专任教师负担学生数
1952	193	454	1221	137	60	8.9
1957	1026	4111	9382	539	400	17.4
1965	2182	4403	11978	1122	767	10.7
1970	8096	14374	38913	1700	1375	22.9
1975	26410	53092	120724	7528	5857	16.0
1978	49600	78600	209100	11512	9791	18.2
1980	58600	70597	199200	14058	10779	18.5
1985	58200	76200	230700	16599	12917	17.9
1990	67074	76269	217470	20161	16023	13.6
1995	57835	69755	193862	19190	15691	12.4
1996	55389	67599	192854	19046	15638	12.3
1997	58488	70944	194628	19440	16089	12.1
1998	58703	72987	195037	18884	16009	12.2
1999	56712	78901	207214	19090	16260	12.7
2000	57812	86540	224660	19378	16645	13.5
2001	61357	93034	244629	19835	16857	14.5
2002	56820	85181	220921	16670	14801	14.9
2003	75421	110325	294400	21257	18613	15.8
西宁市	31641	46294	123984	8418	7416	16.7
海东地区	27045	37248	102232	6581	6081	16.8
海北州	3511	4835	12538	1096	900	13.9
海南州	3911	7885	17406	1253	1050	16.6
黄南州	1613	2841	6907	743	592	11.7
果洛州	521	832	2023	410	324	6.2
玉树州	1512	1860	5158	536	449	11.5
海西州	5667	8530	24152	2220	1801	13.4

18－5 小学基本情况

Basic Statistics on Primary Schools

年份	毕业人数（万人）	招生人数（万人）	在校学生数（万人）	教职工人数（人）	#专任教师	每一专任教师负担学生数(人)
1952	0.6	0.9	8.8	2542	2375	37.1
1957	2.3	4.1	15.4	4661	4401	34.9
1965	1.7	14.8	31.0	11148	10812	28.6
1970	2.3	3.4	23.1	10196	10057	23.0
1975	4.8	18.3	54.1	20512	19485	27.7
1978	6.5	13.4	59.9	24933	23918	25.0
1980	6.3	11.5	57.5	27049	25162	22.8
1985	6.1	9.6	54.2	26818	24649	22.0
1990	6.5	7.7	49.0	28582	26515	18.5
1995	5.9	8.3	44.8	28810	26881	16.7
1996	5.9	8.7	46.0	29298	27350	16.8
1997	6.1	8.9	47.1	29490	27611	17.1
1998	6.3	9.1	48.7	29433	27702	17.6
1999	6.9	9.6	50.1	29130	27452	18.2
2000	7.6	9.4	50.5	29371	27706	18.2
2001	7.9	9.5	50.2	29377	27870	18.0
2002	8.1	10.3	50.7	29546	28215	18.0
2003	8.2	9.5	50.7	29692	28496	17.8
西宁市	3.3	2.8	16.3	8639	8449	19.3
海东地区	2.9	2.7	15.5	9055	8963	17.3
海北州	0.5	0.6	2.9	1709	1592	18.2
海南州	0.5	1.0	4.8	2769	2642	18.2
黄南州	0.2	0.5	3.0	2140	2110	14.2
果洛州	0.1	0.2	1.2	1214	937	12.8
玉树州	0.2	0.7	2.7	1598	1462	11.5
海西州	0.6	0.9	4.3	2568	2341	18.4

18－6 幼儿教育事业基本情况
Basic Statistics on Kindergartens

单位:人

年 份	幼儿园数(所)	在园幼儿数	教职工人数	#幼 师	每一幼师负担学生数
1952	3	560	46	25	22.4
1957	4	882	121	40	22.1
1965	13	2007	212	65	30.9
1980	46	15561	1053	408	38.1
1985	219	29140	1417	843	34.6
1990	203	44320	1820	1275	34.8
1995	203	72030	2694	1719	41.9
1996	192	70467	2443	1690	41.7
1997	185	73735	2947	2141	34.4
1998	192	70908	2643	1883	37.7
1999	189	66795	2784	1999	33.4
2000	201	63711	2721	2115	30.1
2001	183	67387	2646	1491	45.2
2002	215	69402	3079	1704	40.7
2003	220	74075	3243	1825	40.6
西宁市	143	39593	2077	1157	34.2
海东地区	17	17553	291	190	92.4
海北州	6	3826	139	83	46.1
海南州	15	3222	149	98	32.9
黄南州	5	1168	82	53	22.6
果洛州	5	468	45	37	12.6
玉树州	4	614	52	37	16.6
海西州	25	7631	408	170	44.9

18-7 初中、小学毕业生升学率、学龄儿童入学率

Percentage of Graduates of Junior Secondary.Schools and Primary Schools Entering Higher Level Schools and Perentage of School-sge Childken Enrolling Schools

单位:%

年　份	初中毕业生升学率	小学毕业生升学率	小学学龄儿童入学率
1952	82.1	45.1	
1957	113.0	58.1	
1965	93.7	106.7	73.1
1970	46.8	53.4	51.4
1975	63.0	89.5	89.8
1978	58.8	92.1	85.5
1980	40.2	86.9	82.4
1985	49.9	92.6	79.2
1990	48.4	88.9	81.5
1995	52.5	86.5	87.4
1996	66.5	87.9	89.6
1997	67.9	87.4	90.4
1998	60.1	91.1	92.1
1999	60.5	90.5	92.7
2000	66.4	88.7	94.2
2001	63.1	89.6	95.4
2002	65.5	92.0	95.4
2003	62.5	95.2	96.1
西宁市	71.7	98.1	99.0
海东地区	57.1	91.5	92.0
海北州	43.6	80.7	97.0
海南州	60.6	122.3	97.0
黄南州	70.6	8.6	96.0
果洛州	48.6	62.8	91.0
玉树州	57.8	77.1	78.0
海西州	76.8	100.1	98.0

18－8 全省每万人口中在校学生数

Students Enrollment per 10 Thousand People

单位:人

年　份	大学生	中专生	#中　师	中学生	小学生
1952		10.0	7.0	8.0	547.0
1957	0.9	30.0	11.0	46.0	749.0
1965	3.0	16.0	10.0	52.0	1343.0
1970	2.0	8.0	5.0	138.0	818.0
1975	8.0	17.0	12.0	358.0	1602.0
1978	10.0	22.0	15.0	573.0	1642.0
1980	11.0	25.0	15.0	529.0	1525.0
1985	15.9	30.3	0.5	556.4	1350.6
1990	14.0	25.4	12.3	489.9	1104.6
1995	15.4	28.6	12.4	406.0	938.2
1996	15.9	27.6	12.4	421.6	941.1
1997	16.5	26.7	11.4	392.7	951.2
1998	17.3	25.7	10.3	387.9	967.9
1999	18.3	24.7	8.6	406.5	982.1
2000	25.7	25.9	7.6	433.7	974.5
2001	34.2	23.5	6.3	467.6	959.2
2002	42.0	21.5	4.9	499.8	958.4
2003	48.9	15.2		551.5	949.6

18－9 各级学校女学生和女教师数

Number of Female Students and Teachers in All Schools

单位:人

学　校	普通高等学校		普通中专学校		成人高等学校		成人中专学校	
	2002	2003	2002	2003	2002	2003	2002	2003
毕业生数	2763	4771	1104	4204	3798	1259	963	1136
#女性	931	2563	528	2080	1885	694	434	474
招生数	7123	9075	572	1829	8125		858	1297
#女性	3389	4610	321	1026	4619		276	461
在校生数	22198	26124	2753	8107	18081	3968	2583	3111
#女性	10840	13197	1576	4708	9643	2079	842	1008
教职工数	5314	5589	619	773	1266	1246	444	358
#女性	2173	2376	235	331	491	488	161	144
专任教师	2580	2769	406	470	787	779	278	215
#女性	1158	1311	150	203	333	346	106	78

18-10 各级学校教师及负担学生数

Number of Teachers and Student-Teachers Ratio of Schools at All Levels

单位:人

年份	高等学校		普通中学		小学	
	教师数	平均每个教师负担学生数	教师数	平均每个教师负担学生数	教师数	平均每个教师负担学生数
1952			137	8.9	2542	37.1
1957	55	3.2	400	17.4	4401	34.9
1965	326	1.7	767	10.7	10812	28.6
1978	819	4.3	9791	18.2	23918	25.0
1980	999	4.2	10779	18.5	25162	22.8
1985	1253	5.1	12917	17.9	24649	22.0
1990	1470	4.2	16023	13.6	26515	18.5
1995	1410	5.2	15691	12.4	26881	16.7
1996	1398	5.6	15638	12.3	27350	16.8
1997	1587	5.2	16089	12.1	27611	17.1
1998	1678	5.2	16009	12.2	27702	17.6
1999	1711	5.5	16260	12.7	27452	18.2
2000	2107	6.3	16645	13.5	27706	18.2
2001	2094	8.6	16857	14.5	27870	18.0
2002	2580	8.6	17762	15.1	28215	18.0
2003	2769	9.9	18613	15.8	28496	17.8

18-11 普通教育各级学校基本情况(2003年)

Basic Statistics of General Education Schools at All Levels (2003)

单位:人

类别	学校数(所)	毕业生数	招生数	在校学生数	教职工数	#专任教师
总计	**3784**	**213321**	**282650**	**920569**	**62006**	**53262**
一、高等学校	**9**	**5705**	**10176**	**27440**	**5589**	**2769**
研究生人数		45	172	387		
本专科学校	9	4771	9075	26124	5589	2769
二、中等学校	**549**	**81424**	**114981**	**309828**	**23329**	**20044**
1. 中等专业学校	26	4620	2789	10388	1536	1015
中等技术学校	9	416	960	2281	763	545
中等师范学校	17	4204	1829	8107	773	470
2. 普通中学	504	75421	110325	294400	21257	18613
高中	148	17626	32785	80310		5360
初中	356	57795	77540	214090		13253
3. 职业中学	19	1383	1867	5040	536	416
高中	17	1079	1399	4059	506	394
初中	2	304	468	981	30	22
三、小学	**2998**	**81467**	**94559**	**506906**	**29692**	**28496**
四、特殊教育学校	**8**	**212**	**240**	**2366**	**153**	**128**
五、幼儿园	**220**	**44513**	**62694**	**74029**	**3243**	**1825**

18-12 成人教育各级学校基本情况(2003年)
Adult Education Schools at All Levels(2003)

单位:人、所

类别	学校数	毕业生数	招生数	在校学生数	教职工数	#专任教师	兼任教师
总计	**3268**	**470665**	**1297**	**303210**	**2485**	**786**	**42**
一、高等学校	**1**	**1259**		**3968**	**183**	**136**	
职工高等学校	1	1259		3968	183	136	
二、中等学校	**10**	**1136**	**1297**	**3111**	**358**	**215**	**42**
三、成人技术培训学校	**2209**	**410062**		**254090**	**1036**	**84**	
农民技术培训学校	2166	409119		253779	1017	84	
职工技术培训学校	43	943		311	19		
四、成人中学	**22**	**925**		**1681**	**108**	**95**	
农民中学	22	925		1681	108	95	
初中	22	925		1681	108	95	
五、成人初等学校	**1026**	**57283**		**40360**	**800**	**257**	
1.职工初等学校							
2.农民初等学校	1026	57283		40360	800	257	
(1)小学班	114	9642		19079	111	18	
(2)扫盲班	912	47641		21281	689	239	

18－13 技工学校学生情况统计表(2003年)

Basic Statistics Table of Students in Technical Schools(2003)

单位:所、人、人次

类别	总计	地方劳动保障部门办校	地方国有经济单位办校	行业办校	企业办校	国务院部委办校	其它
学校数	**8**	**1**	**3**	**2**	**1**	**1**	**3**
招生学校数	8	1	3	2	1	1	3
招生人数	**1251**	**33**	**297**	**251**	**16**	**217**	**704**
高级班学生	223						223
女生	454		124	109	15	62	268
农业户口学生	709	29	164	164			516
在校生人数	**2483**	**33**	**521**	**475**	**46**	**438**	**1491**
高级班学生	382						382
毕业生人数	**683**		**99**	**99**		**245**	**339**
获得初级职业资格	8		1	1			7
获得中级职业资格	517		26	26		245	246
获得高级职业资格	158		72	72			86
培训社会人员人次数	**13947**		**9785**	**9004**	**781**	**319**	**3843**
女性	5384		3299	3232	67	114	1971
上年末结转人数							
培训社会人员结业人数	**13817**		**9785**	**9004**	**781**	**319**	**3743**
按培训对象分组							
下岗职工	482		2		2		480
失业人员	311						311
劳动预备制学员	290						290
在职职工	12308		9518	8936	582	319	2471
其他	456		265	68	197		191
按获取证书分组							
初级职业资格	79		71	71			8
中级职业资格	397		14	14			283
高级职业资格	657						657
就业人数	**13717**		**9806**	**9103**	**703**	**564**	**3347**
#技工学校学生	683		99	99		215	339
在职教职工人数	**1224**	**28**	**701**	**598**	**103**	**198**	**297**
#女性	479	12	258	226	32	88	121
#文化技术理论课教师	589	20	385	330	55	66	118
高级讲师	94	3	59	56	3	9	23
讲师	293	10	192	164	28	28	63
助理讲师	175	7	123	99	24	13	32
大学本科以上	357	7	237	202	35	23	2

18－14　文化事业机构人员数

Number of Cultural Institutions and Personnel

单位:个、人

类　别	1978	1980	1985	1990	1995	2000	2001	2002	2003
一、电影事业									
机　构	1331	1516	1303	1030	715	63	63	80	108
人　员	2203	3526	3003	2482	1788	508	513	776	462
二、艺术事业									
机　构	28	28	23	20	17	19	18	15	15
人　员	413	1562	1426	1370	1183	1056	994	981	944
三、图书馆事业									
机　构	13	23	27	41	41	38	38	38	38
人　员	105	217	340	416	400	378	378	364	355
四、群众文化事业									
机　构	43	69	305	307	270	250	238	237	233
人　员	194	314	804	869	725	705	662	636	614
五、文物事业									
机　构	4	5	16	25	29	39	38	41	40
人　员	41	99	150	202	245	293	263	266	286
六、艺术教育事业									
机　构	1	2	2	1	2	2	2	1	1
人　员	33	99	93	115	85	112	95	94	92
七、文化艺术科学研究事业									
机　构			1			1	1	1	1
人　员			37			14	16	13	14
八、其他文化事业									
机　构	1	1	2	2	6	879	928	1066	8
人　员	9	9	31	86	107	1592	1744	2177	131

18－15 文化事业机构、人员情况

Basic Statistics of Cultural Institutions and Personnel

单位:个、人

类　　别	机构数合计		#文化部门机构数		人员数合计		#文化部门人员数	
	2002	2003	2002	2003	2002	2003	2002	2003
总　　计	**2241**	**450**	**958**	**443**	**8410**	**2868**	**4811**	**2537**
一、电影事业	**80**	**110**	**80**	**103**	**776**	**449**	**776**	**435**
1. 电影发行放映管理机构	23	25	23	25	346	179	346	179
2. 电影院	5	18	5	18	42	122	42	122
3. 影剧院	34	15	34	15	222	86	222	86
4. 开放礼堂、俱乐部	7	2	7		85	7	85	
5. 放映		48		45		48		48
6. 对内礼堂俱乐部	10	2	10		74	7	74	
7. 其他	1		1		7		7	
二、艺术事业	**15**	**15**	**15**	**15**	**981**	**944**	**981**	**944**
1. 艺术表演团体	13	14	13	14	958	921	958	921
(1)话剧团								
(2)歌剧、舞剧、歌舞剧团	1	1	1	1	92	93	92	93
(3)歌舞团、轻音乐团	7	8	7	8	517	523	517	523
#少数民族歌舞团								
(4)文工团、文宣队、乌兰牧歌	2	2	2	2	28	27	28	27
(5)戏曲剧团	3	3	3	3	321	278	321	278
#京剧团	1	1	1	1	193	151	193	151
2. 艺术表演场所	2	1	2	1	23	23	23	23
三、图书馆事业	**38**	**38**	**38**	**38**	**364**	**355**	**364**	**38**
四、文物事业	**41**	**39**	**41**	**39**	**266**	**276**	**266**	**276**
1. 文物机构	24	23	24	23	133	132	133	132
#文物保护机构	23	22	23	22	76	78	76	78
2. 博物馆合计	16	16	16	16	123	144	123	144
3. 文物商店合计	1		1		10		10	
五、群众文化事业	**237**	**233**	**237**	**233**	**636**	**614**	**636**	**614**
1. 群众艺术馆	9	9	9	9	164	160	164	160
2. 文化馆	43	43	43	43	298	283	298	283
3. 文化站	185	181	185	181	174	171	174	171
六、艺术教育事业	**1**		**1**		**94**		**94**	
1. 中等专业学校	1		1		94		94	
2. 文化干部学校								
七、其他文化事业	**1824**	**11**	**541**	**11**	**4974**	**156**	**1375**	**156**
1. 艺术创作机构	2	2	2	2	21	11	21	11
2. 艺术科研机构	1	1	1	1	13	14	13	14
3. 文化艺术经纪与代理业	1		1		4		4	
4. 其他	1820	8	537	8	4936	131	1337	131
八、非文化产业	**5**	**4**	**5**	**4**	**319**	**74**	**319**	**74**

18-16 报刊、杂志、图书出版情况

Basic Statistics of Newspapers, Magazines, Books Published

年 份	报 纸		杂 志		图 书	
	种 数（种）	总印数（万份）	种 数（种）	总印数（万册）	种 数（种）	总印数（万册）
1957		565			23	15
1970					80	312
1975	2	2991			196	1168
1978	2	2966	1	6	204	1052
1980	3	3160	1	65	586	2231
1985	10	4313	17	111	339	961
1990	12	3894	17	52	527	1082
1992	15	4774	25	63	624	1128
1993	15	4335	27	67	628	865
1994	15	4317	37	79	764	1025
1995	16	5677	39	79	735	1227
1996	16	4254	39	70	667	1025
1997	16	4054	40	81	479	1082
1998	14	3792	39	85	501	1295
1999	17	4002	45	88	450	1127
2000	21	4800	50	91	195	586
2001	19	4236	31	281	148	507
2002	20	4494	43	59	142	398
2003	20	4752	41	74	156	828

18－17　图书出版情况

Basic Statistics of books Published

门　类	本版图书种类　（种）		总印数（万册）		总印张　（千印、张）	
	2002	2003	2002	2003	2002	2003
图书总计	**145**	**154**	**369**	**827**	**26786**	**77929**
一、课本合计	**26**	**54**	**291**	**750**	**16465**	**49328**
（1）大专及以上课本						
（2）中专、技校课本					11	
（3）中学课本	8	31	122	362	9696	33801
（4）小学课本	5	23	163	388	6036	15528
（5）业余教育课本	13		6		722	
（6）扫盲课本						
（7）教学用书						
二、少年儿童读物	**3**		**6**		**1545**	
三、图书类型合计	**116**	**100**	**72**	**77**	**8777**	**28600**
（1）科技类图书	22	17	10	3	2616	312
（2）长篇小说	5	13	2	5	1110	528
（3）人物传记	24	6	8	2	1394	187
（4）工具书	24	51	12	38	1160	12055
（5）宗教	11	6	5	2	449	225
（6）教辅读物	29	7	35	27	1899	15293
（7）挂历	1		1		150	

18－18 杂志出版情况(2003年)

杂 志 名 称	类 别	发行范围	刊 期	开 本(开)
青海社会科学	哲、社	国内	双月	16
青海民族学院学报	哲、社	国内	季刊	16
青海《党的生活》	哲、社	国内	月刊	16
青海《党的生活》(藏文版)	哲、社	国内	双月	16
青海师范大学学报	哲、社	国内	季刊	16
攀 登	哲、社	国内	双月	16
攀登(藏文版)	哲、社	国内	季刊	16
青海金融	哲、社	国内	月刊	16
税务学习	哲、社	国内	双月	16
青海民族师专学报	哲、社	国内	半年	16
青海师专学报	哲、社	国内	季刊	16
青海大学学报	哲、社	国内	双月	16
青海畜牧兽医杂志	哲、社	国内	双月	16
青海地质	自、技	省内	半年	16
盐湖研究	自、技	国内	季刊	16
青海农林科技	自、技	国内	季刊	16
青海农牧推广	哲、社	国内	季刊	16
青海交通科技	哲、社	国内	季刊	16
青海医学院学报	哲、社	国内	季刊	16
青海教育	文、教	国内	月刊	16
青海教育(藏文版)	文、教	国内	双月	16
青海民族研究	哲、社	国内	季刊	16
青海商业经济	哲、社	国内	双月	16
民族经济与社会发展	哲、社	国内	月刊	16
柴达木开发与研究	哲、社	国内	双月	16
青海年鉴	综合类	国内	年刊	16
青海政报	哲、社	国内	月刊	16
青海地质	自、技	省内	半年	16
兽类学报	哲、社	国内	季刊	16
青海师范大学学报(自)	哲、社	国内	季刊	16
青海医药杂志	哲、社	国内	月刊	16
高原医药杂志	自、技	国内	季刊	16
青海环境	哲、社	国内	季刊	16
高原地震	自、技	国内	季刊	16
青海科技	自、技	国内	季刊	16
青海电力	哲、社	国内	季刊	16
青海草业	自、技	国内	季刊	16
青海群众艺术	文、艺	国内	季刊	16
青海湖	文、艺	国内	月刊	16
章恰尔	文、艺	国内	季刊	16
瀚海潮	文、艺	国内	双月	16
牧 笛	文、艺	国内	双月	16
群文天地	综合类	国内	月刊	16
花的柴达木(蒙古文)	综合类	国内	季刊	16
快乐青春	综合类	国内	月刊	16

Basic Statistics of Magazines Published(2003)

每册印张(印张)		实际出版期数		总 印 数(万册)		总 印 张(千印张)	
2002	2003	2002	2003	2002	2003	2002	2003
7.5	7.5	6	6	1	0.8	104	59
7.5	7.5	2	4		1	24	48
2.5	2.5	12	4	23	1	570	48
3.0	3.0	3	4		1	14	14
7.5	7.5	2	4		1	27	54
5.0	5.0	3	6	1	1	36	72
5.0	5.0	2	4		1	15	30
4.0	4.0	6	6	1	1	48	48
3.0	3.0	3	6	3	3	99	96
4.0	4.0	1	6		1	2	4
6.0	6.0	3	2		1	25	20
5.0	5.0	3	4		1	14	15
2.8	2.8	3	4	1	1	17	27
4.5	4.5	1	6		1	8	8
5.0	5.0	2	2		1	8	8
4.0	4.0	2	4		1	16	16
4.0	4.0	2	4		1	8	16
3.0	3.0	2	4		1	1	2
5.0	5.0	2	4		1	10	20
3.0	3.0	6	6	6	6	171	171
5.0	5.0	3	6	1	1	53	106
6.3	6.3	2	4		1	13	26
3.0	3.0	3	6	1	1	18	36
3.0	3.0	6	6	1	1	43	86
5.0	5.0	3	6	1	1	30	30
3.0	3.0	1	4	1	1	42	80
3.0	3.0	6	6	2	2	72	72
4.5	4.5	1	12		1	8	90
5.0	5.0	2	4		1	10	20
4.0	4.0	2	4		1	8	16
4.0	4.0	6	6	1	1	36	72
4.0	4.0	2	4		1	8	16
3.0	3.0	2	4		1	3	16
4.4	4.4	2	4		1	4	6
3.0	3.0	2	4		1	6	9
4.5	4.5	2	4		1	9	18
3.0	3.0	2	4		1	3	9
4.0	4.0	2	4		1	16	16
4.0	4.0	6	6	1	1	48	48
7.5	7.5	2	12	1	1	105	105
2.0	2.0	3	4		1	6	12
2.0	2.0	3	6		1	6	48
4.0	4.0	6	12	6	6	240	240
4.0	4.0	2	4		1	8	16
4.5	4.5	12	12	8	8	270	270

18－19　广播播出基本情况(2003 年)

Basic Statistics of propaganda on Broadcastiog(2003)

项　目	台　数 (座)	节　目 套　数 (套)	卫星 传送 节目 套数	平均每日播音时间(时、分)									
				合计	转中 央台 节目	转省 级台 节目	自　办　节　目						
							小计	新闻	专题	教育	文艺	服务性	广告
合　计	**4**	**8**	**3**	**91:25**	**5:40**	**2:00**	**83:45**	**8:33**	**13:46**	**10:30**	**37:12**	**8:05**	**5:39**
省级	1	4	3		5:40		56:50	5:18	7:41	10:00	21:37	7:15	4:59
青海广播电台	1	4	3	59:20	2:30		56:50	5:18	7:41	10:00	21:37	7:15	4:59
地市级	3	4		32:05	3:10	2:00	26:55	3:15	6:05	0:30	15:35	0:40	0:50
西宁市	1	1		13:40	1:00		12:40	0:30	3:30	0:30	7:30		0:40
玉树州	1	1		6:25	2:10	0:20	3:55	0:45	1:20		1:30	0:20	
海西州	1	2		12:00		1:40	10:20	2:00	1:15		6:35	0:30	

18－20　电视播出基本情况(2003 年)

Basic Statistic of propaganda on Television(2003)

项　目	台　数 (座)	节　目 套　数 (套)	平　均　每　周　播　出　时　间　(时、分)								
			合　计	转中央 台节目	自　办　节　目						
					小计	新闻	专题	教育	文艺	服务性	广告
合　　计	**8**	**13**	**824:48**	**36:45**	**773:35**	**84:07**	**74:24**	**0:20**	**441:16**	**43:42**	**129:46**
省　级	1	4	420:00	3:30	416:30	56:00	32:40		196:50	31:00	100:00
青海电视台	1	4	420:00	3:30	416:30	56:00	32:40		196:50	31:00	100:00
地市级	7	8	357:58	29:10	314:20	26:57	40:20	0:20	280:41	12:21	25:41
西宁电视台	1	2	141:53	4:05	137:48	7:25	28:50		74:40	8:23	18:30
海北电视台	1	1	42:40	3:30	33:20	1:45	1:10		27:20	1:23	1:42
黄南电视台	1	1	39:30	3:30	32:51	1:52	6:05		24:40	0:14	
海南州电视台	1	1	38:30	3:30	32:40	4:40	2:00		24:00	0:15	1:45
果洛电视台	1	1	17:30	4:05	13:25	2:00	0:30		10:40	0:15	
海西电视台	1	1	56:55	7:00	49:55	7:30	0:35	0:20	36:30	1:30	3:30
玉树电视台	1	1	21:00	3:30	14:21	1:45	1:10		10:51	0:21	0:14
县　级		1	46:50	4:05	42:45	1:10	1:24		35:45	0:21	4:05
格尔木电视台		1	46:50	4:05	42:45	1:10	1:24		35:45	0:21	4:05

18－21　县级广播、电视基本情况(2003 年)

Basic Statistics on Broadcast and Television of Country Level(2003)

	行政单位(个)				农村广播电视普及情况					广播喇叭合计(万只)	没通电的乡村	
	州地市	县	乡(镇)	村	乡广播电视站	通广播的乡	通电视的乡	通广播的村	通电视的村		乡镇	村
合计	**8**	**49**	**398**	**4133**	**285**	**253**	**364**	**2697**	**2709**	**0.04**	**84**	**1222**
西宁市	1	7	56	934	38	53	55	912	924	0.04	42	611
海东地区	1	6	104	1612	98	95	103	1136	1136			6
海北州	1	4	32	210	21	20	30	132	132		3	41
海南州	1	5	40	408	7	7	23					85
黄南州	1	4	35	252	32	33	34	250	250			76
果洛州	1	6	45	182	19	18	39	50	50		3	138
玉树州	1	6	45	258	43	3	44	30	30		36	159
海西州	1	11	41	277	27	24	36	187	187			106

18－22　广播节目制作情况(2003 年)

Production of Broadcasting Programs(2003)

单位:小时

项　　目	总　计	省　级		地市级			
			青　海广播电台		西　宁广播电台	玉树州广播电台	海西州广播电台
本年制作广播电视节目	25519	1703	1703	8489	4240	505	3744
本年自制广播节目	20333	1498	1498	5353	1427	182	3744
新　闻	3181	1825	1825	1356	180	32	1144
专　题	6011	5508	5508	503	287	60	156
教　育	1229	1229	1229				
文　艺	6922	3584	3584	3338	960	90	2288
广　告	983	983	983				
服务性	2007	1851	1851	156			156
本年加工广播节目	5186	2051	2051	3136	2813	323	
新　闻	475			475	410	65	
专　题	884	102	102	782	670	112	
教　育							
文　艺	3753	1917	1907	1836	1733	103	
广　告							
服务性	74	31	31	43		43	

18－23　广播、电视事业发展和普及情况

Basic Statistics on Development and Popularization of Broadcast and Television

年 份	广播电台数（座）	广播发射台和转播台（座）	广播节目套数（套）	广播人口覆盖率（%）	电视台数转播台（座）	电视发射台和（座）	电视节目套数（套）	电视人口覆盖率（%）	县广播站（站）（%）	公社（乡）放大站（个）	有线广播喇叭数（千只）	农村有线广播普及率喇叭入户率（%）
1952	1	1	1									
1965	1	1	2						30	218	32.0	
1978	1	5	2	25.0	1	10	1	20.0	41	226	293.0	
1980	1	5	3	25.0	1	17	1	22.0	48	222	276.0	
1985	3	7	6	48.0	1	120	1	46.0	40	226	222.0	47.0
1990	4	7	7	50.0	4	186	5	72.0	36	204	161.9	29.0
1992	4	8	7	50.0	4	235	5	73.0	38	207	137.7	23.0
1993	4	8	7	58.0	5	260	6	75.0	37	200	143.9	25.0
1994	4	8	7	58.0	5	273	6	75.0	37	190	114.5	18.7
1995	4	8	7	59.0	5	323	6	76.0	38	188	109.5	17.6
1996	4	8	7	59.0	5	335	6	76.0	38	159	83.6	15.2
1997	4	8	7	58.5	5	392	6	78.4	39	181	96.5	14.7
1998	4	8	7	59.3	5	410	6	78.8				
1999	4	8	8	60.1	5	832	6	82.3				
2000	4	7	8	63.0	5	1274	6	86.0				
2001	4	8	8	80.5	6	1206	11	87.8				
2002	4	8	8	84.4	8	1208	12	88.9				
2003	4	8	8	84.5	9	1415	13	90.4				

18－24　广播电视覆盖情况（2003 年）

Basic Statistics on Listeners and Viewers Rating（2003）

类 别	人口数（万人）	覆盖人口（万人）	覆盖率（%）	类 别	人口数（万人）	覆盖人口（万人）	覆盖率（%）
一、广播	533.80	451.28	84.54	二、电视	533.80	482.77	90.44
中央台第一套节目		450.38	84.37	中央台第一套节目		479.38	89.81
省台第一套节目		402.36	75.38	省级台第一套节目		440.38	82.50
地市台节目		151.62	28.40	地市级台节目		128.70	24.11
县级台节目				县级台节目		15.39	2.88

18－25　本省制作电视剧一览表(2003年)
Schedule of TV Series Produced in Qinghai(2003)

电视剧名称	种　类	部	集	制作单位
合　　计		**4**	**66**	
风云必胜	连续剧	1	13	青海电视台藏语部译制
拉萨往事	连续剧	1	20	青海电视台藏语部译制
大雪山	连续剧	1	13	青海电视台藏语部译制
征服	连续剧	1	20	青海电视台藏语部译制

18－26　有线电视基本情况
Basic Statistics on Cable Television

地　区	总户数(万户)		总用户数(万户)		有线电视入户率(%)	
	2002	2003	2002	2003	2002	2003
合　计	**117.2**	**113.6**	**30.5**	**32.1**	**26.00**	**27.05**
青 海 省			6.0	6.3		
西 宁 市	45.7	40.6	13.5	16.1	30.00	39.55
海东地区	33.3	34.1	3.2	2.7	10.00	8.66
海 南 州	6.3	9.1	1.7	1.0	26.00	11.03
海 西 州	4.6	10.5	1.0	2.8	21.00	26.48
海 北 州	8.9	6.3	1.7	1.2	19.00	18.70
黄 南 州	3.0	4.7	0.3	0.9	10.00	19.66
果 洛 州	5.2	3.0	0.9	0.5	17.00	14.80
玉 树 州	10.2	5.3	2.3	0.8	22.00	14.69

主要统计指标解释

普通高等学校　指按照国家规定的审批程序批准举办,通过全国统一招生考试,招收高级中等学校毕业生和具有同等学历者,实施高等教育,培养高等专门人才的学校。包括大学、专门学院、专科学校和短期职业大学。

成人高等学校　指按照国家规定的审批程序批准举办,招收高中毕业或同等学历者,利用多种形式对成人实施高等教育,培养相当普通高等学校专科或本科毕业水平的专门人才的学校。包括广播电视大学、职工高等学校、农民高等学校、干部管理学院、教育学院、独立函授学院以及普通高等学校举办的函授大学、夜大学等。

初中毕业生升学率　计算初中毕业生升学率所用分子数为高级中学招生数,包括:普通高中招生数、职业高中招生数、技工学校招生数、普通中专招收初中毕业生数、普通中专举办的成人中专招收应届初中毕业生数及成人中专招收应届初中毕业生数,分母是初中毕业生人数。

小学学龄儿童入学率　指调查范围内已入小学学习的学龄儿童占校内外学龄儿童总数(包括弱智儿童,不包括盲哝哑儿童)的比重,计算公式为:

小学学龄儿童入学率 =

$$\frac{\text{已入学的小学学龄儿童数}}{\text{校内外小学学龄儿童总数}}\times 100\%$$

文化事业机构　指从事专业文化工作和为专业文化工作服务的单独核算、独立建制的单位。不包括文化主管部门直属单位举办的其他行业和各部门的业余文化组织。

艺术表演团体　指从事戏曲、音乐、舞蹈、杂技等专业艺术表演,有独立帐户,实行单独核算的团体。不包括半工半艺、半农半艺的业余剧团。

电影放映单位　指具有放映机器设备、固定或不固定的放映场所与专职或兼职的放映技术人员,经文化行政部门登记批准,经常为一定的观众对象映出电影的机构包括经批准对外开放进行营业,并与电影发行放映管理机构分帐的专用放映单位或军委系统租片单位在内。

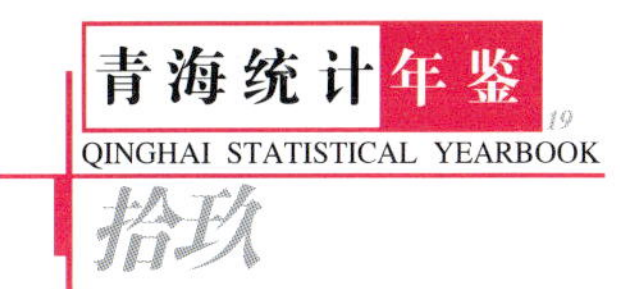

Chapter 19

卫生和体育

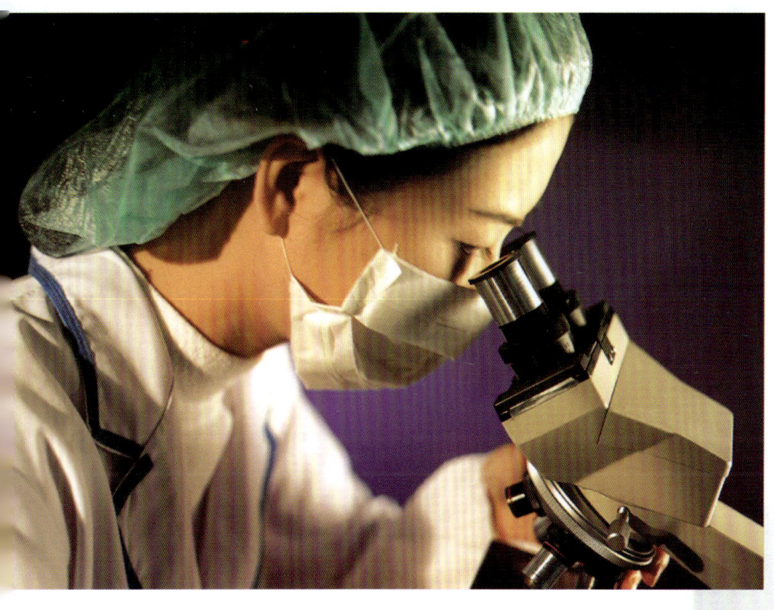

Public Health and Sports

卫生技术人员数（个）

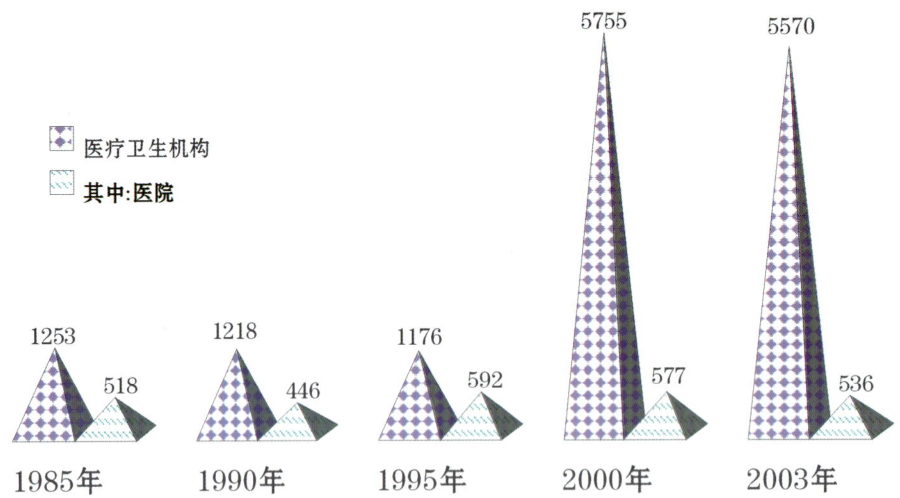

全省团员人数（万人）

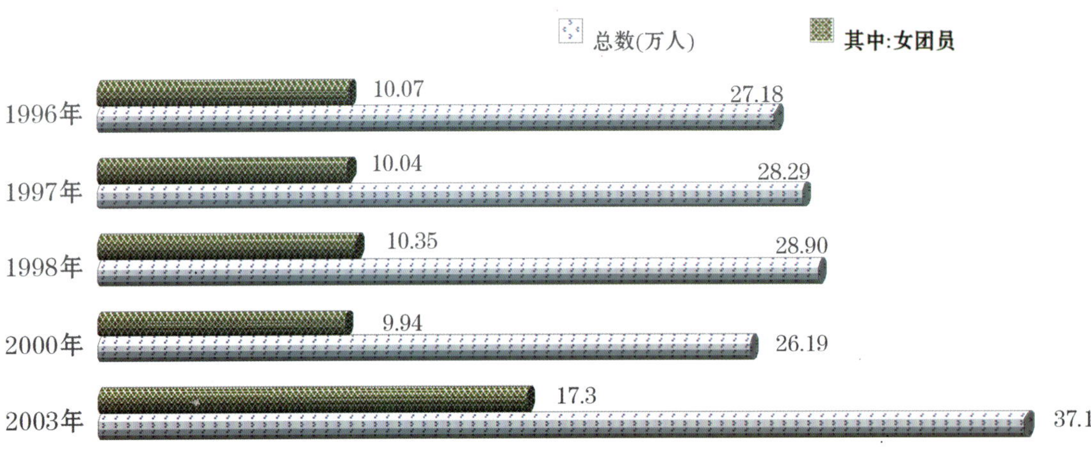

青少年业余体校在校学生数(人)

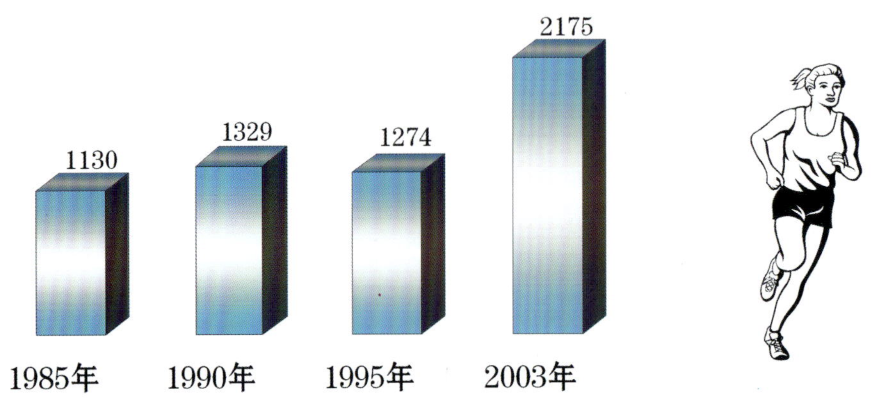

19－1 主要年份卫生事业机构、床位、人员数

Number of Health Institutes, Hospital Beds an Personnel in Major Years

年　份	机构数（个）	#医　院	病床数（张）	卫生技术人　员（人）
1952	67	28	529	513
1957	215	45	2115	2605
1965	822	63	6634	6114
1970	818	80	8212	8217
1975	920	499	10222	11390
1978	1032	507	10951	13090
1980	1047	511	11941	15115
1985	1253	518	13743	18031
1986	1282	454	14417	18906
1987	1302	433	15119	19759
1988	1276	445	15093	19780
1989	1226	436	15511	20103
1990	1218	446	15698	19893
1992	1187	510	16828	20239
1993	1172	494	16684	19891
1994	1177	592	16896	20116
1995	1176	592	17165	20233
1996	1201	590	17461	20216
1997	1201	592	17176	21418
1998	1263	591	17096	21159
1999	1259	586	16862	21825
2000	5755	577	16521	21502
2001	5488	564	16464	20119
2002	5462	549	16127	19294
2003	5570	536	16652	23036

19－2 卫生机构、床位及人员数(2003年)

Number of Health Institutes, Hospital Beds and Personnel(2003)

类别	机构数(个)	床位数(张)	卫生工作人员数(人)
总计	**682**	**14653**	**20337**
一、医院合计	**131**	**12203**	**14159**
(1)综合医院	86	9989	11478
(2)中医医院	17	659	714
(3)民族医院	22	669	715
(4)专科医院	6	886	1252
#传染病医院	1	96	146
二、疗养院	**1**	**80**	**36**
三、社区卫生服务中心	**4**	**130**	**86**
四、卫生院	**405**	**2069**	**3184**
五、门诊部	**3**		**33**
六、采供血机构	**9**		**116**
七、妇幼保健院(所、站)	**19**	**171**	**535**
八、疾病预防控制中心(防疫站)	**56**		**1692**
九、卫生监督所	**42**		**451**
十、其他卫生机构	**12**		**45**

注:卫生机构、床位数及人员数不含卫生室、诊所。

19－2 续表 Continued

类别	卫生技术人员数(人)	执业医师	执业助理医师	注册护士	药剂人员	检验人员	其他
总计	**17314**	**6045**	**1652**	**5489**	**1200**	**933**	**1995**
一、医院合计	**11724**	**3868**	**729**	**4590**	**889**	**552**	**1096**
(1)综合医院	9583	3146	579	3856	678	446	878
(2)中医医院	630	219	60	178	86	29	58
(3)民族医院	576	233	54	148	58	23	60
(4)专科医院	935	270	36	408	67	54	100
#传染病院	105	25	17	39	8	8	8
二、疗养院	**31**	**13**	**6**	**9**	**2**	**1**	
三、社区卫生服务中心	**76**	**33**		**25**	**14**	**2**	**2**
四、卫生院	**3106**	**996**	**634**	**556**	**221**	**62**	**637**
五、门诊部	**28**	**11**	**2**	**8**	**4**		**3**
六、采供血机构	**82**	**13**	**2**	**23**	**2**	**34**	**8**
七、妇幼保健院(所、站)	**473**	**244**	**47**	**100**	**16**	**29**	**37**
八、疾病预防控制中心(防疫站)	**1368**	**615**	**187**	**142**	**25**	**236**	**163**
九、卫生监督所	**383**	**240**	**42**	**33**	**13**	**17**	**38**
十、其他卫生机构	**43**	**12**	**3**	**3**	**14**		**11**

19－3　县(区)诊所基本情况(2003年)
Basic Statistics of Hospitals at County Level(2003)

单位:个、人

类　别	机构数	总人员合计	执业医师	执业助理医师	注册护士	药剂人员	检验人员	其　他
总　计	**419**	**1089**	**594**	**228**	**67**	**52**	**2**	**146**
按管理类别分	**419**	**1083**	**594**	**228**	**67**	**52**	**2**	**146**
非营利性	24	54	26	5	8	5		10
营利性	395	1035	568	223	59	47	2	136
按经济类型分	**419**	**1089**	**594**	**228**	**67**	**52**	**2**	**146**
其中:国有	15	25	14	1	3	3		4
集体办	16	48	18	9	7	4		10
股份制	1	4	3	1				
私营	385	1009	557	217	57	45	2	131
其他	2	3	2					1

19－4　县(区)村分地区卫生机构数(2003年)
Number of Health Institutions at Viage Level at All County Level(2003)

单位:个

类　别	总　计	按设置/主办单位分					按行医方式分		
		村　办	乡卫生院设点	联合办	私人办	其　他	西医为主	中医为主	中西医
机构数合计	**4162**	**2280**	**21**	**224**	**1632**	**5**	**1856**	**269**	**2037**
西宁市	1124	192		13	919		645	240	239
海东地区	1555	1159	6	2	387	1	743	4	808
海北州	251	99		1	151		55		196
海南州	260		1	160	99		14		246
黄南州	379	304	12		62	1	259	3	117
果洛州	155	119		36			49		106
玉树州	301	301					5	2	294
海西州	137	106	2	12	14	3	86	20	31

19-5 分地区卫生机构、人员、床位(2003年)

Health Institutes, Personnel Hospital Beds by Regions (2003)

单位:个、人

类别	总计	按地区分							
		西宁市	海东地区	海北州	海南州	黄南州	果洛州	玉树州	海西州
一、机构数总计	**705**	**149**	**144**	**62**	**68**	**58**	**70**	**67**	**80**
(一)医院合计	131	45	13	13	13	8	10	12	17
1.综合医院	86	31	7	10	9	4	5	7	13
2.中医医院	17	6	5	2	1	1	2		
3.民族医院	22	2	1	1	3	3	3	5	4
4.专科医院	6	6							
(二)疗养院	1					1			
(三)社区卫生服务中心	4	4							
(四)卫生院	405	60	109	33	40	37	43	46	37
(五)门诊部	3	2						1	
(六)采供血机构	9	1	1	1	1	1	1	1	2
(七)妇幼保健院(所、站)	19	9	6	1		1		2	1
(八)疾病预防控制中心(防疫站)	56	11	7	5	7	5	7	5	9
(九)卫生监督所	49	4	7	5	6	5	8		7
(十)其他卫生机构	28	13	1	4	1	1	1		7
二、卫生工作人员									
#卫生技术人员	17912	8652	2237	996	1270	909	745	1184	1919
执业医师	6251	2901	864	340	467	290	234	534	621
执业助理医师	1667	453	276	155	175	123	117	172	196
注册护士	5716	3296	539	245	413	256	239	166	562
药剂人员	1283	690	181	76	61	75	24	32	144
检验人员	961	490	114	45	55	42	40	74	101
其他	2034	822	263	135	99	123	91	206	295
三、床位数	**16652**	**8729**	**2314**	**855**	**1285**	**664**	**534**	**808**	**1463**

注:卫生机构、床位及人员数不含村卫生室、诊所。

19-6 分地区医疗机构门诊服务情况(2003年)

Out-Patient Service Conditions by Region(2003)

单位:个、人

地区	机构数	诊疗人次数总计	#门、急诊人次数合计	门诊人次数	急诊人次数	#死亡	观察室收容人数	#死亡	健康检查人数	门急诊诊次占总诊次的(%)
总计	**564**	**7540934**	**6688413**	**6467462**	**220951**	**2133**	**218152**	**179**	**141436**	**88.69**
西宁市	120	3951858	3396361	3249979	146382	1885	144835	101	72824	85.94
海东地区	128	1375087	1192403	1173807	18596	64	23784	10	8564	86.71
海北州	47	357991	335348	329402	5946	21	8332		7016	93.67
海南州	53	487205	468656	452932	15724	37	13696	29	12259	96.19
黄南州	46	325096	321460	317514	3946	24	13198	7	1642	98.88
果洛州	53	238755	213292	204855	8437	9	1264	7	4277	89.34
玉树州	62	37680	17722	16819	903		4		5	47.03
海西州	55	767262	743171	722154	21017	93	13039	25	34849	96.86

19-7 分地区医疗机构住院服务情况(2003年)

In-Patient Service Conditions by Region(2003)

单位:人

地区	入院人数	出院人数总计	治愈	好转	未愈	死亡	其他	住院病人手术人次	住院危重病人抢救人次	#抢救成功
总计	**230158**	**226170**	**157365**	**49366**	**5390**	**1818**	**12228**	**42478**	**26175**	**23553**
西宁市	140720	140958	90406	34706	3912	1346	10588	29771	16641	15609
海东地区	36968	29883	25146	4216	401	87	33	4704	2861	1734
海北州	7948	7792	7016	624	105	45	2	1435	987	957
海南州	16495	16322	11482	3936	332	118	454	2079	1429	1173
黄南州	5348	5360	3133	975	148	49	1055	1142	1263	1189
果洛州	5688	5659	4778	675	139	32	35	850	413	371
玉树州	657	743	332	408	1	2		20	5	3
海西州	16334	19453	15072	3826	352	139	61	2477	2576	2517

19－8 分地区医疗机构床位利用情况(2003 年)

Usage Conditions of Hospital Beds by Region(2003)

单位:张、%

地 区	实 有床 位	实际开放总床日数	平均开放病床	实际占用总床日数	出 院 者 占用总床日数	病床周转次数	病 床工作日	病 床使用率
总 计	**15302**	**4234129**	**11600**	**2544931**	**2282845**	**20**	**219**	**60**
西宁市	8233	2460273	6740	1697736	1617000	21	252	69
海东地区	1994	394815	1082	250886	185387	28	232	64
海北州	773	255330	700	91779	89806	11	131	36
海南州	1142	407025	1115	195015	192936	15	175	48
黄南州	569	192418	527	76768	76554	10	146	40
果洛州	483	134844	369	46759	20150	15	127	35
玉树州	808	43171	118	21440	14440	6	181	50
海西州	1300	346253	949	164548	86572	21	173	48

19－9 体育综合资料(2003 年)

Overeall Physical Culture Data(2003)

单位:万元、人次、个

年 份	总 计	直 属小 计	地 方小 计	西宁市	海 东地 区	海北州	海南州	黄南州	果洛州	玉树州	海西州
体育彩票累计发行额	2303	2303									
其中:足彩	1156	1156									
体育彩票累计公益金提取额	806	806									
其中:足彩	405	405									
电脑体育彩票销售点个数	151	151									
举办培训班次数	8		8	6		1			1		
参加培训班人次	207		207	164		13			30		
职业俱乐部个数	2	2									
其中:团体会员个数	2	2									
所属体育场地个数	32	7	25	5	9		1			1	9
其中:开放使用个数	30	7	23	5	7		1			1	9
使用场次	2729	307	2422	1394	735		23			60	210

19－10 主要年份青少年业余体校

Juvenile Sport Schools in Major Years

年份	学校数（所）	在校学生人数（人）	教练员人数（人）	重点业余学校	
				学校数（所）	在校学生人数（人）
1963	3	116		1	103
1978	2	546	15	1	86
1980	9			1	
1985	15	1130	116	1	81
1990	18	1329	113	3	352
1992	20	1409	124	1	90
1993	20	1352	114	1	156
1994	20	1374	110	3	664
1995	20	1274	109	3	670
1996	21	1351	105	1	70
1997	21	1248	114	1	95
1998	21	1157	125	1	117
1999	21	1211	201	1	39
2000	20	1120	109	1	49
2001	20	1783	112	1	98
2002	23	4059	138	15	2099
2003	22	2175	133	15	

19－11 优秀运动队机构、人员(2003 年)

Topnotch Sport Teams and Players(2003)

单位:人

类别	机构数(个)	职工人数	优秀运动员合计	在队运动员	待分配运动员	专职教练员	科研人员	医务人员	管理人员	其他人员
总计	**4**	**380**	**281**	**103**	**178**	**30**		**6**	**58**	
省体委直属	2	373	281	103	178	27		6	58	
省辖市体委直属	2	7	281	103	178	3				

19－12 分项目在队优秀运动员达到等级运动员人数(2003 年)

Number of Players on Different Events(2003)

单位:人

项目	合计	#女	国际级健将	#女	运动健将	#女	一级	#女	二级	#女
总计	**96**	**21**			**8**		**53**	**35**		
田径	14	6			1		8	5		
国际式摔跤	17	4					11	6		
射击	15	10			4		7	4		
武术	7	1					6	1		

19－13 《国家体委锻炼标准》施行情况(2003年)

Performance of Training Standard by State Sports Association(2003)

单位:人、所

项　　目	施行锻炼标准学校数	应参加达标准活动的学生数	实际参加达标活动的学生数
合　　计	**2381**	**559668**	**438728**
省直属小计	8	28950	8346
地区小计	2373	530718	430382
西宁市	630	187731	155051
海东地区	879	154247	127397
海北州	166	34858	31341
海南州	123	30199	26991
黄南州	208	28986	4668
果洛州	61	7699	6128
玉树州	158	26163	19053
海西州	148	60835	59753

19－14 分地区举办运动会情况(2003年)

Sports Meets Held in Different Regions(2003)

单位:人、次

项　　目	举办运动会或比赛情况		举办全民健身活动情况			国际体育活动情况	
	举办综合运动会次数	举办单项比赛次数	举办全民健身活动次数	其中:1000人以上的活动	参加活动人数	出访起数	出访人数
合　　计	**407**	**636**	**1142**	**282**	**1767144**	**8**	**13**
省直属小计			610	72	1230000	8	13
地区小计	407	636	532	210	537144	1	20
西宁市	29	49	109	42	172200	1	20
海东地区	84	62	134	10	43680		
海北州	22	29	18	9	67000		
海南州	149	311	30	21	52154		
黄南州							
果洛州	20	9	10	8	20000		
玉树州		4	9	7	45910		
海西州	103	172	222	113	136200		

主要统计指标解释

卫生机构 包括医疗机构、疾病预防控制中心（防疫站）、采供血机构、卫生监督及监测（检验）机构、医学科研和在职培训机构、健康教育所等。

医疗机构 包括医院、社区卫生服务中心（站）、疗养院、卫生院、门诊部、诊所（卫生所、医务室）、妇幼保健院（所、站）、专科疾病防治院（所、站）、急救中心（站）和临床检验中心，医疗机构分为非赢利性医疗机构和赢利性医疗机构。

医院 包括综合医院、中医医院、中西医结合医院、民族医院、各类专科医院和护理院。

卫生技术人员 指卫生事业机构支付工资的全部固定职工和合同制职工中现任职务为卫生技术工作的人员。包括中医师、西医师、中西医结合高级医师、护师、中药师、西药师、检验师、其他技师、中医士、西医士、护士、助产士、中药剂士、西药剂士、检验士、其他技士、其他中医、护理员、中药剂员、西药剂员、检验员、其他初级卫生技术人员。

等级运动员人数 指经考核正式批准授予等级运动员称号的人数。运动员等级分为国际级运动健将、运动健将、一级运动员、二级运动员、三级运动员、少年级运动员。

等级裁判员人数 指经考核正式批准授予等级裁判员的人数。裁判员等级分为国际裁判、国家级裁判、一级裁判、二级裁判、三级裁判。

国民体质指数 指通过国民体质监测，所取得国民总体的身体形态、身体机能和身体素质等资料，进行无量纲处理后得到的反映国民体质综合状况的指数。国民体质监测采用随机整群抽样方法，调查对象为 3 至 69 岁的中国公民。

Chapter 20

法律、公证、社会福利及其他

Law, Notarization and Other

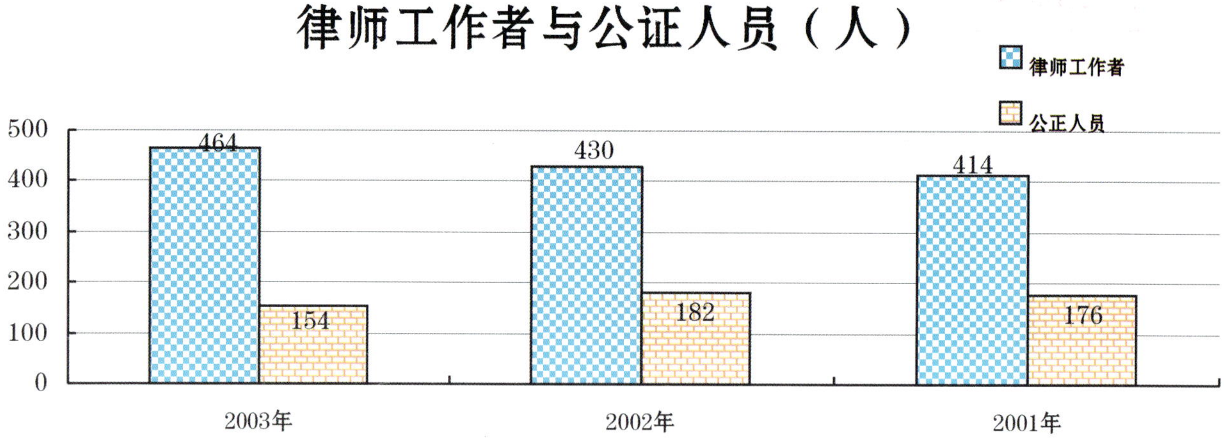
律师工作者与公证人员（人）
律师工作者
公证人员
500
400
300
200
100
0
464
154
430
182
414
176
2003年
2002年
2001年

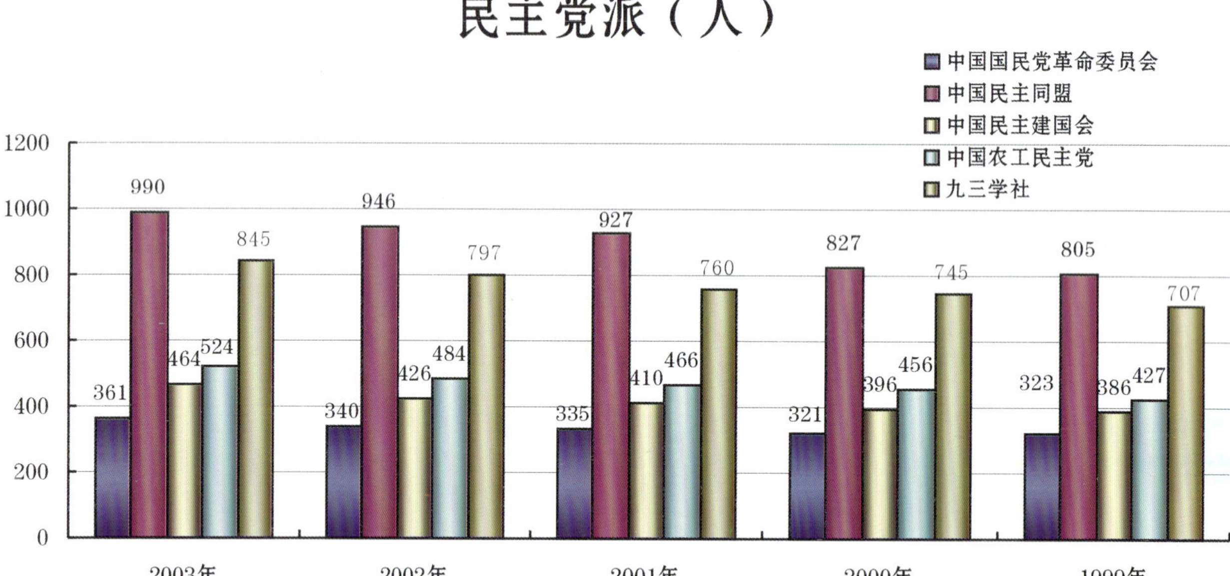
民主党派（人）
中国国民党革命委员会
中国民主同盟
中国民主建国会
中国农工民主党
九三学社
1200
1000
800
600
400
200
0
361
990
464
524
845
340
946
426
484
797
335
927
410
466
760
321
827
396
456
745
323
805
386
427
707
2003年
2002年
2001年
2000年
1999年

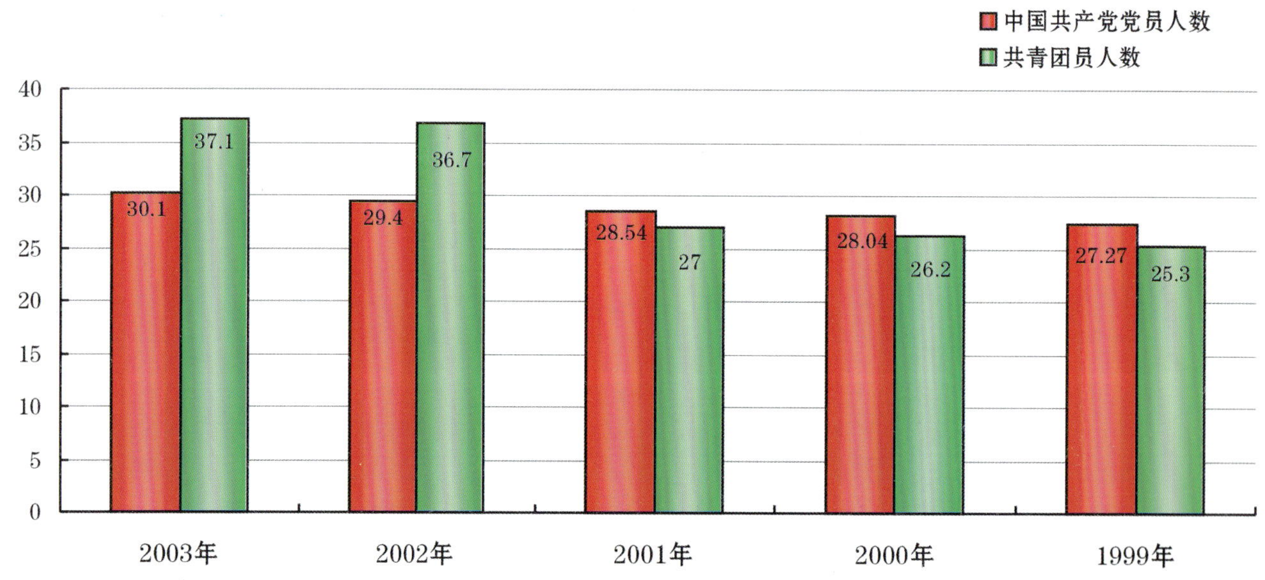
中国共产党与共青团员人数（万人）
中国共产党党员人数
共青团员人数
40
35
30
25
20
15
10
5
0
30.1
37.1
29.4
36.7
28.54
27
28.04
26.2
27.27
25.3
2003年
2002年
2001年
2000年
1999年

20－1 律师、公证、调解工作基本情况

Basic Statistics on Lawyers, Notarization and Mediation

项　　目		2002	2003
一、律师工作			
律师事务所	（个）	55	58
律师工作者	（人）	430	464
专职律师	（人）	262	17
兼职律师	（人）	108	96
特邀律师	（人）		
聘请担任常年法律顾问的单位	（家）	567	575
刑事诉讼辩护及代理	（件）	1454	1306
民事案件诉讼代理	（件）	2750	2541
经济案件诉讼代理	（件）	1017	1120
行政案件诉讼代理	（件）	132	183
非诉讼法律事务	（件）	697	780
#审查起草修改合同章程	（件）	190	286
提供咨询建议书	（件）	134	46
参与调解、仲裁	（件）	131	203
代写法律事务文书	（件）	4893	4819
解答法律咨询	（人次）	12534	14319
二、公证工作			
公证处	（个）	52	50
办理涉外的公证处	（个）	2	2

项　　目		2002	2003
公证人员	（人）	182	154
公证员	（人）	134	118
办理国内公证	（件）	39862	321073
办理涉外公证	（件）	1411	1504
办理涉台、港、澳公证	（件）	25	27
接待来访	（人次）	41735	37888
处理来信	（件）	24	58
外地公证处委托	（件）	4	15
公证费收入	（万元）	248.1	293.3
国内公证收费	（万元）	235.8	284.7
涉外公证收费	（万元）	12.3	8.7
三、人民调解工作			
人民调解委员会	（个）	5243	5356
一类	（个）	3846	3903
二类	（个）	1206	1279
三类	（个）	191	174
调解人员	（人）	20362	20420
调解民间纠纷	（件）	13188	28893
调解成功	（件）	12590	27774
已配司法助理员	（人）	270	172

20－2 国内公证文书分类

Classification of Domestic Notarial Documents

项　目	办理公证(件)			项　目	办理公证(件)		
	2001	2002	2003		2001	2002	2003
全省总计	**80140**	**39862**	**33332**	**二、民事公证事项分类合计**	**38536**	**18030**	**14361**
一、经济公证事项分类合计	**41604**	**21540**	**18971**	1.收养	18	21	22
1.购销合同	66	30	3	2.解除收养	1	1	293
2.联营合同	3	9	39	3.继承权	162	346	176
3.拍卖	104	36	137	4.遗嘱	160	138	40
4.贷款合同	11572	12855	5586	5.产权	3	13	8
5.担保书	2774	2249	2627	6.亲属关系	36	56	25
6.招标、投标	198	253	123	7.死亡	1	2	4
7.科技协作				8.房屋买卖	285	421	406
8.供用电合同	2			9.房屋租赁	275	534	127
9.劳务合同	1338	206	179	10.留学协议	3	4	
10.建筑工程承包	58	36	65	11.遗赠扶养协议	6	4	7
11.工商服务业承包	9	11	15	12.委托书	1128	939	617
12.农林牧副渔业承包	616	363	73	13.赠与书	231	144	138
13.乡镇企业承包	20	3	5	14.声明书	146	373	421
14.财产租赁	263	357	161	15.现场监督	60	86	161
15.企业租赁	7		1	16.文本相符	11	178	151
16.资产经营责任制	12			17.宅基地使用权	14	6	8
17.其他经济合同	881	1775	1425	18.证据保全	50	65	104
18.法人(代表)资格	21	14	16	19.计划生育	206	191	337
19.法人委托书	234	274	420	20.签名印鉴属实	8	98	84
20.公司章程	26	7	7	21.其他	22728	5216	987
21.执行许可证明	17	24	109	22.其他民事协议	8475	2233	10014
22.还款协议	45	252	84	23.合同工其他			
23.土地使用权出让转让	30	25	20	24.拆迁协议	141		159
24.提存	2	2	4	25.赡养协议	44	3	
25.登记抵押	1369	709	1854	26.合伙协议	20	3	16
26.公司会议记录	24	4	3	27.夫妻财产协议	56	45	56
27.其他	21913	2013	6015				

20－3 优抚、社会救济情况

Preferential Treatment and Social Relief Facilities

优抚对象		2003	社会救济对象		2003
优抚对象			**社会救济对象总人数**	(人)	**223852**
1. 年末享受伤残保健金人数	(人)	2255	1. 城镇居民最低生活保障线人数	(人)	202219
(1)特等	(人)	7	城镇居民最低生活保障家庭数	(户)	79150
(2)一等	(人)	30	2. 农村居民最低生活保障和传统救济总人数	(人)	21633
(3)二等甲	(人)	135	农村居民最低生活保障人数	(人)	5108
(4)二等乙	(人)	400	农村居民最低生活保障家庭数	(户)	3644
(5)三等甲	(人)	1016	农村传统救济对象人数	(人)	16525
(6)三等乙	(人)	667	#困难户	(人)	3291
2. 享受定期抚恤年末人数	(人)	1190	五保户	(人)	7410
#烈士家属	(人)	606	其他对象	(人)	2970
3. 享受定期补助人数	(人)	5529	3. 农村临时救济人次数	(人次)	53707
(1)在乡复员军人	(人)	4338	4. 救济精简退职老职工人数	(人)	
(2)在乡退伍军人	(人)	1094	#40%救济人数	(人)	
(3)在乡红军老战士等	(人)	81	定救人数	(人)	
4. 优待优抚对象户数	(户)	2100	5. 国家集体供养人数	(人)	
#优待军属户数	(户)	1568	**社会捐赠情况**	(人)	**825**
5. 优待总金额	(万元)	234	1. 直接捐赠数额	(万元)	825
#优待军属金额	(万元)	142	2. 受益人次数	(人次)	199727

20－4 社会福利事业、企业单位基本情况及其他

Basic Statistics and Others on Social Welfare Institution and Enterprises

项目		2001	2002	2003	项目		2001	2002	2003
一、社会福利事业					4.其他福利企业情况				
1.集体办收养性单位					(1)单位数	(个)		8	5
(1)院数	(个)	169	157	154	(2)职工人数	(人)		79	83
(2)年末职工人数	(人)	149	142	136	#残疾职工	(人)		35	37
(3)床位数	(张)	1549	1890	2831	(3)销售(营业)收入	(万元)		353	399
(4)年末在院人数	(人)	1377	1764	2580	二、民政发离退休退职金				
#老人	(人)	1351	1731	2579	人数合计	(人)	582	704	977
2.社会福利院情况					(1)军队干部	(人)	177	169	174
(1)院数	(个)	4	4	4	离休	(人)	67	57	
(2)职工人数	(人)	46	44	41	退休	(人)			
#医护人员	(人)	25	19	6	(2)军队退休士官	(人)		1	
(3)床位数	(张)	168	333	359	(3)军队无军籍职工	(人)		534	803
(4)本年在院人天数	(人天)	57990	62075	80680	三、烈士纪念建筑物管理单位	(个)	8	9	9
(5)年末收养人员数	(人)	159	208	283	职工人数	(人)	20	20	24
#老人	(人)	48	93	163	四、收容遣送站	(个)	10	10	
残疾青壮年	(人)	101	92		职工人数	(人)	65	67	
少儿和婴幼儿	(人)	1	23		五、殡葬服务单位	(个)	16	16	18
3.福利企业单位情况					职工人数	(人)	75	55	89
(1)单位数	(个)	44	27	17	六、安置农场情况				
(2)职工人数	(人)	1170	633	280	1.单位数	(个)	1	1	1
#残疾职工	(人)	540	268	118	2.实有土地面积	(公顷)	380	5773	385
(3)销售(营业)收入	(万元)	7342	1066	661	3.职工人数	(人)	16	14	12

20－5 婚姻登记情况(2003年)

Basic Statistics on Marriage Registration(2003)

地区	准予登记结婚(对)	#初婚(人)	#再婚(人)	#复婚(对)	准予登记离婚(对)
全省合计	**33245**	**61131**	**5359**	**272**	**2658**
厅本级					
西宁市	15389	27676	3102	140	1458
海东地区	11196	21584	808	22	422
海北州	1502	2746	258	8	119
海南州	1214	2005	423	16	55
黄南州	791	1506	76	23	66
果洛州	230	406	54	32	90
玉树州	293	545	41	7	38
海西州	2630	4663	597	24	410

20－6 档案行政管理部门(2003年)

Department Archives(2003)

项目 单位	单位数量(个)	人员(人)	文化程度			档案专业程序			事业费(万元)
			大学	大专	高中以下	大学	大专	在职培训	
省级档案行政部门	1	18	10	5	3		8	36	13
地级档案行政部门	7	40	9	14	17		1	17	39
县级档案行政部门	40	97	15	37	45		6	30	42

20－7 各级各类档案馆(2003年)

Different Kinds and Levels of Archives(2003)

项目 单位	数量(个)	人员(人)	馆藏档案(卷)		案卷排架长度(米)	国家重点档案(卷)	#已抢救	#当年抢救	馆藏资料(册)	档案资料利用(卷册)	馆库面积(米2)	事业费(万元)
			建国前	建国后								
省级国家综合档案馆	1	23	45603	85119	3330				35943	671/386	4196	35
地级国家综合档案馆	8	45	18021	247978	5220				42530	6549/483	9177	15
县级国家综合档案馆	46	181	943	594067	21536				129887	29272/2088	13693	48
国家综合档案馆												
国家专门档案馆	1	9		32158	643				2324	370/31	2100	
部门档案馆	5	22	287	28995	9541				7275	5382/257	690	
企业档案馆	1	13		33510	1655				62	3808/0	4032	

20－8 各类档案室(2003年)

Archives(2003)

项目 单位	档案室数量(个)	专职人员(人)	室藏档案(卷)	案卷排架(米)	室藏资料(册)	档案资料利用(卷、册)	档案室面积(米2)
总计	**233**	**285**	**975585**	**38342**	**188134**	**133327\36625**	**14850**
省直机关	102	86	300427	20135	33336	53121\5229	4807
大型企业	82	113	440095	11787	115109	51463\26595	8042
中型企业	28	48	156160	4586	33622	16772\3876	1163
省部属文化事业单位	8	16	40806	857	4496	852\648	280
地师级科技事业单位	8	17	27649	800	1489	3450\223	408
县团级科技事业单位	5	5	10448	177	82	\54	150

20－9　调解民间纠纷分类

Classification of Medicated Civil Disputers

项　目	调解纠纷(件)		各类纠纷所占比重(%)	
	2002	2003	2002	2003
全省合计	**13188**	**28893**	**100.0**	**100.0**
1. 婚姻	3463	6152	26.3	21.3
2. 继承	632	1462	4.8	5.1
3. 赡扶抚养	845	1527	6.4	5.3
4. 房屋宅基地	1174	2867	8.9	9.9
5. 债务	980	2928	7.4	10.1
6. 生产经营	901	2121	6.8	7.3
7. 邻里	2132	4162	16.2	14.4
8. 赔偿	595	2183	4.5	7.6
9. 其他	2466	5491	18.7	19.0

20－10　各类事故(2003年)

Classification of Accidents(2003)

项　目	2002年各类事故情况				2003年各类事故情况			
	事故起数（起）	死亡人数（人）	重伤人数（人）	经济损失（万元）	事故起数（起）	死亡人数（人）	重伤人数（人）	经济损失（万元）
全省合计	**2538**	**915**	**1812**	**1480**	**2629**	**941**	**1802**	**1587**
工交建企事业工伤事故	86	103	20	321	83	74	29	399
交通事故	1628	708	1628	685	1619	744	1635	738
农机肇事	85	53	105	11	127	75	117	16
铁路路外事故	72	33	34	78	66	35	16	24
火灾事故	667	18	25	385	734	13	5	410

注:工交建企事业工伤事故包括县以下集体企业和私营企业伤亡情况。

20－11 交通事故(2003 年)

Traffic Accidents(2003)

	合 计	西宁市	海东地区	海北州	海南州	黄南州	果洛州	玉树州	海西州	高速支队
道路交通事故次数 (次)	1619	457	423	137	112	35	60	12	343	40
比上年同期增减 (次)	－19.0	－57.0	44.0	20.0	23.0	16.0	－3.0	5.0	－13.0	24.0
增减百分比 (%)	1.2	－11.1	11.6	17.1	－17.0	－31.4	－4.7	71.4	－3.7	150.0
死亡人数 (人)	744.0	173.0	178.0	64.0	101.0	11.0	21.0	18.0	158.0	20.0
比上年同期增减 (人)	33.0	7.0	－18.0	－12.0	10.0	－17.0	－10.0	8.0	52.0	13.0
增减百分比 (%)	4.6	4.2	－9.2	－15.8	11.0	－60.7	－32.3	80.0	49.1	185.7
受伤人数 (人)	1635.0	373.0	428.0	161.0	165.0	64.0	54.0	27.0	333.0	30.0
比上年同期增减 (人)	1.0		－17.0	16.0	－16.0	－21.0	－15.0	19.0	20.0	15.0
增减百分比 (%)	0.6		－3.8	11.0	－8.8	－24.7	－21.7	237.5	6.4	100.0
经济损失 (万元)	737.5	120.1	119.7	43.8	32.6	8.3	18.8	10.5	261.0	122.7
比上年同期增减 (万元)	56.7	－23.4	－9.3	8.8	－62.4	－7.9	－7.1	6.1	54.1	91.8
增减百分比 (%)	8.3	－16.3	－7.2	25.2	－65.7	－18.8	－27.3	142.1	26.2	296.2

20－12 工、交、建企业工伤事故分产业和事故类别情况(2003 年)

Basic Statistics on Industrial Injury Accident in Different Trades and Accident Classification(2003)

项 目	死 亡(人)	重 伤(人)	项 目	死 亡(人)	重 伤(人)
总 计	**74**	**29**	坍 塌	16	6
按类别分	74	29	冒顶片邦	5	
物体打击	7	2	透 水	1	
车辆伤害	2	2	放 炮	2	
机械伤害	11	3	瓦斯煤尘爆炸	1	
起重伤害			容器爆炸	1	1
触 电	7		其他爆炸	3	1
淹 溺			煤与瓦斯突出		
灼 烫			中毒和窒息	3	3
火 灾	1		其他	2	
高空坠落	11	9	锅炉容器爆炸	1	2

20－13 火灾事故(2003年)

Fire Accidents(2003)

类别	火灾起数(起)	死亡人数(人)	受伤人数(人)	损失折款(万元)	火灾原因(起)								
					放火	电器设备原因	违反安全制度	用火不慎	吸烟	玩火	自燃	不明	其他
合计	**734**	**13**	**23**	**410**	**66**	**97**	**32**	**199**	**59**	**155**	**2**	**65**	**59**
一、房屋	386	8	16	272.8	22	76	15	157	14	54		36	12
厂房	26			39.1	2	6	2	3		5		6	2
住宅	215	6	9	122.3	10	36	1	107	7	33		17	4
办公用房	7			1.2		2	1	3		1			
库房	28	1		16.8	3	2	1	5	4	6		5	2
商场商店	20			26.3	2	4	1	7	2	1		3	
集贸市场	4			10.3		3			1				
娱乐场所	38		1	9.3	3	10	6	17		1		1	
宾馆饭店	8			0.2				6				1	1
影剧院	1			0.4		1							
文博馆													
车站码头机场	2			2.0		1						1	
古建筑	2			10.8				2					
学校	4			1.0	1	1		1					1
医院	3	1	2	0.1	1	1		1					
其他	28		4	33.1		9	3	5		7		2	2
二、建筑物	19	5	6	15.2	1	3	5	4	1	2		1	2
加油站	1		2				1						
燃气站													
可燃气体储罐	2						1						1
可燃液体储罐	3	5	4	13.9			3						
露天框架	2			0.2				1	1				
管道													
其它	11			1.1	1	3		3		2		1	1
三、堆场	222			25.6	37	4		29	39	92	1	18	2
粮食	4			3.0						3		1	
棉花													
木材	10			4.3	1			5	2	2			
草类	204			18.1	36	3		24	36	86	1	16	2
其他	4			0.2		1			1	1		1	
四、交通工具	36		1	90.0	2	7	8	2	1	4	1	7	4
机动车	34		1	88.4	2	7	8	1	1	4	1	6	4
五、山林草原	3			1.2	1			1				1	
六、其他	68			4.7	3	7	4	6	4	3		2	39

20－14 各党派党员(成员)数
Numbers of Members of All Parties

党 派 名 称		1990	1995	1997	1999	2000	2001	2002	2003
中国共产党	(万人)	22.55	24.17	26.05	27.27	28.04	28.54	29.4	30.1
中国国民党革命委员会	(人)	233	297	301	323	321	335	340	361
中国民主同盟	(人)	673	713	773	805	827	927	946	990
中国民主建国会	(人)	169	254	328	386	396	410	426	464
中国农工民主党	(人)	244	329	379	427	456	466	484	524
九三学社	(人)	441	533	602	707	745	760	797	845

20－15 历届青海省人民代表大会的代表人数
Numbers of Deputies to All Previous People's Congresses of Qinhai Province

单位:人

项 目	一届	二届	三届	四届	五届	六届	七届	八届	九届	十届
	1954	1958	1963	1967	1977	1983	1988	1993	1999	2003
代表总数	**300**	**303**	**355**		**715**	**450**	**381**	**376**	**392**	**391**
在代表总数中										
女代表	21		48		157	97	71	71	77	75
占代表总数 (%)	7.0		13.5		22.0	21.6	18.6	18.9	19.6	19.2
在代表总数中										
少数民族代表	152		127		277	182	148	169	174	157
占代表总数 (%)	50.7		35.8		38.8	40.4	38.4	45	44.4	40.2

注:1967 年青海省革命委员会取代人民代表大会。

20－16 历届青海省政治协商会议的委员人数
Numbers of Deputies to All Previous Peopl's Political Consultative Conferences of Qinghai Province

单位:人

项 目	一届	二届	三届	四届	五届	六届	七届	八届	九届
	1949	1954	1959	1979	1983	1988	1993	1999	2003
委员总数	**77**	**64**	**139**	**177**	**275**	**275**	**289**	**289**	**344**
在委员总数中									
女委员						30	30	39	57
占委员总数 (%)						10.9	10.4	13.5	16.6
在委员总数中									
少数民族委员	30	32	70		134	138	136	116	139
占委员总数 (%)	39.0	50.0	50.4		48.7	50.2	47.1	40.1	40.4

20－17 妇联工作情况

Information Ship Women's Work

单位:人、亩、个

指　　标	2002	2003	指　　标	2002	2003
一、双学双比活动			（六）巾帼扶贫		
（一）科技培训			脱贫户数	18358	4121
接受技术培训人数	139017	322293	扶贫项目数	419	88
获绿色证书人数	2147	2848	（七）农村妇女学校数	35	58
女农民技术人员人数	1754	3906	二、巾帼建功活动		
妇代会主任是农民技术员数	530	886	（一）巾帼建功		
（二）建立农业科技指导合作组织			评选巾帼建功标兵数	224	67
农村妇女科技指导中心		165	巾帼建功先进工作者数	51	31
农村妇女专业技术协会	18	37	巾帼建功先进协调单位数	19	5
专业合作社	8	2	巾帼文明示范岗数	94	30
（三）受表彰人数			（二）失业妇女再就业		
"双学双比"女能手数	936		妇联培训失业妇女人数	13844	3688
科技致富带头人数	267		建立培训基地或学校数	5	8
"双学双比"先进工作者数	68		帮助失业妇女就业人数	3376	4485
"双学双比"先进协调单位数	67		巾帼创业带头人数	27	28
"三八绿色奖章"获得者数	3		获职业资格证书人数	142	98
（四）妇联自（联）办农业基地		1	（三）社区妇女工作		
（五）三八绿色工程			社区服务实体数		
基地个数	995	64	中华巾帼志愿者人数	3172	5477
基地亩数	23763	21971	中华巾帼志愿者队伍数		1

20－18　妇联干部情况

Basic Statistics Cadres of the Women's Federations

单位:人

指　　标	2002	2003	指　　标	2002	2003
一、干部总数	**608**	**687**	大学本科	105	129
其中:少数民族干部	353	351	大专或同等学历	194	285
（一）按行政级别分			高中、中专及以下	304	265
司局级			（五）按行政编制分		
领导职数	4	5	行政编制	551	579
非领导职数			事业编制	35	64
县处级			招聘干部	22	44
领导职数	15	27	二、干部参加学历教育情况		
非领导职数	1	7	博士生		
科以下			研究生	9	7
领导职数	60	109	大学本科	65	74
非领导职数	528	539	大专及同等学历	156	98
（二）按干部年龄分			高中、中专及以下	22	27
35 岁以下	219	360	三、干部参加非学历教育情况		
36－49 岁	346	274	党校培训	81	158
46－55 岁	40	39	参照公务员管理培训	179	143
56 岁以上	3	2	岗位培训	155	205
（三）按干部政治面貌分			四、干部流动		
共产党员	401	496	调入	50	57
共青团员	80	89	调出	64	22
民主党派	7		五、担任省级以上领导职务		
群众	120	89	参加同级党委数		
（四）按干部文化程度分			参加同级人大数		
研究生	5	8	参加同级政协数	1	

20－19 各级在职女领导干部情况

Basic Statistics on Women Leaders at ALL Levels

单位:人

年 份	总 数	正副省级干部		正副厅级干部		正副县(处)级干部		正副科级干部	
		女干部数	女干部占同级数的%	女干部数	女干部占同级数的%	女干部数	女干部占同级数的%	女干部数	女干部占同级数的%
1998	4537	3	5.8	48	7.9	540	11.9	3946	21.3
1999	4909	3	7.5	46	9.3	595	16.6	4265	42.8
2000	4927	3	7.1	50	10.0	554	12.5	432	21.8
2001	5293	3	7.1	63	10.5	611	13.2	4616	22.4
2002	11842	2	5.4	63	9.9	632	13.9	4563	23.6
2003	11836	3	7.3	69	10.4	673	14.1	4670	23.9

20－20 共青团组织情况

Basic Statistics on the Communist Youth League

年 份	共青团基层组织个数(个)	全省青年人数(万人)	全省团员人数(万人)	#女团员	专职团干部(人)
1991	1004	109.2	26.9	10.3	1266
1992	1020	107.6	27.2	10.2	1323
1993	1013	103.8	25.1	9.7	1197
1994	1038	108.5	26.0	9.8	1109
1995	1118	103.0	26.4	9.3	1098
1996	1059	107.4	27.2	10.1	1181
1997	1134	107.3	28.3	10.0	1231
1998	1016	111.0	28.9	10.4	1231
1999	816	100.6	25.3	10.2	596
2000	1010	134.8	26.2	9.9	540
2001	875	135.9	27.0	10.7	480
2002	1882	146.2	36.7	17.4	667
2003	1894	146.1	37.1	17.3	566

主要统计指标解释

律师 指受聘参加法律顾问处工作，担任法律顾问、刑(民)事代理人、刑事辩护人，办理非诉讼事件、解答法律询问，代写法律事务文书等主要从事律师业务的专职法律工作者和兼职律师。

公证人员 指在国家公证机关依法办理公证事务的司法人员。包括公证员、助理公证员和在公证处工作的其他人员。

办理公证 指公证处年内的公证文书件数。公证文书系按司法部规定或批准的格式制作。包括国内公证和涉外公证两部分。其中国内公证分为经济合同公证和民事法律关系公证两大类。

调解员 指在人民调解委员会担负调民间纠纷工作的人员，包括调解委员会的委员和调解小组的调解员。该指标主要反映从事人民调解工作的人员数量。

调解民间纠纷 指调解委员会按照法律规定，根据自愿原则，用说服教育的方法调解民间发生的有关民事权利和义务争执的件数，包括调解成功数和调解未成功数。该指标主要反映人民调解委员会的工作量。

社会福利事业单位 指集中收养社会孤老、残、幼的机构。包括由民政部门管理的社会福利院、儿童福利院、精神病人福利院和城镇集体办的福利院，以及农村集体举办的敬老院。

社会救济总人数 主要包括城镇居民最低生活保障人数、农村居民最低生活保障人数、农村传统救济对象人数。

城镇居民最低生活保障人数 指报告期末家庭平均收入在当地规定的最低生活保障线以下的城镇居民数。包括“三无”对象、失业人员和在职、下岗、退休人员等。

农村居民最低生活保障人数 指报告期末在建立农村最低生活保障制度的地区，得到当地政府或集体给予最低生活保障的农业人口数。

Chapter 21

城市基本情况

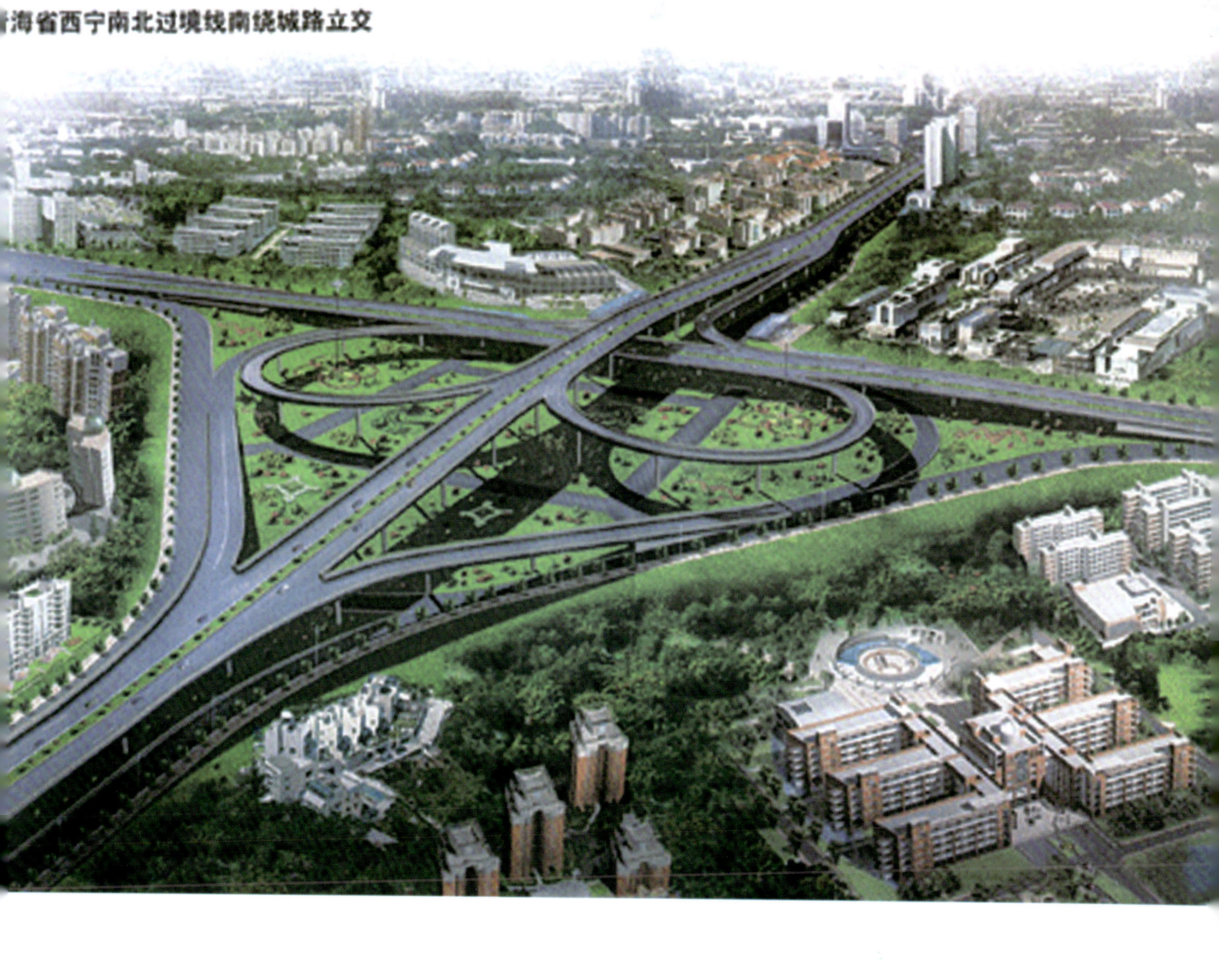
青海省西宁南北过境线南绕城路立交

Basic Statistics on Cities

21－1 城市公用事业基本情况(2003年)

Basic Statistics on Urban Public Utilities(2003)

指标名称		全省	西宁市	格尔木市	德令哈市
人口密度	(人/平方公里)	1695.00	2253.00	1752.00	495.00
人均拥有城市维护建设资金	(元)	638.00	645.00	1088.00	2375.00
人均住宅使用面积	(平方米)	17.05	17.30	17.63	
人均生活用水量	(升/日)	176.99	231.65	184.53	197.14
用水普及率	(%)	98.24	100.00	100.00	100.00
每万人拥有公共交通车辆	(标台)	8.65	13.67	15.43	9.92
使用天然气普及率	(%)	39.99	41.72	85.59	35.41
人均拥有道路面积	(平方米)	9.18	6.21	21.92	33.82
排水管道密度	(公里/平方公里)	3.36	6.58	1.61	3.35
人均公共绿地面积	(平方米)	5.10	6.73	3.66	5.07
建成区绿地率	(%)	11.83	23.25	12.03	8.57
建成区绿化覆盖率	(%)	15.96	25.00	12.62	15.39
道路长度	(公里)	1126.43	346.30	110.17	57.82
道路面积	(万平方米)	1527.70	489.80	234.30	119.40
人行道面积	(万平方米)	410.70	103.40	66.30	36.20
桥梁数	(座)	196.00	50.00		12.00
立交桥	(座)	3.00	3.00		
路灯数	(盏)	27404.00	16425.00	3022.00	875.00
排水管道长度	(公里)	876.91	400.00	48.70	36.34
污水年排放量	(万立方米)	13398.30	8091.20	1780.80	454.00
防洪堤长度	(公里)	138.46	25.00		1.74
自来水日综合生产能力	(万立方米)	105.83	44.89	19.00	4.40
供水管道长度	(公里)	2119.63	476.00	303.00	114.00
供水总量	(万立方米)	18833.00	11559.00	2226.00	605.00
用水人口	(万人)	163.40	78.85	10.69	3.53
运营车辆	(辆)	1693.00	1142.00	236.00	50.00
标准运营车辆	(标台)	1438.00	1078.00	165.00	35.00
运营线路网长度	(公里)	524.00	307.00	55.00	20.00
客运总量	(万人次)	26123.00	23760.00	1260.00	456.00
出租汽车数	(辆)	10769.00	5116.00	1642.00	500.00
绿化覆盖面积	(公顷)	4948.40	1520.30	420.80	167.00
园林绿地面积	(公顷)	3494.90	1413.40	403.30	93.00
公共绿地面积	(公顷)	847.48	530.30	39.09	17.90
公园面积	(个/公顷)	40/543.24	11/249.4	2/23.08	1/17.2

注:由于部门统计口径变化,从2003年起本表中全省数据包括了全省市、县镇的数据。

21-2 城市基本情况(2003年)

Basic Statistics on Cities (2003)

指 标 名 称		地区包括市辖县	#西宁地区	市区不包括市辖县	西宁市	格尔木市	德令哈市
一、人口、劳动力及土地面积							
年末总人口	(万人)	221.71	204.97	116.28	99.54	10.69	6.05
#非农业人口	(万人)	117.42	105.13	101.00	88.71	8.76	3.53
年平均人口	(万人)	220.23	203.71	115.16	98.64	10.51	6.01
暂住人口(一个月以上)	(万人)	17.36	11.09	15.63	9.36	6.27	
年出生人口	(人)	26410	24669	11981	10240	1074	667
年死亡人口	(人)	9643	9289	4053	3699	218	136
年末总户数	(万户)	62.77	57.03	28.47	22.73	3.80	1.94
年末单位从业人员数	(万人)	25.62	21.11	19.81	15.30	3.45	1.06
第一产业(农、林、牧、渔业)	(万人)	0.64	0.46	0.33	0.15	0.05	0.13
第二产业	(万人)	9.89	8.07	7.03	5.21	1.64	0.18
采掘业	(万人)	0.48	0.43	0.06	0.01	0.05	
制造业	(万人)	5.35	4.54	3.47	2.66	0.79	0.02
电力、燃气及水的生产和供应业	(万人)	1.02	0.83	0.69	0.50	0.06	0.13
建筑业	(万人)	3.31	2.27	3.08	2.04	0.74	0.30
第三产业	(万人)	15.09	12.58	12.45	9.94	1.76	0.75
交通运输、仓储及邮政业	(万人)	2.54	1.58	2.37	1.41	0.75	0.21
信息传输、计算机服务和软件业	(万人)	0.58	0.52	0.57	0.51	0.03	0.13
批发和零售业	(万人)	1.15	1.05	0.97	0.87	0.07	0.03
住宿、餐饮业	(万人)	0.22	0.19	0.20	0.17	0.02	0.01
金融业	(万人)	1.03	0.87	0.90	0.74	0.11	0.05
房地产业	(万人)	0.19	0.14	0.18	0.13	0.05	
租赁和商业服务业	(万人)	0.38	0.35	0.36	0.33	0.03	
科学研究、技术服务和地质勘查业	(万人)	0.95	0.77	0.92	0.74	0.14	0.04
水利、环境和公共设施管理业	(万人)	1.01	0.93	0.81	0.73	0.05	0.03
居民服务和其他服务业	(万人)	0.10	0.08	0.10	0.08	0.02	
教育	(万人)	2.73	2.48	1.65	1.40	0.18	0.07
卫生、社会保障和社会福利业	(万人)	1.17	1.06	0.95	0.84	0.07	0.04
文化、体育和娱乐业	(万人)	0.33	0.28	0.29	0.24	0.03	0.02
公共管理和社会组织	(万人)	2.71	2.28	2.18	1.75	0.21	0.22
国际组织	(万人)						
私营和个体从业人员	(人)	281270	251090	236816	206636	24475	5705
年末城镇登记失业人员数	(人)	19741	17800	16181	14240	1409	532
行政区域土地面积	(平方公里)	163535	7665	156220	350	123460	32410
#建成区面积	(平方公里)			102.5	61	31	10.5
城市建设用地面积	(平方公里)			102.15	61	31	10.15
#居住用地面积	(平方公里)			39.03	27	10	2.03
公共设施用地面积	(平方公里)			5.22	1	3	1.22
工业用地面积	(平方公里)			16.1	11	3	2.1
二、综合经济							
(一)国内生产总值(当年价格)	(万元)	1868716	1448328	1373950	953562	348388	72000
第一产业增加值	(万元)	105725	94602	26232	15109	5053	6070

21－2 续表 1 Continued

指 标 名 称		地区包括市辖县	#西宁地区	市区不包括市辖县	西宁市	格尔木市	德令哈市
第二产业增加值	(万元)	919511	677503	620649	378641	217908	24100
#工业增加值	(万元)	619405	462003	390536	233134	145402	12000
第三产业增加值	(万元)	843480	676223	727069	559812	125427	41830
#交通运输仓储及邮政业	(万元)	193108	128966	173615	109473	51814	12328
信息传输、计算机服务和软件业	(万元)	13389		13389		12095	1294
金融业	(万元)	193439	180715	159454	146730	10617	2107
房地产业	(万元)	19482	12032	18074	10624	7450	
科学研究、综合技术服务和地质勘查业	(万元)	1430		1430		582	848
国内生产总值(2000 年价格)	(万元)	1742568	1348239	1283088	888759	325421	68908
人均国内生产总值	(元)	8485	7110	11931	9667	33149	11428
国内生产总值增长率	(%)	16.68	13.7	15.18	12.5	20.84	19.2
(二)财政、金融、保险							
地方财政一般预算内收入	(万元)	102671	84397	83681	65407	16108	2166
地方财政一般预算内支出	(万元)	224967	191586	160548	127167	25342	8039
#基本建设支出	(万元)	10299	6111	9918	5730	4012	176
企业挖潜改造资金	(万元)	3294	2996	3294	2996	288	10
科技三项费用	(万元)	1058	896	162		84	78
城市维护费	(万元)	10630	9027	10630	9027	1603	
科学支出	(万元)	376	266	332	222	38	72
教育支出	(万元)	39372	34100	20468	15196	3077	2195
医疗卫生支出	(万元)	11602	10500	7096	5994	961	141
抚恤和社会福利救济	(万元)	11904	9406	11904	9406	1298	1200
社会保障补助支出	(万元)	31095	29447	31095	29447	1450	198
政策性补贴支出	(万元)	446	446	446	446		
年末金融机构存款余额	(万元)	4463127	3910391	4072088	3519352	456025	96711
#城乡居民储蓄年末余额	(万元)	2025895	1749293	1850966	1574364	223886	52716
年末金融机构各项贷款余额	(万元)	4789214	4373202	4351894	3935882	368670	47342
保费收入	(万元)	61462	52895	56173	47606	6798	1769
#财产险	(万元)	20025	17489	17402	14866	2439	97
人身险	(万元)	41437	35406	36126	30095	4359	1672
赔款、给付	(万元)	14609	10252	13071	8714	1610	2747
#财产险	(万元)	9835	7887	8652	6704	1375	573
人身险	(万元)	4774	2365	4419	2010	235	2174
三、农业							
年末耕地总资源	(千公顷)	160.7	148				
蔬菜产量	(吨)	342282	307400				
水果产量	(吨)	1279	1277				
肉类总产量	(吨)	55303	51394				
奶类产量	(吨)	64658	63317				
水产品产量	(吨)	297	214				

21－2 续表 2 Continued

指标名称		地区包括市辖县	#西宁地区	市区不包括市辖县	西宁市	格尔木市	德令哈市
四、工业							
国有及年销售收入500万元以上非国有							
工业企业主要经济指标：							
工业企业数	(个)	161	129	117	85	19	13
内资企业	(个)	150	119	108	77	18	13
港、澳、台商投资企业	(个)	6	5	4	3	1	
外商投资企业	(个)	5	5	5	5		
工业总产值(当年价)	(万元)	1279165	1148959	633962	503756	101111	29095
内资企业	(万元)	1206660	1079630	611344	484314	97935	29095
港、澳、台商投资企业	(万元)	55367	52191	5480	2304	3176	
外商投资企业	(万元)	17138	17138	17138	17138		
从业人员年平均人数	(万人)	7.57	6.63	4.8	3.86	0.76	0.18
流动资产年平均余额	(万元)	1287526	1056674	955099	724247	222815	8037
固定资产净值年平均余额	(万元)	1204384	999468	679058	474142	185884	19032
产品销售收入	(万元)	1359995	1254452	683256	577713	96390	9153
#产品销售税金及附加	(万元)	11242	9357	7942	6057	1829	56
本年应交增值税	(万元)	68824	64786	31711	27673	3185	853
利润总额	(万元)	72588	55648	31332	14392	15678	1262
五、交通运输、邮电通信、能源电力							
铁路客运量	(万人)	347.62	177.6				
铁路货运量	(万吨)	738	214				
境内铁路里程	(公里)	934	154				
民用汽车拥有量	(辆)	69983	56985				
#私人汽车拥有量	(辆)	26903	19176				
公路客运量	(万人)	2624.06	2595				
公路货运量	(万吨)	1921.7	1823				
境内公路里程	(公里)	8357	5845				
#境内高速公路里程	(公里)						
民用航空货邮运量	(吨)	1500	1500				
民用航空客运量	(人)	157600	157600				
年末邮电局(所)数	(处)	141	115	89	63	19	7
邮政业务收入	(万元)	10151	8339	9201	7389	1447	365
电信业务收入	(万元)	130961	109252	126909	105200	18000	3709
固定电话用户数	(万户)	53.96	47.18	45.14	38.36	5.28	1.5
年末移动电话用户数	(户)	714475	561190	618022	464737	137103	16182
国际互联网用户数	(户)	42980	34485	38995	30500	7635	860
能源消费量	(万吨/标准煤)	80581	538	80161	118	52	79991
全年用电量	(万千瓦时)	945048	896046	351759	305757	42917	6085
#工业用电	(万千瓦时)	828757	794672	256593	222508	29339	4746
城乡居民生活用电	(万千瓦时)	60468	53373	52996	45901	5816	1279

21－2　续表 3　Continued

指标名称		地区包括市辖县	#西宁地区	市区不包括市辖县	西宁市	格尔木市	德令哈市
六、内外贸易、外经、旅游							
限额以上批发零售贸易业商品销售总额	(万元)	580276	555487	580176	555387	6051	18738
社会消费品零售额	(万元)	746789	635848	661089	550148	96625	14316
限额以上批发零售贸易企业数(法人数)	(个)	59	51	59	51	5	3
#零售业:按经营方式分组							
连锁商店	(个)	10	10	8	8		
非连锁商店	(个)	51	45	51	45	5	1
按零售业态分组							
百货商店	(个)	6	4	6	4	2	
超级市场	(个)	8	4	8	4	3	1
进口额(海关数)	(万美元)	5039	5039				
出口额(海关数)	(万美元)	23934	23934				
外国和港澳台地区在华直接投资:							
当年新签项目(合同)个数	(个)	28	28	28	28		
当年合同外资金额	(万美元)	9588	9588	9588	9588		
当年实际使用外资金额	(万美元)	776	776	776	776		
已投产(营业)企业数(年末实有数)	(个)	99	99	99	99		
从业人员数	(人)	5320	5320	5320	5320		
海外游客人数(含一日游客数)	(人)	14500	14500				
#外国人	(人)	6380	6380				
港、澳、台同胞	(人)	8120	8120				
国际旅游(外汇)收入	(万美元)	274	274				
星级饭店数	(个)	11	11				
七、固定资产投资							
全社会固定资产投资总额	(万元)	1220344	854223	904534	538413	302107	64014
#固定资产投资完成额(不含农村)	(万元)	1127048	761128	844656	478736	301906	64014
#房地产开发投资完成额	(万元)	199000	188950	19900	188950	10050	
#住宅	(万元)	132722	127292	132722	127292	5430	
全年新增固定资产	(万元)	549739	490141	477690	418092	13960	45638
本年施工住宅面积	(万平方米)	336.65	314.8	306.58	284.73	10.3	11.55
本年竣工住宅面积	(万平方米)	172.89	153.45	163.98	144.54	9.12	10.32
商品房屋销售面积	(万平方米)	70.16	57.92	70.16	57.92	12.24	
#销售给个人	(万平方米)	55.93	51.91	55.93	51.91	4.02	
商品房屋空置面积	(万平方米)	18.56	18.29	18.56	18.29	0.27	
商品房屋销售额	(万元)	106848	95215	106848	95215	11633	
#销售给个人	(万元)	86395	81036	86395	81036	5359	
八、教育、科技、文化、卫生							
学校数							
高等学校	(所)	9	9	8	8		
中等职业学校	(所)	8	5	8	5	1	2
普通中学	(所)	188	153	83	48	24	11
小学	(所)	797	765	99	67	14	18
专任教师数							
高等学校	(人)	2769	2769	2769	2769		
中等职业学校	(人)	371	318	371	318	21	32

21－2 续表 4 Continued

指标名称		地区包括市辖县	#西宁地区	市区不包括市辖县	西宁市	格尔木市	德令哈市
普通中学	（人）	8430	7416	4128	3114	698	316
小学	（人）	9766	8449	4373	3056	840	477
在校学生数							
高等学校	（人）	26124	26124	26124	26124		
中等职业学校	（人）	7501	6907	7501	6907	384	210
普通中学	（万人）	13.73	12.39	6.42	5.08	0.97	0.37
小学	（万人）	18.85	16.3	8.94	6.39	1.87	0.68
成人高等教育学校在校学生数	（人）	6765	6765	6765	6765		
各类专业技术人员数	（人）	32140	23445	14244	5549	5678	3017
#中级技术职称以上人员数	（人）	12558	10064	4646	2152	1452	1042
体育场馆数	（个）	3	2	3	2		1
剧场、影剧院数	（个）	9	3	9	3	5	1
公共图书馆图书总藏量	（千册、件）	2104	1922	2104	1922	32	150
医院、卫生院数	（个）	546	496	366	316	10	40
医院、卫生院床位数	（张）	10278	9149	8441	7312	829	300
医生数	（人）	4694	4015	3728	3049	499	180
九、人民生活							
在岗职工平均人数	（万人）	23.91	20.6	18.34	15.03	1.83	1.48
在岗职工工资总额	（万元）	349509	301364	349509	301364	33041	15104
居民人均可支配收入	（元）			7083	7025	7448	6713
居民人均消费支出	（元）			5753	5507	6391	5884
#食品	（元）			2041	2054	2168	1731
衣着用品	（元）			672	606	891	619
家庭设备、用品及服务	（元）			378	383	397	317
医疗保健	（元）			455	478	316	587
交通和通讯	（元）			613	497	805	876
娱乐、教育、文化服务	（元）			820	708	1001	1080
居住	（元）			580	567	565	673
每百户居民家庭拥有：							
家用汽车	（辆）			5		1	4
家用电脑	（台）			29	12	15	2
人均住房使用面积	（平方米）			17	17	18	16
居民消费价格指数(上年为100)				101.8	101.8	102.2	
年末离休、退休、退职人员数	（万人）	1.44	0.32	1.41	0.29	0.54	0.58
基本养老保险参保职工	（人）	222877	203558	161809	142490	13345	5974
基本医疗保险参保人数	（人）	150064	117058	114947	81941	18106	14900
失业保险参保人数	（人）	144695	127731	106376	89412	12067	4897
社会福利院数	（个）	9	3	9	3	3	3
社会福利院床位数	（张）	473	438	473	438	20	15
社区服务设施数	（个）	540	473	524	457	45	22
居民最低生活保障线以下人数	（人）	97553	79366	70106	51919	9963	8224

21－2 续表 5 Continued

指标名称		地区包括市辖县	#西宁地区	市区不包括市辖县	西宁市	格尔木市	德令哈市
十、社会治安							
交通事故件数	（件）	655	455	422	222	143	57
交通事故死亡人数	（人）	229	171	148	90	41	17
刑事案件立案数	（件）	11354	8947	10018	7611	2141	266
犯罪人数	（人）	3169	2497	2641	1969	518	154
十一、市政公用事业							
城市维护建设资金支出	（万元）			62560	50858	11630	72
年末实有城市道路面积	（万平方米）			843	490	234	119
排水管道长度	（公里）			515	400	79	36
供水综合生产能力(包括自备水源)	（万立方米/日）			68.29	44.89	19	4.4
供水总量	（万立方米）			14316	11559	2149	608
#居民家庭用水量				6693	5851	492	350
用水人口	（万人）			92.77	78.55	10.69	3.53
煤气（人工、天然气）供气总量	（万立方米）			37874	13226	24450	198
#家庭用量	（万立方米）			1507	659	650	198
用煤气人口	（人）			78150	29000	49000	150
液化石油气供气总量	（吨）			14970	11429	3091	450
#家庭用量	（吨）			14092	11429	2496	167
用液化气人口	（人）			335489	300000	33689	1800
年末实有公共汽（电）车营运车辆数	（辆）			1428	1142	236	50
全年公共汽（电）车客运总量	（万人次）			25470.05	23760	1260.05	456
年末实有出租汽车数	（辆）			7258	5116	1642	500
园林绿地面积	（公顷）			1909	1413	403	93
#公共绿地面积	（公顷）			587	530	39	18
建成区绿化覆盖面积	（公顷）			2068	1520	381	167
十二、环境保护							
污染源治理本年资额总额	（万元）	3354	2194				
城市环境基础设施建设本年完成投资额	（万元）	59013	48273				
三废综合利用产品产值	（万元）	2437	2437				
工业废水排放量	（万吨）	2155	2065				
工业废水排放达标量	（万吨）	1918	1875				
工业二氧化硫去除量	（吨）						
工业二氧化硫排放量	（吨）	44644	44484				
工业烟尘去除量	（吨）	603203	602648				
工业烟尘排放量	（吨）	29721	29167				
工业固体废物综合利用率	（%）	84	36				
烟尘控制区总面积	（平方公里）	2	2				
高污染燃料禁烧区总面积	（平方公里）						
环境噪声达标区面积	（平方公里）						
生活污水处理率	（%）	15	15				
生活垃圾无害化处理率	（%）	73	73				

21－3 西宁市公共交通客运情况

Basic Statistics on Urban Public Traffic in Xining

年份	年底车辆总数(辆)	#小公共线路车	年底营运线路网长度(线路/公里)	总行驶里程(万车公里)	客运总量(万人次)	客运周转量(万人公里)	利润总额(万元)	从业人数(人)	社会出租汽车(辆)	社会小公共汽车(辆)
1980	171		17/466	599	6942		28	1298		
1982	190		17/466	685	8812		60	1633		
1983	192		17/467	787	10162		61	1690		
1984	211		17/467	831	11930		55	1810		
1985	230		17/467	937	14832		68	2036		
1986	219		17/481	966	16710		54	2065		
1987	222		21/498	1020	16876		42	2332		
1988	250		21/481	1076	17759	50993	68	2382		
1989	252		21/481	1044	15216	54537	20	2590		
1990	266	23	21/481	1128	15612	47843	1	2567	371	30
1991	268	27	21/482	1196	16430	53464	14	2807	458	53
1992	282	42	21/510	1243	17641	56330	－158	2785	784	116
1993	403	53	21/316	1307	17345	55851	－276	2833	1282	259
1994	385	85	21/320	1384	17833	65290	－443	2760	1836	313
1995	386	87	21/259	1744	18054	88268	－360	3159	3354	403
1996	372	70	25/259	1725	18218	72042	－326	3412	4160	432
1997	410	118	28/255	1956	17616	77194	－396	3323	4236	432
1998	575	168	32/258	2023	17808	83996	－380	3212	4275	435
1999	659	197	34/274	2634	19566	101414	－285	3328	4412	455
2000	667	207	37/291	3047	15369	111466	－400	3289	5785	628
2001	1020	354	38/307	4621	20748	121554	－25	4139	5144	322
2002	1086	130	307		20857		52	4194	5116	130
2003	1142	75	307		23760		－69	4352	5116	75

注：1996年调整统计口径将年底营业线路改为年底营运线路网长度，社会小公共汽车数中不含公交公司小公共汽车数。

21-4 西宁市自来水供水情况
Basic Statistics on Tap Water Supply in Xining

年份	年底自来水管道总长度（公里）	供水总量（万立方米）	售水总量（万立方米）	#生产用水	综合生产能力（万立方米/日）	年底用水总人数（万人）	供水普及率（%）	年末职工总人数（人）
1980	240	3740	3541	1979	14.5	42.0	92.4	450
1982	246	4649	4295	2598	14.5	43.4	94.6	453
1983	251	5222	4817	3121	34.5	43.5	94.0	450
1984	259	5526	5098	3161	35.5	48.0	92.0	450
1985	255	5577	5145	3190	36.4	348.0	95.0	443
1986	255	5863	5583	3461	26.4	49.0	99.0	479
1987	285	6308	6008	3604	36.6	53.0	96.4	513
1988	297	7111	6755	4062	34.4	53.5	98.0	511
1989	300	7824	7200	4464	34.4	53.9	98.0	522
1990	300	7934	7301	4527	34.4	54.7	98.0	548
1991	300	8279	7619	4785	34.4	55.7	98.0	590
1992	301	8359	7692	4769	34.4	56.1	98.8	600
1993	305	8605	7918	4909	39.0	56.2	99.1	596
1994	306	12961	12273	8339	39.0	66.1	99.3	613
1995	307	13251	12540	8176	39.0	66.9	98.0	663
1996	311	13036	12342	7460	38.4	67.7	97.0	733
1997	419	13036	12238	6200	38.0	67.8	96.0	808
1998	433	11966	11516	6939	37.0	70.9	97.4	842
1999	444	12561	11904	6893	49.0	70.8	97.0	905
2000	596	12610	14325	6734	48.9	71.4	97.2	904
2001	433	12452	6910	5833	44.9	74.8	99.3	923
2002	450	11403	5912	4693	44.9	76.6	100.0	930
2003	476	11559	10188	3470	44.9	78.9	100.0	885

21-5 西宁市道路、排水、养护情况

Basic Statistics on Paved Roads ,Drainage and Maintenance in Xining

年份	年末实有铺装道路长度（公里）	#高级、次高级路面	铺装道路面积（万平方米）	人行道面积（万平方米）	年底实有下水道长度（公里）	养护下水道长度（公里）	“两项”维护建设资金支出（万元）	年末固定职工总人数（人）	#市政工程管理人员
1980	157	150	159		67	67	959	314	
1982	163	160	161		74	74	558	1057	
1983	169	166	166		78	78	552	1001	244
1984	169	166	166		78	78	742		
1985	175	174	176		85	85	721		
1986	175	174	176	31	86	86	378	364	
1987	177	176	177	31	86	86	1509	361	
1988	177	176	189	39	87	87	1761	1061	352
1989	179	178	195	41	90	90	2509	1269	349
1990	179	178	219	49	117	117	2185	1327	385
1991	180	179	220	50	117	117	4603	1159	359
1992	181	180	223	53	118	118	4663	1159	353
1993	203	198	225	53	123	123	3851	1159	353
1994	208	203	228	53	123	123	2800	917	337
1995	263	263	263	97	139	139	6760	924	333
1996	268	268	262	97.4	144	144	4659	929	329
1997	284	270	270	98	146	151	9583	922	357
1998	288	282	291	99	161	155	34747	935	338
1999	298	282	317	99	161	140	91758	931	331
2000	310	294	405	62	208	143	78120	934	330
2001	288	405	408	63.5	209	148	98638	356	340
2002	324		408	64.4	400	194	58473	389	
2003	346		489.8	103.4	400	120	51249	390	

注：“两项”维护建设资金系城市维护建设税和公用事业附加用于市政工程、公用事业、环卫等方面的资金，自 1991 年开始系基建、交通建设基金、建设税、维护措施等五项支出之和。1997 年改为维护支出。

21－6　西宁市集中供热情况

Basic Statistics on Heating in Xining

类　　别		1990	1995	1998	2000	2001	2002	2003
一、供热能力－蒸气	(吨/小时)	8		8				
供热能力－热气	(MW/小时)	13.49	28.00	28.00	31.00	30.00	28.00	28.00
二、供热总量	(万吉焦)	13.49	14.82	21.43	31.00	29.00	29.00	29.00
三、集中供热面积	(万平方米)	12.00	18.00	22.00	27.00	27.30	28.00	28.00
#住宅	(万平方米)			24.00	24.00	14.50	14.00	14.00
四、供热管道总长度	(公里)	5	5	5	5	5	7	7
五、供热工业总产值	(万元)	153	291	441	395	447	389	380
六、利润总额	(万元)	－21.60	7.70	－5.00	－212.00	－261.00	－172.00	－94.00
七、年末职工人数	(人)	68	90	125	136	141	141	134

注:从1996年起全部改为热水供热。

21－7　西宁市环境卫生基本情况

Basic Statistics on Environmental Sanitation in Xining

类　　别		1985	1990	1995	1998	2000	2001	2002	2003
一、当年完成工作量									
1.清运生活垃圾	(万吨)	12.70	23.60	39.30	77.30	80.70	71.30	71.00	66.00
2.清运粪便	(万吨)	0.80	2.00	2.60	6.34	6.54	42.70	43.00	43.00
二、实际清扫面积	(万平方米)	92	166	233	136	281	614	674	400
三、环境卫生专用车辆	(辆)	58	85	121	82	85	157	157	157
四、环境卫生设施									
公共厕所	(座)	157	158	221	220	290	263	266	276
#水冲式	(座)			66	107	227	165	165	174
五、年末职工人数	(人)	440	230	423	1330	1072	2087	2142	2182
六、民办保洁队伍	(人)	738	741	832	380	408	408		
七、环境卫生收入	(万元)			137	520	660	693	736	1165

注:1.1996年年末职工人数包括临时工。

2.1998年年末职工人数和民办保洁公司队伍未分开。

21-8 西宁市城市建设用地情况

Basic Statistics on Utilization of Land for City Construction of Xining

类 别		1985	1990	1995	1998	2000	2001	2002	2003
市区人口	(万人)	59.90	65.00	68.70	70.86	94.14	74.82	76.55	78.85
非农业人口	(万人)	50.40	55.00	57.80	60.07	62.49	63.93	65.45	67.12
市区面积	(平方公里)	350	350	350	350	350	350	350	350
建成区面积	(平方公里)	49.40	51.50	52.80	59.79	57.17	59.15	59.68	60.80
城市建设用地面积	(平方公里)	49.40	51.50	52.70	59.79	57.17	59.15	59.68	60.80
1.工业用地	(平方公里)	10.10	10.50	10.70	10.75	11.00	11.05	11.05	11.06
2.仓储用地	(平方公里)	2.50	2.60	2.70	2.71	3.00	3.00	3.00	3.20
3.对外交通用地	(平方公里)	5.60	5.80	6.40	6.46	6.00	7.04	7.04	7.05
4.生活居住用地	(平方公里)	20.50	21.80	22.20	22.60	24.17	25.80	26.33	26.88
5.其他城建用地	(平方公里)	10.70	10.70	10.80	17.67	13.00	12.26	12.26	12.61
本年征用土地面积	(平方公里)	0.50	0.10	0.07	0.25	3.00	2.03	0.74	0.60

21-9 西宁市园林绿化情况

Basic Statistics on Parke Gardens and Green Areas in Xining

类　别		1985	1990	1995	1998	2000	2001	2002	2003
建成区内绿化覆盖面积	（公顷）	407	511	665	926	1068	1302	1373	1520.3
年底园林绿地面积	（公顷）	414	471	653	879	1034	1253	1318	1413.4
公共绿地	（公顷）	64	78	173	200	246	434	482	530
建成区内绿化覆盖率	（%）	9.3	10.2	12.4	15.3	18.7	20.8	23.0	25.0
每人平均占有的公共绿地面积	（平方米/人）	1.20	1.40	3.00	3.32	3.67	3.67	6.29	6.73
公园个数	（个）	1	2	8	9	10	10	11	11
公园面积	（公顷）	36	46	142	163.6	203	244.2	248.2	249
年游人量	（万人次）	130	315	220	237	281	295	283	239.3
全年植树量	（万株）	42	16	8	12	9	9		
年末苗圃面积	（公顷）	49	49	61	88	62	66		
年末职工人数	（人）	685	718	719	858	1072	1020	1014	1006

注：年末职工人数和植树量为系统内数据，其它类指标是全社会数据。

主 要 统 计 指 标 解 释

年末自来水生产能力 指年底城建部门管理的自来水厂和自备水源的社会单位取水、净化、送水、出厂输水干管等环节的实际生产能力。

年末供水管道长度 指从送水泵到用户水表之间所有管道的长度。

全年供水总量 指公用自来水厂和自备水源的社会单位全年的供水总量,包括有效供水量及损失水量。

生活用水量 指居民日常生活与公共福利设施的用水量,包括居民、饮食店、旅馆、医院、理发店、浴池、洗衣店、游泳池、商店、学校、机关、部队等单位的用水量。

城市人口用水普及率 指城市用水的非农业人口数(不包括临时人口和流动人口)与城市非农业人口数之比。计算公式为:

用水普及率 = 城市用水的非农业人口数/城市非农业人口数 × 100%

人工煤气生产能力 指城市煤气厂制气、净化、输送等环节的综合实际生产能力。

输气管道长度 指由压缩机、鼓风机、储气罐的出口到用户煤气表之间的全部管道长度。

全年供气总量 指全年售给各类用户的全部煤气量,包括工业用量、家庭用量和其他用量。

城市用气普及率 指使用煤气(包括人工煤气、液化石油气、天然气)的城市非农业人口数(不包括临时人口和流动人口)与城市非农业人口总数之比。计算公式为:

城市煤气普及率 = 城市用气的非农业人口数/城市非农业人口总数 × 100%

城市供热能力 指热电厂、热力公司和达到标准的集中采暖锅 炉房向城市输送的供热源的设计能力,每小时向城市输送蒸汽、热水的能力。

城市供热总量 指热电厂、热力公司和达到标准的集中采暖锅炉房向城市输送的全部蒸汽、热水量。

城市供热管道长度 指热电厂、热力公司和达到标准的集中采暖锅炉房管理的集中供热热源到用户间的全部气、供热水管道长度。

年底实有铺装道路长度 指除土路外,路面经过铺装宽度在3.5米以上的道路,包括高级、次高级道路和普通道路。

城市桥梁 指城市范围内,修建在河道上的桥梁和道路与道路立交、道路跨越铁路的立交桥及人行天桥。包括久性桥和半久性桥,不包括临时性桥、铁路桥、涵洞。

城市下水道总长度 指所有排水总管、干管、支管及暗渠、检查井、连接井出水口等长度之和。

城市污水日处理能力 指污水处理厂每昼夜处理污水量的设计能力。

年末实有公共汽(电)车 指年底可参加营运的全部车辆数,包括营运车辆数和库存查封未参加营运的车辆。不包括非营运车辆,如架线车、油罐车、工程车、货车及其他专用车辆和借入的客运车辆。

城市绿地 指城市公共绿地、专用绿地、生产绿地、防护绿地、郊区风景名胜区的全部面积。

公共绿地 指供游览休息的各种公园、动物园、植物园、陵 园以及花园、游园和供游览休息用的林荫道绿地、广 场绿地,不包括一般栽植的行道树及林荫道的面积。

环境污染治理投资额 指城市用于环境污染治理的实际投资额。包括建设部系统的城市环境基础设施建设投资、老污染源工业污染治理投资、当年新建项目治理投资。

企业资料

青海科技生物园区

盐湖钾肥光卤石水采船

Records of Enterprises

现代企业制度与企业集团

简要说明

一、根据国家统计局《关于印发〈建立现代企业制度跟踪监测统计制度〉的通知》(国统字[1998]234号)和国家统计局《关于印发〈企业集团统计报表制度〉的通知》(国统字[1998]233号)文件精神,青海省企业调查队决定对全省建立现代企业制度试点企业及企业集团进行定期统计调查。

二、统计范围:

现代企业制度:一是国务院确定的建立现代企业制度试点企业;二是省政府及主管部门确定的现代企业制度试点企业;三是国家重点联系企业;四是国家试点企业集团及省政府确定的大型企业集团的母公司。

企业集团:一是由国务院批准的国家试点企业集团;二是由国务院主管部门批准的企业集团;三是由省、自治区、直辖市人民政府批准的企业集团。企业集团内部的统计范围包括企业集团的母公司,在中国境内和境外的全资子公司,绝对控股子公司和相对控股子公司。不包括参股企业、协作企业和子公司下属的二级公司。

三、现代企业制度:

现代企业制度是指适应市场经济要求,产权清晰、权责明确、政企分开、管理科学的制度。

现代企业制度的基本特征是①产权关系清晰,企业中的国有资产所有权属于国家,企业拥有包括国家在内的出资者投资形成的全部法人财产所有权,成为享有民事权利,承担民事责任的法人实体。②企业以其全部法人财产,依法自主经营,自负盈亏、照章纳税,对出资者承担资产保值增值的责任。③出资者按投入企业的资本额享有所有者的权益,即资产受益,重大决策和选择管理者等权利。企业破产时,出资者只以投入企业的资本额对企业债务负有有限责任。④企业按照市场需求组织生产经营,以提高劳动生产率和经济效益为目的,政府不直接干预生产经营活动。企业在市场竞争中优胜劣汰、长期亏损、资不抵债的应依法破产。⑤建立科学的企业领导体制和组织管理制度,调节所有者、经营者和职工之间的关系,形成激励和约束相结合的经营机制。这五个方面的特征是我国建立现代企业制度的基本要求,其中最主要的是完善企业法人制度,实行有限责任制度和建立科学的企业领导体制与组织制度。

四、企业集团:以一个实力雄厚的大型企业为核心,以产权联结为主要纽带,并以产品、技术、经济、契约等多种纽带把多个企业、事业单位联结在一起,具有多层次结构的以母子公司为主体的多法人经济联合体。

五、本资料由青海省企业调查队提供。

22-1 重点企业建立现代企业制度主要经济指标(2003年)

Main Economy Indices of Key Enterprises for Seting up Modern Management System(2003)

单位:个、万元

指标名称	企业个数	资产总计	累计对外投资	流动资产年平均余额	负债合计	流动负债	年末股东(所有者)权益
总　计	**37**	**7414439**	**54162**	**2177885**	**5035973**	**2018854**	**2378466**
按控股情况分							
国有绝对控股	18	4625071	49222	1668915	2683477	1466038	1941594
国有相对控股	6	526652	1294	200115	344125	230161	182527
集体绝对控股	2	36955	500	17516	18638	18373	18317
集体相对控股	2	41533	2206	9827	26579	18296	14954
其他	9	2184228	940	281512	1963154	285986	221074
按行业类别分							
工业	34	7288217	54162	2093705	4949943	1935425	2338274
建筑业	1	109546		77165	71237	69237	38309
批发零售贸易餐饮业	2	16676		7015	14793	14192	1883
按登记注册类型分							
国有企业	8	2961341	33113	1256578	1612466	855912	1348875
公司制企业	25	4406810	20777	895449	3388780	1131136	1018030
国有独资公司	1	109546		77165	71237	69237	38309
其他有限责任公司	8	488678	17128	160375	318353	207816	170325
股份有限公司	14	3725903	3649	629776	2952492	815685	773411
港澳台合资企业	2	128971	272	53991	81425	70204	47546
按重点企业类型分							
省级重点企业	31	7314080	38379	2133914	4969660	1963142	2344420
现企原省级试点企业	16	1464738	21247	589812	959454	622868	505284
按企业规模分							
特大型							
大　型	13	5565218	49600	1637070	3954438	1213223	1610780
中　型	18	1804105	3497	519254	1058966	792183	745139
小　型	6	45116	1065	21561	22569	13448	22547
其　他							

22－1 续表

单位:个、万元

指标名称	股本	主营业务收入	主营业务成本	主营业务税金及附加	投资收益
总计	**1531676**	**2226579**	**1712218**	**31879**	**923**
按控股情况分					
国有绝对控股	1117358	1567544	1181998	28498	58
国有相对控股	126815	447657	375198	1383	－13
集体绝对控股	11339	42866	31762	265	64
集体相对控股	12652	22872	15765	163	814
其他	263512	145640	107495	1570	
按行业类别分					
工业	1509541	2119940	1619856	29450	890
建筑业	19083	80513	68843	2362	
批发零售贸易餐饮业	3052	26126	23519	67	33
按登记注册类型分					
国有企业	576356	858259	750646	6787	－1400
公司制企业	945037	1338025	945360	21601	2324
国有独资公司	19083	80513	68843	2362	
其他有限责任公司	148037	392209	329620	1330	212
股份有限公司	752279	796778	494794	17228	2077
港澳台合资企业	35921	98820	68315	4172	34
按重点企业类型分					
省级重点企业	1490613	2184420	1678399	31542	631
现企原省级试点企业	396001	683416	540152	8473	609
按企业规模分					
特大型					
大型	1009308	1258262	1049562	11583	2115
中型	509636	942232	646838	20124	－1192
小型	12732	26085	15818	172	
其他					

Continued

(unit,10000 yuan)

利润总额	固定资产投资完成额	研究开发费用	从业人员年末数	在岗职工	其他从业人员	从业人员劳动报酬
127017	**615594**	**18284**	**82346**	**80038**	**2308**	**154642**
104827	367502	16245	61769	60331	1438	126766
29073	39739	1657	9979	9645	334	19391
5279	512	34	2033	2027	6	2334
2287			1816	1816		2092
-14449	207841	348	6749	6219	530	4059
123845	607054	18284	79009	76701	2308	149872
3041	8540		2550	2550		3886
131			787	787		884
7763	211792	5677	44071	43998	73	90926
118664	403662	12552	35725	34020	1705	60852
3041	8540		2550	2550		3886
23362	39525	627	13608	12575	1033	17792
86514	354630	11874	17322	17278	44	36534
6337	1107	106	4795	3637	1158	5504
127157	615088	18026	78989	77284	1705	151609
43429	47224	6441	27955	26718	1237	43765
25016	438773	7356	41409	40676	733	77875
99946	176623	10694	36368	35353	1015	74241
2055	198	234	4569	4009	560	2526

22－2　重点企业建立现代企业制度主要财务指标(2003年)

单位:个、万元

企业名称	年末资产总计	固定资产原价	流动资产年平均余额	年末负债合计	年末股东(所有者)权益合计
青海省三普药业股份有限公司	32076	10167	17295	18697	13378
黄河上游水电开发有限责任公司青海公司	2077609	1818392	227206	1904521	173088
青海重型机床厂	23750	2273	3994	4911	18839
西宁特殊钢集团有限责任公司	442026	186199	193329	330198	111828
青海省盐业股份有限公司	24299	15656	9077	14171	10128
中国铝业有限公司青海分公司	317110	368503	93012	241196	75914
青海百货股份有限公司	8979	3863	4854	7556	1423
青海青稞酒集团有限责任公司	29261	17694	17466	28062	1199
青海白唇鹿股份有限公司	66598	18828	60070	30081	36517
青海第一机床厂	23859	9678	14022	25898	－2039
青海省海湖藏毯有限公司	2155	841	1232	1583	572
青海纺织品股份有限责任公司	7697	4747	2161	7237	460
青海盐湖工业集团有限公司	427338	184347	167991	221151	206187
青海公路桥梁工程集团有限公司	109546	37245	77165	71237	38309
青海山川铁合金有限责任公司	18613	12008	7333	9202	9411
青海制药有限公司	16649	9687	8630	7241	9408
青海华鼎实业股份有限公司	73860	28567	48670	31780	42080
青海金塔青稞酒业有限责任公司	3999	1991	1645	2014	1985
青海民和东联铁合金股份有限公司	15356	8365	8879	11026	4330

Main Financial Indexes of Key Enterprises for Setting up Modern Manancial System(2003)

(persons,10000 yuan)

股 本	主营业务收入	主营业务成本	存货跌价损失和营业、管理、财务费用合计	利润总额	应缴增值税	从业人员年末数	从业人员劳动报酬
12000	5862	1737	3658	788	197	580	732
229220	82833	61040	41300	-18882	13309	1915	6642
20924	920	688	996	-547	56	1105	542
95512	174708	144450	28681	3606	9874	8043	9654
7265	9738	3146	4923	396	1330	1752	1758
75914	316274	269213	24008	20842	11792	4972	13044
1400	20747	19172	2079	211	245	321	432
2022	17849	10534	4670	-629	1774	1332	1771
11000	14830	11483	2123	2900	465	858	751
3302	8790	7628	1641	-542	385	669	738
552	2485	1990	87	186	134	2900	875
1652	5379	4347	1438	-80	135	466	452
139243	49402	26794	14263	11349	1589	3686	7807
19083	80513	68843	6176	3041		2550	3886
8000	10041	7963	1562	504		638	496
8322	16513	9456	3123	3532	1729	1033	1598
15660	39280	31322	5882	2106	2165	2430	3460
1785	461	247	212	30	55	216	137
1198	13170	12532	646	836	276	826	697

22－2 续表

单位:个、万元

企 业 名 称	年 末 资产总计	固定资产 原 价	流动资产 年平均余额	年 末 负债合计	年末股东 (所有者) 权益合计
青海金珂藏药药业股份有限公司	7435	974	4243	2459	4976
青海晶珠藏药高新技术产业股份有限公司	15666	6272	8714	9882	5784
青海西旺矿业开发有限公司	5593	1387	2504	2192	3401
青海长青铝业有限公司	58384	48788	19056	32527	25857
西宁宝光金银首饰实业总公司	7940	1391	5420	6030	1910
青海东胜化工有限公司	10268	6860	3223	4439	5829
青海水利水电集团有限责任公司	93005	75104	19117	67199	25806
青海丁香粮油集团有限责任公司	24858	21272	6001	16228	8630
青海电力公司	1341715	806047	666573	555517	786198
青海石油管理局	326893	251303	106277	186186	140707
西部矿业有限责任公司	276607	116725	88325	208518	68099
中国石油天然气股份有限公司青海油田分公司	882043	999644	117451	526001	356042
青海华电铁合金股份有限公司	20306	8952	8886	11397	8909
青海桥头铝电股份有限公司	477327	245658	109537	368659	108668
青海煤业集团有限责任公司	29898	27056	944	17809	12089
青海雪舟三绒集团	30212	14165	12642	10679	19533
青海明胶股份有限公司	51674	24263	27275	23157	28517
青海水泥股份有限公司	33836	26747	7666	19342	14494

Continued

(persons,10000 yuan)

股　本	主营业务收　入	主　营业务成本	存货跌价损失和营业、管理、财务费用合计	利　润总　额	应　缴增值税	从业人员年末数	从业人员劳动报酬
4380	3607	1358	1506	790	492	187	208
3419	4032	1491	2047	512	376	239	258
2096	8378	4073	96	1189	101	815	748
18373	58787	48957	13258	5351	2823	493	882
1160	8735	7803	649	113	275	360	267
500	7122	6659	329	138	42	212	300
23074	23820	15935	4958	2426	44	1443	1957
12580	11005	11003	1387	-574	-30	629	481
288999	320565	317787	12451	-9833	22397	7755	23009
	149222	144988	5531	-7259	11061	14596	35998
15882	119027	83874	11336	7964	3858	4508	8319
356042	455898	240295	95373	81869	31034	5738	20341
3017	26353	22306	2203	1747	853	1000	736
99706	104884	76039	18114	10104	11828	2909	5606
10344	12725	9190	2879	52	1050	3371	3444
11880	12107	9942	1053	1404	242	1318	610
15170	13024	6515	6780	-200	1486	1046	1008
11000	17493	11418	3949	2367	1859	1350	1640

22－3 重点企业集团主要经济指标(2003年)

指标名称	集团数（个）	资产总计（万元）	累计折旧（万元）	研究开发费用（万元）	年末少数股东权益（万元）
总　　计	**24**	**2489434**	**328683**	**5537**	**257045**
按审批部门					
省政府	20	2432870	323785	5489	257045
其他	4	56564	4898	48	
按集团主营行业					
工业	14	1330720	219730	5509	111333
批发零售贸易餐饮业	5	168019	19195		4052
其他	5	990695	89758	28	141660
按登记注册类型					
国有企业	2	121805	19993		3990
国有独资公司	4	1051652	111582	913	149810
其他有限公司	13	268567	31424	162	
股份有限公司	4	1039305	164808	4462	103245
其他	1	8105	876		
按控股情况					
国有绝对控股	11	2144489	296265	5375	252993
国有相对控股					
集体绝对控股	1	17460	1666		
集体相对控股	3	58632	8441	85	
其他	9	268853	22311	77	4052

Major Economic Indices of Key Enterprise Groups(2003)

从业人员年末数（人）	在岗职工（人）	利润总额	固定资产投资完成额	投资收益	股本
41002	**37418**	**49452**	**216556**	**3464**	**535140**
38602	35345	46802	216556	3464	519812
2400	2073	2650			15328
27116	24518	24352	27528	223	355785
2597	2201	2377	1563	-321	35258
11289	10699	22723	187465	3562	144097
2188	2050	3545	1748	1150	29911
13240	12221	25461	189409	2862	137829
11459	9356	3931	2336		102043
13395	13370	16495	23063	-548	262977
720	421	20			2380
28496	27201	41101	207239	4226	421787
2500	650	-530			4592
2475	2388	3603			27680
7531	7179	5278	9317	-762	81081

22－3 续表

单位:万元

指标名称	主营业务收入	营业成本	其他从业人员	从业人员劳动报酬
总计	**837143**	**660229**	**3584**	**51566**
按审批部门				
省政府	800600	631294	3257	49355
其他	36543	28935	327	2211
按集团主营行业				
工业	428759	328483	2598	34691
批发零售贸易餐饮业	204290	185290	396	2339
其他	204094	146456	590	14536
按登记注册类型				
国有企业	42413	33205	138	2730
国有独资公司	262335	192346	1019	18494
其他有限公司	159939	129208	2103	9830
股份有限公司	367112	301075	25	20054
其他	5344	4395	299	458
按控股情况				
国有绝对控股	562900	423210	1295	41190
国有相对控股				
集体绝对控股	778	478	1850	1047
集体相对控股	41109	29685	87	3157
其他	232356	206856	352	6172

Continued

(10000 yuan)

在岗职工劳动报酬	流动资产年平均余额	负债合计	流动负债	年末股东(所有者)权益
49517	**840456**	**1617262**	**891868**	**615127**
47486	820535	1584166	874002	591659
2031	19921	33096	17866	23468
33343	541259	821868	516259	397519
2198	59781	114416	105422	49551
13976	239416	680978	270187	168057
2657	24270	74267	27722	43548
17768	305246	735439	346409	166403
8717	86612	163739	105436	104828
20043	422181	638635	409091	297425
332	2147	5182	3210	2923
40238	717999	1412263	744947	479233
167	6042	14542	9341	2918
3131	20118	28945	26431	29687
5981	96297	161512	111149	103289

22－4　重点企业集团主要财务指标(2003 年)

单位:万元、人

企业名称	年末资产总计	固定资产原价	流动资产年平均余额	年末负债合计	年末股东(所有者)权益合计
西宁特殊钢集团有限责任公司	480879	186199	193329	330198	111828
青海盐湖工业集团有限责任公司	427338	184347	167991	221151	145847
青海省投资集团有限公司	892288	359965	223168	631190	123177
西宁大百集团有限公司	16720	17363	1026	14392	2310
青海省物资产业集团有限责任公司	28800	16027	5153	7068	18063
青海省建设工程集团有限公司	8696	6000	3696	6918	1778
青海煤业集团有限责任公司	29898	27056	944	17809	12089
青海青稞酒集团有限责任公司	29261	17694	17466	28062	1199
青海水利电力集团有限责任公司	93005	75104	19117	67199	25485
青海公路桥梁工程集团有限公司	109546	37245	77165	71237	26490
青海丁香粮油集团有限责任公司	24858	21272	6001	16228	8630
青海华鼎集团	14029	7633	4253	5742	8287
青海益德集团	10822	2960		4622	6200
青海省兴旺建工贸易集团有限责任公司	17460	7397	6042	14542	2918
青海省汽车运输集团有限公司	19920	9135	3969	15203	4647
青海雪舟三绒集团有限责任公司	30212	14165	12642	10679	19533
青海绿宝集团有限责任公司	15541	5939	9303	7996	7545
青海制药集团有限责任公司	26200	12019	11156	8693	17507
西宁钢源集团实业有限公司	15331	818		8676	6655
西宁市食品糖烟酒集团有限公司	8105	4155	2147	5182	2923
西宁张氏实业集团有限公司	35658	21787	2873	21775	13883
青海宏基投资集团股份有限公司	15730	3863	7936	5860	9870
瀚海企业集团有限责任公司	22096	12582	8471	15296	6800
青海数码网络投资集团股份有限公司	117059	40946	56608	81544	31463

Schedule of Major Financial Indicator of Key Enterprise Groups(2003)

(10000 yuan, persons)

股　　本	主营业务收　　入	主　　营业务成本	存货跌价损失和营业、管理、财务费用合计	利　　润总　　额	应　缴增值税	从业人员年末人数	从业人员劳动报酬
95512	174708	144450	28681	3606	9874	7002	9654
139243	49402	26794	14263	11349	1589	3868	7807
103266	163253	111100	31319	22789		5855	10031
1765	20696	17335	3801	159	635	955	977
6837	18593	17270	2049	1119	165	745	773
4690	5188	4878	3134	-1657		237	253
10344	12725	9190	2879	52	1050	3371	3444
2022	17849	10534	4670	-629	1774	1332	1771
23074	23820	15935	4958	2426	44	1443	1957
19083	80513	68843	6176	3014	12	2550	3886
12580	11005	11003	1387	-574	-30	629	481
8407	5849	4990	591	17		2025	1951
6098	10948	10454	283	210		334	152
4592	778	478	431	-530		2500	1047
5136	5844	3213	2771	-421	26	1464	1133
11880	12107	9942	1053	1404	242	1318	610
5800	9321	8343	547	409	144	612	338
16325	18598	10869	3691	3679	1784	1419	2059
5200	30149	28265	1418	465	65	88	110
2380	5344	4395	1054	20	138	720	458
20451	10555	9883	1555	-781	3	1200	648
9590	1815	1481	501	-235		101	121
1050	10930	5743	2336	2011	7	734	1263
19815	137153	124841	10730	1523	306	500	642

22－5 企业景气调查企业宏观经营景气指数

Booming Indices of Macroscopic Economy of Enterprise Booming Survey

单位:%

	2002				2003			
	一季度	二季度	三季度	四季度	一季度	二季度	三季度	四季度
全省情况	**118.51**	**117.68**	**119.64**	**122.23**	**122.35**	**117.93**	**120.24**	**124.96**
经济类型								
国有经济	121.32	110.67	110.23	113.73	110.93	106.45	112.38	119.47
集体经济	93.75	100.00	118.75	100.00	105.56	116.67	105.56	116.67
私营经济	140.00	140.00	130.00	130.00	112.50	112.50	125.00	137.50
个体经济								
联营经济	200.00	200.00	200.00	200.00	200.00		200.00	200.00
股份有限公司	132.25	135.47	114.76	142.55	142.85	146.85	144.01	139.82
外商及港、澳、台投资经济	100.00	80.00	100.00	120.00	140.00	80.00	100.00	100.00
行业门类								
工业	121.35	123.12	126.23	128.80	123.81	130.76	131.69	132.39
#采掘业	172.70	158.64	157.17	157.17	173.85	175.14	175.14	186.25
制造业	116.88	121.88	124.51	128.79	122.65	128.09	127.08	129.06
电力、煤气及水的生产供应业	114.19	102.31	113.31	113.31	102.43	110.65	125.77	114.12
建筑业	105.72	112.91	113.41	124.17	129.79	120.26	120.26	120.26
交通运输、仓储及邮政业	133.33	122.22	127.78	144.44	116.67	105.56	111.11	127.78
批发和零售业	114.04	104.56	100.39	101.54	113.79	105.69	97.00	110.04
房地产业	121.43	142.86	142.86	121.43	100.00	128.57	128.57	157.14
社会服务业	150.00	120.00	120.00	130.00	110.00	80.00	110.00	130.00
信息传输、计算机服务和软件业	125.00	100.00	100.00	75.00	100.00	100.00	80.00	100.00
住宿和餐饮业	104.14	107.14	121.73	85.71	150.00	28.57	107.69	92.31
企业规模								
特大型	200.00	196.86	196.86	196.85	169.27	169.27	169.27	169.27
大型	151.04	134.08	134.31	154.02	124.64	128.33	129.61	122.08
中型	116.00	121.33	124.00	117.33	125.30	114.46	121.69	127.71
小型	110.83	110.00	110.83	113.33	112.61	107.63	113.68	120.51
国家重点联系企业	134.81	134.81	134.81	167.40	100.00	157.08	159.10	159.10
试点企业集团	136.10	136.10	136.10	167.26	100.00	100.00	162.95	162.95
乡镇企业	90.91	154.55	154.55	163.64	123.08	153.85	153.85	153.85

22-6 企业景气调查企业综合经营景气指数

Booming Indices of Enterprise Comprehensive Management of Enterprise Booming Survey

单位:%

	2002				2003			
	一季度	二季度	三季度	四季度	一季度	二季度	三季度	四季度
全省情况	126.40	126.66	128.84	129.47	126.85	111.37	114.94	115.42
经济类型								
国有经济	125.12	118.35	112.27	122.31	127.99	87.70	109.66	112.12
集体经济	100.00	125.00	131.25	112.20	127.78	105.56	111.11	100.00
私营经济	180.00	140.00	110.00	110.00	150.00	100.00	137.50	112.50
个体经济								
联营经济	200.00	200.00	200.00	200.00	200.00	100.00	200.00	100.00
股份有限公司	152.18	158.33	153.43	159.33	151.33	170.02	158.36	145.97
外商及港、澳、台投资经济	100.00	80.00	140.00	120.00	120.00	60.00	120.00	100.00
行业门类								
工业	133.66	129.77	130.54	135.99	137.28	126.99	127.50	127.76
#采掘业	172.35	162.31	173.82	182.34	163.97	188.89	186.14	184.82
制造业	131.17	132.40	129.92	136.92	138.45	126.73	123.95	121.20
电力、煤气及水的生产供应业	118.14	98.46	118.14	110.99	125.95	97.22	111.66	133.09
建筑业	97.76	124.04	124.00	110.67	98.90	111.96	91.82	91.82
交通运输、仓储及邮政业	127.78	133.33	127.79	127.78	133.33	72.22	127.78	122.22
批发和零售业	123.61	125.00	125.39	129.17	130.46	88.30	101.34	118.74
房地产业	142.86	157.14	150.00	142.86	121.43	128.57	128.57	142.86
社会服务业	160.00	140.00	150.00	140.00	150.00	110.00	120.00	140.00
信息传输、计算机服务和软件业	175.00	160.00	125.00	150.00	120.00	100.00	100.00	100.00
住宿和餐饮业	107.14	92.86	128.57	114.29	157.14	50.00	123.08	61.54
企业规模								
特大型	97.36	194.21	160.60	160.60	187.95	185.68	142.89	142.89
大型	155.24	147.64	150.64	163.70	156.65	132.98	131.42	126.91
中型	138.67	129.33	126.67	125.33	124.10	110.84	125.30	122.89
小型	120.83	118.33	126.67	125.83	129.41	99.15	111.97	113.68
国家重点联系企业	100.00	167.40	167.40	167.40	195.27	200.00	159.10	159.10
试点企业集团	98.76	166.02	166.02	164.45	100.00	200.00	200.00	162.95
乡镇企业	145.45	154.45	145.45	145.45	115.38	138.46	130.77	115.38

22－7　企业景气调查产品订货景气指数

Booming Indices of Production Orders of Enterprise Booming Survey

单位:%

	2002				2003			
	一季度	二季度	三季度	四季度	一季度	二季度	三季度	四季度
全省情况	**79.22**	**92.52**	**91.87**	**98.76**	**101.56**	**116.62**	**112.18**	**101.62**
经济类型								
国有经济	92.16	78.51	77.15	77.79	88.38	125.06	107.71	87.47
集体经济	50.00	400.00	83.33	100.00	100.00	114.29	100.00	71.43
私营经济	87.50	62.50	100.00	75.00	116.67	116.67	150.00	150.00
个体经济								
联营经济	100.00	100.00	100.00	100.00	100.00	100.00	100.00	100.00
股份有限公司	88.10	100.05	93.47	106.24	111.86	133.12	115.86	105.41
外商及港、澳、台投资经济	100.00	66.67	66.67	66.67	133.33	100.00	100.00	100.00
行业门类								
工业	79.22	92.52	91.87	98.76	101.56	116.62	112.18	101.62
#采掘业	99.27	100.04	96.68	99.27	115.09	115.06	124.77	112.55
制造业	73.44	93.70	90.71	99.55	96.32	117.25	112.45	102.36
电力、煤气及水的生产供应业	100.00	59.35	100.00	110.24	135.28	123.36	107.14	92.86
建筑业								
交通运输、仓储及邮政业								
批发和零售业								
房地产业								
社会服务业								
信息传输、计算机服务和软件业								
住宿和餐饮业								
企业规模								
特大型	104.93	195.07	100.00	195.07	149.94	135.87	100.00	100.00
大　型	82.36	85.57	89.87	109.51	167.25	166.66	117.61	112.61
中　型	97.30	91.67	102.78	91.67	97.37	110.26	120.51	107.69
小　型	75.00	84.21	85.25	89.83	86.15	110.45	108.96	97.01
国家重点联系企业		167.40	100.00	167.40	195.27	142.92	102.03	102.03
试点企业集团	106.62	167.93	98.38	166.32	100.00	200.00	200.00	162.95
乡镇企业	80.00	90.00	120.00	110.00	109.09	145.45	145.45	109.09

22－8 企业景气调查企业生产景气指数

Booming Indices of Production of Enterprise Booming Survey

单位:%

	2002				2003			
	一季度	二季度	三季度	四季度	一季度	二季度	三季度	四季度
全 省 情 况	**92.78**	**126.36**	**126.96**	**107.48**	**90.74**	**126.42**	**126.87**	**109.39**
经济类型								
国有经济	100.80	124.89	133.31	112.62	87.80	95.06	117.73	118.30
集体经济	81.25	118.75	100.00	93.75	111.11	116.67	116.67	94.44
私营经济	70.10	140.00	130.00	110.00	112.50	112.50	112.50	112.50
个体经济								
联营经济	200.00	200.00	200.00				200.00	
股份有限公司	90.16	127.24	170.64	145.25	120.77	166.57	151.15	133.92
外商及港、澳、台投资经济	80.00	80.00	100.00	100.00	80.00	120.00	140.00	40.00
行业门类								
工业	94.83	135.37	131.99	121.39	111.25	142.54	130.81	117.06
#采掘业	76.42	148.89	162.60	155.74	150.12	177.78	155.56	152.68
制造业	97.72	141.58	129.43	119.60	108.81	140.89	125.27	112.80
电力、煤气及水的生产供应业	89.75	90.53	137.43	112.52	108.38	126.86	134.01	120.90
建筑业	59.53	133.43	124.04	82.42	50.07	164.47	142.99	98.50
交通运输、仓储及邮政业	111.11	122.22	122.22	133.34	111.11	61.11	122.22	127.78
批发和零售业	112.50	93.59	114.04	115.04	82.12	72.25	90.65	111.04
房地产业	107.14	128.57	150.00	128.57	107.14	142.86	171.43	157.14
社会服务业	130.00	120.00	90.00	80.00	80.00	40.00	90.00	90.00
信息传输、计算机服务和软件业	150.00	100.00	125.00	50.00	100.00	120.00	80.00	140.00
住宿和餐饮业	50.00	100.00	135.71	64.29	57.14		130.77	23.06
企业规模								
特大型	121.20	193.71	191.07	191.07	147.25	200.00	169.27	130.84
大 型	123.73	159.59	183.75	166.88	140.99	138.02	181.56	180.75
中 型	102.67	134.07	121.33	110.33	91.57	102.41	124.10	109.64
小 型	84.17	110.00	116.67	103.33	92.44	111.86	116.24	100.85
国家重点联系企业	134.81	200.00	200.00	200.00	190.55	200.00	159.10	157.08
试点企业集团	132.04	200.00	197.19	195.67	100.00	200.00	200.00	137.05
乡镇企业	100.00	145.45	118.18	109.09	100.00	169.23	130.77	76.92

22-9 企业景气调查产品销售景气指数

Booming Indices of Production Sales of Enterprise Booming Survey

单位:%

	2002				2003			
	一季度	二季度	三季度	四季度	一季度	二季度	三季度	四季度
全省情况	**81.83**	**130.73**	**131.38**	**125.34**	**96.70**	**133.45**	**125.97**	**113.72**
经济类型								
国有经济	75.07	114.93	137.94	108.43	90.78	134.00	118.24	118.61
集体经济	66.67	66.67	166.67	116.67	100.00	100.00	100.00	114.29
私营经济	75.00	125.00	112.50	87.50	116.67	150.00	166.67	150.00
个体经济								
联营经济	100.00	100.00	100.00	100.00	100.00	100.00	100.00	100.00
股份有限公司	105.53	158.50	138.70	166.55	106.32	158.86	136.25	130.59
外商及港、澳、台投资经济	100.00	100.00	100.00	66.67	50.00	200.00	150.00	33.33
行业门类								
工业	81.83	130.73	131.38	125.34	96.70	133.45	125.97	113.72
#采掘业	148.21	150.79	151.14	157.08	151.60	187.54	175.02	188.89
制造业	76.70	133.67	127.04	126.27	88.73	129.08	116.26	105.13
电力、煤气及水的生产供应业	69.12	97.67	150.64	99.12	86.95	126.86	142.00	116.38
建筑业								
交通运输、仓储及邮政业								
批发和零售业								
房地产业								
社会服务业								
信息传输、计算机服务和软件业								
住宿和餐饮业								
企业规模								
特大型	65.48	193.54	200.00	196.77	100.12	200.00	164.13	135.99
大型	113.76	164.83	175.05	186.01	145.75	177.92	179.17	158.29
中型	91.89	135.14	113.51	121.62	84.62	125.04	133.33	130.77
小型	68.75	110.94	121.88	101.56	96.97	119.70	107.58	94.03
国家重点联系企业	67.40	200.00	200.00	200.00		200.00	159.10	159.10
试点企业集团	69.55	200.00	198.38	198.38	100.00	200.00	200.00	200.00
乡镇企业	90.00	150.00	160.00	110.00	100.00	170.00	130.00	81.82

22－10　企业景气调查资金情况景气指数

Booming Indices of Finance Situation of Enterprise Booming Survey

单位：%

	2002				2003			
	一季度	二季度	三季度	四季度	一季度	二季度	三季度	四季度
全省情况	**51.38**	**50.02**	**48.69**	**48.71**	**56.13**	**44.88**	**49.86**	**41.82**
经济类型								
国有经济	41.38	49.99	45.34	42.89	44.02	33.98	47.77	36.28
集体经济	56.25	37.50	43.75	37.50	66.67	72.22	45.56	38.89
私营经济	30.00	50.00	40.00	30.00	62.50	50.00	75.00	75.00
个体经济								
联营经济								
股份制经济	103.18	56.28	62.68	68.80	96.62	102.99	90.38	76.54
外商及港、澳、台投资经济	60.00	60.00	60.00	60.00	40.00	80.00	60.00	60.00
行业门类								
工业	58.34	48.08	47.51	53.51	59.88	59.71	57.54	52.37
#采掘业	130.59	72.70	82.34	94.57	125.19	136.51	75.14	76.37
制造业	54.58	49.65	48.39	55.50	59.55	62.02	65.44	56.29
电力、煤气及水的生产供应业	60.99	46.71	50.00	42.86	50.85	28.57	29.43	50.85
建筑业	32.15	29.72	39.24	40.39	28.70	23.93	26.37	26.37
交通运输、仓储及邮电通信业	55.56	66.67	61.11	55.50	77.78	44.44	55.56	33.33
批发和零售贸易、餐饮业	52.69	66.81	40.19	44.35	71.49	61.56	52.86	37.21
房地产业	64.29	78.57	64.29	64.29	28.57	42.86	35.71	42.86
社会服务业	60.00	80.00	60.00	60.00	70.00	50.00	60.00	40.00
信息传输、计算机服务和软件业	50.00	75.00	75.00	25.00	100.00	60.00	80.00	40.00
住宿和餐饮业	50.00	42.83	71.43	35.00	57.14	42.86	53.85	46.15
企业规模								
特大型	121.20	121.20	121.20	121.20	147.25	147.25	104.36	104.36
大型	94.38	76.92	68.07	69.30	59.65	64.92	71.40	64.49
中型	56.00	50.67	44.00	44.00	59.04	43.37	49.40	37.35
小型	42.50	44.19	45.83	45.83	47.06	45.76	46.15	41.03
国家重点联系企业	134.81	134.81	134.81	134.81	190.55	197.97	140.90	140.90
试点企业集团	128.90	128.90	128.90	130.47	100.00	62.95	62.95	62.95
乡镇企业	27.27	27.27	18.18	27.27	38.46	38.46	46.15	38.46

22－11 企业景气调查劳动力景气指数

Booming Indices of Labor Force of Enterprise Booming Survey

单位:%

	2002				2003			
	一季度	二季度	三季度	四季度	一季度	二季度	三季度	四季度
全 省 情 况	**81.69**	**101.46**	**95.69**	**77.75**	**83.23**	**115.05**	**99.36**	**80.87**
经济类型								
国有经济	82.31	96.27	93.54	87.74	79.01	96.24	89.52	81.88
集体经济	75.00	81.25	75.00	62.50	111.11	105.56	100.00	72.22
私营经济	100.00	130.00	110.00	100.00	112.60	100.00	87.50	75.00
个体经济								
联营经济	200.00	100.00	100.00	200.00	100.00		100.00	100.00
股份有限公司	85.23	113.90	13.59	93.49	95.95	129.24	100.04	83.09
外商及港、澳、台投资经济	80.00	100.00	80.00	100.00	80.00	60.00	60.00	40.00
行业门类								
工业	83.06	91.51	94.67	88.01	88.76	105.80	94.89	86.98
#采掘业	94.92	88.78	91.09	94.57	95.93	99.93	124.78	98.44
制造业	80.45	91.49	95.10	87.55	87.50	107.99	92.46	84.37
电力、煤气及水的生产供应业	71.43	78.57	89.56	78.57	90.24	89.38	90.24	75.95
建筑业	73.82	133.43	104.99	45.28	52.51	162.03	120.40	56.05
交通运输、仓储及邮政业	83.34	111.11	94.45	94.45	94.44	94.44	105.56	105.56
批发和零售业	74.61	71.98	79.17	71.98	95.83	95.65	91.30	95.65
房地产业	85.71	107.14	100.00	50.00	121.43	142.86	107.14	78.57
社会服务业	110.00	120.00	110.00	110.00	90.00	70.00	90.00	80.00
信息传输、计算机服务和软件业	110.00	120.00	110.00	110.00	100.00	100.00	60.00	100.00
住宿和餐饮业	85.71	92.86	85.71	85.71	107.14	35.71	69.23	46.15
企业规模								
特大型	36.76	42.04	100.00	100.00	85.68	114.32	100.00	69.27
大 型	88.41	96.58	106.30	85.39	103.73	103.91	111.67	105.52
中 型	96.00	101.33	100.00	74.67	83.13	106.02	97.59	83.13
小 型	77.50	97.50	88.30	85.00	94.12	103.39	92.31	82.91
国家重点联系企业		32.60	100.00	67.40	100.00	100.00	100.00	59.10
试点企业集团		36.79	100.00	68.83	100.00	137.05	137.05	100.00
乡镇企业	90.91	109.06	118.18	118.18	76.92	146.15	100.00	69.23

22-12 企业景气调查投资情况景气指数

Booming Indices of Investment Situation of Enterprise Booming Survey

单位:%

	2002				2003			
	一季度	二季度	三季度	四季度	一季度	二季度	三季度	四季度
全 省 情 况	**100.79**	**118.09**	**110.61**	**108.14**	**98.02**	**119.04**	**119.53**	**102.84**
经济类型								
国有经济	109.01	129.15	123.18	120.87	99.85	119.43	126.14	117.66
集体经济	87.50	112.50	112.50	93.75	83.33	105.56	116.67	100.00
私营经济	90.00	140.00	60.00	70.00	62.50	62.50	75.00	87.50
个体经济								
联营经济								
股份制经济	69.41	122.90	100.29	108.25	113.11	119.54	125.49	104.34
外商及港、澳、台投资经济	100.00	120.00	100.00	120.00	140.00	140.00	140.00	80.00
行业门类								
工业	107.68	119.65	112.93	111.75	100.45	116.17	122.09	106.45
#采掘业	46.15	115.65	127.65	116.61	123.52	136.00	124.89	101.38
制造业	111.90	120.33	106.37	110.25	102.54	116.33	122.33	105.99
电力、煤气及水的生产供应业	103.39	110.20	140.54	118.23	82.93	106.45	120.74	104.52
建筑业	80.95	103.39	85.91	82.10	69.11	130.89	101.34	54.94
交通运输、仓储及邮电通信业	77.79	138.89	122.21	116.66	100.00	105.56	133.33	144.44
批发和零售贸易、餐饮业	104.01	127.77	122.21	115.27	118.91	116.73	129.78	138.47
房地产业	114.29	121.43	121.43	107.14	128.57	128.57	121.43	121.43
社会服务业	120.00	120.00	110.00	110.00	120.00	120.00	120.00	120.00
信息传输、计算机服务和软件业	150.00	125.00	150.00	150.00	140.00	120.00	140.00	160.00
住宿和餐饮业	78.57	92.86	107.14	121.45	107.14	100.00	123.08	84.62
企业规模								
特大型	100.00	99.50	103.75	157.96	100.00	145.05	130.73	85.00
大　型	81.18	157.76	157.09	144.86	67.09	177.03	171.45	135.50
中　型	106.67	112.16	102.67	104.00	104.82	113.25	119.28	113.25
小　型	103.36	116.67	110.00	105.83	103.36	107.63	117.09	106.84
国家重点联系企业	67.40	132.60	132.60	200.00	95.27	140.90	140.00	100.00
试点企业集团	67.26	132.41	129.61	191.24	100.00	100.00	100.00	62.95
乡镇企业	118.18	118.18	90.91	100.00	69.23	123.08	123.08	100.00

22－13 企业景气调查产成品库存景气指数

Booming Indices of Production Repertory of Enterprise Booming Survey

单位:%

	2002				2003			
	一季度	二季度	三季度	四季度	一季度	二季度	三季度	四季度
全 省 情 况	**106.61**	**101.46**	**98.75**	**98.37**	**113.34**	**126.75**	**136.50**	**136.18**
经济类型								
国有经济	79.65	84.06	85.41	98.56	122.22	100.33	115.84	107.81
集体经济	60.00	80.00	83.33	100.00	114.29	128.57	116.67	128.57
私营经济	137.50	125.00	87.50	100.00	200.00	133.33	150.00	200.00
个体经济								
联营经济	100.00	100.00	100.00	100.00	100.00	100.00	100.00	100.00
股份有限公司	133.53	135.64	134.20	132.06	105.37	147.21	151.96	153.60
外商及港、澳、台投资经济	100.00	133.33	100.00	100.00	100.00	100.00	100.00	100.00
行业门类								
工业	106.61	101.46	98.75	98.37	113.34	126.75	136.50	136.18
#采掘业	156.05	159.00	167.16	157.87	151.37	152.98	154.20	182.10
制造业	113.22	101.59	94.38	90.92	104.70	124.31	134.91	132.39
电力、煤气及水的生产供应业	100.00	100.00	100.00	100.00	128.57	122.00	120.00	128.57
建筑业								
交通运输、仓储及邮政业								
批发和零售业								
房地产业								
社会服务业								
信息传输、计算机服务和软件业								
住宿和餐饮业								
企业规模								
特大型	95.07	100.00	100.00	104.93	116.52	200.00	200.00	200.00
大 型	146.21	145.86	150.70	146.61	73.44	103.47	107.62	146.88
中 型	91.89	100.00	97.22	97.22	102.63	115.79	144.74	135.90
小 型	94.64	89.47	85.00	96.61	122.22	119.67	119.35	122.22
国家重点联系企业	167.40	100.00	100.00	32.60	34.73	197.97	197.97	200.00
试点企业集团	166.32	100.00	100.00	32.07	100.00	137.05	137.05	125.90
乡镇企业	100.00	100.00	70.00	90.00	140.00	160.00	120.00	109.09

22－14 企业景气调查税后利润景气指数

Booming Indices of Profit After Tax of Enterprise Booming Survey

单位:%

	2002				2003			
	一季度	二季度	三季度	四季度	一季度	二季度	三季度	四季度
全 省 情 况	**88.46**	**106.60**	**107.15**	**107.54**	**95.01**	**99.29**	**106.91**	**99.33**
经济类型								
国有经济	76.96	97.07	95.50	95.50	84.92	80.28	109.11	96.58
集体经济	75.00	106.25	100.00	87.50	127.78	83.33	88.89	77.78
私营经济	120.00	140.00	110.00	130.00	100.00	87.50	112.50	100.00
个体经济								
联营经济	200.00	200.00	200.00		200.00			200.00
股份有限公司	145.65	160.08	152.78	122.60	133.61	160.87	134.35	107.66
外商及港、澳、台投资经济	40.00	40.00	80.00	80.00	160.00	120.00	120.00	80.00
行业门类								
工业	97.67	106.84	105.71	112.11	109.60	116.68	108.78	102.75
#采掘业	145.40	149.66	123.16	105.08	128.10	144.44	165.32	104.01
制造业	99.82	114.61	113.51	121.46	116.01	123.72	106.23	105.98
电力、煤气及水的生产供应业	65.36	59.46	77.59	68.14	83.95	78.25	100.53	100.85
建筑业	64.29	119.14	119.14	109.52	65.32	114.29	119.05	95.24
交通运输、仓储及邮政业	88.90	144.45	138.89	111.12	105.56	44.44	111.11	88.89
批发和零售业	122.70	75.39	86.35	129.11	117.96	67.91	80.95	113.04
房地产业	121.43	121.43	121.43	100.00	107.14	121.43	121.43	128.57
社会服务业	50.00	110.00	110.00	90.00	90.00	100.00	110.00	120.00
信息传输、计算机服务和软件业	50.00	50.00	50.00	50.00	40.00	60.00	60.00	80.00
住宿和餐饮业	57.14	100.00	114.29	42.86	85.71		107.69	46.15
企业规模								
特大型	124.34	160.10	160.10	163.24	161.57	200.00	169.27	102.27
大 型	137.74	117.07	139.03	137.13	83.36	72.65	110.33	110.30
中 型	102.67	109.33	96.00	97.33	97.59	85.54	104.82	114.45
小 型	75.00	99.17	104.17	99.17	100.00	92.37	100.00	88.89
国家重点联系企业	200.00	200.00	200.00	200.00	190.55	200.00	159.10	97.97
试点企业集团	194.38	200.00	200.00	196.86	100.00	200.00	200.00	37.05
乡镇企业	118.18	118.18	109.09	109.09	115.38	169.23	130.77	115.38

22－15 全省规模以下工业抽样调查主要经济指标

Main Indicators of Sample Investigation Design Size Industrial Enterprises

单位:个、人、万元

指标名称	1998	1999	2000	2001	2002	2003
规模以下工业总体						
#企业(单位数)	15332	17044	20028	19501	21269	20235
全部从业人员期末数	82789	83947	90655	91820	90688	85274
工业总产值	302223	333475	376975	422608	475701	553252
一、企业子总体						
企业数	1454	1169	1169	1169	1169	1206
全部从业人员期末数	33423	32498	33784	37641	35187	37878
工业总产值	180319	176224	203260	227188	261201	294153
产品销售收入	152082	147629	194861	224421	248600	264212
应交税金	7673	8856	8809	11295	18940	12090
#所得税	1047	1311	1567	1895	1917	2457
营业利润	－8597	－6454	－6645	1080	1350	1110
应付工资	10828	18226	19482	24352	23308	17090
折　　旧	14483	13902	18902	20246	18006	30830
实收资本						201180
#国家资本						16187
集体资本						24960
法人资本						62957
个人资本						97031
港澳台资本						45
外商资本						
二、个体经营单位子总体						
单位数	13878	15875	18859	18332	20100	19029
全部从业人员期末数	49366	51449	56871	54179	55501	47396
营业收入	121904	157251	173715	195420	214500	259099
上交税金	1323	1056	2277	8785	8200	8410
(一)城镇个体经营工业单位						
单位数	4421	6482	6141	6235	6123	
全部从业人员期末数	17468	27224	27021	26811	26998	
营业收入	54211	91339	98380	110737	100055	
上交税金	811	582	681	6917	4014	
(二)农村个体经营工业单位						
单位数	9457	9393	12718	12097	13977	
全部从业人员期末数	31898	24225	29850	27368	28503	
营业收入	67693	65912	75335	84683	114445	
上交税金	512	474	1596	1868	4186	
工业增加值	**122300**	**138400**	**157100**	**179500**	**204900**	**245500**

主要统计指标解释

1、审批部门:指本企业集团是由哪一级政府部门批准成立的。包括:

①国务院批准的:指由国务院批准组建的国家试点企业集团。

②国务院主管部门批准的:指由国务院授权的部门批准组建的企业集团。

③省级政府批准的:指由各省、自治区、直辖市政府批准组建的企业集团。不包括各省、自治区、直辖市政府的主管部门批准组建的企业集团。

④其他:指上述部门范围以外的部门批准组建的企业集团。

2、注册资本合计:指企业集团各成员企业在工商行政管理部门登记注册资金的合计。包括国家资本、集体资本、法人资本、个人资本以及外商资本等。

3、主营行业:指本企业集团生产经营活动的主要行业性质。企业集团往往从事多种生产经营活动,一般应根据集团内获得营业收入份额最大的三项产品或活动确定其主要行业性质。主营业务如果是工业或农业应填报其主要产品的产量(实物量),非工业和非农业应填报主营业务的营业收入(价值量)。

财务指标

1. 资产总计:指企业集团拥有或控制的全部资产,包括流动资产、长期投资、固定资产、无形资产、递延资产和其他资产等。

2. 固定资产净值:指固定资产原价减去累计折旧后的净额。

3. 累计对外投资:指母公司和子公司对本集团以外的投资之和。

4. 对境外投资:指企业集团的母公司和子公司在国外(境外)投资之和。包括国外子公司在东道国和其他国家的投资。

5. 流动资产年平均余额:指企业集团在报告期内全部流动资产的平均余额。计算公式为:流动资产年平均余额 = Σ(月初、月末流动资产余额)/24;流动资产半年平均余额 = Σ(月初、月末流资产余额)/12。

6. 负债合计:指企业所承担的能以货币计量,将以资产或劳务偿付的债务。负债一般按偿还期的长短分为流动负债和长期负债。

7. 流动负债:指企业集团在一年内或超过一年的一个营业周期内需要偿还的债务,其中包括短期借款、应付票据、应付帐款、预收货款、应付工资、应付利润、其他应付款、预提费用等。

8. 少数股东权益:指子公司所有者权益中由母公司以外的其他投资者拥有的份额,在合并资产负债表中应单独列示。

9. 股东(所有者)权益合计:指企业集团投资人对企业净资产的所有权,企业集团净资产等于企业集团全部资产减去负债合计和少数股东权益后的余额,其中包括企业投资人对企业的最初投入以及资本公积金、盈余公积金和未分配利润。

10. 股本:指公司各股东实际投入的股本总额。

11. 主营业务收入:指企业集团从事某种主要生产、经营活动所取得的营业收入。本项指标在各行业会计制度中的名称叫法不同,但一律按各行业会计制度或报表定义的口径进行填报。农业企业是指"主营业务收入";工业企业是指"产品销售收入";交通运输企业指"主营业务收入";建筑企业指"工程结算收入";批发零售贸易业指"商品销售收入";房地产企业指"房地产经营收入"其他企业指"经营(营业)收入"。

12. 出口额:指企业集团直接向国外、境外出口的商品总额。

13. 营业成本:指企业集团从事某种主要生产、经营活动而发生的成本支出。

14. 投资收益:指企业集团以各种方式对外投资所取得的收益。

15. 营业外收入:指企业集团中与生产经营无直接关系的各项收入。

16. 利润总额:指企业集团实现的盈亏总额,反映企业集团最终的财务成果。计算公式为:利润总额 = 营业利润 +]补贴收入 + 投资收益 + 营业外收入 − 营业外支出。

17. 应缴增值税：指企业集团应缴纳的增值税额合计。计算公式为：应缴增值税＝销项税额＋出口退税＋进项税额转出数－进项税额。

18. 固定资产投资完成额：指企业集团在年度内建造和购置固定资产及有关费用的支出合计。包括：①建筑工程投资，②安装工程投资，③设备工器具购置，④应分摊计入固定资产的费用等。

19. 研究开发费用：指企业集团用于研究与发展活动（基础研究、应有研究、实验发展）的全部实际支出。包括用于研究与发展课题活动的直接支出，还包括间接用于研究与发展活动的一切支出。

劳动工资指标

1. 从业人员：指在企业集团（包括母公司和子公司，下同）工作并领取工资或其他形式的劳动报酬的全部人员数，包括在岗职工、再就业的离退休人员以及在企业集团中工作的外方人员和港澳台方人员、兼职人员、借用的外单位人员和第二职业者。不包括离开本企业集团仍保留劳动关系的职工。

2. 在岗职工：指在本企业集团工作并由企业集团支付工资的人员，以及有工作岗位，但由于学习、病伤、产假等原因暂未工作，仍由企业集团支付工资的人员。

3. 从业人员劳动报酬：指企业集团直接支付给本企业集团全部从业人员的劳动报酬总额。包括本企业集团在岗职工工资总额和其他从业人员劳动报酬两部分。

规模以下工业抽样调查（简要说明）

一、背景：1996 年 11 月，国家统计局下发《关于开展工业统计抽样调查试点工作的通知》，工业企业抽样调查试点工作开始全面启动。1997 年初，在全国部分省（市）开展了《工业统计定期抽样调查方案》和《村及村以下和城镇合作经营、个体工业年度抽样调查方案》的试点工作。1998 年初，在全国范围试行《村及村以下和城镇合作经营、个体工业年度抽样调查方案》，其目的不仅是要进一步检验方案，而且需要完整地估计和评价乡以下工业的各种指标，其意义是非常重要的，它标志着我国首次采用抽样技术完成了乡以下工业年度调查。1999 年 8 月，国家统计局批准建立规模以下工业抽样调查制度，进一步加快了统计调查方法制度的改革步伐。青海省企业调查队按照全国统一部署，从 1998 年起正式在全省范围内开展规模以下工业抽样调查。

二、调查目的：反映规模以下工业的基本总量，为国民经济核算提供基础数据。

三、调查范围（总体）：年产品销售收入 500 万元以下的非国有工业企业和全部个体经营工业单位。具体包括，调查年份年初在册的年产品销售收入 500 万元以下的非国有工业企业、全部个体经营工业单位以及当年新建的年产品销售收入 500 万元以下的非国有工业企业和新增的全部个体经营工业单位。

四、调查内容：调查内容包括 500 万元以下的非国有工业企业的基本情况，如：企业详细名称、地址、企业法人代码、登记注册类型、人员及企业资金与生产经营状况等；个体经营工业单位的基本情况、人员及生产经营状况等。调查分为年报和定期两种。定期报表包括 1 至 3 月份、1 至 5 月份和 1 至 9 月份调查。

五、调查总体划分：根据国民经济核算要求，将规模以下工业总体划分成两个子总体，即年销售收入 500 万元以下的非国有工业企业（简称企业子总体）和全部个体经营工业单位（简称个体经营单位子总体）。企业子总体包括乡及乡以上企业和村及村以下企业；个体经营单位子总体包括农村个体经营工业单位和城镇个体经营工业单位。

六、基本抽样方法：对调查总体中有企业名录库的部分采用目录抽样，没有企业名录库的部分采用整群抽样。在抽样框条件许可情况下，对全省所有规模以下工业企业采用一阶段目录抽样，对个体经营工业单位采用一阶段整群抽样。

七、抽样框：1998 年至 2002 年企业子总体抽样框以全国第一次基本单位普查资料和 1995 年工业普查资料相结合来建立，个体经营单位子总体抽样框以全省农村和城镇个体经营工业单位清查资料建立。从 2003 年年报起，规模以下工业抽样调查实行新的抽样方案，原先抽取的样本进行了全部轮换，以全国第二次基本单位普查资料为基础重新建立了企业子总体抽样框。

八、抽样精度：调查以省为总体控制抽样精度，具体要求是：在 95% 的概率保证程度下，工业总产值和企业单位数的最大相对误差分别控制在 10% 和 15% 以内。

月度资料

高原牧场

Monthly Data

23-1 各月主要经济统计指标(2003年)

Major Economic Statistical Indicators in Each Month(2003)

指 标		1月	2月	3月	4月	5月	6月
一、生产总值(累计数)	(亿元)			**64.52**			**168.63**
第一产业				2.60			8.62
第二产业				24.52			83.45
第三产业				37.40			76.56
生产总值增长速度	(%)			10.80			11.80
二、工业(累计数)							
1.工业增加值	(亿元)	4.36	10.74	17.73	25.10	33.33	42.54
#轻工业		0.33	0.65	1.12	1.58	2.09	2.57
重工业		4.03	10.09	16.61	23.52	31.24	39.97
#国有企业		1.38	2.27	3.67	5.04	6.51	8.07
集体企业		0.04	0.10	0.13	0.18	0.24	0.31
股份制企业		2.69	8.00	13.13	18.73	25.04	32.23
#大中型企业		3.75	9.64	15.68	22.51	29.54	36.40
工业增加值累计增长速度	(%)	8.23	11.99	13.10	13.60	14.50	15.50
2.工业总产值(1990年不变价)	(亿元)	7.18	15.84	25.90	36.30	48.39	61.60
#轻工业		0.72	1.60	2.89	4.04	5.31	6.59
重工业		6.46	14.24	23.01	32.26	43.08	55.01
#国有企业		1.72	2.73	4.46	6.12	8.07	10.19
集体企业		0.10	0.26	0.34	0.46	0.59	0.84
股份制企业		4.65	11.67	18.55	26.12	35.05	44.62
外商及港澳台		0.40	0.60	1.47	2.06	2.59	3.28
#大中型企业		5.56	12.57	20.15	28.15	37.31	45.12
#国有控股企业		5.68	12.66	20.87	29.44	39.16	49.40
3.产品销售产值(当年价)	(亿元)	10.77	28.45	46.62	65.74	86.18	107.62
#轻工业		1.02	2.54	3.86	5.22	6.86	8.60
重工业		9.75	25.91	42.76	60.52	79.32	99.02
#国有企业		3.28	5.10	8.32	11.69	14.89	18.38
集体企业		0.15	0.33	0.48	0.66	0.88	1.14
股份制企业		6.23	21.21	33.90	47.77	62.81	78.83
外商及港澳台		0.53	0.72	1.92	2.68	3.43	4.15
#大中型企业		8.42	24.39	39.21	55.05	71.18	85.38
#国有控股企业		8.75	24.34	39.67	55.91	72.71	90.32
4.主要产品产量							
发电量	(亿千瓦小时)	12.28	18.83	27.82	37.61	48.51	59.67
#水电	(亿千瓦小时)	7.04	8.32	11.73	15.98	21.39	27.43
天然原油	(万吨)	18.68	35.12	53.83	70.78	89.48	108.52
原煤	(万吨)	18.48	37.30	68.47	88.36	110.03	134.01
天然气	(亿立方米)	1.90	3.11	4.42	5.43	6.48	7.56
原盐	(万吨)		0.69	1.02	2.82	9.72	19.80
钢	(万吨)	3.80	6.24	11.16	16.07	20.50	24.57
成品钢材	(万吨)	3.10	4.94	8.94	12.98	16.52	20.13
铝	(万吨)	3.34	6.22	9.36	12.62	16.01	19.36
水泥	(万吨)	7	15	41	67	99	133
白酒	(吨)	1564	2408	3829	4656	5277	6235

注:国内生产总值为季度报表。

23－1 续表1 Continued

指　　标		1月	2月	3月	4月	5月	6月
5. 工业企业经济效益指标							
企业单位数	（户）		373	414	414	411	415
#亏损企业户数	（户）		96	132	141	136	152
产品销售收入	（亿元）		29.96	52.16	74.25	94.98	115.84
产品销售税金及附加	（亿元）			0.51	0.77	1.02	1.60
利润总额	（亿元）		2.80	2.94	3.90	5.19	6.73
#亏损企业亏损额	（亿元）		1.20	2.74	3.76	3.56	4.12
三、固定资产投资（累计数）							
全社会固定资产投资	（亿元）	1.33	9.00	15.04	48.61	96.48	135.02
#地方投资		1.33	2.03	8.15	29.46	67.00	95.35
#基本建设		1.33	7.98	10.90	34.85	59.05	86.55
更新改造			0.80	2.61	5.56	9.99	15.82
其他投资					1.07	1.55	2.33
房地产开发				1.23	3.51	5.80	8.93
集体经济				0.06	1.36	3.27	4.35
全社会固定资产投资累计增长速度	（%）	20.16	47.18	32.17	32.50	36.51	40.37
四、交通运输（累计数）							
货物运输量	（万吨）		802	1278	1693	2122	2970
货物周转量	（万吨公里）		132190	225847	331516	441228	586986
客运量	（万人次）		543	954	1263	1571	1934
客运周转量	（万人次公里）		42637	80858	111726	140364	180149
五、社会消费品零售额（累计数）	**（亿元）**	**8.54**	**16.55**	**23.48**	**30.58**	**38.18**	**46.31**
按销售地区分							
市的零售额		5.39	10.65	15.08	19.90	25.06	30.38
县的零售额		2.05	3.91	5.60	7.17	8.82	10.68
县以下的零售额		1.09	1.99	2.79	3.51	4.30	5.25
按经济类型分							
国有经济		2.26	4.34	6.05	7.76	9.60	11.55
集体经济		0.73	1.60	2.42	3.19	3.96	4.73
个体经济		4.16	7.99	11.20	14.87	18.65	22.79
私营经济		0.78	1.61	2.35	3.10	3.92	4.76
按行业分							
批发、零售贸易业		7.32	14.00	19.51	25.66	31.99	38.58
餐饮业		0.94	2.07	3.17	4.04	5.08	6.43
其他		0.26	0.48	0.80	0.88	1.11	1.30
社会消费品零售额累计增长速度	（%）	13.50	13.80	11.80	11.00	9.80	9.60

注：工业企业经济效益、交通运输1月免报。

23－1 续表2 Continued

指　标		1月	2月	3月	4月	5月	6月
六、海关统计(累计数)							
海关进出口总额	(万美元)	1675	3001	4519	7730	10525	12812
进口总额		222	371	410	2254	3478	4014
出口总额		1453	2630	4109	5476	7047	8798
七、财政(累计数)	(亿元)						
一般预算收入合计		3.28	6.06	9.42	12.47	16.09	20.89
#地方一般预算收入		1.85	3.14	4.75	6.36	8.43	11.38
#增值税		0.31	0.78	1.22	1.58	2.01	2.63
营业税		0.92	1.33	1.84	2.36	2.83	3.59
一般预算收入累计增长速度	(%)	37.50	45.90	35.80	18.00	19.50	19.20
一般预算支出合计		12.62	14.85	25.26	38.74	44.90	52.60
#公共支出		6.00	7.58	11.90	17.48	21.18	25.58
经济建设支出		5.27	5.64	10.28	16.65	18.11	19.34
八、金融	(亿元)						
金融机构各项存款余额		467.02	475.69	485.87	503.62	502.76	529.27
#企业存款		164.46	168.27	180.56	188.73	186.42	189.65
储蓄存款		231.34	231.59	235.49	237.10	238.95	242.04
金融机构各项贷款余额		487.84	491.71	503.33	510.31	515.33	535.96
#短期贷款		191.44	192.22	196.85	197.20	199.82	208.33
中期流动资金贷款		41.10	41.54	41.54	39.98	41.34	40.99
中长期贷款		251.00	253.64	260.26	270.26	271.39	280.75
金融机构现金收入(累计数)		89.58	154.53	238.32	325.28	413.56	497.87
金融机构现金支出(累计数)		98.90	161.13	245.47	335.65	426.11	515.61
九、人民生活(累计数)	(元)						
城镇居民人均可支配收入		560.92	1210.33	1729.77	2258.96	2796.76	3366.88
增长速度	(%)	3.99	6.61	5.29	6.55	7.55	7.59
城镇居民人均消费性支出		453.73	1020.24	1431.74	1820.95	2241.21	2651.41
农村住户人均纯收入				371.70			626.64
增长速度	(%)			10.04			2.40
农村住户人均生活消费支出				301.78			492.19
十、物价指数							
(以上年同期价格为100)							
居民消费价格指数		102.0	102.4	103.2	102.7	102.2	101.1
#食品类		101.9	102.5	105.2	103.9	103.4	101.7
商品零售价格指数		100.0	100.7	101.4	101.3	100.6	99.6
#食品类		101.2	102.7	105.2	104.4	103.9	101.3
农业生产资料价格指数		99.2	100.0	100.9	101.9	101.4	100.4
工业品出厂价格指数		107.76	108.96	117.21	108.30	102.33	102.50
原材料燃料动力购进价格指数		101.95	103.23	101.18	102.94	101.98	100.26

注:农村住户为季度报表,农村住户人均纯收入季度数据口径为现金收入,全年为纯收入(下同)。

23-1 续表3 Continued

指标		7月	8月	9月	10月	11月	12月
一、生产总值(累计数)	(亿元)			**273.83**			**390.16**
第一产业				23.61			47.00
第二产业				134.54			184.26
第三产业				115.68			158.90
生产总值增长速度	(%)			11.90			12.10
二、工业(累计数)							
1. 工业增加值(现价)	(亿元)	51.24	60.01	69.08	77.95	87.52	95.53
#轻工业		2.98	3.36	3.88	4.47	5.38	6.15
重工业		48.26	56.65	65.20	73.48	82.14	89.38
#国有企业		9.67	11.10	12.63	14.32	16.34	17.44
集体企业		0.38	0.50	0.56	0.61	0.75	0.83
股份制企业		38.95	45.81	52.97	59.66	66.63	72.87
#大中型企业		44.55	52.04	59.75	67.33	74.95	81.76
工业增加值累计增长速度	(%)	15.90	15.70	16.00	15.80	15.90	15.90
2. 工业总产值(1990年不变价)	(亿元)	74.17	86.23	99.46	112.06	125.46	140.59
#轻工业		7.53	8.50	9.87	11.39	13.24	16.05
重工业		66.64	77.73	89.59	100.67	112.22	124.54
#国有企业		12.36	14.26	16.24	18.29	20.85	26.10
集体企业		1.03	1.33	1.48	1.65	2.12	2.34
股份制企业		53.84	62.66	72.63	81.82	90.85	98.39
外商及港澳台		3.81	4.43	5.05	5.66	6.22	6.85
#大中型企业		56.03	64.94	73.88	82.71	92.25	102.69
#国有控股企业		59.44	69.11	78.72	88.61	99.30	110.88
3. 产品销售产值(当年价)	(亿元)	129.28	149.67	169.93	193.50	215.93	240.75
#轻工业		9.80	11.20	12.92	14.90	17.62	21.88
重工业		119.48	138.47	157.01	178.60	198.31	218.87
#国有企业		21.68	24.63	27.79	31.63	35.62	42.91
集体企业		1.41	1.82	2.04	2.36	2.90	3.25
股份制企业		95.31	110.49	125.61	143.07	158.83	172.34
外商及港澳台		4.89	5.80	6.55	7.35	8.13	8.94
#大中型企业		104.88	120.42	135.66	154.23	170.46	187.40
#国有控股企业		108.25	124.71	140.74	160.47	177.91	196.11
4. 主要产品产量							
发电量	(亿千瓦小时)	71.64	81.69	91.81	104.40	117.88	129.48
#水电	(亿千瓦小时)	34.36	39.10	44.80	51.67	59.32	65.60
天然原油	(万吨)	127.96	146.93	164.58	182.66	201.34	220.02
原煤	(万吨)	156.05	176.22	199.53	228.00	264.61	310.57
天然气	(亿立方米)	8.65	9.77	10.85	12.16	13.71	15.41
原盐	(万吨)	28.85	39.37	48.75	56.98	65.36	66.35
钢	(万吨)	28.45	32.78	37.07	40.98	44.45	47.73
成品钢材	(万吨)	23.95	27.57	30.78	34.31	37.46	40.30
铝	(万吨)	22.84	26.31	29.76	33.15	36.64	40.04
水泥	(万吨)	162	193	236	263	286	307
白酒	(吨)	7666	8367	9279	10167	11306	12290

23－1 续表4 continued

指　　标		7月	8月	9月	10月	11月	12月
5.工业企业经济效益指标							
企业单位数	(户)	417	417	415	419	419	424
#亏损企业户数	(户)	150	142	150	147	134	135
产品销售收入	(亿元)	143.43	165.87	187.31	212.74	236.66	264.48
产品销售税金及附加	(亿元)	1.72	1.95	2.28	2.65	2.91	3.27
利润总额	(亿元)	7.36	8.13	10.36	11.51	12.02	12.72
#亏损企业亏损额	(亿元)	4.57	4.91	5.40	5.21	5.62	6.20
三、固定资产投资(累计数)							
全社会固定资产投资	(亿元)	169.05	200.46	222.46	242.60	261.81	285.12
#地方投资		119.75	143.59	170.42	193.40	201.20	206.18
#基本建设		109.61	124.86	137.76	146.07	157.12	184.19
更新改造		19.07	26.47	30.04	33.15	36.70	37.83
其他投资		2.79	4.07	4.50	5.30	6.16	6.22
房地产开发		14.06	17.35	20.71	21.28	21.60	22.31
集体经济		5.84	6.04	6.77	7.14	7.28	7.86
全社会固定资产投资累计增长速度	(%)	28.51	24.44	21.75	19.12	17.89	16.37
四、交通运输(累计数)							
货物运输量	(万吨)	3390	3850	4316	4884	5461	6190
货物周转量	(万吨公里)	697100	813211	930826	1059001	1170379	1283609
客运量	(万人次)	2241	2649	3046	3403	3772	4286
客运周转量	(万人次公里)	204780	241265	290780	332242	366662	393082
五、社会消费品零售额(累计数)	**(亿元)**	**54.74**	**63.43**	**72.36**	**81.71**	**91.18**	**102.66**
按销售地区分							
市的零售额		35.91	41.49	47.10	53.01	58.71	66.14
县的零售额		12.62	14.81	17.10	19.42	21.99	24.70
县以下的零售额		6.20	7.13	8.16	9.28	10.48	11.82
按经济类型分							
国有经济		13.48	15.36	17.30	19.30	21.35	23.97
集体经济		5.51	6.29	7.09	7.97	8.83	9.83
个体经济		27.14	31.76	36.49	41.43	46.40	51.94
私营经济		5.70	6.64	7.61	8.69	9.82	11.44
按行业分							
批发、零售贸易业		45.25	52.08	59.14	66.63	74.44	83.37
餐饮业		7.97	9.60	11.21	12.83	14.23	16.44
其他		1.52	1.75	2.01	2.25	2.51	2.85
社会消费品零售额累计增长速度	(%)	10.40	10.70	11.20	11.30	11.40	11.50

23－1　续表 5 Continued

指　　　标		7月	8月	9月	10月	11月	12月
六、海关统计(累计数)							
海关进出口总额	(万美元)	15467	18497	21832	25615	29993	33913
进口总额		4038	4260	4706	5998	6456	6526
出口总额		11429	14237	17126	19617	23537	27387
七、财政(累计数)	(亿元)						
一般预算收入合计		24.07	27.17	31.00	34.52	37.89	43.67
#地方一般预算收入		13.09	14.58	16.62	18.58	20.53	24.02
#增值税		2.99	3.42	3.87	4.31	4.71	5.25
营业税		4.31	4.81	5.40	5.94	6.54	7.31
一般预算收入累计增长速度	(%)	18.50	15.80	13.50	14.30	12.60	14.50
一般预算支出合计		62.46	74.57	87.04	95.57	103.21	123.12
#公共支出		31.01	35.52	42.05	46.41	52.02	63.12
经济建设支出		22.41	27.51	31.06	34.01	34.81	39.43
八、金融	(亿元)						
金融机构各项存款余额		544.56	542.24	534.83	538.02	526.02	538.79
#企业存款		187.76	200.13	193.90	208.43	186.83	187.83
储蓄存款		244.95	244.79	248.79	250.11	254.38	260.50
金融机构各项贷款余额		538.76	543.70	549.49	554.23	556.11	564.84
#短期贷款		205.37	204.13	205.24	204.81	204.45	204.53
中期流动资金贷款		40.17	41.20	39.56	40.81	39.27	38.71
中长期贷款		286.13	290.98	296.42	299.60	301.44	309.73
金融机构现金收入(累计数)		588.95	676.97	777.57	874.32	975.63	1094.55
金融机构现金支出(累计数)		611.17	705.79	812.75	914.72	1020.08	1146.79
九、人民生活(累计数)	(元)						
城镇居民人均可支配收入		3955.73	4499.65	5049.38	5607.34	6133.53	6731.90
增长速度	(%)	7.48	7.80	7.90	8.16	8.60	8.60
城镇居民人均消费性支出		3062.25	3524.24	4083.58	4530.72	4969.45	5389.40
农村住户人均纯收入				1112.29			1817.38
增长速度	(%)			6.40			6.2
农村住户人均生活消费支出				727.03			1571.96
十、物价指数(以上年同期价格为100)							
居民消费价格指数		100.8	100.8	101.5	101.5	102.8	103.0
#食品类		102.9	104.2	103.9	103.9	107.6	108.3
商品消费价格指数		100.2	100.8	100.6	100.5	101.8	102.3
#食品类		102.5	104.1	103.7	103.9	107.3	108.1
农业生产资料价格指数		101.1	101.1	101.1	100.6	101.5	103.7
工业品出厂价格指数		103.51	102.84	102.4	102.23	103.12	104.39
原材料燃料动力购进价格指数		101.74	102.55	100.17	100.30	102.15	103.64

全国各地区主要经济指标及排序

Main Economy Indexes and Order of the Different Parts of the Country

24-1 全国各地区生产总值和增长率及排序(2003年)

Increasing Rate of Gross Product and Order of Different Area of the Whole Country(2003)

单位:亿元、%

省(市、区)	生产总值				第一产业增加值			
	绝对数	排序	增长率(上年=100)	排序	绝对数	排序	增长率(上年=100)	排序
全国	**116898.4**		**9.1**		**17092.1**		**2.5**	
北京	3611.9	15	10.5	20	95.3	26	3.3	20
天津	2386.9	22	14.5	2	89.7	28	6.1	4
河北	7095.4	5	11.6	14	1064.3	5	5.9	7
山西	2445.6	20	13.2	7	213.3	25	2.7	23
内蒙古	2092.9	24	16.3	1	421.9	18	5.0	11
辽宁	6002.5	8	11.5	15	622.5	13	7.1	3
吉林	2521.8	18	10.2	24	488.8	17	6.1	4
黑龙江	4433.1	13	10.3	23	513.1	15	2.5	26
上海	6250.8	7	11.8	12	93.0	27	2.3	28
江苏	12451.8	2	13.5	6	1106.8	4	3.5	19
浙江	9200.0	4	14.0	3	722.0	10	2.7	23
安徽	3973.2	14	9.1	30	749.1	9	-3.0	31
福建	5241.7	11	11.5	15	705.5	11	3.3	20
江西	2830.0	16	13.0	8	560.0	14	2.7	23
山东	12430.0	3	13.7	4	1505.0	1	5.6	8
河南	7025.9	6	10.5	20	1237.0	2	-2.5	30
湖北	5395.9	10	9.3	29	792.6	8	5.0	11
湖南	4633.7	12	9.6	28	885.9	7	3.6	18
广东	13449.9	1	13.6	5	1051.6	6	1.2	29
广西	2733.2	17	10.2	24	628.2	12	4.0	16
海南	677.5	28	10.5	20	257.1	23	9.0	1
重庆	2250.1	23	11.4	17	343.1	20	4.2	15
四川	5456.3	9	11.8	12	1128.6	3	5.5	9
贵州	1344.3	26	10.1	26	294.5	22	4.6	14
云南	2458.8	19	8.6	31	499.0	16	5.0	11
西藏	184.6	31	12.1	10	41	31	3.0	22
陕西	2398.6	21	10.9	18	320.0	21	5.1	10
甘肃	1301.1	27	10.1	26	240.0	24	6.0	6
青海	**390.2**	**29**	**12.1**	**10**	**46.1**	**30**	**3.8**	**17**
宁夏	384.9	30	12.2	9	55.5	29	2.5	26
新疆	1849.8	25	10.8	19	388.0	19	8.2	2

注:本表绝对数按当年价格计算,增长速度按可比价格计算。

24－2 全国各地区第二、三产业增加值和增长率及排序(2003年)

Secondary Industry, Tertiary Industry value－added and Increasing Rate and Order of Different Regions of the Country (2003)

单位:亿元、%

省(市、区)	第二产业增加值				第三产业增加值			
	绝对数	排 序	增 长 率(上年＝100)	排 序	绝对数	排 序	增 长 率(上年＝100)	排 序
全 国	**61131.3**		**12.6**		**38675.0**		**6.6**	
北 京	1298.5	16	11.9	28	2218.2	9	10.0	13
天 津	1212.3	18	17.8	8	1084.9	17	11.5	5
河 北	3675.4	5	14.2	20	2355.7	7	10.0	13
山 西	1400.1	15	18.4	6	832.2	23	8.6	25
内蒙古	947.9	24	26.9	2	723.1	24	11.0	6
辽 宁	2852.6	8	12.2	26	2527.5	6	11.7	3
吉 林	1140.8	19	12.9	23	892.2	21	9.1	22
黑龙江	2532.5	10	11.9	28	1387.6	15	10.1	10
上 海	3130.7	7	16.1	15	3027.1	5	8.0	29
江 苏	6782.3	2	17.2	9	4562.7	2	11.7	3
浙 江	4830.0	4	16.6	12	3648.0	4	13.2	1
安 徽	1780.6	14	14.0	21	1443.5	14	10.2	9
福 建	2495.6	11	16.1	15	2040.6	11	9.2	21
江 西	1227.0	17	24.4	3	1043.0	18	7.4	31
山 东	6650.0	3	17.0	10	4275.0	3	11.9	2
河 南	3550.5	6	17.0	10	2238.5	8	9.1	22
湖 北	2580.6	9	10.2	31	2022.8	12	9.7	16
湖 南	1793.7	13	12.6	24	1954.2	13	9.6	18
广 东	7048.1	1	18.0	7	5350.3	1	10.8	7
广 西	1005.9	22	14.5	19	1099.1	16	10.0	13
海 南	150.9	30	18.9	4	269.5	28	7.7	30
重 庆	976.0	23	15.9	17	931.1	20	9.4	19
四 川	2266.1	12	16.5	13	2061.7	10	10.1	10
贵 州	571.9	27	13.2	22	477.9	26	10.1	10
云 南	1067.8	21	10.4	30	892.1	22	8.6	25
西 藏	48.1	31	29.4	1	95.5	31	8.9	24
陕 西	1133.6	20	14.8	18	945.0	19	8.5	27
甘 肃	607.6	26	12.2	26	453.4	27	9.4	19
青 海	**184.3**	**29**	**16.4**	**14**	**159.8**	**29**	**9.7**	**16**
宁 夏	191.7	28	18.7	5	137.7	30	8.3	28
新 疆	795.5	25	12.3	25	666.3	25	10.3	8

注:本表绝对数按当年价格计算,增长速度按可比价格计算。

24－3 全国各地区人均GDP、职工平均工资及排序(2003年)

Personal Average GDP, Salary and Order of Different Regions of the Country (2003)

单位:元、%

省(市、区)	人均地区生产总值				全部职工平均工资			
	绝对数	排序	增长率(上年=100)	排序	绝对数	排序	#国有单位	排序
全国	9057				14040		14577	
北京	31613	2	9.2	24	25312	3	28464	1
天津	25874	3	13.8	2	18648	6	19352	6
河北	10508	11	10.9	14	11189	22	11783	23
山西	7402	20	12.4	7	10729	27	11213	27
内蒙古	8734	15	16.2	1	11279	21	11929	20
辽宁	14258	8	11.3	11	13008	11	13603	13
吉林	9334	13	10.0	20	11081	23	11124	28
黑龙江	11623	10	10.2	19	11038	24	11034	29
上海	46718	1	12.2	8	27304	1	28406	2
江苏	16796	6	13.1	5	15712	7	17502	7
浙江	19730	4	13.2	4	21367	4	27293	4
安徽	6889	22	8.6	30	10581	29	11220	26
福建	15006	7	10.8	17	14310	9	16460	9
江西	6677	25	12.1	9	10521	30	10918	30
山东	13654	9	13.3	3	12567	14	13975	10
河南	7530	19	9.9	21	10749	26	11397	24
湖北	9001	14	9.0	28	10692	28	11806	22
湖南	7546	18	9.1	25	12221	18	12604	18
广东	16990	5	12.7	6	19986	5	22944	5
广西	5964	28	9.4	23	11953	19	12331	19
海南	8655	16	9.5	22	10397	31	10305	31
重庆	8075	17	11.1	12	12425	16	13586	14
四川	6418	27	11.5	10	12441	15	13923	11
贵州	3601	31	9.1	25	11037	25	11390	25
云南	5647	29	7.5	31	12870	13	13471	15
西藏	6874	23	10.9	14	26931	2	27611	3
陕西	6480	26	10.4	18	11461	20	11833	21
甘肃	4984	30	9.0	28	12307	17	12929	17
青海	7277	21	10.9	14	15356	8	16692	8
宁夏	6685	24	11.0	13	12981	12	13721	12
新疆	9686	12	9.1	25	13255	10	13199	16

注:本表人均地区生产总值,北京、天津、上海和四川按"户籍人口"计算,其他地区按"常住人口"计算。

24-4 全国各地区农业总产值和增长率及排序(2003年)

Gross Agriculture Value Increasing Rate and Order of Different Regions of the Whole Country(2003)

单位:亿元、%

省(市、区)	农林牧渔业总产值				农业产值		牧业产值	
	绝对数	排序	增长率(上年=100)	排序	绝对数	排序	绝对数	排序
全国	**29691.8**		**3.9**		**14870.1**		**9538.8**	
北京	246.8	27	4.1	21	88.8	27	125.5	23
天津	213.9	28	6.9	3	88.2	28	77.2	27
河北	1956.9	3	6.3	7	958.3	4	820.6	4
山西	403.6	23	4.7	18	249.5	24	111.9	24
内蒙古	666.4	19	6.2	10	336.0	19	267.1	14
辽宁	1215.0	10	7.1	2	497.3	13	422.0	9
吉林	792.1	17	6.3	7	438.3	16	298.4	12
黑龙江	903.3	14	3.0	25	502.9	11	294.2	13
上海	247.3	26	1.1	28	98.2	26	81.1	26
江苏	1952.2	4	1.0	29	981.2	3	458.9	7
浙江	1184.0	11	4.2	20	529.4	10	233.0	18
安徽	1305.4	9	-6.0	31	617.9	9	443.5	8
福建	1151.2	12	3.7	23	466.8	15	237.3	17
江西	841.6	15	2.7	27	383.7	18	254.0	15
山东	2902.5	1	5.5	14	1599.3	1	831.3	3
河南	2193.1	2	-2.0	30	1137.7	2	835.9	1
湖北	1342.1	8	5.3	16	733.4	7	383.7	10
湖南	1453.0	7	3.7	23	671.7	8	575.1	5
广东	1908.7	5	3.8	22	851.7	5	482.8	6
广西	1030.9	13	4.3	19	500.8	12	342.8	11
海南	380.0	25	9.0	1	152.7	25	64.8	28
重庆	488.6	21	6.7	4	270.1	23	177.6	19
四川	1784.5	6	6.2	10	804.7	6	832.3	2
贵州	466.7	22	5.4	15	275.5	22	139.5	22
云南	799.3	16	6.6	5	433.9	17	242.5	16
西藏	58.6	31	5.0	17	25.3	31	27.1	31
陕西	535.0	20	6.4	6	334.4	20	145.6	21
甘肃	400.8	24	5.9	13	275.8	21	93.9	25
青海	**76.9**	**30**	**3.0**	**25**	**29.7**	**30**	**40.7**	**29**
宁夏	103.4	29	6.0	12	54.1	29	36.4	30
新疆	688.3	18	6.3	7	482.8	14	162.0	20

注:本表绝对数按当年价格计算,增长速度按可比价格计算。

24－5　全国各地区主要农产品产量及排序(2003年)

Main Agriculture Product Output and Order of Different Parts of Whole Country(2003)

单位:万吨

省(市、区)	粮食产量		油料产量		肉类产量		奶　类	
	绝对数	排　序	绝对数	排　序	绝对数	排　序	绝对数	排　序
全　国	**43069.5**		**2811.0**		**6932.9**		**1848.6**	
北　京	58.0	31	3.3	30	70.3	24	63.7	7
天　津	119.3	27	3.1	31	53.4	26	43.2	13
河　北	2387.8	7	163.1	7	502.4	5	207.6	3
山　西	958.9	20	36.4	22	66.5	25	55.6	8
内蒙古	1360.7	16	102.3	9	162.7	15	312.2	1
辽　宁	1498.3	11	61.4	13	280.1	10	46.4	11
吉　林	2259.6	8	57.1	14	218.5	13	23.3	20
黑龙江	2512.3	4	44.7	18	151.5	19	303.9	2
上　海	98.8	28	6.4	28	50.8	27	27.1	15
江　苏	2471.9	5	199.5	6	354.8	7	50.0	10
浙　江	793.4	21	43.8	19	153.9	17	24.7	17
安　徽	2214.8	9	231.4	4	329.6	8	9.0	27
福　建	713.2	24	26.0	25	146.2	20	19.5	22
江　西	1450.3	14	76.0	11	195.2	14	10.9	24
山　东	3435.5	2	361.8	1	662.1	1	148.4	4
河　南	3569.5	1	309.9	2	603.6	2	52.6	9
湖　北	1921.0	10	272.7	3	301.1	9	11.1	23
湖　南	2442.7	6	125.7	8	503.8	4	5.3	28
广　东	1430.4	15	81.9	10	359.6	6	10.8	25
广　西	1465.1	13	55.7	15	227.1	12	3.8	29
海　南	204.6	26	9.6	27	47.0	28	0.1	31
重　庆	1087.1	18	38.3	21	160.6	16	9.1	26
四　川	3054.1	3	217.1	5	581.8	3	45.8	12
贵　州	1104.3	17	72.3	12	152.5	18	3.4	30
云　南	1471.0	12	29.7	23	253.7	11	23.4	19
西　藏	96.6	29	4.9	29	19.0	31	25.1	16
陕　西	968.4	19	41.3	20	92.1	22	107.1	6
甘　肃	789.3	22	46.0	17	75.9	23	22.6	21
青　海	86.8	30	26.2	24	23.7	29	23.5	18
宁　夏	270.2	25	13.2	26	23.4	30	38.7	14
新　疆	775.5	23	50.1	16	110.0	21	120.8	5

24－6 全国各地区工业企业主要产品产量及排序(2003年)
Production Output and Order of Industrial Enterprises in the Different Regions of the Whole Country(2003)

省(市、区)	农用化肥(万吨)		发电量(亿千瓦小时)		钢(万吨)		水泥(万吨)	
	绝对数	排序	绝对数	排序	绝对数	排序	绝对数	排序
全国	**4200.9**		**19107.6**		**22233.6**		**86226.6**	
北京	2.4	30	192.2	28	816.4	9	996.0	24
天津	16.8	27	320.1	23	566.0	16	451.0	28
河北	230.1	6	1088.3	5	4065.1	1	6811.4	5
山西	201.1	9	965.0	7	1002.7	7	1949.0	17
内蒙古	50.3	25	647.7	12	576.8	15	940.5	25
辽宁	107.5	12	837.1	9	2227.8	2	2439.7	13
吉林	9.6	28	311.1	24	381.6	17	1119.1	23
黑龙江	52.6	23	493.8	17	165.7	27	1169.4	20
上海	4.9	29	687.6	11	1728.8	4	744.7	26
江苏	216.7	7	1366.3	3	1742.2	3	7825.1	2
浙江	55.8	22	1101.7	4	334.2	18	7168.0	4
安徽	204.9	8	557.2	15	692.7	11	3073.0	10
福建	60.7	21	610.7	14	257.9	20	2400.2	14
江西	51.9	24	320.9	22	599.5	13	2524.2	12
山东	530.1	1	1397.0	2	1415.4	5	9935.0	1
河南	330.2	3	1025.1	6	873.9	8	4722.6	6
湖北	298.0	4	780.5	10	1254.3	6	3445.8	8
湖南	180.5	11	537.8	16	592.2	14	3135.0	9
广东	84.6	16	1882.7	1	599.8	12	7530.0	3
广西	68.9	20	362.9	21	206.2	23	2665.2	11
海南	33.5	26	58.6	30	0.2	30	397.8	29
重庆	96.6	14	204.1	27	225.2	21	2037.7	16
四川	432.0	2	849.3	8	738.9	10	4059.9	7
贵州	188.8	10	641.0	13	206.2	23	1591.0	19
云南	260.6	5	474.8	18	294.8	19	2052.8	15
西藏							124.9	31
陕西	106.3	13	419.2	19	180.2	26	1828.0	18
甘肃	74.2	18	404.9	20	223.9	22	1160.8	21
青海	**73.0**	**19**	**129.0**	**29**	**48.0**	**28**	**307.0**	**30**
宁夏	76.3	17	206.1	26	13.3	29	494.1	27
新疆	85.3	15	233.5	25	204.1	25	1127.7	22

24-7 全国各地区工业增加值、综合指数、资产贡献率及排序(2003年)

Industrial Increasing value General Indexes Capital Contribution Rate and Order the Different Regions of the Country(2003)

单位:亿元、%

省(市、区)	工业增加值				综合指数		总资产贡献率	
	绝对数	排序	增长率(上年=100)	排序	指数	排序	贡献率	排序
全国	**41 045.0**		**17.0**		**144.7**		**11.1**	
北京	970.8	14	12.3	28	153.9	8	9.0	22
天津	1 027.8	13	20.1	14	154.7	7	9.9	18
河北	1 810.3	6	20.1	14	144.6	12	12.3	7
山西	882.2	16	24.2	3	115.5	25	9.4	20
内蒙古	509.7	21	31.5	1	125.6	19	8.6	24
辽宁	1 764.3	7	18.5	18	118.9	24	7.3	27
吉林	806.7	18	17.9	19	143.0	14	10.2	13
黑龙江	1 380.2	10	13.6	24	234.2	1	21.5	1
上海	2 767.1	5	22.0	8	195.8	2	12.9	5
江苏	4 620.6	3	22.7	6	143.9	13	10.8	10
浙江	3 194.0	4	23.7	5	159.3	5	14.5	3
安徽	834.7	17	19.8	17	127.9	17	10.2	13
福建	1 461.4	9	23.9	4	155.1	6	11.9	8
江西	440.3	24	21.0	11	108.2	26	9.2	21
山东	4 695.2	2	22.7	6	151.3	11	13.4	4
河南	1 754.1	8	19.9	16	120.7	23	10.5	11
湖北	1 356.2	11	12.5	27	125.6	19	8.2	26
湖南	886.5	15	20.7	13	121.6	22	11.1	9
广东	5 606.3	1	21.9	9	152.1	9	10.4	12
广西	436.9	25	17.6	20	121.9	21	9.5	19
海南	86.4	30	24.9	2	151.7	10	10.0	17
重庆	477.9	22	21.1	10	131.4	16	10.1	15
四川	1 156.0	12	21.0	11	126.4	18	8.4	25
贵州	331.9	27	13.5	25	107.5	27	8.8	23
云南	719.7	19	9.1	31	159.9	4	16.6	2
西藏	11.0	31	9.5	30				
陕西	664.7	20	16.8	22	134.9	15	10.1	15
甘肃	389.8	26	13.0	26	94.4	29	7.2	28
青海	**95.2**	**29**	**15.9**	**23**	**102.5**	**28**	**5.0**	**30**
宁夏	105.1	28	17.5	21	90.7	30	6.4	29
新疆	463.2	23	10.8	29	172.4	3	12.5	6

注:1. 本表绝对数按当年价格计算,增长速度按可比价格计算。

2. 口径为规模以上工业企业。

24－8 全国各地区工业资产负债率、周转次数、生产率、产销率及排序(2003年)

Proudction Rate output and Sell Rate of Industrial and in Different Parts of the Whole Country(2003)

省(市、区)	资产负债率(%)		流动资产周转次数(次)		全员劳动生产率(元/人)		产品销售率(%)	
	负债率	排　序	周转次数	排　序	生产率	排　序	销售率	排　序
全　　国	**59.1**		**2.0**		**66943**		**98.1**	
北　　京	53.6	28	1.6	19	95268	2	98.2	12
天　　津	58.1	21	2.1	7	87780	4	98.9	4
河　　北	61.6	13	2.2	3	54760	18	98.7	5
山　　西	64.4	7	1.5	23	33233	29	97.7	20
内 蒙 古	59.2	18	1.7	11	53483	20	98.7	5
辽　　宁	58.8	20	1.7	11	56880	17	98.0	14
吉　　林	64.1	8	1.7	11	72419	9	97.6	23
黑 龙 江	57.5	22	1.7	11	60211	13	97.9	15
上　　海	49.7	30	2.0	8	134862	1	99.0	3
江　　苏	62.1	12	2.3	2	72792	8	97.9	15
浙　　江	57.1	25	2.2	3	71562	10	97.7	20
安　　徽	60.7	15	1.7	11	50680	21	98.7	5
福　　建	53.4	29	2.2	3	75488	6	97.6	23
江　　西	66.0	4	1.7	11	36932	27	98.1	13
山　　东	59.2	18	2.5	1	57748	16	97.9	15
河　　南	63.3	11	1.9	9	38352	26	98.5	10
湖　　北	59.7	17	1.6	19	58896	14	98.4	11
湖　　南	64.1	8	1.8	10	46204	24	100.1	1
广　　东	55.9	26	2.2	3	84214	5	97.4	25
广　　西	65.7	5	1.7	11	50539	22	97.4	25
海　　南	54.6	27	1.6	19	90737	3	96.2	30
重　　庆	60.8	14	1.6	19	58111	15	97.8	19
四　　川	60.5	16	1.4	24	60536	12	98.7	5
贵　　州	66.6	3	1.3	27	41991	25	96.8	28
云　　南	57.4	23	1.3	27	73112	7	99.1	2
西　　藏								
陕　　西	64.0	10	1.3	27	47526	23	97.7	20
甘　　肃	64.7	6	1.4	24	30996	30	97.9	15
青　　海	**68.2**	**2**	**1.1**	**30**	**66860**	**11**	**97.1**	**27**
宁　　夏	68.5	1	1.4	24	33660	28	96.8	28
新　　疆	57.3	24	1.7	11	53500	19	98.6	9

注:全员劳动生产率按不变价工业增加值计算。

24－9 全国各地区固定资产投资和增长率及排序(2003 年)

Investment in Fixed Capital Increasing Rate and Order in Different parts of the Whole Country(2003)

单位:亿元、%

省(市、区)	固定资产投资				基本建设投资			
	绝对数	排序	增长率(上年=100)	排序	绝对数	排序	增长率(上年=100)	排序
全国	**55117.9**		**26.7**		**22729.0**		**28.7**	
北京	1986.2	6	18.1	27	555.7	17	34.0	12
天津	923.6	21	31.3	13	501.4	20	38.6	9
河北	1619.3	9	39.4	6	843.0	8	41.2	5
山西	931.7	20	37.8	9	498.0	21	32.7	13
内蒙古	1052.4	15	70.2	1	750.4	10	83.4	1
辽宁	1664.9	8	26.5	19	677.7	11	28.1	15
吉林	849.4	22	22.5	24	435.7	25	17.2	26
黑龙江	1014.6	16	11.9	31	573.1	15	15.4	28
上海	2213.2	5	12.3	30	874.1	7	12.2	29
江苏	3664.8	2	58.0	3	1864.5	1	63.4	3
浙江	3057.1	4	33.1	11	1642.5	4	39.1	8
安徽	1093.9	14	38.1	8	513.6	19	26.3	16
福建	1182.0	12	22.6	23	471.8	23	18.6	25
江西	975.4	18	59.5	2	566.1	16	62.9	4
山东	3564.8	3	55.8	4	1789.0	3	67.1	2
河南	1554.0	10	39.2	7	948.2	6	36.5	10
湖北	1460.8	11	16.0	28	805.0	9	9.4	30
湖南	1160.2	13	27.9	15	599.8	14	18.7	24
广东	3835.2	1	26.9	17	1798.7	2	41.0	6
广西	717.5	25	29.9	14	441.4	24	25.2	17
海南	237.8	30	26.2	20	182.9	29	20.3	22
重庆	970.2	19	31.8	12	526.9	18	40.5	7
四川	1788.6	7	27.0	16	949.5	5	19.7	23
贵州	653.6	26	23.9	21	381.3	26	23.5	20
云南	775.6	24	26.6	18	485.2	22	24.3	19
西藏	134.8	31	23.2	22	121.3	31	23.0	21
陕西	1007.7	17	34.2	10	616.0	12	34.9	11
甘肃	536.2	27	19.5	25	307.3	27	16.8	27
青海	**238.6**	**29**	**14.8**	**29**	**189.9**	**28**	**8.9**	**31**
宁夏	245.9	28	42.0	5	156.1	30	30.3	14
新疆	833.2	23	19.0	26	604.1	13	24.8	18

注:1. 由于有不分地区项目,因此各地区相加不等于总计。

2. 2003 年各地区数据不含房地产开发投资、城乡集体与个体投资。

24-10 全国各地区建筑业产值和面积及排序(2003年)

Output Value Area and Order of the Construction Industry in Different Regions of the Whole Country(2003)

单位:亿元、万平方米

省(市、区)	建筑业总产值		建筑业增加值		施工面积		竣工面积	
	绝对数	排　序	绝对数	排　序	绝对数	排　序	绝对数	排　序
全　国	**21 865.5**		**9 510.5**		**263 467.4**		**118 259.3**	
北　京	1 269.9	6	281.2	16	11 971.8	6	4 405.7	6
天　津	498.7	15	109.0	27	3 348.2	23	1 601.0	21
河　北	730.4	9	423.9	7	8 744.9	10	4 178.4	7
山　西	492.9	17	210.0	21	3 360.3	22	1 191.3	25
内蒙古	245.7	25	240.7	18	2 434.2	27	1 257.4	23
辽　宁	1 016.5	8	342.2	10	8 195.1	12	3 514.6	12
吉　林	373.3	20	214.8	20	3 818.6	19	1 731.9	19
黑龙江	426.9	18	283.9	15	3 516.5	21	1 961.6	17
上　海	1 055.9	7	264.9	17	8 547.1	11	2 802.4	14
江　苏	2 560.2	2	827.6	1	35 040.0	2	17 116.1	2
浙　江	2 973.7	1	520.0	4	40 250.0	1	17 627.9	1
安　徽	641.8	12	335.0	12	11 567.5	7	4 087.2	8
福　建	495.4	16	345.7	9	6 586.7	15	2 521.7	16
江　西	344.3	22	385.0	8	6 139.7	16	2 679.6	15
山　东	1 402.2	4	794.8	2	17 920.7	4	9 137.4	4
河　南	613.6	13	516.3	5	7 913.6	13	3 138.6	13
湖　北	703.8	10	326.1	13	7 034.0	14	4 053.6	9
湖　南	674.4	11	338.4	11	8 970.0	9	3 905.6	11
广　东	1 479.8	3	690.0	3	22 434.2	3	9 378.5	3
广　西	290.8	24	194.4	24	4 094.1	17	1 663.8	20
海　南	24.0	30	48.6	29	413.5	30	53.6	30
重　庆	563.3	14	207.6	22	9 007.1	8	4 033.6	10
四　川	1 323.7	5	494.7	6	15 325.3	5	8 978.8	5
贵　州	207.3	26	121.4	26	2 514.8	26	816.2	27
云　南	348.8	21	201.4	23	3 525.3	20	1 795.7	18
西　藏	12.0	31			67.5	31	18.1	31
陕　西	422.5	19	298.8	14	3 873.8	18	1 440.0	22
甘　肃	200.3	27	157.8	25	2 544.1	25	1 179.7	26
青　海	74.7	29	63.5	28	556.6	29	242.9	29
宁　夏	104.4	28	48.4	30	1 068.1	28	535.0	28
新　疆	295.6	23	224.5	19	2 728.6	24	1 215.4	24

24－11 全国各地区地方财政收支及排序(2003年)

Financial Income Expenditure and Order in Different Regions of the Whole Country(2003)

单位:亿元

省(市、区)	地方财政收入		地方财政支出	
	绝对数	排 序	绝对数	排 序
地方总计	**9850.0**		**17229.8**	
北 京	592.5	6	734.8	7
天 津	204.5	17	312.1	26
河 北	335.8	10	646.7	10
山 西	186.1	19	415.7	20
内蒙古	138.7	24	447.3	17
辽 宁	447.0	7	784.4	6
吉 林	154.0	23	409.2	21
黑龙江	248.9	14	564.9	13
上 海	886.2	2	1088.4	2
江 苏	798.1	3	1047.7	3
浙 江	706.6	5	896.8	5
安 徽	220.7	16	507.4	15
福 建	304.7	11	452.2	16
江 西	168.2	21	382.1	22
山 东	713.8	4	1010.6	4
河 南	338.1	8	716.6	9
湖 北	259.8	13	540.4	14
湖 南	268.6	12	573.7	12
广 东	1315.5	1	1695.6	1
广 西	203.7	18	443.7	18
海 南	51.3	28	105.4	31
重 庆	161.6	22	341.6	24
四 川	336.6	9	732.3	8
贵 州	124.6	26	332.4	25
云 南	229.0	15	587.3	11
西 藏	8.1	31	145.9	28
陕 西	177.3	20	418.2	19
甘 肃	87.7	27	300.0	27
青 海	**24.0**	**30**	**122.0**	**29**
宁 夏	30.0	29	105.8	30
新 疆	128.2	25	368.5	23

注:本表2003年数据为月度执行情况汇总数,以前各年数据为各地区财政决算数。

24-12 全国各地区消费品零售额和进出口总额及排序(2003年)

Amount of Consumption Goods Import/Export and the Order of the Different Parts of the Whole Country(2003)

单位:亿元、亿美元、%

省(市、区)	社会消费品零售总额				海关进出口贸易总额			
	绝对数	排序	增长率(上年=100)	排序	绝对数	排序	增长率(上年=100)	排序
全国	**45842.0**		**9.1**		**8509.9**		**37.1**	
北京	1916.7	11	14.5	5	684.6	4	30.4	18
天津	922.3	18	10.9	16	293.6	8	28.7	21
河北	2177.9	9	10.6	22	89.8	10	34.7	14
山西	729.3	23	13.7	6	30.8	20	33.4	15
内蒙古	726.8	24	21.3	2	28.3	21	16.2	31
辽宁	2330.8	7	12.3	10	265.6	9	22.2	28
吉林	1110.3	16	10.1	24	61.7	11	66.7	3
黑龙江	1376.5	14	10.1	24	53.3	14	22.5	27
上海	2220.6	8	9.1	31	1123.5	3	54.7	5
江苏	3566.5	3	13.7	6	1136.2	2	61.7	4
浙江	3157.1	4	10.9	16	614.2	5	46.4	10
安徽	1331.2	15	9.8	27	59.4	12	42.1	13
福建	1740.4	13	13.1	8	353.3	7	24.4	25
江西	923.2	17	11.7	13	25.3	25	49.1	7
山东	3936.5	2	22.2	1	446.4	6	31.6	16
河南	2426.4	5	10.8	19	47.1	17	47.1	9
湖北	2358.7	6	10.8	19	51.1	15	29.3	20
湖南	1816.3	12	10.8	19	37.3	18	29.8	19
广东	5606.0	1	11.8	12	2836.5	1	28.3	22
广西	857.7	19	12.2	11	31.9	19	31.1	17
海南	191.6	28	10.9	16	22.8	26	22.0	29
重庆	835.5	21	9.5	28	25.9	24	44.7	11
四川	2091.1	10	13.0	9	56.4	13	26.2	23
贵州	458.8	26	10.2	23	9.8	28	42.4	12
云南	782.5	22	10.0	26	26.7	23	19.8	30
西藏	58.3	31	9.2	30	1.6	31	22.8	26
陕西	853.2	20	17.2	3	27.8	22	25.2	24
甘肃	474.6	25	9.5	28	13.3	27	51.3	6
青海	**102.7**	**30**	**11.5**	**14**	**3.4**	**30**	**72.5**	**2**
宁夏	120.8	29	15.1	4	6.5	29	47.5	8
新疆	421.2	27	11.1	15	47.7	16	77.3	1

注:1.社会消费品零售总额按当年价格计算。

2.各地区相加不等于全国总计,原因是全国数据进行了修正。

24－13 全国各地区全社会客货运量和周转量及排序(2003年)

Freight and Passenger Transport and Order of the Different Parts of the Whole Country(2003)

省(市、区)	货运量(万吨)		货物周转量(亿吨公里)		客运量(万人)		旅客周转量(亿人公里)	
	绝对数	排 序	绝对数	排 序	绝对数	排 序	绝对数	排 序
全 国	**1561422**		**53859**		**1587497**		**13811**	
北 京	30729	23	462	26	29300	21	132	25
天 津	32014	20	6521	2	3403	30	92	27
河 北	77089	7	3223	4	65209	8	780	5
山 西	106720	2	1259	12	37225	17	247	19
内蒙古	50820	15	1160	15	23599	24	205	24
辽 宁	83515	6	2385	6	50349	13	481	12
吉 林	31436	22	531	25	24505	23	207	23
黑龙江	54350	14	991	16	47842	14	355	15
上 海	58507	10	8492	1	6481	27	101	26
江 苏	92845	5	1773	9	123297	4	958	2
浙 江	103833	3	2047	7	141148	1	718	6
安 徽	54643	13	1329	11	62727	9	621	8
福 建	34415	18	1223	13	47766	15	334	16
江 西	27709	24	769	19	36909	18	482	11
山 东	117051	1	3909	3	77212	7	623	7
河 南	69688	8	1892	8	81228	6	812	4
湖 北	41261	16	1213	14	61961	10	545	10
湖 南	60306	9	1351	10	96207	5	818	3
广 东	100565	4	3158	5	131199	3	1263	1
广 西	31525	21	863	17	42932	16	463	13
海 南	8008	28	251	28	24787	22	78	28
重 庆	32563	19	368	27	58159	11	236	21
四 川	57527	12	768	20	141148	1	548	9
贵 州	18224	27	547	24	55074	12	249	18
云 南	58170	11	612	23	34785	19	230	22
西 藏	266	31	27	31	125	31	6	31
陕 西	34961	17	849	18	30977	20	383	14
甘 肃	24539	26	739	21	14961	26	244	20
青 海	**6189**	**30**	**134**	**30**	**4324**	**29**	**41**	**30**
宁 夏	7344	29	244	29	5856	28	51	29
新 疆	27078	25	637	22	18103	25	250	17
不分地区	28070		4142		8759		1263	

24－14 全国各地区居民消费价格指数及排序(2003年)
Consumption Price Indexes and Order of Different Parts of the Whole Country(2003)

省(市、区)	居民消费价格指数(上年=100)	排序	#食品		#居住	
			指数	排序	指数	排序
全国	**101.2**		**103.4**		**102.1**	
北京	100.2	29	103.2	17	101.6	17
天津	101.0	20	103.3	14	101.7	14
河北	102.2	2	104.5	8	104.5	2
山西	101.8	7	104.7	6	106.7	1
内蒙古	102.2	2	102.8	23	99.7	30
辽宁	101.7	8	105.3	3	101.7	14
吉林	101.2	14	104.0	13	100.4	27
黑龙江	100.9	22	103.3	14	101.2	19
上海	100.1	30	101.3	30	101.1	21
江苏	101.0	20	103.3	14	101.0	22
浙江	101.9	6	102.8	23	101.2	19
安徽	101.7	8	106.0	1	100.7	26
福建	100.8	24	102.0	28	102.8	8
江西	100.8	24	102.9	20	102.1	12
山东	101.1	17	104.9	5	101.0	22
河南	101.6	13	104.7	6	102.3	9
湖北	102.2	2	104.3	10	103.5	4
湖南	102.4	1	105.8	2	103.1	5
广东	100.6	26	102.3	27	103.1	5
广西	101.1	17	102.9	20	102.3	9
海南	100.1	30	102.9	20	101.7	14
重庆	100.6	26	104.3	10	102.2	11
四川	101.7	8	102.7	25	102.9	7
贵州	101.2	14	103.2	17	101.0	22
云南	101.2	14	101.7	29	101.9	13
西藏	100.9	22	100.5	31	98.8	31
陕西	101.7	8	105.2	4	101.0	22
甘肃	101.1	17	103.0	19	101.5	18
青海	**102.0**	**5**	**104.1**	**12**	**99.9**	**29**
宁夏	101.7	8	104.5	8	100.0	28
新疆	100.4	28	102.5	26	104.2	3

24－15 各地区城镇居民人均收支、恩格尔系数及排序(2003年)

Personal Average Income and Expenditure of Rural Area Enger Index and Order of the Different Parts of the Whole Country by Regions(2003)

单位:元、%

省(市、区)	可支配收入		实际支出		消费性支出		恩格尔系数	
	绝对数	排序	绝对数	排序	绝对数	排序	系数	排序
全国	**8 472.2**		**8 731.6**		**6 510.9**		**37.1**	
北京	13 882.6	2	13 762.9	2	11 123.8	1	31.7	30
天津	10 312.9	5	11 088.0	5	7 867.5	6	37.7	14
河北	7 239.1	17	7 284.2	20	5 439.8	21	35.2	25
山西	7 005.0	22	7 435.1	19	5 105.4	26	33.5	29
内蒙古	7 012.9	20	6 984.4	27	5 419.1	22	31.5	31
辽宁	7 240.6	16	8 220.2	12	6 077.9	11	39.4	9
吉林	7 005.2	21	7 171.0	21	5 492.1	20	35.6	23
黑龙江	6 678.9	28	6 327.0	30	5 015.2	28	35.6	23
上海	14 867.5	1	17 110.0	1	11 040.3	2	37.2	15
江苏	9 262.5	7	9 107.7	8	6 708.6	9	38.3	11
浙江	13 179.5	3	13 692.1	3	9 712.9	3	36.6	18
安徽	6 778.0	26	7 100.9	23	5 064.3	27	44.2	2
福建	9 999.5	6	9 879.3	7	7 356.3	7	42.2	4
江西	6 901.4	24	6 387.5	29	4 914.6	31	40.3	6
山东	8 399.9	9	8 290.0	11	6 069.4	12	33.8	27
河南	6 926.1	23	6 465.6	28	4 941.6	30	33.6	28
湖北	7 322.0	14	7 551.1	17	5 963.3	14	38.2	12
湖南	7 674.2	12	8 441.6	10	6 082.6	10	35.8	22
广东	12 380.4	4	12 825.5	4	9 636.3	4	37.2	15
广西	7 785.0	11	7 582.3	15	5 763.5	15	40.0	7
海南	7 259.3	15	7 055.0	25	5 502.4	19	44.8	1
重庆	8 093.7	10	8 584.8	9	7 118.1	8	38.0	13
四川	7 041.9	19	7 506.6	18	5 759.2	16	38.9	10
贵州	6 569.2	30	6 081.2	31	4 949.0	29	39.8	8
云南	7 643.6	13	7 650.6	14	6 023.6	13	41.6	5
西藏	8 765.5	8	10 498.7	6	8 045.3	5	44.0	3
陕西	6 806.4	25	7 552.2	16	5 666.5	17	34.6	26
甘肃	6 657.2	29	7 027.8	26	5 298.9	25	36.0	19
青海	**6 731.9**	**27**	**7 076.2**	**24**	**5 389.4**	**23**	**36.8**	**17**
宁夏	6 530.5	31	7 911.8	13	5 330.3	24	36.0	19
新疆	7 173.5	18	7 141.6	22	5 540.6	18	35.9	21

24－16 全国各地区农村居民人均收支、恩格尔系数及排序(2003年)

Personal Average Income and Expenditure of Rual Area Enger Index and Order of the Different Parts of the Whole Country(2003)

单位:元、%

省(市、区)	纯收入		实际总支出		生活消费性支出		恩格尔系数	
	绝对数	排 序	绝对数	排 序	绝对数	排 序	系数	排 序
全 国	**2622.2**		**3025.0**		**1943.3**		**45.6**	
北 京	5601.6	2	5242.3	3	4147.3	3	32.1	31
天 津	4566.0	4	3836.9	7	2319.5	7	38.2	28
河 北	2853.4	10	2618.0	20	1600.1	20	39.9	26
山 西	2299.2	17	2091.8	28	1434.4	27	43.3	19
内蒙古	2267.7	18	3583.9	10	1770.6	14	41.3	24
辽 宁	2934.4	9	3618.7	9	1884.1	11	43.2	20
吉 林	2530.4	14	3379.4	12	1815.6	12	44.0	17
黑龙江	2508.9	15	3863.9	5	1661.7	17	40.7	25
上 海	6653.9	1	6931.0	1	5669.6	1	35.3	30
江 苏	4239.3	5	3858.6	6	2704.4	6	41.4	23
浙 江	5389.0	3	5906.5	2	4285.1	2	38.2	28
安 徽	2127.5	22	2378.8	22	1596.3	21	46.0	13
福 建	3733.9	7	3737.9	8	2715.5	5	45.0	16
江 西	2457.5	16	2731.1	18	1907.6	10	51.7	8
山 东	3150.5	8	3521.4	11	2133.2	9	41.8	21
河 南	2235.7	19	2320.2	25	1444.5	26	45.9	14
湖 北	2566.8	12	2755.3	17	1801.6	13	51.7	8
湖 南	2532.9	13	3184.3	13	2139.2	8	51.9	7
广 东	4054.6	6	3888.4	4	2927.4	4	47.9	12
广 西	2094.5	24	2631.3	19	1751.2	15	51.3	10
海 南	2588.1	11	2502.1	21	1644.8	18	57.6	2
重 庆	2214.6	21	2333.9	23	1583.3	22	52.5	6
四 川	2229.9	20	2828.4	16	1747.0	16	53.9	4
贵 州	1564.7	31	1840.5	30	1185.2	30	56.9	3
云 南	1697.1	27	2320.4	24	1405.7	28	53.0	5
西 藏	1691.0	28	1434.3	31	1030.1	31	65.0	1
陕 西	1675.7	29	2189.1	27	1455.4	25	39.3	27
甘 肃	1673.1	30	2053.2	29	1336.9	29	43.9	18
青 海	**1817.4**	**26**	**2270.7**	**26**	**1572.0**	**23**	**49.1**	**11**
宁 夏	2043.3	25	3029.8	15	1637.1	19	41.5	22
新 疆	2106.2	23	3082.8	14	1465.3	24	45.5	15

24－17 全国各地区人口出生率、死亡率、自然增长率(2003年)

Birth Rate, Death Rate and Natural Increasing Rate of the Different Parts of the Whole Country(2003)

地区	年底总人口(万人)		人口出生率(‰)		人口死亡率(‰)		人口自然增长率(‰)	
	绝对数	排序	出生率	排序	死亡率	排序	增长率	排序
全国	**129 227**		**12.41**		**6.40**		**6.01**	
北京	1 456	26	5.10	30	5.20	29	－0.10	30
天津	1 011	27	7.14	28	6.04	18	1.10	28
河北	6 769	6	11.43	15	6.27	13	5.16	16
山西	3 314	19	12.26	12	6.04	18	6.22	11
内蒙古	2 380	23	9.24	22	6.17	15	3.07	22
辽宁	4 210	14	6.90	29	5.83	22	1.07	29
吉林	2 704	21	7.25	27	5.64	23	1.61	27
黑龙江	3 815	16	7.48	26	5.45	26	2.03	25
上海	1 711	25	4.85	31	6.20	14	－1.35	31
江苏	7 406	5	9.04	24	7.03	3	2.01	26
浙江	4 680	11	9.66	21	6.38	10	3.28	20
安徽	6 410	8	11.15	18	5.20	29	5.95	13
福建	3 488	18	11.43	15	5.58	24	5.85	14
江西	4 254	13	14.07	8	5.98	20	8.09	9
山东	9 125	2	11.42	17	6.64	6	4.78	18
河南	9 667	1	12.10	13	6.46	8	5.64	15
湖北	6 002	9	8.26	25	5.94	21	2.32	24
湖南	6 663	7	11.82	14	6.87	4	4.95	17
广东	7 954	4	13.66	10	5.31	27	8.35	8
广西	4 857	10	13.86	9	6.57	7	7.29	10
海南	811	28	14.68	7	5.52	25	9.16	6
重庆	3 130	20	9.89	20	7.20	1	2.69	23
四川	8 700	3	9.18	23	6.06	17	3.12	21
贵州	3 870	15	15.91	5	6.87	4	9.04	7
云南	4 376	12	17.00	2	7.20	1	9.80	5
西藏	270	31	17.40	1	6.30	12	11.10	1
陕西	3 690	17	10.67	19	6.38	10	4.29	19
甘肃	2 603	22	12.58	11	6.46	8	6.12	12
青海	**534**	**30**	**16.94**	**3**	**6.09**	**16**	**10.85**	**3**
宁夏	580	29	15.68	6	4.73	31	10.95	2
新疆	1 934	24	16.01	4	5.23	28	10.78	4

注：1. 全国数据根据抽样误差和调查误差进行了修正。

2. 全国数据为31个省、自治区、直辖市和中国人民解放军现役军人数据，不包括香港、澳门特别行政区和台湾省的数据。分省数据中未包括中国人民解放军现役军人数。

24－18　全国各地区外商投资和旅游及排序(2003年)

Foreign Investment Tourism and Order of the Different Parts of the Whole Country(2003)

省(市、区)	外商合同投资(万美元)		外商实际投资(万美元)		旅游人数(万人次)		旅游创汇总额(亿美元)	
	绝对数	排　序	绝对数	排　序	绝对数	排　序	绝对数	排　序
全　国	**11506969**		**5350467**		**3297.1**		**174.1**	
北　京	599959	7	219126	8	185.1	4	19.0	3
天　津	305338	9	153473	11	48.9	12	3.3	10
河　北	167253	12	96405	13	28.0	19	0.8	18
山　西	39596	24	21361	22	11.6	26	0.4	26
内蒙古	39074	25	8854	24	41.4	15	1.4	15
辽　宁	647232	6	282410	6	77.9	8	4.5	7
吉　林	65840	18	19059	23	21.2	21	0.7	21
黑龙江	48785	21	32180	20	58.7	11	2.4	11
上　海	1075115	5	546849	4	244.7	2	20.5	2
江　苏	2978130	1	1056365	1	223.2	3	11.3	4
浙　江	1228386	4	498055	5	180.8	5	8.7	6
安　徽	96762	15	36720	18	28.1	18	0.8	18
福　建	428105	8	259903	7	149.7	6	9.1	5
江　西	231825	11	161202	9	16.6	24	0.5	23
山　东	1243013	3	601617	3	77.7	9	3.7	8
河　南	105550	14	53903	14	18.9	22	0.6	22
湖　北	232966	10	156886	10	40.5	16	1.4	15
湖　南	133884	13	101835	12	15.4	25	0.5	23
广　东	1348518	2	782294	2	1197.0	1	42.7	1
广　西	64313	19	41856	16	65.0	10	1.6	13
海　南	23267	27	42125	15	29.3	17	0.8	18
重　庆	42357	23	26083	21	23.5	20	1.1	17
四　川	89380	16	41231	17	45.2	14	1.5	14
贵　州	19916	29	4521	26	7.7	28	0.3	27
云　南	44583	22	8384	25	100.0	7	3.4	9
西　藏	4776	31			5.1	29	0.2	28
陕　西	76002	17	33190	19	46.6	13	2.0	12
甘　肃	25221	26	2342	28	10.2	27	0.2	28
青　海	**19142**	**30**	**2522**	**27**	**1.8**	**30**	**…**	**30**
宁　夏	53759	20	1743	29	0.3	31	…	31
新　疆	20282	28	1534	30	17.1	23	0.5	23

注:全国总计中包括部门统计数据,故各地区相加不等于全国总计。

Chapter 25

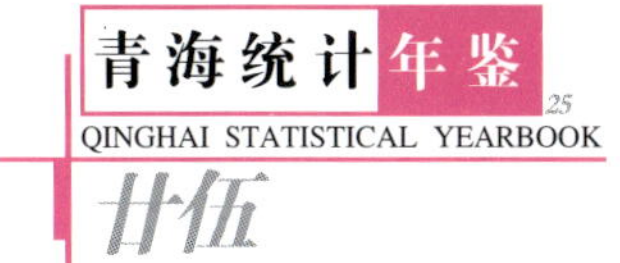

民族自治地方主要经济指标

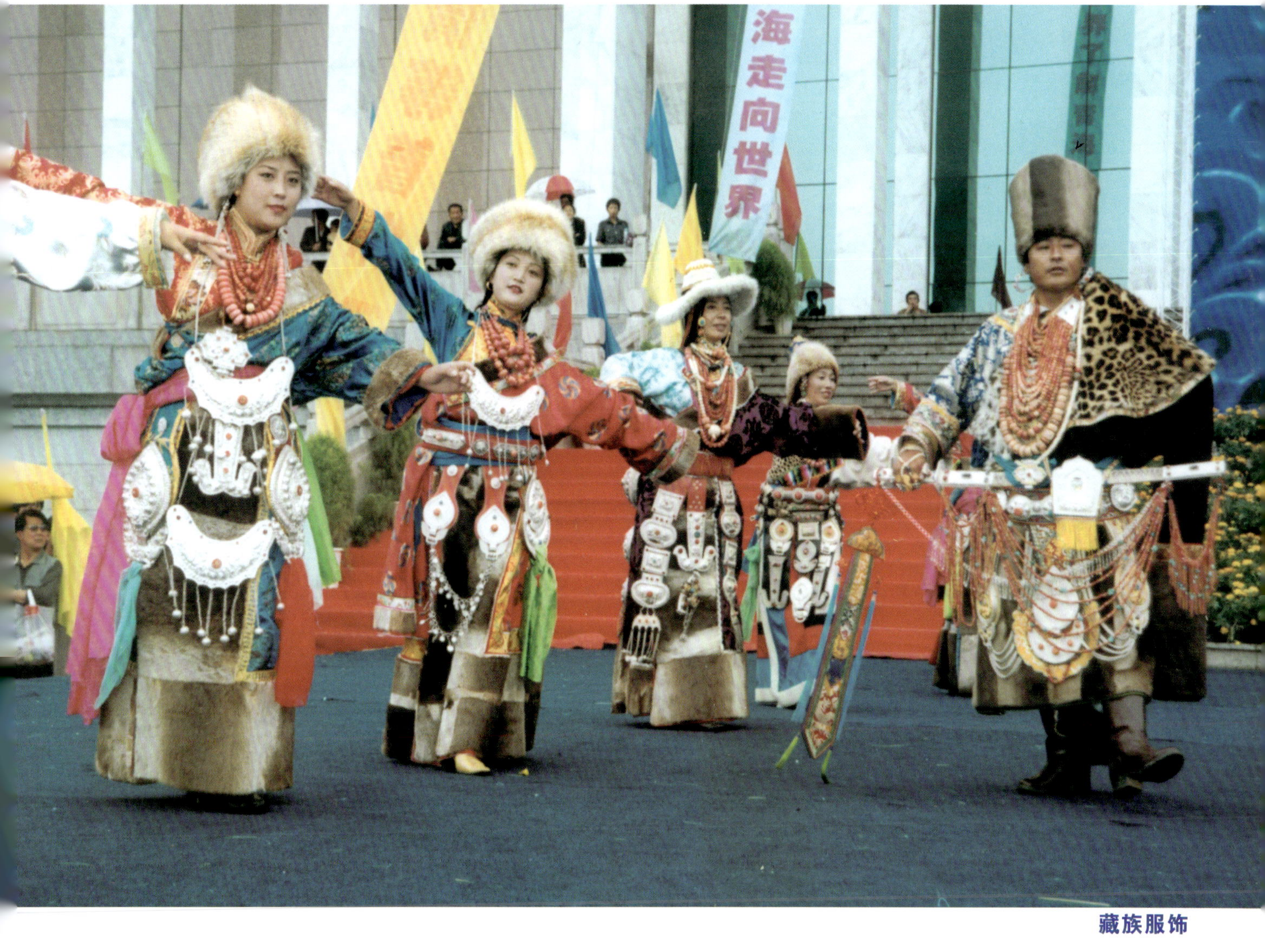

藏族服饰

Major National Economy Indicators in Autonomous Regions

25－1 民族自治地方主要经济指标(2003年)

Major National Economy Indicators in Autonomous Regions(2003)

指 标 名 称		全省总计	自治州县合计
一、生产总值			
生产总值(当年价格)	(万元)	3902100	2173501
第一产业	(万元)	461500	398198
第二产业	(万元)	1842600	1136499
第三产业	(万元)	1598000	638804
生产总值(2000年不变价格)	(万元)	3718200	2124542
第一产业	(万元)	442000	374973
第二产业	(万元)	1788100	1147928
第三产业	(万元)	1488100	601641
二、农业			
1.农村基本情况及农业生产条件			
乡镇个数	(个)	392	328
村委会个数	(个)	4133	3008
乡村人口	(人)	3472776	2485784
乡村从业人员	(人)	1805479	1250913
按行业分			
农林牧渔业	(人)	1347954	966934
工业	(人)	88737	45408
建筑业	(人)	99819	59226
交通仓储邮电通讯业	(人)	51406	32259
批零贸易餐饮业	(人)	56425	36950
其他非行业	(人)	161138	110136
年末实有耕地面积	(公顷)	555210	421007
农用机械总动力合计	(千瓦)	2924320	1811455
化肥施用量(折纯量)	(吨)	68495	43777
农村用电量	(万千瓦时)	28787	21004
有效灌溉面积	(公顷)	181731	146877
2.农业生产情况			
农作物播种面积	(公顷)	457500	339572

注:农业部分数据为全面报表数。

25-1 续表 1 Continued

指 标 名 称		全省总计	自治州县合计
其中:粮食作物	(公顷)	246441	174652
油料作物	(公顷)	152517	123062
主要产品产量			
粮食	(吨)	815745	582512
油料	(吨)	256858	197155
水果	(吨)	14603	12608
水产品	(吨)	1253	920
当年造林面积	(公顷)	109530	89505
3.农林牧渔业总产值(90年不变价)	(万元)	353119.16	262705.55
农林牧渔业总产值(当年价格)	(万元)	769492.40	597394.48
农业中间消耗(当年价格)	(万元)	232904.76	163142.08
农业增加值(当年价格)	(万元)	536587.64	434252.40
4.畜牧业生产情况			
当年出栏牲畜头数			
大牲畜	(万头)	128.80	121.28
羊	(万只)	597.72	531.45
猪	(万头)	105.35	58.44
年末牲畜存栏头数			
大牲畜	(万头)	435.99	415.40
羊	(万只)	1295.85	1242.27
猪	(万头)	101.00	56.07
牧业主要产品产量			
猪 肉	(吨)	74195	39492
牛 肉	(吨)	108369	101583
羊 肉	(吨)	95141	84815
禽 肉	(吨)	4001	2393
奶 类	(吨)	254685	205143
山羊毛	(吨)	721	674
绵羊毛	(吨)	13705	12541
山羊绒	(吨)	302587	300587
禽 蛋	(吨)	14005	6459

25－1 续表 2 Continued

指 标 名 称		全省总计	自治州县合计
三、工业			
1. 全部工业企业单位数总计	(个)	24237	12573
按经济类型分类			
国有经济及国有控股企业	(个)	206	160
中央企业	(个)	11	7
地方企业	(个)	133	104
集体经济	(个)	22	13
按轻重工业分			
轻工业	(个)	14542	5030
重工业	(个)	9695	7543
按规模分			
大型企业	(个)	9	2
中型企业	(个)	46	29
小型企业	(个)	24182	12542
2. 工业总产值(现行价格)	(万元)	3322733	2421951
按经济类型分类			
国有经济及国有控股企业	(万元)	1950149	1561109
中央企业	(万元)	166580	105384
地方企业	(万元)	155637	672025
集体经济	(万元)	29821	9253
按轻重工业分			
轻工业	(万元)	681161	257578
重工业	(万元)	2641572	2164373
按规模分			
大型企业	(万元)	1429971	1143759
中型企业	(万元)	622209	516944
小型企业	(万元)	1270553	761248

25－1 续表 3 Continued

指 标 名 称		全省总计	自治州县合计
3.全部国有企业及年产品销售收入500万元			
以上工业企业主要经济指标			
企业单位数	（个）	400	278
其中:亏损企业	（个）	138	105
工业总产值(现行价格)	（万元）	2479042	1890014
工业增加值(生产法)	（万元）	952301	752723
工业销售产值(现行价格)	（万元）	2408256	1821085
年平均从业人数	（人）	142432	95288
资产总计	（万元）	8714821	7256560
流动资产年平均额	（万元）	2599473	1960322
固定资产原值总计	（万元）	6151122	5519755
固定资产净值年平均余额	（万元）	4231579	3796856
产品销售收入	（万元）	2753620	2118878
营业利润	（万元）	168075	153193
利润总额	（万元）	121585	97021
#亏损企业亏损总额	（万元）	69490	60668
应交所得税	（万元）	32358	26766
4.主要工业产品产量			
原　煤	（万吨）	311	310
原　油	（万吨）	220	220
天然气	（万立方米）	154111	154111
原　盐	（吨）	663527	663527
水　泥	（万吨）	307	172
钢	（万吨）	47.7	
发电量总计	（万千瓦小时）	1294842	1268945

注:集体经济为规模以上集体工业企业。

25－1 续表4 Continued

指 标 名 称		全省总计	自治州县合计
四、固定资产投资			
全社会固定资产投资完成额(含城镇私人投资)	(万元)	2851185	1258431
基本建设自年初累计完成投资	(万元)	1898749	879214
#住宅	(万元)	71463	11160
新增固定资产	(万元)	608911	397069
国家预算内资金	(万元)	367648	275888
国内贷款	(万元)	161208	90739
债券	(万元)		
利用外资	(万元)	20187	20107
自筹资金	(万元)	666506	335309
其他资金来源	(万元)	226270	27518
更新改造自年初累计完成投资	(万元)	409803	229752
新增固定资产	(万元)	115769	44367
其他投资自年初累计完成投资	(万元)	76337	64481
新增固定资产	(万元)	16999	7625
房地产开发投资	(万元)	223121	26106
新增固定资产	(万元)	159032	179850
五、批发、零售贸易业、餐饮业			
社会消费品零售总额	(万元)	1026614	380883
按地区分			
市的零售	(万元)	661422	110617
县的零售	(万元)	246964	185175
县以下的零售	(万元)	118228	85091
按经济类型分			
国有经济	(万元)	239667	58971
集体经济	(万元)	98318	11137
私营经济	(万元)	519394	254238
个体经济	(万元)	114423	28204
其他经济	(万元)	54812	28333
按行业分			
批发、零售贸易业	(万元)	833733	289255
餐饮业	(万元)	164414	72353
其它	(万元)	28467	19275

25-1 续表 5 Continued

指 标 名 称		全省总计	自治州县合计
六、从业人员的劳动报酬			
单位从业人员年末人数合计	(万人)	42.67	14.58
国有经济单位	(万人)	34.54	13.11
城镇集体经济单位	(万人)	2.47	0.32
其他各种经济类型单位	(万人)	5.66	1.15
单位从业人员平均人数合计	(万人)	42.92	14.55
国有经济单位	(万人)	34.63	13.06
城镇集体经济单位	(万人)	2.52	0.36
其他各种经济类型单位	(万人)	5.77	1.13
单位从业人员劳动报酬合计	(万元)	645750.7	243424.4
国有经济单位	(万元)	565902	228318.9
城镇集体经济单位	(万元)	20674.4	3659.2
其他各种经济类型单位	(万元)	59174.3	11446.3
七、财政、金融			
财政总收入	(万元)	1400434	179494
其中:地方财政一般预算收入	(万元)	240411	90204
各项税收	(万元)	196272	74286
财政总支出	(万元)	1220438	408955
基建支出	(万元)	295285	12281
教育事业费	(万元)	126319	69028
金融机构各项存款	(万元)	5385790	1391594
金融机构各项贷款	(万元)	5648430	1267551
城乡储蓄存款年末余额	(万元)	2605022	778905
活期储蓄	(万元)	1110996	307434
定期储蓄	(万元)	1494026	471471
八、人　口			
年末人口		491.97	313.49
其中:少数民族人口	(万人)	220.84	189.03
当年出生人口	(万人)	6.7	4.22
农业人口	(万人)	348.21	249.58
非农业人口	(万人)	143.76	63.91

注:人口数为公安户籍统计数。

各县主要经济指标

同仁铝业电解车间

Major Indicator of Society and Nation Economy in Each Count

26－1 各县主要经济指标(2003 年)

Major Indicators of Society and National Economy in Each County(2003)

指　　标		城中区	城西区	城东区	城北区	大通县
一、人口劳动力及其他						
乡(镇)个数	(个)		1	2	2	22
村民委员会个数	(个)	4	18	20	38	289
年末总人口	(万人)	15.3	21.8	22.4	19.4	42.5
其中:乡村人口	(万人)	0.39	2.10	2.87	5.47	34.10
当年出生人口	(人)	1718	2558	5477	3063	5618
当年死亡人口	(人)	759	941	1067	882	1983
年末总户数	(户)	45573	62284	64474	54940	106999
其中:乡村户数	(户)	962	5472	7168	13519	75249
年末单位从业人员数	(人)	27214	47744	59300	27669	34550
其中:第二产业	(人)	5565	8810	18677	19683	22191
第三产业	(人)	21509	37861	40252	7710	10640
乡村从业人员数	(人)	1885	12063	15008	31364	193814
其中:农林牧渔业	(人)	336	4578	6224	15940	128384
城镇登记失业人员数	(人)	7356	10910	7267	7350	4854
行政区域土地面积	(平方公里)					3161
年末实有耕地面积	(公顷)	210.05	801.83	793.41	4078.31	56919.8
其中:水田	(公顷)					
水浇地	(公顷)	119.08	521.71	496.83	3546.17	11211.02
二、综合经济						
(一)增加值	(万元)					
第一产业增加值	(万元)	273	3783	1490	8407	30055
农业	(万元)	115	2183	788	3684	14382
林业	(万元)	3	55	27	125	391
牧业	(万元)	149	1537	669	4558	15248
渔业	(万元)	6	8	6	40	34
第二产业增加值	(万元)	54009	88550	82808	153274	205808
其中:工业	(万元)	31545	32158	48475	120956	176558
第三产业增加值	(万元)	162185	210189	116570	70868	48362
(二)财政、金融、保险						
财政总收入	(万元)	7676	11762	5723	7672	12668
其中:地方财政预算内收入	(万元)	7676	11762	5723	7672	11258
#各项税收	(万元)	7338	11367	5422	7137	11258
财政支出	(万元)	7061	9572	6948	7431	27505
其中:支农支出	(万元)	32	788	257	554	360
科学事业费支出	(万元)	3	5	1	11	170
教育事业费支出	(万元)	1467	1802	1553	1396	7918
年末金融机构各项存款余额	(万元)					179207
其中:城乡居民领储蓄存款余额	(万元)					97941
年末金融机构各项贷款余额	(万元)					319993
其中:农业贷款	(万元)					14339
承保额	(万元)					
其中:农业险	(万元)					
保费	(万元)					
已决赔款	(万元)					

26－1 续表 1 Continued

指　　标		城中区	城西区	城东区	城北区	大通县
三、农业						
1.生产条件						
农业机械总动力	(万千瓦)	0.30	1.87	1.34	5.28	33.04
化肥施用量(折纯量)	(吨)	30.50	132.97	166.33	3122.31	8399.00
农药使用量	(吨)	0.37	3.79	5.07	11.28	420.32
地膜使用量	(吨)	0.99	2.41	5.65	4.00	7.21
农村用电量	(万千瓦)	62.00	1230.00	383.10	527.68	1075.00
有效灌溉面积	(公顷)	119.08	521.71	496.83	3546.17	11211.02
2.农作物总播种面积	(公顷)	92	841	503	3359	46875
粮　食	(公顷)		99	28	692	24741
其中：稻谷	(公顷)					
小麦	(公顷)		37	28	360	14187
玉米	(公顷)				20	
大豆	(公顷)					
油　料	(公顷)	41	116	40	606	19092
棉　花	(公顷)					
糖　料	(公顷)					
蔬　菜	(公顷)	30	518	299	1962	2101
粮食总产量	(吨)		522	141	3535	83603
其中：稻谷	(吨)					
小麦	(吨)		222	141	2066	45736
玉米	(吨)				100	
大豆	(吨)					
油　料	(吨)	130	420	105	1867	38449
棉　花	(吨)					
糖　料	(吨)					
水　果	(吨)	9	4	8	83	234
肉类总产量	(吨)	130	997	1152	3288	20785
奶类产量	(吨)	380	914.2	1487.35	10287	17785
蔬菜产量	(吨)	2662	22836	14367	89303	75237
水产品产量	(吨)	9	16	19	98	54
四、工业						
国有及年销售收入 500 万元以上的非国有：						
工业企业数	(个)	17	11	30	27	27
工业总产值(现价)	(万元)	75471	37980	90213	300092	557148
内资企业	(万元)	74665	37254	81546	290849	507261
港、澳、台商投资企业	(万元)	806		1498		49887
外商投资企业	(万元)		726	7169	9243	
从业人员年平均数	(人)	6232	3116	7956	21259	20816
流动资产年平均余额	(万元)	77485	47956	159321	439485	281847
固定资产净值年平均余额	(万元)	31530	57641	94475	290496	488450
产品销售收入	(万元)	77940	28306	109297	362170	588701
其中:产品销售税金及附加	(万元)	549	471	640	4397	2814
本年应交增值税	(万元)	3569	1505	4028	18571	33627
利润总额	(万元)	－1217	－2	6833	8778	38385
年销售收入 500 万元以下上的非国有：						
工业企业数	(个)	97	103	94	148	3260
工业总产值(现价)	(万元)	37192	76842	82670	78274	87867

注:本表中的农业部分资料为全面统计数,以下各表同。

26－1 续表2 Continued

指标		城中区	城西区	城东区	城北区	大通县
五、交通运输、邮电通讯						
境内公路里程	（公里）	134	156	186	182	3622
境内铁路里程	（公里）			15	23	36
民用汽车拥有量	（辆）	11747	11765	12658	11969	3256
其中：载客汽车	（辆）	5567	5763	7070	5822	1284
其中：私人汽车	（辆）	3711	3961	4908	4387	672
邮电业务总量	（万元）	28506	28402	28134	27547	2734
本地电话用户	（户）	98204	97649	97945	89808	41430
其中：农村电话用户	（户）	1037	1934	2407	2118	5252
年末移动电话用户	（户）	117851	116251	115406	115229	44180
互联网拨号上网用户	（户）	9293	7727	6843	6637	3033
六、贸易、外经、旅游						
限额以上批发零售贸易业商品销售总额	（万元）	128758	123720	94495	121453	51452
出口总额	（万美元）					
当年合同外资额	（万美元）					
当年实际使用外资额	（万美元）					
旅游总收入	（万元）	19784	19105	19063	5859	
旅游人数	（人）	658000	628000	497000	192300	
七、固定资产投资						
基本建设投资完成额	（万元）	23178	65570	52312	47969	50707
其中：地方投资	（万元）	20939	65107	43474	40921	47947
基本建设新增固定资产	（万元）	19416	60370	40311	37948	40256
更新改造投资完成额	（万元）	11909	49411	32993	31057	77268
其它投资完成额	（万元）					
八、文教、卫生						
普通中学数	（所）					42
小学数	（所）	15	19	25	20	260
普通中学专任教师数	（人）					1774
小学专任教师数	（人）	671	800	968	750	2301
普通中学在校学生数	（人）					30905
小学在校学生数	（人）	12588	18102	22030	14802	42153
医院、卫生院数	（所）	12	10	14	10	29
医院、卫生院床位数	（床）	1600	1680	2965	520	860
医院、卫生院技术人员数	（人）	1860	1356	2385	200	816
其中：医生	（人）	620	568	560	76	350
九、人民生活						
城镇在岗职工年平均人数	（人）	26816	48093	56734	27512	34805
城镇在岗职工工资总额	（万元）	37847	79529	87873.7	37663	49797
农村居民人均可支配收	（元）	4076	4348	4710	3520	2014
农民人均住房面积	（平方米）	40	36	27	32	21
社会福利院数	（个）					8
社会福利院床位数	（床）					59
参加基本养老保险的职工数	（人）	53872	44553	38469	34817	16568
参加基本医疗保险的职工数	（人）	25195	23371	25017	13687	12348
十、社会治安						
交通事故件数	（件）	2226			67	269
刑事案件立案数	（件）	7140	1400		1856	209
犯罪人数	（人）	4444	1500		305	362
民事案件发案数	（件）	10172	1450		1180	1333

26－1 续表 3 Continued

指　　标		湟中县	湟源县	平安县	民和县	乐都县
一、人口劳动力及其他						
乡(镇)个数	(个)	18	10	9	23	22
村民委员会个数	(个)	418	147	111	318	369
年末总人口	(万人)	46.20	13.40	11.20	37.00	28.80
其中:乡村人口	(万人)	44.00	10.90	7.88	34.80	25.08
当年出生人口	(人)	5248	1590	1028	3951	4115
当年死亡人口	(人)	1099	423	271	1344	2160
年末总户数	(户)	109809	33754	31526	81415	75153
其中:乡村户数	(户)	100980	25296	18155	68729	57546
年末单位从业人员数	(人)	15815	7794	5384	10756	15525
其中:第二产业	(人)	4671	1717	217	2252	4558
第三产业	(人)	10219	5681	4734	7785	10441
乡村从业人员数	(人)	258608	57842	43913	170692	133883
其中:农林牧渔业	(人)	194356	50222	32417	105997	76947
城镇登记失业人员数	(人)	1667	1943	3135	4415	3235
行政区域土地面积	(平方公里)	2414	1503	743	1893	2600
年末实有耕地面积	(公顷)	65899.21	19456.87	9826.55	44614.91	33136.09
其中:水田	(公顷)					
水浇地	(公顷)	15760.09	5329.53	2225.99	14875.37	6855.33
二、综合经济						
(一)增加值	(万元)					
第一产业增加值	(万元)	36413	9906	8187	22600	21843
农业	(万元)	18454	3642	3079	11437	7079
林业	(万元)	590	223	792	2093	1361
牧业	(万元)	17369	6002	4309	9048	13354
渔业	(万元)		39	8	22	49
第二产业增加值	(万元)	58795	28937	30254	56759	40299
其中:工业	(万元)	35250	14657	17268	35059	27249
第三产业增加值	(万元)	43317	10085	41911	39641	49482
(二)财政、金融、保险						
财政总收入	(万元)	7362	3043	3535	4720	4776
其中:地方财政预算内收入	(万元)	5505	3043	2535	3246	3017
#各项税收	(万元)	4124	2386	1937	2297	2568
财政支出	(万元)	26554	12970	12222	21243	24244
其中:支农支出	(万元)	383	1301	118	2135	2772
科学事业费支出	(万元)	14	11	18	12	39
教育事业费支出	(万元)	8191	2795	2692	6448	6713
年末金融机构各项存款余额	(万元)	73288	44723	75376.2	72916	90519
其中:城乡居民领储蓄存款余额	(万元)	52400	30462	58444.2	50392	69637
年末金融机构各项贷款余额	(万元)	67968	32122	134799.2	85822	66835
其中:农业贷款	(万元)	19422	7165	11804	13017	16245
承保额	(万元)	62280		33548	33606	26000
其中:农业险	(万元)					1346
保费	(万元)	1269.8	950.1	1253	1208	1190
已决赔款	(万元)	370	867.8	425	320	348

26－1　续表 4　Continued

指　　标		湟中县	湟源县	平安县	民和县	乐都县
三、农业						
1.生产条件						
农业机械总动力	（万千瓦）	65.17	12.40	5.93	19.00	19.01
化肥施用量（折纯量）	（吨）	11719	3132	1569	4690	4846
农药使用量	（吨）	284.14	63.35	45.46	85.04	63.80
地膜使用量	（吨）	3.36	17.76	46.06	72.06	105.48
农村用电量	（万千瓦）	2538	518	1301	3100	1223.22
有效灌溉面积	（公顷）	15760.09	5329.53	2225.99	14875.37	6855.33
2.农作物总播种面积	（公顷）	60713	15408	8933	35086	28079
粮　食	（公顷）	38720	9333	4447	23978	18470
其中：稻谷	（公顷）					
小麦	（公顷）	18940	2667	1667	10167	6707
玉米	（公顷）				1207	80
大豆	（公顷）					
油　料	（公顷）	17980	4667	3027	7550	2978
棉　花	（公顷）					
糖　料	（公顷）					
蔬　菜	（公顷）	2500	1187	787	1326	5453
粮食总产量	（吨）	127567	30547	16263	70518	54658
其中：稻谷	（吨）					
小麦	（吨）	55115	9906	5450	30759	17127
玉米	（吨）				9689	480
大豆	（吨）					
油　料	（吨）	38004	9073	6342	12008	3762
棉　花	（吨）					
糖　料	（吨）					
水　果	（吨）	936	3	107	4594	845
肉类总产量	（吨）	18912	6131	6427	8668	16992
奶类产量	（吨）	30024	2440	1300	7422	2709
蔬菜产量	（吨）	68725	34297	28603	26817	198203
水产品产量	（吨）		18	18	32	155
四、工业						
国有及年销售收入500万元以上的非国有：						
工业企业数	（个）	11	6	12	18	11
工业总产值（现价）	（万元）	53485	34570	32682.3	66617.5	38208.6
内资企业	（万元）	53485	34570	32682.3	66617.5	38208.6
港、澳、台商投资企业	（万元）					
外商投资企业	（万元）					
从业人员年平均数	（人）	5139	1804	2270	5752	3168
流动资产年平均余额	（万元）	37323	13257	20182.2	31469.3	15912.2
固定资产净值年平均余额	（万元）	22238	14638	115522.3	70041.6	28054.8
产品销售收入	（万元）	57622	30416	30300.3	64006.1	25117.0
其中：产品销售税金及附加	（万元）	375	111	155.7	101.0	79.1
本年应交增值税	（万元）	2295	1191	436.1	1699.9	1259.6
利润总额	（万元）	1259	1612	240.3	－11601.0	1017.9
年销售收入500万元以下上的非国有：						
工业企业数	（个）	3282	866	1116	874	1364
工业总产值（现价）	（万元）	87516	21807	31209.7	63394.9	57083.0

26－1　续表 5　Continued

指　　　　标		湟中县	湟源县	平安县	民和县	乐都县
五、交通运输、邮电通讯						
境内公路里程	（公里）	1126	439	485	1755	520
境内铁路里程	（公里）	20	60	21	16	26
民用汽车拥有量	（辆）	4658	932	7135	1742	2200
其中：载客汽车	（辆）	877	204	580	620	440
其中：私人汽车	（辆）	838	699	3020	1742	2040
邮电业务总量	（万元）	1334	934	1667	1535	1829
本地电话用户	（户）	27452	19303	20407	20968	27273
其中：农村电话用户	（户）	4359	2853	8330	6246	9961
年末移动电话用户	（户）	33837	18436	23489	20982	20528
互联网拨号上网用户	（户）	363	589	1077	589	701
六、贸易、外经、旅游						
限额以上批发零售贸易业商品销售总额	（万元）	35509		4802		
出口总额	（万美元）					
当年合同外资额	（万美元）					
当年实际使用外资额	（万美元）					
旅游总收入	（万元）	16907	578	80	50	45
旅游人数	（人）	735000	19000	255000	357000	300000
七、固定资产投资						
基本建设投资完成额	（万元）	80564	42439	19061	21426	35927
其中：地方投资	（万元）	63550	33801	17859	21282	35927
基本建设新增固定资产	（万元）	35742	16702	17537	22067	24790
更新改造投资完成额	（万元）	39402	1975	3030	19137	95600
其它投资完成额	（万元）			1833		490
八、文教、卫生						
普通中学数	（所）	48	11	16	40	53
小学数	（所）	303	175	95	313	211
普通中学专任教师数	（人）	1326	556	483	1455	1604
小学专任教师数	（人）	2202	782	902	2169	1772
普通中学在校学生数	（人）	33211	9596	7671	25785	24758
小学在校学生数	（人）	40863	13074	11081	41781	26348
医院、卫生院数	（所）	18	16	10	31	27
医院、卫生院床位数	（床）	428	233	150	591	380
医院、卫生院技术人员数	（人）	588	339	238	380	450
其中：医生	（人）	180	148	192	290	289
九、人民生活						
城镇在岗职工年平均人数	（人）	13225	7582	5621	10080	14757
城镇在岗职工工资总额	（万元）	17403	9840	7418	13067	20328
农村居民人均可支配收	（元）	1742	1486	1748	1467	1562
农民人均住房面积	（平方米）	29	22	20	18	14
社会福利院数	（个）			1	4	1
社会福利院床位数	（床）			4	20	5
参加基本养老保险的职工数	（人）	5018	3611	4134	4237	8191
参加基本医疗保险的职工数	（人）	12465	4975	4747	9536	30364
十、社会治安						
交通事故件数	（件）	330	143	97	122	73
刑事案件立案数	（件）	612	69	382	100	99
犯罪人数	（人）	178	314	225	120	115
民事案件发案数	（件）	865	387	510	648	1036

26－1 续表 6 Continued

指　　标		互助县	化隆县	循化县	门源县	祁连县
一、人口劳动力及其他						
乡(镇)个数	(个)	21	19	10	12	8
村民委员会个数	(个)	294	366	154	109	44
年末总人口	(万人)	37	23	11.2	15.1	4.5
其中:乡村人口	(万人)	34.57	21.61	10.55	12.37	3.63
当年出生人口	(人)	4093	2028	1543	1992	619
当年死亡人口	(人)	2137	448	375	400	202
年末总户数	(户)	87815	51482	24969	33005	11562
其中:乡村户数	(户)	77733	42521	19715	25606	7591
年末单位从业人员数	(人)	14946	5661	4367	6763	2647
其中:第二产业	(人)	4818	626	357	1091	468
第三产业	(人)	9124	4830	3694	4780	1899
乡村从业人员数	(人)	184628	97736	52148	65822	18473
其中:农林牧渔业	(人)	129653	77529	33896	52517	16344
城镇登记失业人员数	(人)	1346	1024	15	939	578
行政区域土地面积	(平方公里)	3302	2790	1717	5511	13410
年末实有耕地面积	(公顷)	76194.80	39147.18	8928.59	40225.36	2530.43
其中:水田	(公顷)					
水浇地	(公顷)	12134.69	6622.09	3814.55	12007.81	792.67
二、综合经济						
(一)增加值	(万元)					
第一产业增加值	(万元)	39192	11386	9200	19880	10811
农业	(万元)	19764	5097	4098	10418	1095
林业	(万元)	1761	539	496	110	247
牧业	(万元)	17646	5750	4606	9352	9469
渔业	(万元)	21				
第二产业增加值	(万元)	49533	26175	20986	22918	12868
其中:工业	(万元)	28633	16504	11650	11755	5371
第三产业增加值	(万元)	55536	17787	14095	15851	9651
(二)财政、金融、保险						
财政总收入	(万元)	9651	3425	3637	2815	2209
其中:地方财政预算内收入	(万元)	4959	2717	3052	2057	1534
#各项税收	(万元)	3427	2476	1827	1806	1284
财政支出	(万元)	24402	17078	12916	12051	6728
其中:支农支出	(万元)	729	813	788	706	
科学事业费支出	(万元)	27	18	12		
教育事业费支出	(万元)	5633	2460	2499	2370	1061
年末金融机构各项存款余额	(万元)	59321	33254	41152	28835	18185
其中:城乡居民储蓄存款余额	(万元)	41517	21785	27849	22114	11433
年末金融机构各项贷款余额	(万元)	63437	51873	62089	18078	15539
其中:农业贷款	(万元)	8217	3919	8459	8595	4153
承保额	(万元)	50281	54970		37802	9951
其中:农业险	(万元)	1045				
保费	(万元)	870	355		608	196
已决赔款	(万元)		165		398	132

26-1 续表 7 Continued

指 标		互助县	化隆县	循化县	门源县	祁连县
三、农业						
1.生产条件						
农业机械总动力	(万千瓦)	30.58	12.69	7.79	10.52	3.04
化肥施用量(折纯量)	(吨)	10125	3210	1680	4013	341
农药使用量	(吨)	257.44	43.80	87.86	104.15	10.20
地膜使用量	(吨)	6.28	16.342	41.43	0.87	0.12
农村用电量	(万千瓦)	2036.00	1611.88	1024.00	881.00	188.00
有效灌溉面积	(公顷)	12134.69	6622.09	3814.55	12007.81	792.67
2.农作物总播种面积	(公顷)	61410	39675	9644	29002	2254
粮 食	(公顷)	41581	22960	5558	8233	1062
其中:稻谷	(公顷)					
小麦	(公顷)	14384	9427	3839	475	262
玉米	(公顷)					
大豆	(公顷)					
油 料	(公顷)	17333	12236	2083	16153	880
棉 花	(公顷)					
糖 料	(公顷)					
蔬 菜	(公顷)	2029	694	1841	298	19
粮食总产量	(吨)	156020	57933	25409	31588	2452
其中:稻谷	(吨)					
小麦	(吨)	42720	28181	19215	2551	945
玉米	(吨)					
大豆	(吨)					
油 料	(吨)	37960	12103	3663	29658	849
棉 花	(吨)					
糖 料	(吨)					
水 果	(吨)	790	1210	1810		
肉类总产量	(吨)	19530	9653	4126	6530	7074
奶类产量	(吨)	4240	4594	4168	10051	7314
蔬菜产量	(吨)	62635	15970	50193	2259	92
水产品产量	(吨)	22				
四、工业						
国有及年销售收入500万元以上的非国有:						
工业企业数	(个)	18	7	14	17	20
工业总产值(现价)	(万元)	43330.1	23499.9	22979.7	20930	8478
内资企业	(万元)	42596.3	23499.9	22979.7	20930	8478
港、澳、台商投资企业	(万元)	734.0				
外商投资企业	(万元)					
从业人员年平均数	(人)	4032	831	2251	1876	848
流动资产年平均余额	(万元)	28101.6	4880.2	11681.7	7921	6085
固定资产净值年平均余额	(万元)	30562.1	15437.0	16721.9	28272	11370
产品销售收入	(万元)	39223.0	10068.1	15185.3	19000	5075
其中:产品销售税金及附加	(万元)	3431.6	27.5	56.3	158	96
本年应交增值税	(万元)	2976.1	400.9	616.0	720	304
利润总额	(万元)	202.7	-705.1	957.2	186	-594
年销售收入500万元以下上的非国有:						
工业企业数	(个)	3946	1077	573	670	451
工业总产值(现价)	(万元)	49920.6	32600.1	19641.3	11722	6566

26-1 续表 8 Continued

指 标		互助县	化隆县	循化县	门源县	祁连县
五、交通运输、邮电通讯						
境内公路里程	(公里)	1878.6	1338.8	488	898	857
境内铁路里程	(公里)	15				
民用汽车拥有量	(辆)	1589	878	477	1328	833
其中:载客汽车	(辆)	417	234	256	656	408
其中:私人汽车	(辆)	208	878	477	1062	666
邮电业务总量	(万元)	1136.4	938.8	747.1	952	594
本地电话用户	(户)	15763	10868	8284	7365	4300
其中:农村电话用户	(户)	5925	5498	3629	2732	663
年末移动电话用户	(户)	19552	12107	11038	9881	5557
互联网拨号上网用户	(户)	448	370	238	338	167
六、贸易、外经、旅游						
限额以上批发零售贸易业商品销售总额	(万元)	2574				
出口总额	(万美元)					
当年合同外资额	(万美元)					
当年实际使用外资额	(万美元)					
旅游总收入	(万元)	700.00	80.00	23.20	449.00	147.60
旅游人数	(人)	280000	40000	190000	70000	23000
七、固定资产投资						
基本建设投资完成额	(万元)	33653	10606	21033	26702	18541
其中:地方投资	(万元)	29788	9353	20996	26702	17061
基本建设新增固定资产	(万元)	21352	8570	30685	10052	12322
更新改造投资完成额	(万元)	7083	17087	6754	1570	2981
其它投资完成额	(万元)					
八、文教、卫生						
普通中学数	(所)	32	22	11	12	5
小学数	(所)	266	246	96	123	28
普通中学专任教师数	(人)	1670	550	319	264	139
小学专任教师数	(人)	2177	1151	792	807	296
普通中学在校学生数	(人)	30828	8347	4843	8281	1869
小学在校学生数	(人)	35072	25669	15221	15570	5728
医院、卫生院数	(所)	23	23	13	17	10
医院、卫生院床位数	(床)	576	299	124	184	121
医院、卫生院技术人员数	(人)	387	248	201	292	156
其中:医生	(人)	178	82	180	99	44
九、人民生活						
城镇在岗职工年平均人数	(人)	13871	5621	4121	6821	2636
城镇在岗职工工资总额	(万元)	17705	7829.7	5841	8453	3618
农村居民人均可支配收	(元)	1727	1288	1561	1485	1902
农民人均住房面积	(平方米)	23	16	17	18	18
社会福利院数	(个)	1	1	1		2
社会福利院床位数	(床)	10	5	4		11
参加基本养老保险的职工数	(人)	1380	1741	1191	1354	2238
参加基本医疗保险的职工数	(人)	5676	6158	4828	5034	2594
十、社会治安						
交通事故件数	(件)	102	76	54	51	77
刑事案件立案数	(件)	93	243	129	47	165
犯罪人数	(人)	120	120	83	83	123
民事案件发案数	(件)	1010	309	107	322	188

26－1　续表 9　Continued

指　标		海晏县	刚察县	同仁县	尖扎县	泽库县
一、人口劳动力及其他						
乡(镇)个数	(个)	6	5	12	9	8
村民委员会个数	(个)	26	31	75	79	64
年末总人口	(万人)	3.20	3.90	7.60	5.00	5.50
其中:乡村人口	(万人)	1.92	2.61	5.89	4.16	5.50
当年出生人口	(人)	527	634	542	651	612
当年死亡人口	(人)	127	164	125	90	144
年末总户数	(户)	9397	10783	17383	11484	12009
其中:乡村户数	(户)	4273	4882	10784	8152	9891
年末单位从业人员数	(人)	9961	3573	7360	5187	1646
其中:第二产业	(人)	5497	478	1589	2007	77
第三产业	(人)	4190	1585	5443	2826	1441
乡村从业人员数	(人)	10237	10563	29809	21010	23146
其中:农林牧渔业	(人)	8561	10269	27716	17600	15391
城镇登记失业人员数	(人)	1382	523	116	440	61
行政区域土地面积	(平方公里)	4853	9576	3169	1647	6466
年末实有耕地面积	(公顷)	2597	2994	10537	6226	3028
其中:水田	(公顷)					
水浇地	(公顷)	351	2759	3146	2669	
二、综合经济						
(一)增加值	(万元)					
第一产业增加值	(万元)	4736	9225	14323	6767	13975
农业	(万元)	562	824	7779	1506	1429
林业	(万元)	152	302	11	220	-41
牧业	(万元)	4022	8099	6533	4917	12587
渔业	(万元)				124	
第二产业增加值	(万元)	19211	4638	16767	49729	1973
其中:工业	(万元)	12484	425	8207	34276	64
第三产业增加值	(万元)	17046	14132	19021	9723	7432
(二)财政、金融、保险						
财政总收入	(万元)	4479	1430	1541	3262	6233
其中:地方财政预算内收入	(万元)	2837	1061	1301	2590	623
#各项税收	(万元)	1875	974	830	2183	157
财政支出	(万元)	20150	5600	9580	9687	6457
其中:支农支出	(万元)	1793	653	288	1552	86
科学事业费支出	(万元)	99				
教育事业费支出	(万元)	1382	822	2575	1648	1121
年末金融机构各项存款余额	(万元)	35910	11419	36969	32391	4105
其中:城乡居民储蓄存款余额	(万元)	17300	6323	23059	17570	3017
年末金融机构各项贷款余额	(万元)	15418	5843	40124	23164	17334
其中:农业贷款	(万元)	890	2131	6466	6287	3795
承保额	(万元)	3542	2963	33222	6100	1547
其中:农业险	(万元)					
保费	(万元)	468	106	703	460	19
已决赔款	(万元)	175	70	170	201	12

26－1 续表 10 Continued

指　　标		海晏县	刚察县	同仁县	尖扎县	泽库县
三、农业						
1.生产条件						
农业机械总动力	（万千瓦）	2.50	2.45	3.35	3.20	0.76
化肥施用量（折纯量）	（吨）	131	533	602	302	126
农药使用量	（吨）	0.51	0.41	3.13	4.82	3.00
地膜使用量	（吨）	0.61	0.09	0.31	2.21	
农村用电量	（万千瓦）	148	93	317	586	
有效灌溉面积	（公顷）	351	2759	3146	2669	
2.农作物总播种面积	（公顷）	2010	6918	7332	4867	4960
粮　食	（公顷）	869	262	4853	3495	
其中：稻谷	（公顷）					
小麦	（公顷）	189	38	2787	2065	
玉米	（公顷）				23	
大豆	（公顷）					
油　料	（公顷）	592	5831	984	637	1594
棉　花	（公顷）					
糖　料	（公顷）					
蔬　菜	（公顷）	10		22	348	
粮食总产量	（吨）	1932	561	15769	13105	
其中：稻谷	（吨）					
小麦	（吨）	666	26	9756	8878	
玉米	（吨）				94	
大豆	（吨）					
油　料	（吨）	592	4724	1819	750	359
棉　花	（吨）					
糖　料	（吨）					
水　果	（吨）			184	1028	
肉类总产量	（吨）	3604	6578	2529	10916	10044
奶类产量	（吨）	2764	7247	2479	990	6637
蔬菜产量	（吨）	35		2932	7000	
水产品产量	（吨）				70	
四、工业						
国有及年销售收入500万元以上的非国有：						
工业企业数	（个）	13	3	8	10	
工业总产值（现价）	（万元）	43034.00	357.10		92312.60	
内资企业	（万元）	43034.00	357.10		92312.60	
港、澳、台商投资企业	（万元）					
外商投资企业	（万元）					
从业人员年平均数	（人）	3482	175	1120	1397	30
流动资产年平均余额	（万元）	22344.70	305.10	13861.10	13871.00	50
固定资产净值年平均余额	（万元）	19222.10	196.80	15920.00	97105.60	96
产品销售收入	（万元）	36598.40	362.10	17528.70	33714.30	30
其中：产品销售税金及附加	（万元）	124.50	2.80	7.70	68.50	
本年应交增值税	（万元）	2723.90	21.40	86.70	830.50	
利润总额	（万元）	1115.90	1.10	－895.20	－1216.20	
年销售收入500万元以下上的非国有：						
工业企业数	（个）	170	96	55	11	5
工业总产值（现价）	（万元）	1648.60	785.80	3215.90	479.00	359.20

26－1 续表 11 Continued

指标		海晏县	刚察县	同仁县	尖扎县	泽库县
五、交通运输、邮电通讯						
境内公路里程	（公里）	398	433	304	182	370
境内铁路里程	（公里）	144	150			
民用汽车拥有量	（辆）	1490	783	785	375	72
其中：载客汽车	（辆）	730	398	84	11	8
其中：私人汽车	（辆）	1192	627	394	320	35
邮电业务总量	（万元）	1224	365	1663	457	310
本地电话用户	（户）	5268	2863	12427	2770	1600
其中：农村电话用户	（户）	427	753	1618	420	82
年末移动电话用户	（户）	8318	5301	13442	2738	1900
互联网拨号上网用户	（户）	551	94	918	35	49
六、贸易、外经、旅游						
限额以上批发零售贸易业商品销售总额	（万元）					
出口总额	（万美元）					
当年合同外资额	（万美元）					
当年实际使用外资额	（万美元）					
旅游总收入	（万元）	1767	353	1666	231	
旅游人数	（人）	275200	55000	133800	42000	
七、固定资产投资						
基本建设投资完成额	（万元）	19134	10418	38159	11516	3621
其中：地方投资	（万元）	16930	9926	37581	10963	3621
基本建设新增固定资产	（万元）	15260	10925	7266	3754	3484
更新改造投资完成额	（万元）	1002	1629	6829	7178	1782
其它投资完成额	（万元）					
八、文教、卫生						
普通中学数	（所）	2	5	7	5	5
小学数	（所）	25	15	88	79	22
普通中学专任教师数	（人）	84	133	303	127	61
小学专任教师数	（人）	187	237	966	587	300
普通中学在校学生数	（人）	834	777	3609	2306	527
小学在校学生数	（人）	2428	3944	11489	6702	8313
医院、卫生院数	（所）	7	9	33	16	9
医院、卫生院床位数	（床）	106	62	230	174	69
医院、卫生院技术人员数	（人）	124	168	321	216	87
其中：医生	（人）	40	76	127	89	43
九、人民生活						
城镇在岗职工年平均人数	（人）	9523	3455	7678	5171	1646
城镇在岗职工工资总额	（万元）	12352.0	3718.0	11110.3	7782.7	2812.2
农村居民人均可支配收	（元）	1806	2400	1783	1352	1169
农民人均住房面积	（平方米）	16	12	9	16	2
社会福利院数	（个）	1	3	3	2	5
社会福利院床位数	（床）	5	3	11	4	8
参加基本养老保险的职工数	（人）	5613	1179	1557	864	316
参加基本医疗保险的职工数	（人）	5231	1661	3401	3129	1677
十、社会治安						
交通事故件数	（件）	123	38	19	13	6
刑事案件立案数	（件）	34	25	16	52	47
犯罪人数	（人）	50	35	24	114	30
民事案件发案数	（件）	114	105	189	93	81

26－1 续表 12 Continued

指标		河南县	共和县	同德县	贵德县	兴海县
一、人口劳动力及其他						
乡(镇)个数	(个)	6	12	6	8	8
村民委员会个数	(个)	39	92	73	115	57
年末总人口	(万人)	3.20	12.20	4.90	9.50	6.00
其中:乡村人口	(万人)	2.82	7.46	4.17	7.97	5.25
当年出生人口	(人)	364	1471	850	908	1304
当年死亡人口	(人)	74	311	180	564	193
年末总户数	(户)	6370	32118	9566	24307	13124
其中:乡村户数	(户)	4876	14600	6429	18149	9673
年末单位从业人员数	(人)	1622	11502	2682	3378	2923
其中:第二产业	(人)	53	2941	38	47	860
第三产业	(人)	1446	7293	1536	3111	1698
乡村从业人员数	(人)	13627	38173	20345	41701	22497
其中:农林牧渔业	(人)	13624	32824	17595	31950	21836
城镇登记失业人员数	(人)	48	1711	115	261	270
行政区域土地面积	(平方公里)	6627	16364	4758	3463	12146
年末实有耕地面积	(公顷)		20840.35	12323.05	14074.89	9161.23
其中:水田	(公顷)					
水浇地	(公顷)		16192.88	2929.90	8965.83	6909.36
二、综合经济						
(一)增加值	(万元)					
第一产业增加值	(万元)	16546	12997	13095	9688	14223
农业	(万元)	1853	3231	4053	5782	5203
林业	(万元)		803	421	1158	510
牧业	(万元)	14693	8839	8621	2738	8510
渔业	(万元)		124		10	
第二产业增加值	(万元)	2276	31955	3923	24059	8150
其中:工业	(万元)	465	16113	350	4139	1232
第三产业增加值	(万元)	5916	32074	4095	9848	5071
(二)财政、金融、保险						
财政总收入	(万元)	751	4145	860	3970	1395
其中:地方财政预算内收入	(万元)	706	3773	764	3404	1259
#各项税收	(万元)	581	2936	726	2714	916
财政支出	(万元)	5834	23739	6193	10497	6279
其中:支农支出	(万元)	305	1297	668	1193	305
科学事业费支出	(万元)	4	28		16	
教育事业费支出	(万元)	1049	3360	1168	1850	1291
年末金融机构各项存款余额	(万元)	5340	67233	6899	45358	7141
其中:城乡居民领储蓄存款余额	(万元)	3610	41579	3831	29228	4993
年末金融机构各项贷款余额	(万元)	7861	39874	4732	22366	4748
其中:农业贷款	(万元)	2427	1803	2400	9614	3578
承保额	(万元)	2101	42052			2564
其中:农业险	(万元)					
保费	(万元)	23	1606		584	105
已决赔款	(万元)	17	999		315	90

26－1 续表 13 Continued

指 标		河南县	共和县	同德县	贵德县	兴海县
三、农业						
1.生产条件						
农业机械总动力	（万千瓦）	0.40	7.26	3.44	5.51	1.76
化肥施用量（折纯量）	（吨）		522.26	1178.00	1599.95	396.00
农药使用量	（吨）		11.62	5.70	26.20	4.51
地膜使用量	（吨）		0.39	0.85	7.82	
农村用电量	（万千瓦）		705.38	292.00	1732.84	150.00
有效灌溉面积	（公顷）		16192.88	2929.90	8965.83	6909.36
2.农作物总播种面积	（公顷）		8957	12050	11189	5364
粮 食	（公顷）		3206	1846	5778	2029
其中：稻谷	（公顷）					
小麦	（公顷）		1816	733	4350	946
玉米	（公顷）		2			
大豆	（公顷）					
油 料	（公顷）		5374	8467	2708	2140
棉 花	（公顷）					
糖 料	（公顷）					
蔬 菜	（公顷）		109	7	1354	
粮食总产量	（吨）		7885	6277	28574	8984
其中：稻谷	（吨）					
小麦	（吨）		5073	3587	23907	5560
玉米	（吨）		4			
大豆	（吨）					
油 料	（吨）		8410	7717	7271	2743
棉 花	（吨）					
糖 料	（吨）					
水 果	（吨）		147	20	2283	272
肉类总产量	（吨）	11970	8675	5977	2526	6834
奶类产量	（吨）	14691	5157	6500	1675	9086
蔬菜产量	（吨）		1379	220	30038	
水产品产量	（吨）		620		10	
四、工业						
国有及年销售收入500万元以上的非国有：						
工业企业数	（个）	3	11	3	4	2
工业总产值（现价）	（万元）	1108.0	11906.3	855.6	7321.6	778.4
内资企业	（万元）	1108.0	11906.3	855.6	7321.6	778.4
港、澳、台商投资企业	（万元）					
外商投资企业	（万元）					
从业人员年平均数	（人）	52	1462	84	308	559
流动资产年平均余额	（万元）	500.8	6363.8	778.1	2978.0	132.0
固定资产净值年平均余额	（万元）	1295.5	74284.5	2126.3	2343.0	468.2
产品销售收入	（万元）	977.2	15648.1	757.4	5704.3	840.0
其中：产品销售税金及附加	（万元）	6.1	19.8	0.6	10.9	
本年应交增值税	（万元）	8.2	263.3	15.6	25.2	
利润总额	（万元）	－21.5	－138.0	－66.6	18.1	－10.0
年销售收入500万元以下上的非国有：						
工业企业数	（个）	38	98	76	251	108
工业总产值（现价）	（万元）	242.0	6375.5	440.4	3941.7	3442.6

26－1 续表 14 Continued

指　　标		河南县	共和县	同德县	贵德县	兴海县
五、交通运输、邮电通讯						
境内公路里程	（公里）	273	1120	300	540	816
境内铁路里程	（公里）					
民用汽车拥有量	（辆）	136	1212	471	1124	310
其中：载客汽车	（辆）	13	294	14	284	60
其中：私人汽车	（辆）	74	942	149	924	255
邮电业务总量	（万元）	100.0	1661.5	277.1	711.7	391.1
本地电话用户	（户）	1253	15240	2399	7370	2160
其中：农村电话用户	（户）	10	3215	292	2150	516
年末移动电话用户	（户）	1750	16456	2680	12731	3216
互联网拨号上网用户	（户）	249	120	110	78	40
六、贸易、外经、旅游						
限额以上批发零售贸易业商品销售总额	（万元）		2646			
出口总额	（万美元）					
当年合同外资额	（万美元）					
当年实际使用外资额	（万美元）					
旅游总收入	（万元）		428		570	
旅游人数	（人）		219700		62000	
七、固定资产投资						
基本建设投资完成额	（万元）	4621	30214	10945	63246	20638
其中：地方投资	（万元）	4621	29462	9291	29379	18722
基本建设新增固定资产	（万元）	2486	20661	7662	42100	17887
更新改造投资完成额	（万元）	166	2620	515	1030	569
其它投资完成额	（万元）		515	1464	4016	643
八、文教、卫生						
普通中学数	（所）	2	9	5	12	5
小学数	（所）	24	88	32	86	64
普通中学专任教师数	（人）	58	415	131	408	119
小学专任教师数	（人）	289	809	422	571	388
普通中学在校学生数	（人）	465	7201	974	5837	946
小学在校学生数	（人）	3965	14500	6698	10777	7756
医院、卫生院数	（所）	11	16	9	9	9
医院、卫生院床位数	（床）	128	507	124	190	79
医院、卫生院技术人员数	（人）	176	513	95	180	124
其中：医生	（人）	95	227	57	88	73
九、人民生活						
城镇在岗职工年平均人数	（人）	1622	10822	2640	3377	2923
城镇在岗职工工资总额	（万元）	2873.4	21329	3092	4584	3023
农村居民人均可支配收	（元）	2022	2322	2127	1896	2251
农民人均住房面积	（平方米）	9	16	11	20	21
社会福利院数	（个）	2	8	2	2	2
社会福利院床位数	（床）	10	83	8	27	20
参加基本养老保险的职工数	（人）	287	4431	769	1528	497
参加基本医疗保险的职工数	（人）	1346	9078	1732	3268	2063
十、社会治安						
交通事故件数	（件）	5	26	13	20	9
刑事案件立案数	（件）	6	301	47	198	58
犯罪人数	（人）	4	162	40	99	54
民事案件发案数	（件）	53	367	128	244	109

26－1 续表 15 Continued

指　　标		贵南县	玛沁县	班玛县	甘德县	达日县
一、人口劳动力及其他						
乡(镇)个数	(个)	6	9	9	7	10
村民委员会个数	(个)	73	32	32	36	33
年末总人口	(万人)	6.80	3.60	2.30	2.40	2.50
其中:乡村人口	(万人)	5.24	2.06	1.88	2.09	2.06
当年出生人口	(人)	1805	570	1094	255	452
当年死亡人口	(人)	308	129	338	152	186
年末总户数	(户)	16020	8583	5062	5130	6112
其中:乡村户数	(户)	9014	4434	3898	4649	4741
年末单位从业人员数	(人)	5638	5379	1134	826	1068
其中：第二产业	(人)	86	508	111	32	5
第三产业	(人)	1734	4442	915	740	1020
乡村从业人员数	(人)	24049	9771	8628	10154	8938
其中:农林牧渔业	(人)	23541	9330	8349	9940	8938
城镇登记失业人员数	(人)	456	417	85	41	48
行政区域土地面积	(平方公里)	6647	13307	6139	7118	14630
年末实有耕地面积	(公顷)	17006	11	1389		
其中：水田	(公顷)					
水浇地	(公顷)	1722				
二、综合经济						
(一)增加值	(万元)					
第一产业增加值	(万元)	16324	5757	4448	3818	4643
农业	(万元)	3592	1747	913		234
林业	(万元)	3277	22	125		
牧业	(万元)	9455	3988	3411	3818	4409
渔业	(万元)					
第二产业增加值	(万元)	5699	6722	921	953	247
其中:工业	(万元)	899	678	214	177	247
第三产业增加值	(万元)	6335	17827	2828	2325	2216
(二)财政、金融、保险						
财政总收入	(万元)	1033	19246	4122	3431	3261
其中:地方财政预算内收入	(万元)	870	938	373	349	484
#各项税收	(万元)	802	1178	350	326	374
财政支出	(万元)	8425	17968	4128	3439	5103
其中:支农支出	(万元)	617	566	160	119	556
科学事业费支出	(万元)		9			
教育事业费支出	(万元)	1477	2120	450	484	661
年末金融机构各项存款余额	(万元)	8906	26255	2857	2708	2746
其中:城乡居民领储蓄存款余额	(万元)	5912	8580	1010	624	819
年末金融机构各项贷款余额	(万元)	10120	8014	7838	855	6800
其中:农业贷款	(万元)	8806	213	3899	494	6800
承保额	(万元)					
其中:农业险	(万元)					
保费	(万元)	229				
已决赔款	(万元)	97				

26－1 续表 16 Continued

指　　标		贵南县	玛沁县	班玛县	甘德县	达日县
三、农业						
1.生产条件						
农业机械总动力	（万千瓦）	6.26	0.14	0.57	0.41	0.10
化肥施用量（折纯量）	（吨）	963.0	0.4	5.0		
农药使用量	（吨）	18.2	0.2	0.1		
地膜使用量	（吨）					
农村用电量	（万千瓦）	1133	60.45	28		
有效灌溉面积	（公顷）	1722.24				
2.农作物总播种面积	（公顷）	13998	98	668		
粮　食	（公顷）	2171	48	603		
其中：稻谷	（公顷）					
小麦	（公顷）	1033	5	25		
玉米	（公顷）					
大豆	（公顷）					
油　料	（公顷）	7985	19	65		
棉　花	（公顷）					
糖　料	（公顷）					
蔬　菜	（公顷）		0.2			
粮食总产量	（吨）	6411	114	1572		
其中：稻谷	（吨）					
小麦	（吨）	3878	12	53		
玉米	（吨）					
大豆	（吨）					
油　料	（吨）	9742	14	90		
棉　花	（吨）					
糖　料	（吨）					
水　果	（吨）	11				
肉类总产量	（吨）	6460.39	5293.51	5327.79	5052.51	4532.17
奶类产量	（吨）	4372.04	8600.01	9765.00	5366.26	5653.50
蔬菜产量	（吨）		2			
水产品产量	（吨）					
四、工业						
国有及年销售收入500万元以上的非国有：						
工业企业数	（个）	2	4	4	1	1
工业总产值（现价）	（万元）	524.5	1858.2	382	361.2	8.6
内资企业	（万元）	524.5	1858.2	382	361.2	8.6
港、澳、台商投资企业	（万元）					
外商投资企业	（万元）					
从业人员年平均数	（人）	68	308	92	33	5
流动资产年平均余额	（万元）	332.8	3491.9	576.8	169.7	2.3
固定资产净值年平均余额	（万元）	4404.0	1705.6	3345.6	209.6	319.0
产品销售收入	（万元）	354.2	894.6	246.7	188.4	8.6
其中：产品销售税金及附加	（万元）	0.1	3.2	10.4		
本年应交增值税	（万元）	4.0	112.3	19.5	14.4	
利润总额	（万元）	－88.4	－52.3	－80.0	5.6	－0.2
年销售收入500万元以下上的非国有：						
工业企业数	（个）	124	58	18	11	93
工业总产值（现价）	（万元）	1808.9	591	177.7	221	839.5

26－1 续表 17 Continued

指 标		贵南县	玛沁县	班玛县	甘德县	达日县
五、交通运输、邮电通讯						
境内公路里程	(公里)	999	514	359	348	359
境内铁路里程	(公里)					
民用汽车拥有量	(辆)	176				
其中:载客汽车	(辆)	11				
其中:私人汽车	(辆)	176				
邮电业务总量	(万元)	353.7	1107.1	218.2	205.1	147
本地电话用户	(户)	3013	5308	1560	1258	1251
其中:农村电话用户	(户)	1259	387	30	42	52
年末移动电话用户	(户)	2160	3490	700	430	350
互联网拨号上网用户	(户)	42	764			
六、贸易、外经、旅游						
限额以上批发零售贸易业商品销售总额	(万元)					
出口总额	(万美元)					
当年合同外资额	(万美元)					
当年实际使用外资额	(万美元)					
旅游总收入	(万元)		360	6	5	10
旅游人数	(人)		150000	270	307	2118
七、固定资产投资						
基本建设投资完成额	(万元)	13192	15804	3338	3034	4881
其中:地方投资	(万元)	12358	15564	3338	2930	4722
基本建设新增固定资产	(万元)	8598	4192	438	3857	4041
更新改造投资完成额	(万元)	642	379		85	85
其它投资完成额	(万元)	380				
八、文教、卫生						
普通中学数	(所)	10	5	2	2	2
小学数	(所)	61	18	17	6	11
普通中学专任教师数	(人)	180	168	46	30	25
小学专任教师数	(人)	579	315	149	123	136
普通中学在校学生数	(人)	2879	815	207	189	153
小学在校学生数	(人)	8132	2925	1713	1788	1857
医院、卫生院数	(所)	10	17	14	10	12
医院、卫生院床位数	(床)	292	202	57	73	38
医院、卫生院技术人员数	(人)	177	320	98	91	67
其中:医生	(人)	78	106	35	36	23
九、人民生活						
城镇在岗职工年平均人数	(人)	5427	5262	1147	795	1055
城镇在岗职工工资总额	(万元)	4149.0	9428.2	2063.3	1423.2	1942.7
农村居民人均可支配收	(元)	1831	2900	1560	1308	1167
农民人均住房面积	(平方米)	16	13	7	7	7
社会福利院数	(个)	1	11	8	8	11
社会福利院床位数	(床)	6	111	115	58	185
参加基本养老保险的职工数	(人)	519	1238	159	215	143
参加基本医疗保险的职工数	(人)	2126	6222	821	795	1025
十、社会治安						
交通事故件数	(件)	5	114	6	10	18
刑事案件立案数	(件)	25	112	5	23	6
犯罪人数	(人)	32	67	7	14	15
民事案件发案数	(件)	149	65	6	22	20

26-1 续表 18 Continued

指 标		久治县	玛多县	玉树县	杂多县	称多县
一、人口劳动力及其他						
乡(镇)个数	(个)	6	4	9	8	7
村民委员会个数	(个)	22	27	62	31	57
年末总人口	(万人)	1.80	1.20	8.20	3.90	4.30
其中:乡村人口	(万人)	1.60	0.89	5.78	3.47	3.68
当年出生人口	(人)	228	749	1298	604	656
当年死亡人口	(人)	101	121	539	222	239
年末总户数	(户)	3971	3448	18957	7479	9354
其中:乡村户数	(户)	3163	1886	12202	6194	7624
年末单位从业人员数	(人)	1020	1022	6675	1052	1550
其中:第二产业	(人)	76	93	708	39	259
第三产业	(人)	876	848	5173	1013	1291
乡村从业人员数	(人)	6408	4781	29241	14940	19954
其中:农林牧渔业	(人)	6195	4781	28904	14842	19269
城镇登记失业人员数	(人)	50	24	653	130	70
行政区域土地面积	(平方公里)	8708	26541	15671	35809	14743
年末实有耕地面积	(公顷)			3683	3	3084
其中:水田	(公顷)					
水浇地	(公顷)			574		
二、综合经济						
(一)增加值	(万元)					
第一产业增加值	(万元)	4130	2997	10027	14400	7170
农业	(万元)	627		3911	8145	1021
林业	(万元)			201		21
牧业	(万元)	3503	2997	5915	6255	6128
渔业	(万元)					
第二产业增加值	(万元)	665	138	5456	1562	2491
其中:工业	(万元)	195	91	3819	145	476
第三产业增加值	(万元)	2917	3264	10235	2124	2548
(二)财政、金融、保险						
财政总收入	(万元)	3870	2696	6596	3143	4514
其中:地方财政预算内收入	(万元)	398	225	1571	433	612
#各项税收	(万元)	367	225	1167	381	400
财政支出	(万元)	3865	2835	6642	3143	5059
其中:支农支出	(万元)	129	102	284	101	194
科学事业费支出	(万元)	10				
教育事业费支出	(万元)	585	424	1456	463	1097
年末金融机构各项存款余额	(万元)	10747	1814	39067	2474	4121
其中:城乡居民储蓄存款余额	(万元)	9526	703	20016	1754	1326
年末金融机构各项贷款余额	(万元)	7962	946	32945	9321	5491
其中:农业贷款	(万元)	4722	241	23450	7503	4579
承保额	(万元)					
其中:农业险	(万元)					
保费	(万元)					
已决赔款	(万元)					

26-1 续表 19 Continued

指标		久治县	玛多县	玉树县	杂多县	称多县
三、农业						
1.生产条件						
农业机械总动力	(万千瓦)	0.07	0.27	2.60	0.63	1.19
化肥施用量(折纯量)	(吨)			49.00		14.75
农药使用量	(吨)			1.29		0.08
地膜使用量	(吨)					
农村用电量	(万千瓦)			21.0		230
有效灌溉面积	(公顷)			573.89		
2.农作物总播种面积	(公顷)			3245		2736
粮　食	(公顷)			2422		2269
其中：稻谷	(公顷)					
小麦	(公顷)			28		35
玉米	(公顷)					
大豆	(公顷)					
油　料	(公顷)			580		195
棉　花	(公顷)					
糖　料	(公顷)					
蔬　菜	(公顷)			75		64
粮食总产量	(吨)			5602		4059
其中：稻谷	(吨)					
小麦	(吨)			59		37
玉米	(吨)					
大豆	(吨)					
油　料	(吨)			585		241
棉　花	(吨)					
糖　料	(吨)					
水　果	(吨)					
肉类总产量	(吨)	4754	2323	5811	4854	3531
奶类产量	(吨)	6050	3889	8564	9683	4267
蔬菜产量	(吨)			373		204
水产品产量	(吨)					
四、工业						
国有及年销售收入500万元以上的非国有：						
工业企业数	(个)	3	3	5		5
工业总产值(现价)	(万元)	192.5	49.6	3098.5		1005.2
内资企业	(万元)	192.5	49.6	3098.5		1005.2
港、澳、台商投资企业	(万元)					
外商投资企业	(万元)					
从业人员年平均数	(人)	73	56	410		309
流动资产年平均余额	(万元)	554.1	32.4	829.3		1092.0
固定资产净值年平均余额	(万元)	830.1	435.8	2768.6		1862.0
产品销售收入	(万元)	166.3	49.6	3526.4		824.0
其中：产品销售税金及附加	(万元)	2.7	1.1	16.0		5.0
本年应交增值税	(万元)	14.4	2.1	30.0		6.0
利润总额	(万元)	-120.8	3.7	-50.0		-64.0
年销售收入500万元以下上的非国有：						
工业企业数	(个)	12	8	176	6	8
工业总产值(现价)	(万元)	380	159	2500	145	123

26－1 续表 20 Continued

指　　标		久治县	玛多县	玉树县	杂多县	称多县
五、交通运输、邮电通讯						
境内公路里程	（公里）	373	758	136	240	138
境内铁路里程	（公里）					
民用汽车拥有量	（辆）			470	29	37
其中：载客汽车	（辆）			453	17	22
其中：私人汽车	（辆）			398	16	20
邮电业务总量	（万元）	180.90	159.90	1750.80	170.00	190.00
本地电话用户	（户）	1137	995	5810	860	785
其中：农村电话用户	（户）	1		600	120	137
年末移动电话用户	（户）	520	410	8456	836	817
互联网拨号上网用户	（户）			124		
六、贸易、外经、旅游						
限额以上批发零售贸易业商品销售总额	（万元）					
出口总额	（万美元）					
当年合同外资额	（万美元）					
当年实际使用外资额	（万美元）					
旅游总收入	（万元）			300		
旅游人数	（人）			20000		
七、固定资产投资						
基本建设投资完成额	（万元）	3381	4588	14217	4150	6107
其中：地方投资	（万元）	3381	3970			
基本建设新增固定资产	（万元）	2368	3133	9113	1593	4426
更新改造投资完成额	（万元）					
其它投资完成额	（万元）					
八、文教、卫生						
普通中学数	（所）	2	2	4	1	3
小学数	（所）	6	4	50	13	49
普通中学专任教师数	（人）	30	28	209	33	101
小学专任教师数	（人）	123	91	508	103	333
普通中学在校学生数	（人）	242	125	2877	347	769
小学在校学生数	（人）	1597	983	9293	2334	4527
医院、卫生院数	（所）	9	7	9	8	8
医院、卫生院床位数	（床）	83	41	228	35	24
医院、卫生院技术人员数	（人）	93	76	244	36	45
其中：医生	（人）	45	40	144	16	26
九、人民生活						
城镇在岗职工年平均人数	（人）	970	1016	6638	1113	1499
城镇在岗职工工资总额	（万元）	1713.7	1642.6	12799.6	2093.9	3048.7
农村居民人均可支配收	（元）	1506	1690	1670	1598	1270
农民人均住房面积	（平方米）	3	9	7	8	10
社会福利院数	（个）	6	4	8	9	10
社会福利院床位数	（床）	20	36	110	58	100
参加基本养老保险的职工数	（人）	262	211	2698	131	310
参加基本医疗保险的职工数	（人）	794	725	6877	1543	1663
十、社会治安						
交通事故件数	（件）	3	8	10	6	6
刑事案件立案数	（件）	27	13	350	32	55
犯罪人数	（人）	18	21	130	32	49
民事案件发案数	（件）	9	14	86	70	55

26－1　续表 21 Continued

指　　标		治多县	囊谦县	曲麻莱县	格尔木市	德令哈市
一、人口劳动力及其他						
乡(镇)个数	(个)	6	10	6	4	5
村民委员会个数	(个)	20	69	19	38	27
年末总人口	(万人)	2.40	6.40	2.30	10.70	6.00
其中:乡村人口	(万人)	2.26	4.97	2.08	1.31	1.49
当年出生人口	(人)	370	1515	1174	1074	667
当年死亡人口	(人)	111	359	253	218	136
年末总户数	(户)	5829	10469	4817	37996	19372
其中:乡村户数	(户)	4902	8211	4679	3295	3339
年末单位从业人员数	(人)	1117	1296	1200	17514	10011
其中:第二产业	(人)	68	65	64	9055	2306
第三产业	(人)	1032	1138	1136	7990	7698
乡村从业人员数	(人)	10200	24251	10461	6613	8838
其中:农林牧渔业	(人)	10200	23884	9484	4287	8065
城镇登记失业人员数	(人)	59	202	6	1409	532
行政区域土地面积	(平方公里)	80757	12230	38744	122285	24596
年末实有耕地面积	(公顷)		8304		3745	10224
其中:水田	(公顷)					
水浇地	(公顷)		2360		3620	10179
二、综合经济						
(一)增加值	(万元)					
第一产业增加值	(万元)	11036	11409	6443	5053	6070
农业	(万元)		3292		3558	2381
林业	(万元)		302		37	481
牧业	(万元)	11036	7815	6443	1410	3182
渔业	(万元)				48	26
第二产业增加值	(万元)	1540	1571	1505	217908	24100
其中:工业	(万元)	115	263		145402	12000
第三产业增加值	(万元)	2160	2527	2692	125427	41830
(二)财政、金融、保险						
财政总收入	(万元)	3382	4840	2962	96393	6978
其中:地方财政预算内收入	(万元)	402	454	424	16108	2166
#各项税收	(万元)	331	454	304	80285	2166
财政支出	(万元)	3376	4872	3580	25342	8039
其中:支农支出	(万元)	113	184	151	954	448
科学事业费支出	(万元)				84	
教育事业费支出	(万元)	431	786	430	3077	2195
年末金融机构各项存款余额	(万元)	2631	2433	3020	456025	96711
其中:城乡居民领储蓄存款余额	(万元)	1259	904	1108	223886	52716
年末金融机构各项贷款余额	(万元)	7579	11878	4240	368670	47342
其中:农业贷款	(万元)	7051		3021	2956	3146
承保额	(万元)				129389	97829
其中:农业险	(万元)					
保费	(万元)				6798	1769
已决赔款	(万元)				1610	254

26－1 续表 22 Continued

指　　标		治多县	囊谦县	曲麻莱县	格尔木市	德令哈市
三、农业						
1.生产条件						
农业机械总动力	(万千瓦)	0.06	2.18	0.10	8.34	4.93
化肥施用量(折纯量)	(吨)		50		1265	1294
农药使用量	(吨)		2.0		16.3	35.7
地膜使用量	(吨)				1.0	1.7
农村用电量	(万千瓦)		35.00		53.31	360.08
有效灌溉面积	(公顷)		2359.94		3619.69	10178.92
2.农作物总播种面积	(公顷)		6923		2891	6885
粮　食	(公顷)		5078		1576	2937
其中：稻谷	(公顷)					
小麦	(公顷)		63		662	2124
玉米	(公顷)					
大豆	(公顷)					
油　料	(公顷)		434		361	2767
棉　花	(公顷)					
糖　料	(公顷)					
蔬　菜	(公顷)		133		803	84
粮食总产量	(吨)		4444		10067	8875
其中：稻谷	(吨)					
小麦	(吨)		35		4085	6567
玉米	(吨)					
大豆	(吨)					
油　料	(吨)		220		938	2681
棉　花	(吨)					
糖　料	(吨)					
水　果	(吨)				20	
肉类总产量	(吨)	4592.0	5958.0	5661.8	2142.9	1836.4
奶类产量	(吨)	5045.6	5966.0	4649.2	811.8	474.7
蔬菜产量	(吨)		391.0		31591.0	3294.0
水产品产量	(吨)				58.0	54.0
四、工业						
国有及年销售收入500万元以上的非国有：						
工业企业数	(个)	2	5	3	19	13
工业总产值(现价)	(万元)	965	260	473	101111	29095
内资企业	(万元)	965	260	473	97935	29095
港、澳、台商投资企业	(万元)				3176	
外商投资企业	(万元)					
从业人员年平均数	(人)	24	121	25	7550	1774
流动资产年平均余额	(万元)	296	316	324	223356	8037
固定资产净值年平均余额	(万元)	714	1410	1032	187934	19032
产品销售收入	(万元)	21	67	106	96390	9153
其中:产品销售税金及附加	(万元)	3	4	4	1829	56
本年应交增值税	(万元)	4	16	60	3205	853
利润总额	(万元)	－28	6	12	15678	353
年销售收入500万元以下上的非国有：						
工业企业数	(个)	8	21	22	46	23
工业总产值(现价)	(万元)	83	98	79	48817	4326

26-1 续表 23 Continued

指 标		治多县	囊谦县	曲麻莱县	格尔木市	德令哈市
五、交通运输、邮电通讯						
境内公路里程	(公里)	215	187	270	1192	1320
境内铁路里程	(公里)				467	313
民用汽车拥有量	(辆)	37	43	35	11691	5678
其中:载客汽车	(辆)	21	26	24	3320	1054
其中:私人汽车	(辆)	20	24	23	7539	4288
邮电业务总量	(万元)	190	209	210	19447	4074
本地电话用户	(户)	690	890	780	528	15386
其中:农村电话用户	(户)	130	140	156		2860
年末移动电话用户	(户)	921	998	896	137103	16182
互联网拨号上网用户	(户)				7635	860
六、贸易、外经、旅游						
限额以上批发零售贸易业商品销售总额	(万元)				20306	18738
出口总额	(万美元)					
当年合同外资额	(万美元)					
当年实际使用外资额	(万美元)					
旅游总收入	(万元)				144	40
旅游人数	(人)				1913	25000
七、固定资产投资						
基本建设投资完成额	(万元)	4315	6922	5635	174722	63091
其中:地方投资	(万元)				159676	60478
基本建设新增固定资产	(万元)	3719	4109	3594	31440	1569
更新改造投资完成额	(万元)				4647	
其它投资完成额	(万元)				2022	929
八、文教、卫生						
普通中学数	(所)	1	2	1	23	11
小学数	(所)	14	43	13	13	13
普通中学专任教师数	(人)	27	54	25	642	316
小学专任教师数	(人)	117	270	131	793	477
普通中学在校学生数	(人)	272	631	262	9372	3727
小学在校学生数	(人)	1854	6540	1987	17890	6838
医院、卫生院数	(所)	6	10	6	8	7
医院、卫生院床位数	(床)	55	150	48	611	182
医院、卫生院技术人员数	(人)	52	86	56	733	246
其中:医生	(人)	25	65	31	293	96
九、人民生活						
城镇在岗职工年平均人数	(人)	1117	1231	1216	15799	8882
城镇在岗职工工资总额	(万元)	2162.3	2512.9	2177.6	25270.0	14397.0
农村居民人均可支配收	(元)	1654	1146	1905	2752	2955
农民人均住房面积	(平方米)	18	21	10	18	23
社会福利院数	(个)	7	5	4	3	3
社会福利院床位数	(床)	56	100	40	16	23
参加基本养老保险的职工数	(人)	212	171	118	13345	1223
参加基本医疗保险的职工数	(人)	997	1688	1012	18106	14900
十、社会治安						
交通事故件数	(件)	4	5	4	210	51
刑事案件立案数	(件)	50	27	18	250	226
犯罪人数	(人)	27	44	22	401	168
民事案件发案数	(件)	45	20	24	1344	638

26－1　续表 24　Continued

指　　标		乌兰县	都兰县	天峻县	茫　崖	大柴旦	冷　湖
一、人口劳动力及其他							
乡(镇)个数	(个)	5	9	11	1	1	
村民委员会个数	(个)	38	99	62	3	3	
年末总人口	(万人)	3.90	5.30	1.80	2.90	1.30	2.10
其中:乡村人口	(万人)	2.18	4.65	1.39	0.02	0.07	
当年出生人口	(人)	864	549	200	254	60	98
当年死亡人口	(人)	216	109	47	38	28	42
年末总户数	(户)	11686	14590	4337	6529	4861	8821
其中:乡村户数	(户)	4827	10159	2833	65	182	
年末单位从业人员数	(人)	3499	4241	1697	2530	2991	19329
其中：第二产业	(人)	42	827	160	1952	1823	5940
第三产业	(人)	2994	1986	1459	578	1168	13389
乡村从业人员数	(人)	11406	20473	6853	133	400	
其中:农林牧渔业	(人)	8584	19482	6640	133	400	
城镇登记失业人员数	(人)	252	754	638	302	782	38
行政区域土地面积	(平方公里)	12977	48392	25547			
年末实有耕地面积	(公顷)	4536	17730			949	
其中：水田	(公顷)						
水浇地	(公顷)	4516	17576			949	
二、综合经济							
(一)增加值	(万元)						
第一产业增加值	(万元)	4945	11248	8462	186	508	
农业	(万元)	871	4504				
林业	(万元)	113	323			35	
牧业	(万元)	3684	6421	8462	186	473	
渔业	(万元)	277					
第二产业增加值	(万元)	5775	7441	3498	170867	33715	11154
其中:工业	(万元)	4569	3514	613	168521	24798	7614
第三产业增加值	(万元)	3229	8267	3927	7572	8917	2540
(二)财政、金融、保险							
财政总收入	(万元)	634	2107	5276	3618	4075	638
其中:地方财政预算内收入	(万元)	634	1405	704	893	1748	348
#各项税收	(万元)	570	1367	653	893	7396	232
财政支出	(万元)	5891	7407	5401	2743	3118	1577
其中:支农支出	(万元)	283	791	843			
科学事业费支出	(万元)	2					
教育事业费支出	(万元)	1087	1460	577	164	174	96
年末金融机构各项存款余额	(万元)	20635	23163	7380	24500	21133	
其中:城乡居民领储蓄存款余额	(万元)	16287	15964	4778	18083	12516	
年末金融机构各项贷款余额	(万元)	7011	8288	5744	6275	23771	
其中:农业贷款	(万元)	1798	2732	2572			
承保额	(万元)	318.4			207822	657	
其中:农业险	(万元)						
保费	(万元)	475	255		3450	330	
已决赔款	(万元)	254	84		9136	121	

26 －1　续表 25　Continued

指　　标		乌兰县	都兰县	天峻县	茫　崖	大柴旦	冷　湖
三、农业							
1.生产条件							
农业机械总动力	(万千瓦)	3.50	10.17	0.81	0.12	0.04	
化肥施用量(折纯量)	(吨)	643.5	1645.0				
农药使用量	(吨)	15.0	55.7				
地膜使用量	(吨)	4.5					
农村用电量	(万千瓦)	98.50	709.42		4.40	8.00	
有效灌溉面积	(公顷)	4516	17576			949	
2.农作物总播种面积	(公顷)	2427.7	12107				
粮　食	(公顷)	1133	5964				
其中：稻谷	(公顷)						
小麦	(公顷)	953	3278				
玉米	(公顷)						
大豆	(公顷)						
油　料	(公顷)	1182	5820				
棉　花	(公顷)						
糖　料	(公顷)						
蔬　菜	(公顷)	34.7	23				
粮食总产量	(吨)	4796	25962				
其中：稻谷	(吨)						
小麦	(吨)	4133	14346				
玉米	(吨)						
大豆	(吨)						
油　料	(吨)	2525	11044				
棉　花	(吨)						
糖　料	(吨)						
水　果	(吨)		5				
肉类总产量	(吨)	2342	4968	8464	154	206	
奶类产量	(吨)	1291	2642	5184	61	8	
蔬菜产量	(吨)	674	756				
水产品产量	(吨)						
四、工业							
国有及年销售收入500万元以上的非国有：							
工业企业数	(个)	6	9		3	8	2
工业总产值(现价)	(万元)	13237	9297		624319	88423	7512
内资企业	(万元)	13237	3847		624319	88423	7512
港、澳、台商投资企业	(万元)		5450				
外商投资企业	(万元)						
从业人员年平均数	(人)	1877	868		14084	5533	485
流动资产年平均余额	(万元)	9924	4237		238120	124743	2686
固定资产净值年平均余额	(万元)	5989	3045		819991	60295	4432
产品销售收入	(万元)	10258	11942		616070	99353	3127
其中:产品销售税金及附加	(万元)	688	13		15722	575	
本年应交增值税	(万元)	1374	785		43255	4748	
利润总额	(万元)	611	1294		74757	15495	－187
年销售收入500万元以下上的非国有：							
工业企业数	(个)	82	275	52	37	31	11
工业总产值(现价)	(万元)	2035	2335	3668	7345	2322	470

26－1 续表 26 Continued

指　标		乌兰县	都兰县	天峻县	茫　崖	大柴旦	冷　湖
五、交通运输、邮电通讯							
境内公路里程	（公里）	224	1110	720	3891	954	200
境内铁路里程	（公里）	171		95		71	
民用汽车拥有量	（辆）	507	331	96	1002	364	7
其中：载客汽车	（辆）	304	142	48	401	164	
其中：私人汽车	（辆）	262	142	92	204	95	7
邮电业务总量	（万元）	969	866	130	635	65	78
本地电话用户	（户）	6039	7069	1755	2900	3000	560
其中：农村电话用户	（户）	3927	4503	53		38	
年末移动电话用户	（户）	7802	4600	2100	8300	1200	708
互联网拨号上网用户	（户）	104	130	40		102	
六、贸易、外经、旅游							
限额以上批发零售贸易业商品销售总额	（万元）						
出口总额	（万美元）						
当年合同外资额	（万美元）	271					
当年实际使用外资额	（万美元）	123					
旅游总收入	（万元）	1	68				
旅游人数	（人）	2880	12				
七、固定资产投资							
基本建设投资完成额	（万元）	11135	17608	13918	12789	20723	5161
其中：地方投资	（万元）	11095	17608	13918	12789	3870	5161
基本建设新增固定资产	（万元）	6025	2328	10112	10034	2797	2800
更新改造投资完成额	（万元）	1053	1802		429	515	1468
其它投资完成额	（万元）	1081			51		
八、文教、卫生							
普通中学数	（所）	8	11	3	2	2	4
小学数	（所）	14	21	10	1	1	4
普通中学专任教师数	（人）	237	187	57	48	19	313
小学专任教师数	（人）	331	304	140	49	50	197
普通中学在校学生数	（人）	2482	3325	415	447	207	4149
小学在校学生数	（人）	4183	7768	2267	829	644	3049
医院、卫生院数	（所）	9	12	11	8	2	1
医院、卫生院床位数	（床）	90	107	101	118	105	4
医院、卫生院技术人员数	（人）	185	161	73	103	68	15
其中：医生	（人）	81	51	41	41	34	7
九、人民生活							
城镇在岗职工年平均人数	（人）	3155	4405	1645	2549	3132	18153
城镇在岗职工工资总额	（万元）	4130	5474	2795	4446	4687	49489
农村居民人均可支配收	（元）	1875	2199	2477			
农民人均住房面积	（平方米）	23	18	15			
社会福利院数	（个）	3	4	5			
社会福利院床位数	（床）	12	26	20			
参加基本养老保险的职工数	（人）	3731	1067	355	2337	2190	19084
参加基本医疗保险的职工数	（人）	4745	2620	1046	2639	1107	19422
十、社会治安							
交通事故件数	（件）	41	58	9	14	10	
刑事案件立案数	（件）	77	108	5	100	30	
犯罪人数	（人）	47	22	9	185	25	
民事案件发案数	（件）	132	34	121	55	30	

中国统计出版社最新资料书简目

中国统计年鉴—2004
中国统计摘要—2004
2004 中国发展报告
中国城市统计年鉴—2003
中国农村统计年鉴—2004
中国劳动统计年鉴—2004
中国人口统计年鉴—2004
中国工业经济统计年鉴—2004
中国市场统计年鉴—2004
2003 中国城市发展报告
中国建筑业统计年鉴—2003
中国价格及城镇居民家庭收支调查统计年鉴—2004
国际统计年鉴—2004
中国对外经济贸易统计年鉴—2003
中国基本单位统计年鉴—2003
中国民政统计年鉴—2004
中国高技术产业年鉴—2004
中国房地产行业名录

北京统计年鉴—2004
天津统计年鉴—2004
河北经济年鉴—2004
山西统计年鉴—2004
内蒙古统计年鉴—2004
辽宁统计年鉴—2004
吉林统计年鉴—2004
黑龙江统计年鉴—2004
上海统计年鉴—2004
江苏统计年鉴—2004
浙江统计年鉴—2004
安徽统计年鉴—2004
福建统计年鉴—2004
江西统计年鉴—2004
山东统计年鉴—2004
河南统计年鉴—2004
湖北统计年鉴—2004
湖南统计年鉴—2004
广东统计年鉴—2004
广西统计年鉴—2004
海南统计年鉴—2004
重庆统计年鉴—2004
四川统计年鉴—2004
贵州统计年鉴—2004
云南统计年鉴—2004

西藏统计年鉴—2004
陕西统计年鉴—2004
甘肃年鉴—2004
青海统计年鉴—2004
宁夏统计年鉴—2004
新疆统计年鉴—2004
新疆生产建设兵团统计年鉴—2004
石家庄统计年鉴—2004
唐山统计年鉴—2004
邯郸统计年鉴—2004
呼和浩特经济统计年鉴—2004
鄂尔多斯市统计年鉴—2004
包头统计年鉴—2004
赤峰统计年鉴—2004
沈阳年鉴—2004
大连统计年鉴—2004
鞍山统计年鉴—2004
长春统计年鉴—2004
吉林市社会经济统计年鉴—2004
四平统计年鉴—2004
延吉统计年鉴—2004
哈尔滨统计年鉴—2004
齐齐哈尔统计年鉴—2004
牡丹江统计年鉴—2004
大庆统计年鉴—2004
黑龙江垦区统计年鉴—2004
上海浦东新区统计年鉴—2004
南京统计年鉴—2004
苏州统计年鉴—2004
无锡统计年鉴—2004
常州统计年鉴—2004
徐州统计年鉴—2004
南通统计年鉴—2004
盐城统计年鉴—2004
镇江统计年鉴—2004
杭州统计年鉴—2004
宁波统计年鉴—2004
绍兴统计年鉴—2004
台州统计年鉴—2004
舟山统计年鉴—2004
温州统计年鉴—2004
金华统计年鉴—2004
嘉兴统计年鉴—2004
丽水统计年鉴—2004

福州统计年鉴—2004
厦门经济特区年鉴—2004
福州经济技术开发区年鉴—2004
南昌经济社会统计年鉴—2004
九江经济统计年鉴—2004
济南统计年鉴—2004
青岛统计年鉴—2004
潍坊统计年鉴—2004
郑州统计年鉴—2004
洛阳统计年鉴—2004
三门峡统计年鉴—2004
平顶山统计年鉴—2004
南阳经济统计年鉴—2004
武汉统计年鉴—2004
宜昌统计年鉴—2004
十堰统计年鉴—2004
荆州统计年鉴—2004
广州统计年鉴—2004
东莞统计年鉴—2004
惠州统计年鉴—2004
深圳统计年鉴—2004
南宁统计年鉴—2004
桂林经济社会统计年鉴—2004
柳州经济统计年鉴—2004
来宾统计年鉴—2004
河池地区经济社会统计年鉴—2004
海口统计年鉴—2004
成都统计年鉴—2004
贵阳统计年鉴—2004
昆明统计年鉴—2004
西安统计年鉴—2004
兰州年鉴—2004
西宁统计年鉴—2004
银川统计年鉴—2004
乌鲁木齐统计年鉴—2004
巴音郭楞统计年鉴—2004
吐鲁番统计年鉴—2004

编辑部电话:(010)63262276　63266600-30607
欲购以上图书请与中国统计出版社发行部联系。电话:(010)63459084　同辑行书店电话:68585978
通讯地址:北京市西城区三里河月坛南街 75 号。邮政编码:100826